Wilhelm Ludwig Holland

Briefe der Herzogin Elisabeth Charlotte von Orleans

Wilhelm Ludwig Holland

Briefe der Herzogin Elisabeth Charlotte von Orleans

ISBN/EAN: 9783744683906

Hergestellt in Europa, USA, Kanada, Australien, Japan

Cover: Foto ©ninafisch / pixelio.de

Weitere Bücher finden Sie auf **www.hansebooks.com**

BIBLIOTHEK

DES

LITTERARISCHEN VEREINS

IN STUTTGART.

CXXXII.

TÜBINGEN.
GEDRUCKT AUF KOSTEN DES LITTERARISCHEN VEREINS.
1877.

PROTECTOR
DES LITTERARISCHEN VEREINS IN STUTTGART:
SEINE MAJESTÄT DER KÖNIG.

•

VERWALTUNG:

Präsident:
Dr A. v. Keller, ordentlicher professor an der k. universität in Tübingen.

Kassier:
Roller, universitäts-secretär in Tübingen.

Agent:
Fues, buchhändler in Tübingen.

•

GESELLSCHAFTSAUSSCHUSS:

Professor dr Barack, oberbibliothekar der kais. universitäts- und landesbibliothek in Straßburg.

Geheimer hofrath dr Bartsch, ordentlicher professor an der g. universität in Heidelberg.

K. Cotta freiherr v. Cottendorf in Stuttgart.

Hofrath dr Hemson, director der k. handbibliothek in Stuttgart.

Dr Holland, professor an der k. universität in Tübingen.

Dr Klüpfel, bibliothekar an der k. universität in Tübingen.

Director dr O. v. Klumpp in Stuttgart.

Dr K. v. Maurer, ordentlicher professor an der k. universität in München.

Dr Vollmer in Stuttgart.

Geheimer regierungsrath dr Waitz, ordentlicher professor an der k. universität in Berlin.

Dr Wattenbach, ordentlicher professor an der k. universität in Berlin.

Dr Zarncke, ordentlicher professor an der k. universität in Leipzig.

BRIEFE

DER

HERZOGIN ELISABETH CHARLOTTE
VON ORLÉANS

AUS DEM JAHRE 1719

HERAUSGEGEBEN

VON

DR WILHELM LUDWIG HOLLAND

PROFESSOR DER GERMANISCHEN UND ROMANISCHEN PHILOLOGIE AN DER UNIVERSITÄT ZU TÜBINGEN, ORDENTLICHEM MITGLIEDE DER BERLINISCHEN GESELLSCHAFT FÜR DEUTSCHE SPRACHE, CORRESPONDIERENDEM MITGLIEDE DER AKADEMIE DER WISSENSCHAFTEN, KÜNSTE UND SCHÖNEN LITTERATUR ZU CAEN, MITGLIEDE DER GESELLSCHAFT FÜR NIEDERLÄNDISCHE LITTERATUR ZU LEYDEN, CORRESPONDIERENDEM MITGLIEDE DES VEREINS FÜR GESCHICHTE UND ALTERTHUMSKUNDE ZU FRANKFURT AM MAIN, MITGLIEDE DES GELEHRTENAUSSCHUSSES DES GERMANISCHEN MUSEUMS ZU NÜRNBERG.

FÜR DEN LITTERARISCHEN VEREIN IN STUTTGART
NACH BESCHLUSS DES AUSSCHUSSES VOM MAI 1865
GEDRUCKT VON H. LAUPP IN TÜBINGEN
1877.

981.

Paris den 1 Jan. 1719, umb ein viertel auff 7 morgendts.

Hertzallerliebe Louisse, ich wünsche Euch ein glückseeliges, friede- undt freüdenreiches neües jahr, langes leben, gutte gesundt[heit] undt alles, waß Ihr Euch selbsten wünschen undt begehren möget. Nun ich Euch, liebe Louisse, daß neüjahr gewünscht, komme ich auff Ewer liebes schreiben vom 13 December, no 98, werde aber in großer eyll schreiben müßen; den umb 8 uhr muß ich mich ahnziehen, hernach in kirch, von dar werde ich in meiner nagelneüen kutsch zum könig, von dar zu madame de Berry, hernach wider herr, wo ich taußendt menschen sehen muß, alle abgesantten, die statt Paris und alles, waß in der statt von leütte von qualitet ist. Umb mich ihrer ein wenig loß zu machen, werde ich gleich nach dem eßen au Carmelitten undt von dar abendts umb halb 6 ins opera, werde wie insolvable mitt den andtwortten auf Ewere undt meiner dochter schreiben; den nach dem opera werde ich ihr erst schreiben undt abscheülich interompirt werden. Aber so gehts mitt dem verdrießlichen neüen jahr. Ich hoffe doch, ob gott will, wo er mir biß auft donnerstag leben undt gesundtheit verleyet, einen lengern brieff zu schreiben können, alß heüttern, den alßden wirdt daß gethuns vorbey sein. Seindt in keinen sorgen, liebe Louisse, daß ich umb 6 auffstehe! Ich gehe gar früh schlaffen undt ahm spätsten, daß ich zu bett gehe, ist umb halb 11, gar offt umb 10 bin ich in mein bett, also meistentheill 8 stundt im bett, so genung ist. All mein leben eße ich abendts salat; mein magen ist gutt undt gantz dran gewohndt, thut mir, gott lob, nie wehe; wen ich nur nichts eße, wo fleischbrüh ahn ist, daß allein kan ich nicht vertragen. Ich mag auch kranck, oder gesundt sein, nehme ich mein leben keine fleischbrühe, noch sup; den es macht mich übergeben undt gibt mir indigestion. I. G. s. der churfürst, unßer herr vatter, hatt mich schir einmahl sterben machen, meinte, es were eine fantesie, ließ mir auß gehorsam alle morgendts ein monat lang bouillon nehmen undt ich kotzte [1] (met verlöff, met verlöff, wie die alte Wolzogin alß pflegt zu sagen) alle morgen. Ich wurde schwach undt dur davon, wie ein scheydt holtz. Der gutte ehrliche Polier erwieße I. G., daß ich es nicht mehr außstehen konte; also gab man mir, ahnstatt ein bouillon, eine gutte schüßel voll weinsup, haber [2] mehr sup mitt eßig: daß hatt mich wider zurecht bracht, sonsten were ich crepirt. Wie ich ahnfangs herkam, meinte Monsieur s. undt alle leütte undt die dock[t]oren hir, man konte nicht ohne boullion leben. Monsieur batt mich, es zu versuchen. Ich verzehlte I. L., wie mirs zu Heydelberg mitt gangen were. Daß halff nichts; ich müste es versuchen. Ich kotzte biß auffs bludt. Da schwur Monsieur, er wolte es mir sein leben nicht mehr zumuhten. Aber waß noch wunderlicher ist, liebe Louisse, ist, daß mir, wen ich so gekotzt habe, [nichts] den magen wieder zurecht bringt, alß roher schincken, oder mettwürst. Suppen aße ich nicht ungern, aber sobaldt ichs geßen habe, geschwilt mir der magen, macht mich schwitzen undt bekomme eine indigestion, muß es also auch bleiben laßen. Ich bin gar zu gewohndt, bey dem licht zu schreiben, umb daß es mir schaden könte. Ich muß auch woll morgendts schreiben undt da schreib ich in ruhe ohne interuption undt mehr in einer stundt, alß nachmittags in 3. muß also woll morgendts schreiben, oder gar nicht. Ich habe die gutte frauh [3] von Welden, alß sie noch freüllen Charlotte war, gar offt von Stauffen-Eck reden hören, daß ich also woll weiß, waß es ist. Es wundert mich nicht, daß Carline ihr kindt so bet[r]awert. Ich habe meinen sohn [4] 6 mont beweint, meinte, narisch drüber zu werden; den schmertzen kan niemandts wißen, so kein kindt gehabt hat. Es thut, alß wen man einem daß hertz auß dem leib reist. Ich weiß nicht, wie ich es habe außstehen können; schaudert mir noch, wen ich dran gedencke. Aber da schlegt es achte; ich muß wieder meinen willen vor dießmahl auffhören, zu schreiben, nur noch in

---

1 d. h. erbrach mich. 2 ? aber. 3 d. h. frau. 4 Alexandre Louis d'Orléans, herzog von Valois, geboren 1673, gestorben 1676.

eyll sagen, daß mein sohn kein wordt Teütsch kan ¹. Aber ich
will Ewer memoire übersetzen laßen. Die min[i]ster können auch
kein Teütsch, konten also den raport nicht thun. Adieu, liebe
Louisse! Ich ambrassire Euch von hertzen undt versich[r]e Euch,
daß ich nicht allein im 1719 jahr Euch von hertzen lieb haben
werde, sondern alle die, so ich noch zu leben habe.

Elisabeth Charlotte.

P. S.

Sontag den 1 Januari, umb 9 uhr nachmittags.

Ich habe dießen nachmittag 2 schreiben auff einmahl von Euch,
liebe Louisse, entpfangen vom 17, no 99, undt 20 December, no 100,
sambt den 6 schraubthaller. Ihr schreibt mir aber nicht, waß sie
kosten; bitte, Ihr wolt mirs doch mitt letzter ² post berichten.
Dancke Euch doch, liebe Louisse, vor die mühe, so [Ihr] genohmen.
Ich admirire, wie die leütte lügen können. Es ist kein wordt war,
daß mir der Kurtz 3 hundt geschenckt hatt. Ich kene ihn nicht
anderst, alß daß er mitt seiner fraw kam undt bracht mir gruß
undt [einen brief] von der verwitibten königin in Spanien; ein hatt ³
lange, große fraw. Daß ist alles, waß ich von ihm weiß. Wendt
kendt ihn ebensowenig alß ich. Ihr werdt in ahnfang dießes brieffs
sehen, wer die uhrheber von der hießigen conspiration ⁴ sein. Mehr
kan ich dießen abendt nicht sagen. Der kopff threhet mir [von]
den abscheülig viellen leütten, so ich heütte gesehen hab. Gutt
nacht, hertzliebe Louisse! Ich ambrassire Euch von hertzen undt muß
ahn mein dochter schreiben.

982.

Paris den 5 Januari 1719 (N. 43).

Hertzallerliebe Louise, ich glaube, ich habe Euch den h. neüjahrstag geschrieben, wie daß ich zwey von Ewern lieben brieffen
auff einmahl entpfangen von no 99 undt 100, bekommen, doch noch
kurtz zuvor daß von no 98. Ihr könt woll gedencken, liebe Louisse,

---

1 Vergl. band I, s. 457. 2 ?nächster. 3 ? er hat eine. Vergl. nachher s. 15. 4 Die verschwörung von Collamare ist gemeint. Vergl. band III,
s. 480. Man vergleiche ebendaselbst s. 486 unter Collamare.

daß ich heütte nicht auff alle 3 werde andtwortten können, sondern nur ahn die zwey frischten. Ich habe Euch vor 8 tagen bericht, wie daß es heraußkommen, daß der duc undt die duchesse du Maine die uhrheber von der conspiration sein. Seyder dem hatt man noch etwaß erfahren, so den duc du Maine überweist. Man hatt ein brieff vom cardinal Alberoni ahn dießem duc gefunden, so ihm mitt dießen wortten schreibt: «Dais[1] que la guere sera declarée, mettes le feu a touttes vos mines!» Nichts ist deütlicher; es seindt böße undt verfluchte leütte. Ach, da kompt man mir waß sagen, so mich jamert, nehmblich daß der könig in Schweden[2] in einem sturm geblieben ist[3]. Ich würde es mich doch gestrosten, wen mein vetter, der erbprintz von Cassel, könig in Schweden wern[4] solte. Er hatt gleich einen stillstandt mitt Denenmarck gemacht. Man hört nichts mehr, alß lautter unglück ahn allen ortten. Wen mein dochter so waß hört, sagt sie alß: «Der jüngste tag wirdt gewiß baldt komen», undt kan sich recht mitt ängsten. Der spanische ambassadeur fragt wenig nach alles. Er ist nach hauß, wo man ihm vor alle seine boßheit danck wirdt wißen. Hette man meinem raht gefolgt, hette man dießen bößen man büßen machen. Aber ich muß eine pausse machen.

Donnerstag den 5 Januari, umb 6 uhren abendts.

Wie ich heütte ahn taffel bin, hatt man mir[5] Ewer liebes schreiben vom 24, no 101, zu recht entpfangen; habe woll gedacht, daß Euch dieße abscheüliche conspiration vom duc du Maine gegen meinen sohn Euch ärgern würde. Es seindt zwey teüffelger, so von zwey alte hexen[6] geführt werden undt 2 ertzschelmen unterhalten werden. Waß kan auß dießem allem guts kommen? Ich war so voller schrecken, alß ich Euch, liebe Louisse, geschrieben, daß es woll kein wunder, daß ich daß schiffer vergeßen. Ich war so verbaßert, daß es kein wunder, daß ich meinen eygenen ... Der duc undt duchesse haben in allen ortten hinschreiben laßen, sich weiß undt meinen sohn schwartz zu machen. Alles, waß die 6 personnen erdacht gegen mein sohn, ist nicht außzusprechen, ist gar

---

1 d. h. Dès. 2 Karl XII. Er wurde 11 December 1718 vor Friedrichshall erschoßen. 3 Vergl. Journal du marquis de Dangeau XVII, s. 454. 4 d. h. werden. 5 ? habe ich. 6 Es sind frau von Maintenon und die princesse des Ursins gemeint. Vergl. band III, s. 409.

zu falsch undt boßhafft; undt madame d'Orleans undt madame la princesse seindt gantz verwundert, wie ich glauben kan, daß der duc du Maine undt seine gemahlin ahn waß übels gedacht haben. Es ist doch sonnenclar; ich gestehe, daß macht mich ungedultig. Es ist nicht zu erdencken, waß libellen sie in Paris undt in den provintzen gegen meinen armen sohn außgebreydt haben, auch in frembten ländern geschickt haben. Schlieben¹, so ein böser mensch ist, hatt den armen teuffel, den Sandrasqui², verführt. Sandrasquis vatter war, alß er mir versichert, commandant zu Franckenthal geweßen, vergangen jahr gestorben. Die leütte, so meines sohns feindt sein, sein so erschrecklich boßhafft undt haben so einen großen anhang von allerbandt leütte, daß ich mühe habe, nicht in angsten zu sein. Mein armer sohn hatt leyder keine zeit, kranck zu sein, hatt sich also mitt dem kinkina³ eyllen müßen, es auffzuhalten. Die docktoren leyden hir nicht, daß man daß meladie-Kindt-pulver⁴ braucht. Die armen Heydelberger dauern mich, daß sie so geplagt werden. Daß kompt auff mein wordt von pfaffen her. Wen die den churfürst einnehmen, wirdt es ein groß unglück sein. Gott bewahr davor! Es wundert mich, daß Cbur[p]faltz so wenig auff der königin in Spanien, sein[e]r fraw schwester klagten sicht, daß er den Steingens⁵, von welchen I. M. so gar übel zufrieden sein, alß envoyes herschickt. Ich weiß gar woll, daß Ewer jüngste niepce eine dochter. Graff Degenfelt hatt mich zu gevatter gebetten. Ich habe noch nicht davor dancken [können]; den ich bin accablirt von brieffen, muß jetzt gleich mitt einen expressen courir, so mein dochter hergeschickt, andtwortten, kan also vor dießmahl nichts mehr sagen, alß daß ich Euch recht von hertzen lieb habe undt behalte, liebe Louise!

Elisabeth Charlotte.

983.

Paris den 8 Januari 1719 (N. 44).

Hertzallerliebe Louisse, wir haben abermahl ein neu unglück.

---

1 Vergl. band III, s. 474. 2 Sandraski. Vergl. band III, s. 474.
3 quinquina, fieberrinde, china. 4 Mylady-Kent-pulver. 5 Vergl. band III, s. 473.

Daß gantze schloß zu Luneville ist rein abgebrendt mitt allen meublen den 3ten dießes monts umb 5 uhr morgendts. Eine paraqne¹ ging in brandt; die leutte im hauß woltens verhehlen, gruben unten nunder undt meinten, den brandt zu leschen. Allein es war nahe ahn einem holtzhoff; der windt führt die flam ins holtz, daß brandt gleich ahn, fuhr ins balhauß, vom balhauß ins dach undt in einer stundt zeit ist alles abgebrendt. Das gantze garde de meuble ist ahn ersten verbrendt. Man hatt die archiven undt papiren salviren wollen, aber hundert personnen seindt drüber verbrendt. Die schloßcapel auch, so gantz neü gebawet war undt gar schön soll gewest sein, ist in aschen. Man rechnet den verlust von 15 biß zwantzig millionen. Die kinder hatt man in decken nackendt in bloßen hembt salvirt undt weggetragen. Meine dochter hatt sich in chaissen mitt bloßen beinen wollen wegtragen laßen; allein ihre porteur zitterten so erschrecklich, daß sie nicht tragen konten; also muste mein arme dochter den gantzen gartten durch inn schnee mitt bloßen füßen gehen, undt der schnee lag 2 schuh hoch. Ihr kont gedeucken, welch ein abscheülich angst sie außgestanden, biß sie ihre liebe kinder wieder gefunden hatt. Ich werde insolvable mitt Ewern lieben schreiben; den ich kan heütte noch keines vollig beantworten, werde doch etwaß auff daß vom 27 December, no 102, 1718 sagen, so ich heütte entpfangen, worauß ich gesehen, daß Ihr daß meine von no 38 entpfangen habt. Hirbey schicke ich Euch, liebe Louisse, daß manifest, worumb der krieg gegen Spanien ahngefangen, undt darneben ein boßhafft stück, ein copie von einem andtwortschreiben vom abgesanten von Spanien ahn den hießigen nuntius. Es ist keine linie, wo nicht eine boßheit in steckt. Den Sandrasqui habe ich beßer tractirt, alß Schlieben; den vor dem hab ich mich interessirt undt vor ihm gesprochen. Aber Schlieben hatt viel verstandt, verzehlt possirlich, aber mein leben habe ich nicht vor ihm gesprochen. Er hatt mich woll drumb ersucht, ich habe es aber nie thun wollen. Er sagt[e] einmahl zu mir: «E. k. H. sagen offt: ««Schlieben redt gutt Teu[t]sch, Schlieben hatt verstandt»»; Sie sagen aber nie: ««Schlieben ist gar ein ehrlicher mensch, hatt ein gutt gemühte.»» Ich sagte: «Daß Ihr gutt Teütsch redt, höre [ich], daß Ihr verstandt habt, mercke ich; aber

---

¹ baraque, kleines, schlecht gebautes haus.

daß Ihr die ander zwey qualitetten habt, müst Ihr mir weißen, den es steht nicht ahn der stirn geschrieben.» Ich habe mein leben von keinem general gehört, so Francheville heist, kene den menschen gantz undt gar nicht, undt wie man vor dießem alß pflegt zu sagen: «Wen ihn gott nicht beßer kendt, alß ich, ist er sehr zu beklagen»; mogte woll ein avanturier sein. Alle der Frantzoßen naredey ist, zu regieren, undt weillen der könig in Spanien sich gar leicht gouverniren lest, wollen sie ihn haben. meinen alle, zu regieren. Mein sohn steht noch große gefahr mitt den verfluchten boßhafftigen leütten auß. Wir haben hoch von nohten, daß unß gott beystehe; mir ist recht angst dabey. Man heist mich Madame undt nicht Madame d'Orléans, daß ist meins sohns gemahlin. [Sie] ist todtkranck geweßen, aber nun wider gesundt, aber noch sehr betrübt, wie leicht zu glauben. Ich kan sagen über alle freündtschafft, so man mir erweist, wie Atis: «Indigne que je suis de l'honneur qu'on m'adresse»[1]; aber es ist mir doch ein trost, ob ich es zwar nicht wehrt bin. Aber es wirdt spät, monsieur Terey[2] zörnt, ich muß enden undt vor dießmahl nur sagen, alle die, so sich vor mich interessirt haben, zu dancken, undt Ihr seydt versichert, daß ich Euch von hertzen lieb behalte.

Elisabeth Charlotte.

984.

Paris den 12 Januari 1719 (N. 45).

Hertzallerliebe Louise, ich glaube, ich werde mein leben nicht auff Ewere liebe schreiben andtwortten können; den es ist schon ein viertel auff 10. Ich habe heütte morgen ahn die gräfin von Oldenburg, meine baß, der printzes von Tarante dochter, geschrieben. Nach dem eßen bin ich zu der großhertzogin, bey welcher ich biß 6 geblieben. Seyder ich wider kommen, ist madame de Berry herkommen undt biß 7 geblieben. Hernach habe ich ahn

---

[1] Die hier aus der tragödie Atys von Quinault angeführten worte finden sich in der vierten scene des zweiten actes und lauten:
Indigne que je suis des honneurs qu'on m'adresse,
Je dois les recevoir au nom de la Déesse.
Man vergleiche: Le théâtre de Monsieur Quinault ... Tome IV. A Paris. 1739. s. 294.   [2] der leibarzt von Elisabeth Charlotte.

monsieur Harling auff 3 seiner schreiben geantwordtet, habe also
nicht eher, alß nun, ahnfangen können. Aber solte ich auch biß
morgen schreiben undt monsieur Teray braff zörnen machen, so
werde ich doch dieße post nicht vorbeygehen laßen, ohne Euch zu
schreiben undt mein wordt zu halten. Ich komme auff Ewer liebes
schreiben von 27 December, no 102, welches daß frischte ist, so
ich von Euch habe. Alle die boßheit von der duchesse undt dem
duc du Maine kommen von der alten zot[1] her undt der pr[incesse]
des Ursin[2]. Die 2 alten seindt lebendige teuffel[3]. Die Jessuwitter mögen gar woll mitt unter dießem spiel sein; allein man
kan sie noch nichts beschuldigen, den man hatt noch nichts gegen
ihnen gefunden. Wer nichts glaubt, kan sich nie beßern; die

*

1 Frau von Maintenon.   2 Über Anne Marie de La Trémouille, princesse des Ursins, vergleiche man band II, s. 809. 810. Man sehe auch: La
princesse des Ursins, essai sur sa vie et son caractère politique par M. F. Combes.
Lettres inédites de madame des Ursins, publiées avec une introduction et des
notes par M. A. Geffroy.   3 G. Brunet, Correspondance complète de Madame, duchesse d'Orléans. Tome second. Paris. 1863. s. 51. 52, macht hierzu
folgende bemerkung: «A l'égard de ces attaques perpétuelles contre madame
de Maintenon, nous pensons, comme M. Walckenaër, qu'elles sont, de même que
celles de Saint-Simon, le résultat d'une haine aveugle et de la plus injuste
partialité. «Il en est de même de presque tous ceux qui ont écrit sur cette
«femme célèbre dans le temps de sa faveur. Pendant tout le dix-huitième
«siècle, les philosophes, à cause de sa dévotion, lui ont attribué sur les affaires
«une influence qu'elle n'avait pas, afin de pouvoir rejeter sur elle les malheurs
«et les désastres du règne de Louis XIV. Ce n'est que de nos jours que l'on
«a commencé à la juger impartialement» («Mémoires sur madame de Sévigné»,
t. II, p. 450). Elle est défendue avec habileté et talent dans l'«Histoire» qu'a
publiée M. de Noailles (1848, grand in-8), et dont il n'a paru encore que les
deux premiers volumes: M. Ampère en a rendu compte dans la »Revue des
Deux-Mondes«, 1848, t. XXIV, p. 538-555. Ajoutons que cette même «Revue» renferme (1849, t. IV) un article «sur les apocryphes de la peinture»,
dû à M. Feuillet de Conches, et dans lequel ce judicieux auteur d'autographes
cite un passage extrait d'une lettre inédite de Ninon de Lenclos à Saint-Evremond, lettre qui fait partie de son cabinet, et qui est de nature à effrayer les
défenseurs de madame de Maintenon. «Scarron était mon ami; sa femme m'a
«donné mille plaisirs par sa conversation, et dans le temps je l'ai trouvée trop
«gauche pour l'amour. Quant aux détails, je ne sais rien, je n'ai rien vu,
«mais je lui ai prêté souvent ma chambre jaune à elle et à Villarceaux.» Re-
marquons que «madame de Maintenon avait été plus que très-amie de Villarceaux»,
selon Saint-Simon (t. XIX, p. 35), et on a dit avec raison que Villarceaux était
un fort grand débauché de corps, de cœur et d'esprit.»

dencken ahn nichts, alß ihre intriguen undt interessen. Ich habe
Euch schon geschrieben, wie es mitt Schlieben undt Sandrasqui bestelt war. Ich habe gestern ein liedt bekommen, so Schlieben auff
die königin in Spanien, die zu Bajonne ist, gemacht hatt. Ich habe
mich so geey[l]t im abcopiren, daß ich forchte, Ihr werdt es nicht
leßen können¹. Ich weiß nicht, ob ich Euch den abscheülichen brandt
von Luneville [ge]schrieben habe oder nicht². Ich muß in dießem
augenblick schließen; den monsieur Teray filtzt mich, sagt, ich wolle
mich umbs leben [bringen]; es ist doch noch kein viertel auff 11.
Ich schicke hirbey auch daß manifest, so man hir vom spanischen
krieg gemacht hatt³. Mehr kan ich dießmahl nicht sagen, alß daß
ich Euch von hertzen ambrassire undt lieb behalte.

            Elisabeth Charlotte.

1.

Wie schön, wie wunderschön
Spilt mir zur qual dein augenlicht!
Ich sehne mich nach solchen sternen,
Die sich zu weit von mir entfernen.
Ich soufftze, doch du hörst mich nicht;
Ich flehe, aber, ach, vergebens,
Weill du, o sonne meines lebens,
Wilt andern auff-, mir aber untergehen.

2.

Die schult ist selbsten mein,
Wen ich einst unglückseelig bin;
Daß macht, ich habe lieben wollen,
Waß ich nur hett ahnbetten sollen;
Daß führet mich zur marter hin.
Mein schicksal hatt mich außersehen,
Ich soll in schönnen feßeln gehen
Undt doch niemahls erfreüet sein.

3.

Mein kindt, erzürne nicht
Von deiner augen schönheitsschein,
Die aller menschen hertz entzünden
Undt mich zu deinen füßen binden,
Mir offtmahls machen schmertz undt pein!

---

[1] Das fragliche gedicht ist auf einem besonderen octavblättchen dem briefe beigelegt.   [2] S. oben s. 6.   [3] Dieses manifest findet sich nicht vor.

Zu spät verleüt*tu ¹ mir daß lieben,
Dieweill mir schon ins hertz geschrieben
Dein allerschönstes augenlicht.

985.

A mad. Louise, raugraffin zu Pfaltz, a Franckfort.

Paris den 15 Januari 1719, umb 9 abendts (N. 46).

Hertzallerliebe Louise, wie ich wider auß den Carmelitten kommen, habe ich Ewer liebes schreiben vom 31 December 1718, no 103, zu recht entpfangen, aber nicht gleich wider drauff andtwortten können, weillen ich die complaissance habe haben müß[en], mademoiselle de Vallois² ins opera zu führen; den ihr fraw mutter kan noch nicht nein undt will nicht, daß sie ohne mich nein soll; habe also dieße complaisance haben mußen. Ist woll eine rechte complaisance; den ich frag kein haar mehr nach den operaen, bin nicht lustig noch ruhig genung dazu, umb lust drin zu nehmen können. Nun aber hoffe ich, doch noch auff dießes letzte schreiben von Euch zu andtwortten, will mich eyllen, so viel ich kan. Ich bin von hertzen froh, liebe Louise, daß Euch daß porte-lettre³ mitt meinen wappen gefahlen hatt; habe woll gedacht, daß Ihr dieße arbeydt noch schönner, alß die von den andern porte-lettre, finden würdet. Nach Ewerer rechnung ist dießer letzte brieff der 105 von den 1718 jahr. Wen gott der allmachtige mein sohn noch ferner gnädig bewahren will, wie bißher geschehen, wirdt mir daß leben nicht unahngenehm sein; allein solten die bößen leütte ihre boßheit ahn ihm volbringen, so sie vorhaben, so gestehe ich von hertzen, daß ich lieber gleich sterben mögte; es schaudert mir, nur dran zu gedencken. Vor alle gutte wünsche dancke ich Euch von hertzen, liebe Louisse! Man hatt gar unrecht in den gazetten gesetzt, daß madame Dangeau sohn in der conspiration ist. Der drin ist undt in die Bastille geführt, ist deß Coursillons⁴ frawen vatter, der marquis de Pompadour⁵ (pfaffen deügen selten), wahr in seiner ju-

---

1 d. h. verleidest du. 2 Charlotte-Aglaé d'Orléans, mademoiselle de Valois, die dritte tochter des regenten. 3 porte-lettre, brieftasche. 4 Courcillon. 5 Vergl. band III, s. 465. 466.

gendt abbé de Lorière[1] undt enfant d'honneur von monseigneur le dauphin. Er ist verwandt undt freundt von der alten hexsen, der printzes des Ursin; daß hatt ihm in dießes unglück gestürtzt. Madame Dangeau hatt eine großere betrübtnuß, alß die von ihres sohns schwiegervatter ist; [ihr] elster bruder, der fürst von Lewenstein, ist gestorben. Ich habe sie heütte im closter gesehen, ist hertzlich betrübt. Liebe Louisse, ich bin fro, daß meine schachtelgen, so ich Euch geschickt, tromphirt hatt. Liebe Louisse, wie solte ich woll schlaffen undt ruhig sein können in dem labirint, wo wir unß nun finden? Wen mein sohn mir auß den augen kompt, kan ich nicht sicher sein, ihn wider zu sehen. Alle tag findt man mehr, so conspirirt haben gegen sein leben. Der krieg gefehlt mir auch nicht, ich bin bludtleünisch hir. Bin froh, daß unßere Pfaltzer hoffnung haben, ruhig zu sein können. Gott stehe ihnen bey undt unß auch hir! Undt ich behalte Euch allezeit von hertzen lieb.

Elisabeth Charlotte.

986.

Paris den 19 Januari 1719 (N. 47).

Hertzallerliebe Louisse, vorgestern abendts habe Eüer paquet sambt dem vom baron Goertz zu recht entpfangen. Hirbey schicke ich die andtwort ahn ihm; den es ist billig, daß die accordirte andtwort durch Euch, liebe Louisse, geht. Ich dancke Euch sehr vor alle gutte wünsche, womitt Ihr Ewer schreiben von no 1 undt 3ten dießes monts wider ahnfangt, wünsche Euch hergegen alles, waß Ewer heitz begehrt. Aber Eüer wunsch, liebe Louise, vor meine gesundtheit ist nicht volbracht; den ich bin seyder vergangen sontag so erschrecklich mitt husten undt schnupen geplagt, daß ich weder nacht noch tag ruhe habe; habe dieße nacht ohne aufhören vom mitternacht biß umb 5 morgens gehust undt umb 7 wider ahngefangen, dieße heßlich mussiq zu führen, habe nicht mehr im bett dawern können, bin umb 8 auffgestanden. Aber nun muß ich eine pausse machen.

Donnerstag umb 10 abendts.

Waß man hir le diable au contretemps heist, daß hatt mich

[1] Laurière.

heütte woll verfolgt; den nun ich die cammer halte undt en menteau bin, kommen alle damen hergeloffen, wozu sie sich nicht resolviren können, wen ich im grand habit bin; den sie scindt nicht mehr gewondt, geschnurdt zu sein. Es ist überall ein doll leben; aber wen ich davon reden wolte, daß würde mich zu weit führen, will nur in eyll sagen, daß, wie ich eben die feder genohmen undt gehofft, Euch einen großen brieff zu schreiben, ist meiner dochter courier komen undt hatt mir gesagt, daß er morgen wider weg würde, habe also ahn den hertzog undt mein dochter schreiben müßen, habe 12 bogen ahn mein dochter undt 6 ahm hertzog geschrieben, welches alleweill erst zum endt gangen. In gesundtheit bring ich jetzt meine zeit gar nicht zu, wie ich Euch heütte morgen schon gesagt habe. Ich habe Euch alles geschrieben, liebe Louise, wie es hir zugeht; drumb sag ich jetzt nichts davon, den es ist nichts neües vorgangen seyder sontag. Daß der duc de Bourbon mitt im spiel sein solle, ist gar nicht war; mein sohn undt er seindt gutte freündt. Es war zeit, daß die verrahterey endtdect worden; den 4 tag hernach solte alles außbrechen. Ich weiß nicht, wie es kompt, daß Ihr mein schreiben nicht endtpfangen habt; den ich habe kein eintzige post verfehlt undt werde keine fehlen, entwetter wenig oder viel, ich müste den lahm oder todt sein. Ich weiß nicht, wen ich ein augenblick finden kan, den graff Degenfelt vor sein vertrawen zu dancken, mich zu gefatter gebetten zu haben. Heütte ist es ohnmoglich, wie Ihr segt [1]; kan Euch kaum schreiben. Macht ihm doch meine entschuldigung undt seydt versichert, daß ich Euch allezeit von hertzen lieb behalte! Hirbey kompt die andtwort ahn baron Goertz. Adieu! Ich ambrassire Euch von hertzen.

Elisabeth Charlotte.

987.

Paris den 21 Januari 1719 (N. 48).

Hertzallerliebe Louise, ich will heütte ahnfangen, Euch zu schreiben, umb le diable au contretemps zu betriegen, damit er mir keine verhinderniße zuschicken mag undt ich Euch ein wenig lenger möge entreteniren können, liebe! Mein husten fengt ahn, ein wenig leydtlicher zu werden, undt hatt mich, gott lob, dieße

---

1 d. h. sehet.

nacht gar woll schlaffen [laßen]. So lang ich wider zu Paris bin, habe ich nicht so woll geschlaffen, alß dieße nacht; hoffe also, daß er in kurtzer zeit mich wider quittiren wirdt. Ich komme auff Ewer liebes schreiben von no 1, wo ich vergangenen donnerstag geblieben, nehmblich ahn der conspiration von Berlin. Dieße hatt sich gantz falsch gefunden; der Clement, so sie alle ahngeben, hatt in der folter gestanden, daß er alle fälschlich ahngeklagt hatt. Madame Blaspiel ist wider auff freyen fuß gestelt; aber waß wirdt man ihr vor ihre maulschellen geben, womitt der könig in Preüssen sie solle regalirt haben, wie er sie hatt gefangen nehmen laßen? Daß findt ich zwar schlim, aber noch nicht so arg, alß daß dießer könig sie hatt zu gast gebetten, lustig undt freündtlich mitt ihr gesprochen undt sie hernach so übergetracktirt; daß ist zu falsch undt gar auff keine weiße königlich.

Sambstag umb ¾ auff 9 abendts.

Ich habe le diable au contretemps ertappen wollen, aber ich sehe woll, daß er schlauer ist, alß ich. Er hatt mich erdapt; den so baldt ich von taffel kommen war undt ein halbstündtgen [für] meine digestion außgeruhet hatte, nahm ich die feder undt wolte schreiben; allein der envoyes von Lotheringen bracht mir ein groß paquet, so in dem augenblick muste beantwort werden, weillen der courier morgen wider fort soll. Daß hatt mich biß auff die stundt auffgehalten, daß man in die commedie gangen. Nach der commedie habe ich mitt mein sohn wegen meiner lotteringischen kinder reden müßen undt ihm ihre undt meine... gewißen; daß hatt mich biß jetzt geführt. Nun werde ich nur noch ein viertelstündtgen schreiben können, hernach nach bett; den ich muß mein ey nehmen, welches mir gar woll bekompt undt mich, wie ich hoffe, wider couriren wirdt, wie es vor 2 mont gethan hatt. Ich war heütte morgen ahn berlinischen hoff geblieben. Es geht heütte ein abscheülig geschrey von dißem könig, welches mir doch von hertzen leydt sein solte. Ich wilß aber noch nicht glauben. Man sagt, dießer könig hatt solche hauptschmertzen, daß er gantz wie veruckt davon sein solle. Ich beklage von hertzen die arme königin. Unßer commers ist nicht gar exact, aber wen ich ihr gleich geschrieben hette, würde ich nichts gemehlt[1] haben von waß Ihr mir geschrieben habt,

---

1 d. h. gemeldet.

liebe Louisse! Ich cittire mein leben niemandts. Da schlegt es halb 10, ich will mich außziehen undt nach bett gehen. Morgen hoffe ich dießen brieff außzuschreiben, nur noch sagen, daß der hertzog von Lotheringen mir schreibt, daß er zeittung bekommen, daß der erpprintz von Denemarck die printzes Anne von Englandt bekommen wirdt.

Sontag den 22 Januari, umb ein virtel auff 9 morgendts.

Dieße vergangene nacht ist nicht so rubig gewesen, alß die gesterige. Ich habe abscheulich gehust, bin so fro, auß dem bett zu sein, ist mir, alß wen mir gantz geholffen were. Ich komme wieder ahn Ewer schreiben, liebe Louise, wo ich gestern abendts geblieben, nehmblich ahn den heuraht vom erbprintz von Denemarck mitt printzes Anne. Ich glaube, man macht dießen heuraht, ohne dem printz, noch der printzes von Wallis[1] davon zu sagen; den man thut ihnen allen verdruß undt leydt ahn, so immer moglich sein kan. Ich weiß nicht, wie es der könig in Englandt[2] verstehet; aber die zergereyen[3] seindt weder noble, noch königlich. Es ist mir leydt vor ihm, weillen er unßerer lieben churfürstin[4] sohn ist undt weillen die printzes drumb leyden muß; sonsten früg ich ebensowenig nach dießem könig, alß er nach mir. Verwandten seindt einem nichts, sobaldt sie nicht nach einem fragen. Ich [beklage die] königin von Preußen, welche mich auch woll von hertzen jammert. Mein gott, wie ist die welt so wunderlich geworden! Man hört undt sicht in allen enden nichts, alß ellendt, unglück undt betrübtnuß. Ich weiß nicht, waß endtlich auß dießem allem werden wirdt; die zeit wirdts lehren. Ich bin fro, daß Ihr Ewern neujahrstag lustig ahngefangen habt; den man sagt gemeinlich: «Wie der neujahrstag ist, so wirdt daß jahr drauff erfolgen»: wünsche sehr, daß ahn Euch war mag werden, liebe Louise! Ich glaube aber, daß dießer wunsch ein wenig interessirt ist; den solte ich in dießem jahr sterben oder gar kranck werden, würde Ewer jahr, wie ich sehr persuadirt bin, nicht lustig sein. Ich habe mich letzte post so

---

1 Georg August, prinz von Wales, nachmals könig Georg II von England, und seine gemahlin, Wilhelmine Karoline, prinzessin von Wales, tochter des markgrafen Johann Friedrich von Brandenburg-Anspach. 2 Georg I. 3 d. h. plackereien, quälereien. Vergl. Schmeller, Bayerisches wörterbuch IV, s. 281. 4 kurfürstin Sophie von Hannover.

eyllen müßen, daß ich Euch nicht habe auff den herrn von Degenfelt recht andtwortten können. Ob ich zwar nicht gar gern gevatter bin, so ist es doch ein andere sach mitt dem herrn graffen von Degenfelt. Erstlich so ist er herr Max sohn, so all sein leben mein gutter freündt geweßen, kan also gar woll von sich selbsten pretendiren, diß vertrawen zu mir zu haben; zum andern so ist ja seine fraw meine niepce, welches noch eine rechte ursach ist. Es ist also hiran gar nichts zu tadlen undt nehme es mitt danck ahn, werde ihn auch erster tagen drauff andtwortten. Bitte, macht ihnen doch meine entschuldigung unterdeßen! Taußendt sachen, eine verdrießlicher, alß die ander, [sind mir] zugestoßen, so mich ahn schreiben verhindert haben, undt nun bin ich kranck. Es ist schon heütte 8 gantzer tag, daß mir der abscheüliche husten dawert; mein kopff ist mir von wenigem schlaffen undt continuirlichen husten, alß wen er außgeholt were. Aber waß will man thun? Man muß woll gedult haben, liebe Louise, in dieß undt viel andern sachen. Ich weiß nicht, woher mich der general Francheville kenen will; den ich kene ihn gantz undt gar nicht. Ich glaube, er sagts nur, umb einen freyen zutritt bey Euch zu haben. Den obersten Kurtz von Kau kene ich nicht anderst, alß daß er mir einen brieff von der königin in Spanien, so zu Bajonne ist, gebracht undt zweymahl mitt seinen gar großen frawen zu mir nach St Clou kommen ist[1]. Wendt weiß auch anderst nicht, daß er sein vetter ist, alß weill ers ihm gesagt. Daß ihn die verwittibte königin hatt zum majordome machen wollen, konte leicht sein; den sie ist so, machts mitt allerhandt leütte gemein, so sie nicht kendt. Daß kost ihr alle ihre juwellen, die sie einem jungen gemeinen kerl vertrawet, undt, waß noch ahm ärgsten ist, wie sie sie hatt widerhaben wollen, hatt der bernheütter gesagt, die königin hette ihn heimblich geheüraht undt derowegen alle ihre juwellen geschenckt. Daß kompt davon, daß sich die arme königin nicht nach standts gemeß helt, sondern mitt allerhant leütten zu gemeine macht. Der Schlieben, der in der Bastillen sitzt, bey dem hatt man lieder gefunden, so er auff diese königin gemacht, so ich abcopirt habe undt Euch hirbey schicke[2], liebe Louise! Ich finde sie nicht übel gestelt; daß zweytte gesetz

---

[1] Vergl. oben s. 3. [2] Ein anderes gedicht, als das oben s. 9. 10 mitgetheilte, liegt nicht bei den briefen.

finde ich ahm artlichsten. Hirmitt ist Ewer letztes schreiben vom
3, no 1, völlig beantwort. Ich komme jetzt auff Ewer liebes schreiben vom 20 December, no 100. Daß die conspiration en[t]deckt, ist
noch nicht alles; den man sieht nur, wie mächtige undt vielle feinde
er¹ hatt, welche alle in solcher rasserey gegen ihm sein, daß sie
ihn alle todt sehen mögten, undt ich sehe ihn nicht außfahren, daß
ich nicht zittere, daß man mir ihn todt widerbringt. Es seindt
böße leütte hir im landt, daß weiß gott, undt es ist ein sonderlich
miracle, daß mein armer sohn noch im leben ist. Ihr könt woll
gedencken, liebe Louisse, in welchen standt mich dießes setzen kan;
ist kein wunder, daß ich nicht woll auff bin; es wer kein wunder,
daß ich in jenner welt wehre in allen ängsten, so ich continuirlich
außstehe. Ich kan heütte ohnmöglich mehr sagen, den ich muß
ahn mein dochter schreiben; hernach werde ich ins opera, umb mich
zu hintern, zu reden; den so baldt ich rede, muß ich ich abscheülich husten. Adieu den, hertzallerliebe Louisse! Ich ambrassire
Euch von hertzen undt versichere Euch, daß ich Euch allezeit lieb
behalte.

Elisabeth Charlotte.

988.

Paris den 26 Januari 1719 (N. 49).

Hertzallerliebe Louise, gott gebe, daß ich Euch heütte einmahl
recht schreiben mag ohne verhinderung undt interuption undt das
der diable au contretemps mich möge ein wenig in ruhen laßen!
Fangen bey dem letzten ahn, so ich eben vergangen sontag entpfangen, wie ich eben meinen brieff schon auff die post geschickt
hatte. Daß Ewerige ist vom 10 dießes von no 3 dießes monts.
Alle brieffe kommen langsam, weillen alle flüße überfloßen sein.
Ah! da begehrt man, mich zu sehen. Der diable au contretemps
hatt sein spiel noch, wie Ihr segt. Paris ist in dießem stück recht
unleydtlich. Ich hoffe, daß ich doch noch dießen morgen ein par
wordt werde sagen können undt daß Ihr endtlich meine noch ausstehende schreiben werdet entpfangen haben; den es ist gar gewiß,
daß ich keine eintzige post verfehlt habe. Ihr mögt nun in Ewerm
callender alle sontag undt donnerstag auffschreiben, so werdet Ihr

---

1 d. h. der sohn unserer hersogin, der regent.

ohnfehlbar wißen, wen ich Euch geschrieben hab, oder nicht; den
es ist gar gewiß, daß ich kein eintzige post verfehlt habe undt
gar redtlich mein wordt gehalten, alle posten zu schreiben. Solte
es continuiren, so würdet Ihr woll thun, Euch ein wenig ahn den
postmeistern zu beklagen undt ihm zu sagen, daß ich Euch versichert, liebe Louisse, daß ich keine post verfehlt habe. Sagt er,
das die schuldt ahn die frantzösche post ist, schreibt mirs! so
werde ich ihnen meine meinung sagen laßen. Ich bin noch nicht
courirt von meinem husten. Gott weiß, wen er auffhören wirdt.
Es ist doch heütte 12 gutter tag, das er wehrt; bins sehr müde.
Ich glaube, daß Ihr, liebe Louisse, nun schon wißen werdet, daß
die conspiration von Berlin zu nichts worden undt der ertzschelm,
der Clement, in der folter alle seine boßheit gestanden undt wie er
alle ehrliche leütte unschuldiger weiß ahngeklagt hatt. Freylich ist
der Clement ein betrieger undt ertzschelm. Vor einem jahr kam
er her undt wolt meinen sohn betriegen, brachte falsche brieffe von
printz Eugenu; aber zu allem glück war seine handt hir zu be-
kandt, undt ob seine brieff zwar sehr woll nachgemacht wahren, so
hatt man doch die falsch[h]eit gesehen undt dießes feine bursgen gebetten, daß königreich zu raumen, wofern er nicht zu lang drin
sitzen wollen; ist also geschwindt wider fort undt nach Berlin, wo
er daß schönne stückelgen ahngestellt hatt. Dießer kerl meritirt
woll, daß man ihm eine reiße auff einer leytter thun machte, so
ihn in jener welt führen mögte. Er hatt es gar woll verdint, hoffe
also, daß er seinen verdinten lohn bekommen wirdt. Hier haben
wir nichts neües. Man findt alle tag neüe abscheüliche sachen von
der conspiration; aber baldt wirdt alles herrauff kommen, undt sobaldt es wirdt gedruckt sein, werde ich Euch ein exemplar davon
schicken, liebe Louise! Es wirdt ein miracle sein, wofern die königin in Preüssen kindtbett ein glücklich endt wirdt nehmen nach
aller der betrübtnuß undt schrecken, so sie in ihrer schwangerschafft gehabt hatt. In der schwedischen sach wünsche ich woll
von hertzen vor meinen vettern, dem printzen von Hessen, wie Ihr
leicht gedencken kont, liebe Louisse! Ich war recht verwundert,
daß Ihr den pfaltzgraffen von Zweybrücken August geheyßen; den
ich wuste woll, daß er nicht so hieße, den es ist noch kein[e] 14 tag,
daß ich brieff von ihm bekommen habe. Er wirdt, glaube ich,
regieren undt hoff halten, wie sein herr vatter undt fraw mutter.

Man hörte ein groß geraß; so fragte ein frembter, waß daß wehre. «O!» sagte daß der ¹ vom hoff, «es ist nichts neües; der hertzog leufft seinen marschalck nach, umb ihn zu brügeln, undt die hertzogin lefft der hoffmeisterin nach, umb ihr maulschellen zu geben.» Daß geschahe alle tag. Ich weiß woll, waß man sagen will mitt der frantzoschen printzessin, so der printz von Birckenfelt heürahten solte. Es ist des cardinal de Rohan seine niepce, mademoiselle des ² Melun; daß wolte ich ihm nicht rahten; er würde den cardinal eben so baldt zum schwager, alß zum oncle, bekommen. Pfaffen rest ist eine wüste sach; über daß so ist ihr fürstenthum nur eine bloße chimere. Sie seindt leütte von gutten hauß, aber keine printzen, noch princessinen gar nicht. Der printz von Birckenfelt hatt keine lust darzu. Er hette es lengst thun können, wen er gewolt hette; den es ist schon lange, daß sie ihm nachleüfft. Mitt mademoiselle de Melun würde er keine kinder bekommen, sie ist den 50 jahren näher, alß den 40 jahren. Daß dolle leben, so die fürstin von Nassau-Siegen führt, hatt sie Franckreich zu dancken; da hatt sie daß coquette leben gelernt. Waß solte ich mitt dem gemeinen kerl ahnfangen haben, der ihres herrn cammerdinner geweßen? Weiß sie den nicht, daß man keine hergeloffene leütte bir ahnnimbt undt daß alle chargen in unßern heüßern gekaufft werden? Madame Dangeau ist sehr touchirt über ihres eltsten herrn bruder todt. Wen die printzes von Reinfels nicht gescheyder ist, alß der herr vatter undt oncle, finde ich, daß der fürst von Leuenstein ein gar schlechten heürahtt gethan hatt. Hiemitt ist Ewer liebes schreiben vom 10, no 3, durch[aus] beantwortet. Ich komme jetzt auff daß vom 7, no 2. Ihr habt groß recht, zu glauben, daß ich Euch, liebe Louisse, alle posten schreibe; den daß ist unfehlbar war. Die posten gehen zu unrichtig, umb daß Ihr in sorgen sein soltet, wen Euch die post fehlt. Ich kan nicht begreiffen, wo mein brieff no 40 muß hinkommen sein. Der duc du Maine hette woll gethan, sich auß der conspiration zu halten undt sein klein, scheff zwergelgen ³ auch davon abzuhalten. Madame d'Orleans ist

---

1 ? sagte der.   2 de.   3 «La duchesse du Maine, ainsi que ses sœurs, était presque naine; elle qui était une des plus grandes de la famille, ne paraissait pas plus qu'un enfant de dix ans.   Quand le duc du Maine l'épousa et qu'il eut à choisir entre les filles non encore mariées de M. le Prince, il se décida pour celle-ci, sur ce qu'elle avait peut-être quelques lignes de plus que

nicht sonderlich zu loben, den sie ist nicht lang raisonabel geweßen.
Ich glaube nicht, daß ein man in der welt die gedult haben [könnte,] die
er, mein sohn, hatt. Madame la princesse¹ hatt nicht große ursach,
[die duchesse du Maine] zu lieben; sie hatt sie 5 jahr mitt processen verfolgt undt nicht geschen, weder sie, noch ihr herr, noch
ihre kinder. So baldt aber madame de Vandosme² gestorben undt
madame la princesse eine re[i]che erbschafft gethan, seindt sie alle
wider zu ihr geloffen. Aber mein abscheulicher husten macht mir
kopffwehe, muß also wider willen schließen undt vor dießmahl nichts
mehr sagen, alß daß, biß mir mein verdruß den garauß macht, werde
ich Euch von hertzen lieb behalten.

Elisabeth Charlotten.

P. S.

Ich muß noch sagen, daß Pelnitz ein excroq³ ist undt sich in
Franckreich nicht weißen darff, weillen er alle menschen betrogen,
gott undt der welt schuldig ist.

989.

Paris den 29 Januari 1719 (N. 50).

Hertzallerliebe Louisse, seyder ich Ewer liebes schreiben von
no 3 entpfangen, ist mir nichts von Euch kommen, liebe Louise!
Ich habe aber noch etwaß auff Ewer liebes schreiben von no 100
zu sagen. Vielleicht werde ich dießen nachmittag noch etwaß von
Euch bekommen. Unterdeßen komme ich auff Ewer liebes schreiben, wo ich geblieben war. Hir ist kein ... vorkommen, wie ahn andern ortten sein könte. Alle boßen seindt noch nicht genent, stellen
sich wie die gutten; man kan sie nicht unterscheiden, den in derselben zeit, daß sie meinem sohn die grösten protestationen von
trewe thun, conjuriren sie gegen ihm undt sagen den teüffel von
ihm, umb ihm den halß zu brechen machen undt von gantz Franckreich haßen zu machen. Dieße falschheit ist mir gar zuwider, kan
es nicht außstehen, undt wie man sich in nichts hir richten kan,

---

von ainés. On ne les appelait pas les princesses du sang, mais les poupées du
sang» (Sainte-Beuve). G. Brunet II, s. 54. 55, anmerk. 2.
1 de Condé.   2 Vendôme.   3 ? escroc, gauner.

seindt die ängsten desto stärcker. Da habt Ihr woll groß recht, interesse verdirbt alles in der welt, geistliche undt weldtliche sachen. Noch etwaß, daß den menschen den hirnkasten gantz verthrehet, ist, wen sie ambitieux werden undt regiren wollen; wir haben deßen exempel hir. Mehr kan ich durch die post nicht sagen, liebe Louise! Ich muß auch jetzt eine pausse machen undt mich ahnkleyden, nur noch sagen, daß es kein wunder ist, daß mein sohn gehast wirdt; den die gantze caballe hatt solche libellen undt dem[1] volck gegen meinen sohn außgestreüet, daß einem die haar zu berg stehen, es zu hören. Man macht ihn vor den grosten undt ehrvergeßnen[2] tiranen passiren, so in der welt mag gefunden werden; undt die meinen sohn recht [kennen], wißen woll, daß sein gröster fehler ist, gar zu gutt zu sein. Die printzes des Ursin hatt gar nicht von nöhten, den Alberoni zu schmeicheln; sie verstehen sich wie laron en foire[3]. Es ist schon bey zwey jahren, daß sie wider in Spanien in gnaden ist, undt seyder dem hatt sie alß daß teüffelsspiel gegen meinen armen sohn ahngefangen. Freyllich ist es doch ein großes glück, daß alle die schelmerey ist endecket worden. Aber nun muß ich auch meine pausse ernstlich machen. Dießen nachmittag werde ich dießen brieff außschreiben.

Sontag abendts umb 5 uhr undt ein halb abendts.

Ich hatte gehofft, früher wider zu schreiben können; allein gleich nach dem eßen hatt man mir gegrabene stein weißen wollen; es war aber nichts besonders. Ich bin hernach entschlaffen undt jetzt, da ich wacker werde, finde ich meine kammer voller leütte undt man bringt mir Ewer liebes schreiben von 14, no 5. Es fehlt mir alßo eines von Euch, no 4; den daß letzte, so ich gehabt, war von no 3; oder habt Ihr Euch vielleicht verschrieben undt 5 vor 4 geschrieben. Da könt Ihr nachsehen, liebe Louisse! Ich vor mein theil bin gar gewiß, daß ich Euch den brieff no 40 geschrieben; den es war just den h. Christag. Ich habs woll auffgeschrieben, den ich weiß es gar gewiß. Ich kan nicht begreiffen, wo mein brieff vom Christag muß hinkomen sein. Ich glaube, ich werde mein leben Ewern brieff von no 100 nicht beantworten kön-

---

1 ? unter das. 2 ? ehrvergeßensten. 3 ils s'entendent comme larrons en foire, d. h. sie verstehen sich mit einander wie diebsgesindel auf dem jahrmarkt.

nen. Paris ist unleydtlich mitt allen verdrißlichen verhinderungen.
Ich will versuchen, ob ich noch ein par wordt auff Ewer letztes
schreiben werde sagen können. Aber nein, da schlegt es 10, ich
muß nach bett, sonsten werde ich gefiltz[t] von monsieur Teray.
Adieu, liebe Louise! Ich ambrassire Euch von hertzen undt behalte ich¹ recht lieb.

Elisabeth Charlotte.

990.

Paris den 2 Februari 1719, umb halb 9 morgendts (N. 51).

Hertzallerliebe Louise, vergangenen sontag, alß ich eben mein
paquet geschloßen, brachte man mir Ewer liebes schreiben vom
17 Januari. Ihr werdet auß meinen letzten ersehen haben, wie ich
den irtumb von den chiffre gleich gemerckt; aber daß meritirt nicht,
drumb umb verzeyung zu bitten. Es ist beßer, daß Ihr Euch
verschrieben habt, alß wen eines von Ewern lieben schreiben were
verlohren worden. Ich kan nicht begreiffen, wo daß meinige von
Christag muß hin kommen [sein]; will doch hir auff der post nach-
suchen laßen. Die ursach, warumb die brieffe nun spatter ahn-
komen, liebe Louisse, ist erstlich, daß die wege abscheülich sein
sollen, undt zum andern, daß der verschmoltzene schnee in den ...
verschmeltzt, undt daß macht, daß alle flusse undt geweßer über-
lauffen; derowegen müßen die courier umschweiff nehmen, daß
macht sie lenger außbleiben, wie man mir versichert hatt. Seyder
ich weiß, daß Euch, liebe Louisse, mein gekritzel so gar ahngenehm
ist, fehle ich keine eintzige post. Mein husten fengt ahn, ein wenig
zu vergehen; ich huste nachts nicht mehr, undt wen daß ist, rechne
ich den husten vor nichts mehr. Ob es zwar heütte ein groß fest
hir ist, so bin ich doch nicht in kirch; den unßer pfarkirch ist
dunckel, kalt undt feücht, hette gewiß den husten undt schnupen
wider herbeygelockt undt daß mögte auff die lenge kein gutt thun,
werde also die cammer noch heütte halten undt meine alte haut
schonnen. Biß sontag wirdt es 3 gantzer wochen sein, daß ich den
verfluchten husten habe. Vor Ewer[e] gutte wünsche dancke ich
Euch sehr, liebe Louise, undt wünsche Euch hergegen alles, waß

1 ? Euch.

Ewer hertz begehrt. Ich habe Euch schon in meinem vorigen schreiben gesagt, daß ich deß graff von Degenfelts gevatterschafft woll auffgenohmen undt ihm recht danck vor sein vertrawen weiß. Ich habe gestern noch ein schreiben von graff von Degenfelt entpfangen undt ein gar altes von Euch. Ich konte nicht begreiffen, wie es möglich sein konte, daß ich ein schreiben von Euch auß Englandt bekommen solte; den der herr von Gemingen kompt dort her. Ewer liebes schreiben ist vom 9 October 1718, also bey 4 monat alt. Mich deücht, daß ein so großer junger mensch, liebe Louise, sich beßer im krieg, [als] in den raht schicken solte; die mutter will ihn vielleicht nicht wagen. Daß ist alles, waß ich Euch auff dießen alten brieff sagen kan. In dießem augenblick bringt man mir noch eins von Ewern schreiben, liebe Louise, vom 21 Jan., no 6. Aber dieße andtwordt werde ich vor sontag sparen; den weillen ich 3 große brieffe von unßerer lieben printzes von Wallis bekommen, so morgen gar großen brieff machen wirdt, also zu fürchten habe, daß ich morgen abermahl nicht ahn herrn von Degenfelt würde schreiben können, will ich es heütte thun; den morgen habe ich auch noch ahn mein arme dochter zu schreiben, die auff alle weiß trost von nöhten hatt. Es ist eine verfluchte sach mitt den verfluchten maistressen; sie bringen überal unglück undt seindt verteüffelt. Meine arme dochter wirdts gewahr; die ihrige [1] ist ein böß weib, die ihren möglichsten fleiß ahnwendt, ihr ihren herrn gantz abzuziehen. Ich wolte nicht schwehr[e]n, daß sie daß hauß zu Luneville nicht hatt abbrenen machen: den ihr haß gegen meine dochter ist viel größer, alß die liebe, so sie vor den hertzog hatt. Man hatt gefunden, daß ein man kommen, der hatt einer frawen, so ruffen wolte, daß es brendt, den mundt verstopfft hatt undt gesagt: «Si vous cries au feu, vous estes morte»; undt ein anderer hatt gesagt: «Ce n'est pas moy qui ay mis le feu au chasteau». Mein dochter meint, es komme von der alten zot [2] her, daß die sie hatt verbrenen wollen, umb sich ahn mir undt meinen sohn zu rechnen [3], waß ihrem du Maine undt seiner gemahlin geschehen. Ich wolte auch davor nicht schwehren; den sie boßhafft genung dazu ist. Aber ich muß meine pausse machen; den ich bin

*

1 Frau von Craon, die mâtresse des herzogs Leopold von Lothringen, des schwiegersohnes von Elisabeth Charlotte. 2 Frau von Maintenon. 3 d. h. rächen.

intcrompirt worden, hab ein brieff ahn die königin von Sicillen schreiben müßen, einen brieff, so ich versprochen hatt ahn die königin durch einen menschen zu schreiben, dem ich einen versprochen hatte; daß hatt mir viel zeit benohmen, wie Ihr woll gedencken könt, liebe Louise! Nun werde ich auch nicht gar lang schreiben können, weillen ich, wie schon gesagt, ahn dem herrn graffen von Degenfelt heütte schreiben will. Wie ich sehe, so regirt le diable au contretemps ebensowoll in Teütschlandt alß hir. Die kinder, so in der jugendt gar schön sein, verderben sich offt. Die lignamenten müßen nicht delicat ahn den kindern sein, umb schön zu bleiben; sie müßen dicke, schir unformliche gesichter haben, darauff arbeydt die natur undt macht waß schönner; wen aber die gesichter gar woll formirt sein, verdirbt alles im wacksen, die gesichter werden lang, die naßen dick, die meüller größer, alles endert. Aber man [hat] exempel, daß kinder, so hübsch gebohrn sein, lang hübsch geblieben sein, alß nehmblich Ewer schwester s., Friderica; die ist allezeit hübsch geweßen. Ich weiß nicht, ob sie geendert hatt. Ihr habt gar nicht umb verzeyung zu bitten, liebe Louisse, wegen der gevatterschafft; den ich versichere Euch nochmahlen, liebe Louissen, daß es mich gantz nicht verdroßen, sondern mehr ahngenehm geweßen, daß herr Max sein sohn daß vertrawen zu mir hatt. Wen die conspiration allein von Spaniern geweßen were, liebe Louisse, so were es genung, daß sie endeckt ist; aber durch waß man nun alle tag endeckt, wie viel Frantzoßen in dießer conspiration begriffen undt die reichsten undt grösten herrn von Franckr[e]ich in dießer conjuration begriffen sein gegen meinen sohn, welchen er ahm meisten guts gethan, daß muß ich bekenen, daß mich daß in der seelen ängstiget; den mein sohn hatt nicht allein niemandts, auff wen er sich vertrawen kan, sondern auch sein leben ist nicht in sicherheit, den daran ist ihnen ahm meisten gelegen. Undt daß seindt lautter leütte, mitt welchen mein sohn täglich umbgehen muß. Daß setzt mich nacht undt tag in sorgen; den wen ich meinen armen sohn bey mir habe undt er wieder von mir, bin ich nicht sicher, ihn wieder zu sehen. Alß, wen er von mir geht, wirdt mir daß hertz immer schwer undt mögte lieber weinen, alß lachen. Gott wolle unß gnädig beystehen! wir habens hoch von nöhten. Madame la princesse denckt, wie Ihr sagt, aber madame d'Orleaus hatt andere gedancken. Ihr bruder, der hingendt ¹, hatt ihr weiß gemacht, daß, wen mein sohn sterben solte, wolte er machen, daß ihr sohn regent solte werden undt sie regentin undt über daß gantze königreich regiren. Daß macht ihr großes hertzenleydt, daß die conspiration endeckt ist. Nun erfährt man alles undt kompt alles herauß. Solche boßheitten, alß ich seytter ich eine zeit her hören, müßen in der höllen geschmiedt sein worden. Es ist schimbfflich, daß Christen so gedencken können. Wen ich Euch alles sagen könte, liebe Louise, würden Euch, die Ihr from seydt undt gott fürchtet, würden die haar zu berg stehen undt es vor unglaublich halten; undt es ist doch nur zu wahr. Ich kan mein verwanten so sehr lieben, alß ein anderß; allein die, so ich unwürdig meiner freündtschafft halte, verachte ich mehr, alß frembten; alß zum exempel, seyder ich weyß, daß hertzog Max sich über sein[e]r fraw mutter, unßer s. lieben churfürstin ², todt erfreüet undt sie bey dem keyßer auß puren interesse verklagt hatt, kan ich ihn nicht mehr leyden, noch von ihm hören. Undt hette ich einen bruder, der solche stückelger gethan hette, wie der duc du Maine, so wolte ich gewiß seinen nahmen mein leben nicht mehr nenen, viel weniger ihn vor bruder erkenen, das glaubt vestiglich, liebe Louisse! Waß so abscheülich ist, da würde ich die meinichen gar woll verlaßen undt mich nie in nichts mischen, so ihnen ahngeht. Unter unß gerett, pfaffen, auff welchen schlag sie auch sein mögen, seindt warhafftig schlime gesellen. Ohne ruhm zu melden, so habe ich gestern mein bestes vor Euere glaubensgenohßen gethan ³. Mehr kan ich nicht sagen, den es keine postmaterie ist. Aber waß ich ohne scheü sagen kan, ist, daß die mönchen undt meisten pfaffen den teüffel nicht deügen. Wen es war solte sein, waß man vom könig in Preüssen sagt, so ist er in keinem standt, waß rechts zu unterfangen; den man sagt hir, daß er von großen haubtschmertzen gantz zum narn geworden ist. Daß jammert [mich] insonderheit seiner königin wegen, die so eine tugendtsame fürstin sein soll. Ich habe heütte ein schreiben von I. M. bekommen. Ich zweyffle, das Steingens lang hir bleiben wirdt; den er ist in deß Schlieben verräterey undt brieffen genent. Alle der königin in Spanien leütte verrahten sie alle tag.

---

1 d. h. der hinkende. Der duc du Maine ist gemeint. Vergl. band III, s. 465.   2 Sophie von Hannover. Vergl. nachher s. 45. 46.   3 Vergl. band III, s. 153.

Die königin hatt nicht willen, auß Bajone zu gehen; es wirdt doch
sein müßen, wofern der krieg fortgeht. Der Steingens kan nichts
von dießer königin sagen; sie hatt ihn weder sehn, noch sprechen
wollen. Die Spanier haben lang auffgehört, ihre [1] ihre gelder zu
schicken. Von Kurtz von Kan kan ich nichts sagen, habe ihn nur
zweymahl gesehen. Aber da ist ein monsieur Falckenhan, der sagt,
er ken ihn gar woll; ist ein rechter betrieger, hatt alles in schulden
hir gelaßen undt hatt einen saxsi[s]chen edelman hir, einer von Seydtlitz, 2 demanten gestollen. Es ist kein wort war, daß man ihm
commission geben, Reinwein zu kauffen; den den meinen kauffen
ansers hertzogs von Lotteringen leütten undt der hertzog schenckt
mirs, ob ich zwar sehr gebetten, daß er erlauben möge, daß ichs
bezahle. Also ist der herr Kurtz von Kan nicht allein ein dieb,
sondern auch ein lügner. Wen Ihr in wieder segt, so sagt ihm
hübsch, daß ich sehr übel finde, daß er mir seine metres alß seine
fraw pressentirt hatt! Sie ist noch hir, sie hatt [er] pour les gage
gelaßen [2]. In meinem sin hatt man sich zu Berlin zu viel geeylt, die
leydt in verhafft zu nehmen. Solte die biblioteck zu Berlin verbrandt [sein,] wirdt der verlust höher, alß auff 50/m. thaller, kommen. Ich sage nichts mehr von dem brandt von Luneville, weillen
Ihr ihn nun wist, liebe Louisse! Zu Ewerm wunsch sage ich von
hertzen amen. Hiemitt ist Ewer liebes schreiben vom 17, no 5,
völlig beantwortet. Ich würde Euch, liebe Louissen, noch lenger
entreteniren, allein ich muß ahn Ewern neveu schreiben, kan derowegen vor dießmahl nichts mehr sagen, alß daß ich unmöglich dießen
brieff überleßen kan, bitte also, die fehler zu entschuldigen, so in
großer menge sein müß[en]; den man spilt da ahn meinen lincken seyten
ein nagelneu spil mitt einem solchen geraß, daß mir die ohren
davon gellen. Adieu! Ich ambrassire, ich ambrassire Euch von
hertzen undt behalte Euch all mein leben lieb.

Elisabeth Charlotte.

991.

Paris den 4 Februari 1719 (N. 52).

Hertzallerliebe Louise, ich will heütte ahnfangen, ahn Euch zu
schreiben; den morgen hab ich auff mehr, alß 3 brieff. ahn mein
dochter zu antwortten, ich werde aber erst dießen brieff morgen

1 ? ihr.   2 Vergl. nachher s. 42. 46. 47.

außschreiben. Ich habe auff die post [geschickt], umb nach meinem brieff vom Christag, no 40, mich zu erkundigen. Sie haben auff ihre bücher nachgesucht. Dießer brieff ist gar gewiß von Paris weg, also muß der fehler auff der teütschen post geschehen, welches Ihr dem postmeister von Franckfort versichern könt, liebe Louise! Also segt Ihr woll, daß ich nicht ahn meine versprechung gefehlt habe. Weßwegen nun unßere brieff alß 2 undt zwey auff einmahl ahnkommen, muß auch eine negligence von der post sein. Freylich ist es ein frech stück vom Schlieben, verliebte lieder auff die königin in Spanien zu machen¹; aber die arme königin hatt auch groß unrecht, sich mitt allerhandt leütte alzu gemein zu machen. Ich habe es ihr schon offt geschrieben, aber sie hatt mir nicht glauben wollen, will durch schaden weiß werden, wie es I. M. schon nun 2mahl wiederfahren ist, erstlich durch den schelmen undt wirdtssohn, so ihre juwellen gestollen undt sich vor ihren man außgiebt², undt jetzt nun mitt dem falschen teüffel, den Schlieben. Daß gesicht solle von der königin gar lang undt, wiewoll mitt einer schönnen haudt, gar heßlich sein, die taille aber undt minen über die maßen gutt undt schön sein. Schlieben ist wunderlich in allem, leügt wie der teüffel; aber er spricht woll undt hatt verstandt, aber die falschheit sticht ihm auß [den] augen. Alle menschen haben daß manifest woll geschrieben gefunden. Der abbé Dubois, meins sohns gewißener preceptor, den Ihr vielleicht in Englandt geßehen, hatt es gemacht undt mein sohn corigirt. Der könig in Spanien weiß kein wordt, waß vorgeht; die königin, seine gemahlin, undt der cardinal Alberoni thun alles undt die haben so viel falsche rencken, daß allezeit alles zu förchten ist, mehr vor innerliche verrahterey undt auffruhr, alß der offendtliche krieg, undt da vertrawen sie sich auff in Spanien undt haben hirin recht. Aber ich muß auffhören; den es ist nun zeit, zum könig zu fahren, der mich in seine commedie geladen. Also kommen mir alzeit verhinderungen, wie ichs auch machen mag. Nach der commedie, wen ich wider werde kommen sein, wirdt mein sohn kommen, den ich gestern nicht hab zu sehen bekommen, noch seine gemahlin; den sie war auff landt zu ihrem Bag[n]olet gefahren.

*

1 Vergl. oben s. 9. 10.   2 Vergl. oben s. 15.

Sontag den 5 Februari umb 3 viertel auff 7 morgendts.

Nachdem ich mein gebett vericht, kome ich nun wider, Euch zu entreteniren, liebe Louise! Wie ichs gestern abendts bedacht, so ist es mir gangen. Ich bin nicht so baldt wider in meiner cammer geweßen, so ist madame d'Orleans mitt ihren kindtern kommen, hernach mein sohn mitt seiner dochter, die duchesse de Berry. Dieße seindt nicht lang geblieben, sondern mitt einander zu nacht eßen gangen, undt ich hab mich umb halb 10 retirirt undt bin umb 10 ins bett, habe also gar woll früh auffstehen [können]. Ich komme wider ahn Ewer liebes schreiben, wo ich gestern abendts geblieben war. Ich bin [in staatssachen] ebenso ungelehrt, alß Ihr, liebe Louise, immer sein mögt; ich mögte es auch weder wißen, noch practiciren; es gehört zu viel falschheit dazu undt daß kan ich vor meinen todt nicht leyden. Konte er¹ vergeben, daß man einem im gehzorn² umbbrächt, alß fal[s]chheit zu üben, wie die politiquen undt staadtsmaner thun. Die zeittung von brandt zu Lun[é]ville ist nur gar zu war. Es were meiner armen dochter schir noch ein größer unglück begegnet, ihr herr ist gar kranck geworden. Die nacht bey dem brandt in den schnee zugebracht [zu] haben, hatt ihm einen fluß auff die brust zuwegen gebracht, daß er viel bludt gespien. Man hatt ihm 3mahl mußen zur ader laßen, hatt dabey ein starck continuirlich fieber gar starck, welches, wie Ihr leicht erdencken könt, meine dochter in todtsängsten gesetzt hatt; den sie liebt ihren herrn nicht wie die frantzösche weiber, sondern von grundt ihrer seelen, ob er zwar anderwerts sehr verliebt ist. Ich glaube, die Craung³ hatt ihm wie die Neydtschen zu Dreßen⁴ eine mussketnuß zu freßen geben; den wen er sie nicht sicht, ist er in einer solchen qual, daß er drüber schwitzt. Es ist gewiß etwaß übernatturliches, undt sie hatt die boßheit gehabt, nicht ins schloß zu kommen wollen; er [hat] sie weit in der statt mitt seinem starcken husten suchen müßen. Die bexß hatt ihn nur auß interesse lieb, kan sagen: »Gelt, ich hab dich lieb«, frägt sonst gar nichts nach ihm. Ihr könt gedencken, waß meine arme dochter bey dießem allem außstehen [muß]; den die Craong geht hart mitt ihr umb, in hoffnung, sie ungedultig zu machen undt ursach zu klagen zu haben, umb den herrn [böse] über meine dochter zu machen, daß er sie haßen undt unglücklich machen mögte; den

1 d. h. Könnte eher. 2 d. h. jähzorn. 3 Craon. 4 Dresden.

der man undt die fraw seindt es so interessirt undt boßhafft, alß
dencken¹, den hertzog zu ruiniren. Aber mein dochter gouvernirt
sich mitt solcher behudtsamkeit, daß ihr herr nichts finden kan,
sich gegen sie zu erzürnen. Daß feüer ist gar gewiß mitt fleiß
ahngezündt, [da sie] den kerl expresse gehindert haben undt den
leütten die meüller gestopfft haben, so ruffen wollen, daß fewer
vorhanden; den Luneville ist meiner dochter wittumb. Ich glaube
nicht, daß die welt nie böser geweßen, alß nun. Aber Ihr segt
woll, daß, wo ich mich auch hinwenden undt threhen mag, findt
sich nichts, alß verdrießlichkeitten, undt nirgendts keine freüde.
In Lotteringen hatt man keine vorsorg vor nichts; den wie alles
durch den Craong regirt [wird] undt er ahn nichts gedenckt, alß nur
seine cr[e]aturen zu placiren undt von alles gelt zu ziehen, so geht
alles auch drunter undt drüber undt meine arme enckel werden in den
grundt ruinirt, welches mir, wie Ihr leicht dencken könt, auch nicht
woll gefallen kan. Daß schloß zu Lineville ist woll von stein gebauet, allein wie der brandt bey dem dach ahngefangen, wo viel
holtz war, ist es gleich gar grimich geworden; den es war alles
voller meuble. Gottes segen hette man warlich ahn allen endt undt
ecken hoch von nöhten; aber man solte auch darnach leben, solches
zu merittiren, undt daß sehe ich nirgendts, also mitt recht noch viel
straff gottes zu förchten ist, liebe Louisse! Gestern ist die zeittung
auß Schweden hir auch gekommen, daß die printzes von Schweden
zur königin erkläret worden. Aber daß ist noch nicht genung; ich
mögte gern meinen vettern, dem landtgraffen, die cron wünschen
undt könig sehen. Ich fürcht, [daß] die unterthanen zu Zweybrücken
nicht lang mitt ihrem hertzog zufrieden sein werden; den, unter
unß gerett, er ist gar ein wunderlicher kopff, wolte vor ein par
jahr seine gemahlin abschaffen zu dem pretext, weillen er catholisch undt sie lutterisch, undt madame de Vandosme heürahten.
Wie er sahe, daß das nicht ahngehen konte undt man ihn mitt außlachte, ging er wider nach Strasburg. Er ist noch über daß langweillig undt verdrießlich. Aber ich glaube, Ihr kendt ihn woll.
Hiemitt ist Ewer liebes schreiben vom 21, no 16, völlig beantwortet;
ich komme jetzt auff daß vom 14, no 5. Die posten gehen gar
unrichtig, daß ist gewiß. Es fehlt mir keines von Ewern lieben

---

¹ ? als dächten sie.

schreiben doch. Ich bin nun von meinen husten courirt undt zimblich woll, außer den schlaff, mitt dem es sehr übel geht. Daß ist aber kein wunder, den ich hab den kopff zu voll verdrießliche sachen. Auff freude wardt ich nicht; wen nur nicht schlimers kompt, werde ich woll zufrieden sein, dancke Euch doch sehr vor Ewer gutte wünsche. Ich mogte gern noch mehr von denen schraubthaller, aber mitt dem beding, daß ich sie bezahlen solle undt Ihr mir schreiben mogt, waß sie kosten; werde mich informiren, waß 13 thaller, 7½ batzen in frantzosch gelt machen. Keine conspiration ist leyder war geblieben, alß die unßere hir, so nur gar zu wahr. Mademoiselle du Maine ist ein kindt von 8 oder 9 jahren, konte also nicht in die conspiration sein, ist auch nicht bey ihrer groß fraw mutter, sondern in ein closter. Der comte de Thoulousse hatt seine neveu auch nicht bey sich behalten; man hatt sie auff ihre eygene gütter geschickt nach Eu. König Philip ist nicht todt, aber gar kranck[1]. Dießer könig ist ein gutter mensch, aber sehr opiniatre; wen man ihm einmahl waß in kopff gesetzt, kan [es] ihm kein teuffel herauß[bringen]. Die printzes de[s] Ursin hatt ihm im kopff gebracht, mein sohn stünde ihm nach dem leben; daß kan ihm kein mensch wider heraußbringen, drumb hast er meinen sohn abscheülich. Der krieg ist hir gegen Spanien declarirt sowoll alß in Englandt. Ich frühstück mein leben nicht, colationire auch nicht, thue nun nur eine eintzige mahlzeit, nehmblich zum mittageßen. Ich mag kranck oder gesundt sein, nehme ich mein leben keine fleischbrühe; habe schir nie hunger. Mein enckel ist keine Carmelittin geworden, sondern eine Benedictinerin zu Chelle, 4 me[i]hl von hir. Hette monsieur Gueneault[2] nicht von religion gepredigt, hette man ihn nicht verklagt; den die es nicht

---

1 «Il ne mourut que fort longtemps après, en 1746. Porté naturellement à la mélancolie, scrupuleux à l'excès, faible et timide, paresseux d'esprit, content de la vie la plus triste, la plus isolée, n'ayant d'autre passe-temps que de tirer sur des bêtes qu'on faisait défiler devant lui, ce prince éprouva toute sa vie le besoin de se laisser dominer. Ses successeurs ne furent guère plus sensés que lui. Ferdinand VI, mort en 1759, devint aliéné vers la fin de sa vie. «Il ne veut pas se laisser raser, va sans autre vêtement qu'une chemise, dont il n'a pas voulu changer depuis très-longtemps et une robe de chambre» (dépêche de l'ambassadeur anglais citée par lord Mahon, Histoire de l'Europe depuis la paix d'Utrecht, chap. XXXVI).» G. Brunet II, s. 63. 64, anm. 1. 2 Gueneault. Vergl. band III, s. 490.

thun, von denen sagt man nichts. Er schreibt poßirlich. Ich erinere mich Schwetzingen, alß wen ichs vor meinen augen sehe. Hiemitt seindt Ewere zwey schreiben vollig beantwortet, daß 3te von 20 December, no 100, ist zu alt, umb weitter davon zu sprechen, sage also nur, daß ich Euch ambrassire undt von hertzen lieb behalte.

Elisabeth Charlotte.

Hertzallerliebe Louisse, ich komme in dießem augenblick auß dem opera undt mache Ewer paquet auff undt gebe mein sohn eben der fürstin von Nassau placet ahm könig. Sie hatt gemeint, sie hette mir auch eins vor meinem sohn geschickt; daß habe ich aber nicht entpfangen. Ewer liebes schreiben ist vom 24 Jan., no 7, ich kan aber ohnmöglich heütte drauff andtwortten; den mein dochter brieff ist nicht außgeschrieben. Gutte nacht den, hertzliebe Louisse! Ich schicke Euch hirbey die entrée von mylord[1]. Ich habe sie nicht gesehen, den ich bin nicht curieux von mein naturel[2].

992.

Paris den 9 Februari 1719 (N. 53).

Hertzallerliebe Louise, ich hatte gedacht, Euch heütte einen großen brieff zu schreiben undt gar exact auff Ewer liebes schreiben, so ich vergangen sontag abendts spät entpfangen, zu andtwortten undt Euch wieder einen großen brieff zu schicken; allein wie man hir im sprichwort sagt, le diable au contretemps qui ne dort jamais, hatt mir einen brieff von der armen königin in Preussen abermahl geschickt, den ich habe beantwortten mußen. Daß hatt mir meine gantze morgendtszeit abgenohmen. Es hatt schon 10

---

[1] Vergl. Journal du marquis de Dangeau XVII, s. 473 unter sonntag, 5 Februar 1719: «Milord Stairs fit son entrée, qui fut superbe; c'étoit le maréchal d'Estrées qui l'accompagnoit, et dont l'équipage aussi étoit plus magnifique que ceux que les maréchaux de France ont d'ordinaire en ces fonctions-là.»
[2] Daß der oblige auf den brief vom 4 Februar folgende absatz so, wie er ist, hierher gehöre, scheint zweifelhaft. Bei dem eben genannten briefe liegt ein blättchen mit nachstehender, wol von Luise geschriebener bemerkung: «Notta. ein stück Herauß Geschnitten wegen der GeVatterschafft Vndt An G! Von Deg: d. 5. Febr. 1719 geschickt.»

geschlagen, habe Euch, liebe Louise, also nur noch anderthalb stundt
zu entreteniren; den dießen nachmittag fahr ich zur großhertzogin
undt abendts hatt man allezeit viel verhinderung; zudem so muß ich
leyder frühe nach bett undt eße gar nicht mehr zu nacht, welches
mir verdrißlich genung ist, aber es muß sein. Die boße wege mößen
verhindern, daß Ihr meine schreiben nicht entpfangt; sie mößen
abscheülich sein, wie man mir sie beschreibt. Die gutte fraw Zachman, so vergangenen montag von hir weg ist, wirdts finden. Ich
habe ihr keinen brieff vor Euch, liebe Louisse, mittgeben; sie wirdt
zu lang onterwegen sein. Sie ist so abscheülich mager hir geworden,
daß ich sehr fürchte, daß sie die schwindtsucht ahn halß hatt. So
baldt mir mein sohn eine possitive andtwortt auff der fürstin von
Ussingen begehren wirdt gegeben haben, werde ich ihr andtwortten.
Roussillon, dießer fürstin neuveu, hatt gar nichts übels ahngestelt,
sondern sein ... der ihn nicht in sein segret gesteckt, undt dießer
arme mensch kan nichts darvor, waß sein schwigervatter übels gethan. Ich muß gestehen, daß ich eine imprudence undt estourderie
gethan. Wie ich Ewer paquet auffgemacht undt curieux war, zu
wißen, wer die unbekante handt war, laß ich der fürstin brieff eher
den Eürigen. Mein sohn war eben in meiner cammer, also wolte
keine zeit verlichren, gab meinen sohn daß memoire gleich, ohne
weyter zu leßen, waß sie ahn Euch schreibt. Ich zweyffelte nicht,
daß sie ihrer schwester würde davon geschrieben haben, sagte also
ahn baron von Roswurm, so eben bey mir war: «Da segt Ihr, daß
ich der fürstin von Ussingen memoire gleich ahn meinem sohn gebe;
sagts madame Dangeau!» Wie Roswurm [weg war,] laß ich Ewern
brieff undt auch den, so die fürstin ahn Euch schreibt; sahe darauß
die sottisse, so ich gethan hatte; ich hatte doch nicht gesagt, waß
die sach. Andern tags kompt mir baron Roswurm sagen, madame
Dangeau wiße nichts von der sach, ihr frau schwester hette ihr
nicht geschrieben undt sie bätte mich, ihr sagen zu laßen, waß es
wer, daß ihre schwester begehre. Ich sagte, es were etwaß wegen
ihres bruders gütter; dabey ist es geblieben. Den herrn pressi-
denten von Görtz habe ich mitt eygener handt geantwortet; wundert
mich, daß er meinen brieff noch nicht entpfangen hatt. Es war
donnerstag, den 19 Januari, daß ich ihm geschrieben habe; solte
es also nun gar gewiß haben, habe es gar nicht vergeßen. Es verdriest mich gar nicht, sage ja gleich, waß ich thun kan oder nicht.

Geplagt bin ich hir, daß ist gewiß undt war, aber nicht durch [Euch]; habe alle tag waß neües verdrießliches. Vorgestern wahren meine zwey kleinste enckeln den gantzen tag bey mir, sungen, sprungen, waren in aparentz gesundt undt lustig; aber selbe nacht bekam mademoiselle de Chartre, welche die allerjüngste von allen meins sohns kindern ist, ein schön kindt, daß fieber undt schlegt auß; man meint, daß es die kinderblattern sein. In 6 wochen will ich nicht zum könig; den solte er in 10 jahren die kinderblattern bekommen, würde man sagen, ich hette es I. M. gebracht. Ich habe Euch schon deß hertzogs von Lotteringen gefahrliche kranckheit bericht. Er ist doch, gott lob, außer gefahr. Daß feüer ist gar gewiß mitt fleiß eingelegt worden undt mein dochter soubconirt¹ die alte zott zu St Cire², umb sich zu rechen vor waß man ihrem du Maine gethan; den man hatt leütten daß maul gestopfft, die, nachdem sie den brandt gesehen, haben ruffen wollen, undt dießer kam auß der baracke, so ahm ersten in brandt gangen, undt dießer ist ein kerl, so bey der alten zott niepce gedint hatt. Der teüffel in der hölle ist nicht so böß, wie dießes alte weib, so, wie man sagt, nun über die 84 jahr alt ist. Es were doch zeit bey ihr, frommer zu werden, wen sie nicht gar in die hölle fahren will, welches sie von jugendt auff biß jetzt gar woll verdint hatt. Alle[r] leütte, so ich bey hoff gesehen, nahmen weiß ich nicht; es kan also gar woll sein, daß ich den Francheville offt gesehen, ohne seinen nahmen zu wißen; den ich gehe mitt gar wenig leütten umb, habe auch kein gedachnuß, die nahmen zu behalten. Wer sein gelt nur in pretentionen hatt, kan nicht gar reich sein. Alle Frantzoßen wollen allezeit jünger sein, alß es sich in der that befindt. Man hatt seine etlich undt 60 jahr nicht umbsonst, man sichts baldt. Die große desbeauchen gethan, werden alter von gesicht mitt den jahren, alß die, so fromer geweßen. Waß ahm meisten veralt, seindt die desbauchen mitt buben. Ich muß lachen, daß Ihr sagt: «Die fürstin von Siegen ist leyder wider hir.» Aber da ist Ewer schreiben halb beantwortet, liebe Louise! Ich muß nun meine pausse machen.

Den donnerstag 5 uhr abendts.

Seyder heütte morgen, wie ich auffgehört, zu schreiben, hatt

---

1 d. h. soupçonniert.   2 Frau von Maintenon zu Saint-Cyr.

man mir Ewer liebes schreiben von 28 Jan., no 8, enpfangen¹. Ich komme in dießem augenblick von der Place-royale, wo ich die großhertzogin besucht, welche ich in gutter gesundtheit gefunden, gott lob! Ich werde den heütte ahngefangenen brieff, wo mir möglich ist, völlig außschreiben, den letzten aber vor biß sontag sparen. Die fürstin von Siegen hatt gar woll gethan.

In dießem augenblick komme ich auß der opera; es war nicht Iphigenie, sondern Les ages², wo gar ittalliensche maniren in sein, undt ich kan die ittalliensche musiq gar nicht vertragen. Aber ich komme wider auff Ewer liebes schreiben. Wir wahren ahn den fürst von Siegen geblieben; der ist gar gewiß nicht todt, sondern er hatt ein heüßgen bey Charenton geheüret³, da steckt er allezeit drin. Seine gemahlin hatt groß recht, sich in kein closter zu speren; man wirdt eer schlimmer, alß beßer, drin; ahnstatt gottsforcht ist nichts, alß betrigerey undt leichtfertigkeit, drin. Nichts ist weniger capabel, in sich zu gehen machen. Ich sehe woll, daß Ewer vetter, so jetz[t] bey Euch geweßen, herr Christoff sohn muß sein, so wir den obersten hießen undt ein schaden ahm aug hatte. Weillen sein regiment in 7benbürgen ist, so solt Ihr ihn doch fragen, ob er keine histörger dort von dem geist gehört hatt, so man Rübenzahl⁴ heist. Man muß die warheit gestehen, man hört gern guts von seinen nahen verwanten undt daß sie sich alß ehrliche leütte auffführen undt man sie so woll estimiren, alß lieben kan. Ihr sprecht mir von deß herrn Degenfelts tante von der mutter seytten, sagt aber nur »die graffin von»; daß überige bläst der wachter⁵, wie der mar[s]chalck Steincallenfels alß pflegt zu sagen: den ich habe von viellen gehort, daß der keißerin Amelie⁶ ertzhertzoginen woll erzogen sein, arttliche taillen haben, woll dantzen, aber nicht schön von gesicht sein. Die keyßerin Amelie ist gewiß wegen ihres ver-

---

1 ? gebracht.   2 Le ballet des âges, oper mit text von dem fruchtbaren Pariser schriftsteller Louis Fuzelier, gestorben in seinem achtzigsten jahre 19 September 1752. Die musik zu dieser erstmals 9 October 1718 aufgeführten oper rührt von dem aus der Provence gebürtigen André Campra her, beinahe achtzigjährig gestorben zu Paris im jahre 1744.   3 d. h. gemiethet.   4 Rübezahl spukt im schlesischen gebirge. Vergl. J. Grimm, Deutsche mythologie s. 448. 449. K. Simrock, Handbuch der deutschen mythologie. Vierte auflage. Bonn 1874. s. 432. 433.   5 Vergl. band II, s. 340.   6 Wilhelmine Amalie von Hannover, kaiserin von Deutschland, die gemahlin Josefs I.

Elisabeth Charlotte 3

standts undt tugendt lobenswehrt. Hiemitt ist Ewer liebes schreiben
vollig beantwortet, liebe Louise! Ich muß schließen. Adieu! Ich
ambrassire Euch von hertzen undt behalte Euch allezeit lieb.

Elisabeth Charlotte.

993.

Paris den sontag, 12 Februari 1719, umb halb 8 morgendts (N. 54).

 Hertzallerliebe Louisse, vergangen donu[e]rstag habe ich Ewer
liebes schreiben vom 28 Jan., no 8, zu recht entpfangen, aber den
abendt nicht beantworten können, habe es vor heütte verspart. Ich
bin froh, zu sehen, daß doch keines von meinen schreiben verlohren
worden undt Ihr, liebe Louise, sie nun alle habt. Wen ich
waß verspreche, so halte, oder sage, warumb ichs nicht halten kan;
den mein intention ist allezeit, mein wordt zu halten. Ich hab so
ein schlecht gedachtnuß, daß ich mich nicht erinern habe können,
ob ich den brieff, so ich ahn herrn Görtz geschrieben, durch die
post oder durch Euch geschickt hatte. Daß alter hatt viel gebrechen, aber insonderheit verkürtzt es daß gedächtnuß. Ich bin noch
älter, alß ein ander in meinen jahren ist, wegen so viel angsten
undt betrübtnuß undt chagrin, so ich in meinem leben außgestanden.
Meines hustens undt schnupen bin ich, gott lob, wider quit; hatt
mich dießmahl gar hart ahngegriffen undt bey 4 gantzer wochen
gewehrt. Ich kan ohnmöglich glauben, daß, waß die brust undt
gantzen leib so queblt, gesundt sein kan. Ich habe den husten in
der schönnen kirch des Feüillant undt nicht im opera [geholt].
Dieße kirch ist voller marber undt unerhört feücht, hatt mich gleich
sehr nießen machen, worauff gleich husten undt schnupen gefolgt.
Im opera ist es weder kalt, noch warm. Waß mich ahm meisten
in die spectaclen, operaen undt commedien, führt, ist, die vissitten
zu meyden. Wen ich unlustig bin, schpreche ich ungern, undt in
meiner logen bin ich in ruhe. Gefehlt mir daß spectacle nicht, so
schlaffe ich; der schlaff ist so sanfft bey der mußiq. Ich weiß leyder nichts, so mich konte lustig machen, alß wen ich recht versichert sein könte, daß mein sohn undt dochter in keiner lebensgefahr mehr wehren. Ich hab mademoiselle de Vallois nicht lieber,
alß die zwey kleinen; ihr humor steht mir gar nicht ahn, wir haben
keine simpathie mitt einander; sie hatt allezeit finessen, daß kan

ich, unter unß gerett, nicht leyden. Aber waß will ich thun? Sie ist mein enckel, werde also doch woll mitt ihr leben; den ich lebe gern in frieden undt ruhe. Dieß landt hir ist nicht auff die erkandtlichkeit stillisirt; man muß seinen weg fortgehen, in allem sein bestes thun, aber auff keine erkandtlichkeit bawen, man würde sich sonst sehr betrogen finden. Coursillons schwigervatter[1] ist in der Bastille. Ich muß gestehen, daß es mich recht wunder genohmen, daß madame Dangeau schwester etwaß gegen ihre schwester interesse fordert. Ich bin ein nar geweßen, es nicht recht zu überleßen, sonsten hette ichs meinem sohn nicht geben; den ich bin freündin von madame Dangeau, wolte also nicht gern waß gegen ihr thun. Wie ich sehe, so wirdt man in Teütschlandt auch alla mode, seine nahe verwanten undt geschwister nicht zu lieben. Ihr undt ich seindt noch auff den alten teü[t]schen schlag undt werdens woll bleiben, so lang wir leben. Auff interesse verstehen sich alle Jessuwitter über die maßen woll. Ich habe dem graff von Degenfelt selber mitt eygener handt geantwort, wirdt nun meinen brieff haben undt nicht mehr in sorgen sein. Ich habe nicht gedacht, daß man die tauff auff meine andtwort verschieben würde; den es ja leicht zu glauben, daß ich es auß gar viellen ursachen acceptiren undt nicht abschlagen würde, aber die andtwort hatt so lang verweilt, weillen ich es mitt eygener handt habe thun wollen. Ewer compliment ist unnöthig, liebe Louise! Den ich es gar woll auffgenohmen, wie der herr von Degenfelt Euch ohne zweyffel berichten wirdt. Ich wolte, daß ich der gantzen famille dinen könte, wolte es mitt freüden thun; ich bin aber, wie man hir im sprichwort sagt, de ces saint qui ne guerisse de rien, den ich kan undt vermag nichts, alß gutten willen. Daß so gar sanffte undt warme wetter ist nicht gesundt. Einsitzen ist auch ungesundt; Ihr undt ich seindt nicht dazu erzogen worden. Freyllich ist es gesundt, wer sich bewegen kan. Ich kan nicht mehr spatziren, habe weder ahtem, noch schenckel. Hiemitt ist Ewer liebes schreiben einmahl vollig beantwortet, bleibt mir nur über, Euch, liebe Louisse, zu ambrassiren undt versichern, daß ich Euch allezeit von hertzen lieb behalte.

Elisabeth Charlotte.

---

1 Der marquis von Pompadour. Vergl. band III, s. 465. 466.

P. S.

Umb 3 viert[el] auff 10 morgendts.

In dießen augenblick entpfange ich Ewer schreiben, liebe Louisse, von 31 Jan., no 9. Die helfft davon, undt waß graff Degenfelt ahngeht, ist schon hirin beantwort, daß überige spar ich vor donnerstag, wo mir gott leben undt gesundtheit verleydt.

994.

Paris den 16 Februari 1719, umb ¾ auff 7 morgendts (N. 55).

Hertzallerliebe Louise, ich weiß nicht mehr, ob ich Euch vergangen sontag gesagt, daß ich Ewer liebes schreiben vom 31 Jan., no 9, zu recht entpfangen habe. Ob ich heütte ein frisches von Euch entpfangen werde, stehet bey den göttern, wie die teütsche comedien alß pflegen zu sagen. Aber wie ich mein paquet erst dießen abendt gegen 9 machen werde, so werde ichs Euch noch zu wißen thun können. Die schlime wegen mößen schuldig sein, daß Ihr meine schreiben nicht entpfangen habt; den ich habe gar gewiß keine post gefehlt, zu schreiben. Daß Ihr keine schreiben auß Englandt bekompt, ist nicht wunder, zu sehen, wie abscheüliche windte undt sturm jetzt sein. Einen, so man vor 8 oder 10 tagen hir gehabt, hatt unglaubliche sachen hir ahngestelt; er hatt bley von kirchenthürnen über daß waßer in einem dorff geführt, er hatt zwey große, schwere kirchenthüren auß den angeln gehoben, hatt sie gantz strack hundert schritt davon ahn eine mauer ahngelehnt undt einen hannen von dem kirchthurm de St Germain do Lauxerois[1] gantz zum understen oben gethrehet, er hatt einen baum gespalten, unten zugespitzt, ihn gantz gerahd so dieff 20 schrit in die erde gesteckt, alß wen er drin gepflantzt were. Wen daß in der graffschafft Lipp geschehen were, hette man es vor hexenwerck gehalten; aber zu Paris glaubt man ahn keine hexen undt brendt sie nicht: ich habe auch keinen glauben dran[2]. Man hatt mühe, dieße zeit winderszeit zu [heißen]; den gantzen tag seindt wir hir ohne feüer undt die fenster offen. Daß wetter kan nicht gesundt sein; auch seindt überall viel krancken undt sonderlich die kinderbluttern; es sterben aber wenig leütte dran. Unßere kleine ma-

*

1 Saint-Germain-l'Auxerrois.   2 Vergl. nachher s. 60 und band III, s. 303.

demoiselle de Chartre hatt nur die waßerblattern gehabt. Ich wolte, daß es dio rechten gewest wehren, den weillen sie nur 2 jahr alt ist, hette sie die zeit gehabt, außzuwacksen, undt man hette hoffen [können], daß sie sie nicht mehr bekommen würde. Graff von Degenfelt hatt gar woll gethan, meinem patgen meinen nahmen zu geben; ich habe ihn davor gedanckt vor 14 tagen. Ich müste woll wunderlich sein, wen ich übel nehmen [wollte], daß ein kindt, so mein patten ist, meinen nahmen führt; daß gebt ja von sich selber undt were eine verachtung von meinem nahmen, wens nicht geschehen were. Mein husten ist vorbey, aber wen daß unbeständige wetter so wehrt, mögte woll baldt wider ein anderer kommen: den daß wetter ist warm undt gar feücht. Ich glaube, ich habe Euch schon verzehlt, wie der schelm, der ungarische Clemen, mitt falschen brieffen vom printz Eugene herkommen vor einem jahr; mein sohn aber hatt die sach gemerckt undt dießes bürschgen baldt fortgeschickt[1]. Er macht doch die schrifften gar woll nach; pitschiren nachzumachen ist gar leicht. Ich finde, daß der könig in Preüssen der madame Blaspiel eine große reparation schuldig, sie so unschuldiger weiß gefangen gesetzt zu haben. Er solte offendtlich ihre unschuldt ahn tag geben, sie wider zu der königin thun undt ihr undt den ihrigen viel gnaden thun. Man kan vom preussischen hoff sagen, wie die fable von Lafontaine lautt: «La fromy n'est pas preteusse»[2]. Man sagt, der könig lache selber über seine karcheit. Vielleicht hatt der Clemen gemeint, die hoffleütte würden ihm gelt geben, umb nicht ahngeklagt zu werden. Wen es nur mitt allen den divertissementen zu Heydelbe[r]g nicht hergeht, alß wie ein Ittalliener einmahl zu Versaillen zur großhertzogin sagte, er sehe ahm frantzöschen hoff sehr viel divertissementen, aber wenig freüden. Mich deücht, es ist nirgendts die mode mehr, recht lustig zu sein undt freüde zu haben. Ich weiß nicht, ob es mir so vorkompt, weillen ich selber in der seelen trawerig bin undt keine lost in nichts mehr nehme, oder ob es sich in der that so befindt. Churpfaltz thut in meinem sin gar woll, ahn keinen heyrhat mehr zu gedencken; seine fraw dochter wirdt ja pfaltzgraffen genung machen können. Es geht ein geschrey, alß wen dieße printzes mitt

---

1 Vergl. oben s. 17. 2 La fourmi n'est pas préteuse. Vergl. band III, s. 255, anmerkung †.

ihrem herrn brouilirt seye undt daß er ursach hatt, jalous von ihr
zu sein. Daß gibt die heydelbergische lufft nicht, daß müste sie
von Neuburg oder von Dusseldorf gebracht haben. Habt Ihr etwaß
davon gespürt, wie Ihr zu Schwetzingen gewößen? Man nent den
cavallier nicht, von welchem der pfaltzgraff von Sultzbach jalous
sein solle; man sagt nur, daß die printzes ihren herrn nicht mehr
leyden kan, undt es solle doch ein gar schönner herr sein. Wen
er ist, wie sein jüngster bruder, ist er gewiß schön. Er ist zu
schön vor ein mansmensch; den es ist eine delicatte schönheit,
gleicht ahn 2 schönne damen hir, mademoiselle de Clermont, monsieur le duc schwester, undt ahn madame de Flamarin [1], deß Fla-
marins neveu fraw, so Ihr ohne zweyffel zu Hannover werdt gesehen haben. Hiemitt ist Ewer liebes schreiben völlig beantwortet.
Wir haben nun gantz undt gar nichts neües. Daß ist ahm besten,
den kompt etwaß neües, ist es ordinarie nichts guts. Damitt werde
ich auch dießen brieff enden, aber, wie schon gesagt, erst dießen
abendt zupitschiren. Dießen nachmittag werde ich zur großhertzogin.
Hatt mademoiselle de Valois lust, ins opera zu gehen, werde ich
sie hinführen, wo nicht, so bleibe ich in mein cabinet undt laß
cadrille spiellen undt sehe zu; den selber kan ich nicht spillen, den
ich liebe daß spiel nicht, noch kein anderst, umb es selbst zu spiellen. Erfahre ich nichts neües, noch bekomme kein schreiben von
Euch, so werdet Ihr nichts mehrers in dießem brieff ... alß daß
ich Euch, liebe Louise, von hertzen lieb behalte.

         Elisabeth Charlotte.

    Umb 3 viertel auff 10 morgendts.

In dem augenblick entpfange ich Ewer liebes schreiben vom 4
dießes monts, no 10, werde es vor biß sontag spar[e]n, nur sagen,
daß ich froh bin, daß Ihr sagt, daß ich keine post verfehlt habe,
wie ich Euch versprochen. Daß überige werde ich biß sontag beantworten, wo mir gott leben undt gesundtheit verleyht.

995.

Paris den 23 Februari 1719, ein ¼ auff 8 morgendts (N. 57).

Hertzallerliebe Louise, 5 undt einen halben bogen ist zu viel

---

1 Flamarens.

geschrieben mitt einem bößen aug. Ich hette Euch gern entschuldiget undt würde Euch doch nicht weniger geschrieben haben. Sich ahn den augen schaden zu thun, ist gar zu gefährlich. Ich bitt Euch, liebe Louise, schont Euch doch beßer! Den es solte mir gar zu leydt [sein], wen Ihr Euch meinetwegen schaden thun soldet. Die große nudt starcke winde haben die wegen gedrucknet, drumb gehen die posten jetzt richtiger, so nicht über die seeh zu fahren haben. Ich habe vergangen woch keine brieffe auß Englandt gehabt, nun seindt mir in zwey tagen 3 ordinarie auff einmahl kommen. Ich hoffe, heütte noch ein frisches schreiben von Euch zu bekommen. Der graff von Degenfelt halt daß meinige endtlich zu rechenschafft davon geben wirdt undt sagen, ob er mitt zufrieden ist oder nicht[1]. Unßere brieffe, liebe Louise, seindt nun wider gantz eingericht, wie Ihr segt; [gebe] gott, daß es dawern mag! In Franckreich, insonderheit zu Paris, heiß ich nur Madame undt bey hoff auch. Madame la duchesse d'Orleans ist allezeit meines sohns gemahlin. Wie kont ich fehlen, Euch, liebe Louise, alle post zu schreiben? Ich habe es Euch ja so sehr versprochen, alle post zu schreiben, undt ich piquire mich, gar exact auff alten teütschen glauben mein wordt zu halten. Es ist hir ein recht warmes frühlingswetter. Vergangen sontag ginge ich ein halb stündtgen in der Carmelitten gartten spatziren; die mandelbäum waren alle in foller blust[2] undt die apricosen undt pfirschingbäume fangen alle ahn, zu blühen. Ich fürchte, daß noch ein frost kommen wirdt, so alles verderben wirdt. Ahn den schiffer[3] zu fehlen, ist ist eine vergeßenheit, aber nichts ungeschicktes. Vissitten können Euch, liebe Louise, nicht so sehr ahm aug schaden, alß mitt eygener handt zu schreiben. Mitt gutten bekanten undt freünden sprechen kan nichts schaden. Ich sehe, daß die gräffin von Solms meines sines ist, daß es viel ahngenehmer, auff dem landt zu wohnen, alß in den grösten undt schönsten stätten. Ich sehe lieber bäume undt ertreich, alß die schönsten palast, undt lieber einen küchengartten, alß die schönsten gärtten, mitt marmel undt springbrunen geziehret, undt lieber eine grüne wieße lengst einer bach, alß die schönsten vergülten cascaden; mitt einem wordt, waß naturlich ist, gefelt mir beßer, alß alles, waß die künste undt magnificentz erdencken mag. Solche sachen deügen nur im

---

1 Der satz ist nicht in der ordnung.   2 d. h. blüthe.   3 d. h. chiffre; die numer des briefes ist gemeint.

ersten ahnblick, sobaldt mans aber gewohnt ist, denckt man nicht
mehr dran, undt waß noch mehr ist, man wirdt baldt müdt; aber
naturlich waßer, wießen undt wälder kan ich mein leben nicht müdt
werden. Ist dieße gräffin von Solms dem Herrn von Limburg, so
wir in meinen letzten jahren zu Heydelberg abm hoff gehabt haben
undt cammerjunker bey I. G. unßerm herr vatter, dem churfürsten,
war ...? So lange ich meinen sohn von den vornehmbsten hir im
landt gehast sehe, kan ich nicht in ruhen sein. Seindt sie bey ihm,
so ist nichts souplers[1] undt voller protestationen. Von hir gehen
sie in ihren assambléen, wo sie den teüffel von meinen sohn sagen
undt allen möglichsten fleiß abn[wenden], ihn von der gantzen weldt
verhast zu machen, undt wen sie jemandts finden, so ihn auch hast,
thut man ihnen taußendt caressen undt versprechungen. Abn dießer
falschheit kan ich mich nicht gewehnen. Daß ängstet mich, den in
den assambléen wünscht man allezeit meines sohns todt. Ich fürchte
alß, das einer sich einmahl im kopff setzen wirdt, eine starcke re-
compens zu bekommen, [und] einen verfluchten schlimen streich thun
wirdt. Gott lob, daß der carneval vorbey ist! den mein sohn
fing wider ahn, gegen sein versprechen zum bal zu gehen. Ich bin
persuadirt, daß er schon dahin wehre, wen unßer herr gott nicht
frommen seelen vor ihm erhöret hette; bitte derowegen, liebe, con-
tinuiret, vor ihm zu betten! Ich glaube nicht, daß bößere undt
falschere leütte in der weldt können gefunden werden, alß hir sein.
Mein sohn ist zu betawern; er hatt die beste intentionen von der
welt, liebt sein vatterlandt mehr, alß sein eygen leben, er hast
niemandts, wolte gern alle menschen vergnügt sehen. Er arbeydt
tag undt [nacht] deßwegen, verschiest leben undt gesundtheit mitt
undt alebenwoll will mans ihm nicht den geringsten danck wißen.
Ihr könt die boßheit, so man gegen meinem sohn hatt, nicht begreiffen, weillen Ihr selber gutt undt nicht interessirt seidt undt
nicht begrifft, daß man groß unrecht vor gelt thun kan. Hiemit
ist Ewer letztes liebes schreiben völlig beantwordet, werde nur noch
drauff sagen, daß es mich wundert, daß die fürstin von Ussingen
ihren herrn bruder so baldt quittirt hatt, den fürsten von Murbach.
Ich komme jetzt auff Ewer liebes schreiben von 4ten, no 10, wo ich
vergangen sontag geblieben war. Ich habe der printzes von Wallis

---

[1] souple, geschmeidig, nachgiebig, lenksam, folgsam.

geschrieben, waß in den gazetten stehet; ich kan noch keine andtwort drauff haben. Ich habe der printzes auch geschrieben, daß ich glaube, daß ihre zweytte printzes den printz von Holstein Gottorf bekommen solte, umb auch noch eine königin in Schweden zu werden; den mein vetter, der landtgraff, wirdt woll nie kinder bekommen undt er ist noch jung genung, umb etliche jahr zu leben. Solte ihn die königin überleben, würde sie zu alt sein, kinder zu bekommen; also wirdt der junge hertzog von Holstein gewiß könig in Schweden werden, also würde die printzes von Wallis 2 königin auß ihren fraw döchtern machen. Der printz von Hannover ist noch gar jung, umb zu heûrahten, ist ja erst 12 jahr verwichen monat geworden. Die printzes, so man i[h]m destinirt, ist seyder dem verwichen October 13 jahr alt worden, würde also nahe bey zwey jahren alter, alß ihr herr, sein; aber daß schadt nichts, deß jetzigen landtgraffen von Cassel fraw mutter war 8 jahr älter, alß ihr herr. Mein gott! auß lieb heûrahten macht die heûrahten nicht [gut.] Ich habe bir etliche heûrahten so gesehen, so gar übel außgeschlagen sein. Waß allein gutten ehen macht, ist, wen beyde personnen, so sich heûrahten, raisonabel sein undt sich keine grillen in kopff setzen. Ich kan nichts von der englischen brouillerie begreiffen; den solte gleich der könig von Großbritanien glauben, daß der printz sein sohn nicht were, daß hatt er ja nicht können in Englandt erfahren; undt hatt ers vorher gewust, warumb hatt er ihn alß seinen sohn erzogen, verheûraht undt mitt nach Englandt geführt undt sich erst zwey jahr hernach mitt ihm broüillirt? Es muß etwaß dahinder stecken, so niemandts weiß; in meinem sin hatt der könig unrecht [1]. I. L. die printzes von Wallis sagt, daß kein wordt

---

[1] «Georges I" était en effet un personnage fort peu aimable. On connait ses scandaleux débats avec sa femme légitime, la princesse Sophie Dorothée, qu'il tenait renfermée dans une forteresse du Hanovre. Il avait deux maitresses, toutes deux vieilles et laides, mais il y avait entre elles une différence notable: l'une, la comtesse de Schulembourg, créée duchesse de Kendall, était d'une maigreur effrayante; l'autre, la baronne de Kielmansegk, qui fut élevée au rang de comtesse d'Arlington, offrait un embonpoint monstrueux. Les railleurs les avaient surnommées la Perche et l'Eléphant. Ce roi n'avait aucun goût pour les Anglais; il ignorait leur langue et passait la majeure partie de son temps à fumer dans sa pipe et à boire de la bière. Ses querelles avec son fils vinrent au point qu'un de ses courtisans put un jour lui proposer sérieusement de le débarrasser du prince royal en l'emmenant de force au fond de l'Amérique.» G.

wahr ist, daß der printz dem könig im parlement widersprochen
hatt. Daß der duc d'Argile¹ wider ins königs gnaden ist, daß ist
gewiß, wie oder wan aber, weiß ich nicht. Die duchesse du Maine
hatt mir nicht geschrieben; hette sie es gethan, hette ich ihr gewiß
den brieff wider zurückgeschickt, ohne ihn zu beantworten. Ich
finde Ewer schreiben, liebe Louise, gar nicht zu [lang]. Ihr segt
auch woll, daß ich auff alles exact andtworte. Ich befinde mich
nun, gott lob, sehr [gut]. aber bey alten weibern wehrt es nicht
lang. Wir haben die waßerpocken wider auffs [neu] im hauß. Vorgestern ist mademoiselle de Beaujolloy² auch kranck dran worden,
hatt daß fieber seyder vorgestern undt die kinderblattern schlagen
auß, ist nicht gar kranck, eben wie ihr schwestergen. Der elsten
schwester, mademoiselle de Vallois, ist bitter bang bey der sach. Ich
fürcht, daß dieße angst undt daß sie gar dick undt fett ist, ihr die
rechten kinderblattern wirdt kommen machen, welches schadt were,
den sie hatt eine hübsche haudt. Es könte nichts, alß waß gar
schlimmes, bey ihr außrichten. Ich bin 9 jahr alter, alß Ihr, liebe
Louise, alßo ist es billig, daß ich den vordrab in jener welt [habe]
undt Ihr mich betrawert. Ich nehme meine gesundtheit sehr in
acht, thue alles, waß monsieur Teray, mein dockter, will; aber ich
kan nichts davor, daß mich mein sohn undt dochter ängstigen, wen
ich sie in gefahr weiß; daß kan ich ohnmöglich endern. Die fürstin
von Löwenstein ist glücklich, den rheinfe[l]dischen hirn entloffen zu
[sein]. Ich habe mein [leben] keinen größern naren [gesehen], alß
mein armer vetter, printz Carl, war. Ich hatte große eyll, daß er
wider weg kam, wie er zu Fontainebleau [war]; den alle tag four-
nirte er eine neüe dolle historie. Der Kurtz von Kan meritirt woll,
daß Ihr ihm den kopff ein wenig wescht, mir seine metres vor
seine fraw pressentirt zu haben³. Es ist ein heßlich, großmachtig
weib; man hette woll nicht errahten können, daß sie ein metres
soll [sein], ist nicht jung. Sie solle noch zu Paris stecken; er ist
von Paris weg ohne zahlen. Pelnitz meritirt nicht, daß ihn Churpfaltz so woll tractirt hatt; er deücht gar nichts⁴, mögte ihm woll
einmahl geben wie dem Schlieben. Sandrasqui hatt mir sagen laßen,
ich solte ihm geistliche bücher schicken, er wolte gern sich zu gott

---

Brunet II, s. 70. 71, anm. 1. 1 Argyle. 2 Philippe-Elisabeth d'Orléans,
mademoiselle de Beaujolois. 3 Vergl. oben s. 25. 4 Vergl. oben s. 19.

wenden. Ich habe geantwort, ich hette keine geistliche bücher, aber er were alt genung. umb, wo er sich sincerement zu gott wenden wolle, solches ohne bücher zu thun undt gott fleißig umb seine bekehrung zu bitten. Wir haben nichts neues hier vor dießmahl, werde also nichts mehr sagen, alß daß ich Euch, liebe Louise, von hertzen lieb behalte.

Elisabeth Charlotte.

996.

Paris den 25 Februari 1719 (N. 58).

Hertzallerliebe Louise, ich habe Euch vergangen sontag bericht, wie ich Ewer liebes schreiben vom 11ten, no 12, zu recht entpfangen habe. Ich bin von hertzen fraw[1], darauß zu sehen, daß Ewer aug wieder woll ist. Ich fange heütte ahn, zu schreiben, den morgen muß ich ahn mein dochter schreiben undt in kirch fahren undt nachmittag ins closter, nach dem closter ins opera, drumb fange ich heütte ahn. Ich gehe ins opera auß purer complaisance vor mademoiselle de Valois; den ich frag kein haar mehr darnach, es schläffert mich vor langeweill ein; aber auß complaisance muß man woll waß thun. Ewere brieffe, liebe Louise, kommen nun gar richtig, wie Ihr segt. Weill ich daß glück habe, liebe Louise, daß meine albere schreiben Euch ahngenehm sein, werde ich Euch keines fehlen laßen, beklage Euch aber sehr, keine größere freüdt zu haben. Aber da werde ich zum 3ten mahl interompirt. Aber dießmahl muß ich eine pausse machen; biß dießen nachmittag hoffe ich Euch noch zu entreteniren, ehe ich meine vissitten ahnfange; den ich werde heütte zu madame de Berry undt zu madame la princesse.

Sambstag umb 3 viertel auff 3 nachmittags.

Es ist nahe bey einer halben stundt, daß ich von taffel bin. Ehe meine kutschen kommen, kan ich noch ein par wordt sagen. Schreiben macht mir gar keine ungelegenheit; den schreib ich nicht ahn Euch, so schreib ich ahn ein anders; also macht[2] Euch kein scrupel drüber zu machen. Aber da kompt eine interuption, daß ist mein taglich brodt.

*

1 ? froh. 2 ? habt Ihr.

Es wirdt gleich 8 schlagen undt wir kommen in dießem augenblick auß der ittallienschen commedie. Aber damitt der tag enden mag, wie er ahnfangen, so kompt mein sohn herein. Ich habe mitt ihm zu reden; ich habe noch ein viertelstündtgen zu blaudern, daß ich nicht verliehren will. Ah, da bringt man mir ein schreiben von Euch, liebe Louise, von 14, no 13, aber daß werde ich weder heütte, noch morgen beantwortten, sondern, wo mir gott leben und gesundtheit verleyet, werde ich es die andere post thun.

Sontag, den 26 Februari, umb 7 morgendt[s].

Man hatt mich gestern nach bett gejagt, habe nicht schreiben können, fange hiemitt wider ahn. Gott gebe, daß ich dießen morgen weniger contretemps finden mag, alß gestern! Ich war ahn meinem sohn geblieben, mitt welchem ich gestern abendts gesprochen. Ich habe von ihm wißen wollen, obs war ist, daß seine gemahlin ihm persuadiren wolle, nachts außzugehen undt nunder zu dem masquen im bal. Daß hatt er mir nicht allein gestanden, aber noch dazu, alß er gesagt, daß er es thue, mich zu beruhigen, hatt sie geantwort, ihre dochter de Berry mag [1] mir bang, umb ihn allein zu gouverniren, daß es tord ahn sein reputation thete, forcht deß leben zu erweißen. Ich bitte, sagt mir, liebe Louise, ob der lebendige teüffel in der hölle schlimmer sein kan, alß dießes weib! Sie fengt gantz ahn in ihrer mutter [2] staffeln zu tretten. Dieß vermehrt meine ängsten; den ich finde nicht, daß er bey seiner eygenen gemahlin in sicherheit ist. Gott wolle unß beystehen! Wir habens mehr von nohten, alß nie. Ihr köndt gedencken, waß es eine abngenehme sach vor mich ist, die dießen heüraht all mein leben wie ein greüel ahngesehen [3], daß ich nun noch dießo untrew finde undt diß verfluchte mensch alle tag vor meinen augen sehen muß; daß ist eine hollische qual. Sie kan nicht leyden, daß ihre kinder mich lieb haben wollen, hette auch gern, daß mein sohn mich undt seine kinder haßen solle. Auß dießer letzten geschicht laß ich Euch uhrtheillen, ob die erste wahr ist, so ich Euch, liebe Louissen, geschrieben habe. Diß alles macht mich traurig undt gritlich, wie Ihr leicht gedencken köndt, undt vergifft mir, so zu sagen, mein

---

1 ? mache.   2 Frau von Montespan.   3 Vergl. band III, s. 249. 250. 382.

gantzes leben. Den wie kan ich mitt dießen umbständen ein augenblick in ruhen sein? Es gereüet meinem sohn woll, mir mitt seinem heüraht nicht geglaubt zu haben, aber es ist zu spat. Gutt gemühte hatt daß weib nie gehabt; man [kann] nicht fälscher sein, alß sie ist; daran legt sie allein ihren verstandt ahn. Die meisten leütte hir seindt, alß wen sie auß der höllen kämmen undt lebendige teüffel werden[1]. Es ist weder gemühte, noch danckbarkeit bey ihnen, nichts alß interesse undt nagende ambition, so ihnen alle boßheit erdencken macht. Sie geht alle tag auff ihr landtgutt. Waß ihrem herrn zugehört, kan sie nicht leyden, drumb hatt sie dieß landt, so 3 meill von St Clou ist, gekaufft; da helt sie auch ihre verteüffelt conferentzen. In jener welt wirdt sie woll davor zu andtwortten haben. Aber in dießer welt werde ich gestrafft, womitt ich nicht gesündiget habe; den ich mich ja von einem endt zum andern in dießen boßen heüraht auff alle wege opossirt habe. Aber hiemitt genung von dießen abscheüllichen sachen! Ich habe mir doch mein [hertz] ein wenig bey Euch, liebe Louisse, erleichtern wollen, indem ich Euch mein ellendt geklagt. Ich komme jetzt auff den bößen hertzog Max[2]. Wundert Euch nicht, daß Euch der patter[3] Wolff persuadiren wollen, daß hertzog Max ein gutt gemühte hatt undt ußere liebe churfürstin s., seine fraw mutter, [gut behandelt hat!] Dadurch solt Ihr meinen, daß er, der patter, ihm dieß gutt naturel eingepflantzt hatt. So seindt alle Jessuwitter. Mein beichtsvatter hatt seinen möglichsten fleiß ahngewendt, umb mich zu persuadiren, daß nicht daß geringste übel zwischen dem hertzog von Lotteringen undt madame de Craong vorgeht undt daß er sie sein leben nicht allein spreche. Ich lachte ihm ins gesicht undt sagte: «Mon père, tenes ces discours dans vostre couvent à vos moines, qui ne voyent le monde que par le trou d'une bouteille, mais ne dittes jamais cela aux gens de la cour! Nous savons trop que quand un jeune prince, très-amoureux, est dans une cour, où il est le maistre, quand il est avec une fame jeune et belle 24 heure qu'il n'y est pas pour enfiler des perles, sur tout quand le mary ce[4] lève et s'en va si tost que le prince arive, et pour les tesmoin qui sont dans la chambre, cela n'est pas vray, mais quand cela seroit, ce sont tous domestique à qui le maistre n'a qu'a faire

*

1 ? wären.   2 Vergl. oben s. 24.   3 d. h. pater.   4 se.

un clin d'œuil pour le faire partir. Ainsi, si vous croyes sauver vos père Jessuiste qui sont les confesseur, vous vous trompes beaucoup, car tout le monde voit qu'ils tollerent de double adulterre ¹.» Père de Lignière ² schwig still undt hatt seyderdem nicht mehr davon gesprochen. Also segt Ihr, liebe Louisse, wie die Jessuwitter sein. Also soll es Euch nicht wunder nehmen, waß Euch hertzog Max sein patter Wolff hatt persuadiren wollen. Der könig in Englandt hatt sein leben kein vertrawen zu mir gehabt, ob ich ihn zwar sehr lieb gehabt, mehr weillen er ma tante sohn war, alß weillen er mein geschwisterkindt ist. Aber ich dencke hirin, wie die sententz laut, so unßer schreibmeister, der, wo mir recht ist, auch der Ewerige geweßen, alß hatt schreiben machen:

 Waß nicht zu endern stehet,
 Laß gehen, wie es gehet! ³

Der könig hatt gemeint, Euch einen gefahlen zu thun, nach mir zu fragen, undt vielleicht geforcht, Ihr mogtet ihm, wie billig war, waß abfordern; hatt also lieber von mir sprechen wollen. Ich cedire meinem sohn gar gern alle freündtschafft, so er zu mir tragen mag. Der hertzog von Lotteringen ruinirt seine leibliche kinder, die Craong undt ihren man reich zu machen. Es ist war, daß der hertzog tödtlich kranck geweßen; nun aber ist er vollig courirt, gott lob! Mein dochter leydt ein fegfeuer in dießer welt⁴. Es seindt nun 2 Geningen⁵ hir, ein großer blunder undt ein mittelmäßiger schwartzer, so man mir gestern pressentirt hatt; der blundt ist der, so auß Engellandt kommen ist. Ich mag woll leyden, wen junge leütte von qualitet woll studiren; sie solten doch, ehe sie sich in gelehrten sachen mischen, ein wenig weißen, daß sie hertz haben, sonsten kompt es gar zu dockterisch herauß. Ey, liebe Louise, habe ich Euch nicht schon genung gesagt, daß ich es vor ein vertrawen auffgenohmen, daß der graff von Degenfelt mich zu gevatter gebetten, undt daß es mir gar nicht zuwieder geweßen? Also spart Ewere complimenten hirüber! Ich wolte, daß ich meinen gevatter dinnen könte; wolte es gern thun, aber mein pouvoir ist kurtz. Apropo vom Kurtz von Can, ist gar gewiß ein lügener undt betrieger undt sonst nichts. Die arme königin von Spanien kan nicht viel gelt

---

1 ? le double adultère. Vergl. nachher den brief vom 26 Merz.   2 Père de Linières.   3 Vergl. band I, s. 456.   4 Vergl. oben s. 27. 28.   5 ? Gemingen.

geben, sie wirdt bitter übel auß[bezahlt]; es ist eine rechte schandt, wie man sie lest. Der Kurtz spilt ein recht spiel, ahn den galgen zu kommen. Wie konte ich errahten, daß er eine große fraw bey sich hette, wen er mich nicht durch die fraw von Rotzenhaussen hette bitten laßen, zu erlauben, daß sie mir die reverentz macht? Es muß gar etwaß geringes sein, sie sicht gar plumb undt bäuerisch auß; aber, wie Crispin sagt, monsieur veaut bien madame undt madame veaut bien monsieur, [so kann man] von dießem schönnen par [sagen]. Ich sehe meinen sohn so selten, undt wen ich ihn sehe, habe ich ihm sonst so viel zu sagen, daß ich gantz vergeßen, ihm nach dem generalmajor Francheville zu fragen. Waß mich soubçoniren macht, daß auch nicht viel darhinder ist, ist, daß er sich generalmajor heist. Dern seindt keine hir; die auß hießigen dinsten gangen, nimbt man nicht leicht wieder ahn. Ich glaube, daß, wen der könig in Preußen dem keyßer alle [s]chelmerey berichten wirdt, so er ahm berlinischen hoff ahngestelt, wirdt er ihn hencken laßen, wie er es nur zu woll verdint hatt. Man spricht nicht mehr hir von deß königes in Preussen kopffschmertzen, muß vorbey sein. Ich bin nicht gern kranck, schonne mich, so viel ich kan, bin nun, gott lob, sehr woll, aber bey so alten weibern, wie ich bin, wehrt es ordinari nicht lang. I. G. s., mein herr vatter, ist woll mitt trabanten in die h.-geist-kirch gefahren, aber sein leben nicht mitt paucken undt trompetter; daß schickt sich nicht zu der kirch. Der könig s., der in allen kleinen undt großen reißen paucken undt trompetter gehabt, ist auch nie mitt in die kirch. Hiemitt ist Ewer liebes schreiben vollig beantwort, bleibt mir nur überig, Euch zu versichern, daß ich Euch von hertzen lieb behalte.

Elisabeth Charlotte.

P. S.
Ich bitte Euch, liebe Louisse, brendt dießen brieff, wen Ihr ihn werdt [ge]leßen haben, undt verdoppelt Ewer gebett vor meinem sohn undt mir! Ihr segt, wie hoch wir es von nöthen haben.

997.

Paris den 2 Mertz 1719, umb 7 morgendts (N. 59).

Hertzallerliebe Louise, ich habe Euch vergangenen sontag abendts bericht, wie daß ich Euer liebes schreiben vom 14 Februari,

no 13, zu recht entpfangen, worauff ich heütte andtworten werde.
Ich kan mir nicht einbilden, auß waß ursachen Ihr die letzte post
meine brieffe nicht entpfangen; den ich habe gewiß nicht gefehlt,
zu schreiben. Ich meinte, die starcke winde, so wir gehabt, würden
die wege getrucknet haben. Seyder vergangen sontag ist der winter gantz abnkommen undt es friert alle nächte; daß solte die wegen auch befestigen, kan also nicht begreiffen, waß die post auffgehalten hatt. Ihr werdet gewiß ein par auff einmahl bekommen.
Ihr habt keine entschuldigung zu machen, liebe Louisse, wen Ihr
mir sagt, daß Ihr ahn mich gedenckt undt mich lieb habt; den daß
ist naturlich undt Ewere gutte conduitte thut mir ehre genung ahn,
umb es gern zu hören. Wolte gott, daß alles, waß mir zugehört,
sich so woll hilte undt mir ursach geben wolte, sie zu lieben undt
estimiren! Ihr werdet auß meinem brieff von vergangen sontag ersehen haben, liebe, wie wenig ursach ich habe, ruhig undt nicht
mehr in sorgen zu sein. Aber ich hoffe, daß unßer herr gott Ewer
gutt gebett vor unß erhören wirdt undt meinem sohn undt mir beystehen. Es ist keine einfalt undt die h. schrieft lehret unß, daß
das gebett von puren undt frommen seelen bey gott dem allmachtigen waß gilt undt erhört wirdt. Also bitte ich Euch, liebe Louise,
zu continuiren. Wir habens leyder noch hoch von nöhten; es ist
gar keine aparentz zur ruhe undt der boßen leütten boßheit nimbt
er [1] zu, alß ab. Solte mein sohn sich allein ahn Teütschen vertrawen, würde er den rest, so ihm von dießer nation abnhengt,
gegen sich erbittern; sie haßen alle unß Teütschen ohne daß genung. Zu dem, so glaube ich nicht, daß es war ist, daß der keyßer
teütsche troupen herschickt. Ich verstehe die staadtssachen weniger,
alß Ihr; allein ich weiß woll, daß man es meinem sohn nicht gutt
heyßen solte, frembte truppen inß landt zu führen. Ich weiß, daß
man ahn einen vergleich arbeyt, aber der könig in Spanien undt
der Alberony haben einen solchen abscheülichen haß gegen meinen
sohn, daß ich nicht glauben kan, daß waß guts darauff erfolgt. Ich
sehe, daß Ihr undt ich es machen, wie Jodelet prince [2]: «La paix
et dieu vous gard!» Ich glaube nicht, daß in der versamblung zu
Darmstat gar zu viel waßer gedruncken wirdt werden. Wie ich

---

1 d. h. eher.   2 Le geólier de soi-même ou Jodelet prince, komödie von Thomas Corneille de l'Isle. Vergl. band II, s. 216. band III, s. 196.

gehört, so solle Churpfaltz wider zu Heydelberg sein. Die gutte, ehrliche fraw von Zachman ist nun auch wider dort, sie hatt ahn eine von ihren gutten freündinen hir geschrieben, daß gantz Heydelberg zu ihr kommen undt mitt großer affection nach mir gefragt hatt; die threnen seindt mir hirüber in den augen kommen. Ich habe schlegte opinion, daß daß opera zu Darmstatt gar schon kan sein; den man kan jetzt hir kaum ein schönnes machen, undt umb waß recht zu sehen undt zu hören, muß man die alten wider hir versuchen, will den geschweig[en] zu Darmstatt, wo gar gewiß daß orquester nicht so schön noch gutt sein kan wie hir. Ich weiß nicht, waß die marquise de Meuve vor ein bürschen ist; hir habe ich von keiner deß nahmens gehört, glaube, daß es eine avanturiere ist. Man nimbt solche art leütte gar zu leicht ahn den teütschen höffen anß. Ich habe noch der zeit nicht gehabt, meinen sohn nach dem Franchevillo zu fragen. Ich sehe meinen sohn weniger hir, alß zu St Clou, ob wir zwar so nahe bey ein[an]der logirt, daß wir nur eine antichambre vor unß beyden haben. Es ist heütte der 3te tag, daß ich ihn nicht gesehen habe. Er arbeydt abscheülich, undt daß augenblick, so er hatt, von seiner großen undt starcken arbeydt zu ruhen, würde ein schlecht zeitverdreib vor ihm sein, bey seiner alten mutter undt ihren alten damen zuzubringen; undt daß er lieber bey seiner elsten tochter undt ihren jungen damen, wozu noch andere kommen, so er nicht hast undt welche ihm lust geben, ist, welche auch 3 oder 4 mahl die woch mitt zu nacht speisen, daß kan ich ihm nicht verdencken, ist gar zu natürlich. Wen er aber nach St Clou, bleibt er ein par stundt bey mir, kan also so viel mitt ihm plaudern, alß ich will, so ich, wie Ihr segt, liebe Louisse, auß waß ich schon gesagt, hir nicht thun kan. Ihr werdet auß meinen letzten schreiben eins ersehen, welche estourderie ich mitt der fürstin von Ussingen brieff undt secret begangen; schäme mich zwar darvor (den in meinem alter ist es nicht erlaubt, estourdie zu sein), es kan mir aber nicht leydt sein, den Ihr könt woll gedencken, daß madame Dangeau, so meine gutte freündin ist, mir lieber, alß die fürstin von Ussingen, so ich nicht kene, ist. Unßere liebe printzes von Wallis hatt mir ein gedruckt papir geschickt von den divertissement, so der könig in Polen. nein, ich betrige mich, es seindt der margraff von Bareydt ¹ undt die fürsten von Eyßennach, nein, ich betrieg mich, es seindt die von Anspach, so zu Christian Erlang², so die refugirte gebawet, gar ein ordentliches carnaval gehalten worden, so den 16 Januarie ahngefangen undt 5 gantzer wochen gedawert. In dießem augenblick entpfang ich Ewer paquet, liebe Louise, sambt den brieff von baron Görtz sambt den abriß von Schwetzingen, wovor ich Euch sehr dancke. Daß gutte Schwetzingen ist sehr gewacksen, seyder ich weg bin; ich habe es mühe zu kennen, den es hatt denselben eingang nicht mehr, so es gehabt hatt, noch die 3 balcon, den die brück war gegen meine fe[n]ster über, undt nun ist der eingang gegenüber dem alten gebau undt wo die küche war undt oberstleüttenampt Closen cammer. Aber daß kompt nicht zu der advenue von Heydelberg; den die ist gantz auff der lincken handt. Also kan ich gar nicht begreiffen; man muß den graben gantz bedeckt haben undt, wo die mühle im vorhoff war, daß gebäu von der rechten handt gemacht haben. Ich muß aber auffhören, den ich gehe in die predig au Quinse vint ³. Dießen abendt [werde ich] außschreiben, den nach dem eßen werde ich zur großhertzogin.

Donnerstag, den 2 Mertz, umb halb 3 nachmittags.

Nach der predig undt meß bin ich wider herkommen undt hab zu mittag geßen. Nun kommen meine kutschen, zur großhertzogin zu fahren, muß also noch eine pausse machen; dießen abendt hoffe ich follendts außzuschreiben.

Donnerstag, den 2 Mertz, um halb 6 abendts.

In dießem augenblick komme ich von der großhertzogin, wo mir ein affront begegnet. Wie ich zwey nächte nicht geschlaffen und eben vom eßen kam, habe ich gleich endtschlaffen, so baldt ich mich niedergesetzt, undt habe eine gutte zeit geschlaffen. Nun werde ich Euch entreteniren, so lang es mir möglich sein wirdt. Die arme madame Dangeau ist gar nicht reich. Die kleine Cour-

---

1 Bayreuth. 2 Christian-Erlangen, die nach aufhebung des edicts von Nantes unter markgraf Christian Ernst 1686 gebaute, 1706 mit der altstadt verbundene neustadt von Erlangen. 3 Es besteht noch zu Paris das von dem heiligen Ludwig nach den einen 1254 für dreihundert edelleute, welchen die Saracenen die augen ausgestochen, nach den andern 1260 für dreihundert arme blinde bettler gegründete hôpital des Quinze-vingts. Quinze-vingts ist die alte bezeichnung für dreihundert.

sillon wirdt nie gar reich werden. Ich kene all ihre verwandten, so alß leütte de calité zu leben haben, aber gar kein überfluß noch reichtum bey ihnen. Es gehört gar viel dazu, umb hir reich zu sein; der luxe hatt sehr übel überhandt genohmen undt alles ist so thewer, daß alles auß allen preiß ist. Mein sohn hatt mir seyder dem nichts davon gesagt. Man thut die lettre de naturalité[1] nicht umbsonst; es kost zimblich viel gelt. Ich weiß nicht, ob die fürstin von Usingen dießes weiß. Hiemitt ist Ewer erstes liebes schreiben vom no 13 vollig beantwortet. Ich komme jetzt auff daß, so ich heütte morgen entpfangen. Aber da kompt madame la duchesse d'Orl[é]ans; also muß ich wieder willen schließen undt die andtwordt von Eweren lieben schreiben vom 18 Februari, no 14, biß auff zukünfftigen sontag sparen, wofern mir gott daß leben lest. Schließlich werde ich nur hiemitt sagen, daß wir gantz undt gar nichts neües hir haben undt daß es Euch nichts neües sein kan, daß ich Euch von hertzen lieb habe undt alleze[i]t lieb habe.

Elisabeth Charlotte.

998.

Paris den 5 Mertz 1719, umb 7 morgendts (N. 60).

Hertzallerliebe Louisse, wen man 9thalb stundt im bett gelegen, kan man woll ohne scrupel auffstehen undt umb 7 schreiben undt auff Ewer liebes schreiben vom 18 Feb., no 14, andtwortten. Es konte nicht fehlen, daß Ihr zwey von meinen schreiben auff einmahl bekommen müstet; den ich fehle keine eintzige post. Also wen Euch eine post fehlt, liebe Louise, muß die ander wieder einbringen. Mylord Stairs kam gestern morgendts zu mir. Eß ist nicht wahr, daß seine schönne kutsch bestohlen worden; were woll schade, ich habe mein leben keine schönnere kutsch gesehen. Seine 4 andere kutschen seindt auch gar schön, kommen aber dießer nicht bey. Ich glaube, daß der abgesandten eintzug auff ihres herrn undt nicht auff ihren kosten geht. Eine entrée von einem abgesandten ist keine ohnnötige despence, es thut ja seinem herrn ehre ahn. Dießes abgesanten entrée ist viel magnificker geweßen, alß deß keyßerlichen abgesante[n], ob selbige zwar auch magnific

---

[1] heimathschein. Es ist die naturalisation, einbürgerung, nationalisierung gemeint.

war¹. Ich glaube, daß die vom englischen hoff solche sachen beßer verstehen, alß unßere gutte, ehrliche Teütschen, wie der graff von Königseck ist; die meinen es auch beßer mitt ibrem herrn, alß alle Engländer. Vor dießem wahren die Frantzoßen ihrem könig auch trew, aber daß ist nun sehr geendert; seyder sie so gar hoffartig undt interessirt geworden, deügen sie in general nichts mehr; in particulier findt man noch gar ehrliche leütte von mäner undt weißpersonnen, aber in allem ist es sehr rar. Die Engländer haßen alle ihre könige undt können doch nicht ohne könige sein, wie die Poln. Ich mögte weder könig in Englandt, noch könig in Poln sein; den ich haße den tumult undt liebe die ruhe. Man hatt zu wenig zeit zu leben, umb sich so zu plagen, undt wen man stirbt, hatt man nichts davon, alß im krieg die meisten leütte unglücklich gemacht zu haben, wovon man hernach in jener weldt verantworten muß. Ich glaube nicht, daß der itzige könig in Englandt sich sehr zu zwingen wirdt haben, seinen hoff hirin zu gefahlen, sparsam zu sein; den, wie ich von viellen gehört, so handt² er eine starcke inclination darzu, undt der printz solle auch nicht weit davon sein. Der duc d'Argille hatt ordentlich abschiedt vom printzen von Wallis genohmen. Daß seindt doch wunderliche maniren in meinem sin. Die printzes sagt mir nicht, auß waß ursachen der duc d'Argile ihren herrn quittirt hatt; aber mich deücht, die printzes hatt keine große estime vor dießen mylord nie gehabt, undt wie ich sehe, so hatt sie kein unrecht gehabt. Bißher ist, gott lob, der husten undt schnupen nicht wider kommen; aber ich fürchte, daß es nicht lang werden³ wirdt, den seyder vergangen mittwog hatt der frost wider auffgehört, es regnet seyder dem nacht undt tag, undt waß herunderfelt, ist wie ein geschmoltzener schnee, gar kalt undt feücht, ein recht wetter zu verkälten. Mein schlaff ist noch nicht wider eingericht, aber ich glaube, ich glaube, ich könte sagen, wie Pikelhäring, wen er mutter Annecken spielt: «Daß thut daß liebe alter»⁴. Daß kompt nie ohne gebrechen. Verdrießlichkeitten mögen auch woll dazu helffen; deren hatt man mehr, alß nöhtig were, alle tag waß neües undt selten waß guts, wie daß sprichwordt sagt. Ich nehme abendts alß, wie ich den husten hatte, daß eydotter, in sietig waßer geschlagen, mitt zucker undt zimmet; daß stilt den großen hunger.

1 Vergl. oben s. 30, anmerk. 1.   2 ? hat.   3 ? währen.   4 Vergl. band I, s. 147. band II, s. 4. 18. 512. band III, s. 224.

Daß ist gar gewiß, daß, wen ich gar nichts nehme, wie ich es schon etlichmahl versucht, kan ich unmöglich schlaffen; aber wenig stilt meinen großen hunger. Selbigen tag, alß ich Ewer paquet sambt dem schreiben von cammerpressidenten, baron von Görtz, entpfangen, hatt mir der envoyes von Holstein, monsieur Du Mont, auch einen von ihm gebracht, so 10 tag hernach geschrieben war; den daß in Eweren paquet war vom 10 undt daß von monsieur Du Mont von 20 Februari. Mein sohn hatt mich versichert, daß er seine ordre außgeben vor die augmentation vors obersten Schwartz pension. Der ander brieff war, meinen sohn zu bitten, vor seinen neveu [1] zu solicittiren. Ich habe den neveu hir gesehen; in meinem sin hatt er eine gar böse undt unglückliche phisionomie. Ich mogte dem gutten cammerpressidenten woll gönnen, daß sein vetter nicht ins henckers handen mögte geliefert werden, welches eine betrübte sache vor eine ehrliche famille undt leütte von condition ist. Mein sohn hatt geringe opinion von seiner recomandation in Schweden. Ich wünsche sehr, daß mein herr vetter, der erbprintz von Cassel, könig mag [werden]; den ob ich ihn zwar nicht personlich kene, habe ich ihn doch lieb, den in allen occasionen hatt er mir distinc-

---

[1] «Graf Görtz, minister Karls XII von Schweden, war im begriff, seinen herrn mit Rußland zu versöhnen und schon war in St Petersburg der contract genehmigt, nach dem Karl eine russische prinzessin heirathen sollte, als Dänemark die depeschen auffing und die übrigen antischwedischen bundesgenoßen und den prinzen Friedrich von Heßen, bestimmten thronfolger Karls XII, auf die gefahr aufmerksam machte. Da kam schnell die verschwörung zu stande, Karl XII wurde durch einen meuchlerischen schuß aus der welt geschafft und Görtz, um nie etwas verrathen zu können, hingerichtet. Die herzogin wuste von diesen geheimnissen nichts.» Menzel s. 380, anmerkung. G. Brunet II, s. 77, anm. 1 bemerkt über diesen hier in rede stehenden baron von Görtz: «Ministre de Charles XII; après la mort de ce monarque tué (ou assassiné) au siége d'une ville de Norwége, il fut arrêté, conduit à Stockholm, traduit devant un tribunal extraordinaire, et condamné à avoir la tête tranchée. Il demanda à se justifier, mais il ne put l'obtenir, et la sentence fut exécutée le 2 mars 1719. Voir la Biographie universelle, t. XVII, p. 586; Saint-Simon, t. XXXII, p. 235, etc. Au dire de Voltaire, jamais homme ne fut si souple et si audacieux à la fois, si vaste dans ses desseins, si actif dans ses démarches; nul projet ne l'effrayait, nul moyen ne lui coûtait: il eût été capable d'ébranler l'Europe, et il en avait conçu l'idée. Il marcha au supplice avec pompe, dans une voiture à six chevaux, paré de tous ses ordres, et entouré des gens de sa maison. Arrivé sur l'échafaud, il se fit déshabiller par ses valets de chambre, et livra intrépidement sa tête au bourreau.»

tion undt freündtschafft erwießen. Der itzige hertzog von Zweybrücken ist ein schlechter potentat undt woll der unahngenehmbste mensch in allem, in figur, in humor, in allem, so gott geschaffen hatt [1]. Er bildt sich ein, er gleiche mir wie zwey tropffen waßer. Hübscher, alß ich, ist er woll. Ich flattire mich, nicht so gar unahngenehm zu sein undt ein wenig mehr vernunfft zu haben. Seine gemahlin ist nicht recht geschent; es seindt zwey heßliche, widerwertige schätzger zusamen. Ich bin fro, daß sie keine kinder haben: es müsten naren werden. Ich habe schon naren genung zu verwanten in dem rheinfeldischen geschlegt. Der landtgraff von Darmstatt hofft vielleicht, einen dochterman auß einen von dießen zweyen churfürsten zu machen. Ich habe noch kein[en] augenblick der zeit gehabt, ahn die fürstin von Usingen zu schreiben. Man ist abscheülich hir geplagt. Ich sehe meinen sohn selten, in der gantzen vergangen [woche] hab ich ihn nur in 7 tagen 2mahl gesehen; er ist accablirt von affairen, so nicht zu storen sein. Waß ich übereylt gethan, ist Ewere schuldt nicht. Danckt sie vor ihr compliment undt ahndencken! Es trost mich, wen ich sehe, [daß andere] auch so ein schlim gedachtnuß haben wie ich. Waß lust mogen die leütte nehmen, so schraubthaller machen, so viel wüstereyen hinnein zu setzen? Daß ist ja nicht artlich undt [kan] nur ein laquayen-lust sein. Ich muß lachen, liebe Louisse, daß Ihr mir entschuldigung macht, daß Ewere postaben [2] weitter von einander sein, alß ordinarie. Hettet Ihr mirs nicht gesagt, hette ichs nicht gesehen. Aber, liebe Louisse, Ihr schreibt zu viel mitt Ewern bößen augen. Mein gott, wie ist Schwetzingen verendert! Ich kan nicht mehr drauß kommen. Der baumeister von Heydelberg muß ein Düßeldörffer sein; den wer er ein Pfaltzer vom alten hoff, würde er sich eine lust gemacht haben, vor Euch undt mir zu arbeydten. Die zwey schnecken mitt dem gebau dazwischen, wo mein bruder seeliger logirt undt man aß, war ja gar nicht gegenüber der advenue von Heydelberg, sondern mein apartement war es, daß geraht gegenüber die brück war, undt einig von der lincken war daß Heydelberger thor mit der advenue, so geraht gegen daß waltgen über war, undt über daß sicht man daß schloß zu Heydelberg. Auff der lincken geht man nach der kirch, auch nach dem weg von Manheim undt auch dem walt von Ketsch,

---

1 Vergl. oben s. 17. 18. 28.   2 buchstaben.

auff der rechten seytten aber geht man nach Offtersheim. So war
alles zu meiner zeit. Ich sehe die 3 offenen gallerien oder balcons
nicht mehr vor den gemachern, so zu meiner zeit da wahren. Adieu,
hertzallerliebe Louisse! Ewer liebes schreiben undt¹ durchauß beantwortet,
bleibt mir also nichts mehr überig, alß Euch, liebe Louisse,
zu versiehern, daß ich Euch von hertzen lieb behalte.

Elisabeth Charlotte.

P. S.

Umb 11 morgendts.

In dießem augenblick entpfange ich Ewer liebes schreiben von
21 Febr., no 15, werde es, wie ordinarie, sparen vor die ander post.

999.

Paris den 9 Mertz 1719, umb 3 viertel auff 7 (N. 61).

Hertzallerliebe Louise, ich will heütte meinen tag, nachdem
ich meine schuldigkeit bey gott verricht undt mein morgengebett
gethan, dießen tag mitt Euch ahnfangen undt auff Ewer liebes
schreiben andtwortten, so ich vergangen sontag [empfangen,] aber
noch nicht habe beantwortten können; mögte vielleicht heütte noch
woll eines von Euch entpfangen. Weillen es aber heütte predigtag
ist umb² ich gegen 11 in die predig au Quinse-vinct werde undt
nachmittags zur großhertzogin muß (den es ist ihr tag), so werdet
Ihr heütte nur die andtwort, liebe Louisse, auff Ewer liebes schreiben
vom 21 Febr., no 15, bekommen, undt kompt mir noch ein
schreiben von Euch, werde ich es biß auff sontag versparen, so mir
gott biß dahin daß leben undt gesundtheit erhelt; bin fro, daß
Euch keines von meinen brieffen mehr fehlt. Ich bin wie alle alte
leütte, liebe Louisse, die sich gar woll von 40 undt 50 jahren von
waß erindern³, aber nicht mehr wißen, waß vor 10 jahren oder
gar vorm jahr geschehen. Exact zu andtwordt[en], da gehört kein
gedächtnuß zu, weillen ich allezeit den brieff, so ich beantwortten
will, vor mir habe. Den gantzen nachmittag habe ich interuptionen,
so einem doll macht; deß morgendts aber schreibe ich ruhiger,
gehe also lieber frühe zu bett undt stehe lieber frühe auff, umb

1 ? ist.   2 ? und.   3 d. h. erinnern.

allein undt in ruhen zu sein. Wen betrübtnuß daß gedächtnuß benimbt, so solte ich nun woll gantz radottiren, so viel habe ich deren auff alle art undt weiße gehabt. Aber waß will man thun? Es ist der weldt lauff so, undt glaube, daß es gott zu unßerm besten thut, erstlich, unß daß sterben leichter zu machen, zum andern, unß zu sich zu ziehen; den es ist gewiß, daß man mehr ahn gott in seinen trübsahl, alß freüden, denckt, undt zum 3, umb unß die ewige ruhe undt freüde desto beßer zu genießen machen. Mitt dießem trost muß man sich durchhelffen. Noch derzeit haben meine sorgen vor meinen sohn noch gar kein endt; den mein sohn schondt sich nicht genung, fuhr gestern noch umb 11 morgendts a la Meutte undt kamme erst nach 12 abendts wider. Daß deücht gar nichts undt setzt mich recht in sorgen, den wie leicht konte man sich in eine von den stadtpfortten verstecken undt (da gott vor seye!) einen bößen streich thun! Es graust mir, nur davon zu reden. Meine dochter ist ein wenig ruhiger, alß sie in werendem carn[a]val geweßen. Gott lob, wens nur dauern mag! Der große interesse folgt ordinarie dem ... Einer wiß dem andern allezeit zuvorthun in kleydern, in esquipagen, in spillen, in eßen undt drincken. Zu dießem allem gehört gelt, daß zicht man, wo man kan undt mag. Wen alle der gottloßen ahnschlage zu nichte gingen, würden wenigere unglück in der weldt sein, alß man sicht. Von baron Görtz, so in Schweden gefangen sitzt, höre ich gar wenig; den ich habe den kopff so voll der hießigen sachen, daß ich wenig ahn die frembten gedencken kan. Daß were aber abscheülich, wen der Goertz daß vorgehabt; meritirt woll, hart gestrafft zu werden. Doch wolte ich seines gutten, ehrlichen oncles halben, daß er nicht ins scharpffrichters handen kommen mag, sondern nur eine ewige gefangnuß zur straff haben mögte. Mein sohn hatt doch vor ihm geschrieben; er meint aber nicht, daß es viel außrichten wirdt. Man sagt hir, daß die keyßerliche zu Millan haben gemeint, den chevallier de St Gorgen auffzufischen, haben aber nur den mylord Mar[1] undt mylord Pertz[2] ertapt undt daß der chevallier de St George sich ambarquirt undt zur see in Spanien ist, wo Alberoni ihm eine große flotte solle bereydt haben, umb nach Irlandt zu seglen, wo er heimbliche corespondentzen hatt. Ich sehe, daß monsieur Alton wie ich denckt, aber

---

1 Marr.   2 Perth.

viel andere dencken anderst, wie wir hir ahn madame d'Orleans
undt madame la princesse so woll, alß ahn baron Goertz sehen,
undt es scheindt, daß dießer boßen letzten unglück der verwanten
tendresse vermehrt. Der englische envoyes muß in der that ein
gutter mensch sein; den ordinarie lob[en] die Englander nicht viel
die frembten, haben auch attachement vor niemandts sonderlich.
Seine andtwort, so er Euch gethan, wie Ihr ihn gefragt, ob keiner
von dießen churfürsten ahn heürahten gedenckt («O non, il sont
trop sage»), halte ich auch vor sehr vernünfftig; den ich hilte es
vor thorheit, wen einer von ihnen sich heürahten solte. Wen ich
wirdtschafft nenen höre, erinere ich mich noch, wie hertzlich fro
ich war, wen ich zettel zog. Ich dachte nicht, daß die herrn Jessuwitter so severe wehrn, gegen die redoutten zu predigen. Ich
muß lachen, daß Ihr die neügebackene edelleüte die Crethi undt
Plethie [1] heist. Wahren aber die nicht deß königs David leibquard
undt helden? Mein sohn hatt nun abscheülich viel zu thun, hatt
in der vergangen woche die promotion von les officier genereaux [2]
gemacht, welches wider neüe malcontenten verursachet, wie es nicht
anderst sein kann. Daß setzt mich auch wider in neüen sorgen,
wie Ihr leicht gedencken kont, lieb Louisse! Es ist ein großer irtum, zu meinen, daß madame Dangeau reich seye; sie ist es gar
nicht. Dangeau hatt nur, waß er im spiel gewonnen [3], undt seine...
die ist durch madame la Dauphine todt verlohren gangen, undt vom
spielgelt kan man sagen: «Wie gewohnen, so zeronnen». Wundert
mich sehr, daß die fürstin von Ussingen ihrer tugendtsamen schwester
dießen tord thun will. Ahn madame Dangeau werde ich weitter
nichts sagen. Es ist noch nicht lang, so haben wir hir einen jungen
graffen von Rindtsmaul hir gehabt. Der nahme laudt nicht schön.
Erster tagen werde ich wider ahn graff Degenfelt undt seine gemahlin andtwortten, habe ohnmöglich bißher noch der zeit gehabt.

*

1 Krethi und Plethi (wörtlich: scharfrichter und königlicher eilbote, läufer),
eigentlich die leibwache Davids (2 Samuelis, 8, 18. 15, 18); dann allerlei volk
oder gesindel (1 buch der könige 1, 44). 2 Diese «officiers généraux» sind:
Lieotenants généraux, maréchaux de camp, brigadiers d'infanterie, brigadiers
de cavalerie et dragons und noch einige wenige andere, wie ein capitaine lieutenant des gendarmes de la reine u. s. f. Ein verzeichnis der sämmtlichen namen gibt Dangeau, Journal XVIII, s. 4 bis 13, unter montag, 6 Merz 1719.
3 d. h. gewonnen.

Hiemitt ist Ewer liebes schreiben gar exact undt vollig beaudt-
[wort]et undt es schlegt 9 uhr, muß mich baldt ahnziehen, umb,
wie schon gesagt, in die predig zu gehen. Nachmittags kan ich in
keine predig gehen, muß gleich drin schlaffen ¹, undt wie man hir
in keiner tribune in der kirchen sitzt, sondern gerath gegen der
cantzel unten in einer chaisse a bras, wo einem alle menschen sehen,
so were es ein recht scandal, undt seyder ich alt bin worden,
schnarch ich gar sehr, wen ich schlaffe, welches zu lachen geben
würde undt mögte den prediger selbsten ihre ² machen. Adieu,
hertzliebe Louise! Ich ambrassire Euch von hertzen undt behalte
Euch allezeit recht lieb.

Elisabeth Charlotte.

Da bringt man mir eben Ewer paquet sambt Ewer liebes schreiben vom 21 Febr., no 16, sambt den zweyen talckschächtelger. Ich
will mich informiren, waß 68 thaller hießiges gelt machen; so baldt
ich es wißen werde, will ichs mitt danck bezahlen. Ihr sagt mir
noch, daß auch 4 thaller dabey wehren, welche aber kleiner undt
dinner, alß die ersten. Dieße aber habe ich nicht im paquet, sondern allein die zwey schwartze schächtelger gefunden, welche gar
artig sein. Ich kan nicht begreiffen, wo die 4 schraubthaller mußen
hinkommen sein; vielleicht ist es noch in Ewer kammer undt daß
Ewere leutte es vergeßen haben, ins paquet zu thun. Aber Ihr
sagt auch nicht, waß die thaller kosten, liebe Louisse! Es ist nicht
billig, daß der verlust auff Ewern kosten geht; weillen ich sie bestelt habe, will ich sie bezahlen. Ich wolt gern lenger plaudern,
aber ich muß noch nohtwendig ahn monsieur Harling undt ahn mein
dochter schreiben; den ich habe vor sie eine sichere gelegenheit,
den baron Elß. Adieu biß auff biß sontag, wo mir gott daß leben lest!

1000.

Paris den 11 Mertz 1719, umb ¾ auff 5 (N. 62).

Hertzallerliebe Louise, weillen ich noch 3 viertelstundt hir in
meiner cammer zu sein habe, will ich Ewer liebes von morgen ahn-

---

1 Vergl. nachher den brief vom 22 April 1719.   2 d. h. irre.

fangen, aber erst morgen außschreiben. Morgen werde ich außschreiben. Aber da kompt mir verhindernuß, mademoiselle de Rochesurion¹. Ich komme jetzt eben von madame la princesse, so, gott lob, wieder woll ist. Ich habe zu madame de Berry gewohlt, allein sie war außgefahren. Da rufft man mich, in die commedie zu gehen. Da komme ich wider auß der commedie. Aber da kompt mein sohn herein; ich habe ihn gefragt wegen der fürstin von Üssingen. Ihr sach kan ohnmöglich ahngehen, sie komme den auff frantzöschen boden wohnen; den seyder kurtzen ist ein neü edit deßwegen außgangen, weillen die von Genua sehr von der permission, sich naturallissiren zu laßen, abbussirt haben. Ich werde es der fürstin morgen selber schreiben. Ich bin fro, daß die post nun wider eingericht ist, liebe Louisse! Den es ist so verdrießlich, wen man schreibt undt nicht sicher ist, daß die, ahn wen man schreibt, die brieffe bekommen. Ich beklage Euch von hertzen, wen Ihr kein beßer vergnügen habt, alß meine albere schreiben, liebe Louise! Die freündschafft kan sie Euch allein leyden machen. Ich gestehe, daß ich gern histörger verzellen höre, alß von avanturen, aber insonderheit von gespensten undt hexereyen. Ich dachte, noch biß ahn 9 fortzuschreiben, aber da kompt madame la duchesse de Berry herrein, muß also eine pausse machen biß morgen.

  Sontag morgendts, den 12 Mertz, umb 7 morgendts.

 Hertzallerliebe Louisse, ich habe gestern meinen tag mitt Euch geendet, heütte fange ich ihn wieder mitt Euch ahnfangen. Madame de Berry blieb zu lang gestern, umb lenger zu schreiben können. Ich muß mich aber eyllen, weillen ich heütte morgen viel zu schreiben [habe]: ich muß ja noch ahn mein dochter undt die fürstin von Nassau-Ussingen schreiben, welches mir nicht wenig mühe kosten wirdt; den ich schreibe bludtsungern ahn leütte, so ich nicht kenne. Ich glaube nicht, daß dieße fürstin Teütschlandt verlaßen wirdt undt sich auff frantzöschen boden zu setzen, wie ich Euch schon gestern gesagt habe. Ich muß lachen, daß die fürstin von Ussingen meindt, ihrer schwester, madame de Dangeau, keinen tord zu thun, wen sie ihr genohmen hette, waß sie bir besitzen kan; daß heist, wie man bir im sprichwordt sagt: «Chacun pour soy,

---

1 Louise-Adélaïde de Bourbon-Conty, mademoiselle de la Roche-sur-Yon.

dieu pour nous tous». Aber so ist daß lieb haben in dießer welt nun beschaffen. Ich kan woll durch Wendt erfahren, waß daß naturallisiren kost; den er hatt sich naturallisiren laßen, umb sein[e]r frawen s. gütter zu genießen können, welche sie ihm vermacht hatt. So baldt ich es wißen werde, will ichs Euch, liebe Louisse, berichten. Von die winde werde ich nichts mehr sagen. Zu Paris glaubt man keine hexsen undt brendt auch keine[1]. Ihr wehret I. G. unßers herrn vattern dochter nicht, wen Ihr ahn hexerey glauben könte[t]; den der war weit von aberglauben. Wen gifft bey denen mitt unterlaufft, so man vor hexen helt, oder sacrilegen, kan es nicht hart genung gestrafft wehren[2] undt hette ich kein scrupel, solche leütte brenen zu laßen; aber daß sie verbrendt, umb auff beßen oder mistgablen durch camin zu fahren, sich in die winde verstecken, zu katzen machen[3] undt dergleichen unglaublichen sachen, daß solte man nicht thun. Die historie von dem rohten bandt ist artlich; ich mogte wißen, waß weitter auß dießer galanten oder vielmehr desbeauchirten damen geworden ist, undt wen Ihr noch mehr historger von hexsen erfahren könt, werdt Ihr mir gefahlen thun, sie zu berichten. Ich habe letz[t]mahl nicht recht geleßen. Ihr sagt, daß die 2 talckschachteln 4 thaller thewerer sein, alß die 2 ersten wahren; so hab ich geleßen «4 thaller düner»; drumb habe ich letztmahl geschrieben, daß ich keine thaller in dem paquet gefunden hette. Ich habe diese letzten viel artlicher funden, also billig, daß sie ein wenig mehr bezahlt werden. Sie thun aber narisch dran, theüerer zu verkauffen; den geben sie es wollfeyller, würden sie den zulauff haben. Es war nicht vor meine kindern, sondern vor madame de Chasteautier[4] undt noch eine andere dame, so sie sehr lieben. Madame de Chasteautier hatt sich gestern den gantzen abendt mitt daß, so ich ihr geben, amussirt. Man hatt viel exempel, daß kinder undt auch große leütte, so die waßerblattern gehabt, die rechten im selbigen jahr wider bekommen haben. Jalousie ist eine lange kranckheit undt courirt nicht wie die blattern undt zieht lautter boßes nach sich; beyde seindt zu beklagen drüber. Mitt allerhand humoren kan man zu recht kommen, außer die jalousie; da kan man sich nicht vor hütten. Man hatt mir gesagt,

---

1 Vergl. oben s. 38.   2 ? werden.   3 Man vergl. J. Grimm, Deutsche mythologie, zweite ausgabe, II, Göttingen 1844, s. 1024. 1037. 1038. 1041. 1051.   4 Châteauthiers.

der pfaltzgraff von Sultzbach wer¹ schönner, alß sein jüngster herr bruder, der ahn die schonne mademoiselle de Clermon[t] gleicht, alß wen er ihr herr bruder were; also müste der elste gar schön sein, wen er hübscher, alß der jüngste, ist. Wen unßere teütsche damen gallant wollen thun, stehets ihnen bitter übel ahn; aber eine geheürahte fürstin, so ein kindt hatt, kan nicht mehr gehoffmeisterirt werden, sie muß sich selbsten zu helffen wißen. Aber man solte in acht nehmen, ob keines von ihren freüllen ihr die gallanterie in kopff bringt, undt selbige fortschaffen. Die sültzbachische kinder haben daß, sie haben schönne figuren, seindt aber einfaltig, daß einer drüber lachen muß. Fordern, waß einem gehört, liebe Louisse, ist keine betteley. Hetten Ewere niepçen nicht ahn der sum 12500 fl., würdet Ihr es nicht gefordert haben undt thetet übel. Ihr waret gar nicht schuldig, vor Churpfaltz zu zahlen; darauff hettet Ihr nichts lehnen sollen. Man ist nicht schuldig, zu geben, waß man nicht hatt, noch weiß, ob mans bekommen wirdt oder nicht. Darinen thut Ihr Ewere niepçen selber tord; den wie sie Ewere erben sein, macht Ihr ihnen schulden nach Ewerm todt, welches sie Euch keinen danck wißen. Glaubt mir! despouillirt² Euch nicht! In dießer welt ist alles der enterung unterworffen. Sorgt erst vor Euch selber! daß ist daß nöhtigst. Von verwanten gnaden leben wollen zieht allezeit reü nach, soltens auch leibliche kinder sein, will geschweygen neveux undt niepçen. Ich dancke vor die schrieft von dem studenten auff dem Alberoni; ich finde es all artig. Hiemitt ist Ewer liebes schreiben vollig beantwortet. Wir haben nichts neües hir, viel histörger von leütte, so Ihr nicht kendt, die nicht schön heraußkommen. Adieu, liebe Louise! Ich ambrassire Euch von hertzen undt behalte Euch allezeit recht lieb.

Elisabeth Charlotte.

1001.

Paris den 16 Mertz 1719, umb 8 mor[g]endts (N. 63).

Hertzallerliebe Louisse, gestern abendt, wie ich wider von Chelle³ kam, wurde ich mitt Ewer liebes schreiben vom 4, no 18,

---

1 d. h. wäre. 2 d. h. depouilliert, von dépouiller, entblößen, berauben.
3 Chelles. Vergl. band II, s. 515.

erfrewet; aber wie sie beyde nicht gar lang sein, glaube ich, daß
ich sie heütte woll alle beyde werde beantwortten können. Ich
weiß nicht, wie es kompt, daß meine brieffe so unrichtig gehen,
daß die ersten vor die letz[t]en kommen; aber weillen hirin nichts
zu endern stehet, muß man nur froh sein, wen sie nicht gar verlohren gehen. Es were mir leydt, wen mein letztes paquet von
vergangenen sontag verlohren wehren solte, weillen 11 louisdor vor
die talckbücksger drinen seindt undt eine andtwort ahn die fürstin
von Ussingen. Es fehlt Euch eine sontagspost, aber ahn dern ist
nicht viel gelegen, doch verdrießlich, daß die posten so unrichtig
gehen; man wirdt vielleicht, wie mehrmahl geschehen, Euch die
post hernach zwey auff einmahl gebracht haben. Unrichtig gehen
die posten, daß ist gar gewiß. Mich wundert, daß Ihr so gar nahe
bey offtern[1] zum h. abendtmahl gehet. Heütte mogte die predig
auch woll meinen brieff ... den ich werde umb 11 in die fasten-
predig in der negsten kirch hirbey. Es ist ein abt, so dort predigt; er predigt gar gemeine predigten, ist nicht wie der evesque
de Clermont[2], so admirablement woll predigt; er sagt nicht ridi-
culles, dießer, muß man also mitt vorlieb nehmen[3]. Unter unß
gerett, keine predig, so gutt sie auch sein mag, kan mich nie erfreüen; ich sehe es vor gutt ahn, aber nicht vor erfreülich. Ich
bin woll persuadirt, liebe Louise, daß, wen unßer herr gott Ewer
gebett erhört, daß es meinen sohn undt mir zu nutz kommen [wird]:
wir habens hoch von nöhten, man ist verpichter auff meinem sohn,
alß nie. Bey allen boßhafftigen hatt allezeit falschheit vor klug
passirt. Ein gutt hertz undt gemüht kan nicht falsch sein; den
falschheit nur in bößen hertzen undt gemühtern stecket. Man muß
zu unßers landt schande gestehen, daß die Teütschen, so in Englandt mitt unßerm teütschen könig sein, alle viel arger undt falscher,
alß die Engländer selber, sein. Nein, vor dießem war ein großer
hoff hir, alß nun ist; den nun ist nirgendts kein hoff mehr hir.
Aber zu der zeit ging alles beßer undt auffrichtiger her, alß nun.
Ahn daß particulir leben kan ich mich nicht gewehnen. Ehe die
zweytte printzes undt der printz von Preußen werden heürahten,
wirdt noch vielle waßer unter der brücken vorbeylauffen, wie man zu

---

1 ?ostern. 2 Jean-Baptiste Massillon, bischof von Clermont. Massillon
hat Elisabeth Charlotten die leichenrede gehalten. 3 Vergl. nachher den brief
vom 2 April 1719.

Heydelberg zu sagen pflegt. Königin werden halte ich nicht vor den glück[l]ichsten standt; ich hette es mein leben nicht sein mögen; man [hat] nichts, alß mehr zwang, alß ein anders, keine gewalt, ist wie ein idolle, muß alles leyden undt doch zufrieden sein. Es ist, waß man ein sot mestié [1] heißen kan, purer, rauch undt vanitet undt nichts solides. Hiemitt ist Ewer liebes letztes schreiben vollig beantwortet. Ich komme jetzt auff daß erste. Wir haben hir auch einen gar kurtzen frost gehabt undt nicht gar starck, nur von sontag biß mitwogen, hernach regen undt nach dem regen daß schönste frühlingswetter von der welt. Alles ist grün im felt, die roßen undt grußelberg-hecken [2], daß korn schiest in ähren undt die gürtten seindt voller blumen, nartzissen undt jacinthen, margritten [3] undt noch andere blumger, undt mehr warm, alß kalt; keinen schnee haben wir hir gesehen. Ihr habt groß recht, liebe Louise, Euch ahn daß wetter zu halten; den wen mir waß geschehen were, würden alle gassetten voll davon sein. Ich bin, gott seye danck, in langer zeit nicht so gesundt geweßen, alß nun. Wen ich nicht so große ursach hette, wegen meines sohns in sorgen zu sein, würde ich all ruhig leben. Aber dieße sach benimbt mir manchen schlaff. Im Elsaß bin ich nicht gehast, weillen ich so glücklich geweßen, noch zu deß königs s. zeitten der ritterschafft dort einige dinst zu thun undt dem könig nhm tag zu geben, wie etliche schelmen dort die ritterschafft unterdrucken [wollten] undt man dem könig ihr suplicationen nicht zukommen wolte laßen. Ich habs dem könig geben, daß wißen mir die gutte leütte danck. In Franckreich [bin ich] außer [zu] Paris, glaube ich, nicht gar beliebt; zu Paris bin ich nicht sonderlich gehast. Man will mirs danck wißen, nach meinen standt zu leben. Freylich hette ich nicht errahten können, daß man so favorabel von mir in Francken reden solte; kan die ursach dießes glücks nicht erdencken. Die gräfflin von Papenheim muß noch ihrer mutter bludt in den adern fehlen [4], sich vor mich zu interessiren. Danckt ihr doch gar sehr von meinetwegen, liebe Louise! Ein hohes alter wünsche ich mir nicht; ich fürchte daß krancklich-werden undt auch daß fablen, welches mir leicht geschehen könte mitt dem kurtzen gedachtnuß, so ich habe. Es ist allezeit ein groß glück, wenn gutte, ehrliche leütte sich vor einem

---

1 métier.   2 ?preiselbeeren-hecken.   3 marguerite, tausendschön.   4 ?fühlen.

interessiren. Von dem scharmützel, so hir im landt vorgangen sein solle undt in den holländischen gazetten gestanden, da hab ich nichts von gehört; so sachen verzehlt man, wen sie geschehen, so lang meines sohns regence dauern wirdt. Ich habe vorgestern aber ein schreiben vom 6 Mertz / 26 Feb. von der printzes von Wallis bekommen; aber da war noch nicht die geringste aparentz vom frieden zwischen vatter undt sohn. Ich dancke Euch sehr, liebe Louisse, mir geschickt zu haben, waß zu München passirt. So sachen amussiren mich sehr, erinern mich ahn meiner jugendt. Ich gestehe, daß mir die gutte alte teütschen divertissementen, außgenohmen die commedien, noch beßer gefahlen, alß alle frantzosche divertissementen. Daß ewi[g]e carttenspiel ist mir, so woll alß die bals in masquen, unleydtlich. Den operaen bin ich recht müde, den ich sehe nicht gern dantzen; ihr ewiger menuet ist mir gar zu verdrießlich. Daß unverschambte leben, so man hir führt, eckelt mich recht, undt wens leütte sein, vor welche ich mich interessire, betrübt michs. Printz Ferdinantz von Bayern beüraht weiß ich len[g]st. Dießer printzessin fraw mutter hatt in der zweytte ehe unßer großhertzogin zweytten sohn geheüraht; ich habe ihn hir gesehen. Es ist eine schlimme ehe, sie könen sich nicht leyden. Printz Gaston hatt verstandt, verzehlt sein[e]r gemahlin leben gar possirlich. Aber da schlegt es 10, ich muß mich ahnziehen. Dießen nachmittag werde ich dießen brieff außschreiben.

Heütte morgen bin ich ahn printz Gaston [geblieben]. Dießer seüfft nicht weniger, alß pfaltzgraff Philip gethan hatt. So ein heüraht konte hir nicht geschehen, den die weiber hir seindt gar nicht meister von ihr eygen gutt. Der man ist le maistre de la comunauté, wie sie es heißen, undt ohne sein urlaub kan die fraw nichts kauffen, noch verkauffen von ihrem eygenen gutt. Printz Gaston sagt, seine gemahlin trag[e] einen silberne[n] gürttel, woran gar viel schlüssel hencken undt auch die küchen- undt kellerschlüßel undt speycher[schlüßel], wie eine beschlißerin; daß ist ja gar nicht fürstlich. Der hertzog von Saxsen Lauenburg muß einen liederlichen hoff gehalten haben; jedoch, so sagt man, daß die margraffin von Baden woll erzogen sein solle. Wie kan den daß zugehen? Ich kans nicht begreiffen; den ja kein exempel ist, daß fürstinen so gelebt haben wie die g[e]ringste bürgersleütte. Ich finde, daß printz Gaston recht hatt, solches übel zu finden. Von zu viellen dantzen kan man ohnmöglich die gelbsucht bekommen, ehr von chagrin undt zu fiehlen wachen. Docktor Breüner solle gar ein geschickter man sein, habe ihn sehr loben hören. Ich haße den saffran unerhört; saffran undt wein undt rossenmarin muß ein doller geschmack durcheinander sein. Hiemitt seindt Ewere beyde schreiben vollig beantwordtet, werde also kan ich nichts mehr [sagen,] alß daß ich Euch von hertzen lieb behalte.

Elisabeth Charlotte.

1002.

Paris den sontag, 19 Mertz 1719, umb ein viertel auff 10 morgendts (N. 64).

Hertzallerliebe Louisse, ich hatte gehofft, daß es heutte, wie schon offt geschehen, gehen würde undt ich Ewer liebes schreiben deß morgendts entpfangen würde; es ist aber nicht kommen, weiß schir nicht, waß ich sagen solle. Waß ich Euch ahm liebsten sagen wolte, lest sich der post nichts vertrawen, undt sonsten haben wir gantz undt gar nichts neües hir. Es regnet schir alle tag undt es ist recht warm wetter darbey. Ich halte dieß wetter vor gar ungesundt undt ich fürchte, daß unßere mademoiselle de Monpensier[1] auch die kinderblattern bekommen wirdt; den sie befindt sich übel, hatt mattigkeitten in allen gliedern undt sicht bitter übel auß; glaube also, daß es übermorgen mitt dem neüen licht außbrechen wirdt. Aber da entpfange ich in dießem augenblick Ewer liebes schreiben von 7 dießes monts, no 19; aber da kompt mein secretarie mitt viel paprassen[2], so ich unterschreiben [muß], muß also eine pausse machen.

Sontag, um ⅓ auff 11 uhr.

Da seindt meine paprassen undterschrieben. Nun will ich Euch, liebe Louise, noch ein wenig entreteniren, ehe ich mich gantz ahnziehe, umb in die capelle zu gehen. Ich weiß nur zu woll, waß le diable au contretemps ist; nichts macht einem gridtlicher undt es wiederfahrt mir alle tag. Meine gesundtheit ist noch gar gutt, gott lob, so perfect, alß sie in meinem alter undt itzigen verdrießlichen

---

1 Louise-Elisabeth d'Orléans, mademoiselle de Montpensier, enkelin von Elisabeth Charlotte. 2 paperasses, papiere.

zeitten sein kan. Wen Ihr bir webret, liebe Louise, würdet Ihr
Euch woll zu verwundern haben; den alle augenblick erfahrt man
neüe falschheit undt neüe boßheit. Ich habe gestern noch abscheüliche sachen erfahren von denen, wel[c]he meinen sohn die groste
obligation von der weldt haben, habe also woll ursach, die zu bitten,
so gutte undt fromme seelen sein, vor unß zu betten; wir haben
gottes hülff mehr, alß nie, von nöhten. Dancke Euch, liebe Louise,
vor Ewere gutte wünsche. Wen man einmahl weiß, wie boßhafftig
die leütte sein, so kan man sich hernach leicht darnach richten,
waß man von ihnen erfähret, liebe Louisse! Aber gutte gemühter,
wie daß Ewerige ist, können solche boßheitten ohnmöglich begreiffen.
Ich würde vor eine idiotte [1] [gelten] undt gar zu einfältig [sein],
wen ich nicht wüste, waß vorgeht undt denen betrifft, so einem
ahm negsten ahngehen. Undt, wie der könig Salomon sagt [2], alles
hatt seine zeit; wen man in ruhen sein kan, muß man sich nicht
plagen; schickt es unßer herr gott anderst, muß mans auch ahnnehmen. Aber nun ist es zeit, meine pausse zu machen undt mich
ahnziehen; dießen nachmittag hoffe ich Euch noch ein par wordt
zu sagen, ehe ich ins closter fahre.

Sontag, den 19 Mertz, umb 2 uhr nachm.

Wie ich die feder dießen nachmittag nahm, umb weitter zu
schreiben, so seindt so viel leütte herein kommen, biß ich ins closter
gemüst. Gleich, wie ich wieder kommen, hab ich madame d'Orleans in mein cammer gefunden, die mich so auffgehalten, daß daß
opera schon zu endt deß zweytten acten war. Nun ist es zum endt
undt 9 uhr ist geschlagen, muß also baldt enden. Die mode ist
nicht mehr, die beichtsvätter ahnzuhören, sonsten weren nicht
mehr so schlime... Aber wen man die gründtliche warheit sagen
solle, so seindt die beichtsvätter ebenso partiallisch undt voller politic, alß andere, undt man kan von hir nun sagen wie zur zeitten
der sündtfluht: «Alles fleisch hatt seinen weg verkehrt.» [3] Die
beychtsvätter dencken nur ahn politic, undt waß die menschen nicht
vor sündt halten, sagt man den beichtsvättern nicht. Von dießem
allem wollen wir biß donnerstag ferner sprechen. Nun kompt monsieur Teray undt treibt mich zu bett, muß also vor dießmahl wider

---

1 idiote, dumme frau.   2 Der prediger Salomo 3, 1.   3 1 Mos. 6, 12.

willen schließen undt nichts mehr sagen, alß daß ich Euch, liebe
Louise, von hertzen lieb behalte.

Elisabeth Charlotte.

1003.

A mad. Louise, raugraffin zu Pfaltz, a Franckfort.

Paris den 23 Mertz 1719, umb ¾ auff 3 nachmittags (N. 70).

Hertzallerliebe Louise, ehe ich heütte morgen in die fasten-
predig gangen, habe ich ahn Churpfaltz, die fraw von Zachman
undt monsieur Harling geantwort; den weillen dieße brieffe kürtzer,
alß die Ewerigen, sein, habe ich sie erst außgemacht, den mitt Euch,
liebe Louise, mach ich kein façon noch ceremonien, wir seindt einander zu nahe. Aber da kommen unßere damen undt sagen, daß
die kutschen kommen sein; ich muß zur großhertzogin. Es ist
jetz[t] halb 9 undt wir kommen auß dem opera, wo wir hin sein;
so baldt wir von der großhertzogin kommen, seindt wir hin. Weillen
es daß letzte, so ich in 3 wochen sehen, undt mademoiselle nicht
ohne mich ins opera darff, alß habe ich ihr dießes nicht abschlagen
wollen. Gestern habe ich Ewer liebes schreiben vom 11, no 20,
[empfangen], aber Ihr kont woll gedencken, liebe Louise, daß ich
ihn heütte nicht beantwortten werde konnen; die hinternüßen fehlen
in keinen landt, le diable au contretemps hatt überall sein spiel.
Mich deücht, unßere brieff[e] gehen nun zimblich just. Meine gesundtheit ist, gott lob, noch gar gutt. Es ist unglaublich, wen ich
Euch den detail schreiben solte, wie falsch undt undanckbar mitt
meinem sohn umbgangen [wird], daß Euch die haar drüber zu berg
stehen solte[n]. Da segt Ihr, wie hoch mein sohn undt ich gottes
hülff undt gutte gebetter von nohten haben. Baldt, baldt werdtet Ihr
alle die dolle sachen erfahren; den man wirdts ahn tag geben. Ich bin
gewiß, Ihr werdet erschrecken, wen Ihr es leßen werdet. Bey meines sohns gemahlin muttert sichs erschrecklich. Ich hoffe, biß sontag, da ke[i]n opera sein wirdt, Euch einen großen brieff [zu] schreiben; aber nun muß ich enden, nur noch sagen, daß ich meinem
sohn der fürstin von Ussingen brieff geben. Sie wirdt durch mein
schreiben ersehen haben, waß vor einen bestandt es mitt der sachen
hatt, sage also weytter nichts. Ich bin sehr in sorgen vor ihre
fraw schwester, die madame Dangeau; den sie hatt ein starck fieber,

5*

einen fluß auff der brust undt auch schnupen, liegt zu bett. Adieu, hertzliebe Louisse! Es verdrist mich recht, daß ich gleich enden muß undt vor dießmahl nichts mehr sagen [kann], alß daß ich Euch von hertzen lieb behalte, liebe Louisse!

Elisabeth Charlotte.

1004.

Paris den 25 Mertz 1719 (N. 71).

Hertzallerliebe Louisse, ich fange heütte ahn, zu schreiben, werde aber erst morgen abendts dießen brieff verfertigen[1], hoffe, heütte undt morgen die verlohrne zeit wider einzubringen; aber dießen morgen nicht, den es ist heütte mein Bibel-tag, habe schon 4 psalmen, 4 im alten undt 4 capittel im neüen [Testament] geleßen. Apropo von Biblen. Ein pfarer von Berlin hatt mir ein neü Testament geschickt; der es gemacht, heist monsieur Lenfant[2]; der es mir geschickt, heist monsieur de Bosobre[3]. Ich bilde mir ein, daß Ihr die zwey pfarer kennen werdet. Es solle etwaß schönes undt gantz unparteysch sein, wirdt mir gefallen; den die partialische sachen kan ich nicht leyden. Aber ich komme jetzt, eine pausse zu machen. Dießen abendt werde ich Eü[c]h weyder entreteniren.

Sambstagen, den 25 Mertz, umb 6 abendts.

Es ist heütte ein groß fest, Marie verkündigung; drumb bin ich ins closter von den Carmelitten gefahren, wo wir gebett haben. Da komme ich eben wieder her. Ich komme ahn Ewer liebes schreiben vom 7, no 19, wo ich vergangenen donnerstag geblieben war. Mylord Stair[4] hatt mich gestern recht aufffahren [gemacht], sagte mir gantz trucken herauß, man sage in Englandt, mein sohn were assasinirt worden undt der keyßer lege kranck auff den todt, hette die letzte öhlung entpfangen. Waß mich ahn dießer sach verdriest, ist, daß ich sehe, daß die caballe, so gegen meinen sohn ist, allezeit daß assasiniren im kopff haben undt dieße zeittung außbreytten, zu sehen, wie es wirdt auffgenohmen werden. Undt

---

1 ⁊ fertig machen, vollenden. 2 Jacob Lenfant, geb. zu Basoches 13 April 1661, gest. zu Berlin 7 August 1728. 3 Isaac de Beausobre, geb. zu Niort in Poitou 8 Merz 1659, gest. zu Berlin 5 Juni 1738. In der von Lenfant besorgten französischen übersetzung des neuen Testaments rührt von eben diesem Beausobre die übertragung der briefe Pauli her. 4 Stairs.

daß sie den bößen vorsatz noch immer haben, daß macht mich
heütte recht grittlich, insonderheit weillen, unter unß gerett, die
duchesse de Berry ihrem herrn vattern in ein hauß, nahe bey Versaillen, zu nachteßen [geladen]; seindt erst umb 3 nach mitternacht
nach hauß kommen. Also setzt sie ihren herrn vattern nicht allein
in rechte lebensgefahr, sondern auch sie verliehren beyde ehre undt
reputation dabey; da wehre noch viel von zu sagen. Ich will lieber
von waß anders reden; den je mehr ich hirvon rede, je gridtlicher
undt traweriger werde ich. Komme also auff Ewer liebes schreiben,
wo ich letztmahl geblieben war. Wen ich offt zurück gedencke...
Aber da kompt madame de Berry herrein, ich muß wider eine pausse
machen undt auff morgen verschieben.

Sontag, den 26, umb halb 7 morgendts.

Ich habe gestern abendts meinen tag mitt Euch geendet, undt
nachdem ich meine morgendtsgebetter vericht, fange ich meinen
tag mitt Euch wider abn. Ich war gestern umb halb 10 in mein
bett, bin alß¹ 9thalb stundt im bett gelegen, welches lang genung
ist. Ich komme, wo ich gestern abendts geblieben war. Ich muß
die duchesse de Berry doch entschuldigen. Sie hatt sich woll bey
mir verantwortet. Mein sohn ist nicht in ihrem hauß geweßen,
sondern hatt seine metres nach St Clou mitt viel andere volseüffer
nach St Clou geführt, wo sie den gantzen tag gefreßen haben.
Ich glaub, mein sohn schämbt sich, [daß er] dieße sotisse gethan
hatt; den er ist seyderdem nicht zu mir kommen. In Franckreich
kan nichts in der stille geschehen; fürsten haben daß unglück hir
im landt, daß sie keinen schrit thun können, daß es nicht die
gantze welt weiß. Ihre eygene leütte seindt ihre ärgste feinde; den
alle Frantzoßen seindt so neydisch gegen einander, daß umb zu
daß die, so beßer dran sein, alß sie, die herrn verderben undt zu
laster ahnreitzen, sagen sie alles, waß sie wißen oder nicht wißen².
Also kan bey leütten, wie mein sohn ist, nicht[s] geheim bleiben. Von
den beichtsvättern hab ich Euch schon letztmahl geschrieben, welche
beschaffenheit es mitt hatt. Alle Jessuwitter wollen, daß man ihr
orden vor perfect undt ohne eintzigen fehler halten solle; derowegen
wollen sie allezeit alles entschuldigen, waß, wo die beichtsvatter

*

1 ? also.   2 Der satz ist etwas verwirrt.

sein, vorgeht. Drumb habe ich auch meinen beichtsvatter blatt
herauß gesagt, daß, waß zu Luneville vorgeht, nicht kan entschuldiget werden undt daß leicht zu begreiffen ist, daß deß hertzog
beichtsvatter ihm durch die finger sicht undt daß weder er, noch
keiner von den lotteringischen Jessuwittern von Luneville niemandts
wirdt waß weiß machen können undt daß es ein recht offendtlicher
ehebruch ist undt daß, je mehr sie den hertzog undt seine zot zum
h. abendtmahl gehen [machen], je mehr ärgernuß undt scandal es
geben wirdt [1]. So gritlich ich auch bin, muß ich doch lachen, daß
Ihr den nahmen von der Craong verschrieben habt undt sie Croan
heist. Es ist nicht zu beschreiben, waß der hertzog den leütten...
Es ist noch nicht lang, daß Craong ein gutt von 11 mahl hunderttaußendt francken gekaufft, undt von ihnen selben weiß jederman,
daß sie arm wie Hjob sein, recht bettelarm [2]. Sie ruiniren den
hertzog durchauß; den Craon, so premier minister ist, zieht alles
zu sich, bezahlt nicht einmahl die bedinten; es ist der woll bezahlste
hannerey, so in der welt kan gefunden werden. Ich kan der fürstin
von Ussingen auff ihrem schreiben nicht andtwortten, biß ich weiß,
ob sie resolvirt ist, auff königlichen franckr[e]ichische[n] boden zu
wohnen. Sonsten kan sie ohnmöglich naturallisirt werden: den sachen, so mitt edit passirt sein, kan man nicht endern. Die gutte
madame de Dangeau ist noch nicht woll, hust erschrecklich; sie hatt
doch, gott lob, kein fieber mehr. Waß mich hatte glauben machen,
daß madame de Dangeau unrecht geschehen konte, ist, weillen man
die sach will heimblich vor ihr halten. Aber daran liegts nicht,
sondern, wie schon gesagt, daß man nicht mehr naturalissiren kan,
die, so es begehren, seyen den auff frantzöschen boden wohnhafft.
Hiemitt ist Ewer liebes schreiben vom 7, no 19, vollig [beantwortet].
Ich komme jetzt auff daß vom 11. no 20, welches daß letzte ist,
so ich von Euch, liebe Louisse, entpfangen habe. Ihr segt leyder,
liebe Louisse, daß ich leyder weniger, alß nie, ursach habe, in ruhe
zu sein. So lang, alß meines sohns regence dauern wirdt, werde ich
keine ruhe haben, undt gott weiß, wen ich hernach noch im leben
werde sein, ob ich es werde haben; den meines sohns feindt laßen

---

1 Vergl. den brief vom 26 Februar, oben s. 45. 46. 2 «Il s'agit de Marc
de Beauveau, qui acheta la terre d'Haudonvillers, et qui obtint qu'elle fût éri-
gée en marquisat de Craon, par lettres-patentes du 21 août 1712.» G. Brunet
II, s. 82, anm. 1.

sich schon verlautten, daß, wen der könig in die majoritet¹ tretten, wollen sie ihn solche handel ahnmachen, daß der könig sein leben kan² vertrawen zu ihm wirdt haben können undt er sich glücklich schätzen solle, mitt dem leben davon zu kommen. Also habe ich gar keine ahngenehme perspectiven vor mich, entweder den todt oder ein betrübtes undt verdrießliches leben. Aber man muß sich woll in den willen gottes ergeben undt hoffen, seine sünde zu büßen undt sein creütz zu tragen. Man hatt selten exempel hir, daß leütte müde werden, bößes zu thun; viel eher wirdt man müde, guts zu thun. Woll zu leben, wie Ihr thut, liebe Louise, ist doch der rechte weg, heylig zu werden; den alle, die es geworden, wahren keine engel, sondern alle menschen, wie Ihr seydt; undt die demuht, so Ihr habt, ist doch nicht die geringste staffel dazu. Im himmel ist man heyllig, auff erden aber muß mans werden. Meiner freündtschafft seydt ist³ gewiß schon würdig undt darumb habt Ihr sie auch. Vor gutte hertzen ist gutter willen schon genung. Die Frantzoßen seindt in dem fall unleydtlich, daß sie alle frembt[en] nationen recht haßen undt nur nach ihrem interessen leyden können. In Englandt solle es ebenso sein. Die Teütschen haben nur zu wenig abscheü; alles gefelt ihnen ahn Frantzoßen biß auff ihre abscheülichste laster. Die fraw von Zachman, ob man sie zwar hir schön gefunden, hatt sich doch woll undt tugendtsam gehalten undt ist gar nicht coquet geworden, hatt sich hir sehr deßwegen loben [machen]; den hübsch undt nicht coquet zu sein, ist etwaß gar rares hir. Es frewet mich allemahl, wen ich noch affection vor mich bey den gutten, ehrlichen Pfaltzern verspüre. Der Eberfritz⁴ ist gar zu lang mitt mir umbgangen in unßern jungen jahren, umb daß seine fraw nicht von mir hette sprechen hören, undt die fraw von Degenfelt kan auch woll von mir gehört haben von ihrem man, meinem gutten freündt, herr Max. Von den Bernstein kene ich keinen mehr, alß den, welcher eine zeit lang mitt sein[e]r tanten Lenor hir bey mir geweßen. Waß ich ahn die fraw von Zachman geben, seindt nur a-la-mode-poßger, aber nichts magnifiqs. In dem standt bin ich leyder nicht, viel magnihqs zu geben. In der printzes von Wallis letztes schreiben findt ich noch keine aparentz von vergleich zwischen den könig in Englandt undt ihnen, welches mir

---

1 majorité, mündigkeit, volljährigkeit. 2 ? kein. 3 ? Ihr. 4 Veninger, general.

hertzlich leydt ist. Ich kan nicht glauben, daß dießer könig bey itziger unruhe nach Hannover kan. Der hanoverischen damen schönne kleyder wer[d]en sein, wie man hir sagt: «Jetter sa poudre au moineau» [1]. In dießem augenblick entpfange ich Ewer liebes schreiben vom 14, no 21. Dancke sehr vor die 2 schönne historien von geister; die erfreüen mich recht undt dienen mir zur conversation bey madame d'Orléans, deren ich sonsten nicht viel zu sagen habe, wie Ihr leicht gedencken könt. Ich werde erst zukünfftige post auff Ewer frisches liebes schreiben andtwortten, heütte aber dieß alte jetzt noch beantwortten. In mein paquet von no 62 werdt Ihr eine[n] brieff vor die fürstin von Ussingen gefunden haben. Mein sohn hatt auff alle weiß gesucht, die sach zu threhen, umb die fürstin zu contentiren; allein der letzte edit hatt alles über einen hauffen geworffen, es seye den, daß sie, wie schon gesagt, hir im landt wohnen komme, oder auff wenigst auff koniglichen gebieht. Ich habe mich weytter nicht informirt, waß die naturalitet kost. Die unkosten seindt hir zu starck, umb baldt reich zu sein können undt überf[l]üßig zu haben. Ein jeder muß woll nach seines standts gebühr leben; alles wirdt taglich thewerer, den seyder ein jahr her ist alles noch umb die helffte theüerer gewordten. Eßen, drincken, kleyder, meuble, alles in einem wordte biß auff die haßelnuß kosten den dobelten wehrt. Der herr von Dörnberg muß sich zu starck abngegriffen haben, daß er so krauk davon geworden; were woll eine gnade gottes, wen ihn daß bekehren könte. Die historie ist possirlich, hatt mich lachen machen; es solte allen gallanten damen so gehen, umb sie zu corigiren, so würde es nicht so viel geben. Hiemitt ist Ewer lieben [2] letztes schreiben auch durchauß beantwortet; nur noch sagen, daß Ihr groß unrecht gehabt hettet, Euch die mühe zu geben, Ewern brieff abzuschreiben; es war nicht der geringste fehler drinnen. Muß noch sagen, daß ich negst Ewer liebes schreiben vor einer stundt ein brieff von mademoiselle de Malause bekommen. Die schreibt, daß deß graff Degenfelts eltstes freüllen noch gar krauck, aber die jüngste wider frisch undt gesundt ist. Da ruhet mein seegen auff, drumb ist sie wider gesundt worden. Wir haben heütte nicht die geringste zeittung hir, muß also enden

*

[1] Jeter sa poudre aux moineaux, auf kleinigkeiten viel verwenden. Der sinn ist wol hier: die schönen kleider werden vergeblich gemacht werden. [2] ? liebes.

undt vor dießmahl nichts mehr sagen, alß daß ich Euch, liebe
Louise, von hertzen lieb behalte.

Elisabeth Charlotte.

1005.

Paris den 30 Mertz 1719, umb 7 uhr morgendts (N. 72).

Hertzallerliebe Louise, gestern abendts umb 9 uhr habe ich
Ewer liebes schreiben vom 18, no 22, zurecht entpfangen sambt der
schonnen medaille von der englischen undt spanischen seeschlagt,
wofür ich Euch von hertzen dancke. Die printzes von Wallis hatt
mir keins geschickt, ist mir also gantz neü. Freylich lieb ich auch
die modern medaillen; ich habe schon 2 kistger voll davon ge-
samblet; also werdet Ihr mir einen großen gefahlen thun, mehr zu
schicken. Es were nicht billig, daß es auff Ewern unkosten ge-
schehe; derowegen schreibt mir nur, waß sie kosten! werde ich es
mitt danck bezahlen. Ich hoffe, mit erster post zu vernehmen, daß
Ihr meine bezahlung vor die talckbilder werdet entpfangen haben;
den es solle mitt mein schreiben vom no 62 ahnkommen von 11
dießes monts. Weitter werde ich nichts auff Ewern liebes schreiben vom 18, no 22, sagen undt heütte nur auff daß vom 14, no 21,
andtwortten, welches ich letzte post nicht habe beantwortten können.
Ich hoffe, daß der schnupen, so Ihr nun habt, Euch daß... so reinigen wirdt, daß Ihr keine flüße mehr auff den augen bekommen
werdet; auffs wenigst wünsche ich es von hertzen. Vor die rohte
in den augen, wen bludt drin geschoßen, ist ein gar leicht mittel
gar gutt; ich habe es probirt, nehmblich die augen mitt weiß roßen-
waßer, worinen ein wenig weiß zuckercandie verschmoltzen, undt
ein wenig waßer zu waschen undt einen tropffen ins aug zu tropffen
laßen: es beist ein wenig, heilt aber gar gewiß. Ich habe dieß re-
medium von jungfer Colb, meiner geweßen hoffmeisterin, welche so
lange mit unßer tante, printzes Elisabeth, die abtißin von Herfort,
zu Berlin geweßen. Da war damahlen ein gar berühmter docktor.
Printzes Elisabeth bekam erschrecklich augenwehe, der docktor gab
ihr ein waßer, daß courirte sie. Wie sie wieder von Berlin ver-
reißen solte, batt sie den docktor, ihr daß recept von dießem kost-
lichen waßer zu geben; da fandt es sich, daß es nichts anderst war,
alß waß ich obgemelt. So balt mir röhte in den augen kam, machte

mich jungfer Colb mitt dem waßer die augen waschen offtmahl deß tag; in 24 stundten war ich courirt. Wünsche, liebe Louise, daß es Euch so woll, alß mir, bekommen mag. Daß Nürnberger pflaster muß seinen effect noch nicht gethan haben, weillen ich in Ewern letzten schreiben gesehen, daß Ihr noch nicht woll seydt. Seyder die gantze woche frirt es mitt einem so scharpffen nordtwindt, daß man fürcht, daß alles obst dahin ist. Die aber gar gern gar kalt trinckt[1], erfrewen sich sehr über dieß wetter; den man hofft, die eyßgruben zu füllen. Ich vor mein theil hette lieber pfirsing geßen, alß so kalt gedruncken. Aber man muß woll alleß ahnnehmen, wie es gott schickt. Es ist gar gewiß, daß meine sorgen undt inquietuden mich offt ahm schlaff verhindern. Wen ich 3 oder 4 nachte geweßen, ohne woll zu schlaffen, schlaff ich 2 oder 3 wieder woll. Es ist kein wunder, daß ich in sorgen bin; den alle tag erfahrt man neüe verrahterey. Vorgestern geht der duc de Richelieu zu marquis de Biron, so mein sohns gutter freündt ist, thut hundert protestation von sein attachement ahn meinem sohn, pressirt, daß man ihn abfertigen solle, zu seinem regiement zu reißen. In eben selbiger zeit intercepirt[2] mein sohn ein schreiben vom Alberonie ahn dießen impertinenten duc, worinen seine verrahterey sonnenclar ist. Also hatt ihn mein sohn ihn gestern im bett aufffischen laßen, nur die zeit zugeben, sich ahnzuthun, undt ihn in die Bastillen geführt, wie auch den marquis de Sailliant, so deß gouverneurs von Metz neuven ist, so auch in den brieff genent ist[3]. Dießer hatt die schlimbste reputation auff alle weiß, ein spieller, so immer betrigt, ein gar unehrlicher man, ohne hertz, so in der armee davon geloffen, in einem wordt ein nichtswürdiger mensch. Der duc de Richelieu wirdt viel threnen in Paris kosten, den alle damen seindt in ihm verliebt,

1 ? trinken. 2 d. h. intercepiert, von intercepter, auffangen. 3 Der marquis von Dangeau schreibt in seinem Journal XVIII, s. 23. 24 unter mittwoch, 29 Merz 1719: «Le duc de Richelieu fut arrété chez lui à neuf heures et demie du matin par du Chevron, lieutenant de la prévôté, accompagné de plusieurs archers, qui le menèrent à la Bastille. MM. les pairs trouvent qu'un pair devoit être arrété plus honorablement. M. le comte de Saillant, neveu du gouverneur de Metz et colonel d'infanterie, fut arrété aussi l'après-dinée chez lui et mené à la Bastille. M. le duc d'Orléans a répondu à gens qui lui ont voulu parler pour M. de Richelieu qu'il avoit dans sa poche de quoi lui faire faire son procès. Cette affaire-là a paru plus grave le soir qu'on ne le croyoit le matin.»

Ich kans nicht begreiffen; den es ist ein klein krötgen¹, so ich gar nicht artig finde, hatt keine minen, noch weniger courage, ist impertinent, untrew, indiscret, redt übel von allen seinen metressen. Jedoch ist eine printzes vom koniglichen geblüdt so verliebt von ihm, daß, wie seine fraw starb, wolte sie ihn mitt aller gewalt heürahten; aber ihre fraw mutter, groß fraw mutter, noch bruder habens nicht zugeben wollen, haben woll groß recht, den außer, daß die qualitet nicht gleich ist, so were sie all ihr leben mitt dießem dollen menschen unglücklich geweßen, so gar nichts deücht. Ich beyße ihn allezeit Hintzelman²; den er gleicht dießem boldergeist, wie zwey tropffen waßer. Aber hiemitt genung von dem unwürdigen menschen gesprochen! Ich komme wider auff Ewer liebes schreiben; aber da kompt man mir sagen, daß man meinem sohn zur ader gelaß[en], muß ein wenig nüber, zu sehen, wie er sich befindt.

Donn[e]rstag, umb 9 morgendts.

Da komme ich wider. Man hatt meinem sohn eine abscheüliche aderläß gethan, drey große paletten undt 3 theller voll gelaßen. Ich fürcht, es sey zu starck vor einen menschen, so nacht undt tag arbeydt, wie er thut. Aber die docktoren andtwortten, es muß so sein, umb den lebensgeistern platz zu geben. Dem seye, wie ihm wolle, so ist die sach geschehen. Da kompt wider eine interuption, deß konigs leibdocktor; diß hatt mich wieder eine halbe stundt auffgehalten, kan Euch doch noch ein par stundt entreteniren, wen mir gott sonst keine verhindernuß schickt. Den monsieur Teray will mir heütte nicht erlauben, in die predig zu gehen, sagt, es were zu kalt in der kirch (den es friert noch gar starck heütte) undt ich mogte husten undt schnupen bekommen, so mir allezeit sehr schädtlich ist, den ich habe montag undt dinstag den grünen safft genohmen. Ich kene auch viel leütte, so sein, wie die, wovon Ihr sprecht, die sagen, daß sie alle ihre sorgen unter daß kopffenküßen³ stecken undt woll schlaffen. Aber die dieße kunst können, fühlen wenig. Daß gott alles allein beschützen kan undt daß man ihn allein drumb ahnruffen muß, daß ist gar war; aber [da] wir gottes willen nicht wißen, auch alle so sündtliche menschen sein,

---

1 d. h. eine kleine kröte.   2 Vergl. J. Grimm, Deutsche mythologie, zweite ausgabe, I, s. 471.   3 d. h. kopfkissen.

daß wir mehr straff zu fürchten, alß erhörung zu hoffen haben, kan man daß sorgen nicht laßen, insonderheit wen so viel aparentz zum übel ist, alß wir leyder hir haben. Gott woll unß beystehen! Ich habe der fürstin von Ussingen brieff nicht übel gefunden, aber nicht drauff andtwortten können, biß ich die andtwort eygendtlich erfahren. Ich bin recht in sorgen wegen ihre fraw schwester, madame Dangeau; daß fieber hatt sie seyder sontag nicht verlaßen, ob man ihr zwar schon 2 mahl zur ader gelaßen. Sie hatt einen schlimmen husten undt speyt ein wenig bludt, ist schwach undt von natur sehr delicat. Es were mir recht von hertzen leydt, wen sie sterben solte. Ewere erinerungen haben mich nicht geplagt. Ewer geisterhistorien haben mich recht divertirt undt alle die, so ich es verzehlt. Aber ich glaube, daß die dame von Darmstat eine fourberey[1] ist; den der herr von Walbrun, so deß printzen von Durlachs hoffmeister ist, hatt mir vor zwey tagen gesagt, daß daß steinwerffen endeckt seye undt daß es ein küchenbub mitt schleudern auß der küchen herauß geworffen hette; diß wirdt auch woll so etwaß sein. Einer geheürabten jungen frawen, so einen jungen man hatt, zu prophezeyen, daß sie baldt ein kindt bekomen wirdt, deücht mir keine gar große kunst zu sein; da gehört kein hexenwerck zu, kan gar naturlich zugehen. Ich glaube, daß Ihr baldt gutte zeittung von Ewern petite niepce haben werdet; metger[2] seindt ein unkraudt, so sich nicht leicht außtilget, undt mich deücht, man findt allezeit 10 weibsleütte gegen einem mansbildt. Nichts aber ist naturlicher, alß seine kinder zu lieben undt in sorgen vor ihnen zu sein, wen sie kranck sein; also die eltern doch zu beklagen sein. Ich habe ja lang undt offt genung zu Schwetzingen herumbspatzirt, umb es nicht zu vergeßen. Schwetzingen ist gar nicht kenbar mehr; nun die offenen gallerien zugebaut sein, kan sich keine cammer mehr gleichen. Es stehet ja nur bey Churpfaltz, daß schloß zu Heydelberg wider in ehren zu setzen undt zu verhindern, daß es keinen gefangnuß gleicht. Er laße es wider zu recht machen! Daß were ja beßer, alß weytter zu Schwetzingen [zu bauen], undt mehr grandeur, vor daß stamhaus zu sorgen, alß vor ein jagthauß. Hiemitt ist Ewer erstes liebes schreiben exact beandtwort, daß andere verspare ich vor die sontagspost. Hiemitt aber werde

---

1 fourberie, betrügerei, betrug.   2 d. h. mädchen.

ich nichts mehr sagen, alß daß ich Euch von hertzen lieb behalte, liebe Louise!

Elisabeth Charlotte.

1006.

Paris den 2 April 1719, umb halb 7 morgendts (N. 73).

Hertzallerliebe Louise, ich kan heütte woll früh schreiben; den gestern ging ich umb halb 10 nach bett, habe gar woll geschlaffen undt kan Euch noch ein par stündtgen entreteniren, den umb ³/₄ auff 9 muß ich mich abnziehen, umb nach die pfarkirch zu fahren. In die procession werde ich nicht gehen; meine boße knie entheben mich, gott lob, alle der ohnnöhtigen ceremonien. Also kan man hirauff daß frantzösche sprichwordt sagen: «A quelque chose malheur est bon». Aber last unß von waß anderst reden! Gestern habe ich Ewer liebes schreiben von 18 Mertz, no 22, zu recht entpfangen, bin fro, drauß zu sehen, daß meine bezahlung richtig ahnkommen. Ihr sagt aber nicht, liebe Louisse, ob nichts dran fehlt undt ob gantz recht ist; den mitt itzigen gelt hatt man mühe zu zehlen. Aber ein ander mahl wollen wir von dem brieff sprechen; heütte komme ich auff daß vom 18, muß mich eyllen, den dieße woche, weillen es die carwoche ist, werde ich wenig zeit zu schreiben haben. Mich deücht, unßere brieffe gehen nun gar richtig, will sie aber nicht beruffen; bin doch fro, daß Euch keins von meinen brieffen mehr fehlt. Ihr werdet in einen von meinen letzten schreiben ersehen, wie ich meinen ihrtum selber erkendt, daß Ihr nicht übel geschrieben, sondern ich übel gelesen wegen der 4 schraubthaller. Ich werde so reveux in meinem alter, daß ich glaube, daß ich baldt kindisch werde werden, oder so reveux¹, wiß² unßere taute, printzes Elisabeth von Herfort³, [war], welche einen camerbott⁴ vor ein masque fordert undt sagte: «Dießes masque hatt keine augen undt stinckt.» Undt wen I. L. s. trictrac spilten, spien sie ins brett

---

1 d. h. rêveuse, träumerisch. 2 d. h. wies, wie es. 3 Man vergleiche über sie band II, s. 220. 766. band III, s. 358. «Elle cultiva les sciences avec un zèle remarquable et reçut des leçons de Descartes qui affirme, dans la dédicace de ses «Principes de philosophie», qu'il n'avait trouvé personne, si ce n'est elle, qui fût parvenu à l'intelligence parfaite de ses ouvrages.» G. Brunet II, s. 84. 85, anmerk. 1. 4 d. h. kammer-pott, pot de chambre.

undt wurffen die würffel auff den boden: sie ist auch gantz kindisch gestorben undt war nur 62 jahr alt, wie sie starb. Ich werde spatter fabeln, weillen ich schon nahe bey 67 bin. Es were aber kein wunder, daß einem hir der kopff threhen solte über alles, waß man hört undt sicht. Der duc de Richelieu hatt schon alles gestanden; wie es weitter gehen wirdt, wirdt die zeit lehren. In der zahl von den [thalern] habe ich mich nicht verschrieben; den man sagt, daß 34 reichsthaller jetzunder 68 hießige thaller machen. Wie ich sehe, so seindt die kaufleütte überall dieselben undt steygen immer hören [1]; daß ist man woll gewohnt hir im landt. Die talckbilder seindt gar artlich, habe großen danck mitt verdint. Freyllich kan man mitt beßerer abndacht betten, wen man den kopff nicht zu voll verdrießlichkeytten hatt. Daß ist woll war, daß gott ahm besten weiß, waß unß gutt ist. Es geht aber, wie mitt den kindern, die die eltern vor ihr bestes braff die ruhte geben; es bekompt ihnen woll, aber in der zeit ist es sehr schmertzhafft undt macht braff weinen. Unßer herr gott weiß doch woll, daß er unß lieb hatt, daß er alle conspiration so zu nichte macht, wovor wir ihn nicht genung dancken können. Aber alle dieße gnaden machen mich auch zittern; den ich fürchte, daß wir es nicht genung erkenen undt dadurch gottes zorn auff unß laden werden. Nein, der prediger des 15 vinct [2] ist nicht beßer, alß ein anderer, allein es ist die negste kirch hir bey den hauß, also gemächlicher. Er predigt auch nicht gar übel, sagte keine fadaise [3]. Es ist nicht war, daß der chevallier de St George [4] zu Millan gefangen geseßen, aber woll mylords Mar, Pers [5] undt noch einer, welcher, wie ich glaube, mylord Mar sohn ist. Man hatt sie wider loß gelaßen. Ihr her[r] ist in Spanien. Der papst undt er verstehen sich woll mitt einander undt die Spanier auch. Dießer chevallier de St George hatt noch einen großen anhhang in Irlandt, Schottlandt undt Englandt selber, jedoch so versichert die printzes von Wallis, daß sie nichts zu fürchten haben. Baron Görtz ist der eintzige, so seinen neveu vor unschuldig helt. Ich gonne ihm doch wegen seines oncle daß leben. Ich weiß nicht, ob man so gutt frantzösch in Schweden ist,

---

1 ? höher. 2 Quinze-vingts. Vergl. oben s. 50. 3 Vergl. den brief vom 16 Merz 1719, oben s. 62. 4 Der sohn Jakobs II von England. 5 Marr. Perth. Vergl. den brief vom 9 Merz 1719, oben s. 56.

alß Ihr meint, liebe Louise! Daß man kein part von deß königs
todt gibt, macht mich dran zweyfflen. Die politic obligirt offt, gegen seine inclination zu handlen. Bißher habe ich noch kein augenblick zeit gefunden, der gräffin undt graffen von Degenfelt zu andtwortten. Es geht mitt, wie mitt dem westphällischen sprichwort:
«Mitt der zeit kam Jean ins wames, er zog aber 7 jahr ahn eine
mau»¹. Ihr habt woll gethan, Ewerer elsten niepcen zu rahten,
mir nicht zu schreiben. Ich habe warhafftig keine zeit, zu schreiben, wie ich gern [wollte]. Hir zu Paris hatt man über alles, waß
ich zu schreiben habe, nur gar viel vissitten abzulegen undt zu
entpfangen von allen den printzessen du sang². Wir haben nun
unßere duchesse de Berry kranck, hatt daß fieber mitt vapeurs
undt mutterwehen. Dieß letzt kompt ihr von den abscheulichen
starcken parfums, so sie immer in ihrer garderobe hatt, wen sie
ihre zeit hatt; daß muß schaden. Ich habe gewahrnt, man hatt
mir aber nicht glauben wollen, undt daß fieber kompt von dem abscheulichen freßen, so sie nacht undt tag thun, setzen sich umb 8
oder halb 9 ahn taffel undt freßen biß umb 3 uhr deß morgendts;
daß kan kein gutt auff die lenge thun. Alleweill kompt man mir
sagen, daß sie gar übel ist. Daß setzt mich recht in sorgen, den
dick undt fett, wie sie ist, fürchte ich, daß sie eine abscheuliche
kranckheit außstehen wirdt. Ich dancke nochmahlen vor die schöune
medaille. Ich bin in rechten sorgen sowoll wegen madame de Berry,
alß meines sohn, so, [wenn es] (da gott vor sey!) übel mitt madame
de Berry gehen solte, nicht zu trösten sein solte; den sie ist, waß
er in der welt ahm liebsten hatt. Es ist mir zu todt angst. Waß
ahn dem hoff vorgangen, so Ihr nicht nent, ist gar ordinarie bey
höffen, wo junge leütte sein. Dieß jahr wehren schnupen undt
husten gar lang. Aber ich muß enden. Adieu, liebe Louisse! Ich
ambrassire Euch von hertzen undt behalte Euch allezeit recht lieb.

Elisabeth Charlotte.

Man sagt im sprichwordt: «Früher donner, spatter hunger.»

*

1 diu mouwe, mhd., eigentlich niederdeutsch, der ermel.   2 Der satz ist
nicht in der ordnung. Der sinn ist wol: Hier zu Paris habe ich neben allem,
was ich zu schreiben habe, auch noch gar viele visiten abzulegen und zu empfangen.

1007.

Paris den gründonnerstag 1719, umb 11 uhr morgendts (N. 74).

Hertzallerliebe Louise, ich komme jetzt eben von der pfarrkirch, wo ich, gott lob, zum h. abendtmahl gangen bin. Seyderdem habe ich waß zu thun gehabt. Nun will ich Euch biß zum eßen entreteniren. Ich habe gestern abendts, wie ich auß der kirch kommen, habe ich umb 7 Ewer paquet hir gefunden (ich bedriege mich, es war eine stundt hernach) vom 25 Mertz, no 24, sambt den 8 schraubthaller. Ihr habt aber vergeßen, dabey zu setzen, waß sie kosten, kan es also dieße post noch nicht bezahlen. Bericht michs dan, sobaldt Ihr kont, waß es Euch könt¹, damitt ichs mitt danck bezahle! Ich habe sie noch nicht besehen, sie divertiren mich, wie die kinder. Heütte werde ich nicht auff dießes letzte schreiben andtwortten, sondern auff daß von vergangene post vom 21 Mertz, no 23. Es ist mir lieb, daß unßere brieff nun so richtig gehen undt meine bezahlung nicht verlohren worden. Ich bin auch fro, daß daß porte-lettre Euch gefahlen hatt. Wen sie Euch ahngenehmen, werde ich Euch deren nicht manquiren laßen; den ich bekomme deß jahrs eine große menge von allerhandt gattung. Also will ich Euch alle jahr schicken, wo mir gott daß leben lest. Ich werde meinem sohn heütte fragen, waß ich der fürstin von Ussingen andtwortten solle, undt montagspost werde ich ihr andtwortten. Heütte ist es ohnmöglich, weillen ich gleich zur taffel werde undt nach dem eßen zu madame de Berry, so außer gefahr ist undt hatt heütte medecin genohmen. Hernach werde ich in kirch bey unßern Carmelitten. Die Tenebre² dawern gar lang; es wirdt über 7 sein, wen ich wider kome. Da rufft man mich zur taffel.

Gründonnerstag, den 6 April, umb ein viertel auff 3 nachmittags.

Es ist eine gutte stundt, daß ich ahn taffel gangen; nun komme ich eben wieder davon. Waß mich auffgehalten, ist ein alter bouffon von der konigin s., den ich lang nicht gesehen. Die königin liebte solche art leütte, ich nicht. Aber man sicht jetzt so wenig leütte von der zeit, daß es einem doch nicht verdrießlich ist, jemandts zu sehen von der zeit. Aber nun komme ich wider auff Euer liebes

---

1 ? kostet.   2 Ténèbres, lateinisch Tenebræ, charfreitags-mette, die am gründonnerstag abends voraus gefeiert wird, so genannt nach den worten »Tenebræ factæ sunt«, Ev. Matth. 27, 45 u. s. f.

schreiben, biß meine kutschen werden kommen sein. Ich habe meinen sohn heütte noch nicht gesehen, noch sprechen können, den er hatt abscheülich viel zu thun nun, sowoll waß innerlich, alß außenwerdts von königreich ist. Der kleine verrähter, der duc de Richelieu, hatt alles gestanden. Waß weitter drauß werden wirdt, soll die zeit lehren. Ich glaube aber, da bringt man mir zu eßen dießen abendt.

Gründonnerstag, umb ein viertel auff 8 abendts.

Es ist noch keine halbe stundt, daß ich auß dem closter bin, undt nun kompt mein sohn herrein undt sagt, er habe dem abbé Dubois schon ordre ertheilt, die lettre de neutralité [1] zu machen undt der fürstin gleich zu schicken. Ich habe desto mehr dran getrieben, alß ich gesehen, daß es madame de Dangeau nicht schaden kan. Sie ist, gott lob, nun außer gefahr, welches mich von hertzen erfrewet. Aber mein porte-lettre meritirt keine danksagung, liebe Louise! Daß seindt ja nur nonen-arbeydt undt bloße bagattellen, die kein dancken wehrt sein. Ihr könt, wen Ihr wolt, die schraubtaffel [2] mitt dem gelt bezahlen, so ich zu viel geschickt. Bleibt waß überig, so gebts ahn arme Pfältzer! Es ist nahe bey 10 uhr undt monsieur Teray kompt undt treibt mich nach bett, kan also nichts mehr sagen, alß daß ich die historie von dem diebstall artig gefunden. Nichts ist gemeiner, alß huren, mitt verloff, so ihre kinder umbringen. Ich kan nichts mehr sagen, alß daß ich Euch von hertzen liebe habe undt allezeit behalte, hertzallerliebe Louise!

Elisabeth Charlotte.

1008.

Paris den 8 April 1719 (N. 75).

Hertzallerliebe Louise, ich will heütte ahnfangen, auff Ewer liebes schreiben vom 25 Mertz, no 24, zu andtwortten; den morgen ist es ostertag, da wir wieder gar lang in den kirchen sein werden. Gott seye danck, daß der fürstin von Ussingen ihre sach gantz zum

---

[1] ? lettre de naturalité. Es handelt sich indessen, wie schon oben s. 51 bemerkt worden, um die »naturalisation«, die einbürgerung, die nationalisierung.
[2] ? schraubthaler.

endt ist, wie ichs ihr vorgestern geschrieben habe! werde also weyder nichts mehr davon sagen, noch von den porte-lettre, alß daß ich fro bin, daß sie Euch gefahlen, werde sie offt verneuern. Die alten könt Ihr ahm Ewern Matheis¹ geben, seine briefe, so Ihr i[h]m gebt, auff die post zu tragen, so werden sie sauber bleiben. Die großen leütte erfrewen sich eben so sehr mitt den talckbildern, alß die kinder hir. Madame de Chasteautier² divertirt sich mitt die talckbilder mehr, alß andere damen; den sie liebt les plaisir inocent. Es seindt aber viel, so es machen, alß wie die letztverstorbene duchesse de Longueville³, die so devot gestorben, aber in ihrer jugendt sehr coquet undt gallant geweßen. Ihr man war gouverneur von Normandie, sie muste mitt ihm hin undt es war ihr gar leydt, den hoff zu verlaßen; den sie hatte leütte dort gelaßen, so ihr lieber wahren, alß ihr herr, jemandts so sehr, daß ihr die zeit so lang.... Viel sagten zu ihr: «D'où vient, madame, que vous vous laisses ecuyer, comme vous faittes? que ne joues vous?» «Je n'aime pas le jeu», andtworte sie. Er sagt: «Si vous voullies chasser, je trouverois des chien.» «Non,» sagt sie, «je n'aime pas la chasse.» «Vousderies-vous des ouvrages? «Non, je ne travaillie point.» «Vouderies-vous vous promener? Il y a des belle promenades icy.» «Non», sagte sie, «je n'aime pas la promenade.» «O», sagte man zu ihr, «qu'aimes-vous donc?» Sie andtwortte: «Que voulles-vous que je vous disse? Je n'aime point les plaisir inocent.» Aber so gehts madame de Chasteautier nicht; sie liebt nichts, alß plaisir inocent. Dieße duchesse de Longueville war deß großen prince de Condé schwester, hatt ein doll leben geführt; hernach aber hatt es ihr gereüet, hatt buß gethan undt nichts mehr gethan, alß fasten undt betten. Daß hatt sie so geendert, daß man nicht mehr sehen konte, daß sie schön geweßen war; die taille ist ihr allein hübsch geblieben. Aber dieß seindt alte geschichten. Madame de Chasteautier ist eine gar estimable dame, voller tugendten, ohne façon, lacht undt plauttert gern, spilt die precieusse gantz undt gar nicht. Ich hab ein brieff vom armen baron Goertz entpfangen. Er schreibt mir selber seines neveus todt⁴. Es jammert

---

1 Vergl. band III, s. 494. 2 Châteautbiors. 3 «Voir, au sujet de cette femme célèbre, une série d'articles de M. Cousin, dans la «Revue des Deux-Mondes,» 1851, et dans le «Journal des Savants». O. Brunet II, s. 87, anmerk. 2. 4 Vergl. oben s. 53 und nachher s. 89.

[mich]. Ich wolte, daß ich ihn nicht gesehen hette. Mein vetter, der erbprintz, ist woll zu verzeyen, dießem baron nicht favorable geweßen zu sein, da er allezeit gegen ihn geweßen. Ich wolte, daß die englische minister ihre straff auch schon bekommen hetten, vatter undt sohn[1] so gegen einander zu reitzen. Baron Goertz hatt eine fraw undt 3 kinder hinderlaßen; es seindt Teütsche hir, so sie kenen undt gesehen haben. Er war nicht viel nutz. Wenig große spieller deßen waß, fangen ahn, dupe zu sein, undt endigen mitt, betrieger zu werden. Aber nun muß ich meine pausse machen. Die damen, so man nicht in den gazetten genent, seindt die marquisen de Nesle undt Poliniac[2], zwey hübsche, aber wenig tugendtsame damen.

Sambstag, umb halb 8 abendts.

Gleich nach dem eßen bin ich in die kirch, wo wir nur eine stundt geblieben; hernach bin ich zu madame de Berry, welche sich wider gelegt, weillen sie gestern noch ein wenig fieber gehabt. Heütte aber ist sie gantz woll, hatt gar kein fieber mehr. Biß mitwog wirdt sie nach Meudon. Ich werde noch nicht so baldt nach St Clou; den es ist noch zu arbeytten dort. Von madame de Berry bin ich zu madame la princesse, welche auch gar nicht woll ist; sie hatt ein wenig fieber undt starck halßwehe. Ich bin umb ein viertel auff 7 wieder kommen. Daß[3] ist der gutte alte bischoff von Troye[4] kommen, der hatt mitt mir wegen einer sach zu reden gehabt. Gleich drauff ist mein sohn kommen, mitt welchem ich eine gutte halbe stundt [mich] entretenirt. So baldt er nach seinen geschäfften gangen, habe ich ein groß paquet von Euch bekommen, liebe. wovor ich Euch sehr dancke, mitt dem plan von Schwetzingen. In dießem plan ken ich es beßer. Man hatt die mühl zurückgestehlt auff derselben seyde, wo sie war; ich habe auch meine cammer wieder gefunden in den plan, habe mich nun gantz orientirt. Aber dießer ort ist woll erschrecklich geendert; die mühle ist nun, wo der weg nach Manheim war. Zukünfftige post hoffe ich auff daß schreiben zu andtwortten, heütte ist es ohn-

---

1 Georg I und seinen sohn.   2 Polignac.   3 ? Da.   4 Denis-François Bouthillier de Chavigny, bischof von Troyes. Er starb 88 jahre alt. Man vergleiche die schilderung, die der herzog von Saint-Simon in seinen zusätzen zum Journal des marquis von Dangeau, band XVI, s. 181. 182 von ihm entwirft.

möglich. Da schlegt es 9; ich muß morgen frühe auffstehen, kan Euch also hiemitt nur eine glückseelige gutte nacht wünschen.

Den h. ostertag, umb halb 9 morgendts.

Ich habe noch eine stundt in meiner cammer zu sein, ehe ich mich ahnziehe, alßo kan ich noch ein wenig auff Ewer liebes schreiben andtwortten. Wir werden erst umb 11 uhr in die pfarrkirch in die große meß, in ceremonien mitt alle leibquart undt Schweitzer, trumellen undt pfeyffen; dazu gebe ich heütte daß gesegnete brodt, so 12 große art von kuchen, von 12 Schweytzer in der liberey getragen. Vorherr gehen trumellen, trompetten, chalmayen; die kuchen stecken voller banderollen mitt meinen wappen undt 6 lichter jedes. Hinter geht der maistre d'hostel de quartier mitt dem stab, der ausmonier in surplis [1], der controlleur general de la maison undt begleitten es biß in die kirch. Daß macht ein geraß in der kirch, daß man sein eygen wordt nicht [hört.] Man zerscheneydt daß gesegnete brodt undt ich schicke es ahn dem konig, madame de Berry undt daß gantze königliche hauß mitt dem maistre d'hostel. Da seindt auch noch ceremonien bey, so die prince du sang nicht haben; ich frag aber so wenig darnach, daß ich nicht mehr weiß, waß es ist. Es ist woll eine albere undt nerische sach in allem; dießer brauch ist allein in Franckreich [2]. Aber hiemitt genung von dem albern pain-béuit; nur daß noch sagen, daß ichs alle 3 jahr dieße ceremonien muß thun laßen, der könig aber alle jahr undt noch öffter. Aber ich komme wieder ahn Ewer liebes schreiben. Ich war gestern gelieben, wo Ihr von den damen sprecht, so sie [3] umb den prince de Soubisse [4] geschlagen haben. Alles ist nicht so hart hergangen, alß man gemeint; wie sie zu einander kommen, hatt ahnstatt schlagerey mitt lachen geendet. Die invantion von der dame, ihr kindt loß zu ....., ist artlich, aber noch artiger, das die schelmen, die soldatten, so stehlen gewolt, so braff ertapt sein worden. Die mitt dem rohten bandt solt man ins narenhauß setzen. Der oberst wirdt eine große kranckheit außstehen, weill er schon fabelt. Ich glaube nicht, daß die florentinische printzen ihr böße kranckheitten bey damen hollen. Der verstandt verstandt verhindert die mäner nicht, zu desbeauchiren; den die ver-

---

1 surplis, chorhemd.　2 Vergl. nachher s. 108.　3 ? sich.　4 Soubise.

ständigsten fallen in dießen unglücklichen fehler, welches mir hertzlich leydt ist. Man sagt viel guts von der margräffin von Baaden, aber von ihrer fraw schwester, daß sie nichts fürstlich ahn sich hatt, sondern wie eine beschließerin von einer landtedelfraw ist[1]. Ihr thut woll, liebe Louise, nicht zu antworten auff waß nur andtworten von Eweren briffen sein, sonsten würden wir ewig daßselbige sagen. Ich glaube nicht, daß wir leyder einmahl hören werden, daß die englische sach geschlicht mag sein; es ist auff dießer sach beßer zu wartten, alß zu fasten. Aber es wirdt spät, ich muß mich eyllen. Kinder seindt allezeit sehr kranck ahn den zänger[2]; viel sterben, es kommen aber auch noch viel darvon, mehr metger, alß buben. Eine reiße nach Englandt zu thun, insonderheit in itzigen zeitten, wolte ich Euch gar nicht rahten, liebe Louisse! Den ich glaube nicht, daß Ihr von dem humor seydt, wie jenne nonen, von[3] denen man von soldatten sprach, von alles übel, so im krieg geschicht. Ein junge none hörte von violiren sagen, sagte etliche zeit hernach zur abtißinn: »Ma reverente mere, quand violleratcraton[4] donc?« Aber mein kutschen seindt da, ich werde zu madame de Berry undt von dar ins closter fahren, dießen abendt außschreiben.

Ostertag, umb ein viertel auff 6.

Da komme ich eben auff Ewer liebes schreiben; den ich komme jetzt eben wieder auß dem closter, liebe Louise! Daß habe ich woll offt verspürdt, liebe Louise, daß man nur hertzenleydt hatt, von waß man aparentlich lautter freüden haben solte. Es ist woll schon lange jahre, daß Salomon gefunden, daß alles in der welt eyttel ist. Ihr secht, liebe Louise, daß Ihr Euch nicht betrogen habt, wen Ihr gemeindt, daß ich Euch durch leyder nur gar zu großer experientz beyfahl geben würde. Ich dancke Euch gar sehr, liebe Louise, vor Ewere gutte wünsche, aber leyder bin ich weit davon, insonderheit heütte, da bin ich so grittlich wie eine wandtlauß. Aber durch die post kan ich nichts mehrers sagen. Adieu, hertzliebe Louise! Ich ambrassire Euch von hertzen undt behalte Euch von hertzen lieb.

Elisabeth Charlotte.

---

1 Vergl. oben s. 64.   2 d. h. zahnen.   3 ? vor.   4 ? violera-t-on.

1009.

Paris den 13 April 1719, umb 9 abendts (N. 76).

Hertzallerliebe Louise, gestern habe ich Ewer liebes [schreiben] vom 1 April, no 26, zu recht entpfangen, worauff ich heütte andtwortten werde, weillen es daß kürtzte ist; den ich habe heütte wenig zeit. Ich habe eine kleine reiße heütte morgen gethan nach Chelle zu meiner enckellin. Ich bin umb 9 hir weggefahren, umb 11 ahnkommen, umb 12 haben wir zu mittag geßen; ich bin noch ein par stundt bey ihr geblieben, umb 3 weg, umb 5 wider hir ahnkommen, habe gleich ahn die gutte königin von Preüssen geantwortet, [bin] aber hundertmahl interompirt worden. Ich habe so doll geschrieben, daß ich fürchte, daß die königin in Preussen meinen wirdt, ich sey zum naren geworden. Mich deücht, unßere brieffe gehen nun zimblich richtig. Es ist mir von hertzen leydt, daß Ihr den chagrin habt, eine kleine niepce verlohren zu haben. Mein gott, liebe Louise, der weibsleütte standt ist so unglücklich, daß man sich geschwindt trösten solle, wen ein klein medgen stirbt; den es were doch nur eine unglückliche creatur drauß geworden. Ich bin heütte, undt daß mitt recht, grittlicher undt von schlimmern humor, alß nie; es lest sich aber nicht schreiben. Mich wundert, daß gantz Franckreich nicht untergeht, wie Sodom undt Gomora; den solche boßheiten, alß man hir erlebt, seindt nicht außzusinen. Man solle bey kindern mehr experimentirte weiber gewehren laßen, alß docktoren; sie verstehen beßer, mitt kindern umbzugehen. Haußcreütz fehlen nie; die weldt ist unleydtlich. Gott stehe jederman bey! Wolte gott, Ewere niepce konte gedencken, wie ich! so were sie baldt getröst. Mein gott, zieht lieber Ewere niepce auß Englandt in unßere gutte teütsche lufft! [diese] wirdt sie schon couriren. Es ist die lufft von Londen, so sie kranck macht. Ihr wist, wie schadtlich Euch Englandt ist. Wolt Ihr Euch wider dort neinstecken? Daß were nicht prudent. Weillen daß leben kurtz ist undt so baldt vergeht, muß man sich auffs best schönnen [1]. Gott wolle Euch sambt die betrübten eltern trösten! Der pretendent [2] ist zu Madrit, aber der duc Dormont [3] auff der see, wo man meint daß er nicht viel außrichten wirdt. Daß ist woll gewiß, daß Alberoni

---

1 ? schonen.   2 Der sohn Jakobs II von England.   3 d'Ormond.

alle unruhe ahnsteht. Ich dancke Euch, mir geschickt zu haben, waß auff den unglücklich[en] baron Görtz gemacht worden. Waß mir die printzes von Wallis von ihm verzehlt, hatt mir die threnen in den augen kommen machen, sich so vom hertzog von Holstein veracht undt verlaßen zu sehen. Waß war den daß vor eine quint[1] von einen Juden, gespenster zu agiren? Meritirte straff, wen man ihn ertapen solte. Adieu, liebe Louisse! Ich hab doch völlig auff Ewer liebes schreiben geantwortet, bleibt mir nichts mehr übrig, alß zu versichern, daß ich Euch allezeit von hertzen lieb behalte.

Elisabeth Charlotte.

1010.

Paris, sontag, den 16 April 1719, umb 7 morgendts (N. 77).

Hertzallerliebe Louise, gestern abendts habe ich Ewer liebes schreiben vom 4 dießes monts zu recht entpfangen, werde aber erst zukünfftige post, wo mir gott daß leben verleyet, drauff antworten, heüte aber auff daß vom 28 Mertz, no 25: nur daß auff daß letzte sagen, daß ich Euch schon geschrieben, daß mein sohn befohlen, daß man die lettre de naturalité vor die fürstin von Ussingen verfertigen solle. Ich habe Wendt gefragt, waß ihm seine lettre de naturalité gekost haben, umb seiner frawen gütter zu erben können. Sie haben ihm zwey taußendt livres gekost wegen der siegel. Ob fürsten mehr, alß edelleüte, zahlen, weiß ich nicht. Ich dancke Euch sehr, liebe Louise, vor alle Ewere gutte wünsche. Meine gesundtheit erhelt sich, gott seye danck, gar woll, unahngesehen meinen vie[l]fältigen sorgen undt chagrin, die sich täglich vermehren. Gutte sachen hören auff, aber gar böße selten. Liebe Louise, die welt wirdt alle tag ärger undt schlimmer undt boßhafftiger. Zu meiner zeit sagte man in der Pfaltz daß sprichwordt nicht, wie jetzt undt wie Ihr es schreibt, daß, wens den leütten zu woll geht, so fangen sie waß ahn, sich zu verderben. Man sagt: «Wens der geiß zu wohl geht, so geht sie auffs eyß undt bricht ein bein»[2]. Man sagt hir, daß man verspürt hatt, daß in allen regensen man sich so maußig gemacht hatt undt allezeit rebellirt hatt. Wo kein könig regirt, bildt sich ein jeder ein, er müße regieren. Sie haben daß rebelliren ahngefangen vor deß königs todt,

---

1 quinte, närrische laune.   2 Vergl. band I, s. 305; band II, s. 484.

wie man auß allen den briffen sicht, so man in den rebellen-kisten
undt in deß spanischen abgesanten seine gefunden, also die enderung
von müntz nicht dran schuldig. Mein sohn hatt den könig, wie er
in die regence getretten, mitt zweymahl hunderttaußen[d] millionen
schulden gefunden[1]. Er hatt woll mittel suchen müßen, solche zu
zahlen, hatt auch schon die helfft von dieser schult abgelegt. Solle
man ihm nicht danck wißen, waß gemacht zu haben, so den popel
nicht beschwehrt undt nur auff reichen fallen kan? Wo seindt in
Franckreich die gutt meinenten vor ihren...? Außer mein sohn
undt den comte de Thoulouse weiß ich kein eintzigen. Mein sohn
thut sein bests, wie daß sprichwort sagt, wie ein[e]r, der allein
geicht[2]. Vor interessirt kan man ihn woll nicht halten; den er
hatt auff seine eygene pension alß regent renoncirt, dem könig
keine zu große despence zu machen[3]. Waß im überigen ist, habe
ich wenig guts zu hoffen; den in Franckreich muß mehr forcht,
alß lieb, sein undt die leütte zu recht...[4]. Aber mein sohn ist
zu gutt; er kans nicht über daß hertz bringen, sich förchten zu
machen, undt daß wißen seine feinde nur zu woll. Den tag, wie
er obligirt [worden,] den jungen duc de Richelieu in die Bastille
[zu schicken,] war er betrübt, alß wen ihm selber ein unglück [be-
gegnet wäre.] Undt dießen bößen buben solte er weniger beklagen; den der kleine schelm ihn gar offt ahn respect manquirt undt
so vom[5] [ihm] undt seinen tochtern gesprochen, daß dieß allein ohne
daß große verbrechen ohm staadt die Bastille meritirt hette. Aber
da lacht mein sohn nur über, macht mich recht ungedultig mitt,
vexirt mitt seiner 3ten dochter, daß dieß bürsch[ch]en sie lorguirt,
ahnstatt böß zu werden. Ich habe ihm doch meine meinung dichte
drüber gesagt undt ihn beschambt gemacht. Niemandt schambt sich
hir im landt. undanckbar zu sein; es ist, alß wen sie es in die
wette theten, wer es ahm meisten sein könte. Wo es nöhtig ist,
muß man keine unruhe sparen; viel sachen seindt, so niemandts
meinen sohn sagen will, drumb frag ich darnach, es ihm zu wißen
thun können. Gott der almachtige erhöre Ewere gutte wünsche,
liebe Louise, vor meinem sohn, wozu ich von hertzen amen sage

1 Vergl. band III, s. 137. 138. 299 und nachher den brief vom 31 August. 2 d. h. geigt. Vergl. band II, s. 659. 3 Vergl. band III, s. 92.
103. 104. 320. 327. 328. 4 Der sinn ist wol: In Frankreich muß man mehr
gefürchtet, als geliebt, sein, um die leute zu recht zu bringen. 5 ? von.

undt lieber, alß waß mich selber betrifft! Von Moscau weiß ich kein wordt. Der Czaar muß voll[1] geweßen sein, wie er dem armen mahler den kopff abgehauen hatt; den wen er nüchtern ist, solle er nichts mehr von der reüsischen barbar[e]y haben, aber wen er voll, kompts ihm wieder ahn. Baron Goertz jammert mich von waß wir[2] I. L. die printzes von Wallis von seines vettern todt geschrieben, hatt mich die threnen in den augen kommen machen. Sie schreibt mir, daß der hertzog von Holstein ihm vor seinem endt hette sagen [laßen,] er versichere ihn seiner ungnadt undt daß er sich sein leben weder sein[e]r 2 döchter, noch der seinigen ahnnehmen wolle; er möge sie recommandiren, ahn wen er wolle. Wie daß der arme Goertz gehört, solle er gesagt haben: «Ist dan die welt so undanckbar, so sterb ich undt verlaße sie mitt freüden. Der hertzog wird nichts ahn mir verliehren. Weillen er die trewe dinner nicht erkenen kan, wirdt er auch nie keine bekommen, noch haben.» Ist darauff gar vergnügt gestorben[3]. Mademoiselle de Monpensier hatt die kinderblattern nicht bekommen; die 2 kleine, so sie gehabt haben, kommen nun wider alle tag zu mir. Die kleine Beaujolois[4] ist poßirlicher undt artlicher, alß nie, undt gar nicht geendert. Madame la duchésse[5] ihre kranckheit kompt von viellen brandenwein-sauffen undt ohnmaßigen freßen. Wen sie ein wenig beßer ist, kan sie sich nicht im eßen undt drincken moderiren, schlegt also wider umb. Es ist wie ein miracle, daß sie noch leben kan; sie solle wie durchsichtig sein, hatt daß abnehmen. Sie ließ mir doch gestern sagen, sie hoffe mir baldt vor meine sorg vor sie zu dancken können. In dem plan von Schwetzingen finde ich beßer den alten bau von meiner zeit, alß in der elevation; war recht fro, die mühl wider zu sehen. Schwetzingen were beßer den frühling undt sommer zu bewohnen, alß Heydelberg; den man kan beßer dort spatziren im Ketzscher walt, welches ja eine recht schonne

---

1 d. h. betrunken. 2 ? mir. 3 Vergl. oben s. 53. 4 «Cette jeune princesse avait reçu de la nature une âme tendre et un naturel charmant; elle mourut avant la fin de sa vingtième année, de douleur de voir rompre le mariage qui avait été convenu entre elle et l'infant Don Carlos.» G. Brunet II, s. 92, anmerk. 1. 5 de Berry. «Saint-Simon raconte un trait assez piquant relatif à la duchesse de Berri: Elle accoucha d'un prince qui vint à sept mois; la flatterie fut telle, que presque toute la cour se trouva avoir des enfants à ce terme (t. XXI, p. 11).» G. Brunet II, s. 92, anm. 2.

promenade ist, wo er noch stehet, undt baldt wirdt man viel gutte
ertberen dort finden. Im kleinen weltgen zwischen Schwetzingen
undt Heydelberg seindt auch gar gutte, aber zu Heydelberg ahn
berg seindt die heydelberen ahm besten. Bey Paris seindt keine
zu finden; man bringt mir alle auß Normandie, seindt aber nicht
so gutt alß bey unß, viel kleiner, druckener undt sawerer, alß in
der Pfaltz. Der churfürst solte Friedrichtsburg wider bawen; daß
würde ihm ja alle seine leütte wider logiren können, wo nicht in
der festung, doch in der statt Manheim. Hiemitt ist Ewer liebes
schreiben vollig beantwortet. Adieu, liebe Louise! Ewer lieber
brieff ist mir gar nicht lang vorkommen. Ich muß noch ein par
wort ahn mein dochter schreiben, Euch aber nur noch vorher versichern, daß ich Euch von hertzen lieb behalte.

Elisabeth Charlotte.

P. S.

Hirbey schicke ich 11 louisdor, so man mir versichert die
34 rsd. machen sollen; den man hatts abgerechnet nicht nach dem
wehrt, waß die louisdor hir gelten, sondern nach dem, waß sie zu
Franckfort gelten. In dießen augenblick entpfange ich Ewer paquet mitt der beschreibung von carousel von mongen, wovor ich
sehr [daucke], aber werde erst biß donnerst[ag], wo mir gott daß
leben verleyet, andtworten.

In dießem morgen erfahre ich, daß die alte Maintenon vereckt
ist, gestern zwischen 4 undt 5 abendt[1]. Es were ein groß glück

---

[1] «Si Madame de Maintenon était morte avant le roi, c'eût été un
événement dans l'Europe entière; deux lignes dans la gazette apprirent sa
mort à ceux qui ignoraient si elle vivait encore.» (Duclos.)» G. Brunet II,
s. 93, anmerkung 1. Der Marquis de Dangeau schreibt in seinem Journal,
band XVIII, s. 32, unter samßtag, 15 April 1719: «Madame de Maintenon mourut à Saint-Cyr, le soir, après une fièvre continue qui avoit duré
un mois; elle avoit quatre-vingt-trois ans. C'étoit une femme d'un si grand
mérite, qui avoit tant fait de bien et tant empêché de mal durant sa faveur,
qu'on n'en sauroit rien dire de trop [nach einer mittheilung von Feuillet de
Conches, dem herausgeber der zu dem Journal des marquis de Dangeau von
dem herzog von Saint-Simon geschriebenen zusätze, hat dieser hierzu ungefähr
zwanzig jahre nach dem tode der frau von Maintenon eigenhändig bemerkt:
«Voilà bien fadement, salement et puamment mentir à pleine gorge».]; les
pauvres familles, surtout de la noblesse, y perdent furieusement, car elle faisoit
des charités infinies, et elle ne faisoit aucune autre dépense au monde. Durant
sa maladie, elle communioit quasi tous les deux jours dès que minult avoit

geweßen, wen es vor etlich undt 30 jahren geschehen were.

sonné.» Dieser aufzeichnung von Dangeau fügt der herzog von Saint-Simon, t. a. o. s. 33 folgendes hinzu: «Elle [Madame de Maintenon] eut au moins le bon sens de se réputer morte avec Louis XIV, de ne mettre jamais depuis le pied hors la clôture de Saint-Cyr, et de s'y restroindre au gouvernement de ce qui s'y trouvoit renfermé; de n'y recevoir même à peine que le plus petit nombre de ce qu'elle s'étoit le plus attaché dans les derniers temps, qui n'étoit pas même admis toutes les fois que l'audience étoit demandée, et de ne penser qu'à vivre en effet, et peut-être en effet aussi à son salut. Cette femme fatale fit de grands maux à la France, et n'ayant plus que ce pourpris à dominer, y exerça toute son humeur aigrie et raccourcie, et lui fut d'un grand soulagement par sa mort, qui au reste fut au dehors à peine aperçue.» Françoise d'Aubigné, marquise de Maintenon, geboren zu Niort 27 November 1635, gestorben zu Saint-Cyr 15 April 1719, war die tochter des Constant d'Aubigné und der Jeanne de Cardillac und enkelin des durch seine schriften und seinen eifer für den protestantismus berühmten Théodore Agrippa d'Aubigné. Im jahre 1639 gieng Constant d'Aubigné, ein ungeordneter mann, mit seiner familie nach Martinique, wo er im jahre 1645 starb. Nach seinem tode kehrte die witwe mit zwei kindern, deren eines Françoise war, nach Franckreich zurück. Hier musto die letztere zur katholischen kirche übertreten, was sie jedoch erst nach zweijährigem widerstande that. Zu Paris in das kloster der Ursulinerinnen in der rue Jacques gebracht, verließ sie dieses in ihrem 14ten jahre. Nachdem ihre mutter gestorben war, heirathete sie im Juni 1652 den gelähmten dichter Paul Scarron, geboren zu Paris im jahre 1610. Diese ehe war von kurzer dauer, denn Scarron starb 14 October 1660. Françoise zog sich nun in das vorhin genannte kloster der Ursulinerinnen zurück. Vom jahre 1669 an war sie erzieherin der kinder Ludwigs XIV und der Françoise-Athénaï- de Rochechouart, marquise de Montespan, gestorben 28 Mai 1707. Diese sieben kinder blieben übrigens nicht alle am leben. Im jahre 1673 erkannte der könig die kinder an und ließ dieselben an, während sie bisher, entfernt vom hofe, im grösten geheimnisse aufgezogen worden, bei sich erziehen. So kam die witwe Scarrons an den hof. Diß führte zu zerwürfnissen mit frau von Montespan, die sich denn im jahre 1681 vom hof entfernte. Im jahre 1674 schenkte Ludwig XIV der erzieherin seiner kinder die besitzung Maintenon mit 15000 livres järlicher einkünfte und befahl der frau Scarron, sich darnach zu nennen. Die königin starb 30 Juli 1683 und wahrscheinlich in den letzten monaten des folgenden jahres 1684 geschah es, daß der könig mit der marquise de Maintenon sich vermählte. Man vergleiche L. Joubert in: Nouvelle biographie générale depuis les temps les plus reculés jusqu'à nos jours, avec les renseignements bibliographiques et l'indication des sources à consulter; publiée par MM. Firmin Didot frères, sous la direction de M. le Dr Hoefer. Tome trente-deuxième. Paris. 1860. 8. spalte 918 bis 931. Den hier nachgewiesenen zahlreichen schriften über Frau von Maintenon mögen noch hinzugefügt werden: Madame Récamier: with a sketch of the history of society in France. By Madame M***. [d. h. Mohl, gattin des großen orientalisten Julius von Mohl, geboren zu Stuttgart 25 October 1800,

1011.

A mad. Louise, raugraffin zu Pfaltz, a Franckfurth.

Paris den 20 April 1719, umb 6 abendts (N. 78).

Hertzallerliebe Louise, gestern abendts, alß ich auß der commedie kam, bin ich mitt Ewer liebes schreiben von 8 dießes monts, no 28, erfreyet worden. Aber Ihr wist, liebe Louise, daß ich noch [auf] daß vom 4 April, no 27, zu andtwortten habe; also muß ich daß alte beantwortten undt daß ander vor biß sambstag versparen; den sontag kan ich Euch ohnmöglich vor gar spatt nachts schreiben, den ich bin durch madame d'Orleans eingeladen, umb mitt I. L. biß sontag in ihr hauß von Bagnolet zu mittag zu eßen. Ich hette schir Rambouillet vor Bagnolet geschrieben; den zu königs zeitten haben wir offt etliche tag dort zugebracht, drumb habe ich Rembouillet mehr im kopff, alß Bagnolet. Werden gewiß spätt wieder kommen, also will ich ein [1] biß sambstag schreiben, nachdem ich meine capittel in der Bibel werde gel[e]ßen haben. Mein brieff wirdt aber nicht lang werden können; den deß morgendts gehe ich vom könig abschiedt nehmen undt nachmittags au Carmelitte, ihnen auch adieu [zu sagen], wo eine dame mir audientz gefordert hatt, werde also nur just vor die ittaliensche commedie wieder kommen. Doch hoffe ich, sontag morgendts noch ein par wordt zu sagen. Aber zu St Clou hoffe ich wieder einzubringen, waß ich die zwey letzte posten werde verseümbt haben. Mich deücht, daß die posten nun gar richtig gehen. Sagt, liebe Louisse, ob ich nicht ursach habe, in sorgen vor meinen sohn zu sein! Vorgestern hatt man einen, so La Jonckere heist, zu Luick fangen laßen, welcher versprochen, meinen sohn zu enleviren undt todt oder lebendig in Alberonie händen zu lieffern [2]. Er hatt ihn im bois de Boulogne nur ein viertelstundt

---

gestorben zu Paris 4 Januar 1876.] London: Chapman and Hall, 193 Piccadilly. 1862. 8. s. 242 bis 276: »Chapter VIII. Madame de Maintenon.« De l'authenticité des lettres de Madame de Maintenon, à propos de publications nouvelles; par Geffroy, in: Revue des deux mondes, Januar 1869. Vergl. auch oben s. 8. Es sei noch bemerkt, daß Elisabeth Charlotte die mittheilung über den tod der frau von Maintenon nachträglich auf den umschlag des schon gesiegelten briefes geschrieben hat.

1 ? Euch. 2 Der marquis de Dangeau schreibt in seinem Journal XVIII, s. 31. 32, unter freitag, 14 April 1719: «On a amené à la Bastille un nommé la Jonquière, qu'on a arrêté dans un faubourg de Liége; il est naturellement

verfehlt, dießen sommer verfehlt, wovor ich gott dem allmächtigen nicht genung dancken kan all mein leben. Er wolle unß ferner gnädig beystehen! Wir habens warlich hoch von nöhten. Bißher ist unß gott der allmächtige noch wunderbarlich beygestanden. Auch setze ich all mein vertrawen auff meinen gott, sonsten müste ich vor ängsten undt sorgen verzagen. Was Ihr von den Heydelberger cathegismus cittirt, erinere ich mich noch gar woll. Ich habe mein [sohn] dießen abendt geprediget undt ihm gesagt, daß er ja nun woll [sehe], daß ich kein unrecht habe, vor ihm in sorgen zu sein, wen er nachts herumbschwermbt. Ich habe den brieff ahn herrn von Gemingen woll bestelt undt ihm expres einen valet de pied geschickt. Ich dachte, er würde mir andern tags sagen kommen, daß er ihn entpfangen; aber nein, ich habe es durch die andern Teütschen erfahren müßen, die ihn gefragt haben. Daß ist noch waß rohe undt von der Parisser politesse. Es geht hir mitt meinem sohn, wie eine atzel [1] einmahl gesungen: »Boße geselschafft verderben gutte sitten.« Wen er ahn nichts gedenckt, kommen von den leichtfertige bursch undt verführen ihn, welche nur scheinfreündt; den in der that wißen sie woll, welche ein tord daß dolle leben meinen sohn thut, undt er will nichts begreiffen, daß es seine feindt sein undt daß sie ihn nur ahnleyttung geben, sich übel in acht zu nehmen undt bey dem popel verhast zu machen. So sachen können mich recht ungedultig machen. Mylord Stair [2] solle sich übel vorgesehen haben undt teüffelsding verpfeffert worden sein. Aber da kompt monsieur Teray undt zürnt mich; ich muß wider willen enden. Adieu, liebe Louise! Ich ambrassire Euch von hertzen undt habe Euch recht lieb.

Elisabeth Charlotte.

1012.

Paris den 22 April 1719, umb halb 8 morgendts (N. 79).

Hertzallerliebe Louisse, meine 12 capittel in der Biebel seindt geleßen, den 37. 38. 39 undt 40 psalm, daß 1. 2. 3. 4 cap. in Jesus

---

Liégeois, et avoit été lieutenant-colonel de cavalerie dans le régiment de Forsat; il étoit partisan. On prétend avoir découvert que cet homme-là avoit de mauvais desseins.«

1 elster. 2 Stairs.

Sirach, daß 22. 23. 24 capittel St Lucas undt 1 capittel evangellium
Sanct Johanes¹. Nun werde ich Euch anderthalb stundt entreteniren,
hernach mich abziehen undt ins closter vom Val de Grace fahren,
wo mein enckel² von Chelle ahnkommen, umb ihre abtißin nicht
abdancken zu sehen, so ihre rechnung jetzt mitt ihren nonen macht.
Mein [sohn] schafft dießer abtißin eine pension von 12/m francken,
biß eine andere abtey vor ihr ledig sein wirdt, und mein enckel
wirdt abtißin in Chelle bleibe[n]³. Ich glaube nicht, daß man jemahlen so eine junge abtißen, alß dieße ist, wirdt gesehen haben;
den sie wirdt im Augusti erst 21 jahr alt werden. Wen ich in
dießem closter werde gebett haben, werde ich wieder her, eßen
undt nach dem eßen unßern Carmelitten adieu sagen; den ich kan
morgen nicht zu ihnen, weillen mich madame la duchesse d'Orlean[s] zu gast in ihr landthauß gebetten, wo ich den gantzen tag
bleiben [werde]. Es ist eine stundt von hir. Montag kan ich auch
nicht hin; den ich bin wider zu gast gebetten bey der großen
printzes de Conti zu Chosie⁴; daß schönne hauß bey 2 stundt von
hir ist, so die große mademoiselle s. gebaut hatt undt monseigneur
le Dauphin hinterlaßen. Der konig s. fundt aber, daß es zu weit

---

1 Vergl. band I, s. 507. band II, s. 712. 2 Louise-Adélaïde d'Orléans,
geboren 13 August 1698, abtissin von Chelles unter dem namen Sainte-Batilde,
gestorben 20 Februar 1743. 3 Journal du marquis de Dangeau XVIII, p. 35:
«Vendredi 21 [Avril 1719]. L'affaire de madame d'Orléans, la religieuse, est
réglée avec madame l'abbesse de Chelles, qui lui cède l'abbaye et à qui on
donne 12,000 livres de pension; elle se mettra dans un couvent à Paris, le
plus près qu'elle pourra du maréchal son frère. Madame d'Orléans est venue
au Val-de-Grâce où elle demeurera quelques jours en attendant que l'abbesse
qui quitte ait rendu ses comptes aux religieuses de Chelles.» Der herzog von
Saint-Simon macht hierzu s. 36 folgende bemerkung: «Madame de Chelles, religieuse par humeur et par enfance, ne put durer qu'en régnant où elle étoit
venue pour obéir. L'abbesse bientôt lassée d'une lutte où Dieu et les hommes
étoient pour elle, mais qui lui étoit devenue insupportable, ne songea qu'à céder,
avec de quoi vivre ailleurs en repos. La princesse, qui lui succéda, fut aussitôt
lassée de sa place; tantôt austère à l'excès, tantôt n'ayant de religieuse que
l'habit, et toujours fatiguée de ses situations diverses, incapable de persévérer
dans aucune, musicienne, chirurgienne, directrice, aspirante à d'autres règles et
plus encore à la liberté. Elle se la procura enfin en se démettant et vivant à
son gré dans le monastère de la Madeleine, où madame la duchesse d'Orléans
s'étoit accommodé une retraite royale par son étendue, et délicieuse par ses
agréments, où elle alloit passer ses ennuis et ses dépits.» 4 Choisy.

von Versaille war, macht also, daß monseigneur le Dauphin es mitt Meudon verteüschte, so madame Louvois zugehörte. Von deren erben hatt es die printzes de Conti gekaufft; ist gar ein schonner ort undt gartten lengst der Seine undt so nahe dem waß[er], daß man fischen kan; der gartten ist groß undt schon. Dinstag ist mein großer schreibtag, da gehe ich [nicht] auß. Mittwog gehe ich zum könig, abschiedt zu nehmen, nachmittags in die comedie, undt donnerstag will ich Euch morgendts ein par wordt schreiben, hernach in kirch, von dar umb 12 in kutsch undt nach dem gutten, ehrlichen St Clou, umb den gantzen sommer dort zu bleiben, so gott will. Da wist Ihr nun meinen gantzen march[e]. Komme nun auff Ewer schreiben vom 4 April, wo ich letzmahl geblieben. Mylord Stair gespräch hatt mich mißfahlen, aber nicht erschreckt; den ich wuste woll, daß mein sohn, gott lob, gesundt war. Der arme mylord Stair, ob er zwar überall herumbgeht, solle doch gar kranck sein undt von den frantzößschen damen zu viel frantzosch gelern[t] haben. Seine tugendtsame fraw jammert mich; den so[1] könte auch woll waß davon erdapt haben. Daß mein sohn taglich in der gefahr ist, assasinirt zu werden, ist nur gar zu war. Bißher ist unß unßer herr gott noch sonderlich beygestanden; er wolle ihn ferner gnädig erhalten! Dancke Euch vor Ewere gutte wünsche. Mich deücht, daß monsieur Lenfant zu meiner zeit schon in der frantzoschen kirch in der statt Manheim war. Bosobre ist aber nicht zu mein[e]r zeit geweßen[2]. Mein gott, liebe Louise, Ihr sagt: «Man wirdt nicht müde, die zwey pfarrer zu hören.» Aber ich muß es zu meiner schande gestehen, ich finde nichts langweilligers, alß predigen hören, schlaff gleich drüber; kein opium were so sicher, mich schluffen zu machen, alß eine predig, insonderheit nachmittags[3]. Ich gienge auch

---

1 ?sie. 2 Vergl. oben s. 68. 3 Jonathan Swift, geb. 30 November 1667, gest. 1745, sagt in seiner dem jahre 1734 angehörenden «Predigt über das schlafen in der kirche»: «Aber keine art des misverhaltens kommt dem betragen derer bei, welche sich hier einfinden, um zu schlafen. Opium hat für manche personen keine so betäubende kraft wie eine nachmittagspredigt. Fortgesetzte gewohnheit hat es dahingebracht, daß die worte eines predigers schlechthin in der entfernung bloß zu einer art von eintönigem geräusche werden, dessen einschläfernde wirkung auf die sinne von nichts übertroffen wird. Denn daß es oben der ton der predigt ist, der ihre lebensgeister bindet, erhellet daraus, daß sie alle so gar pünctlich wieder erwachen, sobald sie geendigt ist, und mit andacht den segen empfangen, gähnend und in stellungen unanständiger schlaftrunkenheit, die ich zu erörtern mich

nicht gern in die frantzösche kirch zum h. abendtmahl; den es ist
ja gantz anderst, alß bey den Teütschen undt gefehlt mir nicht.
Erstlich so haben sie keine vorbereytung; zum andern so seindt die
psalmen, so man singt, zu alt frantzosch, ist, alß wen man les Ama-
dis¹ list; zum 3ten kam mir daß geblär von den kleinen buben,
die die gesetz daher sagen: «Tu ne mentira point, tuera point»
etc. aber vor undt ich konte auch nicht leyden, daß man den
kelch in gläßer gab undt sie hernach spült, wie ich zu Manheim
gesehen; daß fundt ich nicht erbar genung vor eine so heyliche
sach, kam eher wie ein wirdtshauß herauß, alß eine kirch undt
christliche gemein. Nichts wirdt mich nie hindern, meine teütsche
Bibel zu leßen. Ich habe 3 recht schönne Bibeln, die von Meriau,
so mir ma tante, die fraw abtißin von Maubuis[s]on, hinterlaßen, eine
luneburgische, so gar schön ist², und eine, so mir die fürstin von
Oldenburg, der printzes von Tarante dochter, vergangen jahr geschickt. Die ist von meiner taille, kurtz, dick undt rundt. Der
druck, noch die kupfferstuck seindt nicht so schön, alß von den
andern beyden großen, sehr confūs. Wie ich in Franckreich kam,
war es jederman verbotten, außer mir³, die Bibel zu leßen; hernach über ein par jahr wurde es jederman erlaubt. Die consti-
tution⁴, so so groß lehrmen macht, hatt es wider verbiehten wollen;

schämen muß.» Man vergleiche: Das Swift-büchlein oder auswahl aus Dr Jonathan Swifts, dechanten von S. Patricius, und seiner nächsten freunde äußerungen
von 1691 bis 1740, in chronologisch-biologischer folge gesammelt und deutsch
herausgegeben von Gottlob Regis. Vademecum. Berlin 1847. 8. s. 413. Der
treffliche Regis hat es nicht versäumt, in einer anmerkung zu der ausgehobenen
predigtstelle die vorliegenden worte unserer herzogin nach der ausgabe von
Menzel anzuführen. Daß Elisabeth Charlotte auch früher schon, außer in dem
briefe vom 9 Merz 1719, oben s. 58, wiederholt in ähnlicher weise sich geäußert, daran brauche ich kaum zu erinnern. Man vergl. band I, s. 507.
band II, s. 712.

1 Die romane von Amadis. Man vergleiche darüber die äußerst sorgfäl-
tigen erörterungen, welche A. v. Keller seiner ausgabe des ersten buches der
ältesten deutschen bearbeitung des Amadis (band XL der bibliothek des litterarischen vereins, Stuttgart 1857) s. 434 bis 469 beigegeben hat. L. Braunfels,
Kritischer versuch über den roman Amadis von Gallien. Leipzig 1876. 2 Vergl.
band II, s. 712. 3 Vergl. band II, s. 712. «Cette assertion n'est pas fort
exacte; il parut, sous le règne de Louis XIV, diverses traductions de la Bible;
celle de Le Maistre de Sacy surtout fut souvent réimprimée (Paris, 1707, 8 vol.
in-12; 1715, 3 vol. in-fol., etc.).» G. Brunet II, s. 99, anmerk. 1. 4 G. Brunet II, s. 99. 100, anmerk.°2: «La constitution «Unigenitus», qui condamna

daß ist aber nicht ahngangen. Ich lachte, sagte: «Ich werde die consti[tu]tion folgen undt kan woll versprechen, die Bibel nicht auff frantzösch zu leßen; den ich leße sie allezeit in teütsch.» Die Wießerin muß von den einfeltigen teütschen Catholischen sein, so nur die heylligen, aber unßern herr gott nicht kenen. Die margrafin von Baden, printz Louis gemahlin, muß auch von denen sein; ahnstatt ihren herrn sohn seine exercitzien zu lehrnen laßen undt und zu reißen, führt sie ihn in pelerinage nach Nostre dame de Lorette. Alber[1] kan mans nicht erdencken; alle menschen lachen sie hir mitt auß. Die Bibel ist eine gutte, nohtwendige undt dabey ahngenehme lecture. Ich habe Ewern kindern beydt[2] daß leydt geklagt, gestern vor 8 tagen. Mein gott, wie haben sie so groß unrecht, so betrübt über ein medgen zu sein! Mein gott, welche ein glück were es vor meinen sohn, wen er seine 3 erste döchter in dem alter verlohren hette! Mehr sage ich nichts[3]. Adieu biß nach

*

cent une propositions extraites du livre du père Quesnel. Cette querelle théologique enfanta des milliers de volumes parfaitement oubliés aujourd'hui; nous n'en citerons qu'un seul, à cause de la singularité de l'idée qui l'a dicté: «Virgili Maronis Sibylla capitolina, poemation interpretatum et notis illustratum » S L.» (P. Daude), Oxonii, (Hollande), 1726, in-8. C'est un centon composé de vers ou de fragments empruntés à l'auteur de l'Enéide.

On ne s'attendait guère
A voir Virgile en cette affaire.

1 d. h. alberner. 2 Graf und gräfin von Degenfeld in London. Vergl. oben s. 86. 3 «La duchesse ne ferait-elle pas allusion aux bruits qui couraient à l'égard de l'attachement incestieux qu'on prétendait exister de la part du Régent pour deux de ses filles? Quant à Mademoiselle de Valois, Lemontey fait judicieusement observer que des lettres nombreuses, échangées entre son père et elle, existent aux archives des affaires étrangères, et que cette correspondance, souvent tracée dans des circonstances orageuses, mais toujours empreinte de dignité paternelle et de respect filial, ne permet pas le plus léger soupçon. On ne saurait être aussi affirmatif au sujet de la duchesse de Berri. Les chansonniers du temps ne l'épargnèrent pas; l'un deux lui disait:

Un nouveau Loth vous sert d'époux;
Reine des Moabites,
Faites bientôt sortir de vous
Un peuple d'Ammonites!

Il faut d'ailleurs reconnaître que la conduite du Régent justifiait les suppositions peu charitables de ses ennemis. Il professait et affichait l'irréligion la plus effrontée. Les jours consacrés à la dévotion étaient ceux qu'il choisissait de préférence pour quelques débauches d'éclat. Le chiffre dont il se servait dans dem eßen undt der ittaliensch commedie!

Sontag, umb 9 abendts, 23 April.

Gestern war mirs unmöglich, wider zum schreiben zu gelangen, liebe Louise! Den mein sohn kam nach der comedie undt ich bekame viel [briefe], die ich leßen muste; die hilten mich auff, biß ich nach bett ging. Heütte morgen habe ich ahn mein dochter geschrieben, hernach in kirch undt von dar in kutsch mitt meinen damen undt seindt nach Pagnolet, wo wir umb halb 1 ahnkommen; hab ein wenig zu fuß spatzirt, den es war daß schönste wetter von der welt. Hernach haben wir geßen, wir wahr[e]n 11 ahn taffel: hernach hatt sie unß lottery-zettel gegeben, ein jedes hatt einen schwartzen zettel funden von allerhandt bijoux. Die fraw von Rotzenhaussen hatt ein schon goltenes estûy bekommen mitt ket undt hacken, ahn die seydt zu hencken, ich ein klein kistgen mitt ein[e]r rasp¹ und tire-bouchon² von golt; suma, ein jedes hatt waß bekommen. Hernach seindt wir in einen salon, so gar artig in holtz gebauet ist; da haben wir biß umb halb secks biribi³ gespilt. Ich habe nur eine halbe pistol verspilt, hernach seindt madame d'Orleans undt ich in kutsch gestiegen undt seindt spatziren gefahren biß umb 7 uhr. Da bin ich wieder in mein kutsch undt hergefahren, umb 8 uhr ahnkommen. Ich habe in den gassen eimmer tragen sehen undt erfahren, daß monsieur de Bignons hauß gebrendt. Morgen fahre ich nach Choisie⁴ zur großen printzes de Conti, so ein wenig weitter, alß Bangolet⁵. Aber da schlegt es 10 uhr; ich muß nach bett, will nur noch sagen, daß ich hir Ewer liebes schreiben gefunden von 18 dießes monts, no 29; kan nicht drauff andtwortten, nur noch sagen, daß ich Euch von hertzen lieb behalte.

Elisabeth Charlotte.

*

»sa correspondance pour les affaires étrangères était composé des mots les plus orduriers qu'il y ait dans la langue française.« G. Brunet II, s. 100. 101, anmerk. 1.

1 ? râpe, raspel, reibeisen.   2 korkzieher.   3 biribi, ein hasardspiel. Vergl. nachher s. 119.   4 Choisy.   5 Bagnolet.

1013.

Paris den 27 April, umb 7 uhr morgendts, 1719 (N. 80).

Hertzallerliebe Louise, wie ich gestern abendts, alß ich auß der commedie komme, Ewer paquet sambt Ewerm lieben schreiben vom 10, no 30, zu recht entpfangen undt¹ gleich der fürstin von Ussingen schreiben ahn madame Dangeau geschickt, welche noch nicht woll ist; undt gestern ist ihr ein rottlauffen ahngestoßen. Ich komme aber jetzt auff Ewer liebes schreiben, welches ich noch dießen morgen hoffe völlig zu beantwortten, ehe ich wegzige; den ich werde zu St Clou zu mittag eßen. Madame de Berry ist freyllig auff den todt gelegen. Die hollandische zeittung hatt dießmahl nicht gelogen. Die letzte ohlung hatt sie nicht bekommen, aber es war nahe dabey. Convulsionen hatt sie gehabt, daß ist gar gewiß, aber es war, waß Ihr, liebe Louise, gerahten habt, nehmblich mutterwehen. Die kranckheitten habe ich mein leben nicht gehabt; aber madame de Berry ist von einer race von mutter seytten, die alles fühlen können, waß die mutter betrefft. Wir haben nichts zu fürchten; den im alter vergeht es auch denen, so es gehabt haben. Es war kein comet, waß man hir gesehen hatt; es war nur eine clarheit, aber heller, alß der sonnenschein, gar wunderlich, hatt nur etliche minutten gewehrt. Den abriß, wie man es zu Londen gesehen, hab ich nicht in Ewerm paquet gefunden. Die Ewer paquet gemacht, müßen es vergeßen [haben]; es ist mir leydt, hette es gern gesehen. Betrübtnuß ist jederman schädlich, aber insonderheit den mänern; bin also nicht verwundert, daß graff Degenfelt sich übel befunden. Der duc de Richelieu ist ein ertzdesbauchirter, nichtsnutziger mensch, ein poltron, der doch weder ahn gott, noch sein wordt glaubt; er hatt sein leben nichts gedaucht undt wirdt nichts deügen, falsch, verlogen, dabey ambitieus, wie der teüffel². Er ist aber leyder hir in Franckreich nicht allein von dem humor. Man konte eher loven undt bären bandigen, alß Frantzoßen, undt ich finde mein sohn woll unglücklich, mitt denen leütten zu thun zu haben. Der duc de Richelieu ist nicht 24 jahr alt. Ich findt ihn nicht so schön, alß alle damen ihn hir finden; er hatt gar eine artliche rane³ taille undt hübsche haar, ein oval gesicht, aber schon

---

1 ? habe ich.   2 Vergl. oben s. 74, 75 und nachher s. 126.   3 ran, ranig, schlank, schmächtig. Vergl. Schmellers Bayerisches wörterbuch III, s. 92.

gar holle augen, undt man sicht ihm den schelmen im gesicht ahn; er ist polis undt hatt verstandt, aber sicht doch dabey sehr insolent auß undt daß es ein verdorben kindt ist. Daß erste mahl kame er in die Bastille, weillen er sich falschlich berümbt, er hette bey madame la Dauphine¹ undt alle ihren jungen damen gelegen, welches eine abscheüliche lügen war: daß zweytte mahl kamme er in die Bastille, weillen er selber zu wißen that, daß der chevallie[r] de Baviere sich mitt ihm schlagen wolte, undt dieß stück nun, qui couronne l'œuvre, wie man im sprichwort sagt. Vor zwey tagen hatt man noch ein man von qualitet in die Bastille schicken müßen vom hauß de Laval², so mitt monsieur undt madame du Maine unter der decken gespilt undt von den marquis de Pompadour ist alngeklagt worden. Alberoni kan alß falsche stück thun; ich finde es sehr loblich vom admiral Bings³, sich nicht vom Alberone bestechen zu laßen; der[e]n wirdt man wenig in Franckreich finden, wo die meisten keinen andern gott ahnbetten, alß den gott Mamon. Den brieff von Ewerer elsten niece habe ich auch nicht in mein paquet gefunden; dießes undt der abriß von der commette⁴ müßen beysamen geblieben sein. Die printzes von Tarante s.⁵, meine tante, hatt mir verzehlt, daß im Haag denselben tag undt stundt, daß ihr oncle, landtgraff Fritz, umbkommen, alß sie im Haag im vorhaut⁶ spatzirte mitt ma tante, die fraw abtißin, so damahl noch bey ihrer fraw mutter, der königin von Böhmen, war, hatt[en] einander unter dem arm, auff einmahl ließ die printzes von Tarante einen schrey undt sagte, jemandts drucke ihr den arm abscheülich; man besahe den arm, da sahe man 4 finger undt einen daumen marquirt, gantz blau, blau. Sie schrieb gleich auff, waß gesche[he]n war, undt sagte dabey: «Mein oncle, landtgraff Fritz, muß todt sein, den er [hat] mir versprochen, mir gar gewiß adieu zu sagen.» Man schrieb es auff, fundt sich hernach, daß er selbigen tag umbkommen were. Aber der fürstin von Homburg avanture undt⁷ noch wunderlicher, alß dieße, so Euch monsieur Diesenhaussen⁸ gesagt. Hiemitt ist

---

1 duchesse de Bourgogne.   2 Vergl. nachher s. 118. Journal du marquis de Dangeau XVIII, s. 37 unter sonntag, 23 April 1719: «M. le marquis de Laval, qui a cette grande blessure au cou, fut arrêté le matin par du Cherron et conduit à la Bastille.   3 Bing.   4 la comète, der komet.   5 Die princesse de Tarente starb im jahre 1693 zu Frankfurt, wohin sie sich zurückgezogen hatte.   6 voorhout, d. h. vorholz.   7 ? ist.   8 Vergl. nachher s. 105.

Ewer letztes liebes schreiben völlig beantwordt; nun ich aber noch ein stündtgen in meiner cammer zu sein habe, will ich Euch entretenieren, biß ich mich ahnziehen muß. Ihr müst Euch, liebe Louise, in Ewerem letztem schreiben im datum verschrieben haben; den Ihr dadirt vom 10, no 30; daß kan nicht sein, weillen Ewer liebes schreiben, so ich die post vorher entpfangen, war vom 11 April, no 29, also kan ja no 30 nicht vom 10 April sein. Es were woll kein wunder, daß ich überzwerg[1] schribe undt revirte mitt allen den verdrießlichen sachen, so ich im kopff habe; mögte woll endtlich gar, wo nicht zum naren, doch kindisch wehren[2]. Mein verstandt ist gering undt kompt meinem herrn vattern undt tanten nicht bey, habe nur, waß man hir sens commun heist, sich fortzuschlepen. Aber ich bin in gottes händen, darauff ist mein einig vertrawen; er machs mitt mir, wie ihm gefehlt! Waß ich von ma tante von Herfort letzten jahren weiß, ist, waß unßere liebe churfürstin s. mir in ihren schreiben verzehlt hatt. Aber da kompt man mir sagen, daß der könig umb 11 uhr kommen wirdt; daß benimbt mir 3 viertelstundt, da ich gehofft zu schreiben. Le diable au contretemps lest mir nie nach. Gott gebe, daß er mir nur zu St Clou mag ruhe geben! Jedoch habe ich in[3], den diable au contretemps, so erdapt, daß mein brieff heütte doch noch nicht gar klein ist. Ihr habt recht, es vor gefahrlich zu halten, in Englandt betrübt zu sein. Vor graff Degenfelt, der ein rechter Teütscher ist, hatt es keine gefahr, aber woll vor seine gemahlin, so in Engellandt gebohren undt erzogen ist. Ich bin nicht so delicat, übel zu nehmen, daß Ihr Ewere kinder in Ewern wünsch[en] bey konigliche personen setzt; es were ridicule, wens anderst wehre. Naturliche reden gefallen mir beßer, alß gezwungene; den ich bin gantz naturlich, undt ahn naturlich reden zu hören, kan ich von Euch sagen: «Je recognois mon sang.» Ich gestehe, daß ich madame de Berry lieb habe, weillen sie mir viel freündtschafft erweist; aber daß ich sie nicht gern anderst sehen wolte, ist, under unß gerett, woll war. Waß hilffts, daß mein sohn en[t]deckt die, so wider ihn sein? Er ist zu gutt, alle leütte jamern ihn gleich undt strafft niemandts nach gebühr ab. Daß macht die andern gehertzter.

---

1 überzwerch, adv., quer. Vergl. Schmellers Bayerisches wörterbuch IV, s. 308. 2 d. h. werden. 3 d. h. ihn.

Herr Steingens ist nicht hir, wirdt auch nicht herkommen. Man
weiß woll, daß er gutt spanisch ist. Die Churpfaltz dazu rahten,
seindt seine freündt nicht; die Pfaltz ist zu nahe bey Franckreich.
Man sagt hir, daß ein Wießer herkommen wirdt. Ewere brieff,
liebe Louisse, kurtz oder lang, se[i]ndt mir allezeit ahngenehm;
were mir leydt, wen Ihr Ewere affairen wegen meinen schreiben
negligiren soltet. Hiemitt ist Ewer liebes schreiben no 29 auch
vollig beantwortet. Führte man mir nicht so mal apropo den könig
her, hette ich heütte noch alles außschreiben konnen; aber ich
spare es vor biß sontag zu St Clou. Adieu! Ich ambrassire Euch
von hertzen, liebe Louise, undt behalte Euch recht lieb.

Elisabeth Charlotte.

1014.

St Clou den 30 April 1719, umb ½ auff 9 morgendts (N. 81).

Hertzallerliebe Louisse, Ihr werdet von meinem brieff von vergangenen donerstag ersehen haben, wie daß ich selbigen tag her zum mittageßen kommen bin. Ich finde mich recht ruhig auß dem betrübten undt verdrießlichen sachen, hört undt sicht, wovon ich nicht mehr reden will [1]. Es ist kälter hir, alß zu Paris, aber ich habe so braff feüer machen laßen, das nun alles eingewermbt ist, finde mich recht ruhig undt woll hir; gott stehe mir ferner bey! Gestern fuhr ich nach Meüdon. Daß fieber hatt, gott lob, madame de Berry gantz verlaßen; sie ist ein wenig mager geworden, sonsten sicht sie gantz woll auß, kan aber noch nicht gehen. Ich habe seyder donnerstag kein frisches schreiben von Euch entpfangen, habe aber noch daß von 8 undt 4 dießes mondts zu beantwortten, fange bey dem vom 8 ahn; nur noch vorher sagen, daß ich schon eine schwehre arbeydt gethan, nehmblich einen brieff von der jetzigen königin in Schweden zu beantwortten, so mir der comte de la Marck gebracht undt vergangenen mitwog geben, alß ich auß der commedie kam. Solche brieff seindt [eine] verdrießliche sach undt ein gezwungen werck, welches natürlichen leütten, wie ich bin, sehr schwehr ahnkompt. Printzes von Wallis hatt woll leyder andere sachen zu gedencken, alß ahn meine medaillen zu gedencken; den

---

1 Der satz ist nicht in der ordnung.

es geht leyder dort noch gar überzwerg her. Waß ich der liebe[n] printzes schicke, ist nichts rares, nur kleine lapereyen nach proportion von meinen kurtzen beüttel. Könte es sich weitter erstrecken, würde ich von hertzen gern waß schönners schicken, aber wie daß teü[t]sche sprichwordt gar recht sagt:

>Man muß sich strecken
>Nach seiner decken.

Ich werde fro sein, die genealogie-bücher zu bekommen. Ich wünsche sehr, daß Euch mein gar klein remede woll bekommen mag vor Ewere augen, liebe Louise, wen sie wieder roht werden solten. Ich habe zwey dicke artzeneybücher von I. G. meiner fraw mutter s., brauche aber nie nichts drauß; aber es amussirt mich etlichmahl, es durchzusehen. Daß Nurnberger pflaster, so den rücken jucken macht, were mir nicht zuwider; den ich finde, daß den rücken kratzen eine solche große lust, daß viel sachen, so man vor lust helt, nicht dabey kommen. Mein docktor ist der beste docktor von gantz Franckreich undt ich habe ein groß vertrawen zu ihm. Es ist ein gelehrter man, so viel verstandt hatt; er reht[1] sein leben nicht von docktriren, man consultire ihn den; er ist ein lustiger man von gutter geselschafft. Hir gehen die docktor[e]n nicht in mantel undt rabatten[2], wie in Teütschlandt, sondern tragen cravatten[3] undt grawe kleyder mitt goltenen knopff undt bouttonieren[4] undt schonne, lange perucken. Also solte man monsieur Teray, so nicht alt undt wollgeschaffen ist, eher vor einen obersten, alß vor einen docktor, ahnsehen. Gestern hat es gar rein hir geschneyet; aber der schnee schmeltzt hir gleich, bleibt nicht liegen. Seyder wen sagt man nun zu Teütsch: »Dieße nacht hatt es wider gefrihrt«? Den zu meiner zeit sagte man »gefrohren« Es ist kein wunder, daß es verenderlich wetter ist; den wie daß sprichwort lautt:

>Aprilenwetter,
>Jungefernlieb undt roßenbletter
>Wehrt nicht lang.

Daß eyß kan ich woll entberen; es were mir aber leydt, wen ich pfirsching entberen müste, die ich hertzlich gern eßen[5]. Abricossen

---

1 d. h. redet. 2 rabat, überschlag, kragen. 3 halsbinden, halskrausen, halstücher. 4 boutonnière, knopfloch. 5 Vergl. oben s. 74.

finde ich nicht gutt hir im landt; entweder seindt sie gantz mehlich, oder schmecken nur wie waßer; aber die pfirsching seindt admirable hir. Nach pflaumen, wo man hir ein groß werck von macht, da frag ich nichts nach. Wens gar warm ist, drincke ich mein waßer über daß eyß, aber den wein nicht; finde, daß eyß den we[i]n gantz verdirbt undt sawer macht. Bißher ist nichts drunten im gartten verdorben, alß feygen undt abricosen en plain vend[1]. Nach weiße feygen frag ich wenig, rotte es[2] [ich] gern, aber sie seindt rar hir. Der duc de Richelieu ist nicht in deß duc undt duchesse du Maine conspiration, hatt ein partie apart gemacht, solle sich im kopff gesteckt haben, sich so considerabel zu machen, daß er einen über die maßen großen heü[r]aht würde thun können, so man biß dato nicht hatt leyden wollen[3]. Es ist ein gar impertinent personage in allen stücken, piquirt, weder ahn gott, noch sein wordt zu glauben. Nein, der duc, über welchem sich zwey damen haben schlagen wollen, ist der duc de Richelieu nicht, sondern der prince de Soubisse[4], deß ducs undt prince de Rohan sein sohn. Er ist nicht heßlich, gleicht aber einem milchkalb; der hatt aber die ehre, monsieur le duc die schuhe außgetretten zu haben; dießer aber

---

1 plein vent.   2 d. h. eßo.   3 G. Brunet II, s. 103, anmerk. 1: «Ceci se rapporte à une intrigue qu'avait Richelieu avec Mademoiselle de Charolais, de la maison de Condé; il s'était flatté de l'épouser. Les chansons du temps font parfois allusion à ces amours:

> Que Charolais jeune et fringante
> Pour Richelieu suit complaisante,
> N'est-ce pas le sort de son sang?
> Mais pour un seul, c'est bien la peine,
> Quand, à son âge, sa maman
> En avait plus de deux douzaines.

Vingt ans plus tard, les faiseurs de couplets continuaient leurs attaques. Voici ce que nous trouvons dans le recueil Maurepas, sous la date de 1737:

> Princesse, en vain, aux amours,
>   Tous les jours,
> Vous offrez votre prière.
> Apprenez qu'à quarante ans,
>   Les enfants
> Vous prennent pour leur grand'mère!
> Vos yeux ne sont plus touchants,
>   Et vos dents
> Sont noires comme votre âme...»

4 Soubise.

hatt sich mitt einer andern getröst, so auch einen... Wie der man es erfahren, solle er seine fraw gantz schwartz undt blau geschlagen haben. Der gouverneur von Metz, monsieur de Sailliant¹, ist vor etlichen tagen nach Paris kommen, seinen neveu zu discoulpiren; aber ich glaube nicht, daß er dazu gelangen wirdt können². Aber ich fürchte, daß die bursch alle nicht nach würden werden gestrafft werden; mein sohn kan sich nicht resolviren, bludt zu vergießen. Ich fürchte aber, daß es ihm gereüen wirdt; den wen man die Frantzoßen nicht in forchten helt, helt man sie nicht. Deß baron Gortz döchter jammern mich von hertzen. Mein sohn hatt sich beßer von seiner großen aderlaß befunden, alß man es hette hoffen können. Biß zukünfftigen sambstag wirdt die reye ahn mir sein; will Euch über 8 tagen berichten, wie es abgangen. Ich muß gestehen, ich bin alß verwundert, daß Paris noch stehet undt nicht versuncken ist über alles gar böses, so tag undt nacht dort vorgeht, daß einem die haar zu berg stehen mögen. Man muß doch allezeit betten, den daß ist unßere schuldigkeit. Ich sage von hertzen amen auff die gutte wünsche, so Ihr, liebe Louise, vor die arme sünder that, daß sie gott bekehren mag. Monsieur Dießenhaußen muß divertissant zu hören sein, so viel schönne historien von gespenster zu wißen. Aber alle Schweden seindt so; einer, so Schnaack hieße undt sonst nicht viel nutz war, nun zu Rom geistlich geworden, waste auch viel gespensterhistorien, so mich offt von hertzen hatt lachen [machen]; fragte mich einmahl gantz ernstlich, ob man hir nie keine heckßen in der lufft fahren sehe undt schritlings sich auff kirchenthürnen setzen. Ich sagte nein undt lachte von hertzen über dießen schnit³. A propo[s] von unehrlichen leütten, der Kurtz von Can ist wieder zu Paris. Ich habe ihn bitten laßen, nicht wider vor mir zu erscheinen undt daß [ich] ihm die impertinentz noch nicht vergeben hette, seine hur mir alß seine fraw herzuführ[e]n⁴. Der captein Cron muß quinten undt starcke einbildungen haben. Aber waß sollen die 11 schlüßel bedeütten? Der captein Cron⁵ wirdt

---

1 Sailliant. 2 Der marquis de Dangeau schreibt in seinem Journal XVIII, s. 42 unter donnerstag, 4 Mai 1719: «M. de Sailliant, le neveu du gouverneur de Metz, qui avoit été mis, depuis quelques jours, à la Bastille sur des lettres de M. de Richelieu, en sortit le soir justifié, et il partira dès demain pour aller en Auvergne chez M. son père.» Man vergl. auch oben s. 74 und Journal XVIII, s. 24. 3 Vergl. oben s. 36. 60. 4 Vergl. oben s. 3. 15. 25. 42. 5 Vergl. nachher s. 126.

sich gewiß vor einen hexenmeister außgeben, ein schöne kunst undt handtwerck, worunder die fourberie nicht fehlt; den in die line[a]menten von der handt zu sehen, daß der vatter ein fürst, die mutter eine gräffin war, kan man nicht sehen; er muß es dem botten [1] außgelockt haben, so die wackerne [2] handt gebracht. Leütte mitt forchtlichen gesichtern stehen solche historien beßer ahn zu verzehlen, alß ein hübsch gesicht. Da ist woll kein zweyffel ahn, daß Ewerer kleinen niepce seel zu gott gangen; da zweyffelt keine religion ahn. Englandt ist gar eine zu große reiß vor Euch. Ich kan mir nicht einbilden, daß Ewere niepce, die gräffin von Degenfelt, sich wirdt resolviren können, Englandt zu quittiren. Hiemitt ist Ewer lieben [3] schreiben von 8 völlig beantwortet, liebe Louisse! Es wirdt spät, ich muß mich ahnziehen, in kirch zu gehen. Dießen nachmittag werde ich dießen brief schließen.

Sontag, umb halb 10 abendts.

Le diable au contretemps verfolgt mich sowoll zu St Clou, alß zu Paris. Ich habe gemeint, Euch nach dem eßen zu entretenieren können, aber nach 12 ist die großhertzogin herkommen, so mitt unß geßen. Gleich nach dem eßen habe ich Ewer liebes schreiben vom 18 April, no 31, entpfangen, hernach bin [ich] ein wenig lufft schöpffen gangen, von dar in kirch. Wie ich wider kommen undt ein par wort ahn mein dochter habe schreiben wollen, hernach ahn Euch, ist der printz von Durlach herkommen, eine ha[l]be stundt hernach der von Darmstat; die haben mich gar lang interompirt. Also ist es mir unmöglich, daß ich mehr sage dießen abendt; den monsieur Teray zürnt schon, daß ich nicht ahn meine toillette bin, muß also wider willen schließen undt Euch nur versichern, daß ich Euch, liebe Louisse, von hertzen lieb behalte.

Elisabeth Charlotte.

1015.

St Clou den 4 May 1719, umb 7 morgendts (N. 82).

Hertzallerliebe Louisse, Ewer liebes schreiben vom 18 April kam vergangenen sontag zu spätt, umb es zu beantworten. Drumb habe ich es biß jetzt versparen müßen; heütte aber hoffe ich auff

---

1 d. h. boten.   2 ? wächserne.   3 ? liebes.

Ewere beyde schreiben exact zu andtworden; den ich habe auch noch daß vom 4 April, no 27, so ich bißher noch nicht habe beantwortten können, fange aber bey dem frischten ahn. So baldt mir die fürstin von Ussingen wirdt auff die puncten geantwortet haben, so ich Euch vor 8 tagen geschickt, so werde ich ihr ihre lettre de naturalité schicken; den die andtwort auff die fragen mößen drin stehen. Waß es kost, wirdt nicht ahn abbé Dubois bezahlt werden mößen, sondern ahn die, so daß siegel ahnhencken; daß ist ein droict. Ich bitte Euch, liebe Louise, danckt doch lady Holdernesse gar sehr vor ihr ahndencken! Sie schreibt recht woll frantzösch undt mitt großer politesse; ihre handt ist gar nicht heßlich, leßlich, gleich undt eine gar gutte ortograffe, welches mich recht wunder nimbt; den gar wenig damen wißen es, Frantzößinen selber fehlen schir alle dran. Ich corigire offt meine dochter, gar offt; den ich weiß l'ortograffe zimblich woll. Ich darff ihr nicht offriren, corespondentz mitt ihr zu halten; den ich habe schon so unerhört viel zu schreiben, daß ich fürchte, nicht exact genung in meinen andtwortten zu sein können, bin ihr aber sehr verobligirt vor alle amitie, so sie mir bezeügt, undt bitte sie sehr, mir solche zu continuiren. Es ist recht artig, mahlen zu können; ich wolte, daß ichs könte, amussirt sehr. Mein sohn mahlt nicht übel, hatt aber nun keine zeit mehr dazu, nur zu viel zu thun; fürchte, daß es ihn endtlich in gefahrliche kranckheytten setzen wirdt. Es ist ein glück, wen mein patte davon kompt, daß sie die kinderblattern so jung hatt; wirdt nicht gezeignet bleiben, sondern alles außwacksen. Man solte ihr ein grain von dem myledy-Kendt-pulver [1] in der ammen milch geben; es würde es salviren. Ein kindt von dem alter kan wenig freüde geben; sie thun in dem alter nichts, alß schlaffen undt saugen. Kan es von den blattern [davon kommen,] wirdt sie gesundt werden; den daß wirdt alle böße humoren vertreiben undt andere kranckheitten verhütten. Die printzes von Wallis ist persuadirt, daß deß königs docktor nicht gutt ist, ihren jüngsten printzen auch umbgebracht hatt, undt er hatt der graff [2] Degenfel[t]s dochtergen tractirt. Den mänern schadt die betrübtnuß mehr, alß den weibern; weiber seindts mehr gewondt. Also wundert es mich nicht, daß sich der graff Degenfelt sich nicht so geschwindt hatt erhollen können, alß

*

1 Mylady-Kent-pulver.   2 ? des.   ? der gräfin.

seine gemahlin. Es ist mir lieb, daß Euch die reiß-gedancken vergangen sein; den die englische lufft ist Euch nicht so gesundt, alß die liebe teütsche lufft, undt über die untrewe see zu fahren, ist doch allezeit gefährlich; drumb bin ich recht fro, daß Ihr nicht mehr ahn dieße reiße gedenckt. Wen die see keine gefahr hatt, warumb gehen den so viel schiff unter? Die spanische flotte hatt kein groß gelück: der windt hatt sie übel tractirt, haben wider nach hauß gemüst. Ein schiff ist ihnen gar versuncken, daß ander hatt seinen mast verlohren; also haben vor dießmahl weder Englandt, noch Franckreich nichts zu besorgen. Ihr müst Euch nicht wundern, liebe Louise, über waß die duchesse de Longueville gesagt[1]; daß seindt gentillessen hir bey den galanten damen. Les pains benis undt seine ceremonien seindt in keinen andern landt, alß in Franckreich[2]; ist gar ein altes herkommen undt kompt von der comunion, so man vor dießem in brodt in den kirchen der gemeine außgetheilt hatt. Alles, waß von einer paroise ist undt so viel mittel hatt, 3 oder 4 pain benis gebens ahn ihrem ... daß gibt offt große disputten, wer es vor oder nach geben solle. Die kirch verliehrt nichts dabey, den man gibt lichter mitt gelt; die gantze maison royale gibt ahn daß licht, so ihr aumonier[3] pressentirt, 13 escus d'or; also ist dieße ceremonie zu der paroisse besten. Wen die meß zum endt ist, schneydt man le pain in stücken undt pressentirt es unß; man ists[4] in der kirch, aber man schickts auch in den cammern; es schmeckt wie ein kuchen. Daß wetter ist nun schön, aber es geht ein gar kalter [wind], so, ich fürchte, wein undt frucht verderben wirdt. Es muß der fraw von Veningen zu Heydelberg gefahlen, weillen sie so sehr wider hin eylt. In der statt gefehl mirs nicht. Die fraw von Veningen, so Ihr die generallin heißt, ist scrupulos wegen der nahe[n] verwandt[schaft], meindt, die heürahten wehren[5] unglücklich, wen geschwister-kindt einander nehmen; der sohn aber ist nicht so scrubpulos. Waß noch drauß werden wirdt, solle die zeit lehren. Ich misch mich nie in waß Rom ahngeht; der papst undt ich haben kein commers mitt einander, werde also dieße dispense, noch kein ander bey ihm ersuchen. Ich halte nichts von ihm undt bin gar nicht papistisch, habe es laut

---

1 Vergl. oben s. 82.   2 Vergl. oben s. 84.   3 aumônier, almosenier.
4 d. h. ißts.   5 d. h. werden.

declarirt. Die fraw von Veningen, wie ich höre, solle sehr pfäffisch
sein. Daß ist widerlich; alle pfaffisch[en] leütte seindt opiniatre, ohne
raison undt unleydtlich. Alle juwellen, perlen, rubinen, demanten,
alles ist theüerer worden. Die jubillirer lügen abscheülich. Es ist
kein wordt war, daß ich von nahmen geendert habe. In Franckreich kan ich keinen andern nahmen haben, alß Madame; den mein
herr ist deß könig s. bruder, undt deß königs bruders frawen haben
keinen andern nahmen so woll alß deß königs dochter; dieße aber
zu unterscheiden¹, setzt man den tauffnahmen dazu, alß wie Henry
quattre 3 döchter hießen Madame Elisabeth, die würde königin in
Spanien, Madame Henriette, die würde königin in Englandt, Madame
Christine, die wurde hertzogin von Savoyen. Deß königs bruders
döchter heißen alle Mad[e]moissellen, die elste Mademoiselle ohne
andere nahmen dazu, die andern aber heist man nach den apa-
nachen², alß Mademoiselle de Valois, Mademoiselle de Chartre³,
Mademoiselle de Monpensier⁴, Mademoiselle d'Alançon⁵ undt so
forthan. Alle der könige söhne heist man Monsieur, den elsten
aber Monsieur ohne andern nahmen; seindt mehr, werden sie nach
ihren apanagen genent, duc de Bourgogne, Monsieur, duc de Berry.
Aber man sagt auß abus le duc, den daß solle man nicht sagen;
den sie seindt auch Monsieur undt Madamen; also muß man nicht
sagen le duc oder la duchesse de Berry, sondern nur Monsieur,
duc de Berry, Madame, duchesse de Berry. Also segt Ihr ja woll,
daß man mich ohnmöglich grand duchesse heyßen [kann]; in allen
meinen prevetten⁶ stehet Madame, duchesse d'Orleans; aber in reden
undt auff den überschriefften nur Madame. Daß ich nicht gehast
bin, ist war; aber hirin ist mehr glück, alß recht, undt ich konte
sagen, wie Athis: «Indigne que je suis de l'honneur qu'on m'adresse»⁷.
Dancke Euch, liebe Louise, gern mein lob zu hören; aber ob gott
will, so werde ich Euch keine schande ahnthun; hoffe, ob gott will,
daß mich die böße lufft hir nicht ahnstecken wirdt, leichtfertig zu
werden in keinem stück; den ich finde es ebenso boß undt leichtfertig, seinen negsten zu betriegen, falß⁸ zu sein undt mitt lügen

*

1 ? unterscheiden. 2 apanages. 3 Chartres. 4 Montpensier.
5 d'Alençon. 6 brevet, patent, diplom, gnadenbrief. 7 Vergl. oben s. 7.
8 ? falsch.

umbzugehen undt kein wort halten, alß den manßleütten nachzulauffen. Unßere großhertzogin ist vorgestern wider nach Paris undt biß sontag wirdt sie auffbrechen undt ins warme baadt nach Bourbon ziehen. Gott gebe, daß sie wider so gesundt herkompt, alß hinreist. Sie war recht lustig, lacht so von hertzen, daß sie mich auch lachen macht. Daß ich kein ursach zu chagrin haben mag, werdt Ihr so baldt nicht hören; aber so baldt sich mein sohn wider meinen willen verbeüraht hatt, habe ich woll gedacht, daß mein gantzes leben hinfüro nur chagrin sein undt dießes unglück viel andere nach sich ziehen würde, wie leyder auch geschehen[1]. Hiemitt ist Ewer liebes schreiben von 18, no 31, vollig beantwortet. Ich komme jetzt auff daß vom 4. April, no 27. Ich habe mehr ursach, alß nie, in sorgen vor meinem sohn zu sein. Aber indem ich Ewer liebes schreiben wider [lese], sehe ich, daß ich es schon beantwort habe, werde also weytter nichts drauff sagen. Gestern war ich zu Paris, besuchte unßere abtißin, so in dem Val-de-Gracen ist. Ihre fraw mutter undt sie seindt bitter übel mitt einander. Die mutter hatt unrecht, es ist ein boß weib, liebt weder man, noch kinder, nur ihre brüder undt will ihren man vor ungerecht passiren machen, daß er ihren bruder[2] arestirt hatt, sagt, er seye ein heyliger, fromer, gottfürchtiger herr undt die conspiration were nur von seiner frawen, er hette kein theil dran; will nicht begreiffen, daß er sich zum chef von der conspiration gemacht; sie [ist] so deraisonabel, daß sie einen auß der haut konte fahren machen. Ich admirire meines sohns gedult, ich könte sie nicht haben. Ich bin mitt freüden wider auß Paris, umb von dießem allem nichts mehr zu hören, noch zu sehen. O mein gott, wie macht einem diß alles daß leben so müht[3]! Aber waß ich noch ahm verdrießlichsten vor mich finde, ist, daß ich den gantzen verdruß von dießem heüraht gehabt habe undt nun noch die angsten undt mühe mitt haben muß, so auß dießem allem en[t]stehet. Gott helff unß undt stehe unß bey! Wir habens boch von nohten. Adieu, hertzallerliebe Louise! Ich ambras[s]ire Euch von hertzen undt behalte Euch recht lieb.

Elisabeth Charlotte.

*

1 Vergl. oben s. 44. 2 den duc du Maine. 3 d. h. müde.

Donnerstag, den 4 May, umb 7 abendts.

Wie ich ahn taffel war undt ahm zweytten eßen, hatt mir mein courier, so von Paris kommen, Ewer paquet gebracht mitt den zwey schönnen schwedischen medaillen, wovor ich Euch von hertzen dancke; aber wen Ihr mir weytter welche schicken wolt, bitt ich, dabey zu schreiben, waß es kost; den es were nicht billig, daß ich Euch ruinire. Liebe Louisse, ich muß lachen, daß Ihr auch erfahrt, waß le diable au contretemps ist undt wie unahngenehm es ist, allezeit intercompirt zu werden. Aber waß geht Euch die meß ahn, daß man Euch darumb plagt, liebe Louisse? Adieu! Hirmitt ist Ewer klein brieffgen auch vollig beantwort. Wo mir gott daß leben lest, will ich Euch biß sontag berichten, wie meine aderlaß wirdt abgeloffen sein.

1016.

St Clou den 7 May 1719, umb 6 morgendts (N. 83).

Hertzallerliebe Louise, seyder vergangenen donnerstag habe ich nichts von Euch entpfangen; aber es ist noch frühe, wie Ihr segt, mein ordinarie courier ist noch nicht von Paris kommen, mögte mir woll Ewer paquet dießen nachmittag bringen. Ihr werdet finden, daß ich frühe auffstehe; den ich habe schon mein morgengebett verricht; allein ich gehe auch gar früh schlaffen, war gestern umb 9 uhr in mein bett. Ich funde mich ein wenig matt, hatt morgendts umb ¾ auff 9 zur ader gelaßen, 3 kleine paletten, bey 10 ontzen. Es war recht schön bludt. Die fraw von Rotzenhaussen hatt gestern auch ader gelaßen, hette sich aber schir verlähmbt; den sie hatt abscheülich gezuckt; zu allem glück hatt ihr jemandt den arm gehalten, sonsten were es übel hergangen. Vor der aderlaß habe ich geschrieben, aber seyderdem nichts gethan, alß küpfferstück [ansehen], deren ich eine große menge undt gar schönne habe; ich liebe sie sehr. Ich habe dieße nacht recht ruhig undt woll geschlaffen, fühle doch noch ein wenig mattigkeit. Aber ordinarie wen ich aderlaße, bin ich 3 wochen, ohne wieder zu meinen naturlichen krafften zu kommen. Ich habe, seytter ich Euch letztmahl geschrieben, gar nichts neües vernohmen. Ich habe in acht genohmen, daß, wen man so lang ist, ohne waß neües zu erfahren, kommen hernach die zeittungen heüftig auff einmahl. Gott gebe, daß die, so kommen, gutt sein mögen, welches nicht allemahl ist, leyder! Nun will ich eine pausse machen undt meine überige briffe schreiben, so ich noch zu schreiben habe. Dießen abendt nach der spatzierfahrt werde ich dießen brieff außschreiben.

    Sontag, den 7 May, umb ein viertel auff 10 abendts.

Meine intention war, hertzliebe Louisse, gleich nach dem eßen Euch wieder zu schreiben, undt noch desto, daß ich, wie ich eben ahn taffel war, habe ich Ewer liebes schreiben von 25 April, no 33, entpfangen sampt den 3 schönnen silbern medaille, 2 von Schweden undt eines von der seeschlagt, wovor ich von hertzen danke. Werde sie biß mitwog, wilß gott, placiren. Wie ich in meine cammer von taffel kommen, ist mir ein courier von meiner dochter mitt einen brieff von 14 oder 15 bogen [gekommen], worauff ich habe antwortten müßen, in kirch gehen. Bin hernach bey dem so gar schönnen wetter ein wenig in gartten gefahr[e]n. Wie ich widerkommen, ist der printz von Darmstat kommen, abschiedt nehmen, habe meiner dochter brieff außschreiben wollen. Allein madame la duchesse d'Orleans ist herkommen undt hatt ein biriby-spiel gebracht undt hir gespilt. Ich habe 3 louisdor verspilt, daß ein gar leydtlicher verlust ist. Aber daß hatt mir alle meine zeit genohmen, muß wider meinen willen enden; nur noch sagen, daß ich vergeßen, zu melden, daß [ich] Ewer liebes schreiben von 25 April erst die ander post werde beantwortten können. Gutte nacht, liebe Louisse! Ich bin matt von meiner aderlaß undt es ist spat, kan also nichts mehr sagen, alß daß ich allezeit, in welchem standt ich auch sein mag, Euch von hertzen lieb behalte.

              Elisabeth Charlotte.

1017.

A mad. Louise, raugraffin zu Pfaltz, a Franckfort.

    St Clou den 11 May 1719, umb 8 abendts (N. 84).

Hertzallerliebe Louise, gestern war ich zu Paris, wo ich Ewer liebes schreiben vom 29, no 34, [empfangen habe]. Da werde ich aber nur ein article auff andtwortten, nehmblich waß monsieur Gueneau[1]

---

1 Guenault. Vergl. oben s. 29.

betrifft. Le Clair¹ hatt ihm auß einer ursach nicht geantwortet. Er hatte mir den brieff geben, aber es kamen leütte, ich steckte den brieff in sack undt muß ihn darnehmen² gestekt haben; also ist er verlohren worden, ohne daß weder der Clair, noch ich ihn geleßen. Ihr könt aber monsieur Guencau woll versichern, das ich nicht boß auff ihm bin. Ich habe gar nicht mehr dran gedacht, sonsten hette ich ihn³ wieder durch den Le Clair schreiben laßen. Nun komme ich auff Ewer lieben brieff vom 25 April, den ich noch nicht beantwortet habe. Mein gott, wie leicht kan ich glauben, daß man müde wirdt, mitt verdrießlichen affairen umbzugehen! Mein leben zu erretten, konte ich es nicht thun. Ich finde die Schonburgischen woll glück[lich], Euch gefunden zu haben mitt der gedult, die Euch gott gegeben hatt; den unter hundert personnen wirdt man kaum eines finden, so sich solche mühe wirdt geben können. Waß ich heütte gethan, ist nicht so mühsam. Heütte morgen habe ich ahn die konigin in Preüssen auff zwey von I. M. schreiben geantwortet. Nach dem eßen muß ich gestehen daß ich in ein neü buch gesehen undt bin drüber entschlaffen, biß meine kutz[s]chen kommen; hab hernach noch ein par wordt ahn monsieur Harling nach Hannover geschrieben, bin hernach in kutsch gesessen undt bin nach Meudon gefahren, wo ich madame de Berry noch in keinen gutten standt gefunden hab. Sie hatt den morgen medecin genohmen, sahe bitter übel auß, hatt unerhort abgenohmen, seyder ich sie nicht gesehen; sie kan auff keinen fuß tretten, man muß sie schlepen wie ein kindt. Umb halb 7 bin ich wider kommen, bin in die capelle gangen, habe mein abendtgebett vericht; umb 8 habe ich ahngefangen, zu schreiben, bin aber etlich mahl interompirt worden. Nun schlegt es 9 uhr; ich kan Euch also nur noch ein halb stündtgen entreteniren. Heütte ist es mir ohnmoglich, auff der fürstin von Ussingen schreiben zu andtwortten. Da ist nichts ahn gelegen, daß ein brieff außenwerts schmutzig; daß kan nicht anderst sein. Über solche sachen offendire ich mich mein leben nicht, auch nicht, wen Ewer[e] geschäfften Euch nicht erlauben, mir einen großen brieff zu schreiben. Ob ich sie zwar gern großer von Euch habe, so bin ich gewiß, daß es ein ander mahl wieder ersetzt wirdt werden, wie auch, daß, wen es Euch möglich geweßen were, daß Ihr mir einen großern brieff würdet

---

1 Leclair. Vergl. band II, s. 774; band III, s. 492.   2 ?daneben.   3 ?ihm.

geschrieben haben. Also last Euch über dießes alles nie keine sorgen geben! den es mich gewiß nicht verdriest. Von den verlust Ewer niepce will ich Euch nichts mehr sagen, umb Euch nicht mehr ahn Ewer unglück zu erinern. Ich hoffe, daß die eltern nun wider gesundt sein werden. Es ist ein glück, die kinderblattern so jung zu haben; den [alsdann] waxßen die mahler auß. Aber da kompt man mich plagen, umb schlaffen zu gehen. Die printzes von Wallis ist recht lustig, schreibt mir recht artige brieff. Ihre bu[ch]staben seindt nicht so übel mach[t], alß I. L. ortograff schlegt ist. Es stehet nicht bey einem, sich zu grämen oder nicht; den man kan sein temperament nicht endern. Aber ich muß nach bett; ein ander mahl hoff ich mehr zu sagen, aber nun nur wider willen nichts mehr sagen, alß wie daß ich Euch von hertzen allezeit lieb behalt. Schreib ich nicht viel, halte ich doch mein wordt undt versäume keine post, umb Euch zu ambrassiren, liebe Louise!

Elisabeth Charlotte.

1018.

St Clou den 13 May 1719, umb 9 morgendts (N. 85).

Hertzallerliebe Louise, morgen kompt mein enckel, die abtißin, mitt mir zu mittag eßen undt nachmittags will ich sie spatziren führen, [werde] also wenig zeit vor mich haben, welche ich ahnwenden werde, ahn mein dochter zu schreiben. Damitt Ihr aber, liebe Louisse, nichts dabey verliehren möget, so fange ich Ewern brieff heütte ahn; den ich habe Euch gar zu ernstlich versprochen, daß ich Euch keine post wolle verfehlen laßen, umb dran zu manquiren. Ich habe heütte morgen umb 7 den grünen safft genohmen: der hatt mich schon 3 mahl purgirt, gar starck, undt ein mahl, daß ich wie alle morgen gantz naturlich gangen, daß seindt 4. Wie es weitter abgehen wirdt, sal den tied lehren, wie unßere liebe churfürstin alß pflegt zu sagen. Es matt mich doch ein wenig ab; den vor 8 tagen ließ man mir zur ader, montag undt dinstag gab man mir den safft, so mich jedesmahl 5 mahl purgirt. 3 tag hatt man mir wider ruhe gelaßen, nun undt morgen ist wider der safft vorhanden. Es ist ein widerlicher dranck, so morgendts nüchtern zu schluken ein gutt glaß voll. Der brunenkreß, körbel undt chicorée machen einen dollen bittern geschmack durch einander. Doch nehme ich daß lieber, alß die warme mana ¹, so man mir ordinarie pflegt mitt sel vegetal ² zu geben. Man verspricht mir doch, daß man mich dießen sommer mitt ruhe laßen will. Gott gebe es! Den daß brauchen ³ ist eine widerliche sach in meinem sin, macht mich gritlich. Vorgestern fuhr ich zu madame de Berry, so eine rechte medecin genohmen hatte; sahe bitter übel auß. Ich finde sie in keinem gutten standt, sie kan nicht einen schritten gehen, hatt abscheüliche schmertzen in den scheuckellen; mitt einem wordt, ich fürchte, daß die dochtoren ⁴ ihre kranckheit nicht recht verstehen; sie kan weder eßen noch schlaffen. Es wirdt mir schier bang bey der sach. Sie hatt eine inquietude darbey, will von ort endern; morgen wirdt sie a la Meutte; den sie findt die lufft von Meudon zu subtil. Es ist kein wunder, daß mein sohn seine gemahlin undt kinder große kranckheitten außstehen; sie seindt gar zu freßig, können sich nicht zwingen. Ich habe woll allezeit geförcht, daß, wen eines von ihnen kranck wirdt werden, daß es eine abscheüliche kranckheit werden würde, wie wir nun sehen. Gott bewahre! Er ⁵ thut exercitzien, wen er kan, gestern von Meudon, muste aber hir von hembt endern; den er schwitzte, wie ein tantzbeer, wie unßer hertzog von Lotteringen alß pflegt zu sagen. Daß wirdt ihm doch, wilß gott, woll bekommen. Es ist aber auch zeit, daß ich auff Ewer liebes schreiben komme vom 25 April, no 33, wo ich letzmahl geblieben war, nehmblich da Ihr mich fragt, waß mich gritlich gemacht hatt. In detail kan ichs nicht sagen, aber en gros ist es eine abscheüliche coquetterie, so mademoiselle de Valois gehabt mitt dem verteüffelten duc de Richelieu; der hatt ihre brieffe schlepen ⁶ laßen, den er hatt sie nur auß vanitet lieb ⁷. Alle junge leütte haben die brieffe gesehen, worinen gestanden, daß sie ihn hir rendevous geben hatt. Ihre fraw mutter hette gern gehabt, daß ich sie wider mitt mir herführen solte, daß ich aber bladt abgeschlagen undt declarirt, daß

---

1 manna. 2 pflanzensalz. 3 d. h. krätliche mittel anwenden. 4 d. h. die doctoren, die ärzte. 5 Elisabeth Charlotte meint ihren sohn. Der marquis de Dangeau schreibt in seinem Journal XVIII, s. 45. 46 unter freitag, 12 Mai 1719: «M. le duc d'Orléans alla à midi à Meudon voir madame la duchesse de Berry; il n'y avoit point été depuis le lundi de la semaine passée. De Meudon, il alla voir Madame à Saint-Cloud, et y alla à pied pour faire exercice.» 6 d. h. schleppen, herumschleppen. 7 «Les «Mémoires» de Richelieu parlent avec impertinence de son intrigue avec Mademoiselle de Valois.» G. Brunet II, s. 110, anmerk. 1.

ich sie mein tag deß lebens nicht mehr bey mir haben will, daß man mich nur einmahl betriegt. Alle tag ist man wieder a la charge¹; daß hatt mich, wie Ihr woll gedencken könt, gantz gritlich gemacht. Ich habe ein recht abscheü vor daß mensch; es thut mir wehe, wen ich sie sehen muß, welches doch sein muß, umb ein größern esclat zu verhütten; aber daß hertz threhet mir umb, wen ich daß leichtfertig stück sehen muß. Gott verzeye es der mutter! Aber sie hatt ihre döchter woll bitter übel erzogen. Waß mein sohn anbelangt, so ist es zwar gutt, daß er die inclination [hat], nicht gern zu straffen; aber wen man obrigkeit ist, so führt man daß schwerdt sowoll, alß die wag undt muß sowoll straffen können, umb gerecht zu sein, alß daß gutte zu recompensiren. Der impertinente duc de Richelieu ist hardy undt fragt nach nichts; er kent meines sohns gütte, ist fier undt gar nicht soumis. Wen man dießem sein recht thet, muste er unter den brügelsuppen sterben; er hatt es doppelt undt 3fach verdient. Ich bin von natur nicht gar cruel, aber diß bürschgen konte ich, ohne einen threnen zu vergießen, hencken sehen; bin recht piquirt gegen dießen Hintzelman², haße ihn von hertzen. Ich meinte, ich hette Euch schon geschrieben, liebe Louisse, daß unßere none zu Chelle abtißin geworden. Man hatt gestern einen courier deßwegen nach Rom geschickt. Ich fürchte, daß der Maintenon todt werden wirdt, alß wie der Gorgone Medussa ihr todt, daß es noch viel monstren produiren wirdt³. Were sie aber vor etlich undt dreyßig jahren gestorben, wehren alle arme Reformirten noch in Franckreich undt ihre kirch zu Charenton were nicht rassirt⁴. Die alte hexen, wie die großhertzogin alß pflegt zu sagen, hatt daß alles mitt dem Jessuwitter, den pere de la Chaise⁵, ... die zwey haben allein daß übel gestifft.

*

1 d. h. alle tage erneuert man die bitte, das anliegen wieder. 2 Vergl. oben s. 75 und nachher den brief vom 1 October. Heinselmann ist der name für einen kobold, hausgeist. Vergl. das deutsche wörterbuch von Jacob Grimm und Wilhelm Grimm IV, 2, sp. 890. 3 Als Perseus der Gorgone Medusa das haupt abschlägt, springen Chrysaor und Pegasos hervor. Vergl. Eduard Jacobi, Handwörterbuch der griechischen und römischen mythologie. Neue ausgabe. Leipzig 1847. 8. s. 729. 4 Vergl. oben s. 90. 91. 5 François d'Aix de la Chaise. Ludwigs XIV beichtvater, geb. im August 1624, gest. zu Paris 20 Januar 1709. Man vergl. über ihn das ungemein günstige urtheil des herzogs von Saint-Simon im Journal des marquis de Dangeau XII, s. 312. 313. Der nachfolger des père de la Chaise war seit dem 21 Februar 1709 der gleichfalls dem Jesuiten-orden

Madame Dangeau ist betrübt geweßen, aber es ist nun vorbey; sie ist noch nicht recht; diß jahr können sich die krancken nicht erhollen. Ihr schickt mir so viel schönne sachen, daß es nicht möglich sein kan, daß Ihr mehr, alß mein gelt, müst verthun. Schreibt mir, waß es weytter kost! Soltet Ihr mir schreiben, so will ichs mitt danck bezahlen. Daß buch von den genealogien hatt keine eyll. Aber ich muß nun eine pausse machen. Dießen abendt werde ich Euch ferner entreteniren, nun aber mich ahnthun.

Sambstag, den 13 May, umb 8 abendts.

Es ist eine halbe stundt, daß ich wieder von Madrit[1] kommen bin. Ich habe mein abendtgebett in der capel vericht, hernach habe ich etwaß in meinem schranck gesucht; daß hatt mich bißher geführt. Ich will Euch doch noch ein wenig entreteniren. Die Pfaltzer werden woll nichts überig bekommen; den es ist nicht möglich, daß sich noch waß wirdt finden konnen, zu sehen alles[2], waß Ihr mir, liebe Louisse, geschickt habt. Die kleine medaille vom könig in Schweden [habe ich] gar artig gefunden. Hiemitt ist daß überige von Eweren schreiben vollig beantwortet; ich komme auff daß vom 29, no 34. Wie kompts, liebe Louisse, daß der Römer so wenig neües diß jahr hatt? Mir ist es recht [leid], daß man zu Franckfort den woll übersetzten teütschen Virgillius nicht mehr findt, den mir Carllutz s. einmahl gelehnt hatt[3]; aber seyder dem hatt man ihn nicht mehr finden können. Da kompt monsieur Teray undt ermahnt mich, schlaffen zu gehen, weillen es 9 geschlagen hatt.

St Clou den sontag, 14 May 1719, umb ein viertel auff 11 morgendts.

Ich habe schon 12 bogen ahn mein dochter geschrieben. Mein safft hatt mich heütte nicht so starck ahngegriffen, alß gestern; den gestern wurde ich 8 mahl purgirt, bißher nur 3 mahl. Aber ich komme wieder auff Ewer liebes schreiben, wo ich gestern abendt geblieben war. Gleicht die fürstin von Hannau ihrer fraw schwester, der printzes von Wallis, undt hatt sie auch so viel verstandt? Ich habe woll graffen von Vehlen gekandt, aber mein leben kein fürsten von Vehlen; daß ist mir gantz [neu]. Seyder wan seindt sie fürsten geworden? Es ist noch nicht gar lang, daß der s. könig deß graff[4] von Vehlen, so page a la grande escurie wahr, wegen seinen

---

angehörige père le Tellier, über den der herzog von Saint-Simon a. a. o. s. 337 bis 339 sich sehr nachtheilig äußert.

1 Vergl. band II, s. 649. 2 d. h. wenn man alles sieht. 3 Vergl. band I, s. 49. 51 und nachher den brief vom 8 Juni. 4 ? den grafen.

abscheülichen desbeauchen mitt mausleütten wegjagen ließ. Ihm
ahnfang kame er zimblich offt zu mir; ich warnte ihn treülich. Aber
da kame er nicht mehr zu mir, undt wen er mich begegnet, lieff
er davon; ist woll bezahlt worden. Aber man hieß ihn hir nur le
comte de Veblen. Heütte ist es mir ohnmöglich, ahn die fürsten [1]
von Ussingen zu andtwortten; den ich habe heütte zu viel zu thun
wegen meiner kleinen Pariser reiß vor morgen. Macht wider ein
schon compliment ahn I. L. den jungen er[b]printzen von Darmstat!
Ich glaub, daß es kein unglück vor dießem herrn ist, nicht in
Franckreich zu kommen. Die meisten kommen nicht wieder gar
gesundt nach hauß. Ich aber verliehre dran, I. L. nicht zu sehen.
Unßer printz von Darmstatt, so wir hir gehabt haben, ist nach Ittallien zu seinem herrn vatter, wo er nun eine stieff fraw mutter
finden wirdt, welches den gutten herrn offt seüfftzen macht; hatt
mich recht gejammert. Er fürcht, daß seine stieffmutter ihn mitt
seinem herr vatter brouilliren wirdt undt auch seine fraw schwester,
welche er hertzlich lieb [hat]. Er ist nicht schon, aber er hatt
ein gutt gemühte undt viel verstandt. Ahn die erbprintzes von
Darmstat bitte ich auch meine dancksagung abzulegen vor I. L.
compliment. Fürstlichen, noch gräfflichen weibspersonnen wolte
ichs nicht rahten, herzukommen; daß tractement ist zu schlegt undt
daß ceremonial undt daß kan der könig allein endern. Ich erinere
mich nicht, einen neüjahrsbrieff vom erbprintzen, ihren herrn, bekommen [zu haben]. Zu ahnfang deß jahrs wurde ich kranck, habe
es vielleicht damahl entpfangen undt nicht beantworten können undt
hernach verlegt worden. Ich werde noch in mein porte-lettre
suchen; undt finde ich es, werde ich es noch erster tag beantworten. Wie ihr herr vatter ein kindt war, war er ein schönner bub,
hatte die schönsten farben, so man sehen kan. Ich war seine undt
deß pfaltzgraffen von Birckenfelt hoffmeisterin; sie furchten mich
wie den teüffel; auch ließ ich ihnen nichts vorbeygehen. Ich habe
aber dem graff von Hannau sein leben seine heßliche rawe sprach
nicht abgewohnen können. Es ist woll augenscheinlich, daß unßer
herrgott meinen sohn behüt. Seyder La Chonckchere [2] hatt man
noch den conte Delaval [3] in die Bastille gesetzt. Der duchesse de
Roquelaure bruder der hatt abscheülich vor den duc du Maine

---

1 ? fürstin.   2 La Jonquière. Vergl. oben s. 92. 93.   3 De Laval.
Vergl. oben s. 100.

cabalirt. Aber auß dießem allem secht Ihr woll, liebe Louisse, daß ich mitt recht nicht außer sorgen sein kan. Mylord Stair[1] ist den frantzoschen damen zu nahmen[2], welche ihm nicht zum Frantzoßen gemacht, aber woll die Frantzoßen geben haben; er sicht gottsjämerlich auß, ich habe ihn vergangen mitwog in der commedie gesehen; ich sehe ihn sonsten gar selten. Seine fraw hatt sich noch nicht gewießen. Ich habe monsieur Gemingen propossirt, mir seine brieffe zu geben, damitt sie richtiger überkomen mögen. Er hatt es noch nicht gethan; war doch vorgestern hir, kompt nun fleißiger zu mir, alß im ahnfang. Von monsieur Gueneau sage ich nichts mehr, habe schon vergangen donnerstag drauff geantwortet. Freyllich habe ich ahn waß anderst, alß monsieur Gueneau, zu gedencken. Der diebstall ist all poßirlich; vor die invention hette man dem dieb verzeyen soll[en]; doch ein wenig gebadt, seine schlage abzuwaschen, kan nicht viel schaden. Nun wirdt baldt mein enckel, die abtißen, ahngestochen kommen; den sie wirdt heütte mitt mir zu mittag eßen. Ewer letztes liebes schreiben ist auch vollig beantwort, muß also schließen undt mich ahnziehen. Dieße epistel ist auch lang genung, umb vor dißmahl nichts mehr zu sagen, alß daß ich Eüch von hertzen lieb behalte, so lang ich lebe, hertzallerliebe Louisse!

        Elisabeth Charlotte.

    Umb 3 uhr nachmittag, sontag, den 14 May.

Ich komme von taffel undt entpfange Ewer liebes schreiben vom 2 May, no 35, darauff ich heütte nicht andtwortten werde, sondern vor ein ander mahl sparen. Heütte kan ich ohnmöglich darauff andtwortten, doch nur sagen, daß die kauffleütte Les Fillieuls nicht gologen haben. Ich habe ihnen befohlen, Eüch meinetwegen zu grüßen. Daß biribi ist ein ittalliensch spil[3], ein art von hoca[4].

        *

1 Stairs.   2 ? zu nahe gekommen.   3 Italiänisch heißt es biribisco. Es scheint, daß das biribi vielfach übermäßig hoch gespielt wurde. Wenigstens schreibt der marquis de Dangeau in seinem Journal XVIII, s. 46 unter samßtag, 13 Mai 1719: «M. le duc d'Orléans paroit fort irrité contre les gens qui tenoient le biribi, et il fait expédier des lettres de cachet pour cinq ou six des plus notés.» Unter dienstag, 16 Mai 1719, Journal XVIII, s. 47 bemerkt Dangeau ferner: «Outre les gens qui ont eu des lettres de cachet pour avoir tenu le biribi, M. le duc d'Orléans a fait une réprimande à quelques autres pour qui il a eu plus de considération.»   4 hocca. Vergl. band III, s. 87. 491.

1019.

St Clou den 18 May 1719, umb drey virtel auff 7 morgendts (N. 86).

Hertzallerliebe Louise, ich bin heütte bey drey viertelstundt spätter auffgestanden, alß ordinarie, ob ich zwar gestern gar frühe bin schlaffen gangen; den es war ein halb viertel weniger, alß halb 10, wie ich ins bett bin. Waß mich so nach bett hatt eyllen machen, war, daß ich mich so matt befunden, daß ich kaum einen fuß vor den andern habe stellen können. Man hatte mir morgens umb 7 von dem grünen safft zu schlucken geben, den der himmel war gantz überzogen undt man meinte, daß es regnen würde; nachmittags aber kamme eine abscheüliche hitze. Ich würde 7 mahl gar starck purgirt. Ich fuhr doch abendts umb 5 zu madame de Berry, so sich noch gar nicht woll befindt; hatt etwaß, davon ich mein leben nicht gehort habe, nehmblich sie kan auff keinen fuß tretten undt die fußsollen seindt ihr, wie sie sagt, alß wen man ihr sigelwacks drauff brente, daß sie vor schmertzen schreyen muß; wen ihr nur daß bettuch dran rührt, kan sie nicht dawern. Von solcher kranckheit hab ich mein leben nicht gehört. Sie ist dabey matt undt hatt gantz den apetit verlohren. Ich förchte, daß sie noch lang dran zu kränckeln wirdt haben; den ich finde sie gar nicht nach meinem sin. Meinem sohn hatt, gott lob, daß fieber verlaßen. Vergangen montag fuhr ich nach Paris. Ich hatte morgendts einen pagen hingeschickt, umb mir entgegenzukommen undt zeittung von meinem sohn zu bringen. Der kam undt brachte mir die gutte zeittung, daß meinem sohn daß fieber umb 9 abendts verlaßen, daß es nicht wider kommen wehre. Damitt ging ich umb 11 zum könig, ging mitt I. M. in die kirch. Nach der meß hilten I. M. mitt mir daß kindt vom marquis d'Harpajon [1]; es ist sein zweytes söhngen, ein schön kint, man hatt es Ludwig Carl geheißen. Nach dießer tauff fuhr ich ins Palais-Royal undt ging gleich zu meinem sohn; der war aber drunten bey seiner gemahlin, kam aber gleich wider herauff, war matt, sahe übel auß, hatte medecin genohmen,

---

[1] marquis d'Arpajon. Der marquis de Dangeau schreibt in seinem Journal XVIII, s. 47 unter montag, 15 Mai 1719: «Le roi tint sur les fonts le fils de M. d'Arpajon qui vient de naître. Madame en fut la marraine; elle vint pour cela de Saint-Cloud. Elle dina avec M. le duc d'Orléans et puis entendit la comédie de sa loge et retourna à Saint-Cloud.»

so ihn starck purgirt; drumb war er so matt, war doch gar lustig,
aß mitt mir, meinen damen undt 4 von seinen kindern zu mittag.
Gleich nach dem eßen ging ich in mein apartement, hatte die particullire audientz vom neuen ambassadeur von Sicillien¹. Hernach
hatte ich eine abschiedts publique audientz von dem, so wider weg
geht. Hernach hab ich ahn die königin von Sicill[i]en geschrieben,
ein großen cercle von damen gehabt, die duchesse de Spforce² undt
ihre niepce, die duchesse de Nevers, die marechalle duchesse de
Bouffler³ undt die duchesse de Sully, die princesse de Talmont⁴
undt duchesse de Roquelaure. Hernach kam mein sohn undt wir
gingen mitt einander undt sein sohn undt 2 dochter in die ittallienische commedie. Meine gröste freüde aber bestundt, meinen
sohn so von hertzen lachen zu sehen. Nach der commedie fuhr ich
wider her, kam umb 9 ahn, nahm gleich mein dranck undt ging
nach bett. Seyder dem ist nichts neües vorgangen. Komme jetz[t]
auff Ewer liebes schreiben vom 2 May, no 35, welch[e]s daß eintzige
ist, so ich noch von Euch, liebe Louise, zu beantworten habe. Ich
glaube aber, daß ich heütte waß von Euch entpfangen werde,
welches ich aber vor andere post sparen werde. Unßere brieffe
gehen nun gar richtig. Gott gebe, daß es dawern mag! Wens
Euch, liebe Louise, divertirt, zu hören, oder, umb beßer zu sagen, zu leßen, waß ich alle woche thue, so werde ichs Euch gar
ordendtlich berichten. Ihr werdet aber wenig zeitverdreibliches
drinen finden; den es geht alles, wie meine Hinderson, die marquise
de Foix⁵, alß pflegt zu sagen, alles gar schlapies her. Von den
ortern, wo ich zu gast gangen, sage ich nichts mehr; das ist schon
lang vorbey. Ahn keinem ort, wo ich auch hingehen mag, stehe
ich gefahr [aus], mir will man nichts thun. Undt wie es resolvirt war,
meinen sohn zu ermorden, lebendig oder todt zu bringen, solte man
mir nichts thun. Wolte gott, daß mein sohn in so großer sicherheit wehre, alß ich bin! Vor Ewere gutte wünsche vor unßer hirsein, hießige wohnung dancke ich Euch von hertzen, liebe Louisse!
Man heist hir auch une gallante feete, wie die war, so uns madame
la duchesse d'Orleans zu Bagnolet⁶ geben. Mein enckel hatt nicht
allein die abtey ahngenohmen, sondern sie hatt sie auch ahn ihrem

---

1 Es war der comte de Vernon. Vergl. Dangeau, Journal XVIII, s. 25.
43. 44.   2 Sforce.   3 Boufflers.   4 Talmond.   5 Foy. Vergl. nachher
den brief vom 7 December.   6 Bagnolet. Vergl. oben s. 98.

vatter begehrt; den sie konte deß Villars schwester hoffart nicht mehr außstehen, so abtißin dort war. Ich finde nicht, daß solche abtißin [1] sehr zu beklagen ist. Man gibt ihr 18/m. livre pension deß jahrs undt die erste abtey von ihrem ordre, so vacant wirdt werden, soll sie bekommen. Jedoch so schreydt sie undt ihr bruder, alß wen mein sohn ihr daß groste unrecht von der welt hir [gethan], alß [wenn] mein enckel undt sie gantz gleich wehren [2]. Die leütte seindt gar zu insolent hir in Franckreich, insonderheit die ducs et pair; sie meinen, sie seyen dem könig gantz gleich,

*

[1] Madame de Villars, die frühere äbtissin von Chelles, schwester des marquis, späteren herzogs von Villars, marschalls von Frankreich. [2] G. Brunet II, s. 111 bis 113, anmerk. 1: «Voir à ce sujet Saint-Simon, qui ne blâme point Madame de Villars, et qui trace un portrait assez curieux de la nouvelle abbesse: «tantôt austère à l'excès, tantôt n'ayant de la religieuse que l'habit, «musicienne, chirurgienne, théologienne, et tout cela de saut et par bonds, mais «avec beaucoup d'esprit: toujours fatiguée et dégoûtée de ses diverses situations «et incapable d'en prendre une; elle obtint enfin la permission de se démettre.» [Vergl. die anmerkung oben s. 94.] Il existe un petit volume intitulé: «Lettre «d'un ecclésiastique sur la vocation et la profession de Madame d'Orléans, ab-«besse de Chelles», Dijon, 1719. Le quatrième volume, récemment publié, du «Catalogue de la Bibliothèque» de M. Leber, fait connaître (page 127) un manuscrit remarquable; c'est un examen de conscience de l'abbesse de Chelles, fait par elle-même, et dans lequel cette princesse, constamment partagée entre les joies du monde et les austérités du cloître, rappelle sans ménagement les circonstances les plus curieuses et les moins connues de sa vie intérieure, et des influences secrètes qu'elle a subies. Voici un extrait qui ne laisse aucun doute sur la sincérité de la pénitente, qui s'accuse en présence de Dieu: «Mon père «mourut. Je reçus ce coup si sensible à mon cœur avec soumission à votre vo-«lonté. Le dirai-je? J'eus un moment de consolation que vous fussiez vengé «d'un pécheur qui vous avoit tant offensé. Que je revins promptement au dé-«chirement que cette perte faisoit à mon cœur! L'autorité que son amitié pour «moi me donnoit fut anéantie avec lui. Ses ministres, jadis si soumis à mes «ordres, si assidus à me faire leur cour, reprirent leur orgueil naturel. Ma fa-«mille elle-même m'abandonna sur un léger prétexte... J'arrivai au Val-de-«Grâce: quelle différence pour une âme aussi vaine que la mienne! Mes chambres «qui, du temps de mon père, ne désemplissoient point de monde, étoient vides. «Ces milliers de placets et de mémoires que mon amour-propre s'amusoit à rece-«voir, se changèrent en demandes ordinaires de pauvres. Je m'en retournay «dans mon abbaye, la rage dans le cœur, et bien déterminée à m'en consoler «par tout ce que je pourrois. Cette malheureuse aventure a été la source de «toutes les fautes que j'ai faites dans la suite, et qui ont duré depuis l'âge de «vingt-cinq ans jusqu'à celui de trente-trois» (de 1725 à 1731).»

undt dießes Villars großvatter war ein procurator in einem dorff. Es seindt noch mehr, so eben so wenig sein undt doch so hoch hinauß wollen. Unßer junge abtißin deücht mir sehr content zu sehr [1], verlangt aber sehr wider nach ihrem closter. Wen man so früh auffstehet, wie ich thue, findt man zeit, zu leßen. Die zwey gebettbücher, so mir Amelise geschickt, auff alle capittel, habe ich noch. Aber die gebetter seindt nicht alle gleich, eines viel schönner, alß daß andere. Ich mage [2] gern meine gebetter selber; alle gefallen mir nicht. Ich will sie wieder suchen undt Euch marquiren, welche [ge]better mir nicht gefallen haben; aber ich glaube, daß ich sie zu Paris gelaßen habe; werde sie biß sontag suchen undt mitt mir herbringen, werde es Euch, wo mir gott daß leben verleydt [3], über 8 tag sagen können. Predigen höre ich gar nicht gern undt werden mir leicht zu lang. Man sagt einem ja nichts, alß waß man schon lang weiß, undt schlaffe gleich drüber ein [4]. Zu Manheim habe ich es mitt meinen augen gesehen, daß ein schwenckkeßel mitt glaßer dastundt, undt man schenckte ein wie in einem wirdtshauß, welches mich erschrecklich geargert hatt; habe derowegen nie mehr in der frantzöschen kirch zum h. abendtmahl gehen wollen. Zu Manheim hilten sie in der frantzöschen kirch gar keine vorbereytung [5]. Ich habe nicht anderst den grünen donnerstag comunicirt, alß ich zu thun gewohnt. Man hatt es nur in den gazetten gesetzt, umb mich verhast zu machen; aber viel leütte meinen, daß ich mitt brodt undt wein comunicire, weillen in [meinem] rang daß privillege ist, einen kelch durch deß pri[e]sters henden mitt wein zu nehmen, nachdem er die ostien dargereicht hatt. Dieße gewohnheit kompt noch von [der] ersten communion her, da man unter den zwey espessen [6] commu[n]icirt hatt; daß geht nicht weitter, alß ahn die enfans de France. Man hatt blndt-salbere devotionen bey den Catholischen in Teütschlandt. Ich weiß, wie ich Euch schon geschrieben, daß officir vom konig, so mir gesagt, daß sie nach Franckfort würden... also laß[e] ich keine weg, so mir diß sagen, ohne ihnen einen gruß ahn Euch mittzugeben. Ich meinte, ihre tapetten wehren nicht feil, sondern vor Chur-Coln gemacht. Alle Frantzoßen kleyden sich woll. Aber es ist nun zeit, daß ich meine pansse machen; den es fengt ahn, erschrecklich heiß zu werden. Man hatt mir umb sieben wider

---

1 ? sein. 2 d. h. mache. 3 d. h. verleiht. 4 Vergl. oben s. 95. 96.
5 Vergl. oben s. 95. 96. 6 d. h. espèces, unter beiderlei gestalt.

grunen safft geben, so mich schon 4 mahl starck purgirt. Daß matt mich ab; werde Euch nur dießen nachmittag wider entreteniren in meinem kühlen cabinet.

Donnerstag, den 18 May, umb ein virtel auff 9 abendts.

Gleich nach dem eßen, hertzliebe Louise, hab ich mich so abscheülich matt gefunden, daß ich unmöglich habe schreiben können. Es kame ein zimblich starck donnerwetter, so auch in einem dorff hirbey eingeschlagen hatt, so Garsch heist, daß, wie Ihr, liebe Louisse, woll gedencken kont, mich nicht gesterckt hatt, habe auch hernach in die kirch gemüst, weillen es heütte himmelsfahrttag ist. Heütte ist es 56 jahr, daß ich zu Clef¹ war; da war ich frischer undt stärcker, alß heütte. Aber alles hatt seine zeit, wie der konig Salomon sagt². Heütte ist es mir gar nicht woll; man versichert aber, daß ich mich in etlichen tagen beßer befinden werde. Die zeit wirdts lehren. Aber ich bitte Euch, macht doch meine entschuldigung ahn die fürstin von Ussingen! kan ihr ohnmoglich heütte [auf ihr] schreiben andtwortten; ich werde aber ihren zettel ahn abbé Dubois schicken. Ich habe, wie ich ahn taffel gangen, Ewer liebes schreiben von 6ten, no 36, entpfangen. Aber, hertzliebe Louise, ich bin zu matt, Euch mehr zu sagen, alß daß ich biß ahn mein endt Euch von hertzen lieb behalten werde.

Elisabeth Charlotte.

1020.

St Clou, sontag, den 21 May 1719, umb 7 morgendts (N. 87).

Hertzallerliebe Louise, ich muß Euch heütte in gar großer eyll schreiben; den umb 10 uhr werde ich in kutsch nach Paris fahren undt meiner enckellin, unßer neüen abtißin, eine vissitte geben, so nun baldt wider nach ihrem closter wirdt. Von dar werde ich ins Palais-Royal zu madame d'Orleans, hernach zu mittag eßen. Gleich nach dem eßen werde ich zum könig au Thuillerie fahren, von dar zu unßern Carmelitten, wo ich ein wenig betten werde, hernach wider ins Palais-Royal, ein verneüert opera zu sehen, so viel kürtzer ist, alß die andern; undt von dar werde ich wider her³. Gestern

---

1 ? Cleve.   2 Vergl. oben s. 66.   3 Der marquis de Dangeau schreibt

hab ich Euch nicht schreiben können; den vormittags habe ich ahn mein dochter zum vorauß vor heütte geschrieben, bin hernach a la Meutte zu madame de Berry, welche mir daß hertz gantz schwer gemacht; den sie leydt, wie eine verdampte seel. Ich habe mein leben von solcher kranckheit nicht gehört, wie sie hatt; ihre fuße seindt weder roht, noch geschwollen, undt alle zehen von beyden füßen, wie auch ahn den fußsollen leydt sie so erschreckliche schmertzen, daß sie weder nacht, noch tag ruhe hatt undt vor schmertzen rechte emotion bekompt. Gestern, wie ich weg war, hatt man ihr ahm fuß zur ader gelaßen. Ich glaube nicht, daß daß gutt ist. Ich habe dieße aderlaße durch ihre fraw mutter erfahren, so gestern umb halb 9 herkam, alß ich von Madrit wider kommen war. Man heist madame de Berry ihre kranckheit un rhumatisme goutteux [1]. Sie jammerte mich. Ihre favoritin liegt ahn selbiger kranckheit zu bette, hatt es ahn händt undt füße, die kleine madame de Mouchi [2]. Übermorgen ist es just 8 wochen, daß madame de Berry kranck ist. Mein sohn ist, gott lob, daß fieber nicht wider kommen. Vergangenen freytag kam die graffin von Wiesser her undt brachte mir ein schreiben von der printzes von Sultzbach undt gestern hatt mir der cantzler Franck auch ein schreiben von Churpfaltz gebracht. Churpfaltz begehrt, ich solle mich in allen seinen affaire mischen. Daß kan schwehrlich sein, den erstlich so hab ich mein tag nichts von affaeren noch gesehen, zum andern so kan ich den ministern nicht nachlauffen, undt zum 3ten bin ich zu alt, mich so zu plagen; werde also mich hochlich entschuldigen. Es ist aber auch zeit, daß ich auff Ewer liebes schreiben vom 6, no 36, komme, welches daß letzte ist, so ich von Euch entpfangen habe, liebe Louise! Nichts ist gewißer, alß daß die figur von dem cometten nicht in Ewer paquet war; ist mir recht recht [3], daß es verlohren worden; den ich bin [4] curieux von solchen sachen. Die zeittungen seindt woll ahnkommen, aber sonst nichts. Euch im da-

---

in seinem Journal XVIII, s. 50 unter sonntag, 21 Mai 1719: «Madame vint ici diner avec M. le duc d'Orléans, alla ensuite au Val de Grâce dire adieu à madame d'Orléans, sa petite-fille, qui retourne jeudi à Chelles; du Val de Grâce elle alla aux Carmélites, puis retourna au Palais-Royal où elle reçut la visite de madame la Princesse, et à cinq heures, elle alla dans sa loge entendre l'Opéra; après quoi elle retourna à Saint-Cloud.»

1 goutteux, gichtisch.   2 Mouchy.   3 ? nicht recht.

tum verschrieben zu haben, ist leicht zu verzeyen undt ist nichts, so man fehler heyßen kan; es geschieht allen denen, so viel schreiben. Vor des duc de Schomberg affairen so starck zu arbeytten, muß Euch divertiren; sonsten were es ohnmöglich, daß Ihr es thun kont, nachdem man Euch so gar wenig danck davor bezeügt hatt, liebe Louisse! Ihr habt gar woll gethan, die frische gutte lufft der großen geselschafft im Römer vorzuziehen; daß ist beßer, den kopff wider zu ersetzen. Ein bal ist in meinem sin nichts zeitverdreibliches, insonderheit wen frantzösch gedantzt wirdt. Mein brieff ist auch nichts divertissantes. Nichts lasterhafft[ere]s ist unter der sonnen gebohren, alß die krott[1], der duc de Richelieu, außer daß er lieberall ist undt viel spendirt; drumb leufft ihm alles nach. Ist der hauptman Cron[2] ein astrologus oder ein heylliger, daß er so woll prophezeyen kan? Man hört allezeit lieber waß guts, alß waß böß. Alles ist unsicher, ohne auff gott zu vertrawen; daß ist allein sicher. Aber man [kann] die entpfindtlichkeit nicht hinde[r]n, vor die seinigen in sorgen zu sein, wen man sie in gefahr meint. Man hatt mir sehr versichert, daß, ob man sich zwar in Darmstatt schämbt, zu gestehen, waß daß gespenst geweßen, so mitt steinen geworffen, [es] ein küchenbub geweßen, so es mitt schleüttern gethan. Der herr Steingen muß Churpfaltz spanisch gemacht haben; den er konte sich hir nicht bergen, das er es war. [Die] Spanier haben ein groß gelt mitt ihrer flotte verthan, seindt jetzt nicht so opulent, alß man meint. Es geht in dießer sach, wie daß frantzosche schprichwordt sagt: »Bien rira, qui rira le dernier«. Daß der vitzecantzler Franck hir ist, habe ich schon gesagt. Es ist mir lieb, daß der graff von Degenfelt beßer ist. Er hatt woll [gethan], auß der bößen lufft von Londen zu gehen; den die landtlufft, wie man sagt, solle gar gutt in Englandt sein. Es wirdt der fürstin von Ussingen nicht mehr kosten, jemandts in ihren naturallisation zu nonen oder nicht. Heütte werde ich zu Paris dem abbé Dubois ihr memoire geben laßen. Es kan gar woll sein, daß ich patte von der fürstin von Ussingen bin; ich erinere michs aber nicht. Es muß gewest sein, wie ich zu Hannover war, oder wie ich wider nach hauß kommen, da ging ich in 12 jahr. All die lewensteinische kinder seindt schön, eine recht schönne race. Ich eriner[e] mich,

---

1 d. h. die kröte. Vergl. oben s. 74. 75. 99. 100.   2 Vergl. oben s. 105. 106.

daß Ihr mich gefragt, waß daß biribi vor ein spiel ist; es ist ein
art von hoca¹. Förcht nie, liebe Louisse, daß Ewer geschreibs mir
zu lang felt! Ich habe gern lange brieff von leütte, die mir lieb
sein. Nun ist es zeit, zu enden. Ewere liebe schreiben seindt
gantz durchauß beantwort, bleibt mir alßo nichts überig, zu sagen,
alß daß ich Euch recht von hertzen all mein leben werde lieb behalten.

Elisabeth Charlotte.

1021.

St Clou den 25 May 1719, umb halb 9 a[be]ndts (N. 88).

Hertzallerliebe Louise, ich habe heütte morgen eine mühsame
arbeydt gehabt, drumb schreib ich Euch so spät. Ich hab ahn Churr-
pfaltz undt die printzes von Sultzbach geantwort undt Churpfaltz
brieff abgeschrieben. Daß gibt mir mehr mühe, alß wen ich ein
halb dutzendt brieff ahn jemandts bekandtes schriebe. Die printzes
von Wallis ist die eintzige unbekante person, so mir gantz keine
mühe zu schreiben gibt; den sie spricht mir allezeit so von bekanten sachen undt leütten, daß es mir ist, alß wen ich sie all
mein leben gekant hette. Daß hatt mich den gantzen morgen occupirt. Dießen nachmittag ist madame la duchesse mitt die zwey
ledige döchter [gekommen], seindt gar lang hir geblieben; darnach seindt noch viel personnen kommen, hernach habe ich 4 seytten ahn monsieur Harling geschrieben. Ich habe heütte Ewer liebes
schreiben vom 13, no 38, entpfangen sambt noch 2 silberne medaillen, so mir gar woll gefallen; dancke Euch von hertzen davor.
Ich glaube aber, Ihr seydt eine heyllige undt macht miracle undt
mein gelt vermehrt in Ewern handen, wie daß öhl in der witwen
handen zu zeitten deß prophetten Elias²; den es ist nicht möglich,
daß es noch von demselben gelt sein kan, so ich Euch geschickt.
Aber auff dießen frischen brieff kan ich heütte nicht andtworten.
Erstlich so habe ich keine zeit, undt zum andern so habe ich noch
[auf] daß von 9, no 37, zu andtworten. Vor alle gutte wünsche,
so Ihr mir vor unßere reiße hirher gethan, dancke ich Euch von
hertzen. Es ist gewiß, daß wenig schöunere örter, alß Sein Clou³,

---

1 Vergl. oben s. 119.   2 1 Könige 17, v. 14 bis 16.   3 Saint-Cloud.

sein; ich bin auch recht königlich hir logirt, habe gutte lufft, gutt
waßer undt die schonste außsicht von der welt. Meine aderlaß
undt grüner safft hatt mich so abgematt, daß ich vor schwachheit
nicht mehr habe gehen können; hab den safft quittiren müßen. Wir
haben seyder dem kalten wetter gar große hitze außgestanden. Ich
weiß noch alle sprichwörter, so ich mein leben in der Pfaltz gewust habe. Solche lapereyen behält man eher, alß waß rechts. Ich
weiß noch mehr undt beßer Teütsch, alß Lenor. Wen ich nicht
immer Teütsch mitt ihr spreche, wolte ich mein kopff verwetten,
daß sie in einem jahr kein wort mehr wißen, noch verstehen würde.
Ich habe Euch mein leben kein böß teutsch wort schreiben sehen,
alß daß vom frost[1]. Die gräffin Wieserin hatte mir schon daß unglückliche kindtbett von der pfaltzgräffin von Sultzbach verzeblt.
Vor den printzen, der gestorben, ist es kein unglück, aber woll
vor seine eltern. Die printzes hatt unrecht; man solle nicht dantzen,
wen man schwanger ist. Es ist beßer, daß, weillen daß unglück hatt
geschehen sollen, daß es bey der zweytten, alß ersten, schwangerschafft gesch[eh]en. Ich glaube, Ihr werdet Euch leicht getrösten,
daß die große geselschafft wider weg ist. Es ist beßer, in ein alt
hauß zu wohnen, so gemachlich ist, alß in ein neü, ungemachlich
hauß, so ungemächlich undt nur schönne aperentz hatt. Hiemitt
ist Ewer liebes schreiben vollig beantwort. Gutte nacht! ich gehe
gleich nach bett; den es hatt schon 10 geschlagen. Ich gehe mich
außziehen undt nach bett, nachdem ich Euch werde versichert haben,
daß ich Euch von hertzen lieb behalte.

                                        Elisabeth Charlotte.

1022.

St Clou den Pfingstag, 28 May 1719, umb 10 morgendts (N. 89).

Hertzallerliebe Louise, in dießem augenblick komme ich auß
der capel, wo ich zum h. abendtmahl gangen, undt nun will ich
Euch entreteniren undt negst gott meinen geburdtstag mitt Euch
ahnfangen; den ich bin gewiß, das mir wenig leütte mehr guts dazu
wünschen, alß Ihr, liebe Louise! Ich will auff Ewer liebes schreiben vom 13, no 36, beantwortten undt noch einmahl vor die über-
schickten medaillen dancken. Von allen landten seindt die medaillen
gut; den es ja nur die denckwürdigste begebenheiten vorträgt, so

[1] Vergl. oben s. 103.

in der welt geschehen zu meiner zeit. Auß dießer ursachen samble
ich sie nur. Wie ich sehe, so habt Ihr allezeit viel vissitten. Daß
ist mir lieb; den daß weist, daß man Euch zu Franckforth estimirt,
wie billig. Die fürstin Taxis ist es nicht die von Hohenloh, so
Churpfaltz, alß er noch printz Carl war, hatt heürahten wollen?
Alle der fürstin von Usingen puncten habe ich dem abbé Dubois
in eygenen händen überlieffert, aber seyderdem habe ich nichts von
ihm gehört. Daß erste mahl, daß ich wider nach Paris werde, will
ich dem abbe dran erinnern laßen. Gestern entpfunge ich ein schreiben von mademoiselle de Malause; die schreibt mir, daß Ewer neveu von Holdernesse kammerjuncker vom könig in Englandt geworden ist; zweyffle nicht, daß es Euch erfreüen wirdt, mache Euch
also mein compliment hirüber. Die landtlufft wirdt den graff Degenfelt wider retabliren. Die printzes von Wallis schreibt, das er
gern nach Teütschlandt gewolt; alle[i]n sein schwigervatter hatt es
ihm nicht erlauben wollen. Ich bin fro, daß mein pat, sein döchtergen, wider gesundt ist. Er hatt woll gethan, auß Londen zu geben;
er were drin gestorben. Es ist loblich ahn ihm, Euch zu soulagi-
ren, undt er thut desto beßer noch hirin, daß¹ die medissance
wolte, daß er interessirt were undt Euch biß auff den letzten heller
außzöge. Dießes aber weist daß contrarie, hatt also gar woll gethan vor sich selber sowoll, alß vor Euch. Mein patgen wirdt es
auch woll bekommen, auff dem landt zu sein. Frische lufft ist kindern gesundter, alß eine verdünffte² stattluft, insonderheit in dießer
jahrszeit. Graff Degenfelt thut woll; er kan gar woll geduld haben,
ist woll sicher, daß Ihr ihm keine banqueroutte machen werdet.
Bey menschen stehet es in meinem sin nicht, jemandts glücklich
oder unglücklich zu machen; es geschicht nur, waß unß zu allen
zeitten versehen ist. Aber da sehe ich mein eßen vorbeytragen,
muß also wider willen eine pausse machen. Ich habe nicht so viel
geschrieben, alß ich gehofft; den man kompt mich wegen meines
geburtstag alle augenblick interompiren.

     Pfingsttag, den 28 May, umb 8 uhr abendts.
 Gleigh nach dem eßen habe ich dießen hir beyliegenden brieff
de naturalité vor die fürstin von Ussingen entpfangen, welches ich

---

1 ? Ja. 2 ? verdumpfte, d. h. dumpfe.

ihr hiemitt schicke. Ich will es aber nicht in Ewer paquet thun, sondern ihr geraht adressiren; den es ist schwer, würde Euch zu viel auff der post kosten; also umb Eweren beüttel zu sparen, schicke ich es ihr direct. Aber gebt ihr advis, daß es mitt dießer post abgeschickt werden wirdt! Wir seindt den gantzen nachmittag in der kirch geweßen, hernach bin ich spatziren gefahr[e]n. Wie ich eben in die kutsch stieg, bracht man mir Ewer liebes schreiben vom 16, no 39, mitt einer raren medaille. Es ist arabisch, mogte aber woll elter, alß turckisch, [sein.] Ich werde es examiniren laßen undt Euch berichten, waß es ist, so baldt ich es wißen werde; dancke sehr davor. Ich habe ein rohten jaspis, auff [welchem] solche ca[ra]cteren¹ sein. Die habe ich expliciren [laßen]; seindt lautter lob gottes: «Gott ist allmächtig, gott ist gerecht» undt dergleichen. Diß mögte auch woll so sein. Ich habe heütte nicht der zeit, aber ein ander mahl will ich Euch von den Bibel-gebetter reden; ich habe sie vor 8 tagen von Paris gebracht². Es ist mir leydt, daß Ihr mitt füßen geplagt seydt; aber daß unbestandige wetter verursachet allerhandt kranckheitten. Zu Paris seindt auch gar viel kranckheitten. Aber ich komme wider auff Ewer erstes schreiben; wünsche von hertzen, biß donnerstag zu vernehmen, daß Ihr gantz wieder in volkommener [gesundheit seid] undt Euch Ewere aderlaß ahm fuß woll möge bekommen sein. Ich sehe woll, warumb man Euch eher ahm fuß, alß ahm arm, gelaßen. Es muß sein, daß Euch jungfer Cathrin³ quittiren will; daß macht viel weibsleütte kranck. Graff Degenfelt ist so jung undt seine gemahlin auch undt der duc de Schomberg ist aber gar alt, alßo werden sie nicht lang auff der erbschafft wartten. Ich glaube woll, daß graff Degenfelt undt seine gemahlin zu gutt natur[e]l⁴ sein, ihres vattern todt zu wünschen; aber in seinem alter muß es doch endtlich sein. Daß ist abgeschmackt, liebe Louisse, daß Ihr mir ein compliment macht, alß wen ich mich nicht in alles interessire, waß Euch undt die Ewerigen ahngeht. Last mir solche complimenten vom halß! oder ich werde braff zörnen undt eine stundt lang knottern, umb es auff gutt pfaltzisch zu sagen. Gleicht die gräflin vom⁵ Papenheim ihrer fraw mut-

---

1 caractères, buchstaben.   2 Vergl. oben s. 123.   3 «Die jungfer Kättl [Katharina], die menstruation, καθαρμός.» Schmeller, Bayerisches wörterbuch II, s. 342.   4 ? von su gutem naturel.   5 ? von.

ter? Ich hatte sie recht lieb. Veninger scheindt ein ehrlicher mensch zu sein; hoffe also, daß er sein wordt halten wirdt. Alle menschen sagen, daß seine mutter gar wunderlich undt gar pfaffisch ist. Wen die ehe zwischen geschwister-kindt nicht verbotten were, würde es einen gar zu großen abschlag vor den römischen hoff sein; den da zieht der papst braff gelt von undt bekümert sich wenig umb die h. schrieft. Aber ich muß noch ahn mein dochter schreiben; drumb kan ich dießen brieff nicht vollendts außschreiben, sondern Euch, hertzliebe Louisse, nur versichern, daß ich Euch allezeit von hertzen lieb habe undt allezeit behalten werde sowoll in meinem 68, worin ich heütte trette, alß im 67, so ich abgelegt habe.

Elisabeth Charlotte.

1023.

St Clou den 1 Juni 1719 (N. 90).

Hertzallerliebe Louise, heütte hoffe ich auff zwey von Ewern lieben schreiben zu antworten. Ich glaube, daß ich Euch schon gesagt habe vergangen sontag, wie daß ich Ewer liebes schreiben vom 16 May, no 39, zu recht entpfangen habe. Mich deücht auch, ich habe schon, wo mir recht ist, vor die arabische medaille gedanckt; hette ichs aber vergeßen, thue ich es hiemitt. Die aderlaß, so man mir gethan, ist die geringste undt kleinste, so man gethan, seyder ich aderlaße; den die andern wahren ordinarie über 16 ontzen undt dieße war nur von 10 ontzen; hatt mich doch sehr abgematt undt desto mehr, daß man mir 6 tag von dem grünen safft geben, so mich sehr abgematt, den es hatt mich starck purgirt. Nun lest man mich, gott lob, in ruhe; bin, gott sey danck, woll, nur aber die stärckste nicht, den gestern wolte ich zu fuß im bois de Boulogne spatziren, ging kaum ein stündtgen, da wurde ich so müdt, daß ich wider in kutsch sitzen muste. Daß kompt mir gantz betrübt vor; den vor dießem ging ich 5 stundt, ohne zu sitzen undt ohne mühde zu werden. Ewere gutte wünsche, wovor ich sehr dancke, seindt just auff meinem geburtstag ahnkommen. Aber, liebe Louisse, ich fürchte ein groß alter mehr, alß ich es wünsche; den man wirdt gar zu ellendt, wen man gar alt wirdt. Ich habe es

ahn ma tante von Maubuisson [1] gesehen. In gesundtheit kan man
ohnmoglich ein großes alter ereichen undt unpaßlichkeytten verlaytten
daß leben. Mich verlangt sehr, wider zeittung von Euch zu haben, umb
zu hören, ob Euch die aderläßen so woll bekommen mögen sein,
alß ich es wünschen. Ich habe teütsche calender, darinen stehen,
welche tag gutt oder böß aderlaßen ist. Ich habe nachgesucht,
welchen tag Ihr ader gelaßen; stehet drinen: «Gar gutt.» Ihr
hettet mir aber dießen tag weniger schreiben sollen; den in
der zeit zu schreiben, sagt man, sch[w]ache daß hirn undt die
augen, undt die habt Ihr ohne daß schwach undt delicat. Waß ist
daß vor eine rasserey, daß man zu Heydelberg jetzt gegen den cathechismus hatt [2]? Da steckt waß pfäffisch unter gar, wolte woll
nicht davor schwehren, daß es die Jessuwitter nicht ahngestelt hetten; den sie seindt unbarmhertzig gegen andere religionen. Ich
habe kein regullirt commerce mitt der fraw von Zachman, hatt mir
also kein wordt davon geschrieben. Aber aller zanck undt streydt
ist mir allezeit unleydtlich; aber umb frieden zu haben, solte man
die 80 frag [3] außlaßen; umb die warheit zu bekenen, so ist es auch
zu hart gesetzt, hette woll außgelaßen können werden. Den es

---

1 Luise Hollandine von Baiern, äbtissin von Maubuisson. 2 Vergl.
nachher den brief vom 18 Juni, s. 151. 3 Vergl. «Catechismus Oder Christlicher
Vnderricht, wie der in Kirchen vnd Schulen der Churfürstlichen Pfaltz getrieben
wirdt. Gedruckt in der Churfürstlichen Stad Heydelberg, durch Johannem Mayer.
1563.» in: Collectio confessionum in ecclesiis reformatis publicatarum. Edidit
Dr. H. A. Niemeyer. Lipsiae 1840. s. 390 bis 427. Die achtzigste frage und
antwort lauten hier s. 411:

Frag.

Was ist für ein vnderscheid zwischen dem Abendmal des HERRN, vnd der
Babstlichen Meß?

Antwort.

Das Abendmal bezeuget vns, daß wir volkomene vergebung aller vnser
sünden haben, durch das einige opffer Jesu Christi, so er selbst einmal am
creutz volbracht hat. Vnd daß wir durch den H. Geist Christo werden eingeleibt,
d. jetzund mit seinem waren leib im himmel zur Rechten des Vaters ist, vnd daselbst wil angebettet werden. Die Meß aber lehret, daß die lebendigen vnd die
todten nicht durch das leiden Christi vergebung der sünden haben, es sey denn
daß Christus noch täglich für sie von den Meßpriestern geopffert werde. Vnd
ds Christus leiblich vnd. der gestalt brods vnd weins sey, vnd derhalben darin
sol angebettet werden. Vnd ist also die Meß im grund nichts anders, denn ein
verleugnung des einigen opffers vnd leidens Jesu Christi, vnd ein vermaledeite
Abgöttterey.

weist nur annimossitet ohne probe undt man solte nicht so hart reden gegen etwaß, so doch daß gedächtnuß deß leyden undt sterben Christi ist; den zanck undt verbitterung, so dießes abstelt, ist ärger, alß die sach selber. Der könig in Preussen solte cathechismus drucken laßen ohne dieße 80 frag; so würde man woll einem jeden seinen cathechismus wider geben, wie ich allezeit meine, oder man konte die frage undt andtwort setzen ohne die abscheülichen invectiven, so drin stehen, undt «die vermalledeytte abgotterey» außlaßen, welche auch gar nicht nöhtig zu sagen ist undt macht nur widerwillen, undt es were nöhtiger, daß man mittel suchte, die christlichen religionen zu vereinigen, alß gegen einander zu hetzen. Aber die geistlichen in allen 3 religionen haben nichts liebers, alß zanck; den sie glauben, das sie dieß regieren macht, undt das ist auch war. Erster tagen werde ich mir expliciren laßen, waß auff die turckische medaille oder müntz stehet; werde es Euch hernach berichten. Die fraw von Rotzenhaussen hatt mir medaillen von der seeschlagt geben; zwey schwedische, zwey schweytzerische undt eines von turquischen frieden habt Ihr mir geschickt, liebe Louisse! Hiemitt ist Ewer letztes liebes schreiben völlig beantwortet; nun muß ich eine pausse machen undt mich ahnziehen. Dießen nachmittag werde ich auff Ewer erste schreiben andtwortten.

Donnerstag, den 1 Juni, umb drey viertel auff 4 nachmittags.

Nachdem ich von taffel bin, habe ich schulden bezahlt, liebe Louisse! Daß hatt mich bißher auffgehalten. Nun will ich, wie heütt morgen gesagt, auff Ewer liebes schreiben vom 13 May, no 38, andtwortten. Wie ich ahn taffel war, hatt man mir Ewer liebes schreiben vom 20, no 40, gebracht, worauff ich aber heütte nichts anderst darauff sagen kan noch werde, alß daß ich von hertzen fro bin, daß Ihr, liebe Louisse, wider gantz woll seydt. Gott erhalte Euch lang dabey! Letzt verwichen sontag habe ich den brieff undt pargement[1] von der naturalitet ahn die fürstin von Ussingen geschickt, aber nicht in Ewer paquet; den daß paquet undt grüne siegel war so schwer, daß ich gefürcht, daß es Euch zu viel auff der post kosten wirdt. Sobaldt Ihr aber wißen werdet, daß sie es entpfangen, bitte ich Euch, mir solches wißen zu laßen. Ich habe etwaß wunderliches erfahren von Ewerm schwager. Man sagt, daß,

---

1 d. h. pergament.

ob er zwar seine döchter undt dochtermäner im hauß hatt, so dörffen sie ihn doch nicht alle tag sehen, sondern sie müßen wartten, daß er sie hohlen lest, undt daß es offt viel tag ahnstehet, biß sie ihn sehen, daß auch keiner von seinen bedinten zu ihm darff, daß er schwach auff den beinen ist undt braff felt undt mühe hatt, wider auffzustehen. Daß ist doch ein wunderlicher einfall. Graff Degenfelt, wie ich schon vergangene post gesagt, hatt woll gethan, auß London zu gehen; er were zu schanden gangen in derselben lufft. Es ist eine hübsche sach, jung zu sein: man kompt auß viellen kranckheitten mitt. Ich hatte gehofft, Euch dießen nachmitt[ag] viel zu schreiben; allein ich bin allezeit interompirt worden. Erstlich leütte, den[en] ich schuldig bin, seindt gekommen, gelt zu hollen; daß geschieht allezeit den 1 tag im mont; hernach bin ich ins gebett, nach dem gebett seindt wir spatziren gefahren; da komme ich eben her. Ich hatt[e] gehofft, biß umb 9 zu schreiben können; allein da kompt madame d'Orleans in den hoff gefahren. Sie wirdt biribi spillen wollen, muß also wieder willen auffhören undt vor dießmahl nichts mehr sagen, alß wie daß ich Euch von hertzen lieb habe, liebe Louisse, undt alle mein leben behalten werde.

Elisabeth Charlotte.

1024.

St Clou den 4 Juni 1719 (N. 91).

Hertzallerliebe Louise, vorgestern habe ich Ewer liebes schreiben vom 20 May, no 40, zu recht entpfangen. Mich deücht, unßer commers geht nun gar richtig. Gott gebe, daß es dawern mag! Ich bin, gott sey danck, nun in gutter gesundtheit undt komme allgemach wieder zu kräfften. Gestern starb zu Paris ein 80jahriger man; gott wolle ihm vergeben, waß er mir 30 jahr lang, daß ich mitt meinem herren gelebt, übels gethan hatt! Es ist der marquis Deffiat[1], so oberstallmeister undt jagermeister bey meinem herrn undt auch bey meinem sohn geweßen. Er hatt meinem sohn ein schön hauß undt gutt von hunderttaußendt francken vermacht; mein sohn hatt es aber nicht ahnnehmen wollen, sondern seinen erben

---

1 D'Effiat.

wider geben ¹. Es war ein steinreicher man; man ² hatt tonnen undt kisten mitt golt in seiner cammer stehen gehabt, daß, wie kürtzlich daß feuer in seiner cammer, haben 6 männer die kisten nicht rücken können; so schwer wahren sie. Er hatt keine kinder nachgelaßen, lautter lachende erb[e]n ³. Die gutte marquise Dalluy ⁴, seine tante, deren hatt er einen schönnen rubin hinterlaßen. Ihres mans niepce aber solle alle daß bare gelt bekommen undt alle meublen. Die arme marquise habe ich besucht, ehe ich von Paris bin; sie logirt just gegen meiner cammer über, ist woll hertzlich betrübt, jammert mich. Ich hab ihr gerahten, sich auß dem trawerigen Paris zu machen undt herzukommen, wo die lufft beßer ist undt wo es nicht so warm. Ich war nur ein augenblick in ihr cammergen, so klein undt niederig wie ein entresol ist. Ich dachte, zu ersticken; kan nicht begreiffen, wie sie dort leben kan, undt sie hatt ihr klein apartement hertzlich lieb. Morgendts wie ich umb halb 12 zu Paris ahnkam, stieg ich ins Carmelitten-closter ab; da fandt ich die gutte duchesse du Lude, so dort zu mittag aß. Die leydt tag undt nacht ahm potegram undt ist doch lustig undt ruhig dabey, alß wen ihr nichts fehlt, sicht auch recht woll auß; den sie ist schon 76 alt, scheindt keine 50, hatt ein hübsch, voll gesicht. Es kam mir auch eine baß, madame la princesse leibliche niepce, welche den comte d'Oursch ⁵ gebeüraht, welchen der keyßer nun zum hertzog undt fürsten gemacht; weillen er aber hir kein rang hatt, sie also nicht sitzen kan, also kan sie mich nicht im Palais-Royal sehen, sondern nur in einem closter, wo man allezeit stehet undt nicht sitzt. Ihres herrn vattern schwester, printzes Christine von Salm, welche ihre niepce abscheülich hast, daß sie keine nonne hatt werden wollen, hatt dieße arme printzes mitt ihrer tante, madame la princesse, so brouillirt, daß sie sie nicht sehen will. Sie hette gern, daß ich ihren frieden machte, aber es ist keine leichte sache; den die madame

---

1 Der marquis de Dangeau schreibt in seinem Journal XVIII, s. 57 unter samßtag, 3 Juni 1719: «Le marquis d'Effiat mourut.... Il donnoit par son testament la terre et la belle maison de Chilly à M. le duc d'Orléans, qui ne l'a point voulu accepter, et l'a rendue à sa famille.» 2 ?er. 3 G. Brunet II, s. 115, anmerk. 1: «Voir Saint-Simon, t. XIX, p. 25: «D'Effiat étoit un homme de beaucoup d'esprit et de manège, qui n'avoit ni âme, ni principes; qui vivoit dans un désordre public de mœurs et de religion, également riche et avare; avec le chevalier de Lorraine, dont il étoit l'âme damnée, il gouvernoit Monsieur et sa cour.» 4 marquise d'Alluye. 5 d'Ourches.

la princesse hatt die printzes Christine zu lieb, umb nicht ihr parthie gegen die niepce zu nehmen, welche ein wunder [von] posturgen ist, hindten undt fornen pukelicht undt so klein, daß sie mir kaum ahn die naß geht. Sie ist weiß, hatt große blaue augen, so eben nicht gar heßlich sein, den sie hatt verstaudt drin, spricht auch mitt großer vivacitet, spricht gar gutt Frantzöß, aber nicht so gutt Teütsch, hatt wie einen luckischen accent; man gewondt sich ahn ihre figur, aber der erste ahnblick surprenirt; es erschrickt einer sehr davor. Von den Carmelitten fuhr ich au Palais-Royal zu madame d'Orleans, die lag ahn einer starcken migraine zu bett; [mein sohn] machte mir seine excusse, daß er nicht mitt mir eßen konte; seine 4 kinder aber aßen mitt mir, nehmblich sein sohn, mademoiselle de Valois, de Monpensier undt Beaujolois. Dieße letzte ist woll daß artigste kindt von der welt, allezeit lustig undt bringt poßen herführ, daß man daß lachen nicht halten kan. Die Monpensier aber jamert mich; den es ist daß unahngenehmbste, widerlichstes kindt, so ich mein leben gesehen. Nach dem eßen fuhr ich zum könig, welchen ich, gott seye danck, in volkommener gesundtheit fandt. Abendts ging ich in die ittalliensche comedie undt hernach wieder her, nahm mein ey undt ging nach bett. Es ist aber auch woll einmahl zeit, daß ich auff Ewer liebes schreiben komme, wo ich geblieben war. In kutschen fahren kan mich nicht erhitzen, die ich gewohnt bin dreysich jahr lang, zu pferdt undt 10 jahr in caleschen den hirsch undt wolff zu jagen; also ist mir daß kutschenfahren, alß wen ich in einem bette lege. Meine kutschen seindt alle wie ein schiff so samfft; den sie seindt alle a ressort[1]. Zu Paris ist eine erschreckliche hitze, aber in meinem cabinet hir ist es kühl undt ich fahr selten nach Paris. Es war gestern 14 tag, daß ich nicht dort gewest war. Ich schreibe Euch hir in meinem cabinet, wo ich seyder halb 7 uhr bin. Es ist recht gutt hirin sein, man spürt die hitze nicht. Ungesundt ist daß unbeständige wetter, daß ist woll gewiß [und so] hört man von gar viel krancken überall. Es ist gestern eine fraw zu Paris todt in ihrem bett gefunden worden. Die ist ahn etwaß wunderliches gestorben; sie war in kurtzer zeit so abscheülich dick geworden, daß sie gemeint, sie were waßersüchtig geworden, undt hatt viel dagegen gebraucht, so sie nur imm[e]r dicker gemacht. Derohalben ist sie auß Flandern herkom-

---

[1] à ressort, mit federn versehen.

men, nach Paris, will ich sagen, umb sich in deß hollandischen docktors
Helvetius [behandlung] zu begeben, welcher ein gar gutter docktor ist
undt von großer reputation. Vatter undt sohn seindt beyde docktoren
undt gar geschickt undt gelehrt[e] leütte [1]. Wie Helvetius zu ihr kam,
erschrack er, ihre dicke zu sehen, sagte, er könte ihr nichts ordon-
niren, er müste erst die kranckheit examiniren. Diß war donnerstag
abendts; freytag morgendts, wie er wider zu madame Doujat kompt,
findt er sie todt. Abendts hatt man sie geoffnet undt funden, daß
ihr daß fett im leib abgangen undt geschmoltzen ist, so sie erstickt hatt. Daß ist doch ein wunderlicher todt. Ich hab ihren
vatter woll gekent, der war intendent über der großen Mademoiselle
s. [2] ihr hauß. Ich weiß nicht, ob er noch lebt; hieß Rolinde, ein
gar verstandiger, aber bößer man. Hir im landt hatt man selten
starcke gewitter, es regnet gleich mitt dem donner. Gott seye
danck, [daß] Euch, liebe Louisse, Ewer aderlaße undt purgationen
woll bekommen sein! Nichts matt mehr ab, alß remedien; ich habs
verspürt. Ihr thut woll, zu widersprechen, daß man Euch keine
eintracht [3] in Ewern gerechtigkeiten auff Ewern güttern thut. Daß
wer woll ungerecht von Churpfaltz; will hoffen, daß es ein mißver-
standt sein undt sich finden wirdt. Ich kan nicht leyden, daß man
leütte umb ihrer religion plagt. Affairen müßen Euch amussiren
undt divertiren; sonsten wer es ohnmoglich, daß Ihr Euch so mitt
hudlen mögt. Wen mein leben drauff stünde, ich konte es nicht
vor mein eygen interesse thun, will geschweig[en] vor andere, insonderheit vor einem, der mirs nicht danck wißen könte. Gott gebe,
daß der graff von Degenfelt undt seine gemahlin es beßer erkenen
mögen! Daß zeügnuß geben Euch alle die, so Euch kenen, daß
Ihr gar nicht interessirt sein [4]. Aber daß geschrey geht nicht so
vor den graffen von Degenfelt. Man mag ihm aber auch vielleicht
auch woll unrecht thun. Weillen ich ihn nie gesehen undt nicht
kene, kan ich nicht davon judiciren. Tragen die pfarer cravatten?

1 Die beiden männer sind auch schriftstellerisch thätig gewesen. Jean-Adrien
Helvetius war leibarzt des sohnes von Elisabeth Charlotte, des regenten, und
starb, 65 jahre alt, den 20 Februar 1727. Jean-Claude-Adrien Helvetius, der
sohn des ersteren, wurde 1735 staatsrath und leibarzt der königin von Frankreich und starb 1755. Des letztgenannten sohn ist der materialistische philosoph
Claude-Adrien Helvetius, geb. zu Paris im Januar 1715, gest. zu anfang des
jahres 1771. 2 Anne-Marie-Louise d'Orléans, Mademoiselle de Montpensier, genannt Mademoiselle und la grande Mademoiselle. 3 d. h. keinen eintrag. 4 ? seid.

Daß kompt mir possirlich vor. Wolff undt seine fraw kene ich gar [wol.] Wolff ist gar ein gutter, ehrlicher, auffrichter Pfältzer, er ist kein kauffman, sondern ein banquier. Mein sohn helt viel von ihm, hatt ihn einen ehrlichen man funden, hatt vertrawen zu ihm. Er kompt offt zu mir, wen er hir ist. Seine fraw ist gar schon geweßen, aber nun schon zimblich bey jahren. Deß abbé Bouquoy vatter kene ich nicht, hatt mir aber so woll, alß sein oncle, offt geschrieben. Waß er Euch vom pasport gesagt, ist war: er war in Flandern undt nicht in Franckreich. 4 personnen seindt auß der Bastillen gelaßen worden, ein advocat, deß Malecieux[1] elster sohn, Montaubans dochter undt ein laquay von madame Du Maine; den man nicht auff sie gefunden, waß man sie beschuldigt hatte. Ich fürchte, der könig in Englandt veracht seinen feindt zu viel, die doch nicht zu verrachten; den der chevallier de St George hatt noch starcke partien in Englandt, Schotlandt undt Irlandt. Ich wuste woll, daß die Kielmansseck eine pension hatt, aber ich wuste nicht, daß ihre dochter ein establissement hatt. Der Haw ist es ein sohn von oncle Rupert? den, wo mir recht ist, hieß seine commediantin Haw. Die große herrn dive[r]tiren, vor denen sorgen sie; daß ist zu allen zeitten gewest undt wirdt zu allen zeitten sein. Ich habe Euch zuvor vergeßen zu sagen, daß ich vom marquis Deffiat[2] gouvernement geerbt habe; er war gouverneur von Montargis undt mitt meines sohns guttfinden hab ich diß gouvernement ahn meinem Wendt geben[3], dem es beßer zu[kommt]; den dießer ist mir so trew, alß der ander mir feindt war. Daß die duchesse de Munster nun duchesse de Candalle[4] ist, habe ich vernohmen. Ihr habt woll gethan, Eweren neveu undt niepce abzurathen, mir wider zu schreiben. Ich hette

---

1 Malezieu. Der marquis de Dangeau schreibt in seinem Journal XVIII, s. 47. 48 unter dienstag, 16 Mai 1719: «On a fait sortir quatre personnes de la Bastille, qui sont remises en pleine liberté: mademoiselle de Montauban, M. de Malezieu le fils, Bargeton, fameux avocat, et le secrétaire de M. Davisart.» 2 D'Effiat. 3 Dangeau, Journal XVIII, s. 57 unter samßtag, 3 Juni 1719: «Madame a obtenu pour Vintes, qui est un Allemand, son écuyer, attaché à elle de tout temps, le gouvernement de Montargis; il y a 3,000 francs d'appointements et la ville donne encore quelque chose au gouverneur.» 4 «Vor allen andern erregten die frauen, denen sich der könig [Georg I von England] hingab, den unwillen des volks, jene zur gräfin von Darlington erhobene Sophie von Kielmannsegge und Melusine von der Schulenburg, die durch ernennung zur herzogin von Munster und Kendal in die irische und englische peerie eintrat.» W. Havemann, Geschichte der lande Braunschweig und Lüneburg. III, s. 488.

mübe zu andtwortten gehabt, indem ich courier über courier auß
Lotteringen bekomme; den meine kinder dortten haben eine große
sach bey meinem sohn, das muß ich solicittiren undt ihnen nachricht geben. Daß macht lange brieffe, daß ich keine andere schreiben kan. Hirauß segt Ihr woll, liebe Louisse, daß Ihr mir einen
gefahlen gethan, daß schreiben zu verbietten. Wen ich brieff bekomme, mogte ich alß gern andtwortten, undt auß obgemelten ursachen felt es mir ohnmöglich. Ich bin verwundert, daß so junge
leütte kinder, wie der graff von Degenfelt undt seine gemahlin,
nicht gesundtere kinder machen; aber mich deücht, daß man daß
arme kindt eher in der gutten lufft vom landt hette laßen sollen,
alß in der boßen nach Londen bringen; den auß geschwehr[e]n alß¹
halß kommen offt ecruellen², welche schwer zu heyllen sein. Es
ist nichts natürlichers, alß seine kinder hertzlich zu lieben. Es ist
schon lengst, daß ich von der welt verleydt bin; mich deücht auch,
sie wirdt alle tag ärger. Hiemitt ist Ewer liebes schreiben, so ich
vorgestern entpfangen, völlig beantwort. Ich komme noch auff ein
altes vom 13 May, no 38, [wovon] ich noch etliche seytten zu beantwortten habe. Unßere arme duchesse de Berry leydt wie eine
verdambte seel ahn beyden füßen, wo sie gar starck daß pottegram
hatt. Ich fürcht, ich fürchte, daß sie erschrecklich krancklich wirdt
werden. Daß kompt von dem unordtendtlichen leben her. Hette
man mir glauben wollen, befunde man sich beßer; aber junge leütte
machen es so, sie werden nur mitt schaden weiß. Weder die
printzes de Conti selber, noch niemandts hatt gedacht, sie nach
St Cir³ zu schicken. Daß kompt meiner abtißin zu Chelle nicht
zu; sie ist zu jung, 300 junge metger⁴ zu regieren. Ihr habt mir,
liebe Louisse, nichts geschickt, so mir nicht gar woll gefahlen. Ich
habe die arabische medaille nach Paris geschickt, da wirdt man mir
sie außlegen. Nein, liebe Louisse, da will ich woll gutt vor sein,
daß unßere großhertzogin nicht wider nach Florentz wirdt; den
einen solchen eckel undt widerwillen, alß sie gegen ihren herrn
hatt, ist nicht außzusprechen, macht mich offt lachen. Wen sie von
ihrem herrn spricht, den filtz ich sie doch, insonderheit wen sie
sagt, daß, wen ihr herr vor sie stirbt, [sie] ihn mitt allerhandt
bundt bandt betrawern will; den zürne ich undt sage, daß man sie

---

1 ?im.   2 écrouelles, kropf.   3 St Cyr.   4 d. h. mädchen.

vor eine nahrin [1] halten wirdt. Hiemitt ist Ewer erstes schreiben vollig beantwort; bleibt mir nur überig, Euch, liebe Louise, von hertzen zu ambrassiren undt zu versichern, daß ich Euch all mein leben lieb behalten werde.

Elisabeth Charlotte.

1025.

St Clou den 8 Juni 1719 (N. 92).

Hertzallerliebe Louise, ich weiß nicht, ob ich heütte ein frisch schreiben von Euch entpfangen werde; aber kompt eins, so werde ichs Euch berichten, aber die antwort auff eine andere mahr [2] verspar[e]n, wo mir gott leben undt gesundtheit verleyet. Ich verspreche nicht, alle post einen großen brieff zu schreiben, sondern nur, alle post zu schreiben, undt daß werde ich, so lang ich lebe undt gesundt bleibe, redtlich halten. Seydt in keinen sorgen, liebe Louise! ich werde mir gar keine ungelegenheit machen. Schreiben ist meine groste occupation; den ich kan undt mag nicht arbeytten, finde nichts langweilligers in der welt, alß eine nehenadel einzustecken undt wieder heraußzuziehen. Ihr habt mich, liebe Louise, von hertzen lachen machen, zu sagen, daß Euch meine »brieffe Euch so woll thun, alß ein balsam auff Ewerm haubt«. Auffs wenigst wirdt dießer balsam nicht von Ewerm haubt in Ewern bart fließen, wie ahn Aaron [3]. Der safft hatt mich nur in der [ersten] zeit incommodirt, nun aber befinde ich mich, gott lob undt danck, gar woll undt beßer, alß vor etlichen jahren. Wie lang es aber werden wirdt, mag gott wißen. Es sterb[e]n abscheülich viel leütte überall. In 2 tagen seindt zwey von meinen geringen bedinten hir gestorben undt zu Paris hört man nichts, alß von krancken undt todten; bekommen starcke hitzige fieber, undt sobaldt sie fahlen, sterben sie. Ich hab, gott lob, gar einen gutten magen, kan allerhandt eßen undt verdaue gar woll. Wen mir nur kein[e] fleischbrühe im magen kompt, habe ich keine indigestion; doch sobaldt ich rohen schincken eße, wirdt mein magen gleich wider gutt, welches jederman hir wunder nimbt. Madame de Berry hatt ein gar starck bodegram [4] ahn

---

1 d. h. närrin.   2 ? ein anderes mal.   3 Psalm 133, 2.   4 d. h. podagra.

beyde fuß, leydt abscheülich dran. Gestern abendts umb 7 habe
ich sie noch besucht. St Clou ist nicht viel weitter von der Meutte,
alß daß Lützenburg ¹ vom Palais-Royal. Sie litte gestern, daß sie
einem erbarmt; sie kan so wenig auff ihre fuß tretten, also hatt
sie ja woll ihre schwester, wen sie sie sehen wollen, auß dem Val-
de-grace hollen [laßen müßen.] Daß zwey nonen mittkommen, ist,
daß, wie madame d'Orleans non-abtißin ist, folgen ihr nonen überall, so die auffwarttung bey ihr haben. Unter unß gerett, ein closter
ist nichts anderst, alß ein übel regirter hoff. Ma tante, die abtißin
von Maubuisson, hatt nie keine auffwarttung leyden wollen, sagte:
»Ich bin auß der welt gangen, umb keinen hoff zu sehen«; schürtzte
sich undt ging in ihrem gantzen closter undt gartten allein herumb,
lachte über sich selber undt über alles, war woll recht poßirlich,
hatt gantz unßers herrn vattern, I. G. deß churfürsten, stim, glich
ihm auch mitt den augen undt mundt undt hatte viel von I. G. s.
maniren, konte sich so zu fürchten undt gehorchen machen. Madame de Berry ist nicht devot, spilt daß personnage ² gar nicht.
Ihre schwester de Vallois deücht nichts undt wirdt ihr leben nichts
deügen, ist nicht werdt, daß wir von ihr reden. Madame d'Orleans
hatt mitt ihr dießen abendt herkommen sollen undt etliche tage
hir bleiben; aber es ist ihr einen fluß auff den nacken gefahlen,
kan noch so baldt nicht kommen. Gott verzey mirs! es ist mir
nicht leydt; daß seindt geselschafften, deren ich gar woll entberen
kan, gehe nicht gern mitt falschen leütten umb. Ihre dochter de
Berry undt die noue seindt nicht [falsch], noch ihr sohn, gott lob,
auch nicht, aber die mutter undt tritte dochter seindt es meisterlich. Der teüffel ist nicht schlimmer. Ich bin allen dießen leütten
so müde, alß wen ich sie mitt lofflen gefreßen hette, wie daß sprichwort sagt. Last unß von waß anderst reden! den dießes capittel
macht mir die gall übergehen, ich kan nicht de sang froid davon
sprechen, komme also auff einen andern text. Ich hoffe, daß die
fürstin von Ußingen nun ihre lettre de neutraliten ³ wirdt entpfangen haben. Aber ich muß mich ahnziehen, es ist spät. Dießen
nachmittag werde ich dießen brieff außschreiben; ist schon der 4,
so ich wider ahngefangen habe, muß nach[dem] ich diß außgeschri[e]-

*

1 Luxembourg. 2 personnage, rolle; also: spielt diese rolle gar nicht.
3 ? naturalité. ? naturalisation.

ben, noch ein par schreib[e]n.

Donnerstag, den 8 Juni, umb halb 5 nachmittags.

Gleich nach dem eßen habe ich die junge printzes de Conti entretenirt, so umb halb 1 herkommen undt mitt mir zu mittag geßen. Nach dem eßen habe ich ein wenig mitt ihr gesprochen, hernach hab ich ein factum [ge]leßen von einer gar wunderlichen geschicht, bin aber in vollem leßen entschlaffen. Man hatt mich geweckt, wie man in die kirch geleütt; da komme ich jetzt eben her. Wie ich ahn taffel war, hatt man mir Ewer paquet gebracht sambt Ewer liebes schreiben vom 27 May, no 42. Dancke Euch gar sehr vor alle Ewere gutte wünsche zu meinen geburdtstag. Aber, liebe Louisse, wie ich Euch schon offtermahlen gesagt, ich fürchte mehr ein gar hohes alter, alß ich es wünsche. Ich kan leicht errahten, warumb Ewer liebes schreiben von 27 May so kurtz geweßen, weillen es eben Pfingstabendt war undt Ihr gewiß in die vorbereytung gangen seydt. Von meiner gesundtheit werde ich nichts mehr sagen; den ich habe Euch heütte morgen rechenschafft davon geben. Daß ist alles, waß ich auff diß kleine brieffgen sagen werde; komme wider auff daß erste, wo ich heütte morgen geblieben war. Es ist kein wunder, daß die printzes von Wallis nobler minen hatt, alß ihre fraw schwester; den die hatt lange jahren zu Strasburg zugebracht, wie kein hoff [dort war] undt alles gar doll durch einander geht [1]. Wen eine situation schön ist, gefehlt alles, waß dabey gebawet wirdt; also kan ich mir Philipsruhe leicht schon einbilden. Ich glaube, daß der Virgillius, welchen ich suche [2], eben der ist, welches ich Euch hirbey wider schicke; den ich habe es anno 1670 geleßen, kan also nicht daß von 1705 sein, welches, wo mir recht ist, Ihr mir schon einmahl geschickt habt. Ihr werdt mir einen gefahlen thun, mir dieß von anno 1668 [3] zu

---

1 ? gieng.   2 Vergl. den brief vom 13 Mai, oben s. 117.   3 Diese übersetzung erschien unter dem titel: «Eigentlicher Abriß eines verständigen, tapfern und frommen Fürsten, von Virgilius in zwölf Büchern der Trojanischen Geschichten entworfen und an dem Aeneas gewisen und geprisen. Verdeutschet und in heroische oder in alexandrinische Reime übersetzet von Moh. Schirmer.» Cölln an der Spree, 1668. 8. Berlin, 1672. 8. Man vergl. F. A. Ebert, Allgemeines bibliographisches lexikon. II. Leipzig 1830. 4. sp. 1054. Über die übersetzrung vom jahre 1705 sehe man ebendas. sp. 1053. Man vergl. auch nachher den brief vom 30 Juli.

schicken, will es schon hir einbinden [laßen]. Wen Wolff noch zu Franckfort were, kontet Ihrs ihm nur geben; er würde schon mittel finden, daß ich es richtig bekommen würde. Freylich weiß ich woll, daß die graffen von Vehlen nicht vom hauß Heßen sein; sie seindt Westphallinger undt nicht von den älsten reichsgraffen. Der desbeauchirte graff, so page bey dem könig s. geweßen[1], mogte woll von den 3en sein, so ahn churpfaltzischen hoff; ist ein wunderlicher heyliger. Hiemitt seindt Ewere zwey schreiben völlig beantwortet. Wir haben gar nichts neues hir; man hört von nichts, alß unlustige sachen, leütte, die kranck sein oder sterben, von krieg, verratherey oder leichtfertige stücker, so nichts artigs sein. Es ist auch nun zeit, ein wenig frische lufft zu schöpffen undt in gartten spatzir[e]n zu fahr[e]n. Adieu den, hertzliebe Louisse! Dißmahl werde ich Euch nichts mehr sagen, alß wie ich Euch allezeit von hertzen lieb behalte.

Elisabeth Charlotte.

1026.

St Clou den 11 Juni 1719, umb halb 5 abendts (N. 94).

Hertzallerliebe Louise, vor einer stundt habe ich Ewer liebes schreiben vom 30 May, no 43, entpfangen, wie ich eben in kirch habe gehen wollen, wo ich jetzt wider herkomme. Ich glaube, daß, waß ich jetzt mattigkeit entpfinde, ist nichts anderst, alß die große hitze undt mein alter; den sonsten befindte ich mich sehr woll, gott lob! Aber dießes schlapies weßen wirdt er[2]. zu-, alß abnehmen. Drumb muß man nur gedult haben. Ich habe mein leben keine wunderliche[re] kranckheit gesehen, alß madame de Berry ihre. Die docktoren, deren 4 sein, so sie allezeit besuchen, begreiffen selber nichts drin. Sie haben erst gemeint, wie ihre füße undt zehen so starck geschwollen undt schmertzlich geweßen, daß es ein recht potegram seye; seyder sich aber die schmertzen vermehret undt die fußsollen voller blattern geworden, sowoll alß die zehen, so wißen sie nicht mehr, woran sie sein undt gestehen es. Unterdeßen leydt daß arme mensch so erschrecklich, daß ich es gestern nicht lenger mehr habe ahnsehen können undt bin davongeloffen. Vor

---

1 Vergl. oben s. 118.   2 d. h. eher.

Ewer guttes gebett, liebe Louisse, dancke ich Euch gar sehr. Wir haben es alle gar hoch von nöthen. Es ist gar keine aparentz, daß madame de Berry kranckheit eine waßersucht geben mögte. Es ist gar gewiß, daß caffé den gliedern nicht gesundt ist; kan nicht begreiffen, wie jemandts daß stinckende, bittere weßen lieben kan; ich habe all mein leben ein eckel undt abscheü davor gehabt¹, welches alle welt wunder niembt, den es ist le delice von allen leütten in allen lände[r]n. Jedoch so habe ich observirt, daß, seyder die frembte sachen, alß thé, chocolat, caffé undt taba[c] regieren, hört man mehr von schlein[i]gen todtsfallen, alß vorher. Es ist recht betrübt, bedinten zu verliehr[e]n, so einem woll dinnen ist² trew sein. Mein sohn hatt woll 3 acces vom acces vom 3tagigen fieber gehabt, aber nicht auß alteration; den der officier des mousquetaire nicht vor ihm gefallen, sondern wie er wider nach hauß³. Zudem so ist mein sohn lang genung im krieg geweßen, umb gewohnt zu sein, todten zu sehen; also war dieß die ursach gar nicht, aber woll mitt lebendigen zu viel gef[r]eßen zu haben. Ich will ein wenig spatzir[e]n fahr[e]n, dießen abendt aber außschreiben.

Es ist nun ¾ auff 8 undt ich komme eben von der promenade. Der graftin Wieserin sach, darin werde ich mich in nichts mischen; daß könt Ihr der landtgräffin von Homburg von meinetwegen versichern, aber vor sie kan ich auch nicht solicittiren; den ich habe den graffen von Leiningen versprochen, gantz neuttre in dießer sach zu bleiben. Also werdet Ihr keine von Ewern beyden freündinen schaden, liebe Louisse! Ich kan nicht begreiffen, wie der proces von der landt-gräffin noch dawern kan; den sie hatt ihn schon einmahl gewunen. Ihr könt woll leicht gedencken, daß ich mein leben nichts gegen den duc de Schomberg vor die freüllen von Cettern solicittiren werde. Solten sie ihre sach in Lotteringen haben, werde ich

---

1 Man sehe die zahlreichen ähnlichen äußerungen in den früheren bänden. 2 ? und. 3 Der marquis de Dangeau erwähnt dieses ereignisses in seinem Journal XVIII, s. 47 unter sonntag, 14 Mai 1719: «Jumilhac, qui vient d'acheter la cornette des mousquetaires, fut reçu dans la cour du Louvre, où M. le duc d'Orléans étoit, et le roi voyoit par sa fenêtre la réception. Pendant que cette compagnie marchoit pour venir aux Tuileries, un brigadier de cette compagnie se trouva si mal sur le Pont-Royal qu'on fut obligé de l'emporter dans l'hôtel des mousquetaires, où il mourut quelques moments après: ce brigadier s'appeloit Jauvet.»

gewiß unßern hertzog bitten, dem duc favorabel zu sein. Aber hatte man die ungerechten sachen, so sie im Lutzenburgischen ahngefangen, nicht hindern, noch vorkommen konnen? Unrecht gutt bringt kein glück. Die 2 freüllen von Cettern sein alte undt gar heßliche schätzger; eine hatt einen abscheülichen kropff undt eine hatt solche vapeurs, daß sie wie närisch ist. Sie seindt immer bey madame la princesse, aber zu mir komm[en] sie mir nicht mehr, seyder ich ihnen den kopff gewesehen, alß sie den baron Willig so gegen dem duc de Schomberg auffgewickelt hatt[en], dem ich so braff sein protzes habe verlichren machen ¹. Dieße freüllen gleichen in heßlich[keit] der Hinderson ². Ich weiß nicht, ob Ihr Euch ihrer noch erinert. Ich weiß nicht, ob dieße freüllen noch zu Paris [sind]; den, wie schon gesagt, so kommen sie nicht mehr zu mir. Aber sobaldt ich madame la princesse wider sehen werde, will ich I. L. die proposition thun undt Euch die andtwort wider berichten, liebe Louisse! Wen Ihr die affairen so sehr haßete[t,] alß ich, würde es Euch durchauß ohnmoglich sein, dieße sachen zu führen können; stünde mein leben drauff, so konte ich es nicht thun. Ich habe mich sehr bey Churpfaltz entschuldigt, daß ich nichts in affairen verstehe. Ich hatt dem churfürsten gar einen ehrlichen man vorgeschlagen, so viel verstandt hatt, alle minister hir woll kent undt alle sachen auff ein endt versteht; aber der churfürst hatt ihn nicht brauchen wollen. Die fraw von Zachman kent ihn woll. Ich habe sie alß mitt ihm vexirt; den mich dendt, daß er verliebt von ihr geworden, aber sie nicht von ihn ³. Er hatt beßere minen, alß ihr klein mängen gehabt habt ⁴: den es ist ein großer, ahnsehenlicher man, er heist herr Fesch ⁵. Wen Ihr die fraw Zachman secht, so spr[e]cht ihr vom herrn Fesch! Waß gilts? sie wirdt lachen. Ich vexier ihn auch offt mitt ihr; er verstehet raillerie undt ist ein artlicher [mann.] Aber nun bin ich just ahn der helffte von Ewerem lieben brieff, muß halt auffhören; den ich habe noch dießen abendt ahn mein dochter zu schreiben undt es ist schon über 9 uhr. Mein sohn ist hir ahnkommen undt ist ⁶ mitt seinen gutten freunden zu nacht; aber er wirdt, gott lob, hir schlaffen, also nicht nachts

---

1 Vergl. die register zum 1 und 2 bande unter Willich. 2 Auch von der Hinderson ist im 1 und 2 bande vielfach die rede. 3 ? ihm. 4 ? hat. 5 Fesch. «Aus dem bekannten Basler geschlecht, dem auch Napoleons oheim, cardinal Fesch, entstammte.» Menzel, s. 408, anmerkung. 6 d. h. ißt.

herumb spatziren, welches mich allezeit sehr ängstiget. Er hatt unß die zeittung gebracht, daß monsieur le prince de Veaudemont[1], so gestern noch bey ihm war, heütte auff den todt ligt. Ich schicke Euch hirbey, waß auff der arabischen müntz stehebt, undt versichere Euch, hertzliebe Louise, daß ich Euch biß ahn mein endt von bertzen lieb behalte.

Elisabeth Charlotte.

1027.

St Clou den 15 Juni 1719 (N. 94).

Hertzallerliebe Louise, gestern bin ich zu Paris geweßen, undt wie ich umb 9 uhr eben auß der commedie kam undt in kutsch stieg, umb wieder herzufahr[e]n, brachte man mir Ewer liebes schreiben vom 3 dießes monts, no 44, worauff ich hiemitt gleich andtworten werde. Bleibt mir nach der promenade noch etwaß zeit überig, werde ich noch waß dazu setzen undt auff daß, waß mir noch überig von 30 May ist, andtworten. Ihr habt recht, liebe Louise, brieffe, worinen man gezwungen schreiben muß, seindt woll mitt recht steiffe brieff. Wen man die leütte, woran man schreibt, kent, gibt es eben keine große mühe, so weiß man, wie man seine brieffe threhen soll; aber wen man die leütte nicht kent, geht es au hazard, undt daß ist widerlich. Es war mir leichter, ahn dem letztverstorbenen churfürsten zu schreiben, alß ahn dießem; den ich hatte ihn hir gesehen undt kente I. L. Man muß die warheit bekenen, wo Jessuwitter regieren, kompt selten waß guts herauß. In particullier findt man wackere undt ehrliche leütte, aber in general seindt es gar gefahrliche leütte. Ich meinte dießen churfürsten zu schlaw, sich durch münchen undt pfaffen zu regiren laßen; aber ich hoffe, daß, wen der churfürst sehen wirdt, daß dieße plagen ihn von seinen unterthanen wirdt verhast konnen machen, wirdt er sich zu etwaß beßers versehen undt solche schlime rähte nicht mehr folgen. Von viellen habe ich gehört, daß die printzes von Sultzbach sich blessirt, weillen I. L. im carneval zu sehr gedantzt

---

1 «M. de Vaudemont fut si mal toute la journée, qu'on crut qu'il ne passeroit pas la nuit et il reçut tous ses sacrements.» Journal du marquis de Dangeau XVIII, » 61 unter sonntag, 11 Juni 1719.

haben undt sich gar nicht geschondt; aber mitt schaden werden junge leütte weiß. Wer es die erste schwangerschafft, so were es gar gefahrlich, aber die zweytte; daß kan nichts schaden. Sie wirdt baldt wider schwanger werden; den so ¹ solle große vivacitet haben. Die hitze ist nicht mehr so starck, alß sie geweßen. Wir haben raue nordtwindt; aber waß nun gar unleydtlich ist, daß ist der staub, so einem ersticken macht. Die große hitze mat sehr ab. Es ist abscheüllich, wie viel krancken nun sein, undt die kinderblattern fangen arger ahn zu rahßen ², alß nie. Were ich nicht, bin ich gewiß, daß Lenor ihr Teütsch lengst vergeßen hette. Sie spricht kein gutt Frantzösch, daß ist war; allein sie hatt sich eine eygene sprach gemacht, die jederman verstehet undt doch weder Teütsch, noch gutt Frantzösch ist, undt alle menschen verstehen sie doch. Man hatt Euch, liebe Louisse, nicht recht bericht; die fraw von Rotzenhaussen scheindt gar gewiß junger, alß [ich]; den ihr zähn seindt noch schon undt hatt sie alle; aber mir fehlen 3 undt die überigen seindt überzwerg undt sehr verschließen undt gelb; zum andern so ist sie lustiger, alß ich, lacht offter, daß macht auch noch junger außsehen. Daß kopffschütteln ist nur eine muthwill; den sie kans laßen, wen sie will, hatt sich dran gewent, einen kerl nachzumachen. Die fürstin Ussingen wirdt nun wißen, wie ihr naturallisirt brieff gestelt ist; den ich habe es ihr den Pfingsttag geschickt; bin froh, daß dieße fürstin so woll mitt mir zufrieden ist. Der herr von Gemingen ist wider hir weg. Er hatt sich gar gar woll gehalten, er weiß woll zu leben, er hatt zuletzt mehr, alß im ahnfang, gesprochen; er gewindt darbey, den er spricht gar nicht übel. Ob ich ihm zwar gesagt, mir seine brieffe zu geben, allein er hatt nicht gewolt. Er ist schon vor 14 tagen weg, sagt, er gehe nach Ittallien. Die fraw von Gemingen kan mir nur vor den gutten willen dancken; aber in der that habe ich weder ihr, noch ihrem sohn dinst geleist. Die den könig von Englandt so gegen seine kinder hetzen, haben eine schwere verantwortung vor gott. Der Kilmansegge ³ ist ein unglück geschickt; sie hatt ihr jüngstes döchtergen auff ein schiff gethan, so deß königs von Englandts esquipage führen solte; daß schiff ist verlohren gangen; es weiß kein mensch, wo es hinkommen ist ⁴. Aber es schlegt 10, ich muß schließen,

---

1 ? sie. 2 d. h. rasen. 3 Kielmannsegge. 4 Vergl. den brief vom 9 Juli, nachher s. 171.

sonst wirdt monsieur Teray mich zürnen; nur noch sagen, daß ich
fürchte, daß ich Ewere sündt bey dem könig in Englandt bin undt
daß er mehr von Euch halten würdet¹, wen Ihr mir nicht so nahe
weret. Adieu! Ich ambrassire Euch von hertzen undt behalte Euch
recht lieb.

Elisabeth Charlotte.

1028.

St Clou, sontag, den 18 Juni, umb 6 uhr morgendts, 1719 (N. 95).

Hertzallerliebe Louise, ich kan heutte woll umb 6 uhr ahnfangen,
zu schreiben; den ich bin gestern umb halb 10 undt noch etliche
minutten vorher zu bett. Den wie ich nicht mehr zu nacht eße,
gehe ich gar früh schlaffen, wen ich nichts zu thun habe, undt
sambstag ist der tag von der gantzen [woche], wo ich ahm wenigsten
zu thun [habe], ist ein rechter sabat undt ruhetag vor mich. Ich
habe noch ein schreiben von Euch zu beantworten; den letzt verwichenen donnerstag habe ich auff Ewer letztes schreiben, liebe Louise,
[vom] 3ten, no 44, geantwortet. Ich weiß noch nicht, ob ich dießen
nachmittag eines von Euch bekommen werde: kompt es aber, so
werde ich es vor die andere post sparen, wo wir² gott leben undt
gesundtheit biß da verleyhet; ich werde aber noch hir zusetzen, daß
ich es entpfangen habe. Mich deücht, liebe Louisse, daß unßere
brieffe nun gar richtig gehen. Gott gebe, daß es dauren mag! den
es ist eine lust, frische brieffe von den seinigen zu haben. Ich muß
Euch doch fragen, weillen es mir einfelt (den ich habe es schon
3 oder 4 mahl vergeßen), ob es war ist, daß die fraw von Veningen,
Ewer baß, wider verheürath ist undt ihren vettern, deß herrn Chri-
stofel von Degenfelts sohn, geheürath hatt, so auch oberster sein
solle, wie man unß hir gesagt. Ich komme aber wieder auff Ewer
liebes schreiben. Ich bin nun, gott lob, wieder zu kräfften kommen; aber so matt ich auch were, konte ich doch woll vissitten
thun; den ich steyge keine stiege mehr, laß mich durch meine
portechaisse tragen in einer chaisse. Unmöglich ist es mir nicht,
aber gar ungemächlich, den ich erschnauff mich leicht undt habe
offt kniewehe undt den krampff in den schenckeln. Drumb laß ich

<hr>

1 ? würde.   2 ? mir.

mich alle steygen hinaufftragen: aber ich steyge sie allezeit herunder, daß kan ich woll, ohne die geringste incommoditet zu verspüren, thue es auch allezeit. Vor alle Ewere gutte wünsche, liebe Louise, dancke ich Euch gar sehr. Ich erschrick, wen ich gedencke, daß auß[er] unßere liebe churfürstin s. undt ma tante von Maub[u]isson ich schon alter bin, alß herr vatter, fraw mutter, bruder, oncle undt tanten. Mich deücht, ich bin so zu wenig nutz in der welt, daß es woll so gutt geweßen were, wen ich mitt [den] meinigen fortgewandert werde¹; aber es ist gottes will noch nicht geweßen, mich abzuhollen, muß also hirauff sagen, wie daß lutterisch liedt, so ich etlichmahl singe:

 Ich habe mein sach gott heimgestelt.
 Er machs mitt mir, wie es ihm gefelt!
 Soll ich alhir noch lenger leben,
 Nicht wiederstreben,
 Sein willen thue ich mich ergeben².

Unßere duchesse de Berry, so ich gestern besucht, ist beßer, gott lob, kan aber doch noch auff keinen fuß tretten. Es scindt ihr ahn den fußsollen undt zähen ahn den füßen [blasen] auffgeloffen voller waß[er]; die thun ihr so wehe, breuen, alß wens lautter geschwer wehren. Ist woll eine wunderliche kranckheit; den sonsten befindt sie sich woll, sicht auch gar nicht übel auß. Waß macht, daß sie beßer ist, ist, daß man ihr 2 mahl die woch medecinen gibt undt umb den andern tag ein clistir. Hirauß scheindt woll, daß ihre kranckheit von dem abscheülichen freßen kompt, so sie vergangen jahr gethan. Sie kam her, setzte sich in die Seine, blieb 3—4 stundt im waßer, fraß patettelten³, kuchen, salat, schincken, würscht, allerhandt so zeüch, fuhr wider a la Meutte, spatzirte biß gegen mitternacht; den setzten sie sich wider ahn taffel undt fraßen auffs neü biß umb 3 uhr morgendts undt drauff gleich [zu bette]; wurde auch so fett wie eine gemäste ganß. Daß kan ja ohnmöglich auff die lange gutt thun; ich habe I. L. manchmahl gewahrnt, sie hatt mir aber nicht glauben wollen. Nun sagt sie, daß es ihr gereüet, mir nicht geglaubt zu haben; aber nun ist es zu spät; mitt schaden wirdt man weiß. Es ist kein aparentz, daß eine waßersucht drauß werden wirdt, aber viel eher eine potegram oder sunst gliedersucht.

1 ? wäre.   2 Vergl. band III, s. 35.   3 ? pasteten.

Ihr favoritin, madame de Mouchi¹, so daßelbe leben mitt ihr geführt, ist wider umbgeschlagen undt schreyt auch ahn händt undt füßen; ihr man hatt daß pottegram gar starck. Daß hauß ist voller docktorn undt balbirer; also gleicht der artige ort la Meutte mehr einen spitahl, alß ein lusthauß. Das macht einen fiel reflectionen machen auff die eytelkeit deß menschlichen leben. In meinem alter moralisirt man leicht, liebe Louise! Pomade divine, glaube ich, were gutt vor Ewer cammermaedgen geweßen. Wen es rechte rhumatisme sein, thut es gar woll; aber, wie Ihr segt durch waß ich schon gesagt, so ist madame de Berry zustandt waß anderst. Es ist gewiß, daß caffé-drincken gliederschmertzen macht; wie ich es wider meinen willen genohmen, habe ich mehr gliderschmertzen [gehabt,] alß nun. Chocolatte soll gutte² vor die waßersucht. I. G. der churfürst s., mein herr [vater], hatt einmahl zu Manheim die oberste Wilderin mitt courirt. Uninteressirte domestiquen zu finden, ist etwaß gar rares in jetzigen zeitten. Ich habe Euch ja, liebe Louise, meines sohns fieber bericht; ich meine alzeit, daß ich es gethan hette, den es war mein intention. Er ist zwar wider in gutter gesundtheit; aber ich fürchte sehr, daß es keinen bestandt haben wirdt, den er ist auffs wenigst so freßig, alß seine dochter, undt lest sich nichts wehren³. Ich habe Euch schon gesagt, daß es nicht wahr ist, daß er sich über deß officier des mousquetaire todt so alterirt hatt; so tendre ist er nicht undt erschrickt nur zu wenig, wagt alleß «auff galgen undt raht»⁴, wie die fraw von Rotzenhaussen alß pflegt zu sagen; macht mich offt recht ungedultig. Auff der gräffin von Wießer proces mitt der fürstin von Homburg habe ich letzte post auch geantwortet, drumb sage ich nichts mehr hirauff. Mich wundert, daß dießer protzes noch dawern; den die fürstin vom Humburg hatt schon einmahl gewunen. Die sach ist wegen Oberbrun. Ich habe noch nicht mitt madame la princesse wegen den freüllen von Zoettern sprechen können, kan also dießmahl noch nichts davon sagen. Churpfaltz muß mich vor entschuldigt halten: allein in affairen kan ich mich nicht mischen, will meinen sohn bitten, dem churfürsten in seiner gerechten sach favorabel zu sein; aber mich mitt den ministern herumbzubeißen, davor wolle man mich vor entschuldigt halten! Daß werde ich den herrn vitzecantzler

---

1 Mouchy. 2 ? gut sein. 3 Vergl. oben s. 115. 4 d. h. rad.

Franck überlaßen. Apropo von dießen nahmen, einer, der madame de Montespan ihr cammerdinner geweßen undt auch so heist, hab ich vergangen mitwo[ch] zu Paris gefunden; sagt, er kom[me] von Franckforth undt von Heydelberg, hette Euch zu Franckforth gesehn undt in gutter gesundtheit gelaßen. Der vitzekantzler war gestern mitt seiner frawen hir. Die fraw von Rotzenhaussen sagte, sie hette in den teütschen gedruckten zeitung[en] geleßen, daß man die Reformirten in der Pfaltz ahnfang zu plagen undt ihnen die h.-geist-kirch gantz nehmen wolte. Er andtwortete, daß alles falsch were, daß man sie sehr in ruhen ließe, daß woll ein geringer streyt geweßen were über einen article vom alten heydelbergischen cathegismuß [1], daß aber der streit schon beygelegt seye undt der churfürst gar gewiß den Jessuwittern kein gehör hirüber geben würde undt daß er die pfaffen gar nicht liebe. Gott gebe es! Aber wen daß ist, muß er den soldatten, der den armen captein Krug so übel zugericht, hart abstraffen laßen. Man sagt hir, er wirdt händer [2] mitt dem könig in Preüssen bekommen, daß dießer könig gar starck wirbt. Daß wer mir leydt, den daß geht doch wider über die arme Pfaltz auß. Seydt versichert, liebe Louisse, daß der churfürst durch mich nicht erfahren wirdt, daß die armen Pfaltzer Euch ihr leydt geklagt haben! Den Wießer habe ich nicht zu sehen bekommen undt ist nicht wider zu mir kommen seyder daß mahl, da ichs Euch bericht. Ahn den Francken, so offt [ich ihn sehe,] werde ich kein wort davon mercken laßen. Monsieur Harling hatt mir schon geschrieben, wie der könig in Englandt zu Hannover undt Hernhaussen glücklich ahngelangt ist. Ich habe Euch auch schon der Kielmansege avanture mit ihrem dochtergen verzehlt. Daß mylord Mar [3] zu Geneve arestirt, wißen wir hir [4]. Er ist abscheülich verhast von allen Engländern, gönnen es ihm alle. Die englische nation ist eine böße, falsche, undanckbahre nation. Die meisten leütte von qualitet, so zu St Germain undt welche die königin, so dort

---

1 Vergl. den brief vom 1 Juni 1719, oben s. 132. 133. 2 händel. 3 Marr. 4 Der marquis de Dangeau schreibt in seinem Journal XVIII, s. 55 unter montag, 29 Mai 1719: «On eut nouvelle qu'on avoit arrêté à Genève le duc de Marr, qui apparemment songeoit à aller en Espagne joindre le roi Jacques; c'est le ministre d'Angleterre qui est à Genève qui leur a persuadé de faire arrêter ce milord.»

gestorben¹, alle erhalten undt es offt ahn ihnen² mundt undt kleyder erspart, ihnen guts zu thun, undt gar eine frome, tugendtsame königin war. gegen deren deschainiren sich alle Engländer zu St Germain, sagen taußendt lügen von ihr; daß macht mich recht ungedultig. Ich habe mylord Stair³ lang nicht gesehen. Mylady Mardy Mar, so hoffmeisterin bey der polnische princessin sein, solle sich ihr herr auff der spanischen flotten ambarquirt haben⁴. Wie man sagt, wirdt er nicht leicht zu finden sein, undt seiner gemahlin reiße wirdt nicht ohne gefahr geschehen. Die keißerin, deß keyßers fraw mutter, undt der papst haben dießen heüraht gemacht. Der keyßer solle aber sehr böß sein, daß seine fraw mutter [ihn] in verdacht gebracht hatt, alß wen er durch die finger gesehen hette, auff waß in Inspruck vorgangen⁵. Die zeit wirdt lehren, waß dran ist. Seydt in keinen sorgen, liebe Louisse, mir zu lange brieffe zu schreiben! den waß ich nicht in einem andtwortte, geschicht in zweyen, wie Ihr

---

1 Marie Beatrix Eleonore von Este, die witwe Jakobs II von England. Vergl. band II, s. 754, band III, s. 488. 489.   2 ?ihrem.   3 Stair.
4 Dieser satz ist so unverständlich in der handschrift.   5 Wovon hier die rede ist, ergibt sich aus folgender aufzeichnung des marquis de Dangeau unter samßtag, 6 Mai 1719, Journal XVIII, s. 43: «Madame [eben unsere herzogin] a reçu une lettre de madame la duchesse de Lorraine, sa fille, qui lui écrit qu'on lui mande d'Inspruck que la princesse Sobieski, que le roi Jacques devoit épouser et que quelques gens même croient qu'il a épousée par procureur, avoit trouvé moyen de s'évader d'Inspruck; qu'elle avoit monté la nuit en chaise de poste, escortée par quatre hommes à cheval, et qu'elle avoit laissé un écrit sur sa table dans lequel elle marquoit qu'elle en sortoit par l'ordre de sa famille. On ne dit point qu'elle route elle a prise. On attend la confirmation de cette nouvelle que M. le duc d'Orléans n'a reçue d'aucun endroit.» Hierher gehört ferner noch folgende bemerkung des marquis de Dangeau vom donnerstag, 25 Mai 1719, Journal XVIII, s. 52. 53: On a nouvelle que la princesse Sobieski, qui s'est sauvée d'Inspruck, arriva le 2 de ce mois à Bologne, et on dit que le 7, le fils de milord Murrey, chargé de la procuration du roi Jacques, l'avoit épousée; que le 9 elle étoit partie pour Rome. On ne doute pas qu'elle ne s'embarque bientôt en ce pays-là, pour aller trouver le roi Jacques en Espagne, voyage qui ne laissera pas d'être encore difficile et dangereux pour elle.» Unter mittwoch, 7 Juni 1719, Journal XVIII, s. 59 schreibt endlich der marquis de Dangeau: «La princesse Sobieski est arrivée à Rome; elle y a été reçue et est traitée en reine; il est sûr que son mariage a été fait à Bologne comme on l'avoit dit.» Marie Clementine Sobieski, prinzessin von Polen, ist die dritte tochter des Jakob Sobieski, kronprinzen von Polen, und seiner gemahlin, Hedwig Elisabeth von Baiern.

secht. Churpfaltz hette seine reiß nach Coblentz zu seinem herrn
bruder auff den herb[s]t verschieben sollen, umb zu Bacherach gutten most, allerhandt wein undt insonderheit den gutten, gefeyerten
wein¹ zu drincken; den ich habe gehört, daß der gutte herr einen
gutten drunk nicht hast. Wir haben nichts neües hir. Die printzes
von Wallis hatt mir eine zeittung geschrieben; so sie sich war befindt, ist es gutt vor unß, nehmblich daß zwey englisch schiff 4 spanische kriegsschiffe bekommen haben, so Fontarabie zu hülffen kommen
solten, so, wie Ihr woll werdt gehört haben, die unßerige belägert
haben. Ich will auch baldt gedencken, mich ahnzuziehen; den die
fürstin von Holstein undt die duchesse Doursch² werden heütte
kommen, mitt mir zu mittag eßen, undt ich habe nicht gern, daß
frembte gesichter von weibsleütten mich ahn meiner toillette finden.
Die erste ist weder hübsch noch heßlich, die zweytte aber mon-
streux. Aber wardt Ihr nicht mitt unßerer churfürstin s., ma tante,
wie sie den fall zu Clef that? Sie war damahls zu Clef, würdet sie
also dort gesehen [haben]. Die fürstin von Holstein hatt einen abscheülichen proces gegen ihrem herrn gewohnen dießen winter. Sie ist
raisonabel, er aber der abgeschmackste, widerlichster³ [mensch], so man
sehen undt hören kan. Vor dießem kam er offt zu mir, wolte, ich solte
mich aller seiner sachen ahnnehmen. Alß er gesehen, daß es nicht
ahngehen konte, undt ich ihm blat herauß gesagt, daß ich mich nie
ahngehen konte⁴, hatt er mich mitt friden gelaßen undt ist nicht
mehr zu mir kommen, worüber ich hertzlich fro bin. Weitter kan
ich nun nichts mehr sagen, alß daß ich Euch all mein leben von
hertzen lieb behalte.

Elisabeth Charlotte.

Sontag, umb 6 abendts, 18.

Es ist eine halbe stundt, daß ich Ewer liebes schreiben vom
6 Juni entpfangen, kan aber heütte ohnmoglich drauff auitworten.

1 Vergl. band III, s. 484.   2 d'Ourches.   3 ? widerlichste.   4 ? nie
seiner sachen annehmen könnte.

1029.

St Clou den 22 Juni 1719 (N. 96).

Hertzallerliebe Louise, ich werde heütte auff Ewer liebes schreiben vom 6 Juni andtwortten, so ich vergangen sontag entpfangen undt vor heütte verspart habe; es war just der h. Pfingstag sowoll, alß mein geburdtstag. Alle leütte klagen so sehr hir, daß die post so thewer ist; deßwegen habe ich Ewern beüttel verspart mitt dem großen paquet de la lettre de neütteralitet vor der fürstin von Usingen. Ich beklage dieße, wo die gemahlin von ihrem stieffsohn so langweillig ist, alß ihr herr war; den es war der abgeschmackste bub, den ich mein tag gesehen. Seines herr vatters halben habe ich alles gethan, waß mir möglich war, umb ihn auffzumuntern undt schwetzen zu machen; aber es war alles umbsonst, man kont kein wordt auß ihm kriegen, außer ja undt nein, undt daß noch mitt so einer langweilligen manir, daß es nicht außzustehen war; gar nichts artiges ahn ihm, weder hübsch, noch woll geschaffen, er war, waß man hir «un sot enfant» heist. Ich glaube, [daß] seine.... wen sie ein wenig verstandt hatt, fro ist, seiner quit zu sein. Hatt dieß mustergen kinder hinderlaßen? Seine mutter solle so vif undt gallant geweßen sein, alß der sohn thum war. Ich bin fro, liebe Louisse, daß man graff Degenfelt unrecht thut undt Ewerer niepce; den es were eine betrübte sach, von den seinigen geplagt zu werden. Der duc von Schonburg ist so alt, daß der herr von Degenfelt woll nicht lang wirdt zu wartten haben, daß seinige, ich will sagen, seiner gemahlin dotte[1] undt Leßtrahtsgutt zu bekommen; den ich glaube, daß sein gutt davor andtwortten muß, waß man ihm schuldig ist. Es ist [bei] dem graff Degenfelt, wie daß frantzösche sprichwordt laut: «Contentement passe richesse». Zudem so [glaube] ich, daß die heürahten im himmel [geschloßen werden] undt darin destin ist undt verhengnuß, wie in dem leben undt sterben. Es ist woll naturlich, liebe Louise, daß Ihr dem graff Degenfelt, so Ewer leiblich geschwisterkindt undt Ewer leiblichen niepce man ist, ein lengers leben, alß Ewern alten gritlichen schwager, [wünscht]. Wen Ihr es anderst sagen soltet, könte es niemandts glauben. Es ist gar nicht verbotten, ehrlicher weiß sein

---

[1] d. h. dot, mitgift.

bestes zu suchen, wo man kan. Wie schon gesagt, so ist alles verhengnuß; sein destin muß nicht bey dem könig in Englandt sein, wünsche, daß er undt Ewere niepce einen gutten standt finden mögen. Es ist doch wunderlich ahn könig in Englandt, andern zu accordiren, waß er Euch vor Euern englischen neuven abgeschlagen; aber wer hart undt wunderlich gegen seine leibliche kinder ist, kan es woll gegen andere sein. Es ist groß aparentz, daß, weillen mylord Holdernesse einen dinst quittirt, so mehr eingetragen, alß den [1], so er genohmen, daß man es ihm wirdt mitt einer pension wider ersetzt haben. Englander passiren allezeit vor sehr interessirt. Teütschlandt solle nun sehr geendert sein undt gar nicht mehr auff den schlag sein, wie es zu meiner zeit geweßen. Franckreich verdirbt unßere Teütschen, ahnstatt daß es sie verbeßern solle. Man muß die warheit auch sagen, alles hatt sich hir seyder etliche undt 30 jahren so geendert undt verschlimert durch den abscheulichen interesse, daß man nichts mehr kenen kan. Es ist loblich ahn graff Degenfelt undt seiner gemahlin, ihren alten vatter zu amussiren undt ihn nicht allein zu laßen. Es muß aber nichts zu gewinen sein, weillen der mylord Holdernesse nicht dort geblieben ist. Den dießer duc ist ja so alt, daß er ohnmöglich lang wirdt leben können; also werdet Ihr nicht so lang, alß Ihr meint, liebe Louisse, von Ewern kindern geschieden sein; wünsche, daß, wen Ihr einander wider sehen werdet, daß es mitt volligen vergnügen geschehen mag. Ich dancke Euch, mir rechenschafft zu geben, waß denen Taxis ahnbelangt: der nahme lautt nicht gar fürstlich. Fraw von Wolmershanssen [2] war nicht klein undt ihr man ein großer mensch; wundert mich also nicht, daß sie eine große dochter gehabt. Freüllen Anne Cathrin war nicht schön, wie Eüer fraw mutter undt die fraw von Brun, aber sie war ahngenehm undt viel ahngenehmer, alß freüllen Charlotte, die fraw von Wellen [3], wo mir recht ist. Daß geschicht gar offt, daß geschwisterkindt einander mehr gleichen, alß schwester undt bruder. Ich habe mein leben nichts darnach gefragt, heßlich zu sein, nur drüber gelacht. I. G. s. unßer herr vatter undt mein bruder s. haben mir offt gesagt, daß ich heßlich [sei]:

*

1 ? der. 2 Frau Anna Katharina von Wollmershausen, geborene freiin von Degenfeld. Vergl. band II, s. 815. 3 Frau Charlotte von Welden, geborene freiin von Degenfeld. Vergl. band II, s. 814.

ich habe aber drüber gelacht undt mich nie drüber betrübt¹. Mein bruder hieß mich daksnahß², daß machte mich von hertzen lachen. Ich habe meine zeit auch im 46 jahr verlohren undt nichts gebraucht, bin erst 10 jahr hernach kranck [geworden]; die docktoren haben aber gesagt, er komme³, den ich habe 48 palletten bludt in 3 wochen zeit durch den stuhlgang von mir geben. Man meinte, daß ich sterben würde: bin doch, wie Ihr secht, woll davon kommen: den, wie die Hinderson alß von mir pflegt zu sagen, in⁴ bin ein harter kniper. Keinen juleb⁵ konte ich nicht drincken, wen mein leben drauff stunde: eckelt mich wie eine medecin. Ich fürchte, unßere duchesse de Berry wirdt auch, wie die gräffin von Lewenstein, von welcher Ihr sprecht, gantz contract werden; ist in einem so ellenden standt, daß ich recht erschrocken bin, wie ich E.⁶ L. gestern gesehen. Sie kan auff keinen fuß stehen, leydt schmertzen ahn den zeben undt fußsollen, daß sie überlaut schreyet, wie ein weib in kindtsnöhten. Ich fürchte, es wirdt ein schlim endt nehmen. Es gereüet ihr nun, meinen raht nicht gefolgt zu haben, ordentlicher zu leben, aber es ist zu spät. Ich bin woll Ewerer meinung, daß es beßer ist sterben, alß ellendt undt mitt schmertzen zu leben. Ewere schriefft ist gar nicht heßlich, sondern gar deütlich undt leßlich. Ich schäme mich offt von hertzen, wen ich betrachte, daß wir von einen meister gelehrnt undt ich so heßlich gegen Euch schreibe⁷. Caroline schriebe so perfect auff frantzösch, wie ich, daß einsmahls, alß ich eine von den überschrifften auff meiner taffel gelaßen, da fragten mich viel leütte, so meine schrifft kanten, warumb ich ahn mich selber geschrieben hette. Ihre teütsche schrieft gliche der meinen auch, aber sie war viel schönner. Nun muß ich eine pausse machen.

Donnerstag, umb halb 4 nachmittags.

Seyder dem ich auffgehört, zu schreiben, hette ich mich schir den halß gebrochen. Ich habe ein buch von meiner taffel hollen wollen bey meinem papagay; der hatte kirschen geßen undt die kern auff den boden fallen laßen, darauff bin ich geglitscht. Ich

---

1 Vergl. band I, s. 496; band II, s. 258. 2 d. h. dachsnase. 3 so unverständlich in der handschrift. 4 ? ich. 5 julep, kühltrank, französisch julep, italiänisch giulebbo. 6 ? I. 7 Vergl. nachher den brief vom 16 Juli und band II, s. 258. 372. 448; band III, s. 129. 130.

habe mich ahn deß papagay stock erhalten, der war aber zu leicht undt ist mitt mir naußgeburtzelt; habe mir doch, gott lob, keinen schaden gethan: mein kopff ist auffrecht blieben. Ich habe so hertzlich gelacht, daß ich nicht mehr habe auffstehen können. Alle meine leütte haben gemeint, ich were blessirt. Daß hatt mich noch mehr lachen machen, aber ich habe mich, gott lob, nicht wehe gethan, will also meinen brieff fortschreiben, komme, wo ich geblieben. Hettet Ihr Ewern brieff abgeschrieben, hettet Ihr woll groß unrecht gehabt; den E[we]r brieff ist sauber undt deütlich geschrieben. Meine augen seindt nun alt genung, unb daß die große schrieff mir beßer, alß eine gar kleine... Ich brauche doch, gott lob, noch keinen brill undt habe es nicht von nöhten. Aber, liebe Louisse, braucht keinen brill! Ewer gesicht wirdt gar gewiß wider kommen; aber nimbt man einen brill, kompt es nie wieder. Ich habe gleich nach dem eßen Ewer liebes schreiben vom 10, no 46, [empfangen:] da werde ich heütte nichts auff sagen undt, wo mir gott leben undt gesundt[heit] lest, werde ichs biß sontag beandtwortten, nun nur von hertzen dancken vor alle Ewere gutte wünsche. Seydt versichert, daß, wen Eüch widerfahren solte, waß ich Eüch wünsche, würdet Ihr ursach haben, sehr vergnügt zu sein! den alles würde nach Ewerm wunsch gehen, liebe Louise! Ich erinere mich nicht, ob ich Eüch letztmahl geschrieben, daß man in den Pirenee [1] daß schloß von Castel Leon erobert, undt gestern kam die zeittung, daß sich Fontarabie ergeben [2]. Eine bombe ist in eine cittern [3] gefallen, da haben sie kein waßer mehr gehabt. Es ist ein junger edelman dort

---

1 d. h. Pyrenäen. 2 Journal du marquis de Dangeau XVIII, s. 65 unter sonntag, 18 Juni 1719: ‹Il arriva le matin un courrier qui apporta la nouvelle de la prise de Castelleon. Le second fils de M. d'Estaing a été blessé de trois éclats de bombe; l'un lui crève l'œil, l'autre est à l'épaule, et le troisième, qui est le plus dangereux, lui fracasse le genou; il n'étoit là que comme aide de camp de M. de Jeoffreville.... Le courrier qui apporta la nouvelle de la prise de Castelleon avoit passé au camp de Fontarabio et c'est là qu'il a appris la blessure du fils de M. d'Estaing.› Ebendaselbst s. 66 unter mittwoch, 21 Juni 1719: ‹M. le marquis de Traisnel, gendre de M. le Blanc, arriva à sept heures du matin, et apporta la nouvelle de la prise de Fontarabie. La place capitula le 16; on ne sait point encore le détail de la capitulation. Il n'y a eu personne de considérable tué ni blessé dans les derniers jours. Le second fils de M. d'Estaing est mort des blessures qu'il avoit eues la nuit du 10 au 11.› 3 citerne, cisterne.

umbkommen, welcher eben auß Pezen kommen, gar ein feiner junger mensch, jammert mich recht. Ich habe ihn alß mitt meinem enckel spillen sehn [1], allerhandt spilger; er hatte verstandt undt war recht... Sein vatter undt mutter seindt noch ahn [2] madame d'Orleans undt so hertzlich betrübt, daß sie zu erbarmen sein. Noch eine andere betrübte mutter ist vorhanden, madame Destin [3]. Ihr sohn ist auch dort umbkommen undt 150 gemeine soltaden. Daß ist alles, waß ich neßes weiß. Adieu, hertzallerliebe Louise! Ich ambrassire Euch von hertzen undt behalte Euch allezeit lieb.

Elisabeth Charlotte.

1030.

St Clou den 25 Juni 1719, umb halb 9 morgendts (N. 97).

Hertzallerliebe Louisse, heütte werde ich exact auff Ewer liebes schreiben vom 10, no 46, andtwortten, so ich donn[e]rstag deßwegen verspart. Ich glaube, ich habe Euch vergangen donnerstag bericht, wie einen schonnen burtzelbaum ich über einen kirschen[kern] gethan, undt weillen ich persuadirt bin, liebe Louise, daß Euch dießes vielleicht in sorgen wirdt gesetzt haben, derowegen will ich hirmitt ahnfangen undt Euch sagen, daß, außer daß ich ein wenig violet ahn, met verlöff, met verlöff (wie die alte fraw von Woltzogen alß pflegt zu sagen), hinterbacken habe, befindt ich mich im überigen gar woll davon undt hatt mir, gott lob, gar nichts geschadt. Gestern morgen spatzirt ich ein halb stündtgen in der Carmelitten closter, im gartten, will ich sagen, ohne die geringste incomoditet ahn dem schenckel zu verspüren. Es ist gewiß, daß gehen mir gar gesundt ist. Wen ichs nur beßer könt! aber es geht leyder klein her, wie der wolff sprach, so schnacken fraß [4]. Dieß ist ein sprichwordt von Lenor. Ma tante, die fraw abtißin von Maub[u]isson, wardt so ollendt von einem schlagfluß, nach welchem sie noch 2 jahr gelebt; sie bekame es, wie I. L.. 85 jahr alt wahren. Daß solte mir eher geschehen können, alß ahn I. L. s., indem sie so dur [5] war wie ein scheydt holtz, ich aber dick undt fett. Man weiß keine andere ursach, warumb sie den schlag bekommen, alß weillen sie sehr sujet

---

1 ? sehen.   2 d. h. wol bei.   3 d'Estaing.   4 Diese redensart gebraucht Elisabeth Charlotte häufig.   5 d. h. dürr.

ahn die migraine war, undt daß hörte auff einmahl auff; in selben
jahr bekamme sie den schlag. Die große mode nun hir im landt
ist taub-sein; ich bins, gott sey danck, noch nicht, aber schir alle
meine leütte seins; die fraw von Rotzenhaussen, mitt der muß man
nun auch gar lautt reden, wen sie einem hören solle. Ach, liebe
Louise, nichts ist gemeiner, alß mein verstandt; außer le sens
commun [1] kan ich mich nichts rühmen. Kein groß alter ambissionire
ich; bin schon müde, so lang alt geweßen zu sein, wo gar keine
last bey ist. Erstlich wens die incommodit[e]ten nicht wehren, so
daß alter mitt sich bringt, so hatt man doch daß, das man wie allein
in der welt bleibt undt alle freündt undt bekandten sterben sicht,
wovon ich gar nichts halte. In hohen alter macht man keine neüe
freüden, man regretirt nur die, so man verlohren, [hat] nur ein
einsames, ellendtes undt betrübtes leben zu schleppen, dadurch [man]
andern undt sich selber eine last wirdt: daß ist warlich nicht zu
wünschen, noch zu begehren. Ich halte die observationen in den
calendern [für] eine pure bagatelle, aber umb mich zu amussiren, sehe
ich darnach. Bin gar fro, daß Euch Ewere aderläß woll bekommen.
Gott erhalte Euch lang bey volkommener gesundtheit! Aber heist
Ihr, liebe Louise, eine aderläß woll, wen man recht kranck drauff
wirdt? Von juleb-drincken werde ich gewiß woll nie kranck werden, ein juleb eckelt mich, wen ich nur dran gedencke. Kein eyß
eße ich auch nicht. Confection de hincinthe ist auch etwaß abscheüliches in meinem [sin], ju[s] aber ist gutt vor den magen undt gar
nicht degouttant, bin auch persuadirt, daß ist, waß Euch den magen
wider zurecht gebracht hatt. Es were nicht nöhtig, daß mich die
fürstin von Ussingen selber wider danckt, noch mein sohn; durch
Euch zu dancken, were schon genung. Ihr bruder ist noch nicht
zu Paris. Vor dießem machte man ein so großes weßen vom 7ten
sohn, daß die könige hir im landt eine pension drauff gesetzt hatten.
Daß ist gantz abkommen: den man endtlich woll gesehen, daß es
ein bloßer aberglauben war. Man meinte hir auch, daß der 7bente
sohn die ecruellen [2] durch abrühren [heilen] könte: ich glaube
aber, daß es eben so viel krafft hatt, alß der könige in Franckreich
abrühren [3]. Wen man meinen raht folgen solte, so solten alle

---

1 sens commun, gemeiner menschenverstand. 2 les écrouelles, den kropf.
3 O. Brunet II, s. 123, anmerk. 1: «On voit que Madame ne croyait guère
au vieux privilége que les rois de France ont longtemps passé pour posséder,

potentatten befehl außgeben, daß man in allen christlichen religionen alle scheltwort abthun solte undt ein jedes glauben undt leben laßen, wie er es verstehet, undt die hart zu straffen, so uneinigkeit zwischen Christen ahnstellen wollen. Den daß ist, waß gott ahm meisten mißfehlt: den ahn fiellen orten deß netten Testaments sagt unßer herr Christus, daß gott lieben von gantzem hertzen, von gantzer seelen undt allen kräfften undt seinen negsten alß sich selbst, darin bestehet daß gesetz undt die prophetten[1], worinen die gantz christliche charitet begrieffen. Aber eines den andern vor verdampt zu halten, ist geraht gegen dieße charitet; den daß macht den negsten haßen, ahnstatt ihn zu lieben. Also solte daß hoch verbotten werden; aber ich fürchte, man wirdt meinen raht weder nehmen, noch folgen. Der caissier zu Heydelberg hatt vielleicht waß vor Churpfaltz erspart, den hertzog von Württenberg zu entpfangen: drumb hatt man Euch nichts geben können. Des königs in Preüssen raht können einen starcken nachdruck haben; den er hatt eine starcke armee auff den fuß gestelt: eine armée, so mitt großen gestöcken sprechen kan, wirdt sehr persuasif[2]; also hoff ich sehr, daß des könig in Preussen brieff ahn Churpfaltz den armen Pfältzern dinlich sein wirdt. Gott gebe segen dazu! Ihr habt woll gethan, mir daß genealogie-buch ungebunden zu schicken; den mein buchbinder bindt beßer ein, alß man in Teütschlandt thut. Sobaldt ich es werde entpfangen... Es were aber beßer geweßen, liebe Louisse, den armen mehr zu geben haben undt mir nur geschrieben zu haben, waß die bücher kosten: die hette ich, ohne mich zu ruiniren, bezahlen können. Man hatt errahten, daß die müntz abschlagen würde: auff jede louisdor hatt man 20 sols abgeschlagen, gilten also nun ein livre weniger undt 35 livre[3]. Also umb weder Euch, noch niemandts

---

et sur lequel il a été écrit divers ouvrages, parmi lesquels on distingue celui de Du Laurent, premier médecin d'Henri IV: «De mirabili strumas sanandi vi solis Galliæ regibus divinitus concessa.» Paris, 1609, 2 vol. in-8.»

1 Evangelium Matthäi 22, 37 bis 40. Ev. Marci 12, 30. 31. Ev. Lucä 10, 27.   2 ? persuasive, überredend, überzeugend.   3 Der marquis de Dangeau schreibt in seinem Journal XVIII, s. 43 unter sonntag, 7 Mai 1719: «Au conseil de régence de l'après-dinée, on approuva la résolution qu'on a prise de diminuer le prix des louis d'or de 20 sols: ils ne vaudront plus que 35 livres: mais on ne diminue rien sur l'argent.»   Ebendas. s. 44 heißt es sodann unter montag, 8 Mai 1719: «On publia l'arrêt pour la diminution du prix des louis d'or; on croit que ce ne sera pas la dernière diminution.»

zu betriegen, so bericht mich, liebe Louise, waß ich noch dran noch schultig bin! Ihr betriegt Euch sehr, wen Ihr meint, daß es mir mühe gibt, Ewere lange brieff zu leßen; contrarie, Ihr thut mir einen rechten gefahlen dran, lange brieff zu schreiben, liebe Louise, undt mir zu berichten, waß vorgeht. Ich habe nichts auffs consile de Trente [1], den da weiß ich kein wort von, halte es auch nicht vor nöhtig zu leßen. Ich haße undt meyde alles, waß zänckisch ist in religion-sachen, undt bin persuadirt, daß solches der heyllige geist nicht dictirt hatt; den er ist ein geist der lieb undt deß friedens, kan also ohnmöglich zanck undt hader ahnrichten. Ich habe hiemitt, wie Ihr segt, Ewer liebes schreiben exact beantwortet undt Ewere 21 seytten in 6 beantwort. Also segt Ihr woll, liebe Louise, daß Ewere lange brieff mir kar keine ungelegenheit bringen, könt sie also so lang machen, alß es Euch selber keine ungelegenheit bringt. Wir haben nun gantz undt gar nichts neues hir, werde also vor dießmahl nichts mehr sagen, [als] daß ich Euch bitte, Ewer bogen zu schiffriren, wie ich thue: den Eweren bogen wahren so verlegt, liebe Louise, daß ich mühe gehabt habe, sie auß einander zu bringen, den sie wahren gantz verlegt; bin doch endtlich zu recht gekommen. Adieu, hertzlieb Louise! Seydt versichert, daß ich Euch allezeit von hertz[en] lieb behalte!

Elisabeth Charlotte.

. P. S.

Wie ich eben von taffel kommen, habe ich Ewer paquet entpfangen sambt der fürstin von Ussingen ihren entpfangen, Ewer liebes schreiben vom 13 Juni, no 47; aber ich werde, wie schon gesagt, erst zukünfftige post drauff andtwortten. Die fürstin von Ussingen hatt gemeint, sie hette mir ein brieff vor meinem sohn geschickt; ich habe ihn aber nicht in ihr paquet gefunden. Bitte, sagts ihr doch von meinetwegen undt daß ich fro bin, daß sie mitt mir zufrieden ist! Adieu! ich muß ahn mein dochter schreiben, sage alßo nichts mehr, alß daß ich heütte nicht auff Ewer liebes schreiben andtwortten werde, auch nicht spatziren fahren, den es regnet, daß es plätzt [2]. Es ist kein schön, aber ein gutt wetter,

*

1 concilium tridentinum. 2 platzen, platschen. Man vergl. Weigand, Deutsches wörterbuch II, s. 391. 392.

den die erde hatte es woll hoch von [nöthen]. Adieu noch einmahl, liebe Louisse! Ich ambrassire Euch von hertzen.

1031.

St Clou den 29 Juni 1719 (N. 98).

Hertzallerliebe Louisse, gestern fuhr ich nach Paris, meinen sohn undt madame la princesse zu besuchen. Mein sohn hatt, waß man hir eine siatique[1] heist, so ihm gar große schmertzen in einer hüfft undt in den lenden [macht], leydt viel, ist aber gantz ahngethan undt lacht undt schwetzt, sicht auch nicht übel auß. Er sagt, es komme ihn, daß er in der hitze undt im schlaff die decke abgeworffen hette, hette ein kalter windt ihn über die länden gefahren; gleich seindt ihm die schmertzen ahnkommen abscheülich. Madame la princesse hatt vor etlich tagen gar eine starcke coliq außgestanden; ist doch nun wider viel beßer. Aber waß mir ahn I. L. mißfällt, ist, daß sie abscheülich abnimbt undt mager wirdt. Daß thut aber doch die beküm[e]rnuß über madame du Maine, ihres unglücks kan sie sich nicht getrösten. Wie ich ins Palais-Royal kam, wurde ich gleich nach dem eßen mitt Ewer liebes schreiben vom 17 dießes monts erfreüet undt man gab mir zugleich daß genealogiebuch undt den Virgilius. Dießes letzte bin ich Euch schuldig: den ich[2] habt mir ja geschrieben, daß mein gelt mitt dem genealogie-buch auffgangen ist. Ihr schreibt mir aber nicht, waß es Euch, liebe Louise, gekost; bitte, last michs wißen! Ich habe die bücher gleich ahn meinem buchbinder geschickt; er ist fleysich, wirdt mir sie baldt schicken. Undterdeßen dancke ich Euch sehr vor die mühe, so Ihr damitt gehabt hatt. Ich bin ahngestanden, auff welches ich von Ewern 2 lieben schreiben ahm ersten andtworten solte, ob es wie ordinarie sein solte, nehmblich daß, so überblieben von letzter post, oder daß, so ich gestern entpfangen. Waß mich aber vor daß letzte desidiren[3] macht, ist, daß ich den gantzen morgen ahn unßern hertzog von Lotteringen undt mein dochter zu schreiben gehabt habe mitt einem expressen conrir, so heütte weg undt sie geschickt hatten; undt wie ich also heütte nicht viel zeit zu schreiben habe undt dießer letzte brieff kürtzer, alß der erste, ist, alßo halte ich

---

1 sciatique.   2 ? Ihr.   3 d. h. decidieren.

mich ahn dießem. Ich kan nicht arbeytten, weillen man mich in mein[e]r jugendt so sehr dazu gezwungen hatte. Schattiren würde mir im geringsten keine lust geben; wer ahn jagten gewohnt ist, kan sich mitt der weiber arbeydt nicht behelffen, noch spaß drin nehmen. Es ist gewiß, mitt nadtlen zu arbeytten, da gehoren scharpffe augen zu schreiben [1]; darin habe ich weder große lust, noch freüde. Aber ich entretenire lieber die, so mir lieb sein, alß daß ich nehe-nadtlen in canefas stecke. Es ist ein schlim wetter in alles, aber insonderheit vor die gesundtheit: alle menschen klagen waß nun. Madame de Berry ist noch gar über [2] undt gestern war es doch 3 mont complet, daß I. L. kranck sein. Einen tag frist sie nichts, den ander[n] tag frist sie 3 mahl deß tags; daß kan kein gutt thun, daß macht sie nachts übergeben, ohne zu schlaffen: andern tags ist sie recht kranck. Man sagt auch, sie hette nachts ein wenig daß fieber. Ich fürcht, daß arme mensch wirdt nie mein alter erreichen. Es hatt heütte gedonn[e]rt, war aber kein gar starckes wetter. Hir im landt seindt keine starcke donnerwetter, aber doch genung, umb madame de Berry braff bang zu machen. Ich fürchte es gar nicht, dencke, daß ich in gottes handen bin, ob er mich so nimbt, oder auff eine andere weiß. Ist daß nicht all eins, wens nur in seinen gnaden ist? Hir fengt es seyder montag zimblich ahn zu regnen; auch ist der staub nicht mehr so erschreklich, alß er wahr. Es wirdt mir lieb sein, wen der Bacherracher woll geräht; den ich drincke schir nichts anderst mehr; nur den ersten drunk drincke ich vin de Champagne, alles überige Bacheracher. Der hertzog von Lotheringen schickt mir alle jahr meine provision. Ich habe gern, wen man haußhalterisch [3] spricht; daß höre ich lieber, alß politiqsiren. Man kan woll klug ohne falsch sein undt falsche leütte machen mich ungedultig. Ich thue alß meinen grosten effort, mich einzuhalten, umb nicht mitt der thür in die stub zu fahlen; den solche leütte mögte ich von hertzen übers maul zu fahren undt sie zu brutallisiren [4] [das recht haben.] Ist Schwalbach undt Schlangenbaadt nicht all eines? Ich meinte, der undterschiedt were nur durch die brunen, aber daß es

---

1 ?dasu gehören schärfere augen, als zum schreiben. 2 ?ubel 3 d. h. von haushaltungsgegenständen. 4 brutalisier, grob begegnen.

derselbe ort sey. Modeste weibsleütte in itzigen zeitten zu finden, ist waß [seltenes.] Bin froh, daß der graff von Nassau Weillburg so woll getroffen hatt. Ich meine, daß deß fürsten von Ostfrisland seine fraw mutter eine printzes von Württemberg geweßen ist, printzes Sophie von Barait[1] schwester. Von dem einfaltigen hertzog von Sacksssen Mörßburg habe ich mein leben nichts gehört. Der[2] hertzog von Saxsen Eyßenach kene ich woll. Ich finde den groß... von Naßau Itstein woll glücklich, aller seiner döchter so loß zu werden. Dieße kunst hatt mein sohn nicht. Keyßer undt könige haben keine verwanten, wie Ihr woll wist. Proces gewinen ist doch etwaß. Mein gott, wie betrübt were ich, wen man mich so in ceremonien einhollen solte, alß wie den graff von Solms! ich stürb vor lange weill. Der graff von Solms thut woll, seinen ceremonien nicht überall zu führen; daß were nicht außzustehen. Ich vergeße immer, meinen sohn zu fragen, wer der generalmajor de Francheville ist; den ich erinere mich nicht, jemahlen von ihm gehört zu haben. Hir in Franckreich hört man von keine generalmajors. Die hochzeit vom churprintz wirdt in magnificense bezahlt werden. Wie ich von dießem höre, werden seine kinder die schulden nicht bezahlen; den in hochzeit-sachen solle schlegt mitt dem gutten herrn bestelt sein. Hiemitt, hiemitt ist Ewer liebes schreiben völlig beantworttet, bleibt mir nur überig, zu sagen, daß ich Euch eine gutte nacht wünsche undt nach bett gehe, nachdem ich Euch werde versichert haben, daß ich Euch biß ahn mein endt von hertzen lieb behalte.

Elisabeth Charlotte.

1032.

St Clou den 6 Julli 1719 (N. 100).

Hertzallerliebe Louise, gestern war ich zu Paris, da bracht man mir Ewer liebes schreiben vom 24 Juni, no 50. Ich machte es in großer eyll auff in hoffnung, zeittung von Euch zu erfahren undt ob Euch der schrecken nichts geschadt, auch ob Ihr außer daß schonburgische hauß sonsten waß durch den abscheülichen brandt verlohren habt. Den ein augenblick vorher, ehe ich Ewer

---

1 Bayreuth.   2 ? Den.

liebes schreiben bekamme, bracht mir die fraw von Rotzenhaussen ein schreiben, so man von Franckfort auß ahn einen von ihren gutten freünden, einen kauffman, geschrieben, so zu Paris ist, vom 29 Juni, daß durch einem bierbrawer der brandt ahngangen, so selbigen tag noch nicht gelescht war, ob zwar schon, wie er schreibt, 550 heüßer eingeaschert wehren, undt unter andern nent er den schonburgischen hoff, worüber ich woll hertzlich erschrocken bin undt desto mehr, daß Ewer liebes schreiben nur vom 24 Juni ist, also fünff tag vorher, undt ich also noch lang zu wartten habe, ehe ich erfahren, wie es mitt Euch [steht.] Es schaudert mir, wen ich nur dran gedencke; den es ist etwaß gar abscheüliches. Gott wolle Euch be[i]stehen! Es verlangt mich unerhört, zeittung von Euch zu bekommen. Wie kompts aber, daß der kauffleütte brieffe 5 tag frischer sein, alß die Ewerigen? Sie müßen ja doch durch dießelbe post ahnkommen. liebe Louise! Aber waß ich auch dazu sagen mag, wirdt es doch nicht endern, will derowegen auff Ewer liebes schreiben vom 20 Juni andtworthen. Die hitze matt mich ordinarie nicht ab undt schwitzen ist mir ordinari[e] nicht ungesundt. Ich fange heütte spät ahn, zu schreiben; den weillen es gestern mein tag war, 9 capittel in der Bibel zu leßen, welches ich nicht habe thun können, weillen ich nach Paris gemust, also habe ich es heütte gethan, hernach auff einen brieff von der königin in Preüssen geantwort, welche sehr betrübt über ihre hoffmeisterin ist, madame de Sacetot¹. War sie nicht eine von den Lamotten dochter, endtwetter von deren, so bey meiner fraw mutter s. geweßen, oder die, so freüllen bey ma tante s., unßere liebe churfürstin, war? Madame de Berry ist zwar ein wenig beßer, kan aber noch auff keinen fuß tretten, wirdt mager undt sieh[t] ellendt auß. Ich fürcht, ich fürcht, es werdt ihr weder in dießer, noch jener welt nutzen. Sie jam[e]rt mich. Es ist gewiß, daß, seyder sich die junge leütte ahn die frembt sachen undt vielle freßen undt sauffen gewohnt haben, seindt sie nicht mehr so frisch, starck undt gesundt, alß vorher. Unßer herrgott hatt einem jeden landt außgetheilt, waß den einwohnern gutt ist; dabey solten sie sich halten. Mein gott, wie kan so waß bitters undt stinckentes erfrewen, wie daß caffé ist! Wir hatten vor dießem einen rohtkopfügten ertzbischoff von Paris, der roch auß

---

1 Sassetot.

dem maul eben wie der caffe [1]; daß gibt mir so einen großen eckel davor. Mein fraw mutter s. liebte alle mode, undt waß frantzösch war, fundt sie admirabel; ich bin aber gar ahn keine mode attachirt. Ihr hattet mir noch Ewer leben nicht verzehlt, wie Ihr mitt meiner fraw mutter s. thé undt caffé getruncken habt, alß nun, liebe Louisse! Ich fürchte, Ihr [werdet] dem armen duc de Schonburg nicht mehr viel zu wißen thun; den unßer liebe printzes von Wallis schreibt mir, daß er gar kranck ist, sie sagt aber nicht, waß vor eine kranckheit er hatt. Ihr werdt Euch in dem zu getrösten haben. Ich hatte Euch geschrieben, wie baron Willig hir war, wie ich meine meinung ahn die freüllen von Coedern braff gesagt: Ihr mögts aber woll vergeßen haben. Daß war auch nicht der mühe wehrt zu behalten; hettet Ihr mich nicht dran erinert, wüste ich es auch nicht. Aber ich habe nicht außgeschrieben, waß ich habe sagen wollen, nemblich daß Ihr Euch werdt über Ewers schwagers todt werdt zu getrösten [wißen], indem daß es Euch den graff undt die gräffin von Degenfelt wirdt zuführen. Aber ich muß nun eine pausse machen; dießen nachmittag werde ich dießen brieff außschreiben, mich aber nun ahnziehen, betten gehen, hernach zum eßen undt nach dem eßen wider herrein.

Donnerstag, den 6 Julli, umb 4 uhr nachmittags.

Nach dem eßen bin ich herrein, hab gemeint, gleich wieder zu schreiben können, aber, meins [2] gott, es kompt alß ein diable de contretemps, so einem ein streich drin thut. Erstlich so habe ich waß suchen mößen: daß hatt mich so abgematt, daß, so baldt ich mich gesetzt, bin ich entschlaffen, undt nun, da ich wider wacker bin, sagt man mir, daß der cardinal mich zu sprechen verlangt, muß also wider eine pausse machen.

Donn[e]rstag, umb halb 8 abendts.

Ich bin gleich, wie der cardinal weg, ins gebett, von dar a la promenade. Da komme ich jetzt her, liebe Louisse, will Euch ferner entreteniren. Ich war heütte morgen ahn Eweren neveu undt niepce geblieben; die, hoffe ich, werden Euch vollig über alle die

---

1 Vergl. band II, s. 412. 700. 701; band III, s. 470; band I, s. 497.
2 ? mein.

gehabte verdrießlichkeit trösten. Meine angst ist, daß Euch der schrecken wirdt kranck machen: den so sachen seindt abscheülicher im ersten schlaff; die fewersbrunst solle umb mitternacht ahngangen sein. Es graust mir recht, wen ich dran gedencke, kan nicht recht ruhig sein, biß ich weiß, liebe Louise, wie es mitt Euch abgeloffen ist; den die sach ist gar zu abscheülich; ich dencke seyder gestern abendts immer dran. Hatt den Ewer schwager keine ambtleütte, so die affairen verstehen? Undt sein raht, der ein gelehrter ist, soll der die affairen nicht so woll verstehen, liebe Louise, alß Ihr? Wo teüffel habt Ihr den die affairen gelehrnt? Daß lehrnt man ja zu Heydelberg nicht, liebe Louise! Da habe ich ja mein leben von keine affairen reden hören. Ich habe noch nicht mitt madame la princes[se] wegen Ewer[e]r sach sprechen konnen: den letztmahl, alß ich zu I. L. ging, hatten wir so viel von I. L. niepce, die duchesse Doursch[1], zu disputtiren gehabt, daß man von nichts anderst habe[2] reden können. Die printzes Christine von Salm, so eine falsches[3], böße person, aber ahngenehm von person undt hatt viel verstandt, die hatt ihre niepce so abscheülich bey madame la princesse eingehauen, daß sie sie nicht allein nicht sehen will, sondern auch ihren kinder verbotten, sie zu sehen undt zu sprechen. Daß betrübt daß arme muschelgen so erschrecklich, daß sie mich recht gejammert hatt; ich tröste sie, so gutt ich kan. Herr Fesch ist ein witwer, hatt einen sohn undt bejammert noch alle tag seine verstorbene fraw. Ich glaube aber, daß, wen die fraw von Zachman gewohlt hette, würde sie ihn woll getröst haben. Ich finde, daß er recht hatt; den man kan kein artiger weibgen sehen, alß sie ist, sowoll von figur, alß maniren. Der herr Fesch ist ein Schweitzer, so viel verstandt [hat.] Er ist raht bey dem margraffen von Durlach, ein rechter wacker, ehrlicher man[4]. Er ist hir bey hoff wegen den affairen von den Schweytzern. Er ist reformirt. In meinen sin hatt die margraffin von Baaden Baaden eine unnöhtige, albere reiße gethan. Alle menschen, die Catholische selber hir, lachen sie mitt auß. Hatt sie es aber ihrem herrn auff dem todtbett versprochen, so hatt sie daß unrecht nicht, sondern ihr herr. Ich hette mein leben nicht gedacht, die princes Sobiesqui solle mitt 2 fregatten vom papst ihren herrn auff der see suchen, aber seine spa-

---

1 d'Ourches.   2 ? hat.   3 ? falsche.   4 Vergl. oben s. 145.

168

nisch[en] troupen sollen in Schottlandt braff gebutzt sein worden. Ich habe ich[1] schon letzte post vor den Virgill[i]us undt genealogiebuch gedanckt, dabey gebetten, zu sagen, waß Euch der Virgillius kost. Hirmitt ist Ewer liebes schreiben vom 20 vollig beantwortet, werde den vom 24 vor sontag sparen, wo wir[2] gott leben undt gesundtheit verleydt. Adieu, hertzliebe Louise! Ich ambrassire Euch von hertzen undt behalte Euch allezeit lieb.

Elisabeth Charlotte.

1033.

St Clou, sontag, den 9 Julli 1719, umb 3 viertel auff 8 morgendts (N. 1).

Hertzallerliebe Louise, gestern führte mich eine gar schlimme ursach nach Paris. Mein enckel, dem duc de Chartre, hatte donn(e)rstag ein starck fieber ahngestoßen, so ihm bey 20 stunden gedawert; man hatt es nur mitt clistiren vertrieben, ist, gott lob, nicht wider kommen. Gott gebe, daß es heütte nicht kompt! den sonsten ist es viertagig, welches ein schlim meuble ist. Gott bewahr unß davor! Ich habe zu Paris nichts, alß lautter trawerige sachen, gehört undt gesehen. Die neüe junge duchesse d'Albret ist im kindtbett gestorben, weyllen sie in ihrer schwangerschafft zu viel waxs gegeßen undt von dem brodt, wo man die ostien von macht. Im Palais-Royal war den abendt vorher der monsieur de Nancret[3] gestorben, so meines sohns Schweitzer commandirt. Er hattte einen bruch; dazu ist der kalte brandt geschlagen, so ihn in wenig stunden sterben machen. Es ist derselbe, welchen mein sohn in Spa-

---

1 ? Euch. 2 ? mir. 3 Nancré. Der marquis de Dangeau schreibt in seinem Journal XVIII, s. 74 unter freitag, 7 Juli 1719: «M. de Nancré, qu'on ne croyoit point malade, reçut tous ses sacrements l'après-dînée et mourut le soir. Madame la duchesse d'Albret reçut aussi tous ses sacrements et mourut avant minuit.» Hierzu macht der herzog von Saint-Simon, ebendas. s. 74, folgende bemerkung: «Nancré étoit un des hommes du monde des plus raffinés et des plus corrompus par le cœur et par l'Ame. Il avoit servi, puis fait le philosophe; après, s'étoit accroché au Palais-Royal par Canillac et par les maîtresses; de là, à M. de Torcy, et le plus qu'il avoit pu sourdement à tout ce qui approchoit du feu roi, dont il ne tint pas à lui d'être l'espion, puis l'organe, et le fut étrangement lors des renonciations. Valet de Nocé, enfin âme damnée du cardinal Dubois, et par lui porté aux négociations étrangères et à d'autres plus intérieures, il comptoit voler haut lorsque tout à coup il lui fallut quitter ce monde.»

nien ahn Alberonie geschickt hatt. Nur 3 mont, daß er wider kommen. Er hatt eine stieffmutter, so deß premier pressident von Paris tante undt mutter schwester, ist gar eine gutte fraw. Die hatt dießen stieffsohn mehr geliebt, alß wen er ihr eygener sohn wer, welches er nicht hette sein können, den er ist alter, alß sie. Die ist ohntrostbar. Der duc d'Albret ist auch sehr betrübt; aber weillen er aber bey seiner ersten gemahlin ebenso betrübt geweßen undt sich doch vor ein halb jahr nach ihrem todt wider geheürath, meint man, daß er sich auch woll wider trösten wirdt. Ich hatte gehofft, ein schreiben von Euch, liebe Louisse, zu Paris zu bekommen; bin erst nach 8 uhr von Paris, aber es ist nichts kommen. Gott gebe, daß ich heütte glücklicher sein mag undt zeittung von Euch bekommen! Ich kan Euch mitt warheit versichern, daß Ihr mich, liebe Louise, etliche nächte nicht auß dem sin kompt undt mich offt weckt, biß ich endtlich erfahren werde, ob Euch der schrecken vom brandt nichts geschadt undt waß Ihr endtlich verlohren habt. Nun aber werde ich auff Ewer liebes schreiben vom 24, no 50, andtwortten, so mir noch übrig ist. Ey, mein gott, liebe Louise, warumb solte ich müde werden, ahn Euch zu schreiben? Ich werde nie müde, die zu entreteniren, so ich lieb habe undt mir nahe sein. Ich habe ja leyder niemandts mehr von den meinigen überig, alß Euch. Wie solte ich den müde wehren¹, [mit] Euch zu sprechen? Daß dörfft Ihr gar nicht fürchten, liebe Louise! So lang ich lebe undt gesundt bin, werde ich Euch mitt eygener handt schreiben. Solte ich kranckh werden (wie alten weibern, wie ich bin, leicht geschehen kan), werde ich Lenor bitten, zu schreiben undt ich werde dictiren; also wirdt doch, so lang ich sein werde, keine post verfehlt werden. Alle, die Churpfaltz kennen, reden von ihm, wie Ihr, liebe Louise! Er muß sein, wie waß wir vor dießem »gutt sein« hießen. Wie Ihr mir dießen herrn beschreibt, solte er mir gewiß gar woll gefahlen, wen ich die ehre hette, I. L. zu kennen. Daß der nicht ceremonisch undt gantz naturlich ist, daß würde mitt mir simpatissiren. Die boße pfaffen seindt schlimme gesellen. Wen ihnen waß im kopff kompt, leütte zu plagen, haben sie keine ruhe, biß sie es ins werck stellen. Ich habe hir genungsam gesehen, wie sie es machen undt es hergeht. Es ist ein ellendt, wen man meint, devot zu sein undt nur zu glauben, wen einem die

¹ d. h. werden.

pfaffen weiß wollen machen. Unßer s. könig war so; er wuste kein wordt von der h. schrifft: man hatte es ihm nie leßen laßen¹: meinte, daß, wen er nur seinen beichtsvatter anhörte undt sein pater noster plabelte, were schon alles gutt undt er were gantz gotsförchtig; hatt mich offt recht deßwegen gejamert, den sein intention ist allezeit auffrichtig undt gutt gewesen. Allein man hatt ihm weiß gemacht, die alte zott² undt die Jessuwitter, daß, wen er die Reformirten plagen würde, daß würde bey gott undt menschen den scandal ersetzen, so er mitt dem doppelten ehebruch mitt der Montespan begangen. So haben sie den armen herrn betrogen³. Ich habe dießen pfaffen meine meinung offt drüber [gesagt]. Zwey von meinen beichtsvättern, alß pere Jourdan undt pere de St Pierre⁴, gaben mir recht; also gab es keine disputte. Die Capuciner haben gar zu eine einfeltige religion, lautter laperyen, seindt aber ins gemein gutte leütte. Ihr werdet auß meinem letzten schreiben ersehen, wie die königin in Preußen mir selber der madame de Sacettot⁵ todt bericht. Wen sie, wie ich glaube, eine

1 Vergl nachher den brief vom 3 August und band II, s. 247 bis 249. 624. 625. 2 Frau von Maintenon. 3 G. Brunet II, s. 128, anmerk. 1: «D'après M. Walckenaer, qui a fait une étude si approfondie du siècle de Louis XIV, madame de Maintenon rédigea, en effet, un mémoire sur la révocation de l'édit de Nantes; elle y fut amenée par tout le clergé et par les ministres eux-mêmes. On peut consulter sur cette grande affaire l'«Histoire de madame de Maintenon», par M. de Noailles, t. II. Ajoutons que M. Walckenaer consacre à madame de Maintenon des pages nombreuses du tome V de ses «Mémoires sur madame de Sévigné» (p. 209, 215 et notes, 427 et suiv.). Très-opposé au point de vue de Madame, il célèbre la beauté et la pureté de l'âme de Françoise d'Aubigné» Man vergleiche auch nachher den brief vom 24 September. 4 G. Brunet II, s. 128. 129, anmerk. 2: «Louis XIV assignait lui-même aux personnes de la famille royale les confesseurs qu'il voulait leur donner. «Monseigneur n'a jamais eu d'autre confesseur que celui du roi. La duchesse de Bourgogne, élevée à Turin, dans l'éloignement des jésuites, en eut un pour confesseur en arrivant, lequel lui ayant été ôté pour les affaires de la Chine, le roi lui en nomma d'autres dont elle ne s'accommoda pas, et le père de La Rue, enfin, qu'il lui fallut bien accepter, a demeuré. Sa belle-mère ne s'en était sauvée qu'à la faveur du langage et, de ce qu'ayant amené de Bavière un jésuite allemand, les jésuites la laissèrent faire» («Journal» de Dangeau). Le confesseur de Madame n'était, selon Duclos, qu'un domestique de plus dans sa maison. L'abbé de Saint-Pierre, frère du jésuite, fait, dans ses «Annales politiques», l'éloge de la princesse, dont il fut le premier aumônier durant plus de vingt-cinq ans.» 5 Sassetot.

von den Lamottinen dochter ist, kan sie ohnmöglich 70 jahr alt sein; den ich bin noch kein 70 jahr alt undt habe die zwey schwestern ungeheührath gesehen. Kinder-hertzenleydt ist eine große qual: beklage alle die, so mitt geplagt sein. Es hatt noch weit gefehlt, daß unßere duchesse de Berry wieder gesundt solle sein. Ob sie zwar kein fieber mehr hatt, ist sie doch gar ellendt, kan ohnmöglich auff ihre füße tretten undt hatt gar starcke vapeurs; daß heiß ich nicht gesundt sein. Sie übergibt sich auch gar offt: sie bekahlt [1] leyder gar thewer, mir vergangen jahr nicht geglaubt zu haben. Sie bereüet es nun gar sehr, allein es ist zu spat undt geht, wie daß alte sprichwordt sagt: «Wens kalb verdruncken ist, so lehrt [2] man die pütt [3].» Junge leütte meinen alß, sie seyen von eyßen undt stahl undt nichts könne ihnen schaden, waß sie mitt lust thun. Aber darnach wirdt ihnen die lust thewer eingetrenckt. Daß de [4] Deum haben madame de Berry leütte gesungen, wie I. L. auß lebensgefahr wahren. Nun seindt sie in keiner gefahr, aber doch nicht woll, wie Ihr segt auß waß ich schon geschrieben habe. Die fraw von Rotzenhaussen hatt gar nicht vexirt mitt den knochenpulver, sie braucht es in der that; sie thut noch mehr dazu, nehmlich ich weiß nicht, ob es saltz von löffelkraut oder waßer ist; aber man löscht die knochen auch mitt braunen brunellelle-waßer [5] undt noch etwaß, daß ich nicht mehr weiß. Eine duchesse de Chastillon [6], eine schwigerdochter vom marechal de Luxemburg [7], hatte in einem closter nonen nachgemacht; davon ist ihr ein tick [8] gekommen so abscheülich, daß es ihr ahnkommen, alß wens gichter wehren; augen, naßen, mundt, kopff, alles schüttelte sich. Der hertzog von Lotteringen, so nicht dran gewohnt war, wurde recht erschrocken, machte mich von hertzen drüber lachen. Liebe Louise, die welt ist so beschaffen, man ist gutt freundt, so lang es nicht ahn daß deine undt meine geht; kompts aber daran, will niemandts verliehren; so gehts der fürstin von Ussingen neven auch. Daß schiff mitt der kleinen Kiehlmanseck [9] hatt sich wider gefunden. Waß ich von dießer avanture weiß, hatt mir I. L. die printzes von Wallis geschrieben. Mein gutter vetter, der könig in Englandt, hatt einen

---

1 ? bezahlt. 2 d. h. leert. 3 d. h. bütte. 4 ? Te. 5 ? brunellen-waßer. Brunelle, brunellen-kraut. 6 Châtillon. 7 Luxembourg. 8 tic, französisch, eigene weise, laune, angenommene gewohnheit. 9 Kielmannsegge. Vergl. den brief vom 15 Juni, oben s. 147.

wunderlichen hirnkasten, gleicht von humor ahn niemandts von allen seinen verwandten, so ich gekandt habe. Aber, unter uuß gerett, wer dem gott Mamon zu viel ahnbett, daß weist sich in alles. Aber nun muß ich auch meine pausse machen, mich ahnziehen undt in kirch gehen; dieß[en] nachmittag ein mehres.

Sontag, den 9 Julli, umb ein viertel auff 5 abendts.

Da komme ich eben auß der kirch. Ehe ich nein bin, habe ich Ewer liebes schreiben vom 27 Juni, no 91, entpfangen undt gar geschwindt auffgebrauchen[1]. Gott seye danck, daß es nicht war ist, daß der schonburgische hoff verbrandt ist, wie es in deß kauffmans brieff gestanden! Daß setzt mich gantz wider in ruhe. Auff Ewer voriges schreiben hab ich nichts mehr zu sagen, alß daß Ihr noch lang zeit haben werdet, dem könig in Englandt Ewere complimenten zu machen; den I. M. werden vor dem November nicht wider nach Englandt. Der könig hatt ein groß avantage in Schottlandt gehabt; seine troupen haben die von mylord Seefirth[2] undt Maréchal geschlagen[3]. Die mylord haben sich auff ein schiff in die see begeben, umb sich zu salviren; man verfolgt sie, umb sie zu erdapen; waß drauß werden wirdt, soll die zeit lehren. Seigneur Ortance[4] hatt mir auch seine frantzösche undt lateinisch vers ges[ch]ickt. Im Lateinischen verstehe ich eben so wenig, alß Ihr, liebe Louise! Ewere schriefft in dießem brieff war nicht kleiner, alß daß von letzter post; habe sie gegen einander confrontirt. Es ist mir leydt, daß Ihr Euch, liebe Louise, ahn den brill gewohnen wolt; den in der welt ist nicht schlimmers vor die augen. Ich bin froh, daß es der fraw von Gemingen gefreüet hatt, waß ich von ihrem sohn geschrieben. Ich weiß nicht, wo er nun ist. Sie, die fraw von Gemingen, solte Euch woll all ihr leben obligirt sein, daß I[h]r sie auß einer so großen nohts errett habt. Aber von dießem allem wollen wir, wo mir gott leben undt gesundtheit verleyet, biß donnerstag sprechen: nun aber muß ich ahn mein dochter schreiben undt vor dießmahl nichts mehr sagen, alß daß ich gott von hertzen dancke,

---

1 ? aufgebrochen.   2 Seaford.   3 Journal du marquis de Dangeau XVIII, s. 71 unter samßtag, 1 Juli 1719: «On eut des lettres de Londres qui portent que les montagnards d'Ecosse et quelques Espagnols qui étoient avec eux ont été défaits; que le combat a été fort rude; il y a eu cinq ou six cents hommes tués de part et d'autre.»   4 Vergl. die register zu band I und II unter Ortence.

Euch so gnädig von so einer abscheülichen gefahr errett zu haben.
Er wolle Euch ferner von alles¹ übel bewahren! Ich, hertzlieb
Louise, werde Euch von hertzen lieb behalten.
Elisabeth Charlotte.

1034.

A mad. Louise, raugräffin zu Pfaltz, a Franckforth.

St Clou den 13 Julli 1719 (N. 2).

Hertzallerliebe Louisse, ich habe ich² schon vergangen sontag
berichi, wie fro ich geweßen, nach etlichen tagen rechten sorgen vor
Euch endtlich durch Ewer liebes schreiben vom 27 Juni, no 51, zu
vernehmen, daß Ewer hauß, worinen Ihr wohnt, gott der allmächtige undt Euch so gnädig von dem abscheülichen unglück deß
fewers undt brandt errettet undt beschützet hatt, wovor ich gott
dem allmächtigen von hertzen gedanckt habe. Ich hoffe, heütte
noch zeittung von Euch zu bekommen undt ein mehrers zu vernehmen. Nichts ist erschrecklichers, alß eine statt brenen zu sehen;
ich habe es schon vielmahl gesehen. Daß trawerige geleütt, so
man darbey thut, macht die sach noch traweriger undt abscheülicher. Hir heist man es le tocsin; ich weiß nicht mehr, wie man
es in Teütschlandt heist. Es ist ein[e] große charitet von Euch,
liebe Louise, die arme fraw von Gemingen salvirt zu haben. Allein
es ist mir doch ein wenig forcht ahnkommen, zu gedencken, daß
Ihr Ewere pferdt weggeschickt undt daß, wen der windt (wie leicht
geschehen kan) gewendt hette, so hettet Ihr desto größer gefahr
würdet gehabt haben, kein wagen, kutsch, noch pferdt mehr zu
haben, Euch zu salviren. Es muß ein schlechter ahnstalt zu Franckfort sein gegen dem brandt, daß man nicht hatt helffen können
undt 500 heüßer verbrandt sein. Zu Strasburg ist beßer order.
Mich verlangt also noch sehr nach Ewere liebe schreiben wieder;
hoffe, dießen nachmittag eines zu bekommen, den es ist nun erst
halb 12. Mein courir ist noch nicht mitt meinen brieffen kommen.
Alle arme leütte, so verunglückt sein, jamern mich von hertzen, wie
auch die armen storcken³. Die storcken haben mich offt zu Heydelberg amusirt, wen ich ihnen zugesehen auff die camin von der

---

1 ? vor allem. 2 ? Euch. 3 d. h. störche.

statt; drumb seindt sie mir lieb [1]. Ich finde in itzigen zeitten die thier raisonabler, alß viel menschen. Ich glaube, es wirdt endtlich ein wetter heütte geben; den es ist so schwül warm, daß man nicht dawern kan. Man solte zu Franckfort von den pumpen haben, wie man in Hollandt hatt undt auch eine bey dem theatre im dicken thurn zu meiner zeit war undt man jetzt auch hir hatt. Daß wer gar nohtig; den es lescht daß feüer geschwindt. Aber ich muß nun eine pausse machen undt mi[c]h ahnziehen. Dießen abendt werde ich dießen brieff enden. Wir haben nun gar nichts neües hir. Unßere troupen haben St Sebastien in Spanien belägert. Daß die Spanier in Schodtlandt geschlagen sein, werdet Ihr, liebe Louise. schon gehort haben.

Donnerstag, den 13 Julli, umb halb 5 nachmittags.

Es ist heütte eine so unnaußsprechliche hitze, liebe Louisse, daß man sich nicht rühren kan. Nach dem eßen hab ich in meiner cammer 2 Frantzoßen gefunden, die von Lotteringen kommen; ein jeder hatt mir einen brieff von meiner dochter bracht undt von meinen 5 enckeln, ihre kinder. In vollem leßen bin ich bey dießer hitze entschlaffen, welches leicht geschicht. Wie ich erwacht, ist mein courier ahnkommen undt hatt mir Ewer liebes schreiben von 1 dießes monts, no 51, bracht. Mich deücht, ordinarie seindt die brieffe nicht so lang unterwegen undt kommen den 9 tag ahn, undt dießer brieff ist 13 tag unterwegen geweßen. Ihr sagt kein wordt mehr vom brandt; also muß wider alles still davon sein. Dießen brieff werde ich vor die sontagspost sparen, wo mir gott leben undt gesundtheit verleyet. Ich komme wied[e]r auff Ewer erstes schreiben, wo ich heütte morgen gebliebenwar. Wo man die pfaffen walten undt regieren lest, geht es allezeit grob her. Ihr habt mir in dießem brieff woll versprochen, die andere post den wirwar zu gangen[2], so man in der Pfaltz auff die allmoßen gesetzt; aber in dießem letzten brieff sagt[3] Ihr kein wordt davon gesprochen; hoffe also, daß Churpfaltz von sich selber alles gutt wirdt gemacht haben. Gott gebe es! Hirmitt ist Ewer liebes schreiben vollig beantwortet, bleibt mir also nichts mehr überig zu sagen, alß daß ich Euch all

---

1 Vergl. nachher den brief vom 6 August.   2 ? berichten.   3 ? habt.

mein leben von hertzen lieb behalte undt noch gott dancke, daß
er Euch so gar gnädig vor den brandt beschützt hatt.

Elisabeth Charlotte.

1035.

St Clou, sambstag, den 15 Julli 1719 (N. 3).

Hertzallerliebe Louisse, es geht morgen ein edelman nach Lotteringen. Ich muß ahn mein dochter durch dießen menschen schreiben undt auch durch die post undt sonsten habe ich morgen noch etliche brieff zu schreiben; drumb will ich heütte Ewer liebes schreiben von 1. no 52, beantwortten, meinen brieff offen laßen undt morgen noch ein par wordt drein schreiben. Ehe ich aber auff Ewer andtwordt komme, muß ich Euch, liebe Louise, vorher klagen, wie sehr ich in sorgen vor madame de Berry bin. Seyder vergangen mittwo[ch] hatt sie daß fieber bekommen undt hatt es noch. Es ist ihr eygene schuldt, sie hatt in Einem tag milch, salat, melonen undt feygen gefreßen; davon ist ihr ein abscheülich erbrechen ahnkommen undt daß fieber ist drauff gefolgt, welches woll kein wunder. Mitt allem ihrem großen verstandt ist sie mitt ihrem so gar unorden[t]lichen leben wie ein kindt von 9 oder 10 jahren. Mir ist gantz angst bey der sach; den ich finde sie jetzt zu schwach, umb daß fieber lang außzustehen können. Ich habe es schon offt gesagt, ich fürcht, ich fürcht, dieße kranckheit wirdt ein heßlich endt nehmen. Gott wolle uns beystehen! Ich werde sie heütte besuchen undt werde Euch hernach sagen, wie ich sie gefunden. Ich sehe eine verblendung in ihrer kranckheit, so mir gantz angst macht. Gott gebe, daß ich mich in meiner meinung betriege! Nun komme ich auff Ewer liebes schreiben. Mich deücht, unßere brieffe gehen jetzt zimblich richtig; jedoch so kommen der kaufleütte schreiben 5 tag eher ahn, alß die unßere, wie Ihr in eines von den meinen werdet ersehen haben, liebe Louise! Ich bin gar nicht von meinem fall erschrocken; ich bin gar nicht schreckhafft vor mir selber, aber vor andern kan ich braff erschrecken. Alle meine blawe mahler seindt geheylt, haben sich von der hüfft biß undter dem knie gezogen, [sind] hernach gelb worden undt so vergangen. Ich habe, gott lob, eine hautt, so baldt heylt. Die letzt verstorbene duchesse de Never [1] war nicht so glücklich im fahlen [2], alß ich; sie fiel in ihrer cammer über einen kirschenkern undt brach sich ein bein morsch entzwey. Ich gestehe, daß mich die duchesse de Berry von hertzen jamert. Man hatt mehr, alß taußendt, exempel, daß geschwisterkindt einander geheürahet; daß hatt nichts auff [sich]. Die fraw von Rotzenhaussen kan die absolution darauff geben; ihr man undt sie wahr[e]n ja auch geschwisterkindt. Hette die fraw von Veningen kinder gehabt, hette ich ihr daß wider-beürahten nicht gerahten; aber da sie keine kinder hatt, ist sie wie ledig. Ich finde es courageux undt kan nicht begreiffen, wie man sich resolviren kan, wider zu heürahten, wen mans einmahl gewest ist undt weiß, was es ist. Es ist ein miracle, wen ein heürath, so auß lieb geschicht, reussirt; [es ist] gar selten. Ich habe viel gar übel gerahten sehen. Aber die ursach ist gutt, einen man zu haben, umb seine proces undt affairen zu führen; daß ist eine rechte ursach, umb sich wider zu beürahten; den es ist gewiß, daß es eine zu große sach vor eine junge dame ist. Ihr habt große recht, nicht gern zu sehen, daß Ewere baß einen frembten bekommen hette; daß solte ihre mutter betrachten. Ich bilde mir ein, weill die dochter mittel hatt, daß sie es gern einem verwanten von ihrer seytten gegönt hette undt daß dießes die betrübtnuß verursacht. So geht es in der welt; man hört undt sicht nichts mehr, alß betrübtnuß. Nun werde ich eine pausse machen; dieß[en] nachmittag ein mehrers.

Sambstag, den 15 Julli, umb halb 6 abendts.

Es ist heütte eine solche unaußsprechliche hitze, liebe Louise, daß es mir ohnmöglich geweßen, zum schreiben zu gelangen; habe 3 brieff von der post entpfangen, einen von 13 bogen von der königin von Sicillien, einen von meiner dochter undt noch zwey andere, die habe ich geleßen, eines von monsieur Harling, daß andere von seigneur Ortence. Nun leütt man ins gebett undt hernach werde ich a la Meutte zu madame de Bery.

Sontag, den 16 Julli, umb 7 morgendts.

Ich war gestern abendts umb 9, wie ich wider nach hauß kam, so abgematt, daß ich ohnmöglich ein wordt schreiben konte. Madame

---

1 Nevers. 2 d. h. fallen.

de Berry hatt umb 8 uhr ihr redoublement bekommen, hatt daß
fieber sehr. Man hatt ihr gestern zum 3ten mahl seyder donnerstag
zur ader gelaßen; sie jammert mich von hertzen. Wie ich ihr den
pulß fuhlte, wolte sie mir mitt aller gewahlt die handt küßen; daß
hatt mich gantz attandrirt, bin recht betrübt. Ich komme aber wieder auff Ewer liebes schreiben, wo ich gestern geblieben war. Der
duc de Schonburg muß dem todt wider entloffen sein; den were er
gestorben, hette es mir die printzes von Wallis geschrieben, undt
die sagt kein wort von ihm in ihren letztem schreiben. Hertzliebe
Louisse, ich wolte, daß ich Ewern niepcen undt neveux, die schonburgische kinder, dienen könte; aber waß kan ich ihnen hir nutz
sein? Worinen Caroline beßer, alß ich, geschrieben, war, daß ihre
handt undt bu[ch]staben gar gleich wahren; die meinen aber seindt es
nie, auch meine handt nicht so ferm und manlich, alß die ihre war.
Ewer handt aber ist schönner undt gleicht viel ahn Ewerer fraw
mutter handt[1]. Ich hoffe, Euch baldt zu berichten können, daß
St Sebastien, so der duc de Barwick[2] jetzt belagert, auch baldt
über sein wirdt. Es sterben aber viel von der armée von der sonnen undt abscheülichen hitze. Ich glaube, es wirdt unß hir baldt
auch so gehen; den die hitze, so man seyder 3 tagen hir außstehet, ist
nicht zu begreiffen[3]; man kan nicht schlaffen undt ist immer in
vollem schweiß. Mein docktor kompt mir alleweill sagen, daß er
a la Meutte wider gehe, wo er dieße nacht biß umb zwey geweßen;
er fürcht den transport, wirdt also madame de Berry rahten, zu
beichten undt daß h. abendtmahl zu entpfangen. Ich bin recht [be-
trübt.] Ewer liebes schreiben ist vollig beantwortet, bleibt mir also
nichts mehr überig zu sagen, alß daß ich Euch von hertzen lieb
behalten, in welchem standt ich auch sein mag.

Elisabeth Charlotte.

1036.

St Clou den 20 Julli 1719, umb 7 morgendt (N. 4).

Hertzallerliebe Louise, madame de Berry ist noch nicht todt,
ich fürchte aber, es wirdt baldt mitt ihr auß sein; den es fengt

---

1 Vergl. den brief vom 22 Juni oben s. 156.   2 Berwick.   3 ?be-
schreiben.

ahn, zu donnern, undt daß ist eine gefahrliche sache vor leütte, so
todtlich kranck sein. Ich führ jetzt ein gar betrübtes leben, alle
nachmittag fahr ich a la Meutte, so mehr, alß eine gutte stundt,
von hir ist, bin bey unßerer krancken, wo es eine greüliche hitze
ist, bin von halb 4 biß halb 8 in ihrer kammer mitt gar betrübten
hertzen, wie Ihr leicht gedencken könt; den ich sehe meinen sohn
hertzlich betrübt, daß es mich durch die seelen¹... Die mutter
jammert mich auch. Ich erhalte doch meine threnen umb die krancke²,
welche aber gar zu sterben resolvirt [ist]; sagte gestern, sie sterbe
gern, weill sie sich ja doch mitt gott versöhnt hette undt daß, wofern sie lenger leben solte, sie vielleicht sich wider gegen ihrem gott
versündigen könte, wolte lieber sterben. Daß hatt unß alle so
touchirt, daß ich es nicht außsprechen kan. Sie ist in der that
ein gutt mensch; hette die mutter mehr sorg vor sie gehabt undt
sie beßer erzogen, were nichts, alß lautter guts, auß ihr geworden.
Ich gestehe, daß mich ihr verlust recht zu hertzen geht undt in der
seelen betrübt. Jedoch, liebe Louise, will ich auff Ewer liebes
schreiben vom 4 Julli, no 53, [antworten.] Es ist mir lieb, das
Ihr meine schreiben so richtig entpfangt. Von meinem fall hab ich
gar nichts verspürt; es war keine große sach. Man weiß hir nicht,
was irländisch schifferstein³ ist; man brauchts hir nicht undt in gantz
Paris konte man keines finden. Aber ich hatte, gott lob, nichts
von nöhten. Alle blaue mähler seindt gelb worden undt verschwun-
den undt ich habe nichts gefühlt. Waß ich nun von meiner betrübtnuß fühle, ist woll schmertzlicher; den daß hertz klopfft mir immer,
wen ich sie⁴ nicht sehe, undt wen ich sie sehe, betrübt mich undt
jammert mich ihr standt von hertzen; führe allso ein gar trawer-
liches leben, insonderheit seyder 8 tagen. Unßer herrgott wolle
unß beystehen! Wir habens hoch von nöhten, insonderheit mein sohn,
welcher mich zittern macht. Aber last unß von waß anderst reden!
Dießes ist gar zu betrübt. Waß Ihr rohtes in meinem briff gesehen, wahr himbern, so ich geßen hatte, undt die farb war mir
ahn den fingern geblieben, womitt ich mein papir halte. Der pa-
pagayen-dreck stinkt nicht sehr, undt die hundt, daß laß ich gleich
wegtragen. Ich sehe woll, daß Ihr die hunde nicht liebt; den wen

---

1 ? mir durch die seele geht.   2 d. h. ich halte meine thränen um der
kranken willen zurück.   3 ? schieferstein.   4 die herzogin von Berry.

Ihr sie so lieb hettet, wie ich, würdet Ihr gedult mitt ihren schwachheitten haben, insonderheit, wen Ihr ein hündtgen hettet, wie die Reine incognue, daß alles verstehet, wie ein mensch, undt kein augenblick von mir sein kan, ohne bitterlich zu weinen undt zu heüllen. Auch kompt sie nie von mir, alß in der zeit, daß ich bey madame de Berry bin; da laß ich sie in der kutsch; die betrübtnuß ist groß, aber die freüde auch, wen sie mich wider sicht. Sorgen geben die hundt, aber sie machen sich sehr beliebt, wen sie trew sein. Ihr habt woll ursach, zu erschrecken in dem abscheülichen brandt von Franckfort; nichts ist schreckhaffter; es hatt mich recht gejamert, aber vor Euch war ich in großen sorgen. Ich solte meinen, daß der schaden über viel millionen gehen solte, wo 600 heüßer verbrandt undt eingeaschert sein. Diebstahl undt brandt seindt allezeit beysamen. Den soldatten solte man woll hart abstraffen, so den armen man mitt dem gebrochenen arm bestohlen hatt. Die fraw von Frießensee, wie woll unbekandt, ist doch zu betawern, umb alle daß ihrige gekommen zu sein. Daß man pulversack gelegt gefunden, solte glauben machen, daß man die statt mitt fleiß gebrendt hatt. Wer kan aber eine solche boßheit unterfangen haben? Ich dancke vor die vers undt lieder; leße gern solche sachen. Nun die blatter chiffrirt sein, ist nichts dran gelegen, den alßden kan man sich nicht betriegen undt alles geschwindt wider finden. War, der trumeschläger [1] kein Schweitzer? Den ordinari dieße nation so exact in ihrer ordre sein. Wie ich erst in Franckreich kam, wolte ich nachts im gartten zu Versaille spatzir[e]n; der Schweitzer, so die wacht hatte, wolte mich nicht durchlaßen. Ich sagte zu ihm: «Gutter Schweitzer, last mich spatziren! Ich bin deß könig bruders fraw.» «Hatt der könig den ein bruder?» sagt der Schweitzer. Ich sagt: «Wist Ihr das nicht? Wie lang dint Ihr den dem könig?» Er sagte: «30 jahr.» Ich sagte: «Wie? Wist Ihr den nicht, daß der könig ein bruder hatt? Man macht Euch ja daß gewehr nehmen, wen er vorbeyfährt.» «Ja», sagt der Schweitzer, «wen man die trumel schlegt, nimb ich daß gewehr. Waß gehts mich ahn, vor wem es ist? Ich habe nie gefragt, ob der könig weib, kinder oder bruder hatt; da frag ich nichts nach.» Ich habe den könig hertzlich mitt dießem dialogue lachen machen. Ich habe

---

1. d. h. trommelschläger.

gestern die fraw graffin Wißerin gesehen; die rühmbt sich sehr, daß
Ihr ihr alles guts gethan, wie sie noch ledig war. Aber nun muß
ich eine pausse machen.

Donnerstag, den 20 Julli, umb ein ¼ auff 4 nachmittags.

Wie ich von taffel, ist so ein starck wetter komen, daß es
nicht hell genung in meinem cabinet war, umb zu schreiben. Seyderdem hatt mir der graff von Königseeck[1] sagen laßen, er werde biß
sontag von hir weg; den er habe ordre, die ertzhertzogin nach
Saxsen zu führ[e]n. Es ist mir hertzlich leydt, daß er hir weg wirdt;
den es ist ein rechter ehrlicher man, welchen mein sohn undt ich
sehr estimiren. So baldt ich ihn werde gesehen haben, werde ich
a la Meutte, wo es bißher woll gangen; ich fürchte aber, diß donnerwetter wirdt alles verderben. Dießen abendt umb 9 werde ich
Euch sagen, wie ich alles gefunden. Aber ich gestehe, es ist mir
wegen deß donn[e]rwetter bang dabey. Gott stehe unß bey! wir
habens hoch von nohten. Die graffin Wießerin versicherte mich
noch gestern, daß alles woll vor die Reformirten ständt undt der
churfürst ihnen zu Heydelberg in nichts in ihren kirchen trou-
blirte undt alle freyheit ... Ich soutenirte, daß ich daß contrarie wüste undt sie sehr geplagt wehren undt keine freyheit
hetten[2]. Noch muß ich ein wenig in die kirch, betten, ehe der ambassadeur kompt; hernach werde ich a la Meutte, wie schon gesagt, liebe! Gott gebe, daß ich nichts betrübters dort finde, alß
ich schon weiß! Daß übrige von Ewern briff spare ich biß dißen
abendt in meiner zurückkunfft.

Umb ein viertel auff 5 abendts.

Der abgesante ist noch nicht kommen; ich erwartte ihn mitt
großem verlangen. Biß er aber kompt, will ich Euch, liebe Louise,
entreteniren. Ich entpfange in dießem augenblick Ewer liebes
schreiben vom 8 Julli, no 54. [Es] ist mir von hertzen leydt, darauß zu ersehen, daß Ihr Euch abermahl so übel von dem abricossen-
eßen befunden. Ihr soltet ein solch obst nicht eßen, so Ihr wist,
daß Ewerm magen so schadtlich ist, so schon [durch] den abscheulichen schrecken, so Ihr außgestanden, geschwecht kan sein. Gott

*

1 Königsegg. 2 Vergl. den brief vom 6 August, nachher s. 198.

woll Euch wider eine volkommene gesundtheit verleyen! Da kompt der ambassadeur, muß also auffhören undt biß, wie ich schon gesagt, biß nach der Meutte.

Donnerstag, den 20 Julli, umb 9 abendts.

Da komme ich von la Meutte, woll von hertzen betrübt. Ich habe die arme duchesse de Berry in einem redoublement gelaßen, so ich vor eine agonie halte; den sie kendt nicht mehr¹, ist bleich worden, welches noch nicht geschehen, seyder sie kranck, hatt einen bößen pulß undt einen starcken schlucken; zweyffel nicht, daß sie dieße nacht drauff gehen wirdt, welches mir woll hertzlich undt in der seelen leydt ist. Händt undt bein zittern mir noch; ich kan mich noch nicht wider erhollen. Gott wolle unß undt insonderheit meinem sohn beystehen undt vor kranckheit behütten! sonsten müste ich verzagen. Sagt der fürstin von Ussingen, daß ich endtlich ihren brieff gefunden, so ahm paquet geklebt war, undt meinem sohn durch einen pagen geschickt! Sie solle nun weytter in keinen sorgen [sein]. Ich schwitz, daß mir die hellen tropffen vom gesicht fallen, hab vapeurs undt bin saisirt², muß also vor dießmahls nichts mehr sagen, alß daß, in welchem standt ich auch sein mag, so werde ich doch allein bleiben, biß die rey ahn mich [kommt], mitt derselben lieb undt affection, alß ich Euch, liebe Louisse, allezeit versprochen habe.

Elisabeth Charlotte.

Denckt ahn Ewer gesundtheit, liebe Louise! Wen Ihr gutt'en vin d'Alicant³ hettet, würdet Ihr baldt couriren; nicht[s] ist beßer von⁴ indigestion von obst.

*

1 ? kennt mich nicht mehr. ? kennt niemand mehr. Der marquis de Dangeau schreibt in seinem Journal XVIII, s. 80 schon unter dienstag, 18 Juli 1719: «Madame la duchesse de Berry reçut le viatique et l'extrême-onction des mains de l'abbé de Castries, archevêque de Tours, son premier aumônier. M. le duc d'Orléans et M. le duc de Chartres allèrent au devant du saint-sacrement, et l'accompagnèrent au retour jusqu'à l'église de Passy. Cette princesse a perdu toute connoissance; il y a pourtant des moments où sa raison lui revient, mais ces moments-là sont fort rares.» 2 être saisi, heftig erschrecken. 3 d'Alicante. 4 ? vor. ? für.

1037.

St Clou, den sontag, 23 Julli, umb 6 morgendts, 1719 (N. 5).

Hertzallerliebe Louise, waß ich so sehr gefürcht, ist endtlich umb halb 3 donnerstags nachts geschehen; die arme duchesse de Berry ist gestorben[1]. Donnerstag bin ich biß ein ¼ auff 9 bey

---

[1] Der marquis de Dangeau schreibt in seinem Journal XVIII, s. 81. 82 unter freitag, 21 Juli 1719: «Madame la duchesse de Berry mourut un peu après minuit. M. le duc d'Orléans et madame la duchesse d'Orléans reçurent les compliments de beaucoup de gens, et Madame revint de Saint-Cloud et entra chez madame la duchesse d'Orléans; il fut permis aux dames d'y venir dans leurs habits ordinaires. On ouvrira le corps après minuit: son cœur sera porté au Val-de-Grâce, et dimanche on portera son corps à Saint Denis sans aucune cérémonie. Elle n'a pas fait de testament; elle jouissoit durant la vie du feu roi de 680,000 livres de rente, savoir: 640,000 livres que le roi lui donnoit, et 40,000 livres qui étoient l'intérêt des 800,000 livres que M. le duc d'Orléans lui avoit données en mariage.» Unter sonntag, 23 Juli 1719, bemerkt Dangeau ebendas. s. 91: «Le roi, sur les six heures, alla à Saint-Cloud voir Madame. S. M. portera le deuil de madame la duchesse de Berry six semaines et M. le duc d'Orléans le portera trois mois. Il n'y eut point de conseil de régence et M. le duc d'Orléans est toujours fort affligé. A dix heures du soir on mena le corps de madame la duchesse de Berry à Saint-Denis sans grande cérémonie; il y avoit seulement une quarantaine de flambeaux portés par ses pages et ses gardes. Le carrosse où étoit le corps de cette princesse étoit suivi de celui où étoient l'archevêque de Tours, son premier aumônier, et ses autres aumôniers; et puis venoit le carrosse où étoient ses dames. Le convoi sortit par la porte Maillot, qui est une des portes du bois de Boulogne, et traversa la plaine de Saint-Denis.» Man vergleiche über die herzogin von Berry band III, s. 243 und insbesondere die mittheilungen des herzogs von Saint-Simon im Journal du marquis de Dangeau XVIII, s. 82 bis 90. Hierher gehört denn auch die von G. Brunet II, s. 133, anmerk. 2, angeführte kurze charakterschilderung der herzogin durch Saint-Simon XVII, s. 20: «Cette princesse fut un prodige d'esprit, d'orgueil, d'ingratitude, de folie, de débauche, et d'entêtement.» G. Brunet II, s. 135 bis 137, anmerk. 1, sagt: «Voir Saint-Simon (t. XXXII, p. 77), sur la mort de la duchesse de Berri et sur sa conduite scandaleuse. Les recueils manuscrits renferment nombre de pièces de vers relatives à cette princesse, mais la plupart sont d'un genre qui rend toute citation impossible. Nous pouvons à peine nous permettre quelques extraits. Un «noël» nous présente d'abord un couplet passablement mordant:

    Grosse à pleine ceinture,
    La féconde Berri
    Dit d'une humble posture
    Et le cœur bien marri;

l. L. geblieben; wie mich gedeücht, daß sie [mich] nicht mehr kante, bin ich weg. Mein armer sohn ist noch nach mir geblieben undt

*

> Seigneur, je n'aurai plus l'humeur aussi gaillarde;
> Je ne veux que Riom, don, don,
> Quelquefois mon papa, la, la,
> Par-ci, par-là, mes gardes.

Une autre composition, dont le début seul se laisse transcrire, commence ainsi :

> Celle de qui j'écris l'histoire
> Est la Messaline du temps;
> J'en veux éterniser la gloire
> Par des hommages éclatants.

Prenons encore quelques passages dans ce que nous trouvons de moins choquant.

> Que le régent avec sa fille
> Commette quelque peccadille,
> Je le croirai facilement;
> Mais que de lui elle soit mère,
> Se peut-il que du même enfant
> On soit le grand-père et le père?

> Or, écoutez, petits et grands,
> Le très-sinistre événement,
>   O reguingué,
>   O lon lon la,
> A l'endroit d'une jeune dame
> Qui en a la douleur dans l'âme.

> Dans le Luxembourg, se dit-on,
> Elle a fait un petit poupon,
> Et quoique tout le monde en cause,
> Tous les jours fait la même chose.

> Depuis la mort de son mari,
> Cet aimable duc de Berri,
> Pour ne point éteindre sa race,
> Elle épouse la populace.

Nous laissons de côté une chanson ordurière, faite à l'occasion de la fermeture des portes du jardin du Luxembourg, le soir. La duchesse s'y promenant avec trois de ces dames, fut insultée par des jeunes gens; cette anecdote donna lieu à des vers très-acerbes qui, d'ailleurs, ont été imprimés. Voici quelques couplets d'un noel qui fut composé à la même époque:

> Toute la cour de France,
> Les grands et les petits,

hatt ihr ein elexir[1] einkommen[2]; davon ist sie wider zu sich selber kommen undt hatt noch lang mitt ihm gesprochen. Hernach hatt man bey ihr biß umb 1 gebett, da hatt sie abermahl den verstandt verlohren, ist aber doch erst umb halb 3, wie schon gesagt, verschieden. Sie ist gar ruhig undt getrost gestorben; sagte, weill sie sich mitt dem lieben gott wider versöhnt hette, begehre sie nicht, lenger zu leben; den in dießer welt könte man sich doch nicht hütten, [sich] gegen gott zu versündigen, wolte also lieber sterben, alß genehßen, welches auch geschehen. Sie soll gar samfft gestorben undt wie ein licht außgangen sein, wie man einschlafft. Man hatt sie gestern geöffnet. Ich weiß nicht, wie sie nicht mehr gelitten hatt; den sie hatte ein geschwer ahm magen, eines in der hüfft undt daß miltz gantz verfauhlt, wie ein brey worden, den kopff

*

   Apprenant la naissance
   Du Dieu du paradis,
S'en vont à Bethléem, le régent à leur tête,
  Pourquoi tant de façon? don, don,
  Serait-ce pour cela, la, la,
   Qu'on fait si grande fête?

   Apercevant Marie,
   Si gracieuse à voir,
   Il lui dit: Je vous prie
   A souper pour ce soir;
Venez chez la Berri, vous ferez bonne chère;
  Nous nous enivrerons, don, don,
   Et Nocé y sera, la, la,
   Avec la Parabère.

   Plein d'audace et de zèle,
   Prélat contre les lois,
   En vrai Polichinelle
   Parut l'abbé Dubois;
Le bœuf s'épouvanta, l'âne effrayé recule;
  Dès qu'il eut dit son nom, don, don,
   Un chacun s'écria, la, la,
   C'est Dubois, qu'on le brûle.

Il existe un vaudeville fort curieux, en trois actes et en vers, intitulé: «Prosopopée sur le duc d'Orléans, madame de Berry et le cardinal Dubois, ou le Régent aux enfers.» Il est resté manuscrit, et pour cause.» Auszüge aus diesem stücke theilt G. Brunet II, s. 390 bis 392 mit.

 1 élixir, kraftarsenei.   2 ? eingegeben.

voller waßer undt die helffte vom hirn versch[w]undten; daß meint
mein docktor, daß es ihre unentpfindtlichkeit verursachet. Wie
mans ihr prophezeyet, so ist es ergangen. Es hatt just ein mont
gefehlt, daß sie ihr 24 jahre accomplirt hette; den sie war den
20 Aug. gebohren. Freytag nachmittags bin ich gleich nach dem
eßen nach Paris, habe meinen armen sohn in einer betrübtnuß gefunden, daß es einen stein erbarmen mögte; den er will nicht weinen undt will sich starck machen undt alle augenblick kommen ihm
doch die threnen in den augen. Die mutter ist getröster undt hatt
es auch ursach. Mein sohn hatt noch daß unglück, daß, umb seinen schmertzen alle stundt zu vernettern, so muß er alle ordre von
ihrer begrabnuß ertheyllen, von der trawer undt von allen trawerigen sagen¹, so ahn dieß unglück undt verlust gedencken können
machen. Es ist mir bitter bang; er wirdt es nicht, ohne gar kranck
zu werden, außstehen können undt daß setzt mich, wie Ihr, liebe
Louisse, leicht werdet erachten können, in erschrecklichen ängsten
undt sorgen. Gott wolle uns beystehen! wir habens woll hoch von
nöhten. Wir werden 3 mont nur trawern. Man hette 6 mont trawern
sollen undt schwartze kutschen undt liberey nehmen, allein die neü
regle von der trawer in Franckreich ist alle halb abgezogen. Man
trawert vor vatter undt mutter; da man vor dießem ein jahr traw-
erte, tregt man jetz[t] nur 6 mont die trawer undt trapirt; vor brüder
undt schwestern, so ein traw[e]r von 6 mont war, nur 3 mont undt
trapirt nicht; mitt trapiren versehe ich die kam[m]er, schwartz haben
liver[e]y undt kutschen; mitt einem wort, alle trawern seindt auff
die helffte gestelt, also werde ich die trawer nur 3 mont tragen.
Naturlicher weiß solte ich gar nicht trawern, weillen sie mein kindt
undt enckel geweßen; weillen sie aber nach dem könig daß haubt
von gantzem königlichen hauß war, also wie man hir sagt laisnée²,
so muß ich sie wie eine schwester betrauern. Daß kömpt mir gantz
ungereimbt vor, daß man in Franckreich seine kinder nicht betrawert; es ist einem ja nichts näher. Aber man hatt dolle maniren in dießem landt. Woran ich mich auch nie gewohnen kan,
seindt daß kauffen undt verkauffen von den chargen undt hernach
daß man nur 3 mont von seinen leütten bedint [wird] undt alle
¼ jahr ändert. Waß sie in den 3 mont gelehrnt, verlehren³ sie

---

1 d. h. sachen.   2 l'aînée.   3 ?verlernen.

wider in den 9 mont, waß sie gewust. Es macht auch untrewe
bedinten; den sie kauffen ihre chargen, umb dran zu profittiren undt
zu gewinnen, wie sie können; da vergist man sich nicht, also lehrnt
es braff stehlen. Undt wie man nur die haben kan, so gelt haben,
umb die [chargen zu] kauffen, hatt man ander leütte bedinten; den
ihre herrn geben ihnen gelt, die chargen zu kauffen. Daß wirdt
eine recompencen [1]; also kan man kein wordt vor seine[n] eygene[n]
leuten] sagen, so nicht gleich weltkündig wirdt. Ein jeder sagts
seinem herrn wider. Stirbt man, wie jetzt geschehen, verzweyfflen
alle die, so auff ihren chargen haben profittiren wollen. Da sagt
Ihr, liebe Louise, waß vor ein ellender ahnstalt dieß alles ist, könt
also leicht gedencken, was vor ein lerm, lamantiren undt gebler [2]
man hören muß jetzt. Aber hirmitt auch einmahl genung von allen
den trawerigen undt betrübten sachen gesprochen. Ich will von
gantz waß anderst reden. Gestern ist der leiningsche proces zum
endt gangen. Die fürstin von Homburg undt ihr schwester haben
zum 4ten mahl gewohnen [3]. Der graff von Leiningen, so in den
troupen ist, kam gestern her, ist wie ein verzweyffelter mensch,
sahe so verstobert [4] auß; wen man mir sagen solte, daß er närisch
drüber [geworden,] würde es mich gar kein wunder nehmen. Ich
glaube aber, daß die freude bey der fürstin von Homburg groß sein
wirdt; den sie hatten es hoch von nöhten. Ich erwartte dießen
nachmittag mitt verlangen; den ich hoffe, zeittung von Ewerer gesundtheit zu vernehmen, vor deren ich sehr in sorgen bin wegen
waß Ihr mir letzt geschrieben. Diß jahr ist daß obst sehr ungesundt; viel leütte haben sich schon übel dabey befunden; glaube
auch, daß daß unordentliche eßen der duchesse de Berry ihren
todt geeyllet hatt. Mein gott, wie ist es doch eine betrübte sach
in dießer welt jetzt! alles ist betrübt. Letztmahl habe ich, wo mir
recht ist, auff Ewer letztes kleines schreiben geantwortet; heütte
will ich andtwortten auff waß mir noch von Eweren großen brieff
überig ist; bin ahm 18 blatt geblieben. Ewer schwager ist wider...
undt seine gantze familie ist in gutter gesundtheit, wie Ihr, liebe
Louise, schon werdt erfahren haben. Die zeittung[en] lügen sehr
allezeit. Der herr von Sickingen ist von großen apetit, er will alle

---

1 ? récompense, belohnung, ersatz, entschädigung.   2 d. h. geplärre.
3 d. h. gewonnen.   4 d. h. verstört, außer sich.

lehen verschlingen; den [er] hatt auch ein absehen auff alle veningische lehen¹. Apropo von Coubert², man hatt mich gebetten, mich zu erkundigen, ob der duc de Schomberg Coubert verkauffen [will]; den man mögte es gerne kauffen undt man mögte wißen, bey wem man sich adressiren solte, im fall man es verkauffen wolte. Schreibt mir derowegen, liebe Louisse, waß Ihr wolt, daß ich denen personnen andtwortten solle, so mir davon gesprochen! Es seindt leütte von qualitet, die es kauffen wollen. Ich habe gesagt, daß Ihr deß duc de Schonburgs affairen unter handen habt, daß ich Euch also davon schreiben wolte. Schreibt mir den, ob mans verkauffen will undt waß man davor haben wolte! Ich glaube, Ihr werdet beßer thun, es zu verkauffen: den wie Ewere niepçen reformirt sein, werden doch weder sie, noch ihre kinder es selbsten besitzen undt nur von den bedinten hir bestohlen werden, welches doch kein vortheil ist. Dem seye, wie ihm wolle, liebe Louise, so andtwortet mir, waß Euch ahm besten gefallen undt zukommen mag! Ob ich zwar viel von denen personnen halte, so Coubert kauffen wollen, so seydt Ihr mir doch noch lieber, begehre also nichts, alß waß Euch, liebe Louise, ahnständig sein mag; drumb schreibt mir nur frey herrauß, waß Ihr hirinnen wünscht undt begehrt! undt darnach werde ich andtworten. Macht die andtwort wegen Coubert auff frantzösch undt auff ein zettelgen apart, damitt ichs denen weißen kan, so mir davon gesprochen haben! Ich habe es in dem unglück, wo wir in stecken, schon 2 posten vergeßen, davon zu sprechen, welches kein wunder ist, wie mir der kopff nun stehet. Wen wünschen waß helffen konte, würde ich heütt gutte zeittung von Ewerer gesundtheit erhalten; den ich wünsche von hertzen, zu vernehmen, daß Ihr wieder gantz woll undt courirt sein mögt. Ich muß Euch auch noch sagen, daß mir die printzes von Wallis versichert, liebe Louisse, daß sie Euch recht estimirt undt lieb hatt. Daß werde ich auch all mein leben thun.

Elisabeth Charlotte.

In dießem augenblick kompt man mir sagen, daß Ewer schwager den 6 gestorben soll sein³. Ich habe gleich ahn mein sohn

---

1 Vergl. nachher s. 208. 2 Vorgl. band II, s. 494. 748. 3 Journal du marquis de Dangeau XVIII, s. 92 unter dienstag, 25 Juli 1719: «On mande

geschrieben, damitt es¹ sich Coubert nicht mag außbitten laßen, sondern vor Ewere niepçen behalten. Dießen abendt werde ich Euch noch seine andtwort berichten, wen mein exempt² de gardes, so ich nach Paris deßwegen geschickt, wirdt widerkommen sein.

Sontag, umb 8 abendts.

Der könig hatt mir die ehr³ gethan, daß leydt zu klagen; hab mitt ihm spatziren müßen⁴. Ob ich schon so müde alß ein armer hundt bin, so will ich Euch, liebe Louisse, doch in eyll sagen, daß ich noch ahn mein dochter zu schreiben habe, aber daß ich Euch doch sagen will, daß ich Ewer liebes schreiben vom 11, no 55, [empfangen habe;] bin hertzlich froh, daß Ihr wieder gesundt seydt, undt [gott] erhalte Euch noch lange jahren dabey, hertzliebe Louisse! Wilß gott, wo mir gott leben undt gesundtheit verleydt...⁵

1038.

St Clou den 27 Julli 1719 (N. 6).

Hertzallerliebe Louise, vor zwey tagen habe ich Ewer liebes schreiben vom 11 Julli zu recht entpfangen. Wo mir recht ist, so war es vergangenen sontag abendts. Ich glaube, ich habe Euch selbigen tag einen dollen brieff geschrieben; den ich selber schir nicht gewust, waß ich sage, indem ich alle augenblick bin interompirt worden, undt werde noch alle tag accablirt von leütten. Die betrübtnuß hatt mir die galle undt miltz gantz auffrührisch gemacht; bin heütte schon 4 mahl gangen undt habe bitter übel geschlaffen. Ich weiß nicht, ob ich Euch gesagt habe, liebe Louisse, daß der könig mir vergangen sontag die ehre gethan, mich hir zu besuchen undt compliment zu machen. Biß sambstag werde ich I. M. in grand habit dancken gehen; er hatt mir aber erlaubt, ohne voile zu I. M. zu gehen. Biß sontag, wo mir gott leben undt gesundtheit verleyet, werde ich Euch berichten, wie es abgangen. Ich habe einen rechten trost entpfunden, zu vernehmen, daß Ihr, liebe Louise,

---

* de Londres que le duc de Schomberg est mort subitement à sa maison de campagne, âgé de soixante-dix-neuf ans; il étoit fils du maréchal de Schomberg que nous avons vu commander l'armée du roi en Catalogne, et avoit épousé une fille de l'électeur palatin, père de Madame, qu'il avoit eue de madame de Degenfeldt, que l'empereur fit comtesse à sa considération.»

1 ? er.   2 gefreiter.   3 d. h. ehre.   4 Vergl. die anmerkung oben s. 182.   5 Der satz ist nicht vollendet.

wieder woll seydt. Gott erhalte Euch lange jahren bey gutter gesundtheit! Die Rhein- undt Manheimer-schnacken seindt gifftiger, alß die hießigen. Ich habe einmahl Carllutz s. die augen gantz zu davon gesehen. Cousiniren[1] habe ich auch von gaze, aber seyder mein ahtem kurtz geworden, kan ichs nicht mehr vertragen, erstickt mich. Wen herr Max jemandts einschlaffen sahe, so macht er ihm die schnacken-musiq; aber mitt dem grünen von einer zwiebel machte er auch gar perfect daß gesang von den nachtigallen. Der cantzeller Frieß ist es der, welcher zu Heydelberg in I. G. deß churfürsten, unßers herr vatter, dinsten geweßen undt eine Frantzössin von Metz genohmen hatte, eine alte madame Ehm ihr dochter? Die ist vielleicht gestorben undt der herr von Friesen kan herr Max frawen schwester bekommen haben. Der herr Fries müste aber nun gar alt sein; den er wahr gar gewiß viel alter, alß ich. Nun Ewer schwager gestorben, werdt Ihr woll baldt Ewere kinder, wie Ihr sie heist, bey Euch bekommen. Ich mache Euch auch mein compliment über den verlust Eweres schwagers. Man hatt, wie die printzes von Wallis mir schreibt, ihn todt undt gantz steiff undt strack auff seinem kaakstuhl gefunden, nachdem er woll zu mittag geßen hatt. Der graff Degenfelt hatt mir seinen todt bericht; ich habe ihm gleich wider geantwort. Vergangenen dinstag 2 stundt zuvor, alß ich seinen brieff entpfangen, kam madame Charton[2] undt sagte mir den todt von duc de Chonberg. Ich schriebe gleich ahn mein sohn undt schickt[e] ihm einen exampt von meiner garde, umb ihn zu verhindern, jemandts anderst Coubert, undt waß er hir in Franckreich hatt, zu geben, alß seinen (ich will sagen deß duc de Schonberg) dochtern zu geben, den[3] es mir mein sohn auch accordirt hatt; also ist davor in keinen sorgen zu sein, den daß ist sicher. Graff Degenfelt sagt, sein schwiger her vatter hette alle die frantzösche gütter seiner gemahlin vermacht. Ich habe ihm geschrieben, daß er sehen mögte, wie sie sich mitt einander in dem stück vergleichen wolten, daß ich gethan, waß bey mir gestandten.

Wie ich heütte morgen ahn dießen wordt «gestandten» war, ist man mir sagen kommen, daß es zeit were, mich ahnzuziehen. Sobaldt ich ahngethan, hab ich in kirch gemüst, nach der kirch ahn

---

1 cousinière, mückenflor; bettvorhang davon. Cousin heißt auch die kleine mücke, schnake.   2 ? Chardon.   3 d. h. wol: denen, welchen.

taffel; nach [dem] eßen habe ich mich gesetzt, umb zu schreiben¹; den in 4 nachten habe ich nur eine geschlaffen, dieße nacht gar wenig; also kein wunder, daß ich gleich entschlaffen bin. Wie ich erwacht, hatt man mir den Jessuitte hergeführt, so die fasten in Lotteringen gepredigt. Es ist gar ein bekanter man, der marechalle de la Ferté ihr sohn, deß letzt verstorbenen ducs bruder; es ist ein man von großen verstandt undt, wie die gantze familie, recht poßirlich. Er hatt mir den gantzen brandt von Luneville² verzehlt; daß hatt gewehrt, biß man ins gebett geleütt. Nach dem gebett bin ich spatzir[e]n gefahren biß jetzt, da es schon 8 geschlagen hatt; werde also heütte nicht viel mehr schreiben können. Mein gott, wie sehr bin ich Ewerer meinung, daß viel leütte zu sehen, mehr beschwehrlich, alß zeitverdreiblich ist! Den man erfahrt mehr sachen, so einem mehr verdrießen, alß gefahlen. Man hatt gar viel exempel, daß krancke leütte im fabeln undt sterben prophezeyt haben. Mein bruder s. solle im sterben daß gantze unglück von der Pfaltz in lateinische[n] versen recitirt haben. Ihr habt die Wilder woll gekent undt wist woll, liebe Louisse, daß der elste sohn sein jüngstes brüdergen unglücklicher weiß erschoßen hatt. Eine von den schwestern bekam ein hitzig fieber undt rieff alß: «Last bruder Carlgen nicht zu bruder Wilm! er wirdt ihn erschießen,» welches etlich tag hernach geschehen. Wen Ihr weg geht nach Geisenheim, so last wenig sachen zu Franckfort in allem fall! Den vielleicht gibt Euch gott der allmachtige eine warnung. Nun, hoffe ich, werdet Ihr Euch nicht mehr mitt den schonburgischen sachen plagen undt den graff Degenfelt gewehr[e]n laßen. Mich wundert, daß Ihr Ewer schwagers todt noch nicht gewust; er jammert mich. Ich meinte, daß geschlegt were nicht außgestorben undt noch Schonburgische vorhanden wehren. Jedes landt hatt seine rechten undt maniren, hir ist es sehr different von Teütschlandt. Die pfaltzische sachen seindt un fait a part³, so nicht in die andern sagen⁴ gehören; insonderheit seyder der papst daß urtheil gegen unß gesprochen, seyderdem hatt mein sohn nichts mehr mitt allen pfaltzischen sachen zu thun. Ich will durch einen advocatten die sach auffsetzen [laßen], damitt Ihrs beßer begreiffen möget; ich kans nicht so woll expliciren. Ich

---

1 Hier fehlt offenbar etwa: bin aber gleich eingeschlafen 2 Vergl. oben s. 6. 22. 27. 28. 32. 3 C'est un fait à part, das ist etwas anderes. 4 d. h. sachen.

schicke Euch der fürstin von Ussingen brieff wider, weillen ich, wie ich Euch schon gesagt, den ersten wider gefunden undt meim sohn geben hab. Hirbey schicke ich auch ein schreiben for sie von madame Dangeau. Es ist mitt der armen duchesse de Berry gangen, wie in dem lutherischen liedt stehet:

   Vor dem todt kein kraut gewaxsen ist [1],
    Mein lieber Christ!
   Alles, waß lebet, sterblich ist.

Alle leütte, insonderheit die jungen, meinen, daß ihnen nicht[s] schaden kan, bringen sich selber umb leben, wie dieße leyder gethan, undt ich zittere vor meinem sohn, daß er es auch so machen wirdt. Es mortificirt[2] mich erschrecklich, nicht mehr zu nacht zu eßen dörffen; allein es ist doch noch beßer, nicht zu nacht zu eßen, alß kranck zu sein undt viel zu brauchen müßen. Mein ey ist gar nicht astringent; Ihr müsts nicht recht gemacht haben. Hiemitt ist Ewer liebes schreiben völlig beantwort undt ich schwitze so erschrecklich, daß ich wie in einem baadt bin. Adieu, liebe Louise! Ich ambrassire Euch von hertzen undt verbleibe, so lang ich lebe, die person von der welt, so Euch ahm liebsten hatt.

       Elisabeth Charlotte.

1039.

    St Clou den 30 Julli 1719 (N. 7).

Hertzallerliebe Louise, ich weiß nicht, ob ich Euch heütte eine gar exacte andtwort auff Ewer liebes schreiben werde thun können; den ich bin ein wenig kranck. Ich hette gestern nach Paris gesolt, aber vorgestern ist mir auff einmahl ein solcher starcker husten ahn[kommen], daß ich von 2 biß 4 ohne auffhören gehust, alß wen ich ersticken solte; drumb habe ich meine Parisser reiße abgestelt. Dieße nacht habe ich zwar viel gehust, aber kein ersticken gehabt, noch so erschreckliche hitz, so eine frantzosche dame la fievre heißen solte; aber bey mir muß es frost undt hitze gelten, umb daß ichs fieber heiße. Waß ich habe, kompt mir nur von der betrübtnuß, angsten undt schrecken, so ich 14 tag lang bey madame de Berry in ihrem[3] letzten tagen außgestandten habe in der [un]auß-

---

1 ‹Contra vim mortis non est medicamen in hortis,› wie der alte spruch sagt. Vergl. band II, s. 193. 661.   2 d. h. es kränkt, verdrießt mich, vom französischen mortifier.   3 ? Ihren.

sprechlichen hitze, so wir nun hir haben, so überall kranckheitten verursachet. Gantz Paris ist nun voller kinderblattern, rodtlen undt hitzige fieber. Daß angstet mich recht vor meinem sohn; den sein stediges arbeytten in dießer hitze sambt sein[e]r erschrecklich[en] betrübtnuß über den verlust seines liebstes kindt matt ihn abscheülich ab undt kan auff die lenge kein gutt thun undt daß ängstet mich recht. Gott stehe uns bey! wir habens hoch von nohten. Will von waß anderst reden, diß ist gar zu trawerig; komme auff Ewer liebes schreiben vom 15, no 56, so ich vergangen donnerstag entpfangen. Mich deücht, unßere comerse geht nun gar richtig. Es ist wahr, liebe Louise, ich bin, alß in [1] den brand von Franckforth erfahren, in rechten sorgen vor Euch geweßen, biß ich erfahren, wie es abgangen. Gott seye ewig danck, daß es so woll abgeloffen undt Ewer hauß nicht auch im brandt gerahten, wie leicht geschehen hette können, undt behütte Euch ferner, liebe Louise, vor allem unglück! Unßere briff gehen langsam, aber doch richtig. Wo mir recht ist, so heist der kauffman Platz; ich weiß doch nicht recht, aber Ihr werdt ihn baldt sehen; den ich habe ihm ein gruß vor Euch, liebe Louisse, ahnbefohlen. Schonbornischen undt Schonburgische, da kan man gar leicht eines vor daß ander nehmen; wundert mich also nicht, daß man es in liste gesetzt hatt. Solte der brandt offen [2], solte es keine lust geben, zu Franckfort zu bawen. In dem callender, den man le Lieg[e]ois [3] heist, traut [4] man viel von incendie, wie schon diß jahr geschehen ahn viellen ortten. Ewere teütsche kinder können nun kommen, wen sie wollen; nichts stehet ihnen ja mehr im weg, nun der duc de Schonburg todt. Ihr werdet

*

1 ? ich.   2 ? Sollte es oft brennen.   3 (G. Brunet II, s. 138, anm. 1: «C'est-à-dire le «Liégeois», l'«Almanach de Liége», si connu sous le nom de son auteur supposé, Mathieu Lænsberg. C'est à coup sûr le plus ancien des almanachs connus, car le volume de 1851 porte le chiffre 226ᵉ année. Si cette indication est exacte, la publication de l'almanach de Liége remonterait à l'année 1628. Cependant le volume le plus ancien connu des bibliophiles liégeois est de 1636, et dans le volume de 1811, l'éditeur disait: «C'est en 1636 que «Mathieu Lænsberg commença ses prédictions, en annonçant au monde entier «les biens et les maux qui semblaient devoir leur arriver, mais avec cette scru«puleuse attention d'éviter toute personnalité.» (Voir d'ailleurs les «Recherches bibliographiques» de M. B. Warzée «sur les almanachs belges», dans le «Bulletin du Bibliophile belge», t. VIII (1851), p. 98.»   4 d. h. dräut, droht man, sagt man vorher.

durch meine andtwort sehen, daß mir keines von Ewern lieben schreiben fehlt. Ich solte leicht glauben, daß mortbrener in der statt Franckfort sein; den es ist gar zu arg. Aber wer solte es befohlen haben? Daß were ja eine abscheüliche boßheit. Wer seindt den der Franckforter feindt? Solte man von denen mortbrener ertapt haben, merittirten sie woll eine große straff. Man kan nicht genung in dießen zeitten auff feüer undt licht achtung geben. Es ist gewiß, es ist etwaß in dem gestirn, so zum feüer neigt. Waß hatte der graff von Solms den bößen kerl gethan, so ihm sein dorff in brandt gesteckt? Daß zeichen ahm himmel haben wir hir im Aprill gesehen, ehe ich von Paris weg; ich glaub, ich habe es Euch damahl geschrieben [1]. Waß wir zu Paris gesehen, war in der nacht wie ein heller sonnenschein, hatt kein vatter-unßers-lang gethawert; ahn andern ortten in dießem landt hatt man es alß eine feüerige kugel gesehen. Von dem armen duc de Schonburg sage ich nichts mehr; den Ihr werdet durch mein letztes schreiben ersehen haben, daß ich weiß, wie er geendet hatt. Man meint, daß es ein groß [glück] vor seine dochter ist, daß er so plötzlich gestorben; den man sagt, daß sein intention geweßen, seine metres vor seine fraw zu erklären, seine dochter zu enterben undt seinen bastart, so er mitt der metres hatt, vor seinen erben zu erklären. Daß were abscheülich geweßen undt ein falsch stück, nachdem er seiner dochter undt graff Degenfelt so viel amitié erwießen; aber es ist woll abgangen. Ich hoffe, daß Ihr nun beßere ruhe haben werdet undt graff Degenfelt seine affairen selber führen laßen. Arbeytten wehr[e] meine sache ebensowenig, alß in affairen zu führen [2]. Könte ich mahlen oder woll reißen [3], were es woll meine sache. Hirbey kompt 40 sols vor den Virgillius [4]; es ist aber leyder der nicht, so in ungereimbten versen war undt mir Carllutz gelehnt hatte; ist woll schadt, daß er nicht mehr zu bekommen ist. Mein bruder s. sagte, er hette sein leben nichts beßers übersetzt gesehen. Von den todten undt lebendichen hoffmeisterin von Berlin werde ich nichts mehr sagen, alß daß die königin von Preußen woll gethan, jemandts bekandts zu nehmen undt so ihren dinst schon gewohnt ist. Hiemitt

---

1 Vergl. den brief vom 27 April, oben s. 99.   2 Vergl. den brief vom 29 Juni, oben s. 163.   3 d. h. bloß in zügen entwerfen, zeichnen.   4 Vergl. den brief vom 8 Juni, oben s. 142.

ist Ewer liebes schreiben völlig beantwortet undt ich weiß nichts neües, aber woll waß altes, nehmblich das ich Euch, liebe Louisse, von hertzen lieb habe undt allezeit behalten werde.

Elisabeth Charlotte.

P. S.

Ich entpfange alleweill Ewer schreiben, liebe Louise, vom 18, no 57, werde es aber vor donnerstag sparen, wo mir gott leben undt gesundtheit verleyet.

1040.

St Clou den 3 Augusti 1719 (N. 8).

Hertzallerliebe Louise, ich weiß nicht, ob ich heütte noch ein liebes schreiben von Euch bekommen werde. Bekomme ich eins, werde ich es doch vor die andere post sparen undt heütte nur auff daß vom 18 Julli, no 57, [antworten]. Ich weiß nicht, wie es kompt, daß mein brieff nach fleur d'orange gerochen; den es ist lenger, alß ein mont, daß ich keine in meinem cabinet mehr habe; kan nicht errahten, wo es herkommen muß. Ich wuste nicht, daß die printzes von Wallis den geruch von pomerantzen-blüht nicht leyden kan. Churbayern wirdt ohnmachtig, wen er pomerantzen oder cittronen sicht. Mein enckel, der duc de Chartre, sicht noch bitter übel auß, [ist] doch wieder gesundt. Waß ihn so übel außsehen [macht], ist die betrübtnuß von seiner fraw schwester todt; den er hatt gar ein gutt gemühte undt liebt sehr alle seine verwantten: es ist der beste bub von der welt. Wen daß fieber von sich selber vergeht, ist gar kein gefahr: den man hatt ihm nichts geben, nur zwey clistir haben ihn courirt, wobey gar kein gefahr ist. Aber ich muß nun meine pausse machen. Ich habe schon zwey brieff geschrieben, einen ahn den printz de Galle, oder Wallis, solte ich sagen, andtwortten undt eines ahn die printzessin von Sultzbach.

Donnerstag, den 3 Aug., umb 5 uhr nachmittags.

Ich schlaffe mitt meinem abscheülichen husten, so ich nun habe. so wenig deß nachts, daß ich woll wider willen deß tags schlaffen muß, welches mir auch gleich geschehen, so baldt ich mich hieher gesetzt; habe biß umb 4 geschlaffen. Hernach habe ich 5 brieff geleßen, so man mir gebracht hatt, einen von der königin von Preußsen, einen gar großen von Bajonne, so der königin in Spanien ahngeht, einen von Euch, liebe Louisse vom 22 Julli, no 58, undt 2 von Strasburg. Daß hatt mich biß jetzt amoussirt¹, da ich gleich ins gebett muß, hernach ein wenig frische lufft nehmen. Aber so baldt ich wieder werde kommen sein, werde ich dießen brieff außschreiben, nun aber noch plaudern, biß man ins gebett leütt. Ich glaube, daß nun kein ort in der welt, wo man nicht in echo andtworten könte: «Die hitze ist abscheülich undt eben so warm nachts, alß tags.» Ein solches wetter hab ich mein tag nicht erlebt, so continuirlich. Ich habe woll warme tag gesehen, 3 oder 4 tag war woll vor etlichen jahren heiß; aber so lang ohne regen zu sein, daß alle brunen undt weyer² versigen, wie nun, daß habe ich nie erlebt. Ich furchte, vieh undt leütte werden endtlich verschmachten vor hitz; es matt sehr ab. Es ist recht ungemachlich, so einen großen husten bey der großen hitz zu haben, wie ich nun habe; den so balt man in deß³ husten fahlt⁴, wirdt man in vollem schweiß. Die h. schrieft wuste der könig s. gantz undt gar nicht⁵, hilte mich vor savant, weillen ich sie ein wenig weiß; daß kame mir recht poßirlich vor. Hette der könig leben mögen, welches sein abscheü war, aber⁶ hette der arme herr die heyllige schrieft leßen können, weren I. M. s. recht in der that gottsfurchtig undt devot geweßen undt hette sich nichts von den pfaffen weiß machen laßen. Von den unterschiedt der religionen wuste der könig kein wordt. Der beichtsvatter sagte ihm: «Die nicht catholisch sein, seindt ketzer undt verdampt.» Damitt glaubte er es, ohne weytter zu examiniren. Wen ein unglück sein solle, muß sich alles dazu schicken. Gott weiß, warumb alles geschicht; wir wißens nicht. Madame Sacetot⁷ war keine Lamode, sondern eine Lamotte geweßen, liebe Louise! Darin fehlt unßere printzes von Wallis auch allezeit in ihrem Frantzösch, daß [sie] d vor t setzt. Die beyden Lamotten, so woll die, so bey ma tante s. geweßen, alß von meiner fraw mutter, habe ich beyde woll gekandt. Sie müßen freylich gar alt geworden sein, den es wahren erwacksene jungfern, wie ich noch ein kindt von 6 jahren wahr, undt ich bin ja nun 67 jahr schon alt. Bodangere undt Lamotte kam-

---

1 ? amusiert.   2 d. h. weiber.   3 ? das.   4 d. h. fällt.   5 Vergl. den brief vom 9 Juli, oben s. 170.   6 ? oder.   7 Sassetot.

men beyde mitt einander zu meiner fraw mutter ins frawenzimmer kammen [1]; ich erinere michs noch gar woll; sie wahren beyde niepçen von oberstalmeister Lamotte. Auß interesse zu sterben, ist recht frantzösch. Daß geschicht offt hir. Von Eweren brieffen will ich nichts mehr sagen, liebe Louise! Ich dancke gott nur, daß Ihr glücklich davon kommen seydt, undt bitte gott von hertzen, daß er Euch lange jahren gesundt undt vergnügt erhalten mag. Ihr seydt gar zu demütig, zu sagen, daß Ihr meiner sorgen nicht wehrt seydt. Wer nach meinen kindern ist mir neher, alß Ihr, liebe Louisse? Es bleibt mir ja von den meinen niemandts überig, alß Ihr, liebe Louise! Wie solte ich mich den nicht vor Euch interessiren? undt desto mehr, daß Ihr mir keine schande anthut undt durch Ewer tugendt undt raisonabelles leben Euch bey frembten beliebt macht, wie solte ich Euch den nicht lieb haben? In allen orten hört man nichts mehr, alß von unglück; daß macht einem angst vor die, so einem lieb sein undt vor welche man sich interessirt. In kriegssachen geht es biß [jetzt] noch gutt vor die hohen alliirten. Aber es wirdt mir doch allezeit bang. Die schlacht, so Mercy gegen die Spanier in Sicillien gewohnen, ist complet. Ich weiß es von meiner dochter; den Mercy hatt Ligneville, der madame de Craong [2] bruder, nach Wien geschickt, die zeittung ahn keyßer zu bringen, undt Ligneville hatt ahn unßerm hertzog von Lotteringen im durchziehen zu Inspruk geschrieben; also ist die sach gar sicher undt ohne zweyffel. Die arme Rotzenheüsserin ist heütte auff einen stutz kranck worden, [hat] kopffwehe, halßwehe, hertzpochen bekommen, so daß sie sich hatt zu bett legen mößen. Sie macht kein groß secret von ihrem zahnpulver, macht es vor allen leütten hir. Da kompt me[i]n hexsen-husten undt plagt mich, muß schließen. Zu allem glück ist Ewer liebes schreiben völlig beantwortet, bleibt mir also nichts mehr überig, alß Euch [zu] versichern, daß ich allezeit, so lang ich lebe, nicht auffhoren werde, Euch von hertzen lieb [zu] behalte[n.]

Elisabeth Charlotte.

*

1 Dieses zweite kammen ist selbstverständlich zu tilgen.   2 Craon.

1041.

St Clou den 6 Augusti 1719 (N. 9).

Hertzallerliebe Louise, ich bin kranck wie ein armer hundt, ob ich mich zwar sehr schonne undt weder in staub, noch in die son gehe, auch nicht auß St Clou bin, seyder ich den wüsten husten [habe], so just heütte 10 tag ist, daß er mir ahnkommen. Wie ich Euch schon bericht verwichenen donnerstag, liebe Louisse, so hatt er so abscheülich zugenohmen, daß ich weder nacht, noch tag ruhe davor habe. In den 10 tagen habe ich keine nacht 4 stundt nach einander geschlaffen, kan auch nicht woll eßen, den eßen undt drincken ist mir bitter im mundt wie lautter galle. Aber hiemitt genung von meinem wüsten husten gesprochen, so mich gestern zweymahl sehr erstickt hette, konte kein ahtem schöpffen, wurde violet. Deßwegen will monsieur Teray, daß ich morgen den grünen safft nehmen solle; den er sagt, daß, wo ich die galle, so mir alles so bitter im mundt macht, nicht weg treibe, wirdt sie mir daß fieber undt eine inflamation in der brust verursachen undt mich in lebensgefahr setzen. Ich hatte ein wenig mühe, mich zu resolviren, bey der abscheülichen hitze zu purgiren undt in den hundtstagen; allein weillen es monsieur Teray vor so sehr nöhtig helt, muß ich es woll thun, damitt man mich nicht auch beschuldiget, mich selber umbs leben gebracht zu haben. Waß weyder drauß werden wirdt, soll die zeit lehren. So mir gott daß leben biß donnerstag verleyet, werde ich Euch berichten, wie es abgeloffen; komme aber nun auff Ewer liebes schreiben vom 22 Julli, no 58, so ich noch zu beantworten habe. Ich habe Euch schon letzte post gesagt, wie wenig es zu bewundern ist, daß ich mich gantz vor Euch, liebe Louisse, interessire undt Euch in mein gebett schließe. Wolte nur gott, daß es gutt genung were, von dem allmächtigen erhört zu können werden! Bin fro, daß Euch die versicherung meiner tendren freündtschafft vor Euch Euch so touchirt undt recht ahngenehm geweßen. Wozu solte ich gutt sein, wen ich kein guttes hertz undt gemühte hette? Ich piquire mich [1], nicht wie andere fürstliche personen zu sein. Ich bin persuadirt, daß das groste vergnügen dießer

---

1 d. h. ich mache mir eine ehre daraus, bilde mir etwas darauf ein.

[welt] in wahrer, ehrlicher freündtschafft bestehet undt daß, wer nicht capabel ist, die seinige zu lieben, kein recht vergnügen in der welt haben kan. Ich habe keinen ergeitz, will nichts regieren, würde auch keinen lust drin finden. Daß ist der frantzoschen weiber einige sache¹: keine küchenmagt hir glaubt, daß sie nicht verstandt genung habe, daß gantze königreich zu regier[e]n, undt daß man ihr daß gröste unrecht von der welt thut, sie nicht zu raht zu ziehen. Daß hatt mich alle ambition gantz verleydt; den ich finde ein solch abscheülich ridicul hirin, daß mir davor graust. Auß[er] madame de Chasteautier² sonsten [weiß ich] keinen menschen hir im landt, so nicht interessirt ist; drumb wollen sie alle regieren, umb reich zu werden. Ob ich zwar nach meinem standt arm bin, wolte ich mir doch keine mühe geben, umb mehr zu haben. Madame de Berry, so noch einmahl so viel einkommen hatte, alß ich, lest, außer waß man von ihrem gelt bezahlen kan, meinem sohn noch 400/m. livres schulden; daß wirdt man, ob gott will, bey mir nach meinem todt nicht finden. Es muß ein boßer ahnstalt bey dem feür zu Franckfort geweßen sein; den hette man gleich heüßer abgebrochen undt, waß gebrendt, außbrenen laßen, werê nicht so viel unglück geschehen. Ihr habt woll recht, liebe Louise, wen ein unglück sein soll, muß sich alles dazu schicken. Ich habe die storchen recht lieb, haben mich manche stunden ahn meinem fenster zu Heydelberg amussirt³; man könte gantze bücher schreiben von waß man dießen verständigen vögeln thun sicht. Die affairen wegen der religion in der Pfaltz seindt woll recht pfaffenwerck. Man will sehr glauben machen, daß man eine große freyheit der religion in der Pfaltz lest. Daß breytten die Wießer auß undt der viceeantzler Franc; ich habe es aber sehr widerstritten wegen deß amportements, so man gegen dem heydelbergischen [katechismus] gehabt hatt⁴. Die pfaffen sein freche schlüngel, die sich nicht viel bekümern, ob sie ihres herrn befehl übergehen oder nicht. Es ist nicht zu beschreiben, welche eine unaußsprechliche hitze man seyder 14 tagen hir außstehet; daß macht auch viel krancken undt sterben. Die kinderblattern regieren abscheülich zu Paris; daß macht mich bang vor

---

1 Das heißt wol: Darin sind alle französischen weiber einig. 2 Châteauthiers. Man vergleiche über diese vorzügliche frau band II, s. 746. 3 Vergl. den brief von 13 Juli, oben s. 173. 174. 4 Vergl. oben s. 132. 151. 180.

meinem sohn, so sie nie gehabt hatt, undt auch vor dem könig. In
dießem augenblick lest mir mein sohn sagen, daß die statt von
St Sebastien über ist, aber daß schloß noch nicht[1]; also, wie mans
Euch gesagt, war eine prophezeyung; den Ihr secht woll, daß es
noch nicht über hatt sein können, weillen es jetzt erst übergangen.
Ich muß nun meine pausse machen; den es wirdt spät. Dießen
nachmittag werde ich außschreiben, bin just ahn die helfft von der
andtwort.

St Clou, sontag, den 6 Aug. umb halb 6 abendts.

Gleich nach dem eßen habe ich der armen fraw von Rathsams-
haussen droben eine vissitte geben; den seyder vergangen donnerstag hatt sie sich sehr übel befunden, man hatt ihr heütte zur ader
gelaßen. Daß fieber ist ihr, gottlob, gantz vergangen. Ich bin
zimblich lang bey ihr geblieben. Wie ich wieder herein, bin ich
gleich entschlaffen, bin nur wacker worden, wie man in kirch geleütt, habe aber, wie ich in kirch gangen, mehr brieff entpfangen,
alß ich in beyden handen hette halten können, ein groß paquet von
meinem secretaire des commandemant mitt brieffen, so ich ihm zu
schreiben befohlen, ein groß paquet von der verwitibten königin in
Spanien, Ewer liebes schreiben vom 25 Julli, no 59, ein groß paquet von Strasburg, ein groß paquet von I. L. der printzes von
Wallis, eines von der gräfflin von Bückeburg, eines von mademoiselle
de Malause undt noch zwey ander[e]. Da secht Ihr woll, liebe
Louisse, daß ich nicht müßig geblieben. Ewer liebes schreiben ist
vor heütte nicht zu beantwortten. Ich dancke Euch vor daß kupffer-
stück von Franckfort; ich sehe recht gern so sachen. Ich will nur
auff Ew[e]r liebes schreiben vom no 58 andtwortten, wie ich heütte
morgen gesagt, aber ich werde noch eine pausse machen; den die
hitze ist so erschrecklich, daß ich woll ein wenig frische lufft
schöpffen [muß], umb dieße nacht nicht gar zu ersticken. Aber da
schlegt es 6 undt meine calesch kömpt ahn; ich werde gleich nach
der promenade Euch ferner entreteniren.

*

1 Journal du marquis de Dangeau XVIII, s 98 unter sonntag, 6 August
1719: «M. de Butkeley, beau-frère de M. le maréchal de Berwick, arriva le
matin, et apporta la nouvelle que la ville de Saint-Sébastien s'étoit rendue le
1ᵉʳ de ce mois.»

Sontag, umb halb 8 abendts.

In dem augenblick komme ich von dem spatzir[e]n-fahren. Ich hab mein sohn im vorhoff begegnet; der ist zu mir in die calesch gesessen, wirdt hir schlaffen. Er hatt unß nichts neües gebracht, alß daß der könig in Spanien [1] geschwindt nach Pampelune gereist, weillen der printz des Asturies [2], sein elster sohn, gar kranck ahn einem hitzigen fieber dort ist. Ich meinte, liebe Louise, daß, wen man nicht gar jung mehr ist, so were daß baden ungesundt mitt sauerbrunen-waßer. Muß es den waß anderst sein, alß sonst warm waßer? Es ist mir leydt, liebe Louise, aber ich muß Euch doch sagen, daß es eine schlimme sache ist, knie-wehe zu haben; den sie kommen nie wider zu recht; ich weiß es durch experientz. Gott gebe, daß ich mich betriegen mag undt daß Ihr frisch undt gesundt wieder auß dem Schlangenbaadt kommen möget! Ich finde Euch glücklich, zu reißen können undt dörffen; nichts liebers thäte ich, aber da ist nicht ahn zu gedencken, den es ist durchauß ohnmöglich. Ich bin fro, daß Ewere reiße unßer commerse nicht interompiren wirdt. Wie könt Ihr, liebe Louisse, noch in zweyffel stehen, daß Ewer schwager nicht todt, da es mir der graff von Degenfelt doch so possitivement geschrieben hatt? Wehren Ewere kinder catholisch, so würden sie ohne difficultet erben; aber weillen sie reformirt, muß es eine verneüerte gnade sein. In Teütschlandt scindt die 3 christliche religionen frey, aber in Franckreich wist Ihr woll, daß es nicht so ist; drumb habe ich Coubert fordern müßen. Ihr werdet auß einen meiner schreiben ersehen haben, wie ich die sach außgemacht, ehe ich graff Degenfelts brieff entpfangen hatte. Habe keine zeit versaumbt; den hir findt man leütte, so gutten apetit haben undt auff alles paßen, umb es auffzuschnapen. Drumb hab ich gleich ahn mein sohn geschrieben undt die sach erhalten. Wie ich aber nicht gewust, daß sie schon d'accort von der sach wehren, habe ich es vor die zwey dochter gefordert; sie mogen sich hernach mitt einander vergleichen, undt ihm fall Coubert dem graff Degenfelt nicht gefallen solte undt er es nicht behalten [mag,] will ich ihm einen kauffman schaffen, wen er will. Ich weiß leütte, so lust dazu haben undt mich schon zu deß duc de Schonburg leben gebetten hatten, bey Euch zu sondiren, ob er es nicht verkauffen

---

1 Philipp V. 2 Ludwig.

wolte. Schreibt, waß ich drauff andtwortten solle! Adieu, hertzliebe Louise! Ich ambrassire Euch von hertzen, undt so lang mich mein verfluchter husten nicht erstickt, werde ich Euch allezeit recht lieb behalten.

Elisabeth Charlotte.

1042.

St Clou den 10 Aug. 1719, umb 8 uhr morgendts (N. 10).

Hertzallerliebe Louise, da komme ich undt will auff Ewer liebes schreiben vom 25 Julli andtwortten, welches ich letzte post verspart. Ich hoffe, heutte noch ein frisches von Euch zu bekommen. Ich ware vergangen sontag kranck, wie ich Euch geschrieben, hatte ein wenig hitze undt einen solchen abscheßlichen husten, das ich gantz ohne ahtem war undt schwartz würde[1]. So schwartz ich wurde, so weiß undt bleich wurde madame de Chasteautier[2]; den sie meinte, ich würde ersticken. Montag undt dinstag hatt mir monsieur Teray, mein docktor, den grünen safft nehmen machen; der hatt mich jedes mahl 7 mahl purgirt undt eine solches abscheßlich galle-werck von mir getrieben, daß ich gantz davon courirt bin worden; huste schir gar nicht mehr undt habe die 3 nachte wider woll geschlaffen, aber mitt dem eßen geht es noch schlegt her, habe noch keinen apetit; aber da ist nicht viel ahn gelegen. Ich bin auch noch matt, aber alles kan nicht auff einmahl wider kommen; zu alles gehört zeit. Ich fange mitt der relationen von meiner gesundtheit ahn; den ich flattire mich undt bin persuadirt, daß Ihr mich lieb habt undt also in sorgen vor mir seydt. Drumb habe ich gleich hirmitt ahngefangen, umb Euch auß sorgen zu setzen. Mein sohn befindt sich, gott lob, auch woll, ist vergangen montag umb 8 uhr abendts wieder nach Paris frisch undt gesundt, gott lob! Gott stehe uns ferner bey! Waß auch verhindert, daß man sich nicht geschwindt erholt, ist, daß man nichts, alß von trawerigen sachen hört undt sicht. Gestern bekamme ich ein brieff von einer meinen[3] gutten freundinen, welche biß in todt betrübt [ist]. Sie hatt nur 2 söhn undt eine dochter: ihr elster sohn war in der armée, ist dort ahn den kinderblattern gestorben. Sie jammert mich woll von hertzen, ist eine

---

1 ? wurde.　　2 Châteauthiers.　　3 ? meiner.

wackere, ehrliche dame, so freüllen bey der großen Mademoiselle [1] geweßen; sie ist vom hauß du Cambnet undt hatt einen marquis de Merinville [2] geheüraht. Man hört nichts mehr, alß von kranckheütten undt sterben undt betrübte leütte; daß macht mich unßere betrübtnuß [3] nicht vergeßen. So ein traweriges zeit, wie nun, ist nicht zu erdencken. Ihr wist nun, daß ich nur gar zu woll von der armen madame de Berry kranckheit [geurtheilt.] Wer ahn ihrem todt schuldig ist, daß ist die verfluchte Mouchi [4], ihre favorittin; die hatt sie umgebracht, alß wen sie ihr ein meßer ins hertz gestoßen hette. Man weiß nun, daß sie ihr nachts allerhandt sachen zu freßen geben; mitt la fievre lente [5], so dieße arme printzes schon hatte, hatt sie ihr nachts fricasséen, kleine bastetten, melonen, salat, milch, feygen undt pflaumen eßen machen undt böß bier, in eyß gekalt, drincken machen undt die thür zugespert undt in 14 tagen keinen dockter sehen laßen. Daß hatt gemacht, daß daß fieber, ahnstatt double-tierce [6], continuirlich worden mitt 2 redoublementen [7] deß tags, so man nicht mehr hatt auffhalten können. Mein sohn hatt die böße hexs mitt ihrem man exillirt [8]. Ich glaube,

---

1 Anne-Marie-Louise d'Orléans, Mademoiselle de Montpensier, genannt Mademoiselle und la grande Mademoiselle.   2 Der marquis de Dangeau schreibt in seinem Journal XVIII, s. 105 erst unter montag, 21 August 1719: «Le jeune comte de Mérinville, fils unique, qui étoit aide de camp dans notre armée d'Espagne, est mort de maladie en ce pays-là.»   3 den tod der herzogin von Berry.   4 Mouchy. G. Brunet II, s. 143, anmerk. 1 sagt: «Voici comment s'exprime l'auteur de l'«Histoire philosophique du règne de Louis XV»: «Une grossesse survient. Les veilles et les excès ne pouvoient en rendre le terme heureux. «A peine accouchée, la princesse tombe dangereusement malade; le curé de «Saint-Sulpice accourt, mais elle venoit, lui dit-on, de se confesser à un cor-«delier, et il ne reste plus qu'à lui apporter les sacrements. Le curé exige, «comme condition indispensable, l'éloignement de Riom et de madame de Mouchy, «seconde dame d'atour de la princesse, confidente et complice de ses désordres «En apprenant l'exigence du curé, la duchesse se met en fureur, et crie qu'on «jette ces «enfards» à la porte. Le régent tâche de l'apaiser et de vaincre la «résolution du curé. Le refus des sacrements entrainait le refus de la sépul-«ture, et le régent craignait un pareil scandale. Il fait appeler le cardinal de «Noailles, archevéque de Paris, espérant de lui plus de condescendance; mais «le prélat approuve hautement la conduite du curé. La princesse guérit, mais «sa santé avoit reçu une atteinte irréparable, et elle mourut quelques mois «après.»   5 mit einem schleichenden fieber.   6 doppeltes dreitägiges fieber.   7 redoublement, verdoppelung.   8 Journal du marquis de Dangeau XVIII, s. 94 unter freitag, 28 Juli 1719: «Madame de Mouchy alla chez M. de la

daß, wen sie zu Paris geblieben were, würden der duchesse de
Berry bedinten sie gesteiniget haben. Ich glaube, ich habe Euch
schon geschrieben, wie wenig sie nach ihrer fürstin todt gefragt hatt,
so ihr mehr guts gethan, alß sie immer wehrt ist [1]. Keiner von
der duchesse de Berry leütten haben ihr nichts zu eßen geben, waß
sie nicht hatt eßen dörffen, aber die favorittin hatt es im dorff
hollen undt zurichten laßen undt gebracht durch eine hinterthür,
wen man gemeindt, daß sie schlieffen. Wen sie sie mitt fleiß wollen
umbs leben bringen, hette sie es nicht anderst machen können. In
der hitz zu drincken, gibt gleich pleuresien [2]. So [3] mein[e]r zeit ließen
I. G. unßer herr vatt[er] die pflaumen zu Heydelberg verbietten;
wen daß observirt wurde, kamme keine rohte ruhr. Daß weyß
niemandts mehr zu Heydelberg, drumb regirt die rohte ruhr wider
dort. Es geht mir wie Euch, liebe! den todt fürchte ich nicht sehr,
aber von kranck-sein halte ich gar nichts. Es muß irgendts ein
starck wetter gewest sein; den die lufft ist abgekühlt; aber hir hatt
es keinen tropffen geregnet, auch ist es ein staub, so unaußsprechlich ist, verdunckelt die gantze lufft. Es ist gewiß, daß die dicke
leütte mehr, alß die magere, schwitzen. Dieße nacht habe ich noch
von 3 hembtern endern müßen, so habe ich geschwitzt; daß macht [4]
auch ab. Frantzösche leütte verstehen sich übel, freüllen zu erziehen; werden ihrer großmütter auffsicht mitt dem frantzöschen
menschen sehr von nöhten haben; den die frantzosche zucht ist
recht ellendt undt erbärmblich. Wolte die fraw von Degenfelt ihre

---

Vrillière, qui lui donna ordre pour elle et pour son mari de sortir de Paris.» Ebendas. unter Samßtag, 29 Juli 1719: M. et madame de Mouchy sont sortis de
Paris et vont à Champigny près de Saint-Maur; on croit qu'ils iront plus loin.»
1 G. Brunet II, s. 143, anmerk. 2: «Consulter les «Mémoires» de Saint-
Simon (t. XIX, p. 173) au sujet de madame de Mouchy «qui fut une étrange
poulette.» Elle est fort maltraitée dans les chansons du temps; nous ne leur
emprunterons qu'un seul passage:
    Belle Mouchy, par tes manières,
    Au grand prieur tu ne peux plaire,
    Quant il te voit tromper Conti.
    Ne lui vante plus ta tendresse!
    Car il est plus fidèle ami
    Que tu n'es fidèle maltresse.»
2 pleurésie, brustfell-entzündung, seitenstechen. 3 ? Zu. 4 ? mattet.

dochter einen blackscheyßer¹, met verloff, geben, daß sie keinen
soldatten gewolt? Daß konte ja nicht sein. Die keyßerlich[en] in
Sicill[i]en haben zwar viel gelitten undt viel leütte verlohren, allein
sie haben doch deß feindts retranchement forcirt undt die schlagt
gewohnen. Madame de Craoug² bruder, so der general Mercy
ahm keyßer geschickt, dieße gutte potschafft zu bringen, hatt es von
Inspruck ahn dem hertzog von Lotteringen geschrieben. Bißher hab[e]n die Spanier noch keine große ursach, sehr stoltz zu sein. Daß
man zu Franckforth gesagt, daß St Sebastien übergangen, war keine
sicherheit, aber eine prophezeyung, weillen wir vergangen sontag
die zeittung davon bekommen, wie ich Euch schon bericht habe,
liebe Louise! Alberonie³ ist nun demütiger undt spricht vom frieden, mein sohn will ihm aber nicht trawen. Der rauch hatt vielleicht die arme magt vom silberschmitt [erstickt:] mag auch woll
ermort wordten sein, [da] daß silbergeschir sich nicht gefunden. Vor
daß gebrandte Franckforth in kupfferstück⁴ habe ich schon vergangene
post gedanckt. Es hatt starcke winde geben, daß mag woll die
englische brieffe auffgehalten haben. Von⁵ Coubert habe ich schon
alles gethan, waß bey mir stehet, liebe Louisse! Der arme duc de
Schonburg ist so woll, daß er nimer kranck wirdt werden, wie Ihr
nun schon woll wißen werdet. Die Rotzenheusserin ist wider gesundt, aber noch gar schwach. Starck bin ich gewiß auch nicht.
Gantz St Clou ist schir kranck geweßen, seindt aber alle wider gesundt,
gott lob! Aber niemandts ist lustig; so zu leben, ist ellendt. Ewer
liebes schreiben ist völlig beantwortet, werde also schließen; erfahre ich aber dießen nachmittag waß neues, werde ich es hir zusetzen, wo nicht, so contentirt Euch, liebe Louise, mitt der versicherung, daß ich Euch allezeit von hertzen lieb behalten werde,
so lang ich lebe!

Elisabeth Charlotte.

P. S.
Seyder ich auffgehört, zu schreiben, hab ich Ewer liebes schreiben vom 29 Julli, no 60, zu recht [empfangen,] werde es aber vor
sontag sparen, wo mir gott alßden leben undt gesundtheit verleyet.
Ich hab nichts neues seyder heütte morgen erfahren.

*

1 d. h. einem schreiber, von black, die tinte. Vergl. band II, s. 200. 266.
2 Craon.   3 Alberoni.   4 d. h. kupferstich.   5 ? Vor. ? Für.

1043.

St Clou den 13 Augusti 1719 (N. 11).

Hertzallerliebe Louisse, ich sehe gar gern, daß unßer commers nun so richtig geht. Gott gebe, daß es dawern mag! Ich habe Euch schon vergangen donnerstag bericht, liebe Louise, daß ich Ewer liebes schreiben vom 29 Julli, no 60, zu recht entpfangen. Darauff werde ich nun andtworten. Freyllich hatt es daß[1] trawerige leben, so ich 14 tag bey madame de Berry geführt, undt daß abscheüliche spectacle, so ich dort gesehen, ahn meiner gesundtheit geschadt; aber monsieur Terray hatt mich mitt seinem grünen kreütter-safft wieder courirt; bin nun zwar wider gantz gesundt, aber mitt ursach recht gridlich. Aber waß mich plagt undt unlustig macht, seindt keine materien, der so gar unsichern post zu trawen[2]; [will] also von waß anderst reden. Ihr werdet auß meinen schreiben ersehen haben, daß ich nur gar zu woll von madame de Berry kranckheit geurtheilt habe. Man [kann] nicht mitt großerer gelaßenheit, sänffter, noch ruhiger sterben, alß sie gestorben ist; hatt nicht den geringsten absche§ vor den todt gehabt, ist eben gestorben, wie man einschläfft. Sie hatte viel verstandt undt eine naturliche eloquent[3]; sprach woll, wen sie wolte. Mein sohn befindt sich, gott lob, noch woll; aber er hatt sich vergangenen mitwog einen fuß so abscheülich verrengt, daß er nicht drauff tretten kan. Mein sohn ist sehr touchirt geweßen; madame de Berry war sein lieb[s]tes kindt undt waß er in der welt ahm liebsten hatte. Vor alle gutte wünsche, so Ihr, liebe Louise, meinem sohn thut, dancke ich sehr. Freylich muß man woll alles von gottes handt ahnnehmen, dem man alles auch ergeben muß; aber unßer herrgott erlaubt doch, daß man entpfindtlich vor die seinigen ist undt sie lieb hatt; undt man kan sie nicht lieb haben undt, ohne das[4] es einem schmertzt, sterben sehen; daß ist ohnmöglich. Aber man muß die schmertzen gott auffopffern undt, so baldt möglich, sich in seinen willen ergeben. Aber daß verhindert nicht, daß geist undt leib dabey sehr leyden; aber man muß gedencken, wie in dem lutterischen liedt gesungen wirdt:

*

1 ? hat das.   2 d. h. anzuvertrauen.   3 ? éloquence, beredsamkeit.
4 d. h. daß.

Soll[1] ja so sein,
Daß straff undt pein
Auff sünden folgen müßen,
So fahre fort[2]
Undt schonne dort
Undt laß mich hir woll büßen![3]

Ihr werdet auß meinen schreiben ersehen haben, wie daß ich eher, alß Ihr, den todt von dem armen duc de Schonburg erfahren. Ihr habt dießen todt gar spat erfahren; alle menschen wustens überall; fürcht also vor die leben. Aber, liebe Louise, alß Ihr zu Schwetzingen wahret, hettet Ihr nicht vor die leben vorbawen können, wie Ihr zu Schwetzingen bey Churpfaltz wahret? Den der duc de Schonburg war doch alt undt kräncklich genung, umb zu glauben können, daß er es nicht weit mehr bringen würde. Die hitze wehret noch undt wir haben keinen tropffen regen seyder nahe bey 4 wochen gesehen; jedoch so muß irgendts ein wetter gewesen sein; den daß wetter ist morgendts undt abendts abgekühlt, aber den gantzen tag von 10 morgendts biß 6 abendts ist die hitze unaußsprechlich. Es seindt überall erschrecklich viel krancken, insonderheit zu Paris. Man hatt alleweill monsieur Teray vor den comte d'Evreux abgeholt, deß duc de Bouillons[4] zweyter sohn. Betrübtnuß ist allezeit ungesundt; wundert mich also nicht, daß die gräfin von Degenfelt die colique nach ihres herrn vatters todt bekommen. Mademoiselle de Malausse schreibt, daß die elste auch kranck auß betrübtnuß geworden ist. Überall hört man nichts mehr, alß unglück undt betrübtnuß. Gott stehe uns bey! Der alte marschalck, deß duc de Schonburg herr vatter, hatt es weitter gebracht, alß der sohn; den er war, glaube ich, über die 80, wie er gestorben ist. Ach, liebe Louise, Ihr wist ja woll, daß jedem seine zeit undt stundt gesetzt ist, worüber man nicht schreitten kan. Aber ich bin doch persuadirt, daß man die kranckheitt[e]n, so nicht zum todt sein, vorkommen kan; also bitte ich Euch, liebe Louise, schont Euch doch ein wenig in dießer hitze undt greifft alles nicht zu hefftig ahn in dießer hitze, so gar ungesundt ist! Wir habe[n] nun gantz undt gar nichts neues hir undt Ewer

---

1 ? Solls. 2 ? So fahr bis fort. 3 Vergl. band II, s. 648 und die anmerkung daselbst. 4 Bouillon.

liebes schreiben ist vollig beantwortet. Entpfange ich dießen nachmittag ein schreiben von Euch, oder erfahre etwaß neues, werde ich es noch hir zusetzen, hiemitt aber nicht mehr sagen, alß wie ich Euch, liebe Louise, allezeit von hertzen lieb behalte undt gott bitte, Euch beyzustehen undt woll zu conserviren.

Elisabeth Charlotte.

Sontag, umb 5 uhr nachmittags.

Wie ich von taffel kommen, hab ich Ewer liebes schreiben vom 1 Augusti, no 61, entpfangen; aber, wie ich Euch schon gesagt, so werde ich es heütte nicht beantwortten. Da rufft man mich, den embassadeur von Sicillien zu sehen.

1044.

St Clou den 17 Augusti 1719 (N. 12).

Hertzallerliebe Louise, wie ich eben die feder genohmen hatte, auff Ewer liebes schreiben vom 1 dießes monts zu antworten, so ich vergangenen sontag entpfangen, so hatt man mir eben daß gebracht vom 5 Augusti, no 62. Aber weillen dieß letzte mir nohtwendiger zu beantwortten stehet, will ich daß erste noch vor ein andermahl sparen, heütte aber auff daß frische andtwortten. Uß[ere] brieffe gehen nun gar richtig. Ich würde nur gar einen kleinen voile ohne voile-mantel ahnthun, wen ich in ceremonien ging; den die witwen tragen nur einen kleinen voile, aber meine damen, so keine witwen, müsten floße¹ mantel ahnhaben. Vor einem schwager tregt man hir im landt keine trawer in tuch, nur vor man, vatter undt mutter; man tregt rat de St Mor de laine undt stoff von zigenhaar, so noch leichter ist. Die abscheüliche hitze spürt man heütte, gott lob, nicht; den dieße nacht hatt es einmahl geregnet² mitt einem zimblich starcken donnerwetter, welches aber gar nicht lang gewehrt, doch genung, umb den staub abzulegen undt daß wetter zu erfrischen. Paris ist voller kranckheitten, kinderblattern, rodtlen, fleckfieber undt sonsten hitzigen fieber; auch sterben unerhört viel leütte; die cureux³ haben kaum zeit zu eßen, so viel

*

1 «floß, adj., flott; lose, ledig, nicht fest.» Schmeller, Bayerisches wörterbuch I, s. 592. 2 d. h. geregnet. 3 curés, pfarrer.

haben sie zu begraben. Kontet Ihr gedencken, liebe Louise, daß ich manquiren können, sobaldt ich deß duc de [S]chonburg todt erfahren, Coubert undt waß er hir im landt [hatte,] vor seine döchter außzubitten? Da kont ich nicht abn manquiren. Caroline ist mir zu lieb geweßen, umb nicht vor ihre kinder zu sorgen; undt wen es gleich umb Caroline s. wegen nicht geweßen were, würde es doch Ewertwegen geweßen sein, liebe Louise! Den mir ja woll bewust, wie sehr [Ihr] Ewer[e] niepcen liebt. Ich bin schon genung vor meine mühe bezahlt, weillen es Euch undt ihnen abngenehm geweßen. Ich wünsche, daß alle Ewere sachen mitt den lehen nach Ewern wunsch außschlagen mögen. Der graff Konigseck[1] ist schon lengst weg. Biß sontag wirdt es 4 wochen werden, daß er von Paris verreist ist, undt es ist noch kein anderer in seinem platz; also kan ich ahm keyßerlichen hoff nichts recommandiren. Wen wünschen waß gelten konte, würdet Ihr gewiß gutte andtwort vom keyßer undt Chur-Trier bekommen. Daß ärgert mich allezeit, wen neßgebackene edelleütte der alten heüßer gütter bekommen. Ich weiß dem keyßer recht danck, alte gutte heüßer zu lieben. Könt ich mittel finden, Euch undt die Ewerigen zu dinnen, würde ich es von hertzen gern thun. Wie Ihr mir daß schonburgische stamhauß beschreibt, so ist es wie die schlößer, welche ich mehr, alß gespenster, förchte. Wen ich so ein schloß ruinirt sehe, wie Schrißem ist, felt mir gleich ein schauder übers hertz; muß es doch allezeit ahnsehen. Gott verzey mirs! aber es kompt mir poßirlich vor, daß der herr von Sickingen, so alle welt erb[e]n wolte[2], selber gestorben ist. Sein testament ist auch poßirlich, indem es nur auff deß churfürsten gnaden bestehet. Es ist betrübt, gutte geselschafft zu verliehren; den daß macht manche betrübte gedancken vergehen undt gibt distraction. Ich fürcht, wie Ihr mir die kleine Veningen beschreibt, daß sie nicht schön wirdt werden. Der Eberfritz war eben nicht heßlich vor ein man, aber es were keine schönne jungfer geweßen. Es ist woll waß gar rares, wen Frantzoßinen kinder woll erzigen[3]; den daß wißen sie ahm wenigsten, machen entweder coquetten oder bigotten auß ihnen undt selten waß rechts. Ich habe nicht gern, wen kleine medger zu ernstlich sein; den[4] wollen sie capabel sein undt werden impertinent undt unleydtlich; sehe viel lieber, daß sie kindisch sein. Die freüllen

1 Königsegg. 2 Vergl. oben s. 186. 187. 3 d. h. erziehen. 4 d. h. alsdann.

von Degenfelt muß doch ein gutt naturel haben, daß sie geweint, wie sie von Euch gangen. Gutte gemühter reparirt alles. Ihr habt so ein guttes gemüht, daß es mir gar nicht wunder nimbt, daß Ihr umb Ewern schwager betrübt geweßen, wen es auch nur were, Ewere[r] beyder niepcen betrübtnuß zu wißen; ich hoffe aber, daß Ihr nun getröst werdet sein undt in der trostlichen hoffnung leben, Ewere[n] neuveu, den graff Degenfeldt, undt seine gemahlin baldt wider zu sehen. Ich sage von hertzen amen zu alle gutte wünsche, so Ihr Ewern neveuen undt niepcen thut. Ich habe Euch mein leben nicht von bößen humor accussiren hören, aber woll, daß Ihr Euch zu leicht über alles betrübt. Nein, man helt Euch nicht vor abgeschmackt; contrarie, alle menschen, so Euch kenen, sagen, daß Ihr verstandt habt, daß mans Euch in den augen ahnsicht, aber noch mehr, wen man mitt Euch spricht. Alle menschen können nicht poßirlich sein; daß ist auch nicht nöhtig, man kan woll abugenehm ohne daß sein. Es ist gar gewiß, daß mitt dem alter alle lust vergeht. Ich weiß schir nicht mehr, waß lachen ist[1]; man wirfft mirs offt vor, aber ich kans nicht endern. Ich meinte, Ihr würdet auch nach dem Schlangen[bad,] so woll alß die fürstin von Ussingen nach Schwalbach. Ich weiß nicht, ob Ihr unßern printzen von Birckenfelt kent; der wirdt sich nun baldt verheürahten mitt der zweytten niepce von der graffin von Buckenburg, der graffin von Nassau Sarbrücken dochter. Es geht ihm wie le seigneur Anselm, il se marie en age mur; den auff weinachten wirdt er 45 jahr alt werden. 2 stattger[2] seindt im grundt verbrandt, St Menhout undt la Charité[3]. In dießem letzten seindt 1300 heußer verbrendt. Daß ist alles, waß ich neües weiß. Ich glaube, ich habe Euch schon geschrieben, daß mein sohn nicht gehen kan; hatt sich einem[4] fuß vertretten. Ich habe ihn gestern besucht, kam früh wider her[5]. Adieu, liebe Louisse! Da ist Ewer liebes schreiben exact beantwortet; bleibt

---

1 Vergl. nachher s. 228 und band I, s. 497. 498; band II, s. 709.
2 d. h. städtchen. 3 Journal du marquis de Dangeau XVIII, s. 105 unter montag, 21 August 1719: «La ville de Sainte-Menehould a été presqu'entièrement brûlée; il n'y est resté que nouf maisons, et depuis cela, on a appris qu'il y avoit encore eu un grand incendie à la Charité-sur-Loire; c'est une désolation affreuse pour les habitants de ces deux villes.» 4 ? einen. 5 Journal du marquis de Dangeau XVIII, s. 102 unter mittwoch, 16 August 1719: «Madame vint dîner au Palais-Royal, et puis alla aux Carmélites, et des Carmélites elle retourna à Saint-Cloud; elle n'a point été aux spectacles depuis la mort de madame de Berry.»

mir nichts mehr uberig, alß Euch zu versichern, daß ich Euch von
hertzen lieb behalte.
Elisabeth Charlotte.

1045.

St Clou den 20 Augusti 1719. umb 6 morgendts (N. 13).

Hertzallerlieb[e] Louisse, Ihr werdt finden, daß ich früh anfange, zu schreiben; aber ich kan heütte woll früh auffstehen, den gestern bin ich umb halb 10 nach bett. Ich fuhre gestern abendts, nachdem ich die audientz des desputtes de Languedoc gehabt mitt einer großen haranguen vom bischof d'Alay[1], fuhr ich a Madrit in bois de Boulogne zu Chausseray[2]. Die schenckte mir gar eine magnifique goltene schachtel. Ich fuhr umb halb 8 wider her; es war daß schonste wetter von der welt, weder war[m] noch kalt, undt kein staub. Ich schrieb nur ein par wort ahn einer dame zu Paris, schluckt mein ey, zog meine uhren auff, undt den zu bett, sagt jenne braut, wie daß sprichwort lautt. Nun sitz ich in meiner cammer geratt vor der thür von meinem balcon, so ich auffmachen laßen. Es geht nicht der geringste windt, der himmel ist gantz mitt wolcken überzogen, man sicht die sonne nicht, es ist gar ein samfft wetter jetzt, weder kalt noch warm; ich hoffe, es wirdt noch rechnen[3]. Ich will jetzt auff Ewer liebes schreiben vom 1 dießes monts beantwortten; den daß vom 5ten bekame ich vergangen donnerstag so zu gutter zeit, daß ich es vollig beantwortten konte, hab aber dießes vom 1 noch vor heütte gespart. Ich gestehe, daß mir der todt der duchesse de Berry sehr zu hertzen gangen; es war woll ein recht erbarmblich spectacle, es graust mir noch, wen ich dran gedencke. Mein sohn befindt sich, gott sey danck, noch woll, außer daß er nicht gehen kan, weillen er (wie ich glaube, daß ich Euch, liebe Louise, schon gesagt habe) einen fuß vertretten in seinen nächtlichen promenaden. Ich hatt[e] ihn umb gottes willen gebetten, nachts nicht so zu spatziren; er hatte es mir auch [versprochen,] aber die böße rahtgeber undt ertzschelmen, so ihn umbringen undt von seiner gütte mißbrauchen, haben ihm ein anders persuadirt. Gott verzey mirs! nun er keine schmertzen mehr ahm fuß hatt, ist es

---

1 Alais, Alet. Der damalige bischof von Alet hieß Jacques Maboul. Der marquis de Dangeau sagt von ihm in seinem Journal XVIII, s. 112. 113 unter samßtag, 26 August 1719: «il est de la maison d'Hennin-Liétard, qui est une maison originaire de Flandre.»   2 Chausseraye.   3 d. h. regnen.

mir schir nicht leydt, das er nicht gehen kan; den daß wirdt die
nachtliche spatzirgänge, welche mich so sehr ängsten, verhindern.
Freyllich ist gottes weißheit undt vorsehung in alles [zu] preißen,
zu loben undt zu dancken; er weiß beßer, war¹ unß gutt ist, alß
wir selber; kan die nicht begreiffen, so ihr vertrawen nicht auff
gott setzen wollen. Es ist gewiß, daß die duchesse de Berry gar
ein tröstliches endt genohmen hatt. Vor alle Ewere gutte wünsche
dancke ich Euch sehr, so Ihr thut sowoll vor meinem sohn, alß vor
mich. Er hatt hoch von nohten, daß fromme seelen vor ihn bitten;
den er hatt boße undt viel schlimme feinde. In dießer welt, liebe
Louisse, findt man mehr betrübtnuß, alß lust, insonderheit wen man
alt wirdt, wie ich nun leyder bin; da entpfindt man gar selten freüden, man ist mehr zur trawerigkeit geneigt. Große ambition, gar
alt zu werden, habe ich gar nicht; ich wünsch noch scheüe den
todt nicht, aber ein großes alter, da man andern undt sich selber
zur last wirdt, da graust mir vor, daß muß ich gestehen. Ohne
sünde lebst² kein mensch, doch eines mehr, alß daß andere. Da ist
ja nichts übels ahn, liebe Louisse, daß der todt von madame de
Berry in den teütschen zeydungen gestanden. Daß wusten wir ja
schon nur gar zu woll, wie die arme duchesse de Berry just freytag morgendts zwischen 2 undt 3 verschieden, undt [da] es eben
postag war, hatt es über hin konnen geschrieben werden. Boße
zeittungen gehen geschwinder, alß die gutten. Ist es nicht all eins,
liebe Louise, in seinem seßel oder auff seinen kackstuhl zu sterben?³
Auff dießes letzte ist es sauberer, da lest man nichts ins bett gehen.
Der duc de Schonburg, wie ich sehe, ist im selben mont undt auff
den tag gestorben, alß er geborn ist⁴. Geschicht es mir, so muß
ich im Mayen undt auff einen montag sterben⁵. Er konte nicht
viel alter, alß 78 jahr alt, sein; den wir haben ja seinen herrn
vatter⁶ so lang gesehen undt er war nicht der elste sohn. Ehe ich

---

1 ? was. 2 ? lebt. 3 Vergl. oben s. 189. 4 Der herzog Meinhard von
Schomberg wurde als der dritte sohn seines vaters, des herzogs und marschalls
Friederich von Schomberg, 30 Juni 1641 zu Köln a/Rh geboren und starb zu
Hillington 5/15 Juli 1719, erreichte somit ein alter von 78 jahren und 5 tagen.
Vergl. J. F. A. Kazner, Leben Friederichs von Schomberg, oder Schönburg. Mannheim 1789. I, s. 21. 369. 370. 5 Elisabeth Charlotte starb dienstag, 8 December 1722. Vergl. band I, s. 550. 6 Herzog Friederich von Schomberg,
geboren zu Heidelberg im December 1615, fiel, 75 jahre alt, in dem treffen an
der Boyne in Irland 1/10 Juli 1690. Kazner a. a. o. s. 2. 336. 340 bis 342.

graff von Degenfelts brieff entpfangen, hatte ich schon Coubert vor die schonbergische kinder außgebetten. So baldt mans ihnen geben, könt Ihr woll [denken,] daß sie es genießen werden, wie ihr herr vatter es genoßen hatt. Wen sie es verkauffen wollen, weiß ich ihnen zwey kauffleütte vor einen. Schreibt mir nur, bey wem sie sich ahnmelden müßen (sie haben mich drumb gebetten), undt schreibt mir, waß es kost! Daß ist etwaß rares, daß schwäger einig sein, ist aber löblich undt ein zeichen, daß sie beyde ehrliche leütte sein. Es soulagirt mich recht, wen ich gedencke, daß Ihr, liebe Louise, nicht mehr so sehr mitt den affairen von den schonburgischen gütern werde[t] geplagt sein. Ich kan leicht begreiffen, daß Ewer schwager Euch doch threnen gekost. Es war noch nicht lang, daß Ihr den armen menschen gesehen hatt, undt zu dem so habt Ihr auch Ewere niepcen lieb genung, umb ihre betrübtnuß zu entpfinden. Ich finde auch, daß es woll schadt ist, wen ein gutt alt teütsch geschlegt außstirbt. Ich meint aber, es wehren noch schonburgische in keyßerlichen dinsten. Waß soll aber nun graff Degenfelt hindern, wen er seine sachen wirdt außgemacht haben, nach Teütschlandt wider zu gehen? Ich bitte, sagt mir doch, liebe Louisse! wirdt mylord Holdernesse [1] duc werden ahn seines schwigervatters platz? Die landtgräffin von Homburg undt ihre schwester haben ihren protzes nun schon zum 4ten mahl tout d'une voye [2] gewohnen. Ich weiß nicht mehr, wie man diß auff Teütsch sagt; ich glaube aber, daß es «mitt einhelliger stimme» ist. Unter unß geredt, so gefehlt mir der graff von Leiningen gantz undt [gar] nicht; ist hardy undt nicht gerecht. Es ist nicht genung, wen man regirender herr ist, wie Churpfaltz, daß man seinen unterthanen selber nichts zu leydt thut; man solle sie auch gegen böße pfaffen beschützen undt ihnen nichts leydts geschehen laßen. So meine ichs allzeit, insonderheit waß kirchen-gefälle [3] undt gerechtigkeiten ahnbelangt. Weillen die Badenische auch theil ahn Creütznach haben, müßen dort mehr pfaffen undt monchen sein, alß anderwerts, undt von dießem zeüg kompt sein leben nichts gutts, undt wie daß teütsche sprichwort sagt:

    Wer will haben zu schaffen,
    Der nimb [4] ein weib

---

1 Holderness. Vergl. band II, s. 425, anmerkung.   2 tout d'une voix, einstimmig.   3 kirchen-gefälle.   4 ? nehm'.

Undt kauff eine uhr
Undt schlag einen pfaffen!

For[ch]t¹ nie, liebe Louisse, daß Ihr es [mit] Ewern brieffen zu lang machen könt! Den ob Ihr mir zwar 21 seytten geschrieben, so seindt sie ja doch alle nur in 7 beantwortet, habe doch kein article überhüpfft. Also segt² Ihr woll, daß Ewer schreiben nicht so groß sein, als Ihr woll selber meint. Alle die so große respect, so Ihr last³, nehmen viel papir ein. Ich hoffe, dießen nachmittag noch ein liebes schreiben von Euch zu bekommen. Wir haben nun gantz undt gar nichts neües hir. Ich glaube, ich habe Euch schon gesagt, wie 2 stättger hir in Franckreich gantz verbrendt sein. Von Ste Menehou ist nichts über blieben, alß 2 clöster undt 6 heüßer undt a la Charité seindt 1300 heüßer eingeäschert worden⁴. Man hört undt sicht nichts, alß unglückliche sachen überall. Gott stehe unß bey! wir habens hoch von nöhten. In deßen schutz befehle ich Euch undt unß alle undt seydt versichert, liebe Louise, daß ich Euch allezeit von hertzen lieb behalte!

Elisabeth Charlotte.

Sontag, den 20 Aug., umb 4 uhr nachmittags.

Hertzliebe Louisse, ich habe Ewer liebes schreiben vom 8, no 63, zu recht endtpfangen, werde aber, wie ich schon gesagt, heütte nicht andtwortten; den ich muß gleich in die kirch undt hernach noch ein par brieff schreiben. So mir gott daß leben undt gesundtheit biß donnerstag erhelt, werde ich drauff andtwortten.

1046.

St Clou den 24 Augusti 1719 (N. 14).

Hertzallerliebe Louise, gestern fuhr ich nach Paris, ich meinte, in daß hellische feüer zu kommen: den mein tag habe ich keine so abscheüliche hitze außgestandten; die lufft, so man einschnaufft, war feüerig. Ich glaube, daß, wen diß dawert, werden menschen undt vieh verschmachten. Man hatt ocksen vom landt nach Paris geführt, die seindt todt niedergefahlen, weillen sie in den dörffern, wo sie durchgangen, kein waßer gefunden haben. Ehe ich in den Carmelitten gestern fuhr, bracht man mir Ewer liebes schreiben

---

1 d. h. Fürchtet. 2 d. h. sehet. 3 d. h. All der viele raum, den Ihr des respectes wegen leer laßet. 4 Vergl. oben s. 209.

vom 12 dießes monts, no 64; aber da werde ich heütte nicht auff andtwortten, sondern nur auff das vom 8. Von meinem husten werde ich nichts mehr sagen; den Ihr werdet nun schon auß meinen folgenden brieffen ersehen haben, daß ich wider in volkommener gesundtheit, gott sey danck, nun bin. Waß mir den husten geben, war lautter galle; den so baldt mich der grüne safft die galle außgetrieben, bin ich wider gantz gesundt worden. Wen ich mich betrübe undt erschrecke, wirdt alles zu galle in meinem leib, kan vor bitterkeit weder eßen noch drincken. Ich hatte mich sonst gar nicht verkalt, aber der armen duchesse de Berry todt undt die betrübtnuß, sie 14 [tage] so abzunehmen undt sterben zu sehen, daß hatt mich gequellet undt kranck gemacht, habe aber nun, gott lob, alles überstanden, werde also nichts mehr davon sagen. Dancke Euch doch gar sehr, liebe Louise, vor den gutten raht. Mich deücht, mein sohn fengt nun auch ahn, getröst zu sein. Ahn der duchesse [de] Berry habe ich mich nicht betrogen, habe woll gesehen, wo es nauß gehen würde. Wer nur einen eintzigen sohn hatt undt ihn hertzlich liebt, kan man ohnmöglich ohne sorgen leben, insonderheit in dießem landt, da es so abscheülich viel boße leütte gibt undt so wenig gutte. Waß ich meinem sohn sage, oder waß ich pfeyff, ist all eins; er folgt nicht, waß ich ihm rahte; den seine verfluchte gottloße schmeichler kommen gleich undt werffen alles umb. Es seindt boße kerl, die profession machen, weder ahn gott, noch sein wordt zu glauben, desbauchirte gottslästerlich kerl. Der eine ist ein marquis de Broglio[1], so abt geweßen, aber dem geistlichen standt abgesagt, daß hatt er ahm besten gethan; der ander ist sohn von einen gar erlichen man, so meines sohns sougouverneur geweßen, heist Nosse[2]: dießer ist chambellan von meinem [sohn,] deücht aber auff kein stück waß. Daß seindt die zwey böße rahtgeber; ich forchte, sie werden meinem sohn leib undt sehl verliehren machen; sie machen ihn ein doll leben [führen] in dem pretext, daß er waß haben muß, so ihn nach seiner schwehren arbeit lustig mache, sonsten konte er es nicht außstehen, undt hir in Franckreich helt [man] alles vor langeweill, waß nicht freßen, sauffen undt huren ist. Ach, liebe Louise, Ihr flattirt mich zu sehr, zu sagen, daß meines gleichen nicht mehr in der welt ist; daß kan man woll bey dutzenden

1 ? Broglie.   2 Nocé.

finden. Ewer schwager hatt allezeit vor incompatible passirt. Es ist ein groß glück geweßen vor den duc de Schonburg, daß er, da er ja hatt sterben sollen, 2 jahr geweßen, ohne seine maistres zu sehen; wirdt desto seeliger gestorben sein. Es war doch loblich ahn meledy Holdernesse, ihres vattern partie zu nehmen. Dieße kinder mußen ihrer fraw mutter nachschlagen undt gutte gemühter haben. Ich bin woll persuadirt, daß Ewere niepcen nicht geheürahtet worden worden, wen Ihr nicht in Englandt geweßen wehret, alß jetzt[1]; da hetten sie sich doch heürahten können. Daß verdrist mich auff die Englandt[2], daß sie alle andere nationen haßen undt verrachten. Wen man so sehr ahn affairen zu thun gewohnt ist, glaube ich, daß Euch die zeit lang wirdt fahlen, wen Ihr nichts mehr zu thun werd[e]t haben. In dießer welt kan man keine volkommene ruhe haben, liebe Louise, es kompt imer etwaß verdrießliches. Alles ahn gott zu ergeben undt ihn in allen nöhten ahnzuruffen, ist woll, waß man ahm besten thun kan; alßden können wir hoffen, daß, waß unß gott wiederwertiges zuschickt, er unß zu unßern besten gethan. Der auder Virgillius[3] ist auch nicht der, so ich gern hette. Ihr habt mir schon geschickt... Den, so ich gern hette, seindt ungereimbt reimen, undt so war daß buch, so Carllutz s. hatte. Ich dancke Euch doch gar sehr vor alle mühe, so Ihr Euch deßwegen geben. Gestern, alß ich an Thuillerie kam, erfuhr ich gleich im hoff eine große undt gutte zeitung, nehmblich daß daß schloß sich zu St Sebastien ergeben; eine bumbe ist in den magazin vom pulver gefahlen; da haben sie sich woll ergeben mußen. Die gantze provintz von Bilboa[4] hatt sich ahn Franckreich ergeben. Auff der sehe[5] hatt man auch ein glück gehabt. Ein chevallier de Chivry[6] hatt 3 spanische schiff verbrendt von 70 canons undt noch dazu alle preparatorien, so man in Spanien bereydt hatt, umb mehr schiff zu bawen, hatt er alles verbrandt[7]. Ich weiß nicht, ob Alberoni dem könig in

*

1 d. h. daß Eure nichten, wenn Ihr nicht in England gewesen wäret, sich nicht früher, als jetzt, nach dem tode des herzogs von Schomburg, hätten verheiraten können. 2 ? an den Engländern. 3 Vergl. oben s. 193. 4 Bilbao. 5 d. h. see. 6 chevalier de Givry. 7 Journal du marquis de Dangeau XVIII, s. 110 unter mittwoch, 23 August 1719: «M. de Soubise arriva le matin; il apporta la nouvelle que le château de Saint-Sébastien s'étoit rendu, nouvelle qui surprit fort agréablement M. le duc d'Orléans, qui ne croyoit pas que cela pût être si prompt. On ne sait point encore le détail de la ca-

Spanien sonst viel nutzt, aber glück bringt er ihm gantz undt gar nicht. Sonsten weiß ich nichts neues. Ich weiß nicht mehr, ob ich Euch nicht vergangen sontag geschrieben, daß mademoiselle de la Rochesurion [1], der verwittibten printzes de Conti dochter, seyder 7 tagen wider bey ihrer fraw mutter ist; den sie hatt erfahren, daß ihr herr bruder die rohte ruhr hatt; also ist sie kommen, ihre fraw mutter zu trösten. Waß es weitter werden wirdt, wirdt die zeit lehren. Daß ist alles, waß ich vor dießmahl sagen werde, undt Ewer schreiben ist vollig beantwortet, liebe Louise! Es bleibt mir also nichts mehr überig, alß Euch zu versichern, daß ich Euch von hertzen lieb behalte.

Elisabeth Charlotte.

1047.

St Clou den 27 Augusti 1719 (N. 15).

Hertzallerliebe Louise, ich habe Euch schon vergangenen dou-

pitulation. M. de Soubise a laissé M. le prince de Conty un peu moins mal. M. de Berwick avoit voulu envoyer M. de Soubise porter la nouvelle de la prise de la ville; mais il s'en étoit excusé parce qu'il avoit voulu être au siège du château. On a brûlé trois gros vaisseaux de guerre espagnols qui étoient sur le chantier et prêts à mettre à la mer dans un petit port appelé Sant-Antonio ou Santona au delà de Bilbao.» Genauere nachrichten über diese ereignisse gibt der von Dangeau s. a. o. s. 113 unter samßtag, 26 August 1719, mitgetheilte brief des marschalls von Berwick vom 19 August; «Le 17 de ce mois, le château de Saint-Sébastien a capitulé, et nos troupes ont pris le même jour possession d'une porte et de partie des ouvrages. Nos bombes avoient entièrement détruit leurs provisions de bouche; demain la garnison sortira avec les honneurs de la guerre, et sera conduite à Pampelune. Le chevalier de Givry, que j'avois fait embarquer sur l'escadre angloise avec un détachement de cette armée, débarqua le 12, auprès de Santona, sept ou huit cents hommes de milices, et quelques invalides avoient été contraints de s'éloigner de la plage par le feu de nos vaisseaux, après quoi ils jugèrent à propos de disparoître totalement, de manière que nos troupes se rendirent maîtres des forts et des batteries, où l'on fit crever cinquante et une pièces de canon qu'on y trouva. L'on mit ensuite le feu à trois gros vaisseaux de guerre qui étoient sur le chantier; l'on a aussi brûlé une très-grande quantité de madriers, planches, bois à constructions, agrès et goudron. L'on a emporté beaucoup de ferrailles. L'on estime que la perte des Espagnols monte de deux à trois millions. Nos troupes sont revenues de cette expédition la veille de la reddition du château.»

1 Louise-Adélaïde de Bourbon-Conty, mademoiselle de la Roche-sur-Yon.

nerstag gesagt, wie daß ich Ewer liebes schreiben vom 12, no 64, zu recht entpfangen habe; werde hiemitt drauff andtwortten. Von meinen husten werde ich nichts mehr sagen; den ich bin, gott sey danck, nun schon lengst wider in volkommener gesundtheit, wie Ihr, liebe Louisse, auß meinen schreiben werdt ersehen haben. Wir haben hir recht unbeschreibliche hitz außgestandten undt es kan undt will nicht regnen. Seyder 3 tagen, daß wir auß den hundtstagen sein, ist es abendts undt morgendts doch leydtlicher. Vergangen freytag war noch eine erschrecklich hitze; ich hatt mein balcon offen biß umb 9 abendts, habe also daß feüerwerck des Thuilleries, so man alle jahr macht, den St Louis zu feyern, weillen es deß königs nahmentag ist, [gesehen,] alß wen ich dabey were. Es ist aber übel abgeloffen, wie man mir freytag gesagt; den 7 personnen seindt im zulauff vom pöpel erstickt worden, undter andern eine schwangere fraw undt ein abbé[1]. 8 schelmen undt filoux haben die presse gemacht, umb zu stellen[2], haben einem armen metgen die coiffure vom kopff gerißen, weillen es hübsche spitzen wahren. Daß schwitzen hatt mich nicht courirt, sondern der grüne safft, so mich in 2 tag 14 mahl purgirt hatt undt alle die galle vertrieben, so mir allein den abscheülichen husten verursachet. Lenor trendelt[3] noch ein wenig mitt ihrer gesundheit, ist doch wider beßer undt wider lustig. Ewer gutter wunsch vor mich hatt auch gar woll reussirt; dancke Euch sehr davor, liebe Louisse! Aller ortten hört man zwey sachen klagen, die hitze undt die verfluchte wandtleüße; die haben mich noch die gantze nacht gedrilt[4]. Die printzes von Wallis schreibt mir, daß man in gantz London drüber klagt, undt die königin von Sicill[i]en schreibt, daß man ihr gantz bett voller wandtleüß gefunden hatt. Paris ist voller krancken undt es sterben so unerhört viel leütte ahn den hitzigen kranckheytten, alß kinderblattern, röttlen, fleckfieber undt dergleichen, daß man nicht genung begraben kan.

*

1 Journal du marquis de Dangeau XVIII, s. 111 unter donnerstag, 24 August 1719: «Le roi vit de dessus sa petite terrasse un feu d'artifice magnifique qu'on avoit mis au milieu du rond d'eau; la foule du peuple qui entra dans les Tuileries étoit si grande qu'en sortant, il y eut quelques femmes écrasées ou étouffées par vouloir sortir trop précipitamment.» Eine beschreibung des feuerwerkes aus dem «Mercure», vom August s. 167 ist a. a. o. in der anmerkung mitgetheilt. 2 d. h. stehlen. 3 d. h. saudert. Vergl. Schmeller, Bayerisches wörterbuch I, s. 493. 4 gedrillt, d. h. überlästig geplagt.

Mein enckel, der duc de Chartre, war gestern abendts hir, gott sey [danck], in perfecter gesundtheit, waxst starck, wirdt gewiß größer, alß sein herr vatter[1], werden. Er hatt gar ein gutt gemüht, der bub, ist noch in gutten händen, aber wen er unter die böße junge leütte wirdt kommen sein, muß man sehen, ob er sich nicht verderben wirdt, wovor ich leyder nicht schwehren wolte. Madame de Berry hatte daß gantz apanage von ihrem herrn s.; daß hatt der könig nun wider sambt der pension von 660/m. francken deß jahres[2]. Die schulden fallen meinem sohn alß erben heim; ober alle besoldung, so sie allen ihren leütten seyder zwey oder 3 jahr schuldig ist, muß mein sohn noch 4 mahl hundert taußendt francken zahlen, so sie schulden gemacht hatt; ist abscheülich bestohlen worden. Alle ihre bedinten scheinen sehr getrost von ihrer verlust. Ja, liebe Louise, ich bin auch getröst auß viel ursachen, so ich nach ihrem todt erfahren undt welche sich nicht schreiben laßen. Wen mir gott der allmachtige nur meinen sohn undt seinen sohn erhelt, kan ich nichts in der gantzen famillen verliehren, so mich in die eüßerste betrübtnuß stecken könte. Ich bin noch bang vor hertzog Ernst August: den sein cammerdiner hatt ahn oberstalmeister Harling gesagt, daß, ob er zwar außgeht, fühle er doch noch zu zeitten stich in der seytten fühlt[3]; daß macht mich fürchten, daß sich ein geschwer dort formirt. Daß obst ist sehr ungesundt diß jahr; melonen undt cider[4] schicken sich nicht zusammen. Melonen werden mich nicht kranck machen: ich liebe sie nicht sehr, eßen[5] nicht 3 mahl davon in einem sommer; sie steygen einem so sehr auff, daß kan ich nicht leyden, eckelt mir. Ich habe all mein leben hertzog Ernst August lieber, alß den könig in Englandt; hatt mir, wie er hir war, mehr freündtschafft erwießen. Ich glaube, ich habe Mostapha hir gesehen, daß daß pruckerhandtwerck hir gelernt hatt: schin[6] gar ein gutter mensch zu sein. Der brunen zu Seltz muß nicht scharff sein, weillen er den husten courirt. Die Tartarn seindt boßhafftige leütte, aber die rechten Turcken seindt ordinari gutt. Ich glaube, daß die englische lufft mir gar ungesundt sein würde; den wie ich [nach] Dunckercken[7] kam in die seelufft, wurde mir

*

1 Der regent war nicht groß. 2 Vergl. die anmerkung zu dem briefe vom 23 Juli, oben s. 182. 3 fühlt ist natürlich zu tilgen. 4 cidre, apfelwein. 5 ? eße. 6 d. h. schien. 7 Dünkirchen.

undt noch viel andern daß maul gantz grindich, alß wen wir daß
fieber gehabt hetten. Ich kene, glaube ich, den Schullenburg, hatt
ein hübsch gesucht¹; ich habe ihn hir mitt einen printzen von Holstein gesehen, hatte ein hübsch gesicht undt gar lebhaffte farben.
Der elste bruder ist von Venedig nach Corfu gereist, gewiß den
krieg dort fortzuführen. Er ist auff ein englisch schiff mitt 40 bedinten hingereist, hatt doch sein hauß noch voller bedinten gelaßen,
er lest sich dort nicht lumpen², wie Ihr secht. Seine schwester ist
unter Ewer[e]m befehl geweßen; alßo woll billig, daß sie Euch besucht. Ich weiß³ ihrer tante neüen nahmen, ist mir aber auch
entfahlen. Ich glaube, daß wenig leütte in der welt soin, wonach
der könig in Englandt fragt. Wen man in einer lufft steckt, so
einem ungesundt ist, sicht man allezeit übel auß. Wen ich zu Paris
wohne, sehe ich auch übeller auß, alß hir undt zu Versaille undt
Marly undt Fontainebleau. Ich bin fro, liebe Louise, daß Ihr woll
außsegt; den daß ist ein zeichen, daß Ihr nun, gott lob, in gutter
gesundtheit seydt. Der allmachtige wolle Euch lange jahren dabey
erhalten! Daß freüllen von Schulenburg wirdt weniger endern, alß
die, so sich schminken; daß macht die leütte zuletzt abscheülich,
wie wir hir ahn der Grançay⁴ gesehen haben, so unkenbar worden war. Es geschicht so leicht, daß man sich im schreiben [irrt
und] einen bu[ch]staben vor den andern [setzt]. Ihr seydt nicht
die eintzige, liebe Louisse, so sich in den frantzöschen wörttern
ihret⁵; schir alle weibsleütte, frantzösche damen selber, wißen die
orttegraff gar schlecht. Ich glaube, daß ich jetzunder schir die
frantzösche ortograffe beßer weiß, alß die teütsche; den ich leße
schir nicht mehr [Deutsch], habe der zeit nicht. Undt unßere liebe
printzes von Wallis ortografirt bitter übel⁶, hatt schreiben nur von

---

1 ? gesicht.   2 d. h. er läßt sich nicht als einen lumpen behandeln oder ansehen, d. h. zeigt sich ehren halber nicht karg. Vergl. Weigand, Deutsches wörterbuch unter lumpen.   3 ? wuste.   4 Grancey.   5 d. h. irret.   6 G. Brunet II, s. 149, anmerk. 1: «Il en était de même alors d'une foule de personnes de premier rang; mais, ainsi que le remarque très-bien M. Léon de Laborde, ‹combien de grands seigneurs et des plus importants, combien de superbes dames et des plus distinguées, n'écrivaient pas plus correctement! L'esprit alors et le talent éclataient en dépit des règles de la grammaire ou des lois de l'école, et ils ne s'en croyaient pas de plus mauvais aloi pour cela.› Les exemples d'une orthographe vicieuse abondent dans les écrits de l'époque. En ouvrant le premier qui nous vient sous la main, les «Mémoires»

sich selber gelernt, also gar kein wunder, daß es in dießem stück schlegt¹; ich bins aber lengst gewohnt undt leße es nun gar woll; aber im ahnfang habe ich ein wenig mühe gehabt. Sie schreibt gar artig undt [an]genehm, waß den verstandt ahnlangt. Ich mögte von heitzen wünschen, liebe Louise, einige gelegenheit zu finden, Euch undt die Ewerigen zu dinnen undt gefahlen zu erweißen; bißher hab ich diß glück noch nicht finden können. Ich habe noch einen brieff von herrn graffen von Degenfelt zu beantwortten undt von seiner gemahlin, habe aber noch nicht dazu gelangen können; werde es thun, so baldt ich ein augenblick zeit finden werde. Man muß die leütte in Englandt woll balsamiren, daß man sie so lang unbegraben behalten kan. Es ist etwaß sehr rares, eine theillung ohne streydt zu sehen. Ich bin fro, daß Ihr nicht dabey sein werdet; den man erwirbt ordinarie in solchen sachen nicht[s,] alß undanck; die raisonablesten wißen offt in solchen fällen, wißen offt selber nicht, waß sie thun. Daß sprichwort sagt: «Große herrn undt große gewäßer zu nachbarschafft zu haben, da befindt man sich nie woll bey.» Aber nun muß ich meine pausse machen. Dießen nachmittag werde ich dießen brieff vollig außschreiben.

Den 27 Aug., umb ¾ auff 5 abendts.

Wir kommen jetzt auß der kirch. Gleich nach dem eßen bin ich entschlaffen; den die hexsen-wandtleuß haben mich dieße nacht

---

de Louville, nous trouvons des lettres de Louis XIV fidèlement reproduites; on y lit: «Jay apris ... plésir ... traittement ...» La reine douairière d'Espagne écrit: «La manière dont Madame de Denie s'est servit pour demander les catre atelages qui me restent.» Au lieu de hier, la reine, femme de Philippe V, écrivait «yer.» Mademoiselle de Montpensier traçait de son côté ces lignes, que nous reproduisons exactement: «J'ay cru que Votre Altesse seret bien ése de savoir sete istoire; je m'enqueteré de toute nouvelle pour luy mander, m'estiment hureuse si je puis luy donner quelque divertisement.» Ebendas. II, s. 151, anmerk. 2: «Madame de Montespan partageait l'oubli de son époque pour les règles de l'orthographe; un catalogue d'autographes (L.***. 1844, n° 341) renferme un extrait d'une lettre à Madame de Lauzun, nous le reproduisons: «Il lia sy lontant que je n'ay antandu parler de vous que je ne «puis m'anpescher» de vous demander des nouvelles de la disposition de votre «esprit, car pour vos afaire ce seret à moy a vous en instruire. M. Colbert «promet des merveilles sur les memoires que lon luy a donnés ...»

1 d. h. schlecht.

so geplagt, daß ich keine 2 stundt habe nach einander schlaffen können, habe also woll ein wenig nach dem eßen schlaffen müßen. Zuvor, ehe ich entschlaffen, hatt man mir meine briffe von der post bracht, unter andern einen von Euch vom 15, no 65. Auff dießem aber werde ich heütte nicht andtwortten, sondern nur auff waß ich vom ersten zu sagen habe undt wo ich heütte morgen geblieben war, nehmblich ahn daß die schonbergische gütter so viel große herrn zu nachbarn haben. Die pfaffen müßen sehr ahm pfaltzischen hoff regiren, daß es so doll ahm pfaltzischen hoff hergeht; den wo die die oberhandt bekommen, da muß ungerechtigkeit die oberhandt haben undt lautter partialitetten. Ich habe etliche Teütschen gefragt, obs war wer, daß der fürst von Siegen todt ist, aber kein mensch weiß nichts davon, glaube also nicht, daß es war ist. Die meisten leütte, so in den sauerbrunen reißen, gehen nur hin, sich zu divertiren. Wie habt Ihr Ewer lossement, so Euch gemachlich ist, im Schlangenbadt nicht auffhalten laßen, damitt mans Euch nicht nehmen mag? Es ist mir leydt, daß Ihr kniewehe habt; den davon courirt man gar selten; ich weiß es leyder auß experientz¹. Mein enckel, der duc de Chartre, hatt mir dießen abendt seinen escuyer geschickt undt mir sagen laßen, daß sein herr vatter ihm ein gouvernement vom duc de la Feuilliade gekaufft hatt, nehmblich daß vom Dauphiné². Mein sohn hatt hirin sehr woll gethan. Nun habe ich ordendtlich auff Ewer liebes schreiben geantwortet undt alles gesagt, waß ich weiß, undt ich muß noch einen großen brieff ahn mein dochter schreiben, kan also vor dießmahl nichts mehr sagen, alß daß ich Euch, liebe Louisse, allezeit von hertzen lieb behalte.

Elisabeth Charlotte.

1048.

St Clou den 31 Augusti 1719 (N. 16).

Hertzallerliebe Louise, ich habe Euch schon vergangen sontag gesagt, wie daß ich Ewer liebes schreiben vom 15 Aug., no 65, zu recht entpfangen habe. Von meinem husten werde ich nichts mehr sagen; den Ihr werdet nun schon woll durch meine schreiben

---

1 Vergl. oben s. 200.   2 Vergl. den folgenden brief.

ersehen haben, liebe Louisse, daß ich lengst wieder, gott seye danck, in volkommener gesundtheit bin, ob zwar in St Clou undt Paris alles voller krancken ist. Vergangen montag wolte ich, wie ordinarie, ins bois de Boullogne zu Chausseray [1], aber alle meine kutscher, vorreütter, beyläuffer undt stallknecht wahren so kranck, daß ich zu St Clou bleiben muste. Die mich gestern geführt haben, sehen mehr todten, alß lebendigen, gleich. Die rohte ruhr undt ahnsteckende hitzige fieber regieren überall. Es ist abscheülich, wie viel leütte sterben; man hört nichts anderst, alß von unglück undt betrübtnuß. Ein armer gärtner drunten hatt sein vatter undt mutter, die liegen auff den todt undt seine fraw ist auff einen stutz närrisch worden, leüfft tag undt nacht, man muß allezeit bey ihr sein; den sie will alß ins waßer lauffen. Wo man sich nur hinthret, sicht man betrübte gesichter, außer mein enckel, der duc de Chartre; der ist gar lustig undt erfrewet. Ich weiß nicht, ob ich Euch letzte post geschrieben (den ich habe gar ein schlim gedächtnuß undt daß wirdt täglich ärger), daß mein sohn daß gouvernement von Dauphiné vom duc de la Feüilliade [2] 800/m. livre gekaufft vor seinem sohn, den duc de Chartre, 500/m. vor daß gouvernement undt 100/m. thaller vor le brevet de rettenue, so der duc de la Feüilliade hatte [3]. Alle gouverneurs de provintz [4] haben capitaine des gardes, also hatt man meinem enckel gestern auch einen geben, so er mir mitt freüden pressentirt [5]; es ist deß marquis

---

1 Chausseraye. 2 Feuillade. 3 Journal du marquis de Dangeau XVIII. s. 114 unter sonntag, 27 August 1719: «M. le duc d'Orléans achète pour M. le duc de Chartres, son fils, le gouvernement de Dauphiné qu'a M. de la Feuillade; il lui en donne 550,000 francs, et lui fait payer comptant, outre cela, les 100,000 écus de brevet de retenue qu'il a sur ce gouvernement qui vaut environ 20,000 écus de rente. De plus, on lui paye les appointements qu'il avoit pour l'ambassade de Rome depuis le jour qu'il y a été nommé.» Der herzog von Saint-Simon macht a. a. o. hierzu die bemerkung: «M. le duc d'Orléans songeoit peu à des établissements pour M. son fils. Canillac l'y força d'importunité pour avoir un large robinet d'argent à son ami la Feuillade, qui sut toujours recevoir sans cesser d'être l'ingratitude même.» 4 ? province. 5 Journal du marquis de Dangeau XVIII, s. 114. 115 unter dienstag, 29 August 1719: «M. le duc de Chartres a pris pour capitaine de ses gardes M. de Clermont, qui aura 2,000 écus d'appointements.» Der herzog von Saint-Simon bemerkt hierzu a. a. o. s. 116: «Les princes du sang, comme tels, n'ont ni gardes ni capitaines des gardes, mais seulement en qualité de gouverneurs de provinces lorsqu'ils le sont, et comme tous les autres gouverneurs de province,

Do [1] sein dochterman, welche dochter bey der duchesse de Berry
geweßen undt welche bey ihr in ungnaden kommen war wegen der
bößen favorittin, der Mouchi [2]. Madame d'Orleans hatt sie in der zahl
von ihren damen ahngenohmen. Daß ist daß eintzige, so wir neües
hir haben. Seyder dieße 6 tagen ist gar nichts neües vorgangen,
alß viel sachen in den financen, so ich nicht verzehlen kan; den
ich begreiffe es nicht. Nur daß weiß ich, daß mein sohn ein mittel
gefunden mitt einem Engländer, so monsieur Law heist, aber die
Frantzoßen heißen ihn monsieur Las, diß jahr alle deß königs
schulden zu zahlen, so auff 2 mahl hundtert taußendt millionen [3]
außlauffen. Der junge könig wirdt also auß einen armen könig ein
gar reicher werden. Es ist aber auch woll einmahl zeit, daß ich
auff Ewer liebes schreiben komme. Nichts in der welt ist mir ungesundter,
alß trawerigkeit, undt ich hatte die letzte 14 tag, so die
arme duchesse de Berry gelebt, meine zeit gar trawerig, voller
schrecken undt betrübtnuß a la Meutte zugebracht; daß hatt mir
daß miltz voller verbrandten galle gesteckt, daß hatt mich kranck
[gemacht:] den so baldt mir monsieur Teray mitt seinem bittern
grünen safft daß miltz 14 mahl braff geleert, bin ich wider frisch
undt gesundt worden. Ich habe, gott lob, noch eine gutte natur,
komme gleich wider zu recht. Ich fürchte, ich werde nur zu lang
leben; den ich habe ein größern abscheü vor ein hohes alter, alß
vor den todt selber. Bin Euch doch, liebe Louise, sehr verobligirt
vor Ewern woll meinenten wunsch. Ich sehe leyder nur gar
zu woll, daß ich mich leyder gar nicht vor dieße welt schicke; ich
mache ihnen lange weill undt sie divertiren mich gantz undt gar
[nicht], kan mich gar nicht ahn die itzigen zeitten undt manieren
gewöhnen. Ich habe 2 monsieur [4] von Gemingen hir gesehen, einen
gar langen undt einen mittelmäßiger taille (ich weiß nicht, welcher
von beyden es ist, so mitt Euch gesprochen) in meinen alter undt
voller kinderblattermahler, wie auch ein maull voller gelbe gebrochene

et le seul premier prince du sang a un gentilhomme de la chambre. Ils l'appellent maintenant premier gentilhomme de la chambre, et en ont tous un. La date de cette nouveauté peu à peu imperceptiblement introduite, est depuis la mort du roi, et n'a paru qu'assez longtemps après.»

1 marquis d'O.   2 Mouchy.   3 Diese summe ist nicht richtig. Vergl. U. Brunet II, s. 151, anmerk. 1. Man sehe auch den brief vom 10 September, sachher s. 235.   4 ? messieurs.

zähne undt dabey eine heßliche taille. Wie ich nun bin, kan man gar nicht woll außsehen; man sicht [mir] meine 67 jahre gar woll ahn. Vor den leütten scheine ich nicht trawerig, liebe Louise, aber in der that bin ich es doch rechtschaffen. Warumb solte ich andern leütten entgelten, wovor sie nichts können? daß were nicht billig. Unßer herrgott hatt Ewer gebett, liebe Louise, gar woll erhört; den, wie schon gesagt, so bin ich in volkomm[en]er gesundtheit. Die hitze continuirt hir auch den tag über, morgendts undt abendts aber ist es kühl. Ich glaube nicht, daß die ruhr starcker zu Heydelberg sein kan, alß sie jetzt hir zu Paris undt St Clou ist. Es ist mir leydt, daß die fraw von Zachman dran kranck ist. Daß ist eine schlechte preparation zum neüen heürhat. Hir courirt man viel leütte mitt ein gar gering remede, man lest milch kochen, mitt einem eydotter drin geschlagen undt rossenwaßer, undt daß warm gedrunken. Gar viel leütten bekompts woll. Wo logirt man jetzt zu Manheim, nun keine cittadel noch schloß mehr vorhanden? Ich bilde mir ein, es seye im zolhauß ahn dem Neckerthor. Ich erinere mich noch, daß ich vor 61 jahren, daß ich einmahl mitt I. G. dem churfürsten nach Manheim fuhr. Es war noch keine cittadel damahl dortten (Ihr undt Carolline wahret noch nicht gebohren, aber Carllutz war schon gebohren); da logirte man in dem zollhauß, hatte kleine cammerger. Daß war meine zweyte reiß; ich war schon vorher zur Neüstatt geweßen undt ich erinere mich, daß mein bruder s. undt ich mitt einander fuhren, unßere hoffmeister undt hoffmeisterinen, undt ein baum schlug die imperialle[1] von der kutsch ein: da wolten wir unß kranck lachen, mein bruder undt ich wolten unß kranck lachen. Ich meinte, Churpfaltz liebte keine ceremonien. Warumb will er den ceremonien mitt seinen herrn bruder, den churfürsten von Trier, machen? Ich weiß Churtrier danck, sie nicht zu lieben. Ist Churtrier nicht auch teütscher meister? Zu Mergenthal[2] bin ich auch einmahl geweßen. Waß ich ahm artigsten [fand,] ist ein gärttgen im zweytten stockwerck auff einer altan, daß gantz voller blumen war, recht artlich; im über[igen] erinere mich dießes schloß nicht mehr. Ich finde recht schön, waß der bischoff von Würtzburg in seinem todt gethan

---

1 imperiale. 2 Mergenthal, d. i. Marienthal, Mergentheim, seit 1526 hauptstadt des Deutschmeisterthums, residenz des Deutschmeisters und sitz der regierung. Vergl. band II, p. 196. 200.

mitt seinen domestiquen. Sein bruder muß eine große lust zum ehestandt haben, gleicht uß beyden hirin nicht. Mein gott, wie kan sich ein man resolviren, ein andere fraw [zu nehmen], wen er eine ahngenehme, tugendtsame undt gescheydte fraw gehabt hatt! Aber wer 3 genohmen, kan auch woll eine 4te nehmen. Ich glaube, ich habe Euch schon geschrieben, liebe Louise, wie daß daß schloß über ist zu St Sebastien, so man vor unüberwindtlich gehalten hatte; aber bomben seindt in die cithern¹ undt ins pulver gefallen, da haben sie sich woll ergeben müßen. Mein dochter schreibt mir, daß Mercy nicht todt ist. Es ist nicht zu verwundern, wie die duchesse de Berry schulden gemacht hatt. Sie hatte einen impertinenten jungen menschen² bey sich undt ein ehrvergeßen weib³, so mitt dem jungen menschen zugehalten; die haben alles sich geben machen, daß hatt schulden über schulden gemacht; den daß gantze hauß hatt drüber gelitten⁴. Sie haben eine solche authoritet über sie gehabt, daß sie ihnen nie nichts abgeschlagen hatt. Aber ich muß nun eine pausse machen; dießen nachmittag werde ich außschreiben.

Donnerstag, den 31 Aug., umb halb 5 abendts.

Die duchesse Dursch⁵ ist mitt mir eßen kommen undt hatt hernach lang mitt mir gesprochen. Darnach ist der pere de Ligniere⁶ kommen, der hatt mich bißher gehalten; nun muß ich in kirch. Dießen abendt nach der promenade werde ich, obs gott will, dießen brieff beantwortten.

Donnerstag, umb 7 abendts.

In dießem augenblick komme ich von dem spatziren, habe anderthalb stundt in caleschen spatzirt undt seyder eine halbe stundt

---

1 citernes, cisternen. 2 De Rioms. «On trouvera des détails étendus sur Riom dans la «Galerie de l'ancienne cour», 1786, t III. D'après les «Mémoires» de Maurepas, il menait fort durement la duchesse, et elle fit une fausse couche à la suite de coups qu'il lui donna.» G. Brunet II, s. 146. 147, anmerk. 2. Man vergl. über Rioms auch die mittheilungen des herzogs von Saint-Simon im Journal du marquis de Dangeau XVIII, s. 86. 87. 89. Wie Saint-Simon s. 87 bemerkt, hat die herzogin von Berry nicht allzu lange vor ihrem tode sich heimlich mit Rioms vermählt; zu einer veröffentlichung dieses ehebündnisses kam es jedoch nicht mehr. 3 Madame de Mouchy. Vergl. oben s. 202. 203, nachher s. 228. 229. 4 Vergl. nachher s. 229. 5 d'Ourches. 6 de Linières, der beichtvater von Elisabeth Charlotte.

zu fuß in der orangerie. Nun will ich Euch ferner entreteniren, liebe Louise! Ich war ahn die duchesse de Berry geblieben, die ihre leütte so bestollen haben; sie hatt aber alles gar guttwillig geben. Hette ich eine sichere gelegenheit, würde ich Euch ein mehrers hirvon verzehlen: aber ob zwar diß unglück der gantzen welt kündig ist, so schickt es sich doch nicht in meine feder; nur daß sagen, daß ich sehr getrost über meiner encklin todt bin durch alles, waß ich von ihr seyder ihrem todt erfahren hab. Ich habe jezunder einen gar ehrlichen man zum schatzmeister; er ist 11 oder 12 jahr mein ausmonier [1] geweßen, hatt sich hernach geheüraht. Er war kein pfaff, noch prister, wie Ihr woll dencken köntt, nur abbé ohne orden. Gestern habe ich ein schreiben von Ewer niepce, die comtesse d'Holdernesse [2], bekom[m]en; sie sagt, sie wolle einmahl herkommen. Aber die printzes von Wallis schreibt mir, daß graff [von Degenfeld] erster tagen hir sein wirdt; werde froh sein, ihn zu sehen, weillen er Euch so lieb ist undt auch weillen er herr Max her sohn ist. Ich finde eben, wie Ihr, daß es recht schimpfflich ist, daß christliche religionen nicht einiger sein, alß man sie sicht. Daß machen die verfluchte pfaffen; die seindt ahn alles unheil schuldt, so in der welt geschehen ist undt geschehen wirdt. Ich habe zu Coubert vor etlichen tagen gejagt, bin durch undt durch geritten: allein es ist mir gar nicht schön vorkommen. In den schönsten alléen war korn undt habern geschet [3] undt daß hauß sahe auß, wie ein hauß in decret [4]. Ich glaube nicht, daß es dem graff Degenfelt gefahlen wirdt; mir hatt es nicht gefahlen. So baldt graff Degenfelt hir wirdt sein, will [ich] die leütte, so Coubert gern kauffen wolten, ahn ihm adressiren. Gestern habe ich zimbliche frische brieffe auß Englandt bekommen. Daß schreiben von unßerer printzes von Wallis ihrer war vom 13/24 dießes monts, also nur 5 tag alt. Ihr schreibt mir nicht, waß der neüe Virgillius kost; es ist aber nicht der, so ich gern hette; den der ist anno 1668 gedruckt worden undt anno 1669 habe ich ihn zu Heydelberg geleßen [5]. Ich habe heütte Ewer liebes schreiben vom 19 Aug., no 66, entpfangen nach dem eßen; daß werde ich vor zukümfftigen

---

[1] aumônier, almosenier. [2] Holderness. [3] d. h. gesät. [4] Französisch sagt man: »Cette maison est en décret«, dieses haus soll gerichtlich verkauft werden. [5] Vergl. oben s. 142. 193.

sontag sparen, so mir gott leben undt gesundtheit verleyet. Ich bin heütte gritlich wie eine wandtlauß undt woll mitt recht; den ich habe heütte nachmittag erfahren, daß mein sohn den verfluchten duc de Richelieu auß der Bastillen gelaßen undt wider auff freyen fuß gestelt hatt, ob er zwar seine untrewe selber gestanden¹. Daß thut seine zitterkopffigte gemahlin. Ich zweyffle nicht, daß sie es so weit bringen, daß ihr bruder undt bruders gemahlin auch loß gelaßen wirdt werden, undt den² wirdt weder mein sohn, noch sein sohn in sicherheit ihres lebens sein, wie man nur gar zu woll weiß. Da segt³ Ihr woll, daß ich große ursach habe, gritlich undt unlustig zu sein; kan nichts mehr vor unlust sagen. Adieu! Ich ambrassire Euch von hertzen, undt in welchem humor ich auch sein mag, so werde ich Euch doch von hertzen lieb behalten, hertzliebe Louise!

Elisabeth Charlotte.

A madame la comtessse de Degenfelt a Londre,
Condid street by Honover square, Pony post⁴.

A St Clou, ce vendredy, 1 de Septembre 1719.

Madame la comtesse, il y a deja quelque temps que j'ay receue Vostre lettre du 20 de Juillet vieux stille, mais il m'a estés impossible dy faire plustost responce, car Vous croyes bien que dans ces tristes occation je n'ay manques ny de lettre de condoleance, ny de vissittes. Sans cela je n'orois pas manquée plus tost de Vous remercier de la part que Vous aves prisse dans mes paines pandant que Vous Vous esties si accables de Vostre propre affliction, comme aussi de tout Vos bons souhaits. Quand j'ay eüe soin de Vous conserver en ces pais cy cequi Vous est si legitimmement deü, je n'ay fait que ce que je devois. Je suis bien aisse de savoir que feu monsieur le duc de Schonburg avoit un brevet. J'ay receü, il y [a]

---

1 Vergl. oben s. 74. 99. 100. 110. Journal du marquis de Dangeau XVIII, s. 114 unter montag, 28 August 1719: ‹M. de Richelieu a beaucoup plus de liberté à la Bastille depuis quinze jours, et il a, dit-on, envoyé ses gens à Richelieu pour le faire meubler.› Ebendas. s. 116 unter mittwoch, 30 August 1719: ‹M. de Richelieu sortit de la Bastille et alla coucher à Conflans chez M. le cardinal de Noailles.›   2 d. h. alsdann.   3 d. h. sehet.   4 Diese zeile ist nicht von Elisabeth Charlottens hand.

deux jours, une lettre de Vostre soeur. Ne craignes [Vous] de faire voyager Vostre fille trop tost? Car lair de la mer au mois de 7br doit estre violent. Je n'escris a monsieur le comte de Degenfelt parce que madame la princesse de Galle le croit deja partis pour venir icy; ainsi je luy feres responce. Je me faits un grand plaisir de Vous voir tout deux et de Vous assurer que je suis, madame la comtesse,

Vostre bien bonne amie
Elisabeth Charlotte.

1049.

St Clou, den 3 September 1719 (N. 17).

Hertzallerliebe Louise, ich habe Euch schon vergangenen donnerstag gesagt, wie daß ich Ewer liebes schreiben vom 19 Aug., no 66, zu recht entpfangen habe. Von meiner gesundtheit werde ich nichts mehr sagen; den sie ist nun, gott seye danck, gar volkommen. Ich müste in den letzten zügen sein, liebe Louise, wen ich Euch nicht meinen zustandt berichten solte, weillen Ihr Euch so sehr davor interessirt. In meinem alter, so nahe bey den 70, ist keine groß starck zu erwarten undt muß man auff nichts, als abnehmen, zehlen. Unßere s. churfürstin pflegte mir alß zu sagen: «Man muß sich resolviren, der welt lauff zu folgen; denn unßer herrgott wirdt nichts neües vor unß machen.» So gedencke ich auch, liebe Louise, undt verwundere mich gar nicht, wen ich meine starcke undt krafften je mehr undt mehr abnehmen sehe. Vor Ewere gutte wünsche bin ich Euch doch sehr verobligirt, liebe Louise! Madame de Chasteautier¹ kent Euch von reputation; abbé de Thesseut² hatt ihr viel guts von Euch gesagt. Lenor ist, gott lob, gantz wider gesundt; der appetit ist ihr wider kommen. Madame de Chasteautier filtzte sie gestern, daß sie ein groß stück brodt aß. Lachen ist etwaß rares bey unß worden³; doch lacht die Rotzenheüsserin noch eher, alß ich. Mein sohn kam vergangen freytag her undt machte mich reich, sagte, er fünde, daß ich zu wenig einkom[m]en hette; hatt es mir also von 150/m. francken vermehret⁴, undt weillen ich, gott lob, keine schulden habe, kompt es

---

1 Châteautbiers. 2 Tescu (Thésu). 3 Vergl. oben s. 209. 4 Vergl.

mir apropo, umb mich die überige zeit, so ich noch zu leben habe, a laisse¹, wie man bir sagt, setzen, können also ohne scrupel kirbe …²
Unsere liebe printzes von Wallis ist, wie mich deücht, allezeit im gutten humor undt lustig. Gott erhalte [sie dabei]! Aber ich verspüre, daß das alter die lust sehr vertreibt. Ich ware auch vor dießem lustig von humor, aber die verlust der seinigen undt sonsten vertrießlichen sachen, meines sohns heüraht undt waß noch drauff erfolgt, hatt mir alle lust benohmen undt sehr stämich gemacht, so sich doch jetzt zu meinem alter schickt. Ewer neveu undt niepce von Degenfelt seindt noch nicht ahnkommen. Ewer schwager s. hatt[e] gutt courage, fehlte nicht von verstandt, hatte aber einen humor, so incompatible war, hatt allezeit hir vor passirt³. Graff Carl⁴, sein bruder, machte sich mehr beliebt bey alle menschen. Der elste⁵ muß vor dem vatter gestorben sein, daß der nicht duc geworden ist. Ich habe woll gedacht, daß Ewer schwagers todt Eüch zu hertzen gehen würde. Aber Ihr thut doch woll, es Eüch auß dem sin zu schlagen; man muß distraction suchen. Die Mouchi⁶ war woll die unwürdigste favoritin, so man jemahlin gesehen, hatt ihre fürstin betrogen, belogen undt bestohlen. Sie war auch von gar geringer gebührt; ihr großvatter von mutter seytten war meines herrn s. feltscherer, controlleur general vom hauß, so auch keine

---

den folgenden brief. (l. Brunet II, s 158, anmerkung 1: «Madame avait pour chef de son conseil un homme éclairé, Nicolas-Joseph Foucault, qui a laissé des Mémoires dont la publication offrirait de l'intérêt pour l'histoire de l'administration française. Le manuscrit existe à la bibliothèque impériale. M. A. Bernier en a publié quelques extraits à la suite des «Mémoires du marquis de Sourches», 1840, 2 vol. in-8°.» 1 à l'aise, bequem, gemächlich. 2 ? kann also ohne scrupel kirbe [d. h. kirchweih-, jahrmarktgeschenke] kaufen. 3 Vergl. oben s. 215; band I, s. 542; band II, s. 800; band III, s. 374. 4 Graf (nachmals herzog) Karl von Schomberg, der fünfte sohn des herzogs Friederich von Schomberg, wurde den 5 August 1645 zu Herzogenbusch geboren und starb 48 jahre alt zu Turin in folge seiner in der schlacht bei Marsaglia 4 October 1693 erhaltenen wunden. Sein leichnam wurde in der cathedral-kirche von Lausanne beigesetzt. Vergl. Kazner a. a. o. s. 21. 361. 362. 5 Des herzogs Friederich von Schomberg ältester sohn, Otto, geboren zu Geisenheim 15 Merz 1639, fiel an der selte seines vaters bei der mislungenen belagerung von Valenciennes im sommer 1656. Vergl. Kazner a. a. o. s. 21. 39. Man sehe auch oben s 211, anmerk. 6. Elisabeth Charlotte meint aber wol nicht diesen Otto, sondern den ältesten der drei ihren vater überlebenden söhne, Friederich, geb. zu Ober-Wesel 14 Merz 1640, gest. zu Geisenheim 5 December 1700. Kazner a. a. o. s. 21. 358. 6 Mouchy.

hohe charge ist, ließ Forcadel. Die mutter ist auch nicht viel nutz, hatt in ihrem witwenstandt lang mitt einem geheßrahten man hauß gehalten. Man kan sagen, daß dießes alles zusamen stinckende butter undt faulle eyer sein. Waß dieß Mouchie possirliches gethan, ist, daß sie ihren eygenen amant, den comte de Rion¹, bestohlen. Madame de Berry hatte dießem gar viel geben in edelgestebin undt bar gelt. Daß hatt er alles in eine kist gethan; dieße kist hatte er zu Meudon gelaßen, die hatt ihm seine liebe Mouchi gestollen undt ist mitt fortgangen; das finde ich poßirlich. Man kan hirzu sagen, waß J. G. unßer herr vatter s. alß pflecht² zu sagen in der gleichen fällen: «Accordes vous, canaille!» So kan man hir auch woll sagen. Daß die Mouchi in allen stücken ahn ihrer fürstin todt schuldig ist, daß ist nur gar zu gewiß³. Sie hatt wenig verstandt, ist sehr geitzig, interessirt undt mitt einem wort voller untugenden, leichtfertigkeit undt laster, so nur zu erdencken. Es ist nicht möglich, daß diß mensch eines gutten todts sterben kan. Die duchesse de Berry hatte sich so von dießen zweyen personen einnehmen laßen, daß sonst nichts mehr bey ihr galt. Sie war nicht beliebt in⁴ ihren leütten. Die frantzöche bedinten seindt gar jalousse leütte; sehen sie, daß man ihnen ander vorzieht, werffen sie einen haß auff ihre herrn. Keine nation ist interessirter, alß dieße; also kein wunder, daß madame de Berry leicht von ihnen ist vergeben worden. Die duchesse de Berry war sehr hautaine undt absolutt; daß hatt auch dazu geholffen. Sie wurden auch nicht woll bezahlt in ihrem hauß, den Rion rapelte alleß vor sich⁵ undt die Mouchi auch; daß attaudri[r]t die andern bedinten nicht. Mein sohn hingt⁶ noch ein wenig ahn seinem vertretten[en] fuß: allein seine gesundtheit geht sonsten, gott lob, woll, undt sicht mitt seinen dicken backen gar gesundt auß. Meines sohns geschafften, mühe undt arbeydt bekommen dem jungen könig woll: den wie mein sohn in die regence kom[m]en, war der könig in schulden von 2 mahl hundtert taußendt millionen undt, wiß gott, übers jahr wirdt alles liquitirt sein. Mein sohn hatt einen Englander gefunden, so monsieur Law heist undt die financen auff ein endt verstehet; der hatt ihn dazu geholffen. Vor Ewere gutte wünsche dancke ich Euch sehr,

---

1 Rioms.   2 d. h. pflegte.   3 Vergl. oben s. 202. 203.   4 ? bei.
5 d. h. raffte alles für sich zusammen. Vergl. den brief vom 31 August, oben
s. 225.   6 d. h. hinkt.

liebe Louisse! Bitte, bettet doch fleißig vor meinen sohn, [daß] ihn gott beystehen möge undt vor übel behütten! den es ist mir allezeit bang vor Alberoni undt sein parthey, so er zu Paris hatt. Ich gönne unßern graff von Hannaw die freüde woll, seine fraw dochter, die landtgraffin, schwanger zu wißen. Sie thut übel, in dem standt zu reißen; den sich vom ersten kindt zu blessiren, ist etwaß gar gefährliches; dantzen deücht nicht dazu, wie man diß jahr woll schon ahn der pfaltzgräffin von Su[l]tzbach gesehen. Daß stechen von den schiffern ist hir auch brauchlich, der könig liebt es sehr [1]. Zu Heydelberg reißen sie der gans nur den kopff mitt den händen ab, aber hier thun sie es mitt den zähnen; daß kompt mir eckelhafft vor. Churtrier, wie ich sehe, hatt sich doch endtlich erbitten laßen, die ceremonien zu Heydelberg ahnzunehmen, so man I. L. preparirt hatte. Churpfaltz hette einen monsieur Law von nohten, so seine affairen in ordre setzen konten [2] undt die financen regliren. Mich wundert, daß Churtrier, so ein gutter haußhalter ist, seinem herrn bruder, Churpfaltz, nicht zuspricht, beßer ordre in sein hauß zu halten undt die schulden zu zahlen. Freylich ist es beßer, die leütte abzudancken, alß sie nicht zu zahlen; den man hatt noch daß glück in Teütschlandt, daß die chargen bey hoff nicht gekaufft, noch verkaufft werden. Ich habe Euch, liebe Louise, ja schon gar offt gesagt, daß Ewere schreiben mir nie zu lang sein; Ihr segt es ja auch woll durch meine exacte andtwortten, daß ich sie nicht zu lang finde. Wir haben heütte gantz undt gar nichts neües hir; erfahre ich dießen nachmittag etwaß, werde ich es hir zusetzen. Es ist noch nicht gar spät, erst halb 10. es mögte also noch woll waß kommen; aber kompt nichts, so vergnügt [3] Euch nur, liebe Louise, mitt der versicherung, daß ich Euch allezeit von hertzen lieb behalte!

Elisabeth Charlotte.

Nach dem eßen hab ich Ewer liebes schreiben vom 23 Aug. vom Schlangenbadt entpfangen, worauff ich, wo mir gott daß leben

---

1 Dangeau schreibt z. b. in seinem Journal XVIII, s. 111. 112 unter freitag, 25 August 1719: «Le roi, sur les six heures, alla au Louvre, dans l'appartement de la reine-mère, d'où il vit un divertissement sur l'eau que MM. de la maison de ville lui avoient préparé; il vit joûter les bateliers et tirer l'oie.»   2 ? könnte.   3 ? begnügt.

undt gesundtheit verleyet, werde ich erst andere post andtworten. Es ist mir leydt, daß die verweillung meines briffs Euch so in sorgen gesetzt hatt.

1050.

St Clou, den 7 September 1719 (N. 18).

Hertzallerliebe Louisse, ich habe vergangen sontag Ewer liebes schreiben vom 23 Aug., no 67, zu recht entpfangen. Es ist heütte daß fest von St Clou undt kirmeß im dorff, drumb schicke ich Euch hierbey, liebe Louise, ein beer[e]n-, katzen-, affengesicht[1], wie I. G. der churfürst, unßer herr vatter, alß pflegt zu sagen, welches ich mich flattire Euch doch eben so ahngenehm wirdt sein, alß ein schachtelgen, das ich alle jahr zu schicken pflege. Ich werde hinfüro welche mehr schicken können; den mein sohn hatt mir mein einkommen von 50/m. frantzösche thaller vermehret, daß macht 160/m. francken[2]; also bin ich nun reich, wie Ihr segt, liebe Louise, undt kan ohne scrupel spendiren. Aber genung hirvon! Ich komme auff Ewer liebes schreiben vom 23 Aug., no 67; bin froh, daß Ihr gefunden, liebe Louise, daß ich nicht gefehlt, zu schreiben. Aber es ist mir leydt, daß Euch daß brieff-auffhalten in so großen sorgen vor mich gesetzt hatt; den inquietuden seindt ungesundt; hoffe, daß das Schlangenbaadt alles abwaschen wirdt. Matheys[3] undt Ewer cammermägdtgen haben doch recht gehabt, zu sagen, daß der brieff muß liegen geblieben sein. Man ist zimblich negligent auff den posten. Ihr habt aber recht gehabt, Euch selber zu filtzen, daß Ihr Euch so ohmnohtige sorgen gemacht habt; aber daß ist doch gantz naturlich, daß man in großen sorgen ist, wen man die brieffe nicht entpfangt von seinen freündt undt verwanten, so man hette haben sollen. Man hatt nicht desto weniger vertrawen zu unßern herrgott; der verbiedt nicht, die seinigen lieb zu haben undt in sorgen [für sie zu sein]. Man hatt desto mehr ursach, gott zu dancken, wen man sicht, daß nichts übels geschehen; also nimbt es doch ein gutt endt. Das ist kein großer possen, Euch meine brieffe 24 stundt auffzuhalten, wen der herr postmeister nichts

---

1 Elisabeth Charlotte meint ihr eigenes bildnis. Vergl. nachher die briefe vom 21, 24 und 28 September am schluße, die briefe vom 12, 19 und 21 October und band I, s. 209. 212.   2 Vergl. den vorhergehenden brief.   3 Diener der raugräfin Luise. Vergl. band III, s. 494.

schlimers erdenckt. Mein gott, wie muß alles in dem armen Teütschlandt geendert [sein]! Zu meiner] zeit hette man einen postmeyster woll außgelacht, wen er ahn graffliche leben pretendirt hette. Mich deücht, nun gehet alles drunter undt drüber ohne distinction; daß kan mich verdrießen. Pfaffen gönne ichs auch nicht woll. Ich wolte, daß es der graff Degenfelt hette; dem gönte ichs von hertzen. Ist es möglich, daß der itzige keyßer so wenig wercks von leütte von gutten heüßern macht? Daß ist nicht schön noch löblich ahm keyßer, noch ahn Churpfaltz. Daß ist ein schlim zeichen vor dem keyßer, daß er woll meinente raht übel auffnimbt. Man kan woll nicht einen raht folgen, so einem nicht gefehlt; allein man muß doch den[en] danck wißen, die es gutt meinen, undt keinen haß auff sie werflen; daß ist meine meinung allezeit. Aber der duc de Schönburg hette auch woll ein wenig gemacher reden können undt dencken, mitt wem er rett. Churpfaltz mag dem herrn von Sickingen versprochen haben, waß er will; so baldt dießer vor dem duc gestorben¹, kan ja die versprechung nichts gelten. Ihr sagt alß, daß Churpfaltz ein gnädiger herr ist, aber ahn Euch erweist ers nicht; den bißherr hatt er Euch doch nicht die geringste gnaden nicht allein nicht erwießen, sondern auch man schafft Euch keine gerechtigkeit; daß ist noch schlimmer. Man hatt mir heütte nachmittag Ewer liebes schreiben vom 29 Aug., no 68, gebracht, worauff ich biß sontag, wo mir gott leben undt gesundtheit verleyet, andtworten werde. Wirdt daß keine jalousie bey der comtesse d'Holdernesse verursachen, daß der duc de Schonberg ihrer schwester sein silbergeschir apart geben? Daß turckisch esquipage, fürchte ich, wirdt in nichts anderst bestehen, alß eine alte zelten undt pferdtsgeschir undt vielleicht einigen sebel, mitt a[l]ten turquoissen besetzt. Die printzess von Wallis hatt mir groß lob von der comtesse de Holdernesse humor geschrieben undt von ihrem verstandt. Es scheint, daß sie sie recht [liebt]. Daß meritirt sie auch, wie ich sehe, indem sie so woll mitt ihrem schwager undt schwester lebt. Gütte gemühter seindt rar itziger zeitten, desto mehr zu estimiren, wo man sie findt. Ihr segt woll, liebe Louise, durch meine exacte andtwortt, daß ich Ewer liebes schreiben gar woll gelesen habe. Daß ist die weldt, liebe Louise! man muß allezeit waß haben, so einem mißfelt. Da muß man sich zu resolviren; so lang man in

---

1 Vergl. oben s. 208.

der welt ist, muß man alß waß haben, daß einem mühe undt sorgen [macht] undt offt so einem verdrist. In meinem alter. muß man keine freüde mehr erwartten, nur gott dancken, wen ein tag vorbeygeht. ohne daß man waß neües verdrießliches hatt. Zu Heydelberg hatt man auch gar offt in den kirchen lutherische lieder gesungen, aber zu Hannover sunge ich sie alle tag. Wen papir durchschlegt, scheindt es ärger, wen es noch naß ist, alß wen es wider trucken geworden. Wolte gott, liebe Louisse, Ihr kontet Ewere gesundtheit jetzt nach der meinigen richten, die, gott lob, nun, wie ich schon heütte morgen gesagt, gar perfect ist! Es braucht kein compliment, liebe Louisse, daß Ihr mich mitt Ewere englische kinder vergleicht. Wen man naturlich spricht, seindt die sachen glaublicher. Vor etlich undt 20 jahr[e]n habe ich Euch auch eines von meinen contrefaitten geschickt, daß damahl gliche [1]; hirauß werdet Ihr sehen können, wie ich seyder dem geendert bin, kan sagen wie Pickelharing in der commedie: «Daß macht daß liebe alter [2].» Wir haben nun gantz undt gar nichts neües hir undt Ewer liebes schreiben ist völlig beantwortet, bleibt mir alßo nichts mehr überig, zu sagen, alß daß ich Euch, hertzallerliebe Louise, von hertzen lieb behalte.

Elisabeth Charlotte [3].

1051.

St Clou, den 10 September 1719 (N. 19).

Hertzallerliebe Louise, vergangen donnerstag abendts habe ich Ewer liebes schreiben vom 29 Aug., no 68, zu recht entpfangen. Ihr werdet auß etlichen von meinen schreiben ersehen haben, wie daß ich nun, gott seye danck, in gar volkommener gesundt[heit bin], ob es zwar überall gar viel krancken gibt; gantz Paris undt St Clou ist voller krancken. Es ist allezeit ein gutt zeichen, lieb[e] Louisse, wen ich nicht von meiner gesundtheit spreche. Vertrettene füße heyllen gar langsam. Vor 6 jahren zu Versaille bin ich einmahl 6 mont geweßen, ohne gehen zu können; that doch alle remedien, so man mir propossirte, außer den fuß in eyßkalt waßer zu thun, in eyßkalt waßer; den ich fürchte, daß mir dießes ver-

---

1 Vergl. band I, s. 206. 510; band II, s. 314. 570. 601. 2 Vergl. oben s. 52 und anmerk. 4 daselbst. 3 Am schluße dieses briefes hat die raugräfin Luise bemerkt: «Empfangen erst d. 29 7bre 1719 auff Michelj tag.»

kalten solte, oder den durchlauff geben. Mein sohn ist nun gantz woll wider, geht wie ordinarie undt hingt¹ nicht mehr, gott lob! Die gröste geschicklichkeit der frantzöschen balbirer ist, die Frantzoßen² braff zu couriren; sonsten wißen sie nicht viel mehr, alß andere. Ich bin zu alt, lie[be] Louise, umb hinfüro zu reißen, weiß Euch aber doch recht danck, mich bey Euch zu wünschen im Schlangenbaadt. Meine knie seindt zu alt, umb wider gutt zu werden können; sie thun mir nun nicht gar wehe mehr. Ihr seydt 10 oder 11 jahr jünger, alß ich; daß macht einen großen unterschiedt. Mich deücht, wen man in den remedien ist, ist es viel gemachlicher, allein zu sein, alß viel leütte zu sehen. Ich bin allezeit vor der einsamkeit³, sehe nicht gern viel leütte undt noch weniger ungewohnte gesichter. Seindt die graffen von Sensen reichsgraffen? Ich habe den nahmen mein leben nicht gehört. Ihr seydt ja nicht so gar einsam, liebe Louise, weillen Ihr alle die feine leütte vom schönbornischen hauß bey Euch habt. Ah, ich habe nicht [beachtet], daß sie da geweßen, aber alle wider weg sein. Were die graffin von Sensen hir, würde man ihren zustandt einen rhumatisme heißen. Madame de Durasfort hatt mir daß recept von der pomade divine geben; ich mache gar kein secret davon, werde es Euch heütte schicken; alles muß gar exact observirt werden. In Englandt geht daß geschrey, alß wen Ihr gleich nach dem Schlangenbaadt hin werdet; ich glaub es aber nicht, weillen Ihr, liebe Louise, nicht[s] davon melt. Ich gestehe, es were mir leydt, wen Ihr hinreißen soltet, weillen Euch die lufft dort ungesundt ist undt Ihr auch sonst kein groß agrement dort habt. So baldt monsieur Lefevre⁴ herkommen wirdt, werde ich mitt ihm sprechen undt ihm sagen, waß wegen Coubert zu thun: den ich habe mich deßwegen informirt, weillen die printzes von Wallis mir geschrieben hatte, daß graff Degenfelt selber herkommen würde. Wen Ihr, liebe Louise, mir gleich Ewerer niepcen sach nicht recommandirt hettet, würde ich mich der sach doch ahngenohmen haben umb ihrer lieben mutter s. wegen, die ich doch ja auch, wie es meine schuldigkeit erfordert, hertzlich geliebet habe. Die Chardons passiren hir vor ehrliche leütte, aber, unter unß geredt, wo sich interesse findt, ist Frantzossen

---

1 d. h. hinkt.   2 d. h. le mal français.   3 d. h. für die einsamkeit.
4 Lefèvre.

wenig zu trawen. Die eintzige madame de Chasteautier habe ich gantz ohne interessen gefunden hir im landt. Unßer printz von Birckenfelt muß die sach woll bedacht [haben]; den er heürath sich nicht zu jung, wirdt umb weynachten 45 jahr alt sein; daß kan man mitt recht einen herbstknecht heißen; er ist sehr verliebt, sagt gar viel guts von seiner zukümfftigen gemahlin. Ich zweiffle nicht, daß sie woll erzogen ist: den ihre fraw mutter kam mir sehr raisonabel vor, wie ich sie hir gesehen habe. Wir haben nun gar nichts neßes hir. Mein sohn ist occupirt, dem könig seine financen zu regliren, umb ihm alle seine schulden zu zahlen, welches gewiß geschehen wirdt mitt hülff eines Engländers, so monsieur Laws heist; aber die Frantzoßen, so alle nahmen endern, heißen ihn monsieur Las [1]. Es ist ein man von großem verstandt undt alle menschen admiriren seine wißenschafft in den financen. Seydt versichert, daß ich mein bestes vor Ewer niepcen thun werde umb ihr undt Ewerthalben! den ich habe Euch von hertzen lieb.

Elisabeth Charlotte.

P. S.

Ich habe dießen nachmittag Ewer lieb[e]s schreiben vom 1 September, no 69, zu recht entpfangen undt von hertzen [lachen müßen], daß Ihr Chausseray [2], die mein freüllen geweßen, vor [eine] geistliche gehalten. Ich muß mich greülich verschrieben haben; daß geschicht mir, glaube ich, gar offt. Ich wolte gern lenger blautter[n; aber] ich habe noch ahn mein dochter zu schreiben undt madame d'Orleans wirdt gleich ahnkommen, muß also vor dießmahl auffhoren.

1052.

St Clou, mitwog, den 13 September 1719 (N. 20).

Hertzallerliebe Louise, damitt ich die übermorgende post nicht verseümen mag, so schreibe ich Euch heütte; den morgen muß ich umb halb 7 morgendts in kutsch sein, umb 7 meill von hir zu fahren nach Chelle [3], wo die benediction undt einweyung von unßer jungen abtißin ges[ch]ehen wirdt; werde dort zu mittag eßen undt spät wieder herkommen, wie Ihr leicht gedencken könt. Daß wirdt woll einer

---

1 Vergl. den brief vom 31 August, oben s. 223. 2 Chausseraye. 3 Chelles.

von den verdrießlich[sten] tagen vor mich sein; den erstlich so ist
mirs hertzlich leydt, daß das arme mensch sich in daß closter gesteckt, wo ich fürcht, das wir wenig ehr undt vergnügen davon
haben werden; zum andern so wirdt die ceremonie 2 gantzer stundt
[währen]; zum 3ten muß ich viel nonen undt mönchen sehen, daß
ist mir auch zuwieder. Also kan es nichts, alß ein gar verdrießlicher tag morgen werden, wolte Euch, liebe Louise, lieber schreiben vom morgen biß in die nacht. Hette mein enckel, die fraw
abtißin, mich nicht so gar inständig drumb gebetten, were ich wahrlich nicht hingangen; bin schon gantz gritlich drüber. Die posten
von dem Schlangenbaadt seindt vielleicht nicht regli[r]t, daß Ihr,
liebe Louisse, meinen brieff 2 tag spatter bekommen habt. Ich
gehe sogar früh ordinarie nach bett; den ich gehe eher früher, alß
spatter, alß 10 uhr, in mein bett, kan also gar woll vor 6 auffstehen; bin allezeit bey 8 stunden im bett undt daß ist genung.
Deß morgendts schreibe ich mehr in einer stundt, alß des nachmittags in 3 stunden; nachmittags wirdt man auch allezeit interompirt; morgendts, abendts bin ich gantz allein. Daß außfahren muß
ich sowoll vor meine gesundtheit, alß lust thun; wen ich nicht auß-
fahre, verspüre ich es gleich. Meine gesundtheit ist, gott seye
danck, [gantz gut]; habe doch vor zwey tagen den dribsdrill auch
[gehabt], hatt aber nicht gewehrt[1], gott [lob]! Es war nur, umb
alla[2] mode zu sein; den gantz St Clou hatt es[3] gehabt; etliche
von meinen leütten seindt dran gestorben. Ich muß noch lachen,
daß ich mich so greülich muß verschrieben haben; den ich habe
keine geistliche im bois de Boulogne gesehen, sondern nur eine
dame, so von meinen freüllen geweßen, hette schir hoffjungfer gesagt, wie es zu meiner zeit gelaut in Teütschlandt; die hatt mir
die schonne goltene schachtel verehrt. Mich deücht, daß wetter ist
überall in gantz Europa daßselbe. Gestern hatt es, gott lob, geregnet; werden also kein staub zu unßerer kleinen reiß haben.
Ich glaube nicht, daß ich mich mein leben ahn warm waßer zu
drincken accommodiren könte. Von baaden halte ich auch nicht
viel, habe es mein leben nicht geliebt; viel baaden vor lust, daß
kan ich nicht begreiffen. Eine schlang hette mich nicht geeckelt,
ich scheüe sie gar nicht, rühre sie ahn. Ich weiß nicht, ob Ihr

*

1 d. h. gewährt.   2 ? à la.   3 ? ihn.

Euch noch erinert, wie ich alß schlangen in gläßern kistger mitt
kleyen zu Heydelberg vor meinen fenstern gehabt. Es wirdt ein
miracle sein, wo daß Schlangenbaadt daß zwergelgen von Würdten-
berg[1] solte waxsen[2] machen. Ich erfrеße mich mitt Euch, liebe
Louise, daß Ihr Ewere gutte freündin, die gräfſin von Nassau-Weill-
burg, wider gefunden habt. Wie nahe ist sie dem graffen von Weillburg verwandt, den wir vergangen jahr hir gehabt haben undt Ihr,
liebe Louisse, Ewern bruder heist? Ich glaube, daß unßers printzen
von Birckenfelt beylager ist nun vorbey. In meinem sin seindt die
zwey schwestern sehr unterschiedtlich verheüraht. Die elste hatt
den ersten seegen; aber vielleicht wirdt die jüngste glücklicher
sein, alß die elste, den ich glaube, daß die graffen von Stolberg
reich sein; auffs wenigst wirdt er vielleicht nicht so viel schulden
haben, alß der alte hertzog Christian von Birckenfelt seinem herrn
sohn gelaßen hatt. Von der maistresse ist nichts mehr zu fürchten;
sie ist heßlich undt gantz kupfferig geworden undt der printz hatt
sie schon lang, ehe er ahn heürahten gedacht, nicht mehr gesehen.
Also hatt sie von deren nichts mehr zu fürchten; waß es weytter
geben wirdt, solle die zeit lehren. Die liebe ist nicht gerost, aber
daß gesicht von der Gläßerin ist verrost. Daß ist daß beste, daß
man nicht mehr von der armen duchesse de Berry sagt. Wolte
gott, ich hette weniger ursach gehabt, mich ihres todt zu trösten!
Es ist ärger, alß Ihr Euchs Ewer leben einbilden köndt. Wen große
herren nicht selber vor sich undt ihre reputation sorgen, finden sie
nur zu viel leütte, so ihnen zu alles böße ahnleyten, daß sie sich
schwerlich davon salviren. Ich habe schlegte zeittung von den 2
baßen, printzes du sang, bekommen; sie seindt beyde gar übel. Die
schönne mademoiselle de Clermont hatt die kinderblattern: ist woll
schadt, sie mögte auch woll gar sterben, den man hatt ihr 4 mahl
zur ader gelaßen; das wirdt ihr die stärck benohmen haben, die
kinderblattern außzutreiben. Madame la princesse jammert mich
woll von hertzen; den sie liebt dieße encklin wie ihr eygen kindt,
den sie wirdt bey ihr erzogen. Mein sohn hatt sich courirt, seinen
fuß in eyßkalt waßer zu stecken. Aber ich habe vergeßen, fortzuführen, waß ich ahngefangen hatte, zu sagen von der kranckheit

---

1 Wirtemberg.   2 d. h. wachsen.

von mademoiselle de la Rochesurion¹; die ist auch todtkranck ahn einem continuirlichen fieber, ist mitt solchen abscheülichen haubtschmertzen, daß man ihr gestern ahm haß zu ader gelaßen hatt. Die arme madame la princesse mach[t] mir daß hertz schwer. Solte mademoiselle de Clermont zu sterben kommen, so fürchte ich gar sehr, daß madame la princesse sie baldt folgen solte. Verstandt undt wißenschafft fehlt meinem sohn nicht, hatt auch gar woll studirt undt hatt ein groß gedachtnuß. Unßer herrgott hatt meinen sohn erweckt, weillen diß landt seiner von nöhten hatten, daß [zu] ersetzen... Gott stehe ihm bey! Es ist woll ein recht ellendt, daß die desbauchen so eingerißen haben; vor dießem war es doch nicht so; [mich] deücht, man horte nicht von so abscheßlichen historien, wie nun. Von deß margraffs von Durlaches dolles leben habe ich gehört; er ist gar zu narisch. Ich forcht, dießer herr sey gar zum nahren geworden, den närischer hatt mans nie erlebt undt habe nie von dergleichen gehört, alß einen mahler zu Paris, so Santerre hieß; der hatte keine mahlerjungen noch knechte, so ihm dinten, lautter junge medger, so ihn auß- undt ahnzogen; er war aber nicht geheüraht. Sein, ich will sagen, deß margraff von Durlachs printzgen hatt die rohte ruhr gehabt, ist gar kranck geweßen. Ich habe I. L. von meinem vin dalicant² geschickt, daß hatt ihn courirt, go[tt lo]b! Es ist ein artig herrgen, lang gar klein geblieben; nun fengt er ahn, zu waxsein³. Unßer printzes von Wallis schreibt⁴ mir die schönsten sachen von der welt von der gräfin von Holdernessen agreablen humor, von ihrer sämftmühtigkeit, von ihrer generositet, von ihren desinteressement geschrieben, daß es mich recht charmirt hatt. Von der gräfin von Degenfelt sagt sie auch viel gutts, daß sie gar ein ehrliches undt pfältzisches gemüht hatt. Mylord Sunderland wirdt die gelegenheit nicht versemen, die ordre de la chartiere⁵ zu bekommen. Daß codicile vom duc de Schomberg habt Ihr mir schon geschrieben undt ich habe drauff geantwortet. Vorgestern kame monsieur Lephevre⁶ her; ich habe ihm ein brieff ahn meinen advocatten, monsieur le Roy⁷, geben, der gar ein gelehrter, ehrlicher, wackerer man ist, undt⁸ mitt ihm zu con-

---

1 Louise-Adélaïde de Bourbon-Conty, mademoiselle de la Roche-sur-Yon. 2 d'Alicante. 3 d. h. wachsen. 4 ? hat. 5 l'ordre de la jarretière, den hosenbandorden, englisch the garter. 6 Lefèvre. 7 ? Leroi. 8 ? um.

sultiren, wie die sach ahnzufangen ist; den ich verstehe nichts von
rechtssagen¹, weiß auch nicht die frantzösche gebräuch in erbsachen.
In den livren² ist kein enderung im gelt, nur in den louisdors
undt escus³. Lefevre kompt mir sehr fein vor, er hatt aber in
seinem Frantzösch einen gantzen englischen thon hatt. Ich werde
in etlichen tagen dem graff Degenfelt berichten, wie die sachen
gehen. Ich hoffe, daß es woll gehen wirdt, undt wünsche es von
hertzen. In den callendern seindt alle fewerbrunsten prophezeyet
worden; es muß eine sondere constellation dazu regirt haben. Gutte
nacht, hertzliebe Louisse! Ich ambrassire Euch von hertzen undt
biß sontag werde ich Euch berichten, wie meine morgendte reiß
abgangen, aber nun nur versichern, daß ich Euch von hertzen lieb
behalte, liebe Louisse!

Elisabeth Charlotte.

1053.

St Clou, den 17 September 1719 (N. 21).

Hertzallerliebe Louise, es ist mir vergangen mittwo[ch] abendts
eine verdrießliche avanture begegnet. Ich hatte auff Ewer liebes
schreiben geantwortet undt sagte zu meinen leütten, wie ich außgeschrieben, sie solten Ewern beantwortteten brieff verbrenen, meint[e]
vestiglich, den unbeantwortten in meine kist geschloßen zu haben.
Nun ich andtwortten will, suche ich die gantze kist auß undt finde
ihn nicht; meine leütte müßen ihn also mitt dem beantwortten verbrendt [haben]. Ich erinere mich nicht mehr, waß drin stundt, kan
also ohnmöglich drauff andtwortten. Kompt mir eines heütte, werde
ich es auff die andere post versparen, wo mir gott leben undt gesundtheit verleyet. Daß eintzige, daß ich mich noch von Ewer
letztes schreiben erinern kan, ist, daß es noch auß dem Schlangenbaadt ist, Ihr aber sagt, daß Ihr die ander woche wider nach
Franckfort werdet: also werde ich woll hette⁴ den letzten vom
Schlangenbaadt bekommen. Gott geben⁵, daß Euch die cur woll
mag bekommen sein! Ich habe vergangen mittwog versprochen, daß
ich Euch, liebe Louisse, heütte verzehlen wolte, wie meine reiß

---

1 d. h. rechtssachen.   2 d. h. livres.   3 d. h. écus, in den thalern.
4 ? heute.   5 ? gebe.

nach Chelle abgangen; daß werde ich hirmitt thun. Ich fuhr vergaugen donnerstag umb halb 7 hir weg mitt der duchesse de Brancas, madame de Chasteautier undt die fraw von Ratzamshaussen. Wir kammen umb halb 10 zu Chelle ahn; mein euckel, der duc de Chartre, war schon ahnkommen. Ein halb viertelstundt hernach kam mein sohn, eben so lang hernach kam mademoiselle de Vallois ahn. Madame la duchesse d'Orleans hatt sich expres zur ader gelaßen, umb nicht dabey zu sein; den sie undt die abtißin seindt nicht allezeit die besten freünde. Aber wens sie gleich geweßen were¹, so hette ihrer fraw mutter naturliche faulheit ihr nicht erlaubt, dabey zu sein; hette zu früh auffstehen müßen, umb nach Chelle zu fahren. Ein wenig nachdem es 10 geschlagen, gingen wir in die kirch. Der abtißin prié Dieu² war in der nonen chor, von violettem samet, mit goltenen fleurs de lis gantz voll gestickt. Mein prié Dieu war ahn der balustrade vom altar; darauff wahren³ mein sohn, undt seine dochter war hinter meine chaisse, den die princessen du sang dörffen nicht auff mein trap de pied⁴ knien, nur les petits enfant de France, wie mein sohn undt meine dochter. Ich sage Euch diß, liebe Louisse, weillen ich glaube, daß Ihr dieße ceremonie nicht wist. Deß königs gantze mussiq war in der tribune, sungen ein schön modet⁵. Der cardinal de Noaille⁶ sagte die meß. Der alter⁷ ist gar schon zu Chelle von lautter schwartz undt weißen marmol, 4 großmächtige seüllen vom schwartzen undt [weißen] marmol, oben undt unten weiß, worauff 4 schöne woll gemachte figuren von weißen marbre von heyligen abtißinen sein, worunder eine ist, so unßerer abtißin gleicht, alß wens vor sie gemacht were, daß⁸ es doch lengst gemacht, ehe sie gebohren, den sie ist nur 21 jahr alt. Es kamen 12 mönchen von ihrem ordre in gestickten chasublen⁹, umb der meß zu dinnen. Nachdem der cardinal die epistel

---

1 ? Aber wenn sie es gleich gewesen wären.   2 prie-Dieu, betpult, bettstuhl.   3 ? war.   4 drap de pied, fußtuch vor dem betschemel.   5 le motet, motette.   6 Der cardinal Louis-Antoine de Noailles, seit 1690 erzbischof von Paris, früher bischof von Châlons, starb 1729. «Le cardinal de Bausset l'a apprécié avec beaucoup de justesse dans son «Histoire de Fénelon»: ‹Avec ses vertus et ses qualités infiniment estimables, il avait ce mélange d'entêtement et de faiblesse, apanage trop ordinaire des caractères plus recommandables par la droiture des sentiments et des intentions que par la rectitude et l'étendue des idées.› G. Brunet I, s. 213, anmerk. 1.   7 d. h. altar.   8 ? da. ? während.   9 chasuble, messgewand, casula.

geleßen, ging der ceremoniemeister ins nonenchor undt holte die abtißin. Die kame mitt gutte minen, mitt zwey abtißinen gefolgt undt ein halb dutzendt nonen von ihrem closter, machte eine große reverentz ahn dem altar undt mir eine, stieg hinauff undt kniete vor dem cardinal nieder; der saß in einer großen chaisse a bras vor den altar. Man bracht ihr in ceremonien la confession de foy, die laß sie; hernach legte sie sich gantz blatt auff die letzte taffeln[1] vom altar. Da laß der cardinal viel gebetter über sie undt laß auch daß evangellion. Hernach huben sie die zwey abtißinen, so gefolgt hatten, wider auff, [sie] kniete wider vor dem cardinal; der gar[2] ihr ein buch, worinnen ihre regal vom closter stehet; damit führt[e] man sie wider ahn ihrem platz. Undterdeßen laß man le credo undt l'offertoire[3]; hernach bracht man dem cardinal die chaisse a bras wieder undt die 12 pfaffen holten die abtißin a l'offrande[4]. Die gingen[5] wider, mitt den vorigen begleydt, vor den altar; man brachte ihr zur offrande 2 große kertzen, 2 leib brodt, davon daß eines vergült, daß ander versilbert ist, 2 tonnen, davon eines gantz vergült wie daß brodt, daß ander versilbert ist. Nachdem sie dießes alles mitt ceremonien dem celebrant pressentirt, hernach führt man sie ahn ihrem ort. Wie es ahn der communion kam undt der cardinal comunicirt hatte, holte man die abtißin. Die hatte damahlen den schleyer über die naße, ging vor den altar mitt auffgehoben händen undt communicirte, ging hernach wider ahn ihrem platz undt der cardinal endigte die meß biß auff den seegen. Da holten [sie] die zwölff möngen[6] en chape[7] mitt dem ceremoniemeister, abtißinen undt nonen; sie kniete wieder nieder undt der cardinal gab ihr den bischoffstab oder crosse, wie mans hir heist. Sie stundt auff, behilt dießen stab in der handt undt threhete sich gegen daß chor, so [daß] alle nonen [sie] sehen konten. Hernach gingen die 12 pfaffen wider vor ihr her, sie gar die große[8] der nonen, so die charge hatt, sie zu tragen. Der cardinal führte die abdißen; die setzte sich nicht wider ahn ihr pries Dieu, sondern er führte sie auff der abtißin stuhl, ahn andern endt deß ... Über dießem stuhl undt pries dieu war ein dais[9] de princesse du sang mitt fleur

*

1 ? staffel. 2 ? gab. 3 offertorium, opfergesang, messopfer. 4 opfer, gabe. 5 ? gieng. 6 d. h. mönche. 7 chape, chorrock, chormantel. 8 ? sie gab die crosse [den bischofsstab, krummstab]. 9 dais, thronhimmel.

de lis undt ihr wapen. In ihrem marsch ließen sich paucken, trompetten undt hautbois hören. So baldt sie in ihrem trohn placirt war, ging der cardinal mitt allen seinen pfaffen wider ahn dem altar, stundt auff der lincken seytten mitt seinem bischoffstab in der handt undt die massiq sunge daß «Te deum laudamus». Daß werdte [1] eine geschlagene stundt. Unter dießem gesang kamme daß closter von nonen 2 undt zwey undt erwießen durch große reverentzen ihre soumission. Daß erinerte mich ahn, wie man Athis zum grand prestre de Cibelle [2] macht; den da kommen auch 2 undt 2 mitt reverentzen. Ich meinte, man würde singen, wie in dem opera:

>Que devant vous tout s'abaise et tout tranble!
>Vives heureux! Vos jours sont nostre espoir.
>Rien n'est si beau que de voir ensemble
>Un grand meritte avec un grand pouvoir.
>>Que l'on benisse
>>Le ciel propice,
>>Qui dans vos mains
>>Met le sort des humain [3]!

Nach dem Te Deum gingen wir wider ins closter. Um halb zwölff ging ich zur taffel, aß mitt mein sohn, mein enckel, den duc de Chartre, die princesse Victoire de Soisson [4], die junge mademoiselle Dauvergne [5], deß duc d'Albret dochter, undt die 3 damen, so mitt mir kommen wahren. Eine halb stundt hernach ging unßere abtißin ahn taffel in ihrem sahl ahn einem tisch von 40 couvert mitt ihrer

---

1 d. h. währte. 2 Cybèle. 3 Diese stelle findet sich in der vierten scene des zweiten actes der tragödie «Atys» von Quinault und lautet in beßerer schreibung:

>Que devant vous tout s'abaisse et tout tremble!
>Vivez heureux! Vos jours sont notre espoir.
>Rien n'est si beau que de voir ensemble
>Un grand mérite avec un grand pouvoir.
>>Que l'on bénisse
>>Le Ciel propice,
>>Qui dans vos mains
>>Met le sort des humains!

Man vergleiche: Le théâtre de Monsieur Quinault, contenant ses tragédies, comédies et opéras. Nouvelle édition, enrichie de figures en taille-douce. Tome IV. A Paris, par la compagnie des libraires. 1739. Avec approbation et privilège du Roi. S. 294. 4 princesse Victoire de Soissons, tochter des grafen von Soissons. 5 mademoiselle d'Auvergne.

schwester, mademoiselle de Vallois, undt 12 abdißin, 2 damen, so mitt mademoiselle die Valois kommen wahren, die geweßene 2 hoffmeisterin, die jetzige undt die vorigen, undt alles überige nonen vom closter. Es war possirlich zu sehen, alle dieße taffel, mitt dem schwartzen nonenzeüg umbringt, undt alles daß bunte von der taffel; den meins sohn leütte hattens hübsch undt magnifiq gemacht. Alles obst hatt man den pöpel plundern laßen, wie auch die confituren. Nach dem eßen umb ¾ auff 4 ist mein kutsch kommen undt ich bin wider weg undt ein wenig nach 7 kamme ich wider hir ahn. Daß ist, liebe Louisse, eine exacte relation von der gantzen einstallung unßerer abtißin [1]. Adieu, hertzliebe Louisse! Ich am-

---

[1] Der marquis de Dangeau hat über die von Elisabeth Charlotte so ausführlich beschriebene feierlichkeit in seinem Journal XVIII, s. 125 unter donnerstag, 14 September 1719, nur die nachricht: «Madame d'Orléans, abbesse de Chelles, fut bénite par le cardinal de Noailles; Madame, M. le duc d'Orléans et mademoiselle de Valois étoient à cette cérémonie; il y avoit des tables pour plus de six cents personnes. Madame et M. le duc d'Orléans mangèrent en particulier avec les dames qu'ils avoient amenées, et madame l'abbesse étoit à une table où il y avoit cinquante couverts. Madame la duchesse d'Orléans n'alla point à Chelles; elle alla diner à sa maison de Bagnolet.» G. Brunet II, s. 157. 158, anmerk. 1 sagt: «La nouvelle abbesse de Chelles prit le nom de sœur Batbildo. Racine le fils composa une pièce de vers sur sa profession religieuse:

«Plaisir, beauté, jeunesse, honnours, gloire, puissance,
«Ambitieux espoir que permet la naissance,
«Tout au pied de l'Agneau fut par elle immolé....»

D'autres poëtes prirent la chose d'une tout autre façon; nous trouvons dans les recueils manuscrits une description de la manière dont on passe la vie à l'abbaye de Chelles:

De l'abbaye
Où réside Vénus,
Nonne jolie,
Disant peu d'«oremus»,
Loin des soins superflus,
Ne songeant tout au plus
Qu'à bien passer sa vie,
Fait bon les revenus
De l'abbaye.

Pour tout office,
On goûte tous les jours
Mille délices
Qu'assaisonne l'amour;

brassire Euch von hertzen undt behalte Euch von hertzen lieb. Ich werde mich abnziegen. Dießen nachmittag, wofern ich schreiben von Euch entpfange, werde ichs Euch berichten, wie auch alles, waß ich von den krancken vernohmen, werde ichs Euch auch berichten. Es ist schadt, daß mademoiselle de Clermon[t] die kinderblattern hatt; sie jamert mich.

Elisabeth Charlotte.

P. S.

Meine brieff seindt von der post kommen, aber keines von Euch. Ich will hoffen, daß Ewere rückreiß dran schuldig ist; sonsten solte es mich in großen sorgen setzen, den man hört von nichts alß krancken nun. Mademoiselle de Clermont hatt die kinderblattern[1], daß wirdt ihre schönheit verderben; sie hatt gar eine boße nacht gehabt. Madame de duchesse de Vantadour[2] hatt schon die letzte öhlung entpfangen, ist doch wider beßer undt daß quinquina hatt daß redoublement vom fieber auffgehalten. Mademoiselle de la Roche-snrion[3] hatt daß fieber noch nicht quittirt. Da segt Ihr, liebe

*
> Chaque instant sur les cœurs,
> Il répand ses faveurs;
> A ce Dieu si propice
> Elles livrent leurs cœurs,
> Pour tout office.

Il est question dans les «Mémoires» de Maurepas (t. 1, p. 129-145) de cette abbesse; ils n'en disent pas de bien et prétendent que le duc de Richelieu, déguisé en musicien, fut admis quelquefois dans son couvent.»

1 Journal du marquis de Dangeau XVIII, s. 124 unter dienstag, 12 September 1719: «La petite vérole parut le matin à mademoiselle de Clermont; elle est toujours chez madame la Princesse, sa grand'mère, qui l'avoit, et madame la Duchesse, sa mère, qui étoit à Saint-Maur, en est revenue et va souvent la voir.» 2 «Madame la duchesse de Ventadour, qui est malade depuis quelques jours, reçut tous ses sacrements.» Journal du marquis de Dangeau XVIII, s. 126 unter freitag, 15 September 1719. 3 Roche-sur-Yon. Dangeau schreibt in seinem Journal XVIII, s. 124. 125 unter dienstag, 12 September 1719: «Mademoiselle de la Roche-sur-Yon qui est à Issy avec madame la princesse de Conty, sa mère, n'a point la petite vérole; mais elle est fort mal, et elle fut saignée le matin de la gorge. Madame la Duchesse la jeune, sa sœur, qui est toujours fort incommodée et fort foible, et quoique l'air de Neuilly lui fût bon, on est partie pour venir à Issy, où elle veut même coucher dans la chambre de mademoiselle sa sœur. Ces deux princesses se sont toujours fort aimées, et on loue fort ce que fait madame la Duchesse.»

Louisse, wie viel krancken sein. Woytter weiß ich gar nichts neßes. Ich erwarte mitt großem verlangen, zeittung von Eüch zu haben. Da sagt man mir alleweill, daß Coursillon¹ gar übel ahn den kinderblattern ist. Seine fraw mutter, madame Dangeau, wie auch seine fraw, haben sich mitt ihm eingespert; die fr. mutter jamert mich woll von hertzen.

1054.

St Clou den 21 September 1719 (N. 22).

Hertzallerliebe Louisse, dießes ist heütte die 3te post, daß ich kein schreiben von Eüch entpfangen. Es fengt mir ahn recht angst zu werden; den es ist nicht möglich, daß Ihr nun nicht wider zu Franckfort seydt; fürchte alß, daß Ihr, liebe Louise, nach dem Schlangenbaadt kranck zu Geissenheim geworden seydt. Ich habe noch ein wenig hoffnung auff dießen nachmittag. Ich bin gestern zu Paris geweßen, habe aber gar nichts neßes dort erfahren. Der arme Coursillon, madame de Dangeau sohn², ist so übel, daß man schir keine hoffnung hatt, ihn zu salviren³; den man sagt, daß, weillen er nur ein bein [hat]⁴, können sich die blatter nicht genung außdenen undt gehen im kopff, werden also den transport⁵ verursachen undt ihn so in jene welt bringen. Gott wolle ihm gnädig sein! war abscheülich desbeauchirt. Mademoiselle de Clermont, so auch die kinderblattern hatt, solle so woll sein, alß man in dem standt sein kan. Madame de Vantadour hatt mein docktor, monsieur Teray, salvirt mitt ein quinquina⁶, so er ihr hatt prepariren laßen. Mademoiselle de la Rochesurion, so selbe kranckheit, wie madame de Vantadour, gehabt, ist noch nicht außer gefahr, hatt das fieber noch. Daß ist alles, waß ich weiß. Gott gebe, daß dieses schreiben Eüch in volkomm[en]er gesundtheit ahntreffen mag! Ich werde mein brieff erst dießen abendt zupitschiren; entpfange ich etwaß von Eüch,

---

1 Courcillon. Journal du marquis de Dangeau XVIII, s. 126 unter freitag, 15 September 1719: «La petite vérole parut le matin à M. de Courcillon.» 2 Man vergl. über Courcillon, den sohn des marquis de Dangeau, band II, s. 127. 135. 186. 3 Journal du marquis de Dangeau XVIII, s. 127 unter montag, 18 September 1719: «M. de Courcillon reçut tous ses sacrements.» 4 in folge schwerer verwundung in der schlacht bei Malplaquet 11 September 1709. 5 verrückung des gehirns, wahnsinn. 6 quinquina, fieberrinde, china-

werde ich noch berichten. Mich verlangt auch, zu erfahren, ob Ihr
mein contrefait, so ich heütte 14 tag geschickt¹, zu recht entpfangen,
Seydt versichert, liebe Louisse, daß ich Euch all mein leben von
hertzen lieb behalte!

Elisabeth Charlotte.

St Clou, den donnerstag nachmittag.

Die post ist kommen, aber nichts von Euch, liebe Louisse! Daß
setzt mich recht in sorgen. Der Würtzau schickt mir die gazetten,
aber kein wortt dabey, wo Ihr hinkommen seydt. Ich kans nicht
begreiffen; spilt uuß vielleicht der postmeister auß despit ein tour²,
der gar nicht artig ist? Alleweill erfahr ich, daß die arme madame
Dangeau gestern abendts ihren eintzigen sohn verlohren³; sie jamert mich woll von grundt der seelen. Aber wen ich nur gutte
zeittung von Euch hette! Ich kan mir nicht einbilden, waß aufhelt, daß Ewere schreiben nicht überkommen. Ich bin woll versichert, daß es Ewer schuldt nicht ist. Gott verleye nur, daß Ihr
gesundt sein möget, liebe Louisse! so werde ich zufrieden sein. Ich
habe gedacht, ob Ihr vielleicht Ewere reiße nach Englandt ahngetretten habt, wie mans in Englandt gesagt hatt. Wen es daß ist,
gebe Euch gott eine so glückliche reiße, alß die vorige verdrießlich
geweßen!

*

1 Vergl. den brief vom 7 September, oben s. 232.   2 aus dépit ein tour,
aus verdruß, ärger einen possen, streich.   3 Journal du marquis de Dangeau
XVIII, s. 128 unter mittwoch, 20 September 1719: «M. le marquis de Courcillon mourut de la petite vérole.» Der herzog von Saint-Simon bemerkt aus
anlaß des todes von Courcillon über ihn a. a. o. s. 130. 131 folgendes: «Courcillon qui n'avoit qu'une cuisse, n'en fut ni plus triste ni plus réglé en ses
mœurs. C'étoit un homme singulier, qui par la faveur de madame de Maintenon
et par sa hardiesse et la plaisanterie qu'il tiroit de tout, s'étoit acquis, puis
conservé la liberté de tout hasarder, et qui par sa blessure s'étoit mis sur le
pied d'aller partout, et jusque chez le feu roi, sans chapeau et sans épée. ...
Au fond, ce Courcillon ne valoit pas grand'chose, avec bien de l'esprit, de la
lecture et un grand courage, mais qui ne se refusoit rien aux dépens de qui
il appartenoit, et qui étoit d'une débauche outrée. ... M. et madame de Dangeau, qui n'avoient que lui, en [über seinen tod] furent très-affligés. Sa veuve,
fille unique de Pompadour, s'en consola fort aisément; elle est encore une des
plus belles personnes de France. Sa fille unique, veuve sans enfants d'un fils
aîné du duc de Chaulnes, a épousé le prince de Rohan.»

1055.

St Clou den 24 September 1719, umb ³/₄ auff 6 abendts (N. 23).

Hertzall[erl]iebe Louise, gott sey ewig danck, daß ich einmahl etwaß von Euch vernehme! Den gleich nach dem eßen habe ich Ewer liebes schreiben von 12 dießes monts entpfangen; hatte es hoch von nöhten; den ich kan Euch mitt warheit versichern, daß ich vor ängsten dieße nacht nicht habe schlaffen können; den heutte ist es die 4te post, daß ich gar nichts von Euch, liebe Louisse, gesehen noch gehört hatte, war also in rechten sorgen vor Euch, liebe Louisse! Wofern Ihr woll geschiffrirt habt, so fehlen mir heutte 6 posten von Euch; den Ewer letztes schreiben, so ich von Euch entpfangen, war vom 1, no 69, undt daß heuttige ist vom 12 September, no 77; also mußen mir, wo diß just ist, 6 brieff fehlen. Aber umb gottes willen last mich doch wißen, woran es ligt, daß mir so viel brieff fehlen! Ich bilde mir ein, daß der postmeister Wetzel uns den possen thut, wie ich Euch schon geschrieben, weillen er in meinen brieffen wirdt ersehen habe[n], wie daß ich nicht aprobire, daß ein unadtlicher gredein¹ graffliche lehen außgefordert. Ich gestehe, er hatt sich woll ahn mir gerochen; den er hatt mir große ängsten eingejagt; bin recht böß drüber, wolte ihm nicht rahten, bey mir lehen zu suchen, er würde gar übel ahnkommen; bin doch fro, daß er Euch meine [briefe] recht gibt, wie auch daß Ihr frisch undt gesundt wider vom Schlangenbadt kommen seydt. Der allmachtige erhalte Euch lang dabey! Waß ich geleßen von, wie es zu Heydelberg zugeht, hatt mir die threnen in den augen kommen machen, erstlich weillen die gutten ehrlichen Heydelberger mich von grundt der seelen jammern, undt zum andern, weillen es mir so klarlich weist, daß nichts von den meinigen mehr vorhanden ist. Daß seindt woll rechte pfaffen, so nichts deügen. Mich deücht, es ist in allem ein wunderlicher ahnstalt ahm heydelbergischen hoff; aber wo man mönchen undt pfaffen regieren lest, muß alles überzwerg gehen; dabey ist weder glück, noch segen undt nicht[s] guts zu hoffen. Aber wie kompts, daß der könig in Englandt undt der in Preussen sich der sach nicht ahnnehmen? Daß solten sie doch auff alle weiß undt wegen thun. Die fourbery², so man gebraucht,

---

¹ gredin, französisch, bettler, lump.   ² fourberie, betrügerei, betrug.

die h.-geistkirch zu nehmen, seindt rechte pfaffenpoßen. Fourberien kan ich vor meinen todt nicht leyden; die schicken sich woll vor harlequin in der ittallienschen commedie. Da kompt madame d'Orleans herrein.

Donnerstag, umb 9 abendts.

Madame d'Orleans fahrt wider weg, ist eine stundt hir geweßen; nun will ich ferner auff Ewer liebes schreiben andtwortten. Leütte, die sich durch pfaffen regieren laßen undt die Biebel nie leßen, denen machen die pfaffen weiß, das, waß sie gegen andere religionen thun, wischt die sünden ab von einem leichtfertigen leben; drumb laßen auch die besten sie gewehren, wie unßer armer könig s. gethan [1]. Die graffin Wießerin ist nun sehr ambarassirt; den sie hatt einen großen proces gegen der landtgräffin vom Homburg verlohren. Aber ich glaube, ich habs Euch schon geschrieben, liebe Louisse! Es geht mir wie allen alten weibern, so daß gedächtnuß verliehren undt alß repetiren, waß sie schon gesagt haben. Die suplication von monsieur Marion werde ich meinem sohn biß donnerstag geben. Daß ist waß rares, daß ein man, so betrübt über seine fraw ist. Apropo von betrübtnuß, die gutte, ehrliche madame Dangeau ist ohntrostbar, sie hatt ihren eintzigen sohn vergangen mitwog abendts ahn den kinderblattern verlohren; sie jammert mich woll von grundt der seelen. Accordirt mein sohn Marions bitt, werde ich Euch daß prevet [2] schicken; so sachen bestehen ordinarie auff exempel [3]. Ich habe Euch schon vor länger, alß 8 tagen, geschrieben, daß monsieur Le Phevre [4] hir ist undt mitt mir gesprochen. Charton [5] pretendirt, gar woll zu erweißen, daß er trew gedint hatt. So sachen verstehe ich gar nicht, drumb habe ich den Le Phevre ahn meine[n] advocatten gewießen, der gar ein gelehrter undt gescheydter man ist undt gar ein ehrlicher man. Adieu, hertzallerliebe Louisse! Mich verlangt, biß ich vernehme, daß Ihr mein contrefait bekomen, so ich Euch zur St Clouer kirbe [6] geschickt.

---

1 Vergl. den brief vom 9 Juli, oben s. 170. 2 brevet, patent, diplom, gnadenbrief. 3 d. h. wol: sie werden nach vorgängen behandelt. 4 Lefèvre. Vergl. den brief vom 13 September, oben s. 239. 240. 5 Chardon. 6 kirbe, kirchweih, kirchweihfest, jahrmarkt, jahrmarktsgeschenk. Vergl. Schmeller, Bayerisches wörterbuch II, s. 329. Man sehe den brief vom 7 September, oben s. 232.

Es ist mir bang, man stihlt es Euch auff der post. Adieu! Ich ambrassire Euch von hertzen undt behalte Euch allezeitt von hertzen leydt ¹.

Elisabeth Charlotte.

1056.

A mad. Louise, raugräffin zu Pfaltz, a Franckforth.

St Clou den 28 September 1719, umb ein viertel auff 9 morgendts (N. 24).

Hertzallerliebe Louise, mein brieff wirdt heütte gar kurtz sein; den seyder vergangenen sontag habe ich nichts von Euch entpfangen undt seyder dem ist gar nichts neües hir vorgangen. In 3 viertelstundt muß ich mich ahnziehen, betten gehen undt von dar in kutsch nach Paris zur duchesse du Lude, so mir alle jahr einmahl eine mahlzeit gibt, wie Ihr schon etlichmahl auß meinen brieffen werdt ersehen [haben]. Sie hatt gar gutte köche, so alles wohl undt sauber zurichten. Von dar werde ich ins Palais-Royal, madame d'Orleans zu besuchen, so in großer betrübtnuß steckt, weillen ihr herr bruder, der duc du Maine, kranck ist. Weillen ich aber nicht gar zu² betrübt drüber bin, alß sie, wirdt es mich nicht hindern, in die comedie zu gehen ³; von dar werde ich wider her. Biß sontag, wo mir gott leben undt gesundtheit verleyet, werde ich Euch, liebe Louisse, berichten, wie unßer[e] kleine reiße abgangen. Ich fürchte, ich werde die Rotzenbeüsserin nicht mitt mir nehmen können; den sie ist kranck, hatt einen durchlauff. Wen nur die ruhr nicht drauß wirdt, die jetzt abscheülich hir regirt undt zu Paris auch! Es sterben unerhört viel leütte sowoll ahn dießer kranckheit, alß ahn den kinderblattern, röhtlen undt hitzige fieber. Ich hoffe, heütte zu Paris

---

1 ? lieb.   2 ? so.   3 Journal du marquis de Dangeau XVIII. s. 129: «Madame revint le jeudi 28 [Septembre 1719] diner à Paris chez madame la duchesse du Lude, et puis alla voir la comédie de sa loge; elle n'avoit point été aux spectacles depuis la mort de madame de Berry.» Diese bemerkung rührt übrigens nicht von Dangeau selbst her. A. a. o. s. 128 heißt es unter mittwoch, 20 September 1719: «M. le marquis de Courcillon mourut de la petite vérole; l'affliction que cette mort causa à l'auteur de ces mémoires l'empêcha de les continuer. Voici ce que j'ai pu recueillir pendant ce temps-là jusqu'au 30.»

von Ewern schreiben zu entpfangen undt zu vernehmen, daß Ihr, liebe Louisse, mein beren-katzen-affengesicht[1] werdet entpfangen haben, so ich Euch den 7ten geschickt. In dießem augenblick kompt monsieur Le Roy[2], mein advocat, herrein mitt monsieur Le Phevre[3]. Wie ich die affairen nicht verstehe, noch woll nachsagen kan, so schicke ich Euch hirbey ein billiet von monsieur Le Phevre[4]. Unßere sachen gehen woll, er justificirt sehr monsieur undt madame Chardon, ist woll zufrieden mitt ihnen, welches mir kein wunder nimbt; den ich habe sie allezeit vor ehrliche leütte gehalten. Adieu, hertzliebe Louise! Ich muß enden, meine reiße macht mich eyllen undt vor dießmahl nichts mehr sagen, alß daß ich Euch allezeit von hertzen lieb behalte.

Elisabeth Charlotte.

1057.

St Clou den 1 October 1719 (N. 25).

Hertzallerliebe Louisse, vergangenen donnerstag habe ich Ewer liebes schreiben vom 16 September, no 73, zu Paris entpfangen. Selbigen morgen habe ich Euch ein gar kleines brieffgen geschrieben; umb es wider einzuhollen, will ich, ehe ich auff Ewern lieben brieff andtworte, verzehlen, waß [ich] alß zu Paris gethan. Ich fuhr umb ein viertel nach 11 uhr hir weg, kam umb halb 1 bey der duchesse du Lude ahn. Es war recht schön wetter; ich ging mitt ihren zwey niepcen, die duchesse de Sulli[5] undt der duchesse de Roquelaure, spatziren; sie hatt ein artig gärtgen; biß ein uhr spatzirten wir. Die arme duchesse du Lude kont[e] leyder nicht mitt gehen; den sie ist vom pottegram gantz lahm, kan nicht allein stehen einmahl, muß

---

1 Vergl. den brief vom 7 September, oben s. 232. 2 ? Leroi. 3 Lefèvre. 4 Diesem briefe liegt ein blatt bei, auf welchem, wol von Luisens hand, sich folgendes findet: «Copie. Das original von monsieur Lefevre handt nach London an Gr[af] v[on] Deg[enfeld] geschickt. On offre pour la terre de Coubert quatre cent mille livres, monoye d'argent d'Angleterre, payable a Londres. On tachera de porter cela plus haut jusques au million, monnoye de France, s'il est possible. La terre sera vendue sans être sujette a un decret volontaire.» Über die herrschaft Coubert vergleiche man band II, s. 494, anmerkung **. 5 Sully.

allezeit sitzen. Ich blieb nach der promenade noch ein viertelstündtgen allein bey dießer duchesse, hernach gingen wir ahn taffel; will Ench sagen, wer alß mitt unß aß. Es war eine ovalle taffel, woran saß die duchesse de Brancas, marechalle de Clerembeau [1], duchesse de Sulli, madame de Chasteautier [2], duchesse du Lude, marquise d'Alluy [3], madame de Borstel, duchesse de Roquelaure, ich. Es würdt [4] 4mahl frisch auffgetragen, alles in abondance undt recht gutt. Ich aß braff; den Ihr könt woll gedencken, daß, wen 16 stunden (waß sage ich in 16? in 24 stunden solten ich sagen) nichts geßen noch gedrunken, alß ein dotter von einem ey, in waßer zu schaum geschlagen, mitt zucker undt zimmet, undt daß man eine gutte stundt in der lufft gefahren undt man frisch undt gesundt ist, daß einem der hunger ahnkompt. Aber alle, die braff zu nacht geßen hatten, aßen eher mehr, alß weniger, alß ich; den alles war gutt undt woll zugericht, außer den wilden-schweinskopff; den können sie hir im landt nicht so woll zurichten, alß in Teütschlandt. Wir wahren eine gutte stundt ahn taffel; nach dem eßen spilten wir hoca biß umb halb 4. Da fuhr ich au Palais-Royal undt stieg bey madame d'Orleans ab; die fundt ich wieder gantz lustig; den sie hatte zeittung von ihrem elsten bruder bekomen, daß er außer gefahr undt wider gantz woll seye von dem colera-morbus [5], so er gehabt. Ich dachte, aber ich sagte es nicht, wie Ihr woll gedencken kont, liebe Louisse, daß das sprichwordt war ist: «Unkraut vergehet nicht.» Mein sohn kam zu seiner gemahlin, ich sprach ein stündtgen; [dann] gingen wir mitt einander, wie auch sein sohn undt 3 von seinen dochtern, in die commedie, sahen ein altes undt gar neües stück, so les nopces de Vulcain [6] heist. Daß gar alte

---

1 Clérembault. 2 Châteautiers. 3 d'Alluye. 4 ?wurde. 5 cholera-morbus. 6 Momus fabuliste, ou les Noces de Vulcain, komödie in einem acte in prosa, von Fuzelier, erstmals im Théâtre français mit sehr großem erfolge aufgeführt 26 September 1719. Louis Fuzelier, ein äußerst fruchtbarer schriftsteller, geboren zu Paris, starb, achtzig jahre alt, 19 September 1752. G. Brunet II, s. 160, 161, anmerk. 1: «Fuzelier, auteur spirituel et fécond, composa un très-grand nombre de pièces pour les théâtres de la foire, mais il fut toujours éclipsé par son collaborateur Le Sage, et aujourd'hui il est à peine connu de nom. Entre autres preuves du goût bien connu de Madame pour la comédie, on peut citer la dédicace qui lui fut faite du «Théâtre italien», publié par E. Gherardi. Il s'est trouvé dans la riche bibliothèque dramatique de M. de So-

wahren les Horace¹; daß neüe ist all zimblich possirlich; unter dem schein, daß Momus die götter außlacht undt durch fablen ihre fehler beschreibt, verzehlt er alle mißbrauch, so zu Paris vorgehen; hatt mich lachen machen. Die commedie wehrte lang, kam umb 10 wieder hir ahn undt ging gleich nach bett. Ihr werd[e]t verwundert sein, daß ich Lenor nicht genent, leyder; allein sie war hir geblieben, den sie hatte die colique bekommen undt eine starcke attaque vom grieß. Zu Paris habe ich nichts neües vernohmen. Ich komme jetzt auff Ewer liebes schreiben, so ich dort entpfangen. Vorgestern bekame ich ein schreiben von monsieur le Roy; der berichtet, daß monsieur Le Fevre seine sach so woll gemacht, daß er Coubert [für] ein million verkauffen wirdt, welches Ewern niepcen beßer bekommen [würde], alß wen sie dieß gutt behilten. Ich kan nicht wißen, wie es kompt, daß Euch meine brieffe fehlen; den ich habe Euch fleißig [geschrieben]. Waß mich noch dran verdrist, ist, daß ich fürcht, daß man Euch, liebe Louise, mein contrefait wirdt gestohlen haben; den nach meiner rechnung ist es just daß paquet, so Euch fehlt. Aber thut mir der postmeister von Franckfort den possen, werde ichs nicht dabey laßen, sondern so baldt der herr Benteritter hir wirdt sein², werde ich ihn ... undt bitten, daß man ihn obligiren mag, es wider zu schaffen. Freylich fehlen mir auch noch 3 von Ewern lieben schreiben. Es muß nur eine impertinentz von dem postmeister zu Franckfort sein, so Euch zergen³ [will], weillen er die schonburgische lehen nicht bekomen hatt; undt waß mich dießes noch mehr persuadirt, ist, [daß] ich zwey von Ewern lieben schreiben auß dem Schlangenbaadt sehr woll entpfangen; konten also woll überkommen, muß also gewiß eine impertinance pleniere, wie die hertzogin von Mecklenburg s. alß pflegt zu sagen, geweßen sein. Ich hoffe doch noch, daß der postmeister nicht gar zu unbesonnen sein wirdt, mein contrefait gar gestohlen zu haben. Es ist

*

teinne un recueil fort curieux (n° 3242) d'anciens ballets en sept volumes in-4o, reliés aux armes de Madame, et provenant de son cabinet.»
   1 Les Horaces, tragödie von Pierre Corneille, aus dem jahre 1639. 2 Freiherr von Benterider war bevollmächtigter minister des kaisers. Im Journal des marquis de Dangeau XVIII, s. 151 heißt es unter mittwoch, 8 November 1719: «Le baron de Benterider est arrivé; il a la qualité de plénipotentiaire.»   3 reisen, necken, quälen. Vergl. Schmeller, Bayerisches wörterbuch IV, s. 281.

erst halb 9 nun; ich werde dießen nachmittag erst meine brieffe
von Paris bekommen: hoffe, daß man mir etwaß von Euch, liebe
Louise, bringen wirdt. Es ist sehr apropo kommen, daß mein sohn
mir meine pension vermehrt; den man war übel mitt mir umbgangen nach meines herrn todt. Es war meines sohn schuldt nicht,
sondern der alten zott¹, so gegen [mich] war undt meines sohns
leütten ahngeben, es so gar übel zu machen, mitt versicherung, daß
es deß königs wille were, welches doch pure lügen wahre, welches
hirauß woll erwießen, daß, so baldt ich dem könig zu wißen gethan,
daß ich daß jahr nicht außkommen könte, hatt er meine pension
mitt 40/m. livre vermehrt². Daß hatt die zott sehr vor zorn bär-
sten machen; sie ließ ahn meinen leütten sagen, sie solten sich woll
hütten, mehr zu fordern. Etwaß aber, daß mich damahlen von
hertzen lachen machte, war, daß der duc undt die duchesse du Maine
meinen intendanten vom hauß hollen ließen undt ihn fragten, wie
es doch komme, daß ich mitt dem wenigen, so ich hette, ohne schulden nach meinem standt leben konte. Lagarde, so hieß mein da-
mahliger intendant, andtwortete: «Cest que Madame ce modere
et ne fait jamais de folle despense.» Damitt war daß schönne par
woll bezahlt; den alle ihre große schulden kammen von ihren nacht-
lichen festen zu Seaux³, da sie von abendt biß in hellen tag zu-
brachten, alß umb den andern tag mitt fewerwerck, commedien,
masqueraden, kleine neüe operas undt festins; daß hieß mans⁴ les
nuit blanches⁵. Lagarde hatt sie alle beyde also woll bezahlt.
Hette mein sohn nicht seine dochter verlohren undt der könig über
die maßen viel von ihr geerbt, hette ich dieße pension nicht ahn-

*

1 Frau von Maintenon.   2 G. Brunet II, s. 161, anmerk. 1: «Saint-
Simon (t. XX, p. 4): «Madame, qui avait peine à fournir à la dépense de son
grand état avec 400,000 livres de rente, demanda des secours au roi qui, avec
excuse du peu, lui donna 40,000 livres d'augmentation.»   3 Sceaux.   4 ? man.
5 G. Brunet II, s. 161. 162, anmerk. 2: «Les «Nuits de Sceaux», ou «Nuits
blanches» de ce manoir somptueux, étaient des fêtes magnifiques. La duchesse
aimait beaucoup la comédie et la jouait fort mal, à ce que dit Voltaire; on la
vit sur le théâtro avec Baron. Sa cour était charmante; on s'y divertissait
autant qu'on s'ennuyait alors à Versailles; elle animait tous les plaisirs par son
esprit, par son imagination, par ses fantaisies; on ne pouvait ruiner son mari
plus gaiement. On faisait une loterie des vingt-quatre lettres de l'alphabet;
celui qui tirait le C était tenu de donner une comédie, l'O désignait un petit
opéra, le B exigeait un ballet.»

genohmen; den ich ich will nicht, daß man sagen kan, daß mein
sohn seine famille auffs königs despend[1] reich gemacht hatt, da
er deß königs vormundt geweßen. Mein sohn kendt mich woll undt
weiß, daß ichs vor madame de Ber[r]y todt nicht ahngenohmen
hette auß obgedachter ursach, welche ich glaube Ihr nicht desaproh-
hiren werdet, liebe Louise! Bin Euch woll verobligirt vor alle
Ewere gutte wünsche undt zweyffle nicht, daß Ewer guttes undt
frommes gebett zu gott mir glück bringt undt woll eher erhört wirdt
werden, alß daß meine selber. Mein sohn ist nur gar zu gutt:
weillen ihm der kleine duc de Richelieu versichert, daß sein wille
geweßen, ihm alles zu endtecken, glaubt er es gleich undt lest ihn
loß, wozu seine metres, ich sage deß duc de Richelieu seine, mademoiselle de Charolois, meinen sohn keine rast noch ruhe gelaßen.
Es ist doch etwaß abscheuliches, daß eine princesse du sang vor
der gantzen welt erkläret, daß sie verliebt ist, wie eine katz, von
einen kerl, der ihres gleichen nicht ist, den sie nicht heürahten kan
undt der ihr gar nicht trew ist, sondern ein halb dutzendt andere
maistressen hatt. Wen man ihr daß vorhelt, andtwortet sie: «Bon,
il n'a ces maistresse[s], que pour mo les sacrifier et pour me con-
ter tout ce qui ce passe entre eux.» Daß ist woll abscheulich. Man
hatt ihn, umb [ihn] von lufft zu endern machen, nach St Germain
[geschickt]; da ist dieß ehrvergeßen mensch gleich zu ihm. Wen
ich ahn hexerey glauben könte, solte ich glauben, daß dießer mensch
waß mehrers könt, alß ordinarie; den er hatt nicht ein mensch gefunden, so ihm den geringsten widerstandt thut, lauffen ihm alle
nach, daß es ein schandt undt spott ist. Er ist nicht schönner,
alß ein ander mensch, ist indiscret, sagt alles nach mitt umbständen
undt hatt declarirt, daß, wen eine keyßerin, schön wie ein engel,
in ihm verliebt were undt bey ihm liegen wolte auff die condition,
daß er es nicht nachsagen solte, wolte er lieber nicht bey ihr liegen undt sie sein leben nicht sehen. Er ist ein großer poltron,
hoffartig, impertinent undt daß ist die oriflame[2] von den meisten
damen, so ehre, glück, alles vor ihm verschertzen; es macht mich
offt recht ungedultig. Er hatt weder hertz, noch gemüht; ich bin
gewiß, daß er meinen sohn mitt undanckbarkeit belohnen wirdt;

*

1 aux dépens du roi, auf kosten des königs.   2 d. h. die fahne, der sie folgen.

den er ist gar zu nichtsnutzig. Ich will weitter nichts von ihm sagen, es macht mich zu ungedultig. Ich weiß nicht, ob Ihr, liebe Louise, ein buch geleßen, so mir unßere s. liebe churfürstin geschickt hatte, von einem poltergeist, so man Hintzelman heist. Der duc de Richelieu gleicht ihm so sehr, daß ich ihn nie anderst geheißen¹; den er hatt holle augen wie ein todtenköpffgen, undt kindische maniren undt ist leicht, geht geschwindt, recht wie Hintzelman; ich heiße ihn nicht anderst. Die übel von monsieur Laws undt seine banque sprechen, thun es nur auß bloßem neydt; den man kan nichts beßer sehen, den er bezahlt deß königs abscheülliche schulden undt macht die impots² vermindern, also den pöpel erleichtern von ihrer last. Daß holtz kost nur die helfft, daß es gekost hatt; alles, entréen³ auff wein, fleisch undt waß in Paris gebracht wirdt, hatt alles abgenohmen. Daß macht eine große freüde bey dem pöpel, wie Ihr, liebe Louise, leicht gedencken könt. Alles wirdt wollfeyller werden, waß die entréen betrifft. Ist daß nicht etwaß schönnes undt gutts? Monsieur Laws ist gar ein polier⁴, gutter man; ich halte viel von ihm; er thut mir auch gefahlen, wo er kan. Er stiehlt nicht, in⁵ alle andere gethan, so die financen reglirt; waß er prophitirt, ist mitt ehren undt offendtlich. Daß er ein palais von der duchesse de Berry gekaufft, ist eine pure lügen; sie hatt keines gehabt, so sie hette verkauffen [können]. Alle heüßer, so sie gehabt, alß Meudon, Chaville undt La Meutte, seindt alle dem könig wieder heim gefallen. Der könig macht seine menagerie von La Meutte, wirdt kühe, schaffe, hüner, ziegen undt dauben dort halten. Die wüste kranckheiten, alß kinderblatter, röttlen, hitzige fieber, rohte ruhr undt dergleichen, regieren abscheüllich zu Paris; aber von allen ortten in gantz Europa hört man nichts anderst. Wie die pest zu Manheim war, drugen wir alle ahm arm bücksger⁶ mitt rautten, in eßig getunckt⁷; daß ist gar gutt vor die böße lufft, habe es gern gerochen, den ich liebe beydes, eßig undt rautten. Viel[e] finden, daß rautten stincken, ich aber liebe den geruch von rautten. Ihr werdet, liebe Louise, eines von meinen schreiben durch die fürstin von Nassau Ussingen entpfangen;

*

1 Vergl. den brief vom 13 Mai, oben s. 116.   2 impôts, auflagen.
3 les droits d'entrée, eingangszölle.   4 d. h. poli, gesittet, höflich, fein.
5 ? wie.   6 d. h. büchschen.   7 d. h. getunkt, getaucht.

den wie ich 3 gantzer posten geweßen, ohne zeittung von Euch zu haben, undt gedacht, daß Ihr endtlich wißen würdet, wo Ihr hinkommen wahret ¹. Aber ich muß meine ordinarie pausse machen; dießen abendt werde ich außschreiben.

Sontag umb ¼ auff 6 abendts.

Gleich nach dem eßen bin ich spatziren gefahren. Der regen hatt mich wider herrein geführt. Es ist so kalt heütte, daß wir daß erste mahl haben überall feüer gemacht. Seyder ich heütte morgen auffgehort, zu schreiben, habe ich noch zwey von Ewern lieben schreiben entpfangen, eines vom 15 September, no 72, durch den Neufville ², so mir gar ein feiner junger mensch düncht zu sein; den zweytten brieff habe ich durch die post entpfangen vom 19 September, no 74; aber auff dieß letzte will ich Euch nur sagen, daß just daß paquet, so Euch fehlt, vom 7 September, no 18, daß ist, wo mein contrefait bey ist. Also last fleysig darnach auff der post fragen! Daß kan ja niemandts, alß Euch, waß nutzen, ist auch vor niemandts, alß Euch, gemacht worden; verdriest mich recht, den es ist woll gemahlt undt alle menschen finden es sehr gleich; habe mir also eine freüde gemacht, es Euch zu schicken, liebe Louise! Warumb ich ahnfange, so spät wider zu schreiben, ist, daß ich nach der promenade schulden gezahlt; hernach bin ich in die kirch betten gangen. Umb halb 5 bin [ich] auß der kirch, habe ein hauffen brieff geleßen, so ich heütte bekommen hab, so mich bißher geführt. Nun hoffe ich doch noch auff Ewer liebes schreiben, so ich heütte morgen ahngefangen, vollig zu antwortten; aber die andere zwey werde ich vor die andere post sparen; komme wider ahn Ewer liebes schreiben, muß mich eyllen, den ich habe heütte noch ahn mein dochter einen großen brieff zu beantwortten. Es war doch, wie ich sehe, gar große undt gutte geselschafft bey der fürstin von Ussingen. Sie wirdt nun gewiß über ihrer schwester ³ unglück touchirt sein; die jammert mich woll von grundt meiner seehlen, sie kan sich ihres sohns todt nicht getrösten. Es ist auch etwaß abscheüliches, einen eintzigen sohn so durch die heßlichen kinderblattern zu verlihren. Freyllich habe ich meinen oncle a la mode

*

1 Der satz ist nicht in der ordnung.   2 ? Neuville.   3 der marquise de Dangeau.

de Bretagne¹, den närischen landtgraff Carl von Hessen Rheinfels, gekendt. Man konte nicht dollere poßen vorbringen, alß er that, sprach immer von seinem kutscher, daß er von so gutter geselschafft wehre, daß er ihn deßwegen bey sich schlaffen ließe und sein jüngsten sohngen von ihm erziehen laßen. Ich batt ihn gantz ernstlich, er solte doch umb gottes willen solche albere possen nicht vorbringen, womitt ihm alle menschen mitt außlachten. Er fuhr mir übers maul undt sagte, er sehe woll, waß es were; ich hette gern, daß er wider weg wehre, den ich schämbte mich meiner verwantten. Ich wurde böß, sagte bladt herauß: «Ja, wen sie so sprechen, habe ich woll ursach, mich vor sie zu schämmen.» Wir schieden gar uneins von einander. Er hatt einen dürlibbigsten sohn bey sich mitt krepirten händen; der schiene auch nicht sonderlich viel verstandt zu haben. Daß kleine printz[chen] war ein schön, woll geschaffen kint, aber erzogen wie ein blatter bawernbub in Odenwalt. Ich habe den gutten fürst Ragotzi braff mitt seinem schwiger herr vatter geplagt, fragte ihm, ob er nicht gevatter geweßen bey dem sohn, so sein schwiger herr vatter auff die welt gebracht undt ins kindtbett kommen were; er wolte nicht lachen, konte es doch nicht laßen. Der gutte herr hatt mir schon zweymahl brieff von mehr, alß 20 bogen, auß der Turquey geschrieben. Ich bitte Euch, liebe Louise, danckt doch I. L. dem printzen von Darmstat gar dinstlich von meinetwegen undt sagt, ich wünsche der printzes einen schönnen jungen printzen undt glückliche niederkumfft! Es were meine schuldt, wen ich dießen heürabt nicht aprobirt hette; den ja nichts dagegen zu sagen ist. Mich deücht, die schwangere weiben bekommen erst gezogene gesichter, wen sie in dem 8ten mont sein. Ich kan leicht begreiffen, wie Ihr vissitten zu thun undt zu entpfangen müde seydt. Ich bin auch gern zu hauß undt bey niemandts [lieber], alß meinen leutten. Die armen reformirte Pfältzer jammern mich erschrecklich; niemandts, alß mönchen undt pfaffengeschmeiß, kan eine solche sach aprobiren. Ich hoffe, man wirdt vor sie bey Churpfaltz sprechen mitt nachdruck. Von die² heydelbergischen pfaffen konte Churpfaltz sagen, wie le pere de la Rüe³ von deß s. [königs] beichtvatter, le pere le Tellier⁴, sagte: «Le

---

1 Vergl. band II, s. 530, anmerk. ***. 2 ?den. 3 de la Rue. 4 Der marquis de Dangeau schreibt in seinem Journal XVIII, s. 118 unter sonntag,

pere le Tellier nous mene si viste, que j'ay peur, qu'il ne nous verse.» So mogte es in der Pfaltz auch gehen. Ich sage von hertzen amen zu dem wunsch, so Ihr thut, liebe Louisse, daß baldt beßerung kommen mag in der Pfaltz. Adieu, hertzliebe Louise! Mich deücht, meine espistel ist lang genung, umb sie zu enden undt vor dießmahl nichts mehr zu sagen, alß daß ich Euch von hertzen lieb behalte.

Elisabeth Charlotte.

1058.

St Clou den 5 October 1719 (N. 26).

Hertzallerliebe Louisse, mich verlangt auff dießen nachmittag, umb Ewer liebes schreiben zu entpfangen, umb zu sehen, ob man Euch mein contrefait gar gestohlen hatt, oder ob mans Euch noch wider geben wirdt; daß kan ja niemandts nichts nutz sein, alß Euch. Daß kleine demantgen, daß zum knopf dint umb auch [1], ist auch nicht von so großem preiß, daß man darnach lust haben solte. Aber bekümert Euch nicht über den verlust deß contrefaits! Es ist leicht wider zu ersetzen; ich habe schon ein anders bestehlt [2], wo diß nicht wider gefunden wirdt, undt werde es Euch durch eine sichere [3] gelegenheit, alß durch die post, schicken. Der brieff, so Euch dabey fehlt, ist vom 7 September, no 18. Warumb solt Ihr nicht von Ewerm boßen fuß reden? ist er den nicht ein gliedt von Ewerem leib, widt [4] alle die andern? Daß ist ein wünderliche höfflichkeit, die man in Teütschlandt hatt; daß muß auß Spanien oder auß Portugal [gekommen sein], den da helt man es vor eben so unehrlich, den fuß zu weißen, alß den hintern. Daß seindt aber dolle einfalle. Habt Ihr in Franckfort kein beaume de Fioraventi [5]? Der ist gar kostlich vor alle schaden ahn den füßen, aber zu den knien thut [6] es nichts. Es ist mir leydt, liebe Louisse, daß Ihr kniewehe habt; den ich weiß durch schlimme experientz,

---

3 September 1719: «Le P. le Tellier, confesseur du feu roi, est mort à la Flèche; il avoit une pension de 4,000 livres qui lui a toujours été payée régulièrement.» Man vergl. über le Tellier oben s. 116, anmerk. 5.

1 Elisabeth Charlotte hat sich hier sichtlich verschrieben; der sinn des satzes ergibt sich aus dem briefe vom 15 October, nachher s. 270. 2 d. h. bestellt. 3 ? sicherere. 4 ? wie. 5 baume de Fioraventi, irgend ein balsam. Vergl. band II, s. 680. 6 d. h. hilft.

daß daß allezeit übel ärger wirdt undt man nie recht davon conrirt. Campferspiritus ist gutt, habe es aber nie gebraucht, weillen mir der geruch vom campfer zu sehr zuwider ist. Mich deucht, es riegt[1] wie ein stinckender ahtem; aber die keinen eckel vor dem campfer haben, befinden sich gar woll dabey. Daß remede von heüblumen kene ich nicht. Ey, liebe Louise, warumb wolt Ihr nicht von Euch selber reden? Ich schreibe Euch ja nur, umb zeittung von Euch zu haben undt umb eygendtlich zu wißen, wie es mitt Euch stehet; den nun Carolline, Amellisse undt Ewere brüder nicht mehr leben leyder, wer soll sich den mehr vor Euch interessiren, alß ich, undt wer ist Euch näher, alß ich? Also solt Ihr dieße façon nicht mitt mir machen, liebe Louise! Ich halte es eher vor eine offence, alß hofflichkeit, auß obgemelten ursachen. Mein sohn spatzirt nun zu viel nun; nichts hatt ihn courirt, alß den fuß in eyßkalt waßer zu stellen in einem zuber. Von deß königes danckbarkeit vor alle mühe, seine schulden alle zu zahlen undt allen sachen in einem gutten standt zu bringen, da ist wenig ahn zu hoffen; den alles, waß den könig umbringt undt regirt, hast meinen armen sohn wie den teüffel. Sie mercken woll, daß mein sohn mehr verstandt hatt undt mehr weiß, alß sie alle, fürchten also, daß, wen er ins könig gnaden kommen solte, daß er mehr, alß nie, regieren würde; daß wollen sie wehren, umb den könig allein zu halten. Dieße politic ist nicht schwer; da gehört weder so viel verstandt, noch gelehrten calcul zu, wie monsieur Laws hatt. Es ist nicht möglich, daß der könig nicht leütte umb sich finde, so meinem sohn übel wollen; den allen denen, so mein sohn ahm meisten gutts gethan undt aller ihrer bitt gewehrt, seindt die, so ihn am meisten haßen, vom ersten biß zum letzten. Es seindt hir undanckbare leütte, welches nicht anderst sein kan, wo nichts, alß ehrgeitz undt pure interesse, im schwang geht. Leütte wie monsieur Laws findt man selten. Der große interesse mag auch woll schuldig sein, das es so doll bey Churpfaltz hergeht; wehre dießer churfürst nicht bestollen, konte es[2] seine despense woll außstehen. Der könig in Preußen hatt unrecht gehabt, daß chor von der h.-geist-kirch zu cediren; den wer pfaffen einen finger gibt, nehmen sie die gantze handt, wie in der h.-geist-kirch zu Heydelberg ge-

---

1 d. h. riecht.   2 ? er.

scheben. Worin bestehen nun die Franckforter zeitvertreib, liebe Louise? Ich bin gantz, wie Ihr, liebe! Die einsambkeit ist, waß ich ahm meisten liebe; aber ich gehe doch zu etlichmahl zu spectaclen, damitt man mich nicht gar, wie mans hir nent, wen man leüttscheü ist, wie ich bin, vor einen loupgarou¹ helt. Wo mir gott leben undt gesundtheit biß sontag verleydt, werde ich nach Paris gerabt nach hoff zum könig, von dar ins Palais-Royal zu madame d'Orleans, hernach ahn taffel, nach dem eßen au Carmelitten in kirch, nach dem salut wider ins Palais-Royal, daß opera von Issé² zu sehen, so ich noch nicht [ge]sehen, seyder man es wider spilt (habe es gantz vergeßen; es ist 20 jahr, daß ich es nicht gesehen habe), von dar wider her, mein ey schlucken undt nach bett gehen. Kan kan den weißen³ mitt moderation geben, aber schir alles zu geben undt seinen verwanten entziehen, finde ich nicht raisonabel; aber deß menschen will ist sein himmelreich. Ich habe ahn Ewere beyde niepcen zugleich geantwortet. Wen ich noch im frühling bey leben bin, werde ich gar froh sein, graff Degenfelt undt seine gemahlin zu sehen. Monsieur Le Phevre⁴ hatt sich ein ewig lob hir erworben; er hatt auch hir gethan, wovon man kein exempel in gantz Franckreich finden wirdt. Er hatt 10/m. thaller abgeschlagen, umb sein wordt zu halten, undt sagt, daß, wen er sein [wort] nicht geben hette undt die sach ahngangen were, würde er die 10/m. thaller zu der maße gethan haben; den er were nicht herkommen, seine affairen zu machen, sondern deß duc de Schonburgs dochtern zu dinnen. Die lufft schlegt ihm hir gar nicht woll zu; sie ist auch jetzt gar schlim zu Paris, ist wie eine pest, alle menschen werden kranck. Ich wolte, daß monsieur Le Phevre mitt seinem million, so⁵ er Coubert verkaufft, wider in Englandt wehre; den ich fürcht, er wirdt hir sterben. Der herr vitzecantzler Franck hatt seine fraw auch wider nach Heydelberg führen müßen, die hatt die Parisser lufft gar nicht vertragen können. Die Chardons seindt von den ehrlichsten leütten hir in landt, werden deßwegen sehr beneydt. Monsieur le Phevre ist gar woll zufrieden mitt ihrer rechnung, so sie

---

1 loup-garou, werwolf, unfreundlicher mensch. 2 Issé, oper mit text von La Motte, musik von Destouches. Das stück wurde zum ersten mal 17 December 1697 aufgeführt und zwar mit nur drei acten, denen 1708 zwei weitere hinzugefügt wurden. 3 ? Man kann den waisen. 4 Lefèvre. 5 d. h. wofür.

ihnen [1] ohne scheü gethan. Pomade divine ist ein gutt remede; wen man starcken husten hatt undt die brust mitt schmirt, gibt es viel erleichterung; wen man sich starck gebrendt hatt undt die pomade drauff schmirt, beniembt es nicht allein gleich den schmertzen, sondern es verhindert, daß man kein brandtmahl bekompt; vor ruhmmatißme ist es auch sonderlich gutt undt lindert alle schmertzen, undt wo sich geschwer ahnfangen, fleißig mitt der pomade geschmirt, es dissipirt sie, ohne einzuschlagen. Wir haben noch gar ein gutt remede hir; ich weiß nicht ob Ihr davon gehört habt; es kompt auß den americanischen insuln, man heist es l'huille de copaheu [2], ist gar eine gutte sach vor allerhandt grimen, vor daß grieß, vor alle wunden. Einer von meinen papagayen [ist mir] vor zwey jahren auff den mundt gefahren, hatt mich erschrecklich gebißen, daß daß stück gantz loß war. Ich habe nichts anderst dazu gethan, alß daß bludt abzuwischen, mitt einer feder dropffen copaheu drauff zu thun, daß stück, so in der lufft hinck, wider hin zu legen, eine große mousch [3] drauff zu legen, 3 tag nach einander; den 3ten tag war es heyll undt nicht daß geringste mahl. Schreibt mir, ob Ihr keines habt! Wen Ihr keines habt, will ich Euch etliche kleine bouteillen schicken. Man hatt mirs auch eingeben, wie ich so kranck war. Man lest einen tropffen in zucker fließen, schudelt [4] es, daß es wie eine pillen wirdt, undt schluckt daß ein; es ist gar bitter, aber hatt sonst keinen übeln geschmack undt richt wie cedernholtz. Ewere niepcen haben fest drauff gezehlt, daß Ihr nach Englandt würdet. Die comtesse de Holdernesse hatt es ahn I. L. die printzes von Wallis gesagt, die hatt mirs geschrieben. Ich bin froh, daß Ihr es nicht gethan habt; den die lufft zu London ist jetzt eben so schlim, alß die von Paris. Ich habe woll gedacht, liebe Louisse, daß Ihr mir keine finesse von Ewerer reiß machen [5] würde[t]; aber wie ich doch 3 posten war, ohne nichts von Euch zu entpfangen, wuste ich nicht mehr, waß ich von Euch gedencken solte. Es fehlen mir noch zwey von Ewern schreiben, nehmblich daß von no 70 undt 71; die habe ich nicht entpfangen. Ewer[e] kinder in Englandt seindt jung undt starck, also zu hoffen, daß

---

1 ? ihm.   2 l'huille de copabu, öl aus dem brasilianischen Copaïbabaum.
3 ? mouche, pflästerchen.   4 d. h. schüttelt.   5 faire finesse de quelque chose, aus einer sache ein geheimnis machen.

sie nicht kranck sollen werden. Die printzes von Wallis liebt Euch undt estimirt Euch von hertzen, schriebe mir letztmahl, daß es woll schadt, daß Ihr nicht meine schwester von vatter undt mutter seydt; den keine große fürstin in der welt keine höhere noch tugendtsame[re] sentiementen haben kan, alß Ihr, liebe Louise, habt. Daß hatt mir recht woll gethan; mich deücht, ich habe die printzes noch lieber über dießen wunsch. Die printzes von Wallis ist jung, daß erhelt sie noch lustig. Wen man alt wirdt, hatt man viel von seinen lieben verwanten undt freünden verlohren, undt daß macht trawrich undt daß man nie nicht mehr lustig sein kan, wie zuvor. Mich deücht, ich habe letz[t]mahl schon auff Ewer liebes schreiben vom 15, no 72, so ich durch monsieur de Neufville entpfangen, geantwordt. Wir haben gar nichts neües hir, werde also vor dießmahl nichts mehr sagen, alß daß ich Euch, liebe Louise, von hertzen lieb behalte.

Elisabeth Charlotte.

Donnerstag, den 5 October, umb 4 uhr nachmittags.

Gleich nach [dem] eßen bin ich spatziren gefahren, aber nicht lang außgeweßen; den [es] gehet ein zu starcker nortwindt, daß ich gleich wieder herein bin. Im hinfahr[e]n war es gar schön, aber im wiederherfahren ging ein so schneydiger windt, alß wie in voller frost. Wie ich in calesch saß, bracht man mir Ewer liebes schreiben vom 23 September, no 75; aber, wie Ihr woll wist, liebe Louisse, so werde ich es heütte nicht beantworten, sondern vor die andere post sparen. Ich habe Ewer lieben brieff in der promenaden geleßen, aber Ihr sagt kein wordt, waß Euch der postmeister gesagt; den in Ewerm letzten brieff sagtet Ihr mir, daß Ihr in die post fahren woltet, umb nachzuforschen, wo mein letzter brieff hinkommen; Ihr sagt aber in dießem letztem kein wordt davon. Ich habe dießen nachmittag gantz undt gar nichts neües erfahren, undt weillen ich heütte noch 4 brieff zu schreiben [habe], muß ich wider meinen willen gantz kurtz abbrechen. Ich habe noch ahn die königin in Preüssen, baron Görtz, monsieur Harling undt einen brieff ahn einen man nach Paris zu schreiben, so sich woll auff medaillen verstehet undt mir diß jahr über die 60 neüe, gar rare geschafft. Ich habe nun 930 goltene medaille, antiquen[1]. Aber ich muß kurtz

---

1 Vergl. band I, s. 496, band II, s. 706.

abbrechen; den komme ich einmahl auff die medaillen, werde ich nicht so baldt auffhören können.

1059.

St Clou den 7 October 1719 (N. 27).

Hertzallerliebe Louise, ich fange heütte ahn, auff Ewer liebes schreiben vom 23 September zu andtwortten, so ich vergangenen donnerstag entpfangen, wie ich glaube, daß ich Euch schon bericht habe. Es ist gutt, daß Ihr mein schreiben vom 13 woll entpfangen; ich muß mich aber im schiffer verschrieben [haben], den ahnstatt 25 hett[e] ich 20 setzen sollen. Es ist gar nichts possirlich zu Chelle vorgangen. Es ist gar leicht zu begreiffen, daß ich Euch lieber würde entretenirt haben, liebe Louisse, alß nach Chelle zu fahren. Erstlich so seindt mir aller[1] closter undt ihr leben zuwieder, zum andern so ist es mir hertzlich leydt, daß mein enckel dieße parthie genohmen undt none undt abtißin geworden ist; habe also mehr leydt, alß freüde, ahn dießem spectacle gehabt. Ewere übermäßige demuth macht mich lachen. Worin seydt Ihr, Louise, nicht wehrt, daß ich Euch lieb haben solle? Seindt wir den einander nicht nahe genung dazu? Ah, nun felt mir ein, waß es sein muß, Ewere desbeauche undt gottloß leben; da hatte ich nicht gleich ahn gedacht, daß muß es sein. Aber alles, waß man hir sicht, insonderheit in den printzessinnen vom geblüdt, ist so tugendtsam, daß man woll Ewere fehler, liebe Louise, damitt bedecken kan, außer madame la princesse, die ist woll so gottloß undt desbauchirt, alß Ihr, liebe Louise, seydt. Ich bin in sorgen vor sie; den daß fieber ist ihr ahnkommen. Sie betrübte sich zu sehr, daß ihre [tochter][2] gefangen ist, wolte sie gern loß haben und daß geht nicht ahn; daß macht sie kranck. Sie jammert mich zwar, aber ich wolte doch nicht, daß mein sohn daß böße thier loß ließe. Ich bin gar nicht müde von meiner reiße geweßen; daß fahren bekompt mir wohl, den ich bin all mein leben ahn gar starcke exercitzien gewohnt, seindt mir allezeit woll bekommen. Ich meinte, ich hette Euch schon lengst gesagt, daß mademoiselle de Chausseray[3] eine von meinen freüllen geweßen; habe lachen müßen, daß Ihr daß [häuschen

---

1 ? alle.   2 die duchesse du Maine.   3 Chausseraye.

Madrid]¹ vor ein closter genohmen. Sie war vor dießem gar arm, hatt aber all ihr habe undt gutt in die banque von Missisipe gethan, so monsieur Law gemacht, der Englander, von welchen Ihr gehort, damitt sie ein million gewohnen; ist nun, ahnstatt arm, reich, wirdt auch erster tagen ein schon undt groß landtgutt kauffen. Ich werde heütte erfahren, wie [es] mitt stehet²; den ich werde sie dießen nachmittag besuchen in ihrem kleinen artigen heüßgen zu Madrit. Es wundert mich, daß [man] in einen so bewohnten ort undt wo alle jahr so viel leütte von qualitet hinkommen, wie daß Schlangenbaadt ist, keine posten hatt oder regullirte botten nuffs wenigst. Aber ich glaube, daß boßheit drunter steckt, weillen Eüch der verfluchte postmeister nicht woll [will]. Mitt brieffen zu zergen, geht noch woll hin, aber mein contrefait zu stehlen, ist zu grob. Der graff von Nassau, welchen Ihr bruder heist, hette Eüch viel von Paris verzehlen kommen³; den er ja etlich monat da geweßen. Graff von Hannau bitte ich vor sein ahndencken zu dancken. Ich halte viel von ihm, ist gar ein gutter herr. Ich weiß nicht, wem Ketschstatt gehört, wo er hin ist; haben⁴ den nahmen nie nenen hören. Ich kenne den intendanten von Strasburg gar woll; ich würde auch viel von ihm halten, wen er nicht eines ertzschelmens, deß comte de du Bourg⁵, freündt were. Es seindt frantzosche Schweitzer, so kein Teütsch können, alß zum exempel monsieur Polier undt seine brüder undt neuveux, die konten kein Teütsch. Mich deucht, die printzessin von Darmstatt reist zu viel vor eine erste schwangerschafft. Daß ist gefahrlich, undt thut eine fraw daß erste mahl ein böß kindtbett, bringt sie selten ein kindt zu recht. Daß wetter hatt große mühe, sich zum regen zu bequemen; man hatt es doch hoch von nohten. Seyder die Seine ein wenig gewacksen, hört man weniger von neüen krancken; es [gibt] doch noch ohne daß

---

1 Im Journal du marquis de Dangeau XVIII, s. 141 heißt es unter freitag, 20 October 1719: «Il y a quelques jours que le roi étant allé voir mademoiselle de la Chausseraye, à sa petite maison de Madrid, elle lui fit présent d'une jolie vache fort ornée pour entrer dans la ménagerie qu'il établit à la Meutte.» 2 Der kauf fand etwas später statt. Im Journal du marquis de Dangeau XVIII, s. 164. 165 findet sich unter samßtag, 25 November 1719, die bemerkung: «Mademoiselle de Chausseraye achète la maison de M. d'Armenonville dont elle lui donne un million, et M. d'Armenonville loue la maison pour toute sa vie et pour celle de M. de Morville, son fils, ambassadeur en Hollande, et la loue 20,000 francs.» 3 ? können. 4 ? habe. 5 comte du Bourg.

krancken genung ahn den kinderblattern, rohte rubr undt starcken hitzigen fiebern, auch viel starcke durchlauff ohne rohte ruhr; die es haben, können schir nicht davon couriren. Ich habe Euch letztmahl geschrieben, wie großes lob der gutte, ehrliche monsieur Le Phevre hir erworben hatt. Morgen, hoffe ich, werden alle seine affairen zu ent gehen; den ich werde von meinen sohn daß prevet[1] vor seinen kauff fordern, alßden wirdt alles zu endt gehen. Monsieur Lefevre sagt, er hette zu Uttrecht gestudirt undt Frantzosch gelehrnt undt allezeit dort gesprochen. In Franckreich ist er nie, alß nun, geweßen. So viel in[2] von der printzes von Wallis brieffen judiciren, helt sie recht viel von der contesse de Holdernesse, sagt, sie were ahngenehm undt hette viel verstandt. Die graffin von Degenfelt gefelt ihr nicht so woll; sie meindt, Ihr werdet ein wenig blindt ahn dießer niepce[3] undt glaubt ihr mehr verstandt, alß sie in der that hatt. Ahn den seinigen liebt man woll den verstandt, aber es muß auch ein gutt gemühte darbey sein. Die printzes von Wallis pretendirt, daß die comtesse de Holde[r]nesse beydes auff ein[mal] besitzt undt gar desinteressirt ist. Daß seindt doch 3 große qualiteten, verstandt, gutt gemühte undt ohne interesse; daß ist sehr estimable. Sie sagt, die gräffin von Degenfelt sehe gantz pfaltzisch auß; damitt brouillirtet sie sie nicht mitt mir. Hiemitt ist Ewer liebes schreiben vollig beantwortet. Ich weiß nichts sicheres neües; den die gemeine geschrey seindt nicht allemahl war. Erfahre ich heütte noch etwaß, werde ichs nach meiner promenaden noch hir zusetzen, wo nicht, so werde ich nichts mehr sagen, liebe Louise, alß daß ich Euch all mein leben von hertzen lieb behalte.

Elisabeth Charlotte.

1060.

St Clou den 12 October 1719 (N. 28).

Hertzallerliebe Louisse, ich wolte lieber, daß mein schreiben vom 7, no 18, bey Euch glücklich ahnkommen were, alß daß vom 17, no 21. Ich hoffe doch noch alß, daß es sich endtlich wiederfinden wirdt undt die impertinenten, so es auffhalten, sich endtlich

*

1 brevet.   2 ? ich.   3 d. h.: Ihr seiet in betreff dieser nièce ein wenig verblendet.

beßer besinen werden. Ihr thut Euch selber unrecht, zu sagen, daß Ewere brieffe unartig seindt. Ich finde, daß Ihr woll schreibt, undt bin gar woll mitt Ewern lieben brieffen zufrieden, leße sie auch gern. Ich bin selber gar ernsthafft geworden, habe also keine mühe, ernsthaffte brieff zu leßen; es ist mir gar nicht lacherlich. Vergangenen montag ist der arme duc de la Trimouille, mein vetter, gestorben ahn den kinderblattern den 5ten tag von seiner kranckheit [1]. Waß mich aber noch mehr in sorgen setzt, ist mein lieber abbé de St Albin [2], so seyder 8 tagen ein solch abscheülich fieber hatt, so zwey undt 3 mahl deß tags verdobelt mitt großen lendenundt haubtschmertzen; ist mir recht bang vor dem armen buben, den ich habe ihn hertzlich lieb, ist der beste mensch von der weldt, gar nicht pfaffisch, auch nicht impertinent, wie die junge leütte nun sein, sondern lustig undt modest dabey, hatt woll studirt undt hatt verstandt. Es würde mich von grundt der seelen betrüben, wen er sterben solte, undt, unter unß gerett, so ist er nach dem duc de Chartre der liebste von allem [3] meines sohns kindern, recht undt lincken [4]. Daß hertzt [5] klopfft mir, biß ich wider zeittung von ihm habe. Aber da kompt die großhertzogin herein, umb mir adieu zu sagen; wir haben sie 3 tag hir gehabt, sie kompt von Bourbon. Ich muß eine pausse machen, umb I. L. zu entreteniren.

Die großhertzogin ist umb ³/₄ auff 11 weg; ich kan noch ein viertelstündtgen blauttern, ehe ich mich ahnziehen gehe. Lustig in ehren ist gewiß nicht zu wehren; aber es ist etwaß gar rares hir. Die ceremonie zu Chelle war sehr ordendtlich; aber alles, waß ceremonien sein, deücht mir langweillig zu sein, auffs wenigst wirdt mir die zeit gar lang dabey, undt die zwey stundt,

---

1 Journal du marquis de Dangeau XVIII, s. 135 unter montag, 9 October 1719: «M. le duc de la Trémoille mourut à midi. Il vouloit recevoir ses sacrements le matin; mais le chirurgien qui étoit auprès de lui l'assura qu'il n'y avoit plus de danger à son mal. Il n'a voulu avoir que cet homme-là auprès de lui dans sa maladie. M. de la Trémoille n'a qu'un fils et point de filles; ce fils avoit la survivance de premier gentilhomme de la chambre.» Vergl. nachher den brief vom 5 November. 2 Charles de Saint-Albin, geboren 1698, wurde 1722 bischof von Laon, 1723 erzbischof von Cambrai und starb 1774. Er ist ein natürlicher sohn des regenten. Seine mutter war, wie Elisabeth Charlotte nachher in dem briefe vom 2 November mittheilt, eine tänzerin der oper mit namen Florence. 3 ? allen. 4 d. h. ehelichen und unehelichen. 5 ? herz.

so es zu Chelle gewehrt, haben mir mehr, alß 4, gedeucht. Mein
enckel hatt so viel zu thun; wen man so viel zu thun hatt, kan
einem keine zeit lang fallen. Occupation ist eine gar gutte sach
vor junge leütte undt macht mich hoffen, daß sie sich [nicht] gereüen
wirdt, die parthie genohmen [zu haben], ein abtißin zu werden.

Donnerstag, den 12 October, umb halb 5 nachmittags.

Gleich nach dem eßen ist die printzes Victoire [1], deß printz
Eugene niepce, zu mir kommen; die hab ich gleich nach dem eßen
spatziren geführt, bin gegen 4 uhr wider kommen, habe viel leütte
hir gefunden, so mich auffgehalten haben bißher. Da bringt man
mir Ewer liebe[s] sbhreiben vom 30 September vom no 77; bin
recht froh, drauß zu ersehen, daß Ihr endtlich mein altes beren-
katzen-affengesicht [2] entpfangen habt undt es nicht in frembden händen gekommen ist, wie auch daß dieße kleine St Clouer meß [3] Euch,
liebe Louisse, so ahngenehm geweßen; ich hatte schon ein anderst
bestelt. Aber zukünfftigen sontag, wo mir gott leben undt gesundtheit verleyhet, werde ich auff dießes letzte liebes schreiben andtworten, komme aber nun wieder auff daß, so ich heütte morgen ahngefangen habe. Aber nun gehe ich zum abendtgebett.

Donnerstag umb ein viertel auff 7 abendts.

Von unßer abtißin sagen nur [4] daß noch sagen, daß freyllich
madame d'Orlean[s] hertzlich fro geweßen, daß ihre fraw dochter zur
none worden. Aber ihre faulheit ist unüberwindt[lich]. Ich glaube
nicht, daß, umb ein königreich zu gewinen, so mitt aller ihrer ambition sie eine stundte eher, alß ordinarie, auffstehen könte; drumb
muß ich alß innerlich lachen, wen ich gedencke, daß dieß faulle
weib regentin sein wolte undt daß gantz königreich regieren. Die
kinderblattern, ob sie gleich nicht zeichnen, endern sie doch; ich
sehe es ahn meine zwey jungste encklen, die haben nicht das ge-
ringst[e] kinderblattermahl undt seindt doch so geendert, daß es
einem recht wunder nimbt, welches mich fürchten macht, daß mademoiselle de Clermont nicht lehr davon kommen wirdt. Die arme
madame de Dangeau kan ihren einigen sohn nicht vergeßen; sie jamert
mich woll von grundt der seelen. Wie ich von ihr höre, glaube

---

1 die tochter des grafen von Soissons. 2 Vergl. den brief vom 7 September, oben s. 232. 3 d. h. messgeschenk, kirchweihgeschenk. 4 ? will
ich nur.

ich nicht, daß die arme fraw ihr leben wider zu recht kompt. Solle ich Euch die rechte warheit sagen, liebe Louise? Ich weiß nicht, waß alleodialgutter sehen ¹, noch wie es mitt leben bestelt ist. Ich kan leicht glauben, liebe Louise, daß Ihr nicht viel darnach fragt, in assambléen zu gehen; daß kan [ich] bey mir selbst uhrteillen. Wie betrübte würde ich sein, wen mich obligiren solte, mich in einer so großen geselschafft zu finden! Allerhandt flüße können in dießer jahrszeit undt bey jetzigen schlimmen wetter kommen. Vor drey tagen hatt es hir gedonnert undt geblitzt undt starck geregnet; daß hatt, gott lob, den staub gantz abgeschlagen. Meine fraw mutter s. hatten ein waßer, so geschwollene mundt undt naßen gleich courirte. Man hatt recht, nicht zu leyden wollen, daß Ihr mitt den flüßen nicht viel schreiben solt; daß ist gewiß schlim. Wir haben nichts neües hir, alß daß man alle tag von neüen kinderblattern hört undt alles nur leütt von qualitet. Madame de Beaufremont² hatt sie nun gantz auffs neü. Es sterben ein mengte³ leüte dran, daß es nicht zu sagen ist. Es seindt auch kranckheitten jetzt, so man la peste des isles heist, worinen die krancken mitt einem starcken fieber all ihr bludt verliehren, hindten, fornen, auß der naß, auß den augen, auch gar auß den haaren. Dieße kranckheit solle auch gar gemein in Poln sein. Monsieur de Souffre⁴ seine zwey söhn liegen dran auff den todt; wenig leütte salvirt man davon. Adieu, hertzliebe Louisse! Ich ambrassire Euch von hertzen, wünsche, daß Euch gott vor kranckheitten undt allem übel gnädig bewahr[e]n wolle, undt versichere, daß ich Euch von hertzen lieb behalte.

Elisabeth Charlotte.

1061.

St Clou den 15 October 1719 (N. 29).

Hertzallerliebe Louise, ich fange ein wenig spät ahn, zu schreiben; den es ist schon halber 9, bin doch nicht spätter, alß ordinarie, auffgestanden, aber umb ¾ auff sieben uhr hab ich ein schlim, übel geschmacktes frühstuck genohmen, nehmblich einen halben schopffen⁵ grünen safft; der hatt mich schon 3mahl starck purgirt,

---

1 ? sind.   2 Bauffremont.   3 ? menge.   4 ? Souvré.   5 ? schoppen.

es ist noch nicht auß. Man hatt mir dießen safft geben, weillen sich mein miltz ahnfing starck zu rühren undt mich unruhig schlaffen magte¹ undt schwer treüme gab. Drumb hatt monsieur Teray vor nöhtig eracht, mir dießen grünen safft zu nehmen machen; den morgen wird es just 9 wochen sein, daß ich keinen genohmen habe. Ich komme jetzt auff Ewer liebes schreiben vom 30 September, no 77. Ich habe Euch schon vergangenen donnerstag meine freüde bezeüget, daß mein altes gesicht entlich glücklich ahnkommen. Es ist nicht viel danckens wehrt; ich habe gedacht, liebe Louise, daß, weillen Ihr mich lieb habt, würde es Euch lieb sein, zu sehen, wie ich nun außsehen, weillen Ihr doch eines habt, wie ich vor 20 jahren außgesehen, worauß Ihr gar just urtheillen werdet, wie daß ein heßlich mensch noch heßlich[er] kan werden im alten², so woll alß ein schön mensch heßlich. Ihr soltet mir Ewer contrefait in einem brustbildt schicken, umb mitt Ewerem bruder s., Carllutz, zu figuriren in meinem cabinet, da ich ihn sehr gleich habe. Der brilland ist gar nicht köstlich, solte aber nicht größer sein, weillen es nur den knopff bedeütt³, so die schachtel auffmacht⁴. Die fraw hatt unrecht, ein brustbildt vor ein original passiren zu machen, indem Rigeau⁵ daß letzte gemacht, so in groß, wie daß Ewere in klein, ist, undt die brustbilder, [die] monsieur Ferdinant von mir gemacht, seindt in original bey der großen printzes de Conti; eines ist in manteau, weiß mitt goltenen blumen, in jagtskleyder, aber größer, alß ein brustück⁶. Es kan also keines original sein, alß die, so ich ahn unßere s. liebe churfürstin geschickt habe; sie solte daß von Rigeau auch haben, aber wie es eben fertig worden undt weggeschickt solte werden, bekame ich eben die betrübte zeittung von I. L. todt. Also hattet Ihr groß recht, daß contrefait, so man Euch verkauffen wollen, vor kein original zu halten. Ich hoffe, daß, weillen der könig in Preüssen undt Hollandt sich der armen Pfaltzer ahnnehmen wollen, daß solches die pfaffen in der Pfaltz bey I. L. dem churfürsten raisonabler wirdt machen; den I. L., der woll woll nicht so unbesonnen sein wirdt, denen wüsten schwartzen teüffeln eher zu gefahlen, seine unterthanen zu plagen, alß uneinigkeit mitt

---

1 d. h. machte.   2 ? alter.   3 d. h. bedeutet.   4 Vergl. den brief vom 5 October, oben s. 259.   5 Hyacinthe Rigaud. Vergl. den brief vom 21 October, nachher s. 277, und band I, s. 510, band II, s. 314. 601.   6 d. h. brustsück, brustbild.

dem könig in Preussen undt Hollandt zu haben. Also hoffe ich, daß man sie hinfüro ungeplagt undt in frieden laßen wirdt. Gott gebe es! Ich wünsche es von hertzen, den daß vatterlandt undt die gutten, ehrliche Pfältzer seindt mir noch allezeit lieb undt wünsche ihnen alles guts undt glück. Gestern fuhre ich nach Paris undt war dort von halb 12 biß 8 uhr abendts, habe aber nicht[s] neües dort erfahren, alß von betrü[b]ten leütten, so die ihrige verlohren haben, undt krancken. Weillen es aber lautter leütte sein, so Ihr, liebe Louise, nicht kent, nene ich sie Euch nicht. Es ist abscheülich, wie viel todten undt krancken zu Paris sein. Gestern sagte man mir im Carmelittencloster, so nicht weit von der pfarkirch von St Sulpice, daß dort 20 begräbnuß deß tags hinkommen. In unßerer gaß von St Honnoré war ein kauffman, so eine fraw undt 11 kinder vor 14 tag hatte; nun hatt er weder fraw, noch kein eintziges mehr. Man sagt, der arme man wolle verzweyfflen vor betrübtnuß; kan sich nicht trösten. Monsieur Dantin[1] sohn, monsieur de Bellegarde, hatt auch seine fraw verlohren[2] undt solle auch ohntrostbar sein. Dießem ists leydt umb seine fraw, dem vatter aber umbs gelt, so er widergeben muß; den sie war sehr reich, eine tugendtsame dame, welches eine rare wahre jetzt zu Paris ist. Ihr vatter ist ein wackerer man, premier pressident du grand conseil, hatte nur noch daß eintzige kindt. Etwaß wunderliches ist, daß ihm sein vatter undt alle seine kinder im October gestorben sein. Monsieur de Bellegarde undt sein vatter seindt expresse von Paris wegen der bößen lufft nach Bellegarde, so 25 oder 26 meillen von Paris ist, undt wie sie dort, finden sie die kinderblattern. Die bekompt madame de Bell[e]garde gleich; wie man sie auß gefahr meint, stirbt sie. Solche artliche sachen hört man, sonst nichts.

*

1 d'Antin. 2 Journal du marquis de Dangeau XVIII, s. 137 unter freitag, 13 October 1719: «Madame de Bellegarde mourut hier à Bellegarde; c'est une grande affliction pour la maison de M. d'Antin, car c'étoit une femme de beaucoup de mérite et qui auroit eu des biens immenses; elle n'a point eu d'enfants.» Der herzog von Saint-Simon sagt a. a. o. s. 131 von madame de Bellegarde folgendes: «C'étoit la fille unique de Verthamon, premier président du grand conseil, qui avoit épousé avec des millions le second fils de d'Antin. C'étoit une créature toute neuve, élevée dans un grenier, point encore accoutumée au monde, timide à l'excès, modeste au dernier point, laide encore plus, et très-vertueuse.»

Adieu, hertzliebe Louisse! Ich ambrassire Euch von hertzen undt behalte Euch von hertzen lieb.

Elisabeth Charlotte.

P. S.

Hertzallerliebe Louise, in dießem augenblick komme ich auß der kirch, den es ist heütte sontag, undt wie ich in die kirch bin, hatt man mir Ewer liebes schreiben vom 3 dießes monts gebracht, no 78. Aber da werde ich erst, wo mir gott daß leben verleydt, biß donnerstag drauff andtworthen; aber heütte werde ich nichts mehr sagen, alß daß ich meine wurscht[1] nicht quittire, undt Ihr werdt mir gefahlen thun, wo etwaß neues undt wollfeilles auff der meß ist von kartten oder bücher, mir solches zu schicken, werde es mitt danck ahnnehmen undt will nicht, daß Ihr die gutte gewohnheit laßen solt, mir die Franckforter kirbe zu schicken, wie ich auch die St-Clou-meß nicht vergeßen will; den, wie daß frantzösche sprichwort sagt: «Les petit pressent entretienent l'amitie.» Alleweill sagt mir der fürst von Schwartzenburg, daß die gräffin von Warttenberg sich wider verheurabt ahn einen schönnen jungen edelman, so der baron Flor heist undt von guttem hauß ist. Ich haben dießen fürsten lachen machen, wie ich ihn gefragt, ob dießer Flor den kopff zu plat hette, daß es ihm[2] erhohen wolte durch ein magnifiques gewicht[3]. Adieu! Ich ambrassire Euch von hertzen, liebe Louise, undt so sagen vor dießmahl nichts mehr; den ich muß ahn mein dochter undt freüllen von Furstenberg schreiben.

1062.

St Clou den 19 October 1719 (N. 30).

Hertzallerliebe Louisse, ich habe Euch vergangen sontag bericht, wie daß ich Ewer liebes schreiben vom 3, no 78, woll entpfangen habe. Wie solte ich nicht Ewertwegen in sorgen gewest sein, liebe Louisse, 4 posten zu sehen, ohne nichts von Euch zu bekommen, da Ihr doch so gar regullirt in allem seydt undt Euch keine mühe last sauer werden, auch mich lieb genung habt, umb mir alle posten zu schreiben? War also in rechten sorgen, daß Euch waß übels be-

---

[1] ? wurst. Elisabeth Charlotte hat wol das sprichwort «wurst wider warst» im sinne und will wol sagen, daß sie auf ein kleines gegengeschenk nicht versichte. Vergl. Schmeller, Bayerisches wörterbuch IV, s. 158. [2] ? er ihn. [3] d. h. geweih. Vergl. Schmeller, a. a. o. s. 19.

gegnet sein muste, undt habe ich Euch zu lieb, umb nicht in sorgen deßwegen gewest zu sein. Ey, liebe Louise, wir seindt einander ja nahe genung, umb einander recht lieb zu haben. Nun muß ich eine pausse machen. Ich habe schon 2 brieff geschrieben undt habe Euch, wie man hir sagt, pour la bonne bouche behalten. Gleich nach dem eßen werde ich nach Madrit, vor nacht wider kommen undt Euch den gantzen abendt entreteniren.

Donnerstag, den 19 October, umb halb 7 abendts.

Es ist anderthalb stundt, daß ich von Madrit kommen bin. Ich habe meinen enckel, den duc de Chartre, hir gefunden, darnach bin ich ins abendtsgebett; da komme ich jetzt eben her undt hab ein klein brieffgen ahn jemandts geschrieben, einen valet de pied weggeschickt. Nun komme ich wider ahn Ewer liebes schreiben, wo ich heütte morgen geblieben war. Ich werde gewiß nicht auffhören, zu schreiben, biß Ewer lieber brieff beantwortet sein wirdt. Von dem ihrgang[1] von meinen undt Ewern brieffen will ich nichts mehr sagen; den allgemach finden sie sich doch wieder; es fehlt mir aber noch eines von den Ewerigen auß dem Schlangenbaadt. Damitt Ihr Euch nicht in der zahl von Eweren lieben brieffen betriegt, so machts wie ich! Ich betriege mich jetzunder gantz undt gar nicht mehr. Ich habe schreibcallender auff meiner taffel[2]; wen[n] ich Ewer lieben brieff bekomme, setze ich gleich auff einer seydt den tag, so ich Ewer liebes schreiben entpfangen undt von welchem datum es ist undt daß schiffer undt gegenüber setze ich meinen brieffdatum undt so kan man sich sein [leben] nie mehr betriegen, undt einen schreibcallender verliehrt man nicht so leicht, alß ein klein register auff ein fligentes papir. Es ist mir recht lieb, daß es deß postmeisters schuldt nicht ist; den were es seine schuldt geweßen, hette er unß noch offt gezerckt. Mein gott, waß [hätten] die leütte mitt meinem contrefait machen wollen? Daß konte ja ahn niemandts nutz sein, alß ahn Euch, im gantzen Franckforth. Umb zu wißen, ob mein contrefait woll gleicht, so fragt ahn jemandts, so mich hir gesehen, wer daß contrefait ist! so werdt Ihr es gleich sehen, waß man Euch sagen wirdt. Ich bin nun viel alter undt noch verruntzelter, alß daß

---

1 d. h. irrgang, irregehen.   2 d. h. auf meinem tische.

contrefait ist; den es ist schon 6 jahr, daß es gemahlt ist, ich will sagen, daß originall; den es ist zu Marly gemahlt worden 2 jahr vor deß königs todt undt es ist nun schon 4 jahr leyder, das der könig todt ist; man sicht doch noch woll, daß ich es bin. Findt man mein alter schön, kan man sagen, wie unßere s. liebe churfürstin alß pflegt zu sagen: «On peut voir une belle vielle, mais jamais une vielle belle». Es were doch etwaß gar rares, wen ich im alter schön werden solte, da ichs nie geweßen, da ich 15 undt 20 jahr alt ware. Mein grüner safft, so ich 3 tag nach einander genohmen, hatt mich in 2mahl 24 stundt 16mahl purgirt. Ich muß gestehen, daß ich ein wenig abgematt davon bin; gestern konte ich nicht eßen, heütte aber schmeckte mir daß eßen ein wenig beßer, bin doch noch ein wenig in lang[u]eur[1] undt vapeurs, den ich muß immer gäh[n]en; aber man versichert mich doch, das es baldt wider beßer werden [werde]. Unter unß gerett, es ist galle von allerhandt von mir gangen, grün, gelb, schwartz undt in gar großer menge undt scharff wie etzwaßer; deücht mir also, daß ichs dießmahl woll von nöhten hatte, purgirt zu werden. Es freüet mich recht, liebe Louise, daß mein einfall, Euch mein contrefait zur kirbe zu schicken, so woll reussirt hatt. Es ist war, daß Penels stück beßer gemahlt ist, alß daß, so ich vor 20 jahren geschickt; daß hatte nur ein medgen gemahlt, so seyder dem verheürath worden undt meinen goltschmidt genohmen. Die Penels wahren gutte meister, vatter undt sohn haben woll gemahlt; der vatter aber ist nun lengst todt. Der sohn mahlt je lenger, je beßer; er hatt meinen sohn, den ich im sack trage, auch gar woll gemahlt. Warumb habt Ihr Euch nicht vermuht, daß ich Euch waß schicken [werde]? Habe ich Euch doch versprochen, alle jahr eine kirbe zu schicken! undt der ist ein schelm, der sein wordt nicht helt. Auff Ewere wurst[2] habe ich schon letzte post geantwortet, sage also nichts mehr davon. Mein beren-katzen-affengesicht[3] ist so viel danckens nicht wehrt, liebe Louise, undt waß ich vor Ewere niepcen vom Schomburg gethan, ist ja nur meine schuldigkeit. Ich glaube, sie werden verwundert sein, eine million zu theillen [zu] finden. Monsieur le Roy, mein advocat, hatt monsieur le Fevre nicht geschadt, aber monsieur le Fevre hatt sich durch sein ehrlich verfahren ein ewiges lob hir erworben.

1 mattigkeit. 2 Vergl. oben s. 272. 3 Vergl. den brief vom 7 September, oben s. 232.

Ich habe ein prefett [1] außgebetten, damitt Ewer niepcen ihr lebenlang keine unruhe in ihrem verkauffen finden mögen. Kaufleütte haben sie genung gefunden. Die Chardons seindt ehrliche leütte; monsieur le Fevre ist gar woll mitt ihnen zufriden. Es scheindt, alß wen die printzes von Wallis Ewere niepce von Holdernesse recht lieb hatt. Unter familien findt man alß leütte, sie [2] lust nehmen, die familien gegen einander zu hetzen; daß wirdt woll in Englandt auch nicht fehlen. Aber ich bin froh, daß alles so woll abgegangen. Waß graff Degenfelt vor Euch gethan, finde ich schön undt erkandtlich. Da bin ich nicht in sorgen vor, daß Ihr gar gewiß graff Degenfelt wider bezahlen werdt. Aber es ist schon 10 uhr; ich muß meine mattigkeit ein wenig ins bett führen; ein ander mahl werde ich es beßer machen, nun aber nur sagen, daß ich Euch, hertzliebe Louise, eine glückseelige nacht wünsche undt versichere, daß ich Euch allezeit von hertzen lieb behalte.

Elisabeth Charlotte.

1063.

St Clou den 21 October 1719 (N. 31).

Hertzallerliebste Louise, ich werde Euch heütte schreiben, umb keine post zu verliehren; den morgen kan ich es nicht thun, den ich werde morgen nach Paris geraht zum könig, von dar au Palais-Royal zu madame la duchesse d'Orleans, hernach zum eßen, nach dem eßen au[x] Carmelitten betten gehen, hernach wider ins Palais-Royal ins opera von Issé [3] undt von dar wider her, mein geschlagen ey nehmen undt nach bett. Also secht Ihr woll, liebe Louise, daß mir kein augenblick zeit überig bleiben [wird] undt die post würde fehlen; also werde ich heütte ordentlich auff Ewer liebe brieff antwortten, werdet also nichts ahn meiner Parisser reiß verliehren, liebe Louise! Ich habe noch 2 bogen von Ewer schreiben vom 3, no 78, zu antwortten, bey welchem ich ahnfangen werde. Wir wahren ahn Churpfaltz geblieben. Gott gebe, daß man sein befehl fleißig außrichten mag! Mich deücht, es geht ahm pfaltzischen hoff ein wenig drunter undt drüber undt daß kein großer gehorsam vor dem herrn ist. I. G. s. unßer herr vatter, der churfürst, machte

---

1 ? brevet.   2 ? die. ? so.   3 Vergl. oben s. 261.

sich beßer gehorchen. Es mag dießem jetzigen churfürsen vielleicht gehen, wie meinem sohn, daß er auch zu gutt ist; davon profittiren… Der könig in Engellandt undt der in Preußen haben resolvirt, wie man mir bericht, den Reformirten recht ernstlich beyzustehen; also werden die pfaffen nicht mehr mucken dörffen, welches mich von hertzen erfrewet; den ich wünsche den gutten, ehrlichen landtsleütten alles guts undt glück undt seegen; undt den verfluchten pfaffen, die sie verfolgen, wünsche ich den galgen ahn den halß, den sie durch ihrer falschheit undt betrug woll verdint haben. Ich weiß nicht, wo der münchhoff ist. Ist es nicht, wo die frantzösche kirch vor dießem war? Daß finde ich recht woll, daß die Pfältzer vertrawen zu Euch haben undt sich bey Euch trösten können; kan leicht begreiffen, wie Euch daß zu hertzen gangen undt hatt weinen machen. Ich kan nicht lang von alten zeiten reden, ohne daß mir die augen übergehen. Es ist große aparentz, daß es beßer in der Pfaltz hergehen wirdt, weillen sich so viel hohe heüpter der sach gegen den verfluch[t]en pfaffen ahnnehmen; sie seindt böß undt frech; so baldt man aber die zähne weist, werden sie gleich zahm. Die arme madame Dangeau kan sich ihres unglücks gar nicht getrösten. Ihr sohn hatt nur ein eintzige dochter hinderlaßen, ein poßirlich medgen. Flöße fehlen auch nicht zu Paris. Ihr wist woll, liebe Louisse, waß ich Euch von Eweren knie geschrieben, Ihr werdt lang mitt zu thun haben. Ewer demuht, liebe Louise, ist zu groß, liebe Louise, zu sagen, daß ahn Euch nicht viel gelegen ist. Vor denen [1], so sich vor Euch interessiren, dencken nicht so, sondern wünschen Euch gesundtheit undt langes leben, liebe Louise! Hiemitt ist Ewer erstes schreiben völlig beantwordtet. Ich komme jetzt auf daß zweyte vom 7 October, no 79. Es ist mir lieb, darauß zu sehen, daß die posten sich nun wieder einrichten. Ihr habt, liebe Louisse, mein contrefait bekommen auff den tag, wie man alß im sprichwort sagt, daß Barthel den most holt. Mich deücht, daß Ihr mir noch gesagt huttet, daß mein beeren-katzen-affengesicht [2] den tag von Michaeli ahnkommen war. So viel dancksagung, alß Ihr mir, liebe Louisse, macht, war es woll nicht wehrt. Den alten van Borck kene ich nicht, muß nicht zu meiner zeit zu Franckendal [3] gewest sein.

---

1 Die. 2 Vergl. den brief vom 7 September, oben s. 232. 3 Frankenthal.

Zu Heydelberg habe ich keinen andern mahler [gekannt], alß der
gutte, ehrliche¹ monsieur Rosen, so mein undt meines bruders reiß-
meister ware. Ich habe woll von hertzen lachen müßen, daß der
van Borck mich schön gefunden. Man kan von ihm sagen: «Il
n'est pas difficile en beauté»; alt, grau undt runtzelich. Es ist kein
wunder, daß Ewer brette dem kniestück gleicht, so mein vetter [hat];
sie seindt beyde von einem original gezogen, nehmblich von dem
großen portrait von monsieur Rigan², so so sehr hir im landt
estimirt wirdt; den es ist über die maßen woll gemahlt. Nahmen
seindt allezeit schwer zu behalten. Waß will man thun, liebe Louisse?
Wir seindt zwey alte schätzger undt werden immer älter undt nie
jünger; man muß woll gedult nehmen undt gedencken, daß unßer
herrgott nichts neües vor unß machen wirdt undt es unß gehen
wirdt, wie die, so vor unß gewest sein, undt denen, so nach unß
kommen werden, wie unß. Die kranckheiten seindt ärger, alß nie,
zu Paris, insonderheit die kinderblattern. Die Rotzenheusserin ist,
gott lob, wider gesundt. Ich muß aber nun eine pausse [machen].
Ich habe heütte spat ahngefangen, zu schreiben; den es war mein
Bibeltag, hab vor biß mittwog geleßen den 3. 4. 5 undt 76 psalm,
daß 13. 14. 15 undt 16 cap. in sanct Lucas undt daß 13. 14. 15
undt 16 capittel in der offenbarung sanct Johanes, wo ich, die warheit zu sagen, wenig in begriffen habe. Adieu biß dießen abendt!

St Clou den 21 October, umb 5 abendts.

Da komme ich eben wider ahn, liebe Louise, undt hoffe, noch
vollendts auff Ewer liebes schreiben zu andtwortten. Aber da kompt
mir ein interuption, so gar nicht ahngenehm ist. Madame la duchesse d'Orleans schickt mir einen brieff von einer none zu Chelle;
ihre dochter, mein enckel, die abdißen, ist seyder 3 tagen gar
kranck worden, hatt ein continuirlich fieber, abscheülich haubtschmertzen undt 2 redoublementen deß tags; daß heist man hir
double tierce continue, es ist eine von den gefährligsten kranckheit[en]; bin also recht in sorgen vor sie. Also hatt man allezeit
etwaß, so einen plagt undt in sorgen setzt. Ich komme aber auch
auff Ewer liebes schreiben. Wir haben etlich tage zimbliche kälte
hir gehabt, aber seyter 4 tagen ist es daß samffte[ste] wetter, daß

---

1 ? den guten, ehrlichen.   2 Rigaud. Vergl. oben s. 270.

ich habe daß fichu¹ ablegen müßen. Er² regnet ein kleinen regen hir, wie im frühling, starcke regen haben wir noch nicht gehabt; daß waßer ist doch ein wenig gewacksen. Von der duchesse du Lude mahlzeit werde ich nichts mehr sagen. Die Rotzenheüsserin ist wider gesundt, wie ich heütte morgen schon gesagt habe. Der duc du Main[e] ist wieder woll, solle aber doch den magen noch klagen; die duchesse, seine gemahlin, ist kranck, aber ich fürchte, daß es eine kranckheit werden wirdt, so schwer zu heyllen ist, undt daß das köpffgen ein wenig verthrechet ist. Daß ist kein wunder, den der vatter hatt es mitt accessen³ gehabt undt die großmutter [war] gantz närisch. Es were woll gutt, daß deß duc du Maine jüngste schwester meint, daß ihr bruder unschuldig ist, wen man nicht gewiß wüste, daß er ihr versprochen, daß sie in keinen sorgen sein solte, wen mein sohn zu sterben kommen solte, daß er sie zur regentin machen wolte; daß lautt, deücht mir, nicht so gar unschultig. Es seindt noch in dießem stück umbständen, so abscheülich sein, undt were mein sohn nicht so gutt, alß er ist, hette man woll anders spiel sehen können. Aber last unß von waß [anderem reden]! Dießes seindt keine gespräch vor die postbrieff. Ewerer niepcen affaire ist gantz zum endt. Ich habe dem monsieur le Fevre daß prevet⁴, so ich außgebetten, livern⁵ laßen; ist in allen formen, daß ihr kauff gantz sicher ist. Ich muß monsieur le Fevre daß lob nachsagen, er hatt sich mitt der grösten trew von der welt comportirt undt demanten undt 10/m. thaller par gelt abgeschlagen, umb seinen principallen trew zu dinnen. Ahn solchen maniren ist man hir nicht gewohnt, hatt aber desto größer lob erworben. Monsieur Chardon hatt seine rechnung gar woll gethan. Der neydt ist in Franckreich gar gemein undt die ehrlichsten leütte seindt ahm meisten beneydt; also kein wunder, daß man den Chardon böse officen geleyst. Mir ist nicht zu dancken; ich habe nur gethan, waß ich thun sollen vor Ewern niepcen. Ich hoffe, ob gott will, alles wirdt wider gutt in der Pfaltz werden; den der churfürst wirdt woll [nicht] so einfaltig sein, sich mitt Englandt, Hollandt, Preussen undt Heßen der pfaffen wegen zu brouilliren. Den pfaffen wirdt auch woll selber angst bey der sach werden; den sie seindt

---

1 halstuch.   2 ? Es.   3 ? des accès de folie, anfälle von narrheit. ? à l'excès, über alle maßen, aufs höchste.   4 ? brevet.   5 d. h. überliefern.

gehertzt, wen man sie machen lest, aber sehr forchtsam, wen man
ihnen die stirn bieht¹; ich kene daß ungeziefer nur gar zu woll.
Zu Wien kan man sagen ertzhertzogliche braudt; in Poln sagt man
vielleicht königliche; aber in Sacksen aber churprintzeßliche brautt.
Es ist leicht zu glauben, daß es dießer printzessin² beßer zu Dresden gefehlt³, alß in dem gezwungen undt gedrungen Ostereich undt
Wien. Die keyßerin Amelie⁴ ist aller tugendten voll, aber nicht
schön. Der keyßer Joseph war ein heßlich rohtköpffig schätzgen;
woher solte den dieße printzessin schön sein? Schönheit vergeht,
gutt undt tugendtsam sein aber bleibt. Baron Gortz hatt mir den
gefahlen gethan, alle relation von den schönnen festen in Dresden
zu schicken. Es ist gewiß magnifiq [gewesen]. Waß mitt dem zettel
vorgangen, so man auff deß königs von [Polen] tisch gefunden, findt
ich recht artig; hatt in kurtzen begrieff doch einen großen verstandt. Ich halte mehr von denen 2 versen, alß von der großen,
umbschweiffende[n] eloquentz, so man nun in Teütschlandt hatt undt
worinen man den verstandt eine stundt lang suchen muß. Unter
unß gerett, so finde ich auch, daß die festen zu lang gewehrt haben
undt die unkosten zu starck geweßen sein. Der keyßer⁵ hatt in
dießem stück recht. Mir könte es ohnmöglich woll in Ostereich
gefahlen; ihre maniren seindt mir zuwider. Daß war billig, daß
die fraw von Degenfelt ihre auffwarttung bey der regirenden key-
ßerin⁶ [gemacht]; ahn daß heist⁷: «A tout seigneur tout honneur.»
Dieße keyßerin solle gar schön sein, wie ich von jederman gehört.
Ich höre kein wordt vom keyßerlichen hoff, wir haben keine Wiener
mehr hier. Hiemitt ist Ewer lestes⁸ liebes schreiben auch völlig
beantwortet. Adieu undt gutte nacht, hertzliebe Louise! Seydt
versichert, daß ich Euch von hertzen lieb behalte!

              Elisabeth Charlotte.

1064.

St Clou, den donn[e]rstag, 26 October 1719 (N. 32).

Hertzallerliebe Louise, ich habe Euch schon vergangen sontag

---

1 d. h. bietet. 2 Der braut des kurprinsen von Sachsen, der ältesten
der töchter des kaisers Josef I. 3 d. h. gefallt. 4 Wilhelmine Amalie von
Hanover, die witwe des kaisers Josef I. 5 Karl VI. 6 Elisabeth Christine
von Braunschweig-Wolfenbüttel, die gemahlin des kaisers Karl VI. 7 ? denn
es heißt. 8 ? letztes.

bericht, wie daß ich Ewer liebes schreiben vom 10. no 80, zu recht entpfangen undt vor heütte versparen wollen. Von meinem contrefait will ich nichts mehr sagen; Ihr habts entpfangen, es ist Euch ahngenehm geweßen, daß ist genung. Von den baron von Wetzel werde ich auch nichts mehr sagen, weillen er keine schuldt hatt. Wo mir recht ist, so finde ich, [daß] nur eines von Ewern brieffen fehlt auß dem Schlangenbaadt; die überigen seindt zwar ahnkommen, aber spätter, alß [sie] solten. Wer solte aber nicht in sorgen vor Euch, liebe Louise, geweßen sein? Ihr seydt ja immer so fleißig im schreiben undt fehlt keine post undt ich bin 4 posten, ohne waß von Euch zu hören; daß kan ja nicht anderst, alß sorgen, geben, biß ich von Ewern lieben schreiben entpfangen. Ey, liebe Louisse, ist es den von nöhten, umb Euch lieb zu haben, daß Ihr waß sonderliches bey mir meritirt? Ewere tugendten, gutte conduitte in allem undt mein bludt, daß Ihr in Ewern adern tragt, solten Euch ja sichere zeügen [sein], daß ich Euch lieb haben muß, liebe Louise! Ihr soltet Ewern secretarius encouragiren, nicht so blödt zu sein. Alle meine gutte, ehrliche landtsleütte haben ja freyen zutritt bey mir, es seye mitt wortten oder schriefften. Würtzauß ist ein gutter, ehrlicher mensch; er hatt einen possirlichen stichl; bin fro, daß er nun ein herr amptmann ist. Ich höre allezeit gern, daß die gutte, ehrliche Pfältzer mir noch affectionirt sein. Weillen der fürstin von Ussingen schreiben nur eine andtwort auff mein[en] brieff ist, schreibe ich nicht wieder. Danckt sie¹ von meinetwegen undt sagt, daß ich ihr schreiben gleich ahn madame de Dangeau geschickt habe, die mich woll in der seelen jammert! Den sie ist betrübter, alß..., nimbt doch ihr unglück so christlich auff undt ahn, daß es einen noch desto mehr jammert; habe ihren brieff nicht ohne threnen leßen können. Es macht mir daß hertz noch schwer, wen ich dran gedencke; will derowegen von gantz waß anderst reden. Die schweinsköpffe stehlt² man hir nicht auff, wie bey unß; sie legen sie gantz blat, wie verdruckt, in eine schüßel; sie saltzen undt würtzen es nicht genung; es ist kein vergleichung, wie man sie in Teütschlandt zubereydt, oder hir; daß fleisch ist auch schlaper, alß bey unß. Haßelhüner eße ich viel lieber, alß feldthüner. Pfaltzische haßen seindt auch ohn[e] vergleichung beßer, alß die hir im landt.

1 d. h. ihr.   2 d. h. stellt.

Wie monsieur le Dauphin s. auß der Pfaltz kame, sagte er zu mir: «Quand vous me dissies que vos lievres et truittes estoit mellieures au Palatinat qu'en François¹, je croyois que l'amour de la patrie vous faissoit parler ainsi, mais despuis que j'ay estés au Palatinat, je ne puis plus manger icy ny truittes ny lievre et je vois que vous avies raison.» Ich höre gar gern, daß der englische, preüssische ist² hollandische envoyes nach Heydelberg sein; den ich hoffe, daß sie en despit du pape et des Barbarins, wie der arme duc de Crequi³ alß pflegt zu sagen, waß guts unabngesehen aller neuburgischen undt osterichische pfaffen boßheit waß guts vor die gutten, ehrlichen Pfaltzer außrichten werden, undt wünsche es von hertzen. Ich wolte, daß ich bey Euch eßen [könnte]. Es bedörfft mir nicht mehr, alß Ihr dargeben; es müste aber auch sawerkraut dabey sein, welches ich hertzlich gern [eße]; aber bir deücht daß kraut nicht, sie könnens nicht recht zurichten undt wollens nicht thun⁴. Waß sie aber nicht schlim bir machen, daß ist gefühlt⁵ weiß kraut. Freylich schmerzts mich, wen ich weiß, daß man die armen alten einwohner zu Heydelberg so plagt, hette schir auff gutt pfaltzisch gesagt «so geheydt»⁶. Es ist eine ellende sach, daß wir menschen allezeit glücklich leben wollen undt doch allen möglichen fleiß ahnwenden, einander daß leben sawer zu machen; so narisch seyndt wir arme menschen. Die sich durch pfaffen regieren laßen, thun allezeit waß überzwergs. Ich hilte Churpfaltz vor gescheytter, alß sich von denen bursch zu führen laßen, undt alle die sotissen, so die pfaffen der keyßerin, seiner fraw schwester, thun machen, die sie gantz regiren, solte[n] ihm zur wahrnung gedint haben, nicht in selbige fehler zu fahlen, undt ein churfürst, der verstandt [hat], solle⁷ gedencken, daß die wahre devotion eines regenten ist, recht undt gerechtigkeit undt sein wordt zu halten, undt wißen, daß, wer ihm dagegen raht, kein wahrer noch gutter Christ sein kan, also so bößen raht nicht folgen, sondern ferm widerreden. Daß man Euch nicht bezahlt, erinert mich ahn einen dialogue, so mich einmahl von hertzen hatte lachen machen. Ein chanoine bir von St Clou, so ein gar gutter, ehrlicher man war, aber severe⁸,

---

1 ? Franco. 2 ? und. 3 Créqui. 4 Vergl. band II, s. 700. 798. 799. 5 d. h. gefüllt. 6 Vergl. band II, s. 631. 688. A. v. Keller in Pfeiffer-Bartsch, Germania XVI. Wien 1871. s. 78. 79. 7 ? sollte. 8 G. Brunet II, s. 173, anmerk. 1: »Comme témoignage de la sévérité de l'abbé Feuillet, on peut citer

[kam zu] Monsieur s. [und dieser], der sich divertirte, den hypocritten etlichmahl zu spillen, sagte: «Monsieur Feüilliet» (so hieß der chanoine von St Clou, so in I. L. cabinet kommen war), «j'ay grand soif: seroite[e]¹ rompre le jeûne que de prendre un jus d'orange?» Monsieur Feüllet andtwortete: «Eh, Monsieur, manges² un boeuf et soyes bon chretien et payes vos dettes!» So könte man auch ahn Churpfaltz sagen. Der gutte monsieur Laws ist vor wenig tagen recht kranck geworden vor qual undt verfolgung; man lest ihm weder nacht noch tag ruhe, daß er kranck drüber geworden. Nein, ich glaube nicht, daß in der gantzen weldt ein interessirter volck kan gefunden werden, alß die Frantzosen sein; sie machen ein[en] doll undt rasendt mitt bettlen in brieffen, in wortten, in allerhand manieren machen sie mich so erschrecklich ungedultig, daß ich umb mich beiß, wie ein eber. Man kan nicht mehr verstandt haben, alß monsieur Laws hatt. Ich wolte aber nicht ahn seinen platz sein vor aller welt gutt; den er ist geplagt, wie eine verdampte seel³.

*

son «Récit de la mort de Madame» (Henriette d'Angleterre), publié dans le «Bulletin du bibliophile», mars 1853, p. 107, d'après le manuscrit autographe qui appartient à la bibliothèque impériale. Cet ecclésiastique se montre peu touché du spectacle de douleur qu'il eut sous les yeux; on cherche les émotions qu'il a dû éprouver comme homme, et on ne trouve qu'une censure amère des faiblesses qu'il a condamnées comme prêtre. Sa rigueur donna lieu à un opuscule devenu fort rare: «Lettre écrite de la campagne par un docteur en théologie à une dame de qualité» (sur la mort de Madame), 1670.»

1 serait-ce. 2 manges, soyes, payes. 3 Diß ist eine französische wendung: il est tourmenté comme une âme damnée. G. Brunet II, s. 174. 175, anmerk. 1: «On rencontre dans les recueils manuscrits une foule de vers dirigés contre Law et le système. En voici quelques échantillons:

   Lundi je pris des actions,
   Mardi je gagnai des millions,
   Mercredi je pris équipage,
   Jeudi j'arrangeai mon ménage,
   Vendredi je m'en fus au bal
   Et samedi à l'hôpital.

Voir dans les «Mélanges» de Bois-Jourdan, t. II, p. 317, d'autres vers du même genre.

   Depuis qu'un juif venu d'Ecosse
   S'est enrichi de notre argent,
   Tous les gredins roulent carrosse,
   Et qui fut riche, est indigent.

Der herr Bendtenritter¹ ist noch nicht hir ahnkommen; ich bin
fro, ihn wider zu sehen. Ich muß gestehen, daß der erste ahnblick wunder nimbt. Ich habe [ihn] hir vor 19 jahren gesehen,
da er schon 20 jahr alt war, da war er weder gar groß noch
klein; seyderdem ist er so gewacksen, der kopff aber ist eben blieben, wie er wahr; ich habe ihn gleich wider gekendt. Er scheindt
mir gar ein feiner, ehrlicher man zu sein, so keine ostereichsche
maniren hatt; aber waß ich ihm nicht verzeyen kan, ist, daß er
eines großen schelmens freündt ist. Der elste Geminger² ist groß,
aber nicht zu vergleichen bey dem Bendterritter. Der Lutzau hatt
einen bruder, so erschrecklich lang undt schmahl were³, aber von
onglaublicher stärcke. Ich habe gesehen, daß man 3 holtzene stühl
auff einander gebunden; Lutzau legt sich blat auff den bauch, nahm
den stuhl bey dem fuß undt stundt so mitt auff; dazu gehört eine abscheüliche stärcke. Hertz⁴ Platz ist gar ein gutter man; ich habe ihm die
medaille geben; er sagte, Ihr würdet ihm nicht glauben, [daß] dieße
medaille [nicht von gold ist], sondern nur von waß man hir brouse
heist. Die tapetten von Chur-Trier habe ich gesehen, ehe sie weg
sein. Aber ich muß nun meine pausse machen undt...

Donnerstag, den 26 October, umb halb 5 nachmittags.

Wie ich eben von der promenade kommen, hatt man mir eine
gantz[e] handt voll brieffe gebracht, undter andern Ewer liebes schreiben vom 14 dießes monts, no 81, welches ich gantz durchleßen,
aber erst vor die andere post spare, wo mir gott leben undt gesundtheit verleyet. Die post von Franckforth ist, gott lob, zimblich
wider eingericht nun. Gott gebe, daß es bestandt haben möge!
Heütte werde ich nicht auff dießes letzte schreiben andtworten, wie
ich schon gesagt, komme aber wider ahn daß, wo ich heütte morgen geblieben ware, nehmblich ahn die tapicerceyen⁵ von Chur-
Trier. Man arbeydt hir jetzt über die maßen woll ahn waß man

*

Un écu est un écu;
Un billet de banque,
Un billet de banque,
Un écu est un écu,
Un billet de banque
Est un torche-cu.»

1 Benterider.   2 Gemingen.   3 ? war.   4 ? Herr.   5 tapisseries.

bir hautte lisse¹ heist. Der könig s. hatt eine tenture² machen laßen von lautter biblischen historien nach alle gutte mahlern, so historien malten, die unßer lieber könig nicht wusten³, weillen I. M. nie die Bibel gesehen noch gelesen hatten⁴. Die stücker aber seindt 5 vom alten Testament, alß nehmlich Jephey⁵, Susana, Attallia, Tobias, daß urtheill von den 2 huren von Salomon, undt vom neßen Testament ist der fischzug, der Lazerus, die Magdelaine, wie sie unßerm herrn Christus die füße mitt ihren haaren trücknet. Dieß alles seindt über die maßen schönne stücker, alle von different mahlern, aber in gleicher höhe. Ich muß lachen, daß Ihr sagt, daß die tapissereyen au Goblet⁶ gemacht sein, ahnstatt au Goblins⁷. Deß königs tapicerey de hautte lice seindt noch schönner, alß die, so Ihr gesehen, so ahn Chur-Trier gehören; den sie seindt höher undt mehr ornementen dran, aber die arbeydt ist dieselbe. Hatt der printz von Heßen-Rh[e]infels, so ja ein ariercadet⁸ ist, gutt genung, eine gemahlin zu erhalten? Sonsten ist es in meinen sin ein schlechter heüraht vor die printzessin von Sultzbach, so schir eine churprintzeßen ist. Dazu, so ist sein herr vatter so gar narisch gewesen, daß alles bey dem sohn zu fürchten ist; ich glaube auch nicht, daß waß sonders hinter dießen printzen steckt, ist hir allezeit mitt nichts rechts umbgangen undt [hat] eher schlime, alß gutte, geselschafft gesucht, kan kein 3 wordt raisonabel nach einander reden. Ich beklage dieße arme printzes, einen solchen ellonden heüraht gethan zu haben; es wirdt nach dem beylager auff ein greüliches lamy außgehen, fürchte ich. Der printz hatt woll gethan, seine wüste haar abzuschneyden; sie stunden ihm bitter übel. Ihr habt mir nicht geschrieben, daß Ihr dießen herren im Schlangenbaadt gesehen, oder es müste in denen brieffen gestanden sein, so verlohren gangen sein undt ich nicht entpfangen habe. Wir haben gantz undt gar nichts neßes hir, also werde ich vor

---

1 haute-lice, gewirkte tapete von seide und wolle. 2 tapete. 3 ?wuste. 4 Vergl. oben s. 170. 5 ? Jephtha. 6 Das lächerliche lag für Elisabeth Charlotte wol in der bedeutung des wortes gobelet, das der becher heißt. 7 Der name Gobelins rührt bekanntlich von färbern her, die sich 1450, nach andern erst unter Franz I, auf dem platze niedergelaßen, wo die berühmten tapeten verfertigt wurden und werden. Den namen «hôtel de Gilles Gobelin» erhielt jedoch das gebäude, in welchem in der folge die tapeten gewirkt wurden, durch seinen damaligen besitzer erst im anfange des 17 jahrhunderts. 8 arrière-cadet.

dießmahl nichts mehr sagen, alß daß ich Euch all mein leben von hertzen lieb habe, behalte, liebe Louisse!

Elisabeth Charlotte.

1065.

St Clou, sontag, den 29 October 1719, umb ¼ auff 8 uhr (N. 33).

Hertzallerliebe Louise, ich will meinen tag mitt Euch ahnfangen, undt nachdem ich mitt meinem unwürdigen morgengebett meine schuldigkeit bey unßern herrgott abgelegt habe, will ich Euch nun entreteniren. Unßere großhertzogin ist seyder gestern wider nach Paris, wirdt aber biß dinstag wieder kommen. Gestern nachmittag fuhre ich zu Chausseray[1] an bois de Boulogne; sie ist lustig, wie ordinaire, lacht undt blaudert, hatt doch wie ein art lauttlauffen[2], ein beyßens durch den gantzen leib undt ein klein fiebergen dabey undt [ist] abscheülich verstopfft; die starckste medecinen, so sie hatt, gehen nicht durch; ich fürcht, es[3] langwürige kranckheit drauß werden wirdt. Im hinfahren bracht man mir ein brieff von meiner dochter; die schreibt mir, [daß] der Alberoni den keyßer hatt wollen ass[ass]iniren oder vergifften laßen, hatt dazu einen graff Nimtsch, einen Schleßinger, so deß graff Altheim seine schwester geheüraht hatt, gewohnen sambt noch 2 ittallienisch äbt; den bey allen schlimmen sachen müßen allezeit pfaffen sich finden. Ich weiß nicht, wie die sach außkommen; allein all die schelmen seindt ertapt, so dieße abscheüliche that verichten solten[4]. Wen Ihr vielleicht bey den keyßerlichen zu Franckforth erfahren werdet, liebe Louise, wie die sach offenbahret worden undt heraußgekommen, bitte ich Euch, mir solches zu berichten. Mir ist nicht woll bey dießer sach; den Al-

---

1 Chausseraye. 2 ? rothlauf. 3 ? fürchte, daß eine. 4 Journal du marquis de Dangeau XVIII, s. 149 unter freitag, 3 November 1719: «La conspiration qu'il y a eu à Vienne a été découverte; le plus considérable de cette conspiration étoit le comte de Nimpchs, beau-frère du comte d'Altheim, qui est favori de l'empereur. Il paroît que cette conspiration n'étoit qu'une cabale de cour contre le prince Eugène, pour le perdre dans l'esprit de l'empereur auprès de qui les mauvais offices qu'on lui rendoit avoient déjà fait quelqu'impression. Le comte d'Altheim n'avoit nulle part à cela et on croit que les Espagnols qui sont à Vienne ont été les promoteurs de cette entreprise.» Vergl. nachher den brief vom 23 November.

beroni hast meinen sohn noch mehr, alß den keyßer, undt die Frantzoßen seindt so abscheülich interessirt, daß sie alles vor gelt thun, undt ich finde also, daß mein sohn in großer gefahr stehet, welches mich ängstet. Es kan kein größerer schelm gefunden werden, alß dießer Alberonni ist. Aber ich will von waß anderst reden, komme auff Ewer liebes schreiben vom 14. no 81, so ich vergangenen donnerstag entpfangen hatte. Die posten seindt in einem gar unrichtigen standt, daß man Euch 2 von meinen brieffen auff einmahl gegeben. Es ist aber nicht allein zu Franckforth, daß sie so unrichtig geht, sondern überall. Die frantzösche post geht in der that auch recht übel undt es ist noch viel, wen sie nicht gar verlohren gehen. Der printzes von Wallis hatt man viel von meinen schreiben verlohren, aber mir fehlen keine von den ibrigen; wie es zugeht, weiß ich nicht. Wir haben genung von meinem contrefait gesprochen; ist nicht der mühe wehrt, mehr davon zu sagen. Ihr habts, es hatt Euch erfreüet, liebe Louise, daß ist genung. Ich wolte gern, daß Ihr Euch ahn keinen brill gewehnt, es verdirbt gewiß die augen; aber wen man gedult hatt undt die brill nicht braucht, kompt daß gesicht gewiß wider. Ich habe die probe davon, sehe nun beßer, alß vor 12 jahren, undt brauche mein leben keine brill. Monsieur Marion, der mich kürtzlich gesehen, hatt es mich[1] woll gleich kenen können; den es gar kenbar ist, wiewoll, wie ich Euch schon gesagt, liebe Louise, es schon 6 jahr ist, daß das original gemahlt worden zu Marly. Die zeit leüfft abscheülich geschwindt vorbey. Mein sohn hab ich daß memoire von madame Marion übergeben; wo es aber hinkommen, weiß ich nicht; es werden offt viel memoiren verlohren; schickt mir derowegen wider eins! Mein sohn hatt so abscheülich viel zu thun, daß er sich nicht alles erinern kan, undt seine cammerdinner seindt sehr negligent, verliehren manches memorial, daß man nicht weiß, wo sie hinkommen. Also so baldt alß eins fehlt, muß man ein anders geben. Last in daß zweytte die exempel von Metz setzen! den viel sachen bestehen hir auff exempel. Daß kan mir gar keine ungelegenheit geben, liebe Louisse! Kein protzes were mein contrefait werdt geweßen; ich hette Euch ja gar leicht wider ein anders schicken können, den der mahler, so daß Ewerige gemacht undt

---

[1] ? hat mein contrefait.

Penel heist, ist ein junger man, der noch lang wirdt mahlen können. Ich habe seinen vatter woll gekandt, der auch ein gutter mahler geweßen ist. Ich habe leyder woll gedacht, daß Ihr lang mitt Ewerm knie zu thun würdet haben; den ich sehe wenig, so couriren, wen die flüße auff die knie fahlen. Ich brauche gar nichts mehr vor meine knie; etlichmahl thun sie mir woll wehe, aber sie seindt doch nicht schlimmehr[1], alß sie wahren. Ich werde Euch erster tagen ein par kleine bouteillen mitt copahcu schicken undt die beschreibung dabey, wie es zu brauchen ist. Hir haben alle balbirer Fioraventi[2], also dachte ich, daß es auch gemein in Teütschlandt wehre; hatt vielleicht einen andern nahmen. Hir ahm hoff lacht man über die façons undt man helt es vor bürgerlich. Mich deücht, daß es dem haubt ein affront ist, unter die sachen zu rechenen, wobey man salva honnori[3] sagt. Man spricht gantz anderst bey hoff, alß in der statt. Also wen man spricht, wie in der statt, heist man es bey hoff »parler en bourg[e]ois. Von niemandts, [der] bey hoff ist, werdt Ihr viel mitt façons reden hören; man piquirt sich bey hoff, naturel zu sein. Die ahm allerfälschten[4] sein, stellen sich, alß wen sie naturel wehren, aber wie die taschenspiller sagen: «Wer die kunst kan, verräht den meister nicht.» Ich bin es in der that, also mercke ich die falschen natürlichen gar baldt ordinarie. Die nichts böses haben, haben viel gutts; den es ist just daß gutte, so daß böße verhindert; den von natur seindt schir alle menschen zum bößen geneigst[5]. Aber die sich von der raison regieren laßen undt woll erzogen worden, erwehlen die tugendt. So geht es Euch auch, liebe Louisse! Zur tugendt gehört kein standt; es findt[6] offtermahlen mehr in einem niederigen, alß gar hohen standt; den die gar hohen stendt finden zu viel flatteurs undt schmeichler, so sie verderben. Ich sehe auff keinen standt; wo ich etwaß gutts finde, da gehe ich gern mitt umb. Ihr seydt überall estimirt undt mehr, alß vielle, die es hoher tragen, alß Ihr; also könt Ihr gar woll mitt Ewerm standt zufrieden sein, liebe Louise! Ihr habt groß recht, nicht mitt niemandts, alß mitt mir, von dießer sach zu reden. Es ist auch nicht übel gethan, zu glauben laßen,

*

1 schlimmer. 2 Vergl. oben s. 259. 3 ? salvo honore. 4 d. h. am allerfalschesten. 5 ? geneigt. 6 ? sie findet sich.

daß der könig in Englandt viel von Euch helt, den er solte es
billig thun; aber wer seine kinder nicht lieb hatt, kan woll nicht
groß wercks von andern machen. Die printzes von Wallis weiß
woll, daß ich Euch lieb habe, undt sie hatt auch eine rechte estime
vor Euch; also reden wir beyde recht gern von Euch. Ewerer niepcen
werde ich mich auch allezeit erinern, waß sie mir sein. Von gutten
gemühtern halt ich mehr, alß von schonheit; den ich bin gar nicht von
denen, so in weiber verliebt sein können; also sehe ich nur auffs gemühte. Monsieur le Fevre¹ hatt ein ewiges lob hir im landt erworben durch seine auffrichtigkeit, sich nicht wollen bestechen zu laßen,
undt sein desinteressement, so jetzt so gar rahr in der welt ist.
Ewere niepcen haben monsieur le Fevre mehr obligation, alß mir;
den er hatt mehr vor ihnen gethan; ich habe nur bloß gethan, waß
meine schuldigkeit ware, aber daß hatt monsieur le Fevre über-
schritten, den er hatt mehr gethan, alß er gesolt. Hiemitt ist Ewer
liebes schreiben völlig beantwort. Ich muß mich ahnziehen undt
in die kirch gehen, also werde ich vor dießmahl nichts mehr sagen;
den bekomme ich dießen nachmittag ein schreiben von [Euch],
werde ichs Euch, liebe Louisse, noch berichten, den brieff aber vor
die andere post sparen, wo mir gott leben undt gesundtheit verleyet. Adieu! Ich ambrassire Euch von hertzen undt behalte Euch
allezeit lieb.

Elisabeth Charlotte.

Ich komme jetzt eben auß der kirch undt entpfange Ewer liebes schreiben vom 17, no 82; aber, wie ich schon gesagt, ich werde
erst biß donnerstag drauff andtwordten. Ich bitte Euch, wofern Ihr
noch ein dutzendt schraubthaller bekommen könt, so schickt mir
sie! so werde ich sie bezahlen. Schreibt mir auch dabey, waß es
kost, liebe Louisse! Ich habe alle zeittungen, so Ihr mir, liebe
Louisse, geschickt, durchgeloffen, aber es stehet kein wordt drin
von deß Alberonie conspiration; jedoch so ist es schon in 2 hollandischen zeytungen gestanden undt man hats auch von Wien nach
Lotteringen geschrieben, muß also doch war sein. Ich kan mich
nicht resolviren, meinen brieff zu überleßen. Entschuldigt die fehler,

---

1 Lefèvre.

liebe Louise, undt seydt versichert, daß ich Euch allezeit von hertzen lieb behalte!

1066.

St Clou, den 2 November 1719 (N. 34).

Hertzallerliebe Louise, ich habe Euch schon vergangenen sontag, wo mir recht ist, bericht, wie daß ich Ewer liebes schreiben vom 17 October, no 82, zu recht entpfangen habe, worauff ich in dießem augenblick andtwortten werde. Man kan nicht übeller gehen, alß die frantzoschen posten gehen; sie seindt aber auch unter einem gar curieussen oberpostmeister, dem herrn von Torcy, der hatt mir all sein leben alle meine brieff auffgemacht undt geleßen. Daß, wiewoll sehr impertinent, were noch woll hingangen; den ich frag nichts darnach, wen man meine brieffe lest [1]; aber daß er nach der alten zott [2] willen commantaire drauff gemacht, umb mich von unßern könig haßen [zu] machen, daß war zu grob. Er mag aber nun so viel commantaire machen, alß er will, es ist mir nicht bang, daß er mich mitt meinem sohn brouilliren wirdt, solte sich auch gleich daß böße pfäffgen, der abbé Dubois, sich gleich dazu schlagen. Das kan nicht geschehen; den sie seindt ertzfeindt, haben abscheüliche querellen gehabt, wo sie ihre wahrheitten einander dichte gesagt. Man konte ihnen sagen, wie I. G. s. der churfürst, unßer herr vatter, alß pflegt zu sagen in gleichen fällen: «Accordes vous, cannaille [3]!» Aber genung hirvon! Man muß zufrieden sein, liebe Louisse, wen die brieffe nur nicht gantz verlohren gehen undt sie doch endtlich überkommen. Es war, wie [ich] sehe, montag, 16 October, ein unrichtiger tag vor die posten, weillen Ewere englische brieffe auch nicht abzukommen. Der printzessin von Wallis liebe schreiben verweillen sich woll ein par tag, aber ich verliehre doch keine. Vorgestern kam Alvares [4] her, so in Monsieur s. dinsten geweßen. Es ist ein kauffman, er undt seine brüder sein Christen, aber sein vatter war hir ein Christ undt zu Amsterdam ein Jud. Madame Despinois [5] hatt ihn alß vor einen christlichen kauffman

---

1 d. h. liest.   2 Frau von Maintenon.   3 «Accordez-vous, canailles!»
4 Alvarès. Vergl. nachher den brief vom 26 November.   5 d'Epinoy.

gehalten; wie sie aber zu Amsterdam einmahl war undt ihr der vorwitz ahnkam, in die sinagogue dort zu gehen, fandt sie den alten Alvares; der trug die 10 gebott herumb, da sahe sie, welch ein Christ er war. Ich vexirte seinen sohn gestern mitt; der sagte: «Puis que feu madame Despinois dit l'avoir veue, je n'ay rien a repliquer; mais il faut que s'ait estés quelque gageure que mon pere avoit fait de porter la loy dans la sinagogue, car s'il n'estoit Chretien, il ne nous auroit pas laisses paptisser tout ces[1] fils ny faire mon frere prestre et abbé.» Dießer Alvares ist ein par jahr nach Monsieur s. todt mitt juwellen nach Constantinople trafiquiren[2] gangen; da hatt er einen großen, dicken schnautzbaart wacksen laßen undt die turquische tracht ahngenohmen; sicht so poßirlich auß, daß ich ihn ins gesicht gelacht, wie ich ihn geschen. Er verstehet woll raillerie; er hatt mir ein schön pressent von der printzes von Wallis gebracht, ein schon golten meßer, woll gearbeit (daß futral ist auch von golt), undt eine schachtel von seehundtshaut, worinen allerhandt woll gemachten myeroscopen sein, so mich zu Paris sehr amussiren werden; ist ein recht pressent vor mich. Wen Ihr gleich in Ewerem vorigen schreiben «salva venia» gesetzt hettet, würde ich es nicht verstanden habe[n]; den, liebe Louise, ich verstehe kein wordt Lattein; ich laße Lattein in den kirchen blären, so viel man will, ich bette nur auff Teütsch undt etlichmahl auff Frantzösch. Daß abendtsgebett ist hir undt zu Versaille auff Frantzösch, da gebe ich alle tag in; fengt daß Lateinisch ahn, so leße ich meine gebetter auff Teütsch. Hierauß sehet Ihr woll, liebe Louise, daß ich ahn Ewerem Latein nichts verlohren habe. Daß «venia» habe ich mein leben nicht sagen hören, aber woll daß «salva honnore»[3], worüber wir allezeit gelacht haben ahn unßerm hoff sowoll, alß hir bey hoff; man sagts woll in vexirerey, aber nie in ernst. Daß Ihr noch ahm knie leydt, wundert mich gar nicht, ist mir aber leydt; ich weiß nur gar zu woll, waß kniewehe ist; arquebussade-waßer[4] halte ich gar gutt darzu. Ein schweitzerischer edelman, so monsieur Frisching heist, hatt mir auch 2 boutteillen davon geben. L'huille de copaheu ist dazu nicht gutt, aber vor gar viel andere sagen[5], alß vor starcke grimmen, vorß grieß, vor wunden; dazu ist

---

1 ? ses. 2 trafiquer, handeln. 3 salvo honore. 4 eau d'arquebusade, schußwaßer, wundwaßer, gut für verwundungen durch feuerwaffen. 5 d. h. sachen.

es trefflich, wen es nicht verfalscht ist. Ich habe es gar gutt, werde Euch, wie ich schon versprochen, etliche bouteillen davon schicken mitt der beschreibung, wozu es gutt ist. Daß schönne wetter ist gantz hir vergangen; es regnet seyder 3 tagen alle tag undt allebenwoll ist die Seine noch so niederig, daß die schiff kaum drauff fahren können undt sich allezeit in den sandt einsencken. Ihr habt woll gethan, liebe Louise, einen brieff zu s[p]aren undt Ewern[1] oder vielmehr mein compliment mündtlich abzulegen bey ihrem abzu[g] nach Darmstatt undt Hannaw. Graß undt korn lest sich nun überall sehen, gottlob! daß tröst ein wenig über allen duren[2] baumen; den alles laub ist nun abgefallen. 4 taffeln mitt spillen kan man, wie man hir sagt, ein apartement heißen. Die rüe de Quincampois[3] verhindert zu Paris daß spillen[4]. Es ist eine rechte rage; ich bins erschrecklich müde; den man hört von nichts anderst reden undt es geht kein tag vorbey, wo ich nicht 3 oder vier brieffe bekomme, wo man mir actionen[5] fordert; daß ist eine langweillige sache. Baron Görtz hatt die mühe genohmen, mir alle die dressische[6] divertissementen zu schicken, wie man sie von tag zu tag

---

[1] ? Euer. [2] d. h. dürre. [3] Quincampoix. [4] Diß erklärt sich durch folgende bemerkung im Journal du marquis de Dangeau XVIII, s. 148. 149 unter freitag, 3 November 1719: «Le grand commerce pour les actions de la compagnie des Indes se fait depuis plusieurs mois dans la rue Quincampoix, où il y a une telle foule, qu'on a voulu y apporter quelque ordre. On y a mis pour cela des gardes aux deux bouts de la rue; on a fait de très-expresses défenses d'y aller les dimanches ni les jours de fête. Il y aura des tambours ou des cloches qui marqueront l'heure de la retraite à neuf heures du soir les autres jours, afin qu'on soit obligé de se retirer, et ces tambours ou ces cloches avertiront aussi le matin à six ou sept heures, qui est le temps qu'on y pourra entrer.» Elisabeth Charlotte will also sagen: alles drängt sich zu den geldgeschäften in der rue Quincampoix und darüber hat das spielen aufgehört. Über die straße Quincampoix bemerkt G. Brunet II, s. 197, anmerk. 1: «Cette rue, qui devint tout d'un coup célèbre, avait reçu son nom des seigneurs de Quincampoix; voir l'armorial du Père Petau et celui du Père Labbe. Les autres étymologies de ce nom singulier sont ridicules. Dans le «Livre de la taille de Paris» pour 1292, elle est appelée rue «Quinquampoist.» Diverses estampes de l'époque de la Régence représentèrent les scènes dont elle fut le théâtre; dans l'«Almanach de la Fortune, ou agenda de la rue Quincampoix», on la voit encombrée de voitures, de chaises à porteur, de gens affairés. Il existe aussi le «Véritable Portrait du très-fameux seigneur Quinquampoix», avec trente vers français; voir les «Mémoires de la Régence», t. II, p. 329.» [5] d. h. action. [6] d. h. Dresdener.

gefeyert hatt. Die arme graffin von Dalwitz, ob ich sie zwar nicht kene, jammert mich doch sehr, ein so groß unglück gehabt [zu haben]. Alle pferdt seindt nicht gutt vor damen, insonderheit vor denen, so daß jagen undt reytten nicht gewondt¹ sein; es geschehen leicht unglück. Wie ich von der² graffen von Warttenberg gehört, so war nicht viel besonders abn ihm, hilte die abscheülichste discoursen von seiner leiblichen mutter, so man halten kan. Daß hatt ihm auch kein glück gebracht undt hatt nicht lang gelebt in dem landt, daß ihm der herr, sein gott, geben hatt, wie im gesetzt stehet³. Man hatt mir gesagt, daß die nichtswürdige ... hette sich wider geheüraht, ich habe aber vergeßen, mitt wem. Es muß ein armer mensch sein, so sie umb ihren reichtum nimbt; er solle doch waß rechts sein. Es ist kein ander Pfaltzgraff mehr vorhanden, alß unßer printz von Birckenfelt, so, wie ich hoffe, baldt mehr Pfaltzgrafien machen wirdt; den er ist nicht vom goust a la mode undt solle sehr verliebt in seine gemahlin sein. Kan man schonne jagten zu Germersheim haben, daß⁴ es ja so gar morastig ist? Ich bin dort geweßen; damahlen war der herr Helmstätter ambtman dort, deßen leben ein rechter roman ist. Wen war ist, waß in den hollandischen zeitungen stehet, wirdt die heydelbergische sach woll gehen; den es stehet drinen, daß auff der preussischen [und] hollandischen abgesandten beweiß, daß Churpfaltz gegen den friedenstractaten in der Pfaltz tractire undt handtire, hette der keyßer abn Churpfaltz geschrieben undt die sach gar ernstlich recomandirt. Daß wirdt den pfaffen die mäuller stopffen undt, wie ich hoffe, alles wieder gutt machen; den die pfaffen seindt so geschaffen, daß, so baldt sie finden, daß man ihnen widerstehet, werden sie samfft wie lämmer; lest man sie aber gewehren, seindt sie es⁵ reißende wölffe. Zu meinen, dieße leütte mitt samfftmuht zu gewinen, ist ein ihrtum undt abus; man muß ihnen gleich die zühne weißen, sonsten kompt man nicht mitt ihnen zu recht. Nichts ist grausamer, alß ein religionskrieg. Ich glaube nicht, daß sich Franckreich drin mischen würde wegen der pfaffen. Mein sohn würde es nicht thun dörffen; den mitt den religionsdisputten von den Molinisten undt

---

1 d. h. gewöhnt. 2 ? dem. 3 2 Mos. 20, v. 12: «Du sollst deinen vater und deine mutter ehren, auf daß du lange lebest im lande, das dir der herr, dein gott, giebt.» Vergl. 5 Mos. 5, v. 16. 4 ? da. 5 ? wie.

Jansenisten¹ würden sich beyde gegen ihn setzen undt vor Huguenot declariren, weillen er keine parthie unter denen zweyen nehmen will. Es ist war, daß in Bretagnen ein großer desordre ist; aber madame du Maine hatt woll so viel part drin, alß Alberonie. Madame la printzes² ist zu ihrer dochter, meint, ihr den kopff zu recht zu bringen, woran ich sehr zweyffle; daß zwergelgen ist zu boßhafft. Mich verlangt, daß ich durch Euch, liebe Louisse, erfahre, wie die conspiration von dem verfluchten Alberonie zu Wien gegen den keyßer ist endeckt worden. Ahn Alberonie³ sach kan ich nichts begreiffen, bin die sach so müde, alß wen ichs, wie die gutte fraw von Harling alß pflegt zu sagen, mitt lofflen⁴ gefreßen; den ich werde alle tag mitt geplagt undt leütte, die ich nicht kene, schreiben mir, umb actionen⁵ zu haben, undt bekomme alle tag brieff über brieff deßwegen, welches eine langweillige sagen⁶, ohne zu rechnen meine leütte, so mich auch drumb [plagen]; ich andtwortte aber, daß ich nie bettlen gelehrnt habe. Mache nun eine pausse biß dießen andtwort⁷.

Donnerstag, den 2 November, umb 6 abendts.

Ich komme jetzt auß dem abendtgebett; den wie ich eben von Madrit kommen, war es abngefangen. Chausseray hatt, gottlob, kein fieber mehr, ist aber sehr matt. Wie ich in kutsch gestiegen, hatt man mir Ewer liebes schreiben vom 21 October, no 83, gebracht, welches ich in der kutsch geleßen, werde aber nur auff einen article andtwortten, daß überige aber vor andere post versparen, so mir gott leben undt gesundtheit verleyet. Daß article, worauff ich Euch andtworten will, ist, wo Ihr ihn zweyffel seydt, ob mein abbé de St Albin deß⁸ chevallier⁹, so jetzt grand prieur von Franckreich, brüder sein. Ihr habts recht errahten, liebe Louisse! Sie

*

1 Molinisten, die anhänger der lehre des spanischen Jesuiten Molina, gest. 1601. Jansenisten, die vertheidiger der ansichten des holländischen bischofs Cornelius Jansenius, gest. 1638. 2 ? princesse. 3 Elisabeth Charlotte hat sich wol verschrieben und Alberoni statt Law gesetzt. 4 d. h. mit löffeln. 5 d. h. actien. 6 d. h. sache. 7 ? abend. 8 ? und der. 9 G. Brunet I, s. X führt ihn unter den natürlichen kindern des regenten folgendermaßen auf: «Jean-Philippe, dit le chevalier d'Orléans, grand-prieur de France, de l'ordre de Saint-Jean-de-Jérusalem, abbé d'Hautvilliers, grand d'Espagne, général des galères de France, né en 1702, mort le 24 mars 1749.»

seindt brüder, aber nur von vatters seytten, haben zwey unterschiedtliche mütter gehabt. Der chevalier ist legitimirt worden, den armen ¹ abbé aber ist nicht erkandt worden; der gleicht aber mehr, alß sein bruder, ahn seine verwandten; er gleicht sehr ahn Monsieur s., hatt auch etwaß von seinem vatter undt viel von mademoiselle de Valois; aber in meinem sin ist er hübscher vor ein man, alß sie vor eine printzes; er [ist] e[t]liche jahr älter, alß der chevallier. Er ist betrübt, seinen jüngsten bruder so über sich zu sehen. Der chevallier, so seyder kurtzer zeit grand prieur von Franckreich in den malte[s]ischen ordre geworden, ist der jetzigen madame d'Argenton sohn, so, wie sie mein hofffreüllen geweßen, Sery ² geheyßen. Deß abbé seine mutter aber war eine däntzerin vom opera, so Florance hieß ³. Mein sohn hatt noch eine dochter von der lincken seydten, so nicht erkandt ist worden; ein marquis de Segur hatt sie geheüraht ⁴. Dieße ist der besten commedianten dochter, so in deß königs troupe ist, heist la Demare ⁵. Es seindt noch 2 oder 3 vorhanden, so ich mein lebetag nicht gesehen. Die seindt von einer frawen von qualitet; ihr großvatter ist meines sohns hoffmeister geweßen, hieß le duc de la Vieuville ⁶, war vorher der königin chevallier d'honneur geweßen. Sie ist eine witib seyder 2 jahren, ihr man hieß monsieur de Berabas, war auch ein man von qualitet. Ihre mutter ist dame datour ⁷ von der duchesse de Berry geweßen undt in ihren dinsten gestorben. Ich glaube nicht, daß mein sohn sicher sein kan, daß die kinder sein sein; den sie ist eine dolle humel, die tag undt nacht seüfft, wie ein borstenbinder ⁸. Mein sohn ist gar nicht jalous; einer von [seinen] leütten logirt bey ihr, seindt a pot et a rot ⁹; ein anderer, so auch von meines sohn leütten ist, hatt dießen ein wenig außgestoßen, daß

1 ? der arme.   2 Marie-Louise-Victoire Lebel de la Bussière de Sery, comtesse d'Argenton. Vergl. band II, s. 578.   3 Florence. »On trouve diverses chansons sur elle dans les recueils manuscrits, mais elles ne peuvent être transcrites. ... Le prince de Léon avait été l'amant de la Florence; elle fut enlevée par ordre du roi en 1707, et mise dans un couvent (voir Saint-Simon, t. XI, p. 29).« G. Brunet II, s. 178, anmerk. 1. Man vergleiche über Charles de Saint-Albin den brief vom 12 October, oben s. 267.   4 Die an den grafen von Ségur verheirathete natürliche tochter des regenten ist nach G. Brunet I, s. X: Philippe-Angélique de Froissi.   5 Desmare.   6 Monsieur de la Vieuville.   7 d'atour.   8 d. h. bürstenbinder.   9 être ensemble à pot et à rôt, wie mann und frau beisammen leben.

divert[iert] mein[en sohn], er lacht nur drüber, ist gar nicht jalous, wie Ihr segt[1]. Ich gestehe, daß ich daß gar nicht begreiffen [kann], undt mich deücht, daß, wen ich waß liebs hette, wolte ichs vor mich allein behalten undt könte nicht leyden, daß es jemandts neben mir lieb hette. Es scheindt nicht, daß meins sohns[2] waß von seinen groß herr vatter, meinen herr vatter s., hatt; den, wie wir wißen, wahr I. G. s. jalous genung, deß bin ich zeüge[3]; aber I. G. s. hattens woll kein ursach, deß bin ich auch woll gewiß. Aber hiemitt habe ich vor dießmahl auch genung geplauttert, wünsche, daß die trait d'histoire Euch ein wenig amussiren mögen; werde Euch all mein leben von hertzen lieb behalten, liebe Louisse!

Elisabeth Charlotte.

1067.

St Clou, sontag, den 5 November 1719, umb 7 morgendts (N. 35).

Hertzallerliebe Louise, ich weiß nicht, ob [ich] heütte schreiben von Euch bekommen werde; den alle posten gehen langsamer, alß ordinarie. Die brieffe auß Englandt, so ich freytag hette haben sollen, seindt erst gestern ahnkommen undt daß paquet von Piedmont ist noch nicht kommen. Kompt Ewers noch dießen nachmittag, liebe Louisse, werde ichs Euch berichten, nun aber auff Ewer liebes schreiben vom 21 October, no 83, kommen. Aber ehe ich auff Ewer liebes schreiben komme, muß ich sagen, daß ich gestern zu Paris geweßen, fuhr ich ins Carmelittencloster, wo ich die gutte, arme madame Dangeau fundt, die man nicht ohne threnen ahnsehen kan; sie ist ihn einer betrübtnuß, einen stein zu erbarmen, will geschwoygen dan die, so sich vor sie interessiren, wie ich thue; habe sie recht lieb, den sie ist eine gutte, ehrliche, gottseelige dame, die woll meritirte, glücklicher zu sein, alß sie ist; jammert mich woll von hertzen. Ich bliebe eine gutte stundt bey ihr, hernach fuhr ich au Palais-Royal, besuchte madame d'Orleans; die hatte ihren man undt sohn bey sich. Umb 1 ließ ich mich nauff in mein apartement tragen, wo mademoiselle de Valois, de Monpensier undt de Baujaulois hinkammen; wir gingen mitt einander ahn taffel,

---

1 d. h. sehet. 2 ? mein sohn. 3 Vergl. band III, s. 348. 349.

wie auch madame de Chivernie ¹. Meine 3 damen, so in meiner kutsch kommen wahren, alß madame de Brancas, Chasteautier ² undt Lenor ³, undt die marechalle de Clerembeau ⁴, so in ihrer kutsch kommen undt hatt die schwangere fraw madame Börstel geführt; die fahren nicht so geschwindt alß ich; den die erste ist vorgestern in ihr 86 jahr getretten, hatt noch gutt gedachtnuß undt den verstandt, wie sie ihn vor 50 jahren gehabt, aber sie wirdt ahm leib schwach, geht ahn stock, welches aber nicht zu verwundern ist. Nach dem eßen blautterte ich ein halb stündtgen mitt meinem sohn, ging hernach zur marquise Dalluye ⁵, so im ersten hoff im Palais-Royal logirt; die ist eine dame auch gar nicht von den jüngsten; den sie ist auffs wenigst 84 jahr alt, wirdt nun kräncklich, ist aber auch gar nicht kindisch, ist die beste fraw von der welt. Es ist mir recht leydt, daß sie so krancklich wirdt, fürchte, es wirdt baldt hapern; doch funde ich sie gestern beßer, alß daß letzte mahl, da ich sie gesehen. Von dar stieg ich in kutsch undt fuhr zum könig; den habe ich, gott sey danck, frisch undt gesundt gefunden. Hernach fuhr ich wider nach hauß; da bekame ich vissitten von duchessen, die von Monbasson ⁶ undt Saller ⁷; ich führte sie mitt mir in die ittalliensche commedie, so les 4 harlequins war; ist all possirlich. Umb 8 ging es zum endt. Da kam mein sohn so matt undt müde, daß er mich recht jammerte; hatte von 7 morgendts biß 8 abendts gearbeydt, nur daß halb stündtgen ohne arbeytten gehabt, so er mitt mir gesprochen. Ich glaube, es were leichter, zu pflugen, alß eine solche quahl zu haben; undt waß noch daß betrübtste von dießer sachen ist, ist, daß mans ihm kein danck wißen wirdt, sich so erschrecklich geplagt undt bemüht zu haben; den der junge könig ist umbringt mitt lautter leütten, so meinen sohn ärger, alß den teüffel, haßen. Gott stehe ihm bey! Nun ist es auch einmahl zeit, daß ich auff Ewer liebes schreiben komme. Ich habe so ein lang preambule gemacht, weillen ich hoffe, daß es Euch ein wenig amussiren wirdt, zu wißen, waß ich gestern den gantzen tag gethan. Im chiffer habe ich nicht gefehlt, alßo muß Euch mein schreiben vom 12 October, no 28, noch außstehen. Der verlust ist nicht groß; ich glaub aber, wo ich den 12. 29 gesetzt,

---

1 Chiverny.   2 Châteauthiers.   3 frau Eleonore von Rathsamshausen.
4 Clérembault.   5 D'Alluye.   6 Montbazon.   7 ? Sully.

hab ich mich verschrieben, undt daß von 15, sontag, wirdt auch
vom 29 datirt sein. Ich bitte Euch, liebe Louisse, last mir wißen,
ob Ihr es nicht so werdt gefunden haben! Man muß mich im chiffriren
intercompirt haben; den in meinen calender stehet es recht.
Hette ma tante, die printzes von Tarante [1], biß her [2] gelebt, würden
I. L. sehr viel hertzenley[d] ahn dießem enckel [3] erlebt haben; den
er war gar nicht woll gerahten. Ich habe all mein bestes bey ihm
gethan, ihn ein wenig auff einen gutten fuß zu stehlen [4]; aber es hatt
nichts geholffen; ich habe ihn offt außgemacht wie einen bipenbuben [5],
insonderheit wen ich ihn in lügen ertapt, wozu er abscheül-
lig geneygt ware; machte historien von einem endt zum andern.
Sein oncle, der printz Tallmont [6] undt [ich] haben ihm nichts vorbeygehen
laßen; es hatt aber nichts geholffen; hatte allezeit schlime
geselschafft undt war erschrecklich desbeauchirt; mitt einem wordt,
es ist kein schadt, daß er gestorben. Er deüchte nicht [7], war dabey
heßlich undt unabngenehm. Ich hatte ihn mitt les Estats de
Bretagne auß der tauff gehoben, drumb hieß er auch Charle [de]
Bretagne. Er hatt ein eintzig sohngen hinterlaßen, so so schon
undt ahngenehm ist, alß der vatter heßlich undt unahngenehm. Gott
gebe, daß er ihm so wenig innerlich, alß eußerlich gleichen machen [8]!
Daß er seiner mutter eußerlich gleicht, geht woll hin, wen er ihr
auch nur nicht [9] innerlich gleicht; den sie deüchte auch gar nichts,
ist ahn den pocken gestorben. Die gantze familie wolte sie scheyden
laßen; den der man hatte sie selber bey ihrem eygenen cammerdiner
liegen funden. Sie war schlaue, hatte verstandt, wuste,
daß ihr man schulden hatte, geht undt unterschreibt sich vor ihm;
daß hatt dießen einfaltigen tropffen so touchirt, daß, wie man sie
scheyden wolte, sagt er: «Non, nous [nous] sommes raccommodés,»
hatt sie alßo biß ahn ihr endt behalten. Hirauß segt Ihr, liebe
Louise, welch ein fein coupel [10] es ware undt ob ich große ursach
gehabt, diß schonne par zu regrettiren. In meinem letzten schreiben
habe ich Euch explicirt, wer der abbé de St Albin ist, undt

---

1 Tarente. 2 d. h. bis hierher, bis jetzt. 3 dem duc de la Trémoille.
Vergl. den brief vom 12 October, oben s. 267. 4 d. h. stellen.
5 «Der bippenbueb (s. sp.), spitzbube, schlingel.» «Die bippen, oblatförmiger
kuchen.» Schmeller, Bayerisches wörterbuch II, s. 221. 6 prince de Talmond.
7 d. h. er taugte nichts. 8 ? möge. 9 ? wenn er ihr nur nicht.
10 couple, paar.

seinen bruder, den chevallier d'Orleans, so nun grand prieur ist.
Der ihn zum coadjouter¹ ahnkommen², will in seinem 60 jahr den
geistlichen standt quittiren undt sich heürahten, will eine englische
dame heürahten. Ich glaube aber nicht, daß es ahngehen kan,
weillen er sein gelübte gethan, da er schon über 50 jahr alt war,
undt felt in stücken von den Frantzoßen³. Die kinderblattern regiren arger, alß [nie]; deß generals de Bonneval fraw, so deß
marquis de Birons⁴, meines sohns oberstallmeisters, dochter ist, hatt
sie gestern bekommen undt ist abscheülich kranck dran. Ich habe
sie vor wenig tagen gesehen; da sahe sie recht woll auß, habe sie
nie beßer gesehen. Vor Ewere gutte wünsche dancke ich Euch
sehr. Vor mich habe ich dieße wüste kranckheit nicht mehr zu
fürchten, habe sie gar zu abscheülich gehabt, umb zu fürchten können, daß ich sie wider bekommen mag; zudem so bin ich persuadirt, daß man nichts entgehen kan. In Englandt haben die bößen
seüchen auffgehört. Es were doch einmahl zeit, daß es auffhört;
den es ist mir alß bang vor den könig undt mein sohn, so dieße
heßliche kranckheit nie gehabt haben. Gott wolle [sie] gnädig davor bewahren! Es regirt zu Paris noch gar eine wunderliche kranckheit. Gestern besuchte mich ein cavalier, den ich lengst kene, der
ein pfeyller vom opera ist; er heist monsieur de Laumau⁵; den hatt
ich ein par mont nicht [gesehen], kompt sonsten gar fleißig zu mir,
hatt eine charge von [meinem] hauß vor 20 jahren bey mir kauffen
wollen; ein ander aber gab mehr gelt, bekam also die charge, wie
es braüchlich ist; dießer regnet⁶ sich noch wie ins hauß, kompt
also offt zu [mir]. Es ist ein kerl, so überal herumbgereist, biß in
Turckey, kan also gern plaudern undt viel verzehlen, plaudere also
gern mitt ihm. Die Frantzosen deügen⁷ mehr undt wißen beßer
zu leben, wen sie gereist haben, alß wen sie im landt bleiben. Diß
ist aber ein langer umbschweiff, ehe [ich] ahn die kranckheit komme.
Ihr kontet mir sagen, wie in der comedie: «Au fait, advocat, au
fait!» Le fait ist den, daß ich Laumau fragte, warumb man ihn
so lang nicht gesehen, sagte im lachen, ob es eben so eine schlimme
ursach geweßen were, alß vorm jahr, da er die kinderblattern abscheülich bekommen. Er sagte, es were nicht viel, verzehlte, daß

---

1 coadjuteur, coadjutor.   2 ? angenommen.   3 d. h. le mal français
4 Biron.   5 ? Laumont. ? Lomont.   6 d. h. rechnet.   7 d. h. taugen.

er sich woll befunden undt a lombre¹ gespilt; im spillen wirdt ihm der kopff daußelich; auff einmahl springt ihm daß bludt auß der naß, den mundt undt den ohren herauß wie ein brunen. Man hatt ihm 5 mahl zur ader gelaßen, ist sehr mat undt bleich. Dieße avanture hatt ahnlaß geben, noch unterschiedtliche andere zu verzehlen, denen es auch so gangen, unter andern eine nonen in den Carmelitten; sie ist aber, gott lob, nicht von denen, so von meinen gutten freundinen sein. Die arme Chausseray, so donnerstag so woll war, hatt daß fieber wider bekommen; ich fürchte, es wirdt kein gutt ende nehmen, welches mir recht leydt sein solte. Graff Degenfelt hatt groß recht, von monsieur le Fevre zufrieden zu sein; er hatt [es] hübsch undt ehrlich gemacht undt große estime hir erworben. Ich fürchte, daß er in der that kranck geworden; den ich habe ihn lang nicht gesehen. Große gemächlichkeitten hatt man nicht zu Paris. Meinen advocatten habe ich einen großen gefallen gethan; ich habe ihm lettre de noblesse zuwegen gebracht. Vergangen freytag kamme er daher geloffen undt wieße mir sie, gantz gesiegelt, mitt großen freüden. Er ist gar ein gutter, ehrlicher man, hatt viel pratiquen, hatt verstandt undt ist sehr gelehrt. Ich gebe meinem gesicht den nahmen², welchen ich leyder nicht genung gehört; den es ist derselbe, welches³ I. G. s. der churfürst, unßer herr vatter, mir alß geben, wie ich noch bey I. G. s. war. Daß were eine rar sach, wen ich im 62 jahr, daß man mich gemahlt hatt, schön geworden were, da ich es mein leben nicht im 15, noch 20sten jahr geweßen. Alle meine damen undt die fraw von Ratzamshaussen insonderheit finden, daß mein contrefait außsicht, alß wen ich jemandts außlachte undt einen muttwillen im kopff hette. Der elste bruder⁴ von der faullen person⁵ ists, der ihr den hirnkasten so verdirbt undt ihr allerhandt schlimme sachen in kopff gesteckt. Alle der Montespan kinder seindt schlimme leütte, außer der comte de Thoulouse⁶, der ist ein ehrlicher man. Ihr werdet durch einen⁷ meiner schreiben schon ersehen haben, wie man hir daß leichtfertig stück von Alberoni⁸ schon weiß. Ich

---

1 à l'hombre.　2 bären-katzen-affengesicht. Vergl. den brief vom 7 September, oben s. 232.　3 ? welchen.　4 Der duc du Maine.　5 der duchesse d'Orléans.　6 Louis-Alexandre de Bourbon, comte de Toulouse, grand amiral de France.　7 ? eines.　8 Vergl. den brief vom 29 October, oben s. 285.

sehe aber nicht, warumb man die sach so geheimb zu Wien halten will. Weiß man den nicht, daß Alberoni ein ertzschelm ist? Seinen herrn, den hertzog von Parme, hatt er ahn monsieur de Vandosme[1] verkaufft, monsieur de Vandosme ahn die printzes des Ursin[2], madame des Ursin ahn die königin[3]. Viel leütte wollen auch, daß er monsieur de Vandosme vergeben hatt. Wer solche stück thun kan, dem ist nichts zu viel. Der graff Altheim undt seine schwester jammern mich; den es ist eine betrübte sach, einen solchen man undt schwager zu haben, wie der graff Nimbtsch ist, der woll verdint, gerähdert zu werden. Daß hatt Alberonie, er nimbt allezeit viel leütte in seinen conspirationen. Aber nun muß ich eine pausse machen, mich ahnziehen undt in kirch geben. Dießen nachmittag werde ich gleich nach dem eßen wider ahnfangen; den es regnet undt ist heßlich wetter, kan nicht außfahren, liebe Louisse!

Sontag, den 5 November, umb 5 uhr abendts.

Gleich nach dem eßen habe ich Ewer liebes schreiben vom 24 October, no 84, zu recht entpfangen, auch ein groß paquet von der königin von Sicillen bekommen, haben ahngefangen, zu leßen, aber noch nicht außgeleßen (der königin von Sicillien schreiben ist von 21 bogen), hernach bin ich in kirch betten gangen. Wie ich auß der kirch kommen, war es halb 5, habe Ewer liebes schreiben, undt waß Ihr mir mitt geschickt, außgeleßen. Daß fewerwerck finde ich schön undt magnifiq, die vers von der wirtschafft zimblich alber, aber alleß in allem gar zu magnifiq. Ich kan es so finden, aber mich deücht, daß es der keyßer nicht so finden solle, weillen es ihm ja zu ehren geschicht. Dancke Euch sehr, liebe Louisse, vor alles, so Ihr mir geschickt habt. Daß ist alles, waß ich heütte auff Ewerm heüttigen brieff sagen werde, liebe Louise, komme wieder, woran ich heütte morgen geblieben war, nehmblich ahm heßlichen [wetter]. Daß wetter hatt sich zwar auffgeklärt, aber mitt einem so scharpffen undt kalten windt, daß ich nicht habe außfahren können. Ich glaube, daß es dieße nacht wirdt ahnfangen, zu frieren. Ich komme wieder auff Ewer liebes schreiben undt sage von hertzen amen auff dem wunsch, so Ihr vor dem keyßer thut; den ich haße

---

[1] Vendôme. [2] Ursins, [3] Vergl. band II, s. 431.

den krieg abscheü[lich], undt wen, wie in dem evangellion stehet, die friedtsamen gottes kinder heyßen können¹, so könt ich mitt recht dießen nahmen führen, den ich bin sehr friedtsam, haße in der welt nicht[s] mehr, alß krieg, zanck undt zweytracht. Auß waß ursachen helt sich der graff Windischgrätz² mitt seiner gemahlin so eingezogen? ist er kranck? Ich habe kein wordt davon gewust, daß mein armer vetter, printz Wilhelm, sein printzgen verlohr[e]n; daß wirdt gewiß den alten landtgraffen auch sehr betrüben. Man hört überall von nichts, alß unglück undt betrübtnuß. Solche zeytten, wie seyder etlichen jahren her sein, habe ich mein tag nicht erlebt; daß verley[d]et einem schir daß leben. Die freüden von Dreßden, da hette ich mich woll nicht bey gewünscht, muß ein ewiger zwang geweßen sein; den wen, mett verlöff, met verlöff, wie die alte fraw von Woltzogen alß pflegt zu sagen, man überall hübsche, saubere kackstühl oder heimliche gemächer hatt, wo man, wens nöhtig, einen abtritt nehmen könte, so finde ich alles schön; aber wen einem große noht ahnkompt undt man fest halten muß, findt man alles heßlich undt wolte lieber hundert meill davon in einem bawernhauß sein undt nichts, alß kühe, schwein, schaff undt hüner undt ganß³ sehen, alß daß schönste fest undt bal sehen, so einem nur beschwehrlich ist; den man muß man auch⁴ geputzt sein, schwere kleyder ahnhaben, welches ich abscheülich haße. Suma, auß dießem allem secht Ihr, liebe Louise, daß ich dieße lustbarkeit niemandts mißgönne. In dießem augenblick kompt man mir sagen, daß meine arme Suson⁵, die Ihr woll kent, deß Clair seine fraw undt meiner seugamen dochter, auff einmahl ohne sprach geworden: man weiß nicht, ob es ein schlagfluß ist, oder waß ihr fehlt. Sie jamm[e]rt mich recht, die arme fraw; sie fragt alß so fleißig nach Euch. Es ist eine gutte fraw; sie ist heütte noch den gantzen morgen bey meiner toilette geweßen, war gantz lustig, hatt mitt der fraw von Rotzenhaussen ges[ch]wetzt undt gelacht. Man hört undt sicht nichts, alß unglück; es ist betrübte zeit. Man kompt, mir alleweil sagen, daß sie wider spricht undt beßer ist; man meint nicht, daß sie sterben wirdt. Ich weiß gantz undt gar nichts neües,

---

1 Evangelium Matthæi cap. 5, v. 9.   2 Windischgräz.   3 d. h. gänse.
4 ? denn man muß auch.   5 Suson, frau von Elisabeth Charlottens huissier Leclair. Vergl. band I, s. 544. band II, s. 306. 539. band III, s. 500.

muß also vor dießmahl meine espistel enden; sie ist doch ja die kleinste nicht. Gutte nacht den, hertzliebe Louise! Ich ambrassire Euch von hertzen undt werde Euch all mein leben recht lieb behalten.

Elisabeth Charlotte.

1068.

St Clou den 9 November 1719 (N. 36).

Hertzallerliebe Louise, ich glaube, ich habe Euch schon vergangenen sontag gesagt, wie daß ich Ewer liebes schreiben vom 24 October, no 84, zu recht entpfange[n] habe. Es fehlt mir keines von Eweren lieben schreiben mehr außer daß eintzige, so Ihr auß dem Schlangenbaadt nach Bingen geschickt hatten¹; daß ist noch nicht wider kommen. Ihr werdet auß meinem letzten ersehen haben, wie daß ich mich verschrieben hatt[e]; sehe, daß Ihr nun den irtum gefunden. Ich höre allezeit ungern, daß Ihr, liebe Louise, mitt dem brill lest; den nichts in der welt verdirbt mehr die augen; es wirdt Euch gereuhen². Ich bin bey 9 jahren elter, alß Ihr, liebe, undt habe keinen brill von nohten weder zu leßen, noch zu schreiben, undt daß bloß allein, weillen ich nie keinen gebraucht habe. Die marechalle de Clerambeault³, so seyder den 3 dießes monts in ihr 86 jahr getretten, lest reine schriefft undt schreibt ohne brill, weillen sie nie keine gebraucht. Es ist eine zeit zwiffel⁴ 50 undt 60, daß daß gesicht abnimbt, alßden muß man sich gedulten; ins 55igste kompt es wider, wen man gedult hatt. Aber nimbt man alßden ein brill, so kompt daß gesicht nicht wider, sondern wirdt alle tag ärger undt man muß von brillen endern; die ersten kan man nicht mehr brauchen. Wen mein miltz sich zu starck mitt galle gefült⁵ hatt, muß ichs wider lehren⁶, oder ich werde kranck. Der grüne safft hatt mich im ahnfang sehr abgemati; aber nun spüre ich doch, daß es mir woll bekommen ist; den ich befinde mich, gott lob, sehr woll, so lang es wehren wirdt. Die Pariser lufft ist mir nicht gutt, auch nie gutt geweßen; drumb werde ich auch so spät hin, alß mir immer möglich ist. Mein tag ist doch gefast, nehmblich über-

---

1 ?hattet. 2 d. h. gereuen. 3 Clérembault. 4 ?zwischen. 5 d. h. gefüllt. 6 d. h. leeren.

morgen über 3 wochen, so den 2 December undt den sambstag vor
dem advent sein wirdt. Ach, die 3 wochen werden mir wie ein
blitz vorbeygehen. Ich hoffe, daß es gegen der zeit gefrieren
wirdt undt sich also die Parisser lufft sich ein wenig reinigen undt
purifitziren wirdt. Gott gebe es! den die kinderblattern zum 3ten
mahl zu bekommen, were meine sach gar nicht. Bey itzigen zeitten
keine schwere gedancken zu haben, ist schir ohnmöglich, zu sehen,
wie abscheülich interessirt die Frantzoßen sein undt wie der verflüchte Alberonie ahn nichts, alß assasiniren undt vergifften, gedenckt. Zu Wien ist es außkommen, hir aber noch nicht; daß
angstet mich, den es ist gewiß, daß Alberoni meinen sohn viel ärger
häst, alß den keyßer. Ursachen, trawerig zu sein, hatt man genung, so sehr mans auch auß dem sin schlegt. Vor dießem hatte
ich distractionen, I. M. s. unßerm könig auff der jagt zu folgen;
nun aber kan daß leyder nicht mehr sein, [ich bin] also allen trawerigen gedancken gantz ergeben. Ich frag nach keinen divertissementen mehr; opera, comedien, da gebe ich nur auß bloßer complaisance vor meine enckellen hin; den ich frage nichts mehr
darnach, bin sehr serieux geworden, kan nicht mehr lachen, wie
ich vor dießem thät. Aber genung von dießem langweiligen discours, liebe Louisse! Es ist ja nichts billiger, alß denen sein contrefait zu schicken, so einem nahe sein undt einem lieb haben undt
nach aller aparentz einen nie sehen werden, leyder. Es ist zu sehr
in der ordenung undt schuldigkeit, umb danckenswehrt zu sein, undt
hirin bestehet keine demut; ohne meine particulir freündt gebe ich
mein contrefait nicht in klein. Monsieur Jourdain machte prose,
sans le savoir¹; aber Ihr macht so reimen undt vers. Bin doch

---

1 Elisabeth Charlotte hat die folgende stelle in Molières komödie «Le
bourgeois gentilhomme», acte II, scène 6 im sinne:
Le maitre de philosophie.
... Tout ce qui n'est point prose est vers, et ce qui n'est point vers
est prose.
Monsieur Jourdain.
Et comme l'on parle, qu'est-ce que c'est donc que cela?
Le maitre de philosophie.
De la prose.
Monsieur Jourdain.
Quoi! quand je dis: «Nicole, apportez-moi mes pantoufles, et me donnez
mon bonnet de nuit!» c'est de la prose?

fro, daß mein klein pressent Euch so ahngenehm geweßen undt ich
mich in dießer hoffnung nicht betrogen habe. Es ist mir lieb, daß
das, so ich ahn die Colbin ¹ geben hatte, in Ewern händen gefallen
ist; den ich habe nicht gern, daß mein contrefait in frembten händen kommen. Wo hatt die fraw von Degenfelt Monsieur ² undt
mich mitt einander auffgefischt? Ist es vielleicht ahn ihrer vorfahrerin geweßen ³, die baß Amelie, wie wir sie alß hießen? Daß
kam von der Lopes de Villanova ⁴, die den gantzen tag alß rieff:
«Baß Ameli[e]!» Da ist ihr der nahmen von geblieben. Nein, ich
habe gar nicht vexirt, wie ich Ewer contrefait gefordert; wolte es
mitt Carllutz s. figuriren machen. Wie Ihr noch ein kindt wahret,
habt Ihr einander sehr geglichen. Ahn Carll[utz] kan ich nicht ohne
seüfftzen gedencken, hatte ihn woll hertzlich lieb. Daß contrefait,
so ich von ihm habe, gleicht ihm wie zwey tropffen waßer, wie er
außsahe, wie er hir wahr. Nein, er war nicht heßlich undt woll
geschaffen, war viel hübscher, alß Carl Edewardt. Ist es nicht möglich, daß man erfahren könte, wie die conspiration vom Alberoni
undt graff Nimbts ist endeckt worden undt herauß kommen? Alles, waß
interessirt ist, ist allezeit zu förchten; die seindt zu allen bößen stücken
capable ⁵. Aber da kompt monsieur de Foucault ⁶, der conseiller d'estat,
welchen mir der leyder verstorbene könig zum chef du conseil geben,
undt monsieur de Baudry, mein secretaire de commandement, haben
mitt mir zu sprechen wegen affairen vom hauß, muß also eine pausse
machen wider willen. Den vor nachmittags werde ich nicht wieder
zum schreiben gelangen können; den wen unßer kleiner raht zum
endt wirdt sein, muß ich mich ahnziehen, hernach in kirch, gleich
nach der kirch zur taffel. Von dar werde ich spatziren fahren undt
abendt, wen ich widerkommen werde sein, abendts umb ¾ auff 5

Le maître de philosophie.
Oui, monsieur.
Monsieur Jourdain.
Par ma foi, il y a plus de quarante ans que je dis de la prose, sans que
j'en susse rien; et je vous suis le plus obligé du monde de m'avoir appris cela.

1 Die hofmeisterin von Elisabeth Charlotte. Vergl. band I, s. 520. band
II, s. 747. band III, s. 486. 2 Monsieur, der gemahl von Elisabeth Charlotte. 3 d. h. wol: Hat es vielleicht ihrer vorfahrerin gehört? 4 Vergl. band
II, s. 775. band III, s. 156. 5 d. h.: Eigennützige menschen sind allezeit zu
fürchten, sie sind zu allen bösen stücken fähig. 6 Vergl. den brief vom 3 September, oben s. 229, anmerk. 4.

ins abendtsgebett; hernach werde ich wieder ahnfangen, zu schreiben.

Donnerstag, den 9 November, umb 7 abendts.

Wie ich schier ahngezogen war, ist die kleine duchesse d'Oursch[1] zu mir kommen. Habe alles gethan, waß ich Euch heütte morgen gesagt, so ich thun würde. Warumb ich aber so spät ahnfange, zu schreiben, ist die ursach, daß nachdem ich auß dem gebett gekommen, hatt mir die duchesse Dursch, so ich noch hir gefunden, hatt mich gebetten, sie ahnzuhören, hatt eine klocke-stundt[2] mitt mir gesprochen; habe auch viel brieff bekommen, deren ich ein theil geleßen, unter andern einen von Euch, liebe Louise, vom 28 October, no 85. Dancke Euch gar sehr von[3] alle gedruckte sachen, so Ihr mir mittgeschickt; aber, so mir gott daß leben lest, werde ich biß sontag drauff andtwortten, dießen abendt aber nur daß fortfahren, so ich heütte morgen ahngefangen hatte. Ich gönne es dem Alberonie woll von grundt der seelen, die 100/m. spanische pistollen verlohren [zu haben]; daß hatt mir daß geblüdt mehr erfrischt, alß mein grüner safft. Wie ich sehr interessirt bin, liebe Louise, so will ich mein recht von der meß von Franckfort nicht verliehren; also, sofern ich noch im leben bin, wen die ander meß wirdt kommen, so müst Ihr mir ein par karttenspiel schicken, liebe Louise! Nein, die ich habe, begehre ich nicht, sondern neüe. Ich habe die festen auff ein ander manir, habe sie also doch noch geleßen undt mich mitt amussirt; dancke Euch nochmahlen sehr davor, liebe Louisse, wie auch vor die medaillon. Ob sie zwar nicht gar spirituel sein, zeichenen sie doch die zeitten undt schicken sich in mein cabinet. Die Poln seindt offt schlimme gäste, haben vielleicht den lobspruch auß muthwillen gesetzt, ihren könig außzulachen; daß könte gar woll sein. Paris ist noch voller bößer lufft undt kinderblattern, wie ich Euch heütte morgen schon gesagt habe, liebe Louise! Monsieur de Foucault hatt mir heütte morgen gesagt, daß, seyder er wieder von seinen landtgutt kommen, gehe kein tag vorbey, daß er nicht 3 undt viel[4] begräbnuß in seiner paroisse de St Paul finde. Die gräffin von Warttenberg ist ja auch eine ertzspillerin. Mich deücht, der nahm von Flor lautt nicht gar adel-

---

[1] d'Ourches. [2] d. h. glocken-stunde, eine ganze stunde. [3] ? vor. ? für. [4] ? vier.

lich, noch noble; die dame ist es auch nicht, also nichts dran verlohren; macht den schönnen pfanenkuchen von stinckende butter undt faulle eyer. Ewer wünsch ist vollig volzogen; den der grüne safft ist mir gar woll bekommen. Wir haben hir gantz undt gar nichts neues, alß daß mademoiselle de Valois sich vergangen montag schir umbs leben gebracht hette. Es ist ihr eine kindtheit[1] ahnkommen, in vollem randt[2] zu pferdt durch eine kleine thür zu renen; sie hatt sich nicht genung gebückt undt den kopff so hart ahngeschlagen, daß sie biß auff die grub[3] vom pferdt gefahlen. Man hatt ihr nachts gleich zur ader gelaßen undt man hofft, daß es keine gefahr haben wirdt[4]. Adieu, hertzliebe Louisse! Ich ambrassire Euch von hertzen undt behalte Euch von hertzen lieb.

Elisabeth Charlotte.

1069.

St Clou den 12 November 1719, umb 6 morgendts (N. 37).

Hertzallerliebe Louise, gestern abendts bin ich umb ³/₄ auff 10 ins bett, kan also woll wieder früh auff [sein], will meinen tag mitt Euch ahnfangen, wen er kommen wirdt; den es ist noch itzunder stock-finstere nacht. Aber dießen morgen wirdt die großhertzogin wieder herkommen, umb etliche tage hir bey unß zu bleiben, muß also ein wenig früher, alß ordinarie fertig [sein], umb I. L. in ihre cammer zu besuchen. Ich weiß nicht, ob mich die großhertzogin auffmuntern wirdt; allein ich bin recht gritlich undt will Euch die ursach sagen. Gestern abendts habe ich erfahren, daß mein sohn undt madame d'Orleans ihren sohn erlaubt haben, bey den verfluchten leichtfertigen bal vom opera zu gehen, welches dießes bißher so gantz frommen kindts verderben ahn leib undt seehl sein

*

1 d. h. kinderei. 2 d. h. rennen. 3 la croupe, das kreuz des pferdes.
4 Journal du marquis de Dangeau XVIII, s. 150 unter montag, 6 November 1719: «Mademoiselle de Valois, étant à cheval dans le bois de Boulogne, et voulant sortir par la porte Maillot, ne se baissa pas assez de dessus son cheval; elle se blessa à la tête; on la saigna le soir, on rasa ses cheveux où on trouva qu'il n'y avoit aucun danger à sa blessure.» Unter dienstag, 7 November 1719, heißt es ebendaselbst: «Mademoiselle de Valois parut le soir au jeu de madame la duchesse d'Orléans; elle a encore un peu de douleurs dans la tête.»

wirdt[1]; den ins bordel oder bey den bal zu gehen, ist woll all eins. Daß kindt ist delicat, wie eine muck, kan die geringste fatigue nicht außstehen, hatt sein leben nicht spatter, alß 11 uhr gewacht. Dießes mitt dem leichtfertigen leben, so dort vorgeht, wirdt dießen armen buben gewiß umbs leben bringen, der meinem sohn doch so hoch nöhtig ist. Da segt Ihr, liebe Louise, daß ich recht ursach habe, gridtlich zu sein. Aber last unß von waß anderst [reden]! Waß mich noch bey dießen bal verdriest, ist, daß mein sohn, der gar keine gefahr scheüdt, sich auch dort finden wirdt; [er wird] sich nicht allein kranck machen, wie vor einem jahr, sondern er stehet auch noch in gefahr, von dem Alberoni assasinirt zu werden. Auß dießem allem segt Ihr woll, liebe Louise, daß ich gar keine ursach habe, lustig zu sein. Nun ich Euch mein hertz eroffnet undt meinen verdruß geklagt, komme ich jetzt auff Ewer letztes liebes schreiben vom 28 October, no 85, welches ich vergangenen donnerstag zu recht entpfangen; aber, wo mir recht ist, habe ichs Euch schon bericht. Alle posten gehen abscheülich unrichtig von allen ortten. Meine gesundtheit ist bißher perfect; allein, lebe ich lang in den sorgen, wo ich seyder gestern bin, wirdt sich mein miltz baldt wieder füllen mitt der schwartzen gall. Nein, liebe Louise, ich darff nicht mehr zu nacht eßen; ich habs versucht, schlaffe viel ruhiger ohne eßen. Ein eintzig eydotter, in waßer, so gantz siedig ist, geschlagen, kan nicht viel galle machen; verdrießlichkeit macht es mehr undt daß ist nicht zu endern, muß daß miltz füllen laßen, undt wen es voll wirdt sein, mitt dem grünen safft wider lehren[2]. Unßere abtißen ist lengst wider in gar volkommener gesundtheit; sie ist ein harter kniper. Ich wolte, daß ihr bruder so starck were, alß sie ist; aber es[3] ist leyder nur, alß wen er von papir gemacht were; macht mich offt bang. Unßere abtißin hatt etwaß [gesagt], so mir woll gefahlt. Sie hatte affairen, hette dießen pretext woll nehmen können, umb nach Paris ins Val de Grace zu kommen; aber sie hatt gesagt, es stunde einer abtißin nicht woll ahn, ohne große nohtwendigkeit auß ihrem closter zu sein; hatt nicht kommen wollen. Daß aprobire ich sehr; den weillen sie ja dieß handtwerck genohmen, ist es beßer, daß sie es woll, alß übel, thun[4]. Dießer abtißen kranckheit hatt nur 4 tag gewehrt,

---

1 Vergl. nachher den brief vom 9 December. 2 d. h. leeren. 3 ?er. 4 ?thue.

hatte gar starck ahn[ge]fangen, ist aber baldt zum endt gangen. Womitt ich dießen brieff ahngefangen, erweist woll, liebe Louise, daß man nicht ohne chagrin undt sorgen in der welt sein kan; es[1] jedes muß sein verhengnuß erfallen. Mitt der rechnung, so ich gemacht, sambstags 4 undt mittwog 3 capittel zu leßen, ist es doch eben, alß wen ich alle tag 3 capittel ließe; den waß ich sambstag leße, ist vor sambstag, sontag, montag undt dinstag; die andern 3 machen mittwo[ch], donnerstag undt freytag. Die 5 tag, so ich nicht leße, habe ich ohnmöglich der zeit, zu leßen; aber sambstags habe ich nur überbliebende schreiben zu beantwortten undt mittwog nur ahn die hertzogin von Hannover zu schreiben; aber die andern tagen habe ich 2 ordinarie posten auffs wenigst. Heütte, alß sontag, zum exempel habe ich ahn Euch undt in Lotteringen zu schreiben, montags ahn die königin in Preußen, die von Spanien, so zu Bajonne ist, undt die königin von Sicillien; dinstag schreibe ich wieder in Lotteringen undt ahn die printzes von Wallis, deren geringste schreiben ich von 20 bogen[2], aber ordinarie seindt sie von 24 oder gar 28 bogen, wie dieße seindt; donnerstag schreibe ich ahn Euch, liebe Louise, monsieur Harling undt baron Görtz; freytag habe ich wider die englische undt lotteringische post. Vor meine gesundtheit muß ich ja woll auch spatziren fahren, etlichmahl auch nach Paris, mein sohn undt seine gemahlin zu [sehen]; daß benimbt mir einen gantzen tag. Segt Ihr woll, liebe Louisse, das mir gar wenig zeit in der woch zu leßen überbleibt? Die gantze Biebel zu behalten, ist oh[n]möglich; dencke, nur zu behalten, waß zu meiner seeligkeit nutz ist. Außer die Biebel undt heyllige [schrift] kan ich keine geistliche bücher leßen, schlaff drüber ein. Ich weiß nicht, wer der herr Canstein[3] wahr[4], noch wie er sein Testament gemacht. Nach aller aparentz ist zu hoffen, daß die

---

1 ? ein. 2 d. h. wol: die kleinsten briefe, die ich an sie schreibe, halten 20 bogen. 3 Karl Hildebrand freiherr von Canstein, geb. 15 August 1667 zu Lindenberg, einem gute nicht weit von Beskau und Storkau, gest. 19 Juli 1719, der gründer der nach ihm benannten berühmten Bibelanstalt in Halle a/S., welche zuerst im jahre 1712 das neue Testament druckte und zu zwei guten groschen verkaufte, im jahre 1713 die ganze Bibel in groß-octav-format zu 10 guten groschen erscheinen ließ, seit dem jahre 1712 bis zum jahre 1872 nicht weniger, als 5,799,874 Bibeln und neue Testamente hergestellt hat. Vergl. O. Bertram, Die geschichte der cansteinischen Bibelanstalt in Halle. Halle 1863. 4 d. h. war.

sach von den armen refor[mierten] Pfaltzern woll gehen wirdt. Weillen sich so viel hohe personen undt der keyßer se[l]bst drumb bekümern, so hoffe ich, daß sich die wüste Jessuwitter sich nicht mehr werden mucken dörffen undt hinfüro behutsamer sein. Ich habe dem pfaltzischen secretarie meine meinung über dießer sach teütsch herauß gesagt, daß es mir wunder nimbt, wie daß ein so verständiger undt gutter herr, wie ich I. L. den churfürsten beschreiben höre, sich von bößen pfaffen so regieren laß, daß könige, keyßer undt fürsten ihn erinern müßen, waß er seinen unterthanen schuldig seye. Der secretarius war gantz bedultelt [1]; Lenor hatte ihm auch vorher schon die meinung braff gesagt. Nein, liebe Louise, es ist ein großer unterschiedt unter die relationen, so Ihr mir geschickt, undt die von baron Goertz; den die seine seindt frantzösch, also gantz waß anders. Im grundt habt Ihr recht, liebe Louisse! Aber es ist doch eine uhralte gewohnheit. Ich fragte einmahl hir, warumb man daß thete; man andtworttete mir, es seye nöhtig, umb den pöpel eine große idée von ihrem könig zu geben, daß inspirire ihnen den respect undt admiration von ihrem herrn; den der pöpel examinire nicht, ob das loben mitt recht ist oder nicht, glaubens, so baldt es gedruckt ist. Ahn wem schreibt Ihr nach Wien? Es ist vielleicht ahn dem herrn undt fraw von Degenfelt. Ey, liebe Louisse, Ihr hettet woll Ewern brieff verkürtzen können; den es war gar nicht nöhtig mehr, vor die St Clouer kirbe zu dancken; Ihr habt ja schon so offt undt vielmahl davor gedanckt, mehr, alß es nohtig. Ich bin Ewern niepcen recht verobligirt, mir nicht wider geschrieben zu haben; den ich bin accablirt von brieffen, wie ich Euch schon gesagt. Ich bitte Euch, allen 3en, den zwey schwestern undt graff Degenfelt, doch wieder viel complimenten von meinetwegen [zu schreiben], undt versichert ihnen, [daß] ich nie keine gelegenheit versäumen werde, in welchen ich ihnen werde dinnen können, sie mögen nur ohne scheü mich amploiren so [2] waß sie glauben können, daß ich ihnen nöhtig sein kan! Liebe Louisse, wir seindt einander zu nahe, umb daß es nicht meine schuldigkeit, wo ich kan, Euch zu dinnen undt gefahlen zu erweißen undt lieb zu haben. Daß werde ich auch all mein leben thun.

Elisabeth Charlotte.

---

1 d. h. wol: betroffen.   2 ? zu.

P. S.

Sontag, den 12 November, umb 5 abendts.

Wir haben daß heßlichste wetter von der welt, kalter windt, nebel undt regen. Ich bin nicht außgangen, wie Ihr, liebe Louise, leicht gedencken [könnt]. So baldt ich von taffel kommen, hab ich ein brieff von der königin in Spanien, die zu Bajonne ist, einen von der königin in Preüssen, einen von der königin in Sicilien, einen von Euch vom 31 October, no 86, einen von meiner dochter undt einen von der printzes von Wallis [empfangen]. Ich habe ahngefangen, zu leßen, aber im vollem leßen bin ich entschlaffen, biß man mich geruffen, weillen man in die kirch geleütt. Wie ich auß der kirch kommen, habe ich den jungen grand prieur, so man le chevalier d'Orleans heist, hir gefunden. Er kompt von Malte[1], wo er seine caravane gethan undt sein letztes gelübt abgelegt, kan sich nun nicht mehr heürahten. Also wirdt mein sohn seine race auff der lincken seytten nicht multipliciren; den der abt[2] wirdt ein prister werden, hatt gar keine große inclination dazu, jammert mich von hertzen, ist ein rechter gutter, ehrlicher bub, der daß beste gemüht hatt von der welt, gleicht viel ahn meinem herrn s., aber er hatt eine schönnere taille, ist ein kopff langer, alß sein herr vatter; er jamert mich von hertzen. Mittwog werde ich nach Paris undt monsieur Marions placet[3] ahn mein sohn [geben]; andern tag werde ich Euch berichten, liebe Louise, wie es abgangen. Aber monsieur Marion sestzt in seinem schreiben, daß seine fraw gestorben. Wie? ist sie todt undt schickt Euch dieß placet? Daß begreiffe ich nicht, liebe Louise, es seye den, daß mehr, alß eine, madame Marion ist. Ich habe noch gar viel zu schreiben, muß also vor dißmahl nichts mehr sagen, alß daß ich, so mir gott leben undt gesundtheit verleydt[4], werde ich biß donnerstag auff dießen brieff, so ich heütte entpfangen, andtworten. Ich weiß nicht, warumb Euch von meinen brieffen fehlt; den ich kan Euch mitt wahrheit versichern, daß ich keine eintzige post verfehlt habe; ich hoffe, es wirdt sich wider finden.

1 Journal du marquis de Dangeau XVIII, s 151 unter donnerstag, 9 November 1719: «M. le chevalier d'Orléans, grand prieur de France, a été reçu à merveille à Malte; il a été installé dans sa nouvelle dignité, et est présentement de retour en France.» 2 abbé de Saint-Albin. 3 bittschrift.
4 d. h. verleiht.

1070.

St Clou den 16 November 1719 (N. 38).

Hertzallerliebe Louise, ich kan nicht begreiffen, wie es kompt, daß Ihr meine brieffe nicht entpfangt; den ich kan Euch mitt warheit versichern, daß ich keine eintzige post gefehlt habe. Aber alle posten gehen gar unrichtig; die von Turin kommen 2mahl 24 stundt spätter ahn, alß ordinarie. Meine brieff nach Lotteringen bekompt meine dochter auch eben so spät. 2 posten fehlen mir von Modene; die englische kommen auch spätter, alß sie thun solten. Suma, in allen ortten klagt man über die post. Man [wird Euch] wieder 2 auff einmahl von mir bringen. Daß prevet[1] vor Eweren niepcen meritirt keine dancksagung; es ist ja nichts neües, sondern alß dieselbe sach, so ich unterfangen, Ewern niepcen zu dinnen. Daß were schön geweßen, daß sie mich hir hetten undt ich ihnen in nichts dinnen [wollte], welches ich woll vor ihnen [gethan hätte], wen sie nur des marechal de Schonbergs enckellen geweßen wehren, will geschweygen den, da ihre fr[au] mutter undt Ihr mir so gar nahe seydt; also ist hirauff weitter nichts zu sagen, liebe Louisse! Ich weiß nicht, waß Ihr die ober vorstatt heist. Wo daß ober thor ist, weiß ich woll, den ich habe gar offt [den weg] in deß herrn oberamptman von Heydelberg, deß herrn von Landaß, hauß [gemacht], so geraht unter dem thiergartten war; offt deß morgendts umb 4 bin ich nunder gangen durch den burgweg undt habe [mich] dort so voller kirschen gefreßen, daß ich nicht mehr gehen kundt; den sie seindt unvergleichlich beßer in deß Landaß gartten, alß in keinem ort in Heydelberg. Keinen großen platz habe ich nie dort gesehen; aber wo zu meiner zeit ein großer platz war, daß war auff der rechten seytten von der frantzößchen oder closter-kirch; da hatt man einen hundtsstall auß gemacht, war vor dießem der solmische hoff geweßen. Die printzessin von Oranien schriebe alß ahn J. G. s. dem churfürsten, unßerm herr vatter, daß sie nach Heydelberg kommen wolle, den solmischen hoff wider zu bauen. Ihr herr vatter, der graff von Solms, war oberhoffmeister bey dem könig in Böhmen geweßen undt die printzessin von Oranien war hofffreüllen bey der königin in Böhmen. Die machte ihren beüraht

---

1 brevet.

undt ihre fortune, wurde hernach so abscheülich stoltz, daß sie die arme königin in ihrem unglück verra[c]btete, undt [als] einmahl der königin pferdt kranck wahren undt die arme königin ein gespan bey dießer printzes lehnen wolte, schlug sie es der armen königin bladt [ab]. Daß seindt aber alte geschichten. Umb wider auff Heydelberg zu kommen, so jammern mi[c]h die arme leütte so, undt einen holtzern tag predigen hören bey dem feüchten regenwetter, daß wirdt abscheüliche fluß undt husten geben undt schnupen; daß wetter ist recht darnach itzunder. Die reiß von Schwetzingen nach Heydelberg ist kurtz. Ich glaube, ich konte dießen weg vom Spey[er-]tobr biß nach Schwetzingen gantz allein noch finden[1]. Von Schwetzingen auß liße ich Offtersheim undt Epelheim undt Blanckenstatt auff der lincken handt, fuhr erst durch ein flach felt, hernach in der mitten durch ein klein wältgen, darnach wieder ins flach felt biß ahns Speyer-thohr; daß fahredt man bey deß schinders hauß vorbey, von dar bey dem spittahl, hernach bey dem quadischen[2] hauß undt die lutterisch kirch, hernach zu endt der gaß threhet man auff die rechte handt, fahrt lengst dem graben bey Seckendorffs hauß vorbey, hernach bey deß Seyllers vatters hauß, deß ferbers[3], da threhet man bey der kelter auff [der] lincken handt umb; auff der lincken handt auch findt man St Anne kirch, darnach kompt man ahn den großen berg undt fährt nauß; man lest Bettendorff[4] hauß auch auff der linken handt undt deß alten Marots[5] hauß undt seinen laden; etlich heüßer hernach findt man den brunen, so zwey röhr hatt undt steht en face, hernach threhet man ein wenig auff die rechte handt; ahn dießem ort ist der berg ahm schwersten zu fahren. Auff der seytten war zu meiner zeit ein schildt mitt einer silbern schaffe-scheer; waß nun ist, weiß ich nicht. Darnach kompt man in einem lehren[6] platz, wo man die statt sicht, undt auff der rechten handt ist deß gartners hauß, just wo der weg vom Wolffbrunen ahnfangt. Hernach fährt [man] gegenüber den gartten im vorhoff, wo der kleine gartten. Darnach threhet man auff der lincken handt zur ziehbrücken, bey welchem[7] zwey gehörnischt mäner von stein stehen, undt oben drüber war ein mont

---

1 Vergl. band III, s. 412.   2 Vergl. band III, s. 456. 457.   3 Vergl. band III, s. 463.   4 Vergl. band III, s. 484 unter Bettendorf.   5 Vergl. band II, s. 245.   6 d. h. leeren.   7 ? welcher.

wie eine kugel, so man im schloß undt draußen sahe, undt die schloßuhr war in einem viereckenden thurn drüber. Da segt Ihr, liebe Louise, wie ich mein Heydelberg noch so woll außwendig weiß. Es ist eine böße nation daß pfaffengeschlegt; der ist glücklich, so nichts mitt ihnen zu thun hatt. Ich bin froh, daß meine natürliche expression [Euch nicht misfällt]. Ich habe gutte hoffnung, daß es vor unßere gute, ehrliche Pfältzer woll gehen wirdt, weillen der keyßer selber vor sie ist. Mein sohn wirdt gar gewiß sich nicht in dieße händel mischen. Ich glaube nicht, daß Churpfaltz undt mein sohn einander schreiben; den ich glaube, es ist difficultet wegen deß ceremonials. Dem seye aber, wie ihm wolle, so wolte ich mein kopff verwetten, daß mein sohn daß nicht geschriben hatt; daß ist der pfaffen rechtes krautt, ihren moglichsten fleiß zu thun, die leutte zu schrecken. Ich hette heutte ein neues oder frisches schreiben von Euch, liebe Louise, haben sollen. Ich bin fro, daß die gutte madame Zachman wieder woll ist. Der breütigam muß ein schwestersohn vom Seyller sein, weillen er seinen nahmen nicht führt. Zu meiner zeit war kein keyßerlicher postmeister zu Heydelberg. Ihr redt mir von dem ehrvergeßenen undt verlogenen schelmen, den Seyllen[1], alß wen ich ihn nicht kente. Ich kente ihn gar woll; I. G. s. hatten ihn alß ein armes kindt auß [der] vorstadt in die Neckerschul gethan, undt weillen er große lust zum studiren erwieße, ließen i[h]n I. G. s. auß, zu studiren, machten ihn zum bibleoticarius, welches er etliche jahr verwaltet; hernach wurde er secretarius, nachdem ihn I. G. in Franckreich undt Ittallien hatten reißen laßen. Er war von meines brudern s. commedien; in Pastor fido war er Ergastus[2], im Sejanus Eudemus. Hernach, wie ich schon hir war, bestall er I. G. s. archiffen[3], lieff damitt nach Wien undt wurde catholisch. Der keyßer schickte ihn her alß envoyes; er ließ den könig bitten, ihm zu erlauben, keine audientz bey mir zu haben, den ich hette ihn nie leyden können; fürchtete, ich mögte ihn waß verdrießliches sagen; der könig erlaubt es ihm. Einsmahls, alß ich bey einem schönnen tag früher, alß ordinarie, von der jagt kommen war, kam mir lust ahn, umb den canal zu fahren. Wie ich ahn den canal kam, fandt ich Seyller in eine von deß königs kutschen. So baldt ich ihn sahe, sagte ich: «Ah, voila

*

1 ?Seyller. 2 Vergl. band II, s. 62. band III, s. 377. 3 d. h. archive.

Seiller, il n'est pas changes.» Seiller fuhr auff, alß wen er den teüffel gesehen, wirdt bleich wie der todt undt so übel, daß man ihn wegführen muste. Monsieur de Torcy fragte, warumb er den so sehr vor mich erschrecke; ich hette ja versprochen, daß ich ihm nichts vorwelffen[1] wolte. Er andtwortete, er wer meines herrn vattern bastert[2], aber ich hette ihn nie leyden können undt all mein leben so außgelacht undt vexirt, daß er mich arger, alß den teüffel, fürchte. Man frachte[3] mi[c]h, obs war were; ich aber verzehlte seine gantze historie. Ich sagte, man solte mir [ihn] herführen, wolte von nichts, alß von alten commedien, sprechen; aber man hatt ihn nie resolviren können, zu mir zu kommen; sagte, wen er meine stimme hören würde, müste er bladt ohnmächtig werden[4]. Hirauß segt Ihr woll, liebe Louisse, daß ich Seiller gar woll gekandt haben. Adiou, hertzliebe Louisse! Ich ambrassire Euch von hertzen undt behalte Euch von hertzen lieb.

Elisabeth Charlotte.

1071.

St Clou, den 19 November 1719 (N. 39).

Hertzallerliebe Louise, ich muß Euch sagen, daß [ich] Euch vergangen montag eine lügen geschrieben, nehmblich daß ich kein schreiben von Euch entpfangen hatte; habe mich hernach erinert, daß ich, wie ich auß der commedie mitwog zu Paris gangen, etliche schreiben bekomen, so ich in sack von schürtztuch gesteckt, weillen ich es wegen der nacht nicht leßen konte; habe durchauß vergeßen, wie ich Euch, liebe Louisse, geschrieben, das ich es im sack hatte, undt habe ich geschrieben, daß ich es nicht entpfangen. Da segt Ihr den effect von meinem schonnen gedachtnuß, liebe Louise! Vorgestern, wie ich in den sack griff, umb waß anderst zu suchen, fandt ich Ewern sambt noch 3 andern brieffen in meinem sack. Ewer liebes schreiben war vom 4, no 87. Es ambarassirte mich nicht wegen .... den ich hette es doch nur heütte beantwortet; aber es verdroß mich, eine lügen geschrieben zu haben, den das [thue] ich gar nicht gern. Aber waß will man thun? Daß macht,

---

1 ? vorwerfen.   2 Vergl. nachher den brief vom 10 December.   3 d. h. fragte.   4 Vergl. band II, s. 61. 62. 265.

wie Pickelhäring sagt, wen er mutter Anniken ist: »Daß thut daß
liebe alter«¹. Es ist mir lieb, das Ihr, liebe Louise, nun alle meine
schreiben entpfangen habt undt daß Euch deren keine mehr fehlen.
Aber daß Ewerige auß dem Schlangenbaadt ist undt bleibt verlohren. Es ist woll ein großer mutwill von der post, brieffe, da
ihnen nichts ahn gelegen ist, so lang zu behalten, wen sie sie in 6
tagen bey dem² jetzigen schlimen wegen undt wetter liffern können.
Aber waß solle man sagen? Die welt ist boßhafftiger, alß nie.
Wen sie noch ein interesse drin betten, were es noch zu vorzeyen;
aber nur bloß den leütten verdruß abzuthun, daß ist zu boßhafft.
Ein woll policirter ort solte eine straff auff solche boßheit legen.
Aber weillen nichts hirinen zu endern ist, will ich nichts mehr davon sagen. Ihr seydt gar zu demütig, liebe Louise, oder müst mich
vor interesirter halten, alß ich bin, daß Ihr meint, das ich nur
nach denen fragen solle, welche mir gar nützlich sein können. Wen
daß nur were, wo kämme die freündtschafft hin, so daß geblüdt
undt die estime erfordert? Ich würde woll zufrieden von meinen
brieffen sein, wen sie Euch, liebe Louisse, zu einigen trost undt
auffmunterung dinnen könten. Es seindt viel königliche personnen,
so man übel erzogen undt in der jugendt verdorben hatt, ihnen nur
ihre grandeur gelehrnt, aber nicht dabey, wie daß sie nur menschen
wie andere seindt undt vor nichts mitt aller ihrer grandeur zu estimiren sein, wofern sie kein gutt gemühte haben undt nach tugendt
trachten. Ich habe einmahl in einem buch geleßen, daß man solche
ahn saüe vergleicht, mitt goltenen halßbänder. Daß hatt mich fra-
pirt undt auch lachen machen, ist aber doch nicht übel gesagt. Ich
gebe, noch nehme kein exempel von niemandts, dencke, daß es ein
jeder machen muß, wie er es verstehet. Madame Dangeau hatt
gewiß viel tugenden; wenige folgen ihr exempel. So viel sie auch
von ihrer schönnen sohns fraw helt, so ist sie doch ihr nicht zu
vergleichen. Coursillon³, der sonsten viel fehler hatte, war doch
in einem stück recht lobenswehrt, nehmblich in den respect undt
hertzliche liebe, so er vor seine fraw mutter hatte. Ich wolte, daß
er es nicht gehabt hette; den so were die gutte fraw leichter zu
trösten. Ihr man ist nun gar kranck ahm stein. Ob man ihn zwar

---

1 Vergl. band I, s. 3. 147. band II, s. 4. 19. 513. band III, s. 224.
2 ? den.   3 Courcillon.

vor etlichen jahren den stein geschnitten hatt, dießmahl mögte er woll drauff gehen; den er geht in sein 80 jahr [1]. Daß lutterische liedt von: «Dein will gesche, o gott, undt nicht mein menschenwill!» wo mir recht, ist von hertzog Anthon Ulrich. Ich will es suchen, so baldt ich abgethan sein werde; ich [werde] Euch dießen nachmittag sagen, ob ich mich betrogen oder nicht. Ich habe doch lachen müßen, liebe Louise, daß Ihr es so nach Ewerm sin getbrehet hab[t]. Ich sage auch unßerm herrgott nie, waß ich nicht gedencke. Daß erinert mich ahn die gutte fraw von Landas. Wen die Colbin kranck war undt dieße marschalckin in meiner cammer schlieff undt morgendts- undt abendts-gebett laß undt ahn daß «Unßer vatter» kam, überhüpffte sie immer «wie wir vergeben unßere schuldigern»; daß hatt mich offt lachen machen. Ich finde, daß Ihr viel juster gesprochen, alß der daß liedt gemacht hatt; den wen gott unß nicht gibt, woll zu thun undt zu gedencken, könen wirs gewiß von unß selbsten nicht. Madame Dangeau thut ihr bestes; aber ich glaube, daß sie in eine große melancolie fallen wirdt; den kranckewärtterin bey einem alten man zu werden, kan woll nicht wieder auffmuntern. Sie jammert mich woll von hertzen, meritirte, glücklicher zu sein, alß sie leyder ist. Aber ich glaube, aber ich hoffe, sie wirdt mitt ihrem leyden undt gedult undt ergebenheit in gottes willen den himmebl verdinnen. Ich sehe, daß es dem hanoveris[c]hen hoff gangen mitt Euch, wie monsieur le Dauphin s. mitt mir [2], daß man Euch auch reparation gethan über waß Ihr von dem pfaltzigen wilbert [3] gesagt. Ihr habt noch ein ort vergeßen, wo die haßen kostlich sein, nehmblich zu Altzey. Mich deucht, daß die krametsvögel in der gantzen Pfaltz gutt sein; drumb heist man alle Pfältzer auch

---

1 Journal du marquis de Dangeau XVIII, s. 157. 158 unter freitag, 17 November 1719: «Le marquis de Dangeau, auteur de ces mémoires, fut taillé par Thibaut, qui est le chirurgien qui travaille à l'Hôtel-Dieu à ces opérations-là, et l'opération se fit fort heureusement.» Ebendas. s. 164 unter mittwoch, 22 November 1719: «L'opération qu'on fit le 17 au marquis de Dangeau a été si heureuse, qu'il n'a pas eu depuis le moindre accès de fièvre.» Ebendas. s. 166 unter donnerstag, 30 November 1719: «La plaie du marquis de Dangeau est entièrement fermée, et il commence à sortir: il y a peu d'exemples d'une opération si heureuse; car il n'a plus besoin d'être pansé.» Der marquis von Dangeau, geboren 21 September 1638 (Journal I. s. XX), starb nach kurzer krankheit 9 September 1720 (Journal XVIII, s. 337). 2 Vergl. den brief vom 26 October, oben s. 281. 3 d. h. pfalsischen wildbrät.

krametsvögel¹, wie man die Sacksen heringsnaßen undt die Schwaben frösch² heist. Ich wolte, daß graff Degenfelt erst kämme, wen ich wieder hir sein werde; den da konte ich sie beßer entpfangen undt im hauß logiren; daß kan ich nicht zu Paris thun, dazu so eße ich gantz allein zu Paris, aber hir mitt damens. Also secht Ihr woll, liebe Louisse, daß es mir viel gemachlicher sein würde, sie hir zu haben, alß zu Paris. Ich hoffe, so mir gott leben undt gesundtheit verleyet undt Paris mich nicht auffreibt, zu endt deß Aprillen wieder hir zu sein. Mich deucht, die herrn abgesanten zu Heydelberg seindt waß langsam in ihren operationen. Von religionssachen reden undt gerechtigkeydt erweißen, ist kein handtwerckssach, konte also eben so woll feyertags, alß werckstag, tractiret werden; dieß deucht mir eine gar schlechte entschuldigung. Unter unß gerett, es deucht mir, es seye ein schlechter ahnstalt zu Heydelberg. Wie heist der cantzler, so bey Churpfaltz ist? Es ist eine rechte schandt, daß Euch Churpfaltz daß Ewerige zurück[hält], da Ihr ja nur die eintzige von allen raugraffen undt raugraffinen seydt, so noch leben³. So regirender herr, so der printz von Rheinfels auch sein mag, so deucht es mir doch ein schlechter heuraht sein. Erstlich so ist er gar nicht reich, undt zum andern so ist die person, so ich hir gesehen, außer die geburt in allem gar schlegt. Were sie so schön, alß ihr 2 herr bruder, were es woll schadt, daß sie so einen unahngenemen herrn hette. Meine Reine incognüe⁴ hatt gar gewiß mehr verstandt, alß dießer printz von Rheinfels. Mich deucht, sie hette woll waß beßers bekommen können. Mich deucht, außer die fürstin Ragotzy seindt die andern schwestern gar zu närisch verheuraht, umb in dieße schwägerschafft zu kommen. Ihr seydt nicht schuldig, zu wißen, liebe Louise, wie die Goblein⁵ heyßen. Es führt den nahmen von einer bach, so dadurch fliest zu Paris⁶; habe keine generosität von nohten, liebe Louise, Euch zu entschuldigen, dießen nahmen nicht recht geschrieben zu haben. Ihr sagt nichts mehr von der fürstin von Nassaw

---

1 Vergl. nachher den brief vom 14 December. 2 Vergl. meine ausgabe der schauspiele des herzogs Heinrich Julius von Braunschweig. Stuttgart 1855. s. 307. Uhlands Schriften zur geschichte der dichtung und sage VII. Stuttgart 1868. s. 619. 620. 3 ?lebt. 4 «Reine inconnue» ist der name eines hündchens von Elisabeth Charlotte. 5 Gobelins. Vergl. den brief vom 26 October, oben s. 284. 6 Diß ist nicht richtig. Vergl. oben s. 284, anmerk. 6.

undt ihrem Dürnberg ¹. Wo seindt die zwey schätzger hinkommen? Seindt sie in der quitterye, wie madame la duchesse de la Maylleray ² alß pflegt zu sagen? Sie war possirlich, sagte: «Ah, que l'amour seroit jolis, s'il n'y avoit point ces quitteries!» Der courier von Modene ist gestern abendts ahnkommen; man weiß aber noch nicht, waß er bringt, ob der heüraht ahngehen wirdt oder nicht³. Erfahre [ich es] heütte, werde ichs noch berichten; es ist nur ein viertel auff 12 nun. Erfahre ich [es] aber nicht, müst Ihr nur mitt der versicherung zufrieden sein, daß ich Euch, liebe Louisse, von hertzen lieb habe undt all mein leben behalten werde.

Elisabeth Charlotte.

Sontag, den 19 November, umb 5 uhr nachmittags.

In dießem augenblick komme ich auß der kirch, undt wie wir von taffel kommen, habe ich Ewer liebes schreiben mitt den 3 schraubthaler zu recht entpfangen; dancke vor die mühe, so Ihr genohmen, mir solche außzusuchen. Wen Ihr mir die überigen schicken werdet, hoffe ich, daß Ihr mir dabey werdt zu wißen thun, waß es kost. Ewer liebes schreiben ist vom 7, no 88. Ich werde es heütte nicht völlig beantwortten. So mir gott daß leben biß zukünfftigen donnerstag verleyehet⁴, werde ich so ordentlich drauff antworten, alß ich heütte auff daß von 4, no 87, gethan, nur noch auff dießes frische sagen, daß es nicht war ist, daß madame la princesse madame du Maine wieder nach Paris geführt hatt. Sie ist vergangenen mitwog ohne sie wieder kommen⁵; aber sie hatt nie ihre fraw dochter hollen sollen, sie ist sie nur besuchen gangen,

---

1 ? Dörnberg. 2 de la Meilleraye. Vergl. nachher den brief vom 14 December. 3 Journal du marquis de Dangeau XVIII, s. 157 unter dienstag. 14 November 1719: «On attend dans huit jours un courrier de Modène, après quoi l'envoyé de ce prince fera la demande en forme de mademoiselle de Valois au roi, à M. le duc d'Orléans et à madame la duchesse d'Orléans.» Ebendas. s. 165 unter sonntag, 26 November 1719: «Le courrier que M. le duc d'Orléans avoit envoyé à Modène avec les articles du contrat de mariage de mademoiselle de Valois et du prince de Modène arriva avec la signature de ces articles; madame la duchesse d'Orléans alla l'après-dînée à Saint-Cloud dire cette nouvelle à Madame.» 4 d. h. verleiht. 5 Journal du marquis de Dangeau XVIII, s. 157 unter mittwoch, 15 November 1719: «Madame la Princesse arriva de Chamlay où elle a laissé madame du Maine toujours fort incommodée, mais un peu consolée pourtant d'avoir passé quelques jours avec madame sa mère.»

weillen man ihr weiß gemacht, ihre fraw dochter wehre gar kranck.
Aber wie sie in [das] hauß kam, lieff ihr madame du Maine entgegen, war also nicht so gar kranck, alß man madame la princesse
hatt weiß machen wollen. Ich muß jetzt ahn mein dochter schreiben undt noch einen brieff von Paris beantworten, werde also nur
schließendt sagen, daß ich Euch eine glückseliche nacht wünsche undt
daß Ihr morgen wieder gesundt undt frollich auffstehen möget.

1072.

St Clou den 23 November 1719 (N. 40).

Hertzallerliebe Louise, der tag ist heütte gar spat kommen;
umb 8 habe ich erst die lichter weg thun laßen, den es ist so ein
erschrecklicher nebel, daß man nicht weytter, alß den hoff, vor sich
sehen kan. Unßere hoffmeisterin, die jungfer Colb, pflegt alß zu
verzehlen, daß eine fraw zu Wachenheim einen faullen sohn gehabt, den sie alle morgen hette müßen auffstehen machen. Einsmahl, alß sie ihn auffstehen machte, umb naußzuschicken bey einem
nebel, threhet er sich herumb undt sagte: «Chreischt, mutter, waß
ein nabel!» Aber daß hette er heütte woll sagen können. Wen ich
so einen nebel sehe, fehlt mir dießes alß wieder ein. Es ist aber
auch einmahl zeit, liebe Louise, das ich auff Ewer liebes schreiben
vom 7, no 88, komme. Man solte meine schreiben in Ewer hauß
behalten haben; es were noch zeit genung geweßen, daß Ihr es
dort gefunden hettet, wie Ihr nach hauß kommen, ohne Euch in
Ewerm spiellen zu troubliren. Die zwey nahmen von Mentzing[1] undt
Gräbendorf[2] seindt mir nicht unbekandt; ich weiß aber nicht mehr,
wo ich sie gehört undt gesehen habe; den mein gedachtnuß schwacht
alle tag je mehr undt mehr. Ihr müst woll eine große gedult haben,
liebe Louisse, mein gekritzel mehr, alß einmahl, zu überleßen können. Ihr soltet Ewere kinder auß Englandt hir abhollen kommen,
so könten wir ja einander gar woll sehen; Paris ist ja nicht gar
weit von Franckfort. Chausseray hatt viel verstandt undt ist allezeit lustig undt allezeit kranck. Ich fuhr gestern zu ihr; sie ist,
gott lob, viel beßer, alß sie geweßen, geht nun im hauß herumb,
sicht auß wie ein gespenst, hatt weiße capen auff, ist gar bleich
geworden, hatt einen weißen indianischen nachtsrock ahn, undt wie

---

[1] Eine frau von Mentzingen wird band III, s. 359 erwähnt. [2] ?Grapendorff.
Vergl. band II, s. 220. ?Graffendorff. Vergl. band III, s. 351.

sie gar lang undt schwang¹ ist, sicht sie recht auß, wie man die gespenster beschreibt. Ich glaube, daß die weiße fraw zu Berlin so außsicht. Hir tractirt man nun die medecin gantz anderst, alß vor dießem. Chausseray hatte eine große pente² zum schwitzen; aber der docktor, monsieur Chirac, so meins sohns leibdocktor ist, hatte es ihr absolutte verbotten, sagte, daß man ihre kranckheit, umb sie im grundt zu couriren, durch den urin treiben muste, welches der schweiß verhindern würde. Graff Altheim thut woll, seinen schwager zu salviren, wo es ihm möglich ist; aber die conspiration³ ist doch gewiß; den der könig in Sicillien hatt dem keyßer einen Ittallieuer geschickt, so zu Turin vom keyßer gar übel gesprochen. Da hatt es sich endtlich gefunden, daß dießer schelm auch von deß Alberonis conspiration ist. Ich glaube, daß man dieße sache heimblich helt, umb desto eher alle die conspiranten zu endtdecken, undt daß were woll der mühe werdt. Es ist kein verteüffelter kerl in der welt, alß Alberoni; er macht mich immer angst vor meinen sohn; den nichts ist dießem boßen menschen zu viel. Er hatt eine entpörung in Bretanien abngestehlt; der daß gelt entpfangen undt ein man, so von⁴ den besten heüßern in Bretagnen ist undt⁵ monsieur de Poncaillé⁶ heist. 5 spanisch schiff sein kommen, 2 kerl seindt abgestiegen undt haben dem Pontcailles gelt gebracht; er hatt sich in monchenkleyder salviren wollen, ist aber, gottlob, ertapt worden. Wie es weitter gehen wirdt, sal den den tied lehrn, wie unßere s. churfürstin alß pflegte zu sagen. Ich glaube, ich habe Euch schon letztmahl geschrieben, daß es zwar war, daß madame la princesse in Bourgognen gereist ist, ihr[e] fr[au] dochter, madame du Maine, zu sehen, aber daß sie sie nicht wider hergebracht hatt. Auß deren wirdt man sein leben nichts gutts machen; sie ist gar zu böß undt emportirt⁷, es ist ein recht teüffelgen. Die historie von monsieur Laws kutscher hab ich nicht geleßen, den ich accablirt bin alle die tage her. Von Lotheringen seindt mir dieße woche alß umb den andern tag [briefe] kommen, habe große brieffe schreiben müßen wegen rechte affairen, so meinen enckeln ahngehen. Die historie von monsieur Laws kutscher, wen es die ist, daß er

---

1 ? schwank. ? schlank. 2 pente, neigung. 3 Vergl. den brief vom 29 October, oben s. 285. 4 ? entpfangen, ist ein man von. 5 ? Bretagnen undt heist. 6 marquis de Pontcallec. 7 jähzornig.

seinem herrn zwey kutscher zugeführt, undt alß sein herr ihn gefragt, ob die kutscher, die er ihn zu[ge]führt, gutt wehren, andtwortet er: «Ils sont si bon[s], que celuy que vous ne prendres pas, je le prend[s] pour moy.» Daß ist gar war; aber man hatt noch hundert historien von der banque bey monsieur Laws. Man hört undt sicht jetzt nichts anderst mehr undt alle tag kommen neüe historger hervor. Eine dame, so monsieur Laws nicht sprechen wolte, erdacht eine wunderliche manir, mitt ihm zu sprechen; sie befahl ihrem kutscher, sie vor monsieur Laws thür, umbzuwerffen, rieff: «Coché, verse[1] donc!» Der kutscher wolte lang nicht dran; endtlich folgte er seiner frawen befehl undt wurff die kutsch vor monsieur Laws thür, daß er weder auß noch ein konte. Er lieff gantz erschrocken herzu, meinte, die dame hette halß oder bein gebrochen, oder[2] wie er ahn die kutsch kam, gestundt ihm die dame, sie hette es mitt fleiß gethan, umb ihn zu sprechen können. Eine andere, so ich gar woll kene undt welche monsieur Laws auch nicht seh[e]n wolte, die bedachte eine ander list, umb ihm[3] zu sprechen. Sie heist madame de Bouchu. Sie hatte alß spionen bey monsieur Laws, umb zu erfahren, wan er außgehen würde; sie erfuhr, daß er bey madame de Simiane zu mittag eßen wolte. Sie fahrt zu madame de Simiane, so eine von mein[e]s sohns gemahlin damen ist, undt bitte[t] sie, sie mogt ihr doch zu mittag eßen geben. Dieß[e] andtwortete: «Ein andermahl will ich es von hertzen gern thun, aber heütte kan ich es ohnmöglich thun; den monsieur Laws hatt sich zu ihr[4] zu gast geladen mitt dem beding, daß niemandts sich dabey finden mögte; also kan ich Euch heütte nicht haben.» Madame de Bouchu andtwordtet nichts, gab aber ihr[e]n laquayen undt kutscher ordre, daß, wen sie ahnfahngen würde, «au feu» zu ruffen, solten sie mitt aller macht so ruffen. Sie hatten noch einen von ihren leütten ins hauß geschickt, umb zu erfahren, wen sie ahn taffel sein würden. Da fengt sie ahn, «au feu» zu ruffen, alle ihre leütte noch stärcker, alß sie; alles im gantzen hauß kam in allarm undt lieff im hoff, zu sehen, wo den daß fewer were. Da sprang madame de Bouchu auß ihrer kutsch, lieff zu monsieur Laws undt gestandt ihm, wie es nur eine invention wehre, ihn zu sprechen undt actionen zu fordern. Dieß alles geht noch woll hin, aber waß 6 andere damen von qua-

---

1 Cocher, versez. 2 ? aber. 3 ? ihn. 4 ? mir.

litet gethan haben auß interesse, ist gar zu unverschämbt. Sie hatten monsieur Laws im hoff aufgepast, umbringten ihn undt er batte, sie mogte[n] ihn doch gehen laßen. Daß wolten sie nicht thun; er sagte endtlich zu ihnen: «Mesdames, je vous demande mille pardon[s], mais si vous ne me laisses pas aller, il faut que je crève, car j'ay une nécessité de pisser, qu'il m'est impossible de tenir davantage.» Die damen andtwortten: «He bien, monsieur, pisses[1], pourveue[2] que vous nous escoutties[3]!» Er that es undt sie blieben bey ihm stehen; daß ist abscheülich; er will sich selber kranck drüber lachen[4]. Da segt Ihr, Louisse, wie hoch der geitz undt interesse hir im landt gestiegen ist; es eckelt einem recht. Außer madame de Chasteautier kene ich niemandts in gantz Franckreich, so gantz ohne geitz ist; aber ich kene viel, die es so abscheülich sein, daß einem wahrlich die haar davor zu berg stehen. Ich mein alß, ich habe es übel verstanden, laß es mir repetiren, undt ob ich zwar seyder 48 jahr, daß ich in Franckreich bin, mich dran hette gewohnen [können], so ist es mir doch allezeit neü, dergleichen zu sehen undt zu hören. So baldt ich meinen sohn wider sehen werde, will ich ihn ahn monsieur Marion eriuern. Die printzes von Wallis estimirt Euch über die maßen; daß freüdt mich recht. Es ist woll wahr, liebe Louisse, daß die zeit wie ein blitz vorbeygeht. Es ist 7 mont, daß ich hir bin; die zeit ist mir vorbeygangen, daß ich gantz verwundert undt erschrocken drüber bin; den es hatt mir keine 3 mont gedeücht. Ich habe daß hertz gantz schwer, nach Paris zu gehen; den Paris ist der ort von der gantzen

---

1 pisses. 2 pourvu. 3 écoutiez. 4 G. Brunet II, s. 192, anmerk. 1: «Un couplet que nous demandons permission de prendre dans un des noëls de l'époque, fait allusion aux bassesses dont parle Madame:

> Avec maintes duchesses
> Parut madame Law;
> Villars léchoit ses fesses,
> Guiche baisoit ses pas;
> La Roquelaure enfin, ce n'est pas un mensonge,
> Décrottait son jupon, don, don;
> Brissac et la Brancas, la, la,
> Nettoyoient son éponge.

On trouve, dans les «Mélanges» de Boisjourdan, t. I, p. 309 et suiv., diverses pièces de vers écrites contre le système. Il y en a de fort piquantes, mais trop vives pour être reproduites ici.»

weldt, wo ich abn' ungernsten bin; erstlich so finde ich daß leben dort unleydtlich, zum andern so ist mir die lufft ungesundt, undt zum 3ten so bin [ich] gottsjammerlich übel dort logirt, undt zum 4ten so habe ich in dem ort so erschrecklich viel gelidten, daß mir schaudert, wen ich noch dran gedencke, so baldt ich mich in daß wüst[e] Palais-Royal befinde. Aber waß will man thun? Wo die raison will, daß eine sache sein muß, muß man nur schweigen undt nichts mehr davon sagen. Man sagt auff frantzösch: «Ce qui est differes, n'est pas perdus»; also solt Ihr Euch keine sorgen machen, liebe Louisse, daß Ewer liebes schreiben dißmahl kürtzer worden; sie können nicht alle auff einer maß sein. Vor die mühe, so Ihr genohmen, mir 3 schraubtaffeln² außzusuchen, [danke ich Euch sehr]. Ich hoffe, wen Ihr mir, liebe Louisse, die überigen schicken [werdet], werdet Ihr dabey setzen, waß sie kosten. Hiemitt ist Ewer liebes schreiben völlig beandtwortet. Ich hatte gehofft, heütte noch ein liebes schreiben von Euch zu bekommen; aber es ist nichts kommen. Daß schlime wetter undt wege mag woll die post auffgehalten haben. In allem fall würde ich doch erst biß sontag drauff geantwortet haben; also verliehrt Ihr nichts dran. Schließlich ambrassire ich Euch, liebe Louisse, undt versichere, daß ich Euch von hertzen lieb behalte.

Elisabeth Charlotte.

1073.

St Clou den 26 November 1719 (N. 41).

Hertzallerliebe Louise, ich habe Euch schon vergangenen donnerstag bericht, wie daß ich Ewer liebes schreiben vom 11 November, no 89, zu recht [empfangen]; werde heütte völlig drauff andtworten, ob ich zwar heütte schon 3 brieff geschrieben, einen ahn die königin von Preussen, einen ahn baron Göertz undt einen ahn monsieur Harling. Nun will ich Euch entreteniren; aber da kommen mir interuptionen, muß eine pausse machen.

Es ist schon ³/₄ auff 6 abendts. Gleich nach dem eßen seindt mir viel interuptionen kommen, nehmblich viel brieffe, unter andern eines von Euch, Louisse, von 14 dießes, no 90, worauff ich heütte

---

1 ? am.   2 ? schraubthaler.

nicht andtwortten werde, sondern nur auff daß vom 11, no 89. Mich deücht, die post richt sich nun ein wenig wider ein. Alle meine schreiben macht der Torcy auff; ob eß auß gewohnheit oder boßheit geschicht, laße ich dahingestelt sein; seine comis seindt so gewohnt, diß handtwerck zu treiben, daß sie gar geschickt mitt sein. Man heist daß q[u]ecksilber, so man zuricht, un gamma¹. Mein sohns² kan es perfect woll machen. Ich habe brieffe mitt gama pitschirt geschen, welches eben war, alß wen man es mitt dem pitschir gesigelt hette. Abbe Dubois will einen kleinen favorit agiren. Torcy, der so lange jahren secretaire d'estat undt ministre ist, will es nicht leyden. Undter unß gerett, ich glaube, sie haben beyde recht, daß sie einander nicht leyden können; den sie deßgen beyde kein haar. Mein sohn versichert sehr, daß er nicht leyden woll, daß der abbé cardinal werden wirdt. Ich gönte es beßer unße[r]m abbé de St Albin; daß wehre ja billiger. Es ist keinen Juden erlaubt, zu Paris zu wohnen, alß[o] muste Alvares³ sich woll vor einen Christen außgeben; seine sohne passiren alle vor Christen: einer ist abbé. Ahn fette gesichter finde ich, daß der turban beßer stehet, alß die peruquen; aber ahn gar magere leütten, wie Alvares sohn ist, stehet die turquische tracht gar nicht woll. Er hatt doch keinen turban auff, sondern eine peltze-mützsch. Ich dancke Euch sehr, liebe Louise, daß Ihr mir die wienische geschriebene zeittung geschickt hatt. Hir seindts nur die alberonische parthie, so außsprengt, daß keine conspiration gegen dem keyßer vorgangen⁴. Printz Eugenius hatt groß recht, eine solche heßliche accusation nicht dazu⁵ laßen undt den Nimbtsch auff ärgst zu verfolgen. Da glaube ich printz Eugenius woll unschuldig; den er ist nicht interessirt, hatt eine schönne that gethan. Hir hatte er viel schulden gelaßen; so baldt er in keyßerlichen diensten gerahten undt gelt bekommen, hatt er alles bezahlt biß auff den letzten heller; auch die, so keine zettel, noch handtschriefft von ihm hatten, hatt er bezahlt, die nicht mehr dran dachten. O, ein herr, der so auffrichtig handelt, kan gar onmöglich seinen herrn umb gelt verrahten; halte ihn also gar unschuldig von deß verrähter Nimbtsch seine accusation. Der teüffels-

---

1 Vergl. band II, s. 139. 140. 459. 2 ? sohn. 3 Vergl. den brief vom 2 November, oben s. 289. 290. 4 Vergl. die briefe vom 29 October, 23 November, oben s. 285. 320. 5 ? zu zu.

Alberonie macht mir manche sorgen. Gott stehe unß gegen dießen boßen menschen [bei]! Er ist eben so schwartz in seinen gewißen, alß seine haar undt haudt sein; aber er hatt gar weiße emissairen, so nicht... Madame du Maine ist gar blundt undt der cardinal de Poliniac [1] ist es auch geweßen, ehe er grau geworden; undt noch andere mehr weiß ich von dießer klicke [2], so weiß undt gar blundt sein undt doch wenig deügen. Wir haben hir sehr alle nacht regen undt windt, aber man muß sich nicht drüber beschwehren; den daß hatt den fluß, die Seine, steygen machen, daß jetzt holtz undt alles, waß man zu Paris von nöhten hatt, [herbei gebracht werden kann], also keine hungersnoht mehr zu förchten ist. Wetterleünisch bin ich eben nicht sehr, aber kan braff gridtlich sein, wen mich, umb es auff gutt pfaltzisch zu sagen, waß geheydt [3]. Da kompt madame d'Orleans in den hoff; ich muß eine pausse machen. So baldt daß biribi [4] wirdt ahngefangen sein, werde ich fordtschreiben.

Umb 7 uhr abendts.

Daß biribi ist ahngefangen, also kan ich wieder schreiben. Die printzes von Wallis hatt mir geschrieben, daß man ihr gesagt, daß alles gar woll vor unßere gutte, ehrliche Pfaltzer gehen würde. Wen sich die printzes von Sultzbach nicht beßer schoudt, so mögte sie woll keine kinder mehr bekommen, wen sie nicht, wen I. L. wider schwanger werden undt gegen der zeit kommen, da sie sich blessirt, daß bett hütt. Es ist in der that betrübt; den hette die printzes die 3 printzen beysamen, könte sie hernach dantzen und springen, wie sie wolt. Daß war recht billig, daß die gesantin von dem wildten schwein bey Euch eßen gangen, weillen ihr man es geschickt. Wer ist nun jägermeister zu Heydelberg? Wie können die wilde schwein dieß jahr feist sein? Den man hatt ja keine eychelen gehabt allezeit in dießem landt. Daß bois de Bo[u]logne ist lautter eychenholtz; ich habe viel bäume betracht, aber keine eintzige eychel drauff gefunden. Unßer großhertzogin habe ich auch eine Martins-gans eßen machen mitt castanien undt große rossinen gefühlt [5]; aber, die wahrheit zu sagen, so ist daß nicht, waß ich ahm liebsten eße, [eße] braunen köhl undt sawer kraudt viel lieber.

---

1 Polignac. 2 clique, rotte. 3 Vergl. oben s. 281, anmerk. 6. 4 das früher oft genannte spiel. Vergl. oben s. 119 und anmerk. 3 daselbst. 5 d. h. gefüllt.

Ich habe nicht verspürt, daß Euch die fürstin von Ussingen Euch verklagt hatt, liebe Louise! Hatt sie mir vielleicht geschrieben, daß ich es nicht entpfangen habe? Affairen könte ich nicht schreiben; den ich verstehe es eben so wenig, alß grichisch oder hebræisch. Mein sohn hatt mir 400 actien geben laßen vor mein hauß. Ob es zwar 2 millionen macht, so hatt es sich doch nicht weitter erstrecken können, alß ahn die, so en quartier undt ordinaire sein. Alle andere, auch viel, so nicht in meinen dinsten sein, haben gewolt, daß ich ihnen geben solte; daß hatt mich recht ungedultig gemacht, wie Ihr leicht gedencken köndt, liebe Louise! Wen der herr von Gemingen fordt weckst[1], wirdt er wie der herr Benterritter[2] werden. Apropo von dießem envoyes, er kam vor etlich tagen abendts her. Einer von meinen chapellains, der ihn nie gesehen, saß in mein[e]r antichambre allein, die cammerknecht wahren in meiner cammer. Der chapelain hört gehen, sieht sich herumb; wie er den großen man herrein sicht kommen, führt er auff vor schrecken undt leufft darvon. Daß hatt mich von hertzen lachen machen. Der monsieur Gemingen wirdt Euch eben nicht gar viel von mir sagen können. Ich habe ihn nicht gar offt sprechen können; den zu Paris geht man offt in die spectacle undt es ist allezeit ein abscheülich geduns[3] zu Paris, fengt mir schon gantz angst drauff zu werden [an]. Hiemitt ist Ewer erstes schreiben völlig beantwortet, liebe Louisse! Biß donnerstag hoffe ich Euch eine gutte zeittung zu schreiben, darff noch nicht sagen, waß es ist; aber es ist dießen abendt ein courier auß Ittallien kommen. Ein andermahl ein mehres. Dießen abendt versichere [ich Euch nur], daß ich Euch von hertzen lieb habe undt behalte, liebe Louise!

Elisabeth Charlotte.

1074.

St Clou den 30 November 1719 (N. 42).

Hertzallerliebe Louisse, dieß ist leyder der letzte brieff, den ich Euch von meinen[4] lieben St Clou schreibe; den übermorgen werde ich nach dem vor mir so abscheülichen Paris. Biß sontag werde ich Euch berichten, wie ich mich dort [befinde], heütte aber, eho ich

---

1 d. h. fort wächst.   2 Benterider.   3 ? gethue.   4 ? meinem.

auff Ewer liebes schreiben vom 14 dießes monts, no 90, andtwortte, will ich Euch eine vor mir¹ gar ahngenehme zeittung berichten, nehmblich, daß der heütraht mitt mademoiselle de Vallois undt dem printzen von Modene richtig ist. Der courier ist gestern nach Rom, die dispence zu hollen; den sie seindt ins 4te gliedt verwandt. Die braudt will verzweifflen; sie hette gern ihren vettern, den comte de Charoloy², gebeüraht, aber er hatt nicht ahnbeyßen wollen; den alle die verwandten in den printzen undt printzessinen du [sang] haßen einander wie den teüffel, ja gar die zwey schwestern, alß madame la duchesse undt meines sohns gemahlin. Sie hatten einander schon vorher nicht lieb wegen zimblich schlimme discoursen, so sie von einander gehalten; aber was gar den garauß in ihrer freündtschafft gemacht, war, daß, wie die legi[ti]men prince du sang nicht haben leyden wollen, daß die bastard prince du sang sein solten, hatt sich madame la duchesse vor ihre sohne gegen ihre brüder declarirt, madame d'Orleans aber vor ihre brüder gegen die prince du sang. Daß hatt, wie Ihr leicht dencken könt, einen abscheüllichen haß gewirkt, so, wie ich fest glaube, all ihr leben dawern wirdt. Unter ihnen ist die freündtschafft auch .... den ob zwar der monsieur le duc undt printz de Conti doppelt verschwachert³ sein, monsieur [le] duc deß printzens schwester zur gemahlin hatt undt der printz monsieur le ducs schwester, so haßen sie doch einander so abscheüllich, daß es eine rechte schandt ist. Alle prince du sang, welche[n] mein sohn alles gutts thut, ihr vortheil in alles sucht, ihnen ihr pensionen vermehrt, die seindt undanckbar undt haßen meinen sohn wie den teüffel; es seindt böße undt falsche leütte. Der printz de Conti wirdt endtlich gar zum närchen⁴ werden, den er ist voller caprisse undt die vernunfft thut nichts bey ihm; baldt hast es⁵ seine gemahlin, daß er sie umbringen will, baldt hatt er sie so lieb, daß er keinen schrit von ihr geht⁶. Zu ihrem glück ist dießer herr nicht wie seine rasse, hatt gar kein hertz. Einmahls kamme er vor seiner gemahlin bett mitt ein[e]r geladenen pistol, sagte, sie solte ihm nicht entgehen, er wolte sie erschießen.

*

1 d. h. für mich. 2 Charolois. 3 d. h. verschwägert. 4 d. h. närrchen. 5 ? er. 6 G. Brunet II, s. 194, anmerk. 1: «Louis-Armand, prince de Conti, était fort contrefait, bossu par devant et par derrière, et fort débauché. Sa femme, Louise-Elisabeth de Condé, eut une conduite des plus légères (voir les «Mémoires» de Maurepas, t. I, p. 293).»

Sie, die seine schwachheit kent, hatt allezeit pistollen im bett, nahm auch eine pistol, sagte zu ihm: «Prenes¹ bien garde de me tuer juste! car si vous ne me tues² [pas], vous estes mort; tires³ le premier!» Sie ist gar hertzhafft, fracht⁴ kein haar nach dem sterben. Dem printzen, so gar nicht hertzhafft ist, wie es⁵ in letzter campagne⁶ erwießen, wurde bang undt ging davon. Die printzes de Conti ist ein artlich undt possirlich mensch; einßmahl solte sie mitt ihrem herrn auff die schweinsjagt par force (den anderst jagt man sie hir nicht), da thate die printzes de Conti einen großen degen ahn. Der printz fragte seine gemahlin: «Pourquoy faire cette espée?» Da andtwortete sie de sang froid: «Il y a dans les forest[s] tant de beste[s] mechnnte[s] et farouche[s]; je veux au moins avoir quelque chose a me deffendre, et je m'en serviray bien.» Aber wen ich alle naredeyen verzehlen solte, so bey denen leütten vorgehen, müste ich ein buch ahnstatt ein brieff schreiben⁷ undt würde heütte nicht auff den Ewerigen andtwortten können, liebe Louisse! Komme doch endtlich auff Ewer liebes schreiben, bin fro, zu sehen, daß meine brieffe Euch so ahngenehm sein; den daß ist eine schlegte freüde, aber die Euch doch nie wirdt fehlen, so lang ich leben werde undt nicht todt-kranck sein. Wen ich nur keine stiegen zu steygen habe, werde ich mein leben nicht müde. Ob meine starcke zwar sehr abgenohmen, so bin ich doch nicht delicat, könte noch woll gantze tag lang reißen undt fahren, ohne müdt zu werden. Es ist nicht zu begreiffen, waß mein sohn sich mühe gibt undt schafft, undt wirdt doch wenig danck davon tragen. Der könig ist mitt lautter leütten umbringt, so meinen sohn abscheülich haßen, undt im fall der könig (im fall, da gott vor seye!) zu sterben kommen sollten⁸, wolten sie lieber den könig in Spanien, alß meinen sohn, zum könig haben. Den der könig in Spanien, unter unß gerett, ist ein einfaltiger herr, mitt wem⁹ sie machen konten, waß sie wolten; aber mein sohn ist

---

1 Prenez. 2 tuez. 3 tirez. 4 d. h. fragt. 5 ?er. 6 in Spanien. Vergl. G. Brunet II, s. 131. 132. 7 G. Brunet II, s. 195, anmerk. 1: «Il y eut dans cette famille des exemples bien caractérisés de folle; le duc de Bourbon, fils du grand Condé, s'imagina sur la fin de sa vie qu'il était devenu lièvre; une autre fois il crut être plante, et comme tel il voulut se faire arroser; cette manie fit place à une autre, celle de se croire mort; il se figurait souvent devenir chauve-souris (voir les «Mémoires» de Maurepas, t. I, p. 265).» 8 ?sollte. 9 ?welchem.

nicht einfaltig, man macht ihm nichts weiß, den er ist gelehrter, alß sie alle mitt einander. Ich glaube, daß mein sohn im regieren lust genohmen hette, wen ihm daß königreich nicht in so schlimen [zustand] in den händen kommen wer; den es ist nicht zu beschreiben, in welchen ellenden standt er alles gefunden. Erstlich so war der könig 200/m. millionen schuldig undt alles war in desordre; drumb hatt mein sohn so große mühe gehabt undt so starck arbeydten müßen. Deß königs bauß[1] war man 4 jahr schuldig, wie auch alle troupen wahren nicht bezahlt, welches ein unerhört desordre hette machen können; also hatt mein sohn nacht undt tag arbeytten müßen, sich vor so manche unglück zu hütten. Monsieur Laws ist ihm woll apropo kommen, ihm deß königs schulden zu zahlen helffen. Mitt solcher mühe kan daß regieren keine lust noch vergnügen geben. Daß kan man meisterlich hir im landt, gutte sachen in boßem[2] zu verthrehen; man examinirt hir nicht, waß gottloß ist oder nicht, sondern nur, waß einem jeden nach seiner intriguen in seinem kram dint. Von allen kindern undt kindtskindern von ma tante s., der printzes von Tarante[3], ist gewiß der printz Talmont[4] daß beste. Lügen ist eine abscheüliche sach. Es ist schon woll 3 wochen, das man hir weiß, daß gantz Messina nun über ist[5]. Alberonie verläst sich auff seine boßheit; den weder revolten ahnzustellen, noch mitt gifft undt assasinat umbzugehen, ihm nicht zu viel ist, denckt, dadurch alles auff seinen paß zu bringen; drumb macht er keinen frieden. Zudem so weiß er woll, daß, wen man frieden machen solte, drinen gedingt werden solte, daß er Spanien quittiren solte. Frieden wünsche ich sehr undt insonderheit, daß Alberonie auß Spanien weg solle. Ich zweyffle, daß ein religionskrieg kommen mag. Man sagt ja nur, [daß] Churpfaltz sich zur raison setzen soll. Waß im Elsaß mitt dem pfarher vorgangen gegen den westphalischen frieden undt welchen mein sohn solle sou-

---

1 d. h. die ausgaben für die hofhaltung des königs. 2 ? böse. 3 Tarente. 4 prince de Talmond. 5 Journal du marquis de Dangeau XVIII, s. 156 unter sonntag, 12 November 1719: «On a des nouvelles sûres que la citadelle de Messine se rendit le 18 du mois passé par capitulation. Milord Stairs avoit déjà eu cet avis-là depuis quelques jours; mais on en vouloit encore douter. On croit que les Impériaux iront bientôt faire le siége de Palerme.» Die citadelle von Messina hatte don Luca Spinola vertheidigt. Vergl. Dangeau, Journal XVIII, s. 148 unter donnerstag, 2 November 1719.

tenirt haben, da habe ich nichts von gehört. Die arme fraw von Rotzenhaussen ist so betrübt, daß ihre zweytte dochter, die wittfraw von Reding, sich wider ihren willen geheürabt hatt, daß sie nacht undt tag nichts, alß weinen, thut undt ahn sonst nichts gedenckt. Seydt in keinen sorgen wegen monsieur le Roy [1]! Ich habe [ihn] schon recompensirt undt durch meinen sohn adlen laßen [2]. Er ist mein advocat seyder Monsieurs todt; vorher hatt ich keinen von nohten. Monsieur le Fevre [3] findt processen, aber ich habe comissarius vor ihm außgebetten, damitt es zu keinem proces kommen mag. Coubert mag so gutt sein, alß es woll [4], so ist es doch kein million wehrt, wie es le Fevre verkaufft hatt ahn dem reichen banquier. Alle menschen finden, daß daß contrefait, so ich Euch geschickt, woll gleicht. Allein es ist flattirt undt ich sehe alter [aus], aber daß original ist auch schon vor 6 jahren gemahlt worden. Der könig von Engellandt [ist] von Hannover weg, wie mir baron Görtz undt monsieur Harling geschrieben haben. Der könig in Preussen ist nicht lang bey seinem oncle undt schwiger herr vatter geblieben, nur ein tag kommen, den andern geblieben, den 3ten wider weg, hatt doch 2 commedien, einen bal gesehen undt alle exercitzien vom printzen, sein neven. Es seindt ein par acces vom fieber gewest, so der könig in Preussen auff seiner reiß bekommen. Es müßen dolle proben sein, so Churbayern kinder nun thun. Man muß gnade geben wegen der königs-dochter, sonsten käme es gar schlegt herauß. Dießer churfürsten großvatter, monsieur d'Arquien [5], so hernach cardinal worden, war noch Monsieur s. capitaine des Suisses, wie ich in Franckreich kam. Ihr großmutter ist im Palais-Royal gestorben. Daß schickte sich nicht woll in die fürstliche brobe [6], käme hirmitt schlegt in die augen [7] herauß. Wer die Sobiesqui [8] sein, weiß ich nicht, habe aber doch allezeit gehört, daß es nur edelleütt sein. Der churfürstin leibliche tante ist noch zu Paris. Die marquise de Béthune, die war en survivance [9] von ihrer schwigermutter dame d'atour von der königin s. Daß lautt auch nicht fürstlich undt ist es auch nicht. Hirmitt ist Ewer schreiben vollig beantwordtet, liebe Louisse, sage Euch adieu vom lieben

---

1 Leroi.   2 Vergl. oben s. 299.   3 Lefèvre.   4 ? will.   5 marquis d'Arquien.   6 d. h. probe.   7 d. h. ahnen. Der sinn ist: die ahnenprobe würde schlecht ausfallen.   8 Sobieski.   9 d. h. sie hatte die anwartschaft.

St Cloa. Verleydt mir gott leben undt gesundtheit, werde ich Euch
biß sontag berichten, wie es mir zu Paris geht. Adieu! Ich ambrassire Euch von hertzen, undt wo ich auch sein mag, so werde
ich Euch allezeit lieb behalten.

Elisabeth Charlotte.

P. S.

Ich habe heütte kein schreiben von Euch entpfangen, liebe
Louisse! Daß boße wetter undt wege mögen dißmahl schuldig
dran sein.

1075.

Paris den 3 December 1719 (N. 43).

Hertzallerliebe Louisse, seyder gestern umb 3 bin ich leyder
hir, bin gleich zu unßer braudt[1], von dar zu madame d'Orleans,
hernach in mein cammer, wo ich nicht einmahl die zeit gehabt, mich
einzurüsten, undt so ein erschreckliche hauffen leütte gehabt, so
mir complimenten gemacht haben, daß man daß feüer in meinem
cabinet hatt außleschen müßen. Ich habe woll mehr, alß 20 mahl,
auffstehen undt niedersitzen müßen undt mitt mehr, alß 100, personnen sprechen; daß hatt mich so abgematt, daß ich abendts gantz
übel davon außgesehen habe, undt war recht matt davon. Ich glaube,
ich hette es nicht außstehen können, wen ich nicht in die ittalliensche commedie gangen were, welche zwar nicht viel besonders wahre;
den harlequin ist kranck; aber ich habe mich ein wenig dort außg-
geruhet. Wie ich wider in mein cammer kam, fandt ich die kleine
printzes de Conti drinen undt mehr, alß 30 duchessen undt damen.
Ich nahm mein partie, gab ihnen alle gutte nacht undt ginge umb
halb 10 zu bett so matt, müde undt trawrig, meine gehabte ruhe
zu St Clou verlohren zu haben, daß ich nicht gar ruhig geschlaffen
haben[2]. Aber umb meine arme schenckeln ruhen zu laßen, bin ich erst
umb halb 7 auffgestanden, also 9 gutter stundt im bett geweßen.
Meine erste arbeytt ist, Euch, liebe Louisse, zu entreteniren undt
mein leydt zu klagen, auch auff Ewer liebes schreiben vom 18 November, no 91, zu andtwortten, welches ich vergangen donnerstag

---

1 Mademoiselle de Valois.   2 ? habe.

in dem lieben St Clou entpfangen. Den neûes kan ich Euch von
hir nicht viel sagen; auch waß wir wißen, ist gar nicht zeitvertreib-
lich, nehmblich daß die kinderblattern arger, alß nie, rassiren[1] undt
es wider 4 bekante personnen haben. Daß einer von meim sohn
erste cammerjunckern ahm fleckfieber gestern gestorben, ist auch nichts
lustiges. Sonst weiß ich nicht[s neues]. Der premier gentilhomme
de la chambre, so gestorben, hieße le marquis de Conflan[s]. Heûtte
werde ich nicht viel schreiben können; den es ist schon ein viertel
auff 9 undt umb 11 muß ich mich ahnziehen undt zum könig, so
mir gestern umb 4 die ehr gethan, mich zu besuchen und compliment über mademoiselle de Valois heûraht zu machen[2]. Nach meiner vissitte bey dem könig muß ich in die meß, von dar ahn taffel,
gleich nach dem eßen zu madame la princesse, von dar in Carmelitten, hernach wider die braudt ins opera führen undt auch umb
die große geselschafft zu meyden. Nach dem opera werde ich baldt
nach bett umb dieselbe ursach. Waß ich heûtte nicht beantworten
kan, werde ich biß donnerstag, da ich mehr zeit haben werde, wo
mir gott leben undt gesundtheit verleyet; den da werde ich morgendts undt abendts schreiben können; den in dem tag ist kein
spectacle vorhanden undt ich habe nur ahn Euch undt monsieur Harling zu schreiben, heûtte aber muß ich noch ahn mein dochter
zu schreiben[3]. Gestern kammen mir noch 2 printzen von Gotha; sie seindt weder hübsch noch heßlich, noch gar jung, sprechen
gar wenig, aber nicht übel. Nun komme ich endtlich einmahl auf
Ewer liebes schreiben vom 18, no 91. Ich glaube, ich werde den
grünen safft baldt wieder von nöhten haben; den wo daß leben
noch etliche tage fortfährt, wie es gestern ahngefangen, wirdt sich
mein armes miltz abscheûlich mitt gallen füllen. Alberonie were gar
gutt auff die galleren; er ist dick undt starck, konte braff rudern.
Nichts ist dießem pfaffen zu viel, waß es auch schlimmes sein mag.

---

[1] ? grassioren.   [2] Journal du marquis de Dangeau XVIII, s. 166. 167
unter samßtag, 2 December 1719: «Madame revint ici de Saint-Cloud, et elle
passera l'hiver à Paris. Le roi la vint voir et lui fit compliment sur le mariage de mademoiselle de Valois. Madame la duchesse d'Orléans a reçu le portrait du fils de M. de Modène, dont elle est fort contente, car il a .une très-
belle physionomie. ... Le marquis de Conflans, un des premiers gentilshommes
de la chambre de M. le duc d'Orléans, mourut le soir: le petit d'Armentières,
son neveu, avoit la charge; et, comme il est enfant, M. de Conflans, son
oncle, l'exerçoit pour lui.»   [3] ? dochter schreiben.

Er feng[t] doch ahn, zu parlementiren, undt sagt, wen [man] ihn in Spanien wolle laßen, wolte er einen gutten frieden machen; aber der keyßer undt mein sohn wollen keinen frieden machen, man schicke den dießen boßwicht nach hauß in Ittallien. Ich wolte, daß er schon drin were. Ich bin der freüde entwohnt undt gar nicht mehr entpfindtlich hirauff, aber trawerig undt gritlich kan ich noch gar praff sein. Alß zum exempel, mademoiselle de Valois heürabt habe ich von hertzen gewünscht; nun er sicher, bin ich zwar content darvon, entpfinde aber die große freüde nicht, so ich gedachte, zu entpfinden. Aber wider in dem trawerigen Paris zu sein, mitt [vielen leuten] geplagt zu werden, daß ist mir sehr entpfindtlich; auch im vollen zwang alles thun müßen, waß ich so bitter ungern thue, daß lest sich gar woll fühlen. Aber es ist unnohtig, davon zu reden; den es ist kein mittel dazu, ist mein beruff, muß also gott still halten, mich ahnstellen, alß wen ich nicht trawerig were, ob ich es gleich im hertzen bin. Daß habe ich hir braff gelehrnt; den man will hir, daß man allezeit gott dancken solle, daß glück zu haben, in Franckreich undt in Paris zu sein; undt diß seindt aber glücke, die ich gar woll entbehren könte undt niemandts mißgonne. Ihr, liebe Louise, könt Euch hütten, unter die leütte zu gehen, aber ich leyder nicht; den gehe ich nicht auß, ist es ärger mitt mir; alles felt mir auff den halß in meiner cammer. Aber man muß gedencken, daß man nicht in die welt kommen, nichts, alß freüden, drin zu haben, sondern sein verhengnuß zu volzichen, wie es einem unßer herrgott bestimbt hatt. Das sprichwordt: «Klag es einem stein undt behalte es allein!» habe ich nie gehört, ist aber gutt, ich werde es behalten. Die duchesse Doursch[1] wirdt noch ein tag 14 hir sein auff befehl ihrer tante, madame la princesse. Hir hilfft ihrem herrn nicht, duc geworden zu sein. Sie haben keinen rang in Franckreich; nur die grand d'Espagne undt englische ducs haben rang, weillen sie ahn die ducs in Franckreich mitt accort selbigen rang in Englandt undt Spanien geben. Mademoiselle de Vallois fengt ahn, sich ein wenig zu trösten, seyder sie ihre schönne kleyder sicht. Man macht ihr 40 kleyder[2]. Sie haben hir von Modene schönne demanten geschickt; daß ist auch ein trost.

---

1 d'Ourches.   2 «Le roi lui fit pour quatre millions de cadeaux.» G. Brunet II, s. 195, anmerk. 2.

Sie entpfindt nichts mehr von ihrem fall[1]. Mich deücht, es wehre beßer, todt zu sein, alß wie die gräffin zu Dresden. Hir wirdt alles abscheülich thewer, alles doppelt, waß es auch sein mag. Auß Engellandt schickt man alle demanten, juwellen undt bijoux her. Alle, die so erschrecklich in den actionen gewonnen haben, kauffen alles auff ohne handtlen, noch marchandiren. Es gibt poßirliche historgen. Vor etliche tagen ware eine dame im opera, da sahe [sie] eine andere dame ins opera kommen, gar heßlich, aber den schönsten stoff von der welt undt voller demanten. Die dochter von Madame Begond[2] fing ahn undt sagte zu ihrer mutter: «Ma mere, regardes[3] bien cette dame parée! Il me semble que c'est nostre cuissiniere Marie.» Die mutter sagte: «Eh, taisses vous[4], ma fille! Cela ne peust estre.» Die dochter sagte wider: «Eh, ma mere, au nom de Dieu, reguardes[5]!» Die mutter sicht sie starck ahn undt sagte: «Je ne say plus qu'en penser; elle luy ressemble bien.» Alles, waß im amphitheatre war, fing ahn, zu murmeln: «Marie, la cuissiniere.» Sie steht auff undt sagt überlautt: «He bien, ouy, je suis Marie, la guissiniere[6] [de] madame Begond. Je suis devenue riche, je me pare de mon bien; je n'en[7] dois rien a personne; j'aime a me parer, je me pare; cela ne fait tord[8] a personne. Qu'a[9] donc a redire a cela?» Ihr könt [Euch denken], welch ein gelachter es gab. Dergleichen historien hatt man hundert. Ob zwar böße lufft [zu Paris], arger, alß nie, aber auß vielerley ursachen habe ich leyder nicht zu St Clou bleiben können. Nun muß ich Ewer liebes schreiben abbrechen, biß Ihr eine gar lange espistel von mir bekommen [werdet]. Nun aber werde ich Euch nur versichern in großer eyll, daß ich Euch von hertzen lieb behalte.

Elisabeth Charlotte.

P. S.

In dießem augenblick komme ich auß dem opera. Ein kurtze zeit vorher habe ich Ewer liebes schreiben vom 21ten November, no 92, entpfangen, heütte aber kan ich ohnmöglich mehr hir zusetzen, den ich muß noch ahn mein dochter schreiben.

*

[1] Vergl. den brief vom 9 November, oben s. 306. [2] Bégon. [3] regardes. [4] taises-vous. [5] regardes. [6] cuisinière. [7] ? ne. [8] tort. [9] ? qu'est-ce qu'on a.

1076.

Paris den 7 December 1719 (N. 44).

Hertzallerliebe Louisse, es geht mir wie man im frantzöschen sprichwordt sagt: »Je suis comme un asne entre deux prés qui ne sait au quel aller¹.« Den ich habe dar² 2 von Ewern lieben schreiben [noch nicht beantwortet]; den, wie Ihr aus meinem letzten von vergangenen sontag werdt ersehen haben, liebe Louise, so habe ich ohnmöglich mehr, alß zwey bogen, von Ewerem lieben schreiben vom 18 beantworten können. Ich glaube aber, daß ich bey dem frischten anfangen muß vom 21 November, no 92. Die posten gehen überall gar übel; die boße wegen sollen schuldig dran sein. Aber die englische brieff, das die fehlen, daß muß der windt thun; den er hatt starck auff der see gestürmbt. Der könig in Englandt ist doch gar glücklich nach Englandt ahnkommen, aber seine damen seindt im stich geblieben, alß die duchesse de Candel³ undt ihre niepcen; aber [sie] wirdt sich schon baldt wider finden, den unkraudt vergeht nicht. Ich glaube, daß der fehler von der post nun wieder gantz ersetzt wirdt sein undt daß ich es dießen nachmittag durch eines von Ewern lieben schreiben erfahren werde; den es ist nun erst halb 8 uhr undt kaum tag. Man bringt mir auch meine brieff erst nachmittags. Die unrichtigkeit der post macht einem offt recht ungedultig. Aber es ist doch kein raht dazu; es geht seinen weg, wie es den herrn postillonnen gefelt. Aber Ihr sagt gar recht, liebe Louisse, nach dem teütschen sprichwordt: »Gegen windt undt wetter kan man nicht.« Es war nicht die printzes de Conti, wie die zeittung gesagt, sondern mademoiselle de Vallois, deren daß accident wiederfahren, daß sie sich ahn eine thür gestoßen au bois de Bo[u]logne⁴; aber sie befindt sich gar woll davon, ist auch nicht mehr so verzweyffelt, alß sie geweßen, eine braudt geworden zu sein. Ich wolte, daß sie so froh drüber sein könte, alß ich es bin, daß ihr heüraht geschloßen. Daß der comte de Charoloy⁵ auch eine printzessin von Modene heürahten wirdt, halte ich vor gar gewiß, wie auch, daß die hertzogin von

*

1 Buridans esel. Vergl. band II, s. 580. band III, s. 365. 366.
2 ? da. 3 Kendal. 4 Vergl. den brief vom 9 November, oben s. 306.
5 Charolois.

Hannover ihre encklin außsteüern wirdt. Sie hatt ihren petit neveu, den comte, woll so lieb, alß ihre enckellen; den wie er zu Modene geweßen, hatt er sie sehr geschmeichelt, umb seiner groß fraw mutter, madame la princesse, zu gefahlen; den alle die printz[en] undt princessinen du sang seindt hinter ihr drein, weillen sie durch madame de Vandosme¹ todt gar reich geworden ist. Ein jedes wolte gar erp² sein. Ich fürchte, die arme printzes wirdt nicht gar lang mehr leben, welches mir woll von hertzen leydt solte sein; den außer der nahen verwandtschafft, so unter [uns] ist, habe ich eine rechte estime vor die tugendtsame fürstin. Sie wirdt erschrecklich mager, sieht bitter übel auß, thut nichts, alß weinen; daß kan auff die lenge kein gutt thun. Sie kan sich ihrer dochter du Maine unglück nicht getrösten. Ihre bedinten persuadiren sie, daß madame du Maine gantz unschuldig ist; findt mich also gar hart, daß ich nicht meinen eußersten fleiß ahnwende, sie auff freyen fuß zu stellen. Ich habe ihr bladt herauß gesagt, daß, wen sie gegen mein eygen leben conspirirt hette, wolte ichs ihr madame la princesse wegen von hertzen vergeben, aber gegen meines sohns leben undt gegen den staht conspirirt zu haben, da könt ich nichts gegen sagen, daß ist mir zu sensible, die boßheit were zu groß. Es ist nicht daß hertzogthum Degiche³, wie Ihr meint, liebe Louisse, daß die hertzogin von Hanover undt madame la printzesse haben. Dießes hertzogthum ist im hauß von Gramont undt der elste sohn vom duc de Gramont führt den nahmen vom duc de Guiche. Aber waß meine 2 baßen haben, ist die duché de Guisse⁴. Wir alle hetten gern gesehen, daß der comte de Charoloy mademoiselle de Vallois genohmen hette; er hatt es aber bladt abgeschlagen, er kan sie vor seinen todt nicht leyden. Ihr segt hirdurch, Louise, daß Ihr Euch nicht betriegt, wen Ihr glaubt, daß ich die sache beßer weiß, alß die gassettier⁵. Ich kene mademoiselle de la Houssaye, habe sie bey der kleinen printzes de Conti, deß printz de Conti fraw mutter, gesehen, bey welcher sie vor dießem in dinsten. Ich habe nichts von ihrer avanture gehört; sie kan doch woll wahr sein; den ich weiß wenig neßes, aber ich weiß eine zeittung, so mich woll von hertzen jamert. Der marquis de la Varene⁶, den ich lengst

---

1 Vendôme. 2 d. h. erbe. 3 de Guiche. 4 Guise. 5 gazetiers, zeitungsschreiber. 6 Varenne.

kene, kam morgendts zu mir undt verzehlte ein unglück, so sein[e]r
dochter widerfahren, so ich gar woll kene undt ihren man auch.
Er ist ein Irlander undt hatt viel verstandt, heist monsieur du
Bourg; mademoiselle de Varene hatt ihn gegen ihrer eltern willen
genohmen; sie haben doch endtlich drin consentirt. Dieße dame
war zu Genoua [1], weiß nicht, auß waß ursachen; wolte wider nach
Spanien zu ihrem man. Es muß dem marquis de Varene ein pres-
sentiement kommen sein; er schreibt ahn seine dochter, sie solle
bey leibe nicht zu see gehen, ob der trajet zwar kurtz seye; den
man kan in 24 stunden überkommen, aber zu landt muß man viel
tag unterwegen sein. Daß hatt die arme madame du Bourg ungehorsam ahn ihrem vatter [gemacht][2]; den ob sie ihm zwar versprochen,
mitt ihren zwey kindern über landt zu gehen, hatt sie sich doch
embarquirt; ihr ungehorsam aber hatt übel gelungen, den sie ist
auff daß genouaische schiff von den Algeriens gefangen worden undt
dieße Türcken seindt mitt aller weldt in frieden außer mitt Gene[3].
Daß ist woll eine abscheüliche fatalitet; sie jamm[e]rt mi[c]h doch von
hertzen. Der marquise de Foy, die mein freüllen geweßen undt
Hinderson hieße, ist eine avanture begegnet, wie ahn die madame
de la Houssaye. Sie wurde krauck zu Mastricht, fiel in eine so
abscheülich lestargie[4], daß sie kein aug, noch nichts mehr rühren
konte, so daß man sie gantz vor todt hilte. Sie konte doch wohl
hören undt sehen, aber keine stim von sich geben, auch, wie schon
gesagt, nichts rühren, horte undt sahe, wie man ihr lichter umbs
bett setzte, ein groß crucifix vors bett mitt zwey silberne leüchter
stelte, wie es bey den Cathollischen brauchlich ist. Man behunge
auch die gantz kammer mitt schwartz duch undt schrieben auff ihrem
bett selber; man befahl auch, daß man den sarck bringen solte, wo
man sie nein legen [wollte]. Wie sie daß horte, thate sie einen so
abscheülichen effort, daß ihr die zung gelöst wurde, undt rieff lautt:
«Thut mir diß alles weg undt gebt mir zu eßen undt zu drincken!»
Alles, waß in der kamer wahr, erschracken so unaußsprechlich, daß
alles vor schrecken über einen hauffen fiehl. Sie hatt noch 3 jahr
hernach gelebt undt lebte vielleicht noch, wen sie nicht eine stiege
herunder gefahlen undt viel locher im kopff bekommen, woran sie

---

1 Genua.   2 Der sinn ist deutlich: sie handelte des weiten landweges
halber ungehorsam gegen ihren vater.   3 Gênes, Genua.   4 léthargie,
schlafsucht.

gestorben. Daß ist schon eine alte geschieht; den es ist schon woll 15 oder 16 jahr, daß die arme marquise de Foys¹ gestorben ist. Es ist gewiß, liebe Louise, daß es eine abscheuliche sache ist, gar zu alt zu werden; mir ist recht bang darvor, den es ist gewiß, daß daß so gar hohe alter überall unahngenehm. Aber Ewerem schwager kam der boße humor nicht vom alter, er war all sein leben so geweßen undt [hat] hir allezeit vor incompatible passirt; sein herr vatter aber undt jüngster bruder wahren die besten leütte von der welt². Deß königs in Schweden, des letzt verstorben[en]³, leben hatt man hir auch. Wie ich von Churpfaltz hatte reden hören, hette ich mein leben nicht gedacht, daß dießer herr sich den pfaffen so unterwerffen würde; hatt ja vor raisonable passirt, undt sich durch pfaffen regieren zu laßen, ist gar nicht raisonabel. Aber leütte, so in ihrer jugendt nicht gar ortendtlich gelebt haben undt alt werden, denen machen die pfaffen die hölle heyß undt weiß⁴, daß alles wider gutt gemacht würde sein, wen sie nur gegen Reformirten undt Lutherischen sein undt sie plagen. Daß hirn schwächt⁵ mitt der zeit undt mitt dem alter; so geht es Churpfaltz jetzt. Gott der allmachtige wolle ihm die augen offnen, damitt meine gutte landtsleütte ruhe undt frieden bekommen mögen, welches ich ihnen woll von grundt der seelen wünsche, undt alle böße pfaffen ihren verdinten lohn bekommen mögen! Der churfürst solte alle pfaffen, so ihm so bößen raht [geben], vor den teüffel jagen; daß würde andere raisonabler machen undt Churpfaltz einen religionskrieg versparen. Ich finde könig Hiskiahs⁶ gebett gar gutt, sage von hertzen amen dazu. Hiemitt ist Ewer letztes liebes schreiben vollig beantwortet, liebe Louisse! Ich komme jetzt ahn daß, wo ich vergangen sontag geblieben war. Hatt Sanct Martinus nicht die anchere⁷ auff die gänß undt welsche hüner gebracht? Den mich deücht, selbigen tag werden dergleichen viel geben. Die lufft ist ärger zu Paris, alß nie. Monsieur de Bellegarde hatt seiner frawen baldt gefolgt: den es ist noch nicht zwey mont, daß sie gestorben ahn den heßlichen kinderblattern; selbigen weg hatt er gefolgt⁸. Monsieur le

1 Foy. 2 Vergl. oben s. 229. 3 Karls XII. 4 d. h. sie machen ihnen die hölle heiß und machen ihnen weis. 5 d. h. wird schwach. 6 Hiskias. Vergl. 2 könige, c. 19, v. 15 bis 19. 7 l'enchère, das gebot, höherbieten bei öffentlichen versteigerungen. Der sinn ist also: Hat St Martinus die gänse ... nicht im preise steigen machen? 8 Journal

duc Dantin[1], sein herr vatter, solle sehr betrübt sein; er hatt zwar noch einen sohn; er ist aber prister worden, also von der gantzen famille nichts mehr überig, alß 2 kleine kinder von seinem elsten sohn, so zu Versaille gestorben, monsieur de Gondrin. Wen sie werden solten, wie die großmutter, madame de Montespan, geweßen! Den daß war woll ein lebendiger teüffel in allen stüken. Gott verzey mirs! man soll nicht judiciren, aber ich kan nicht laßen, zu zweyfflen, daß die Montespan undt die Maintenon seelig sein werden; sie haben gar zu viel übels in der welt gestifft; gott wolle es ihnen vergeben! Wen die zeit kompt, daß man ordinarie wider in die statt kompt, so würde man hundert fragen gethan haben, warumb ich nicht kome; man würde sagen, ich were mitt meinem sohn brouillirt undt hundert historien drauff machen. Es ist etwaß unbegreiffliches, wie erschrecklich[er] reichtum jetzt in Franckreich ist; man hört von nichts, alß millionen, sprechen. Ich begreiffe nichts in der welt von der sach. Wen ich von allen den reichtumen höre, denck ich, daß der gott Mamon jetzt zu Paris regirt. Aber ich muß meine pausse jetzt machen. Nach dem opera werde ich dießen brieff außschreiben; den gleich nach dem eßen muß ich zur großhertzogin, deren ich schon von St Clou auß versprochen, heütte eine vissitte zu geben.

Donnerstag umb 8 abendts.

Ich komme auß dem opera, welches woll daß närischte stück, so ich in langer zeit gesehen; es hatt weder händt noch füß, ahnfang noch endt; auch hab ich braff drin geschlaffen undt so woll, daß ich fürchte, zu viel geschlaffen [zu haben] undt daß ich dieße nacht lang werde sein, ohne zu schlaffen. Aber ich komme wieder auff Ewer liebes schreiben, will nur noch vorher sagen, daß ich heütte keines von Euch entpfangen. Ich war ahn der graffin von Warttenberg. Ich glaube, daß sie undt ihr Flor beyde sagen kön-

---

du marquis de Dangeau XVIII, s. 167 unter sonntag, 3 December 1719: «M. de Bellegarde, fils de M. d'Antin, est à l'extrémité, de la petite vérole, et a reçu tous ses sacrements.» Ebendas. s. 168 unter dienstag, 5 December 1719: «Le marquis de Bellegarde, fils de M. d'Antin, mourut le soir de la petite vérole: rien ne pouvoit le consoler de la mort de sa femme, qui mourut il y a deux mois, et il a toujours été languissant depuis ce temps-là; ils n'ont point laissé d'enfants. Il avoit la survivance de la surintendance des bâtiments qu'a son père, et étoit fort aimé de tous ceux qui le connoissoient.»

1 d'Antin.

nen, wie der chevallier a la mode [1]: «Celles qui ne nous oront point, ne seront pas les plus malheureux.» Aber da schlegt es halb 10, ich muß wider willen enden undt vor dießmahl nichts mehr sagen, alß daß ich Euch von hertzen lieb behalte.

Elisabeth Charlotte.

1077.

Paris den 9 December 1719.

Hertzallerliebe Louisse, vorgestern gar spät, nein, ich betriege mich, ich habe gestern morgen erst Ewer liebes schreiben vom 25 November, no 93, entpfangen. Weillen ich noch ein gutte stundt habe, ehe meine cammerweiber kommen werden, mich ahnzuziehen, will ich ahnfangen, Euch zu entreteniren; den ich habe Euch letztmahl einen langen brieff vor dieße post versprochen. Also fange ich heütte ahn, den morgen werde ich nicht viel zeit zu schreiben haben; den ich muß umb 12 zum könig, nachmittags zu madame la princesse, so noch kranck ist, undt von dahr zu meinen gutten freündinen, die kleinen Carmelitten. Von dar komme ich wieder her undt gehe ins opera undt will hernach frühe nach bett, weillen mein docktor mir montag undt dinstag wieder den grünen safft verortnet hatt. Also segt Ihr woll, liebe Louise, daß ich morgen wenig zeit zu schreiben haben werde. Aber dießen abendt hoffe ich Euch von halb 6 abendts biß nach 9 uhr zu entreteniren. Ich werde dießen nachmittag gleich nach dem eßen zu Chausseray nach Madrit; den es ist 11 tag, daß ich sie nicht gesehen habe. Sie ist noch kranck. Ich werde zu gutter zeit, nehmblich ein wenig nach 5 uhr, wider hir sein; den ich kan mich nicht resolviren, in die ittallienische commedie zu gehen, biß harliquin wider gesundt wirdt sein. Also wirdt mein eintzig divertissement dießen abendt sein, Euch, liebe Louisse, zu entreteniren. Ich komme wider auff Ewer altes schreiben vom 18, wo ich letz[t]mahl geblieben war, [will] doch noch vorher sagen, daß mir daß hertz gantz schwer ist wegen einer graußamkeit, so der könig in Englandt gegen dem printz von Wallis

---

[1] Le chevalier à la mode, komödie in fünf acten, in prosa, erstmals aufgeführt 28 October 1687. Das stück erschien immer unter dem namen von Dancourt; der wirkliche verfaßer ist jedoch der Pariser Saintyon, gest. im September 1723.

undt seiner gemahlin übt. Ich finde es gar zu hart. Der arme printz hatt dem könig, seinem herrn vattern, einen gar soumissen brieff geschrieben, sich zu erfrewen, daß der könig wieder glücklich zu Londen ahngekommen. Er hatte ihm erlaubt gehabt, die printzessin, seine fraw dochter, zu sehen. Der könig hatt sich nicht allein nicht contentirt, deß armen printzen, seines herrn sohns, brieff nicht abnzunehmen, mitt hartten wortten wieder zurückzuschicken, sondern ihm auch mitt hartten wortten sagen laßen, er nehme gar übel, daß er so keck geworden, in St James zu seinen kindern zu kommen, daß er drauß undt daß er¹ der printzes nicht mehr erlaubt solte sein, alß einmahl die woch, ihre kinder zu sehen. Daß ist warlich zu hardt undt graußam undt kan dem könig kein glück bringen; es ist gar zu unchristlich. Ich kan mir leicht einbilden, wie abscheülich dießes den printzen undt printzes schmertzen muß, die ihre kinder hertzlich lieben. Daß jammert undt betrübt mich recht; solche tiraney haben sie woll nicht verdint; es ist abscheülich, bin recht böß über den könig von Englandt; er machts zu grob. Die walder von der Ghör² mößen dießen könig mitt der seelufft, so drauff erfolgt, noch wilder gemacht haben. Aber gott wolle dem printzen undt printzes von Wallis beystehen! Ich habe dieße zeittung durch einen kauffman erfahren gestern abendts, durch welchen die printzes mir geschrieben. Es ist ein kerl, so gar sicher ist; den er ist vor dießem in meines herrn diensten gewest. Aber ich komme auff Ewer liebes schreiben. Wen man gedult hatt undt die augen alle morgen mitt law waßer undt halb brandewein wescht, stärckt sich daß gesicht undt kompt gantz wider; aber man muß brillen undt, waß man conserves heist, meyden. Alle occulisten seindt gegen die brillen. Der es mir ahm ersten gerahten, war bey dem könig in Böhmen³, unßern groß herr vatter, geweßen, wie er zu Prag war; er ging gar offt zu ma tante von Maub[u]isson, hatte sie hertzlich lieb, undt verzehlt ihr von der schlacht von Weißenberg⁴, dabey er auch geweßen war. Es ist war, daß die marechalle de Clerembeau⁵ nie keine zufall ahn den augen gehabt hatt; aber auch

---

1 ? daß er draußen bleiben solle und daß es.   2 Göhrde.   3 Friedrich V von der Pfalz.   4 Die schlacht am weißen berge bei Prag, in welcher Maximilian von Bayern über Friedrich V von der Pfalz siegte, fand 8 November 1620 statt. Man vergl. darüber Anton Gindely in der Augsburger Allgemeinen zeitung vom 4 bis 6 Juni 1876, nr 156 bis 158.   5 Clérembault.

85 jahr[e]n ist ein groß alter, umb woll zu sehen. Monsieur de Polier, den Ihr woll gekandt habt undt 93 jahr alt worden, hatt erst im 90 jahr die brill genohmen. Nichts ist schlimmer vor die augen, alß rauch undt weinen. Beydes hette mir die augen lengst sollen verdorben haben, aber ich weine die helfft nich[t] mehr so viel, alß ich vor dießem gethan. Wen ich auch gleich hertzlich betrübt bin, weine ich doch nicht mehr. Wen man brillen hette, so allezeit gutt wehren, ließ ich es noch gelten; aber wen sie etliche jahr gutt geweßen, muß man sie hernach wider endern; daß finde ich sehr verdrießlich. Ich will monsieur Le Fevre sagen, er solle mir seine brieffe geben, ich werde sie in mein paquet thun; so werdt Ihr sie entpfangen. Eweres hatt er gewiß bekommen. Niemandt weiß beßer, wo er logirt, alß monsieur Le Roy, mein advocat, so mitt ihm arbeydt. Ich muß nun meine paussen machen, biß auff daß ich, wie schon gesagt, wider von Madrit werde komen sein. Ich erfahre in dießen augenblick eine zeittung, so mir recht leydt ist. Mein sohn hatt gestern abendts einen trewen diener verlohren, so über 40 jahr ahn Monsieur s. geweßen, ein premier valet de garderobe, hieß Nocret; er kam offt zu mir.

    Sambstag, den 9 December, umb halb 7 abendts.

Es ist schon über eine gutte stundt, daß ich von Madrit kommen bin. Ich hatte gehofft, gleich zu schreiben können; allein madame d'Orleans ist kommen undt ¾ stundt da geblieben undt hatt lautter verdrießliche sachen geklagt, die mich innerlich gridtlich machen. Waß ich von ihrem sohn, meinem enckel, gefürcht¹, ist just geschehen. Er ist in dem verfluchten bal vom opera-saahl in den hürger² vom opera handen gefahlen. Ihr könt leicht gedencken, waß sie ihm gelehrnt haben; nun ist er wie ein unbandig thier geworden. Wen es die fraw mutter ihrem herrn klagt, will er sich kranck lachen³. Die sach ist doch gar nicht lächerlich; den der

---

1 Vergl. den brief vom 12 November, oben s. 306. 307. 2 d. h. der büreben. 3 G. Brunet II, s. 199, anmerk. 1: «Les «Mémoires» de Maurepas (t. I, p. 255) confirment ceci en disant que le Régent «voulut donner à son fils l'amour des plaisirs et chargea de son éducation en libertinage plusieurs femmes très-connues. La plus célèbre de ces demoiselles du Palais-Royal ne put jamais parvenir à lui donner aucune sorte d'intelligence, mais elle en eut un enfant.» On lit dans le «Journal» de Barbier (janvier 1722): «Le duc de Chartres a dix-neuf ans, et a déjà eu plusieurs galanteries. Il a maintenant une maîtresse en forme,

delicate bub wirdt sich mitt dießem leben umb leib, seel undt leben bringen, daß ist nur zu gewiß. Es ist waß anderst, so sich nicht schreiben lest, aber nicht beßer ist. Also segt Ihr woll, liebe Louise, daß ich rechtmäßige ursachen [habe], recht unlustig undt gridtlich zu sein. Aber last unß von waß anderst sprechen! Ich werde monsieur le Fevre sagen laßen, mir morgen eine andtwort vor Euch zu schicken. Vor 2 tagen hatt er mir monsieur Chardon hergeführt, von welchem er sehr content ist undt helt ihn vor einen gar ehrlichen man. Waß die affairen auffhelt, seindt der marechalle de Chomberg schwester, mademoiselle d'Aumale, erben. Die pretendiren, mitt ihr zu erben; daß gibt protzessen undt hindert, daß die sach nicht kan außgemacht werden. Aber monsieur le Fevre wirdt Euch die sach beßer außlegen, alß ich; den ich verstehe kein wordt von affairen oder processen. Hettet Ihr nicht, liebe Louise, nicht «außwecksel» zu daß wort «l'agio» gesetzt, würde ich kein wordt verstanden haben. Ich werde es Euch nicht außlegen, waß die banque undt actionen sein; den ich verstehe es eben so wenig, alß grichisch oder hebreisch. Die damen, so hirin gewunen haben, pretendiren, es auff ein endt zu verstehen. Lotterien ziehen ist doch allezeit eine lust; aber wie ich die lotterien gern ziehen sehe, ist wie ein glücksßhaffen mitt zettel. Hir ist reichtum eine gottheit geworden; den man denckt ahn nichts anderst. Mir kompt dieße große rasserey abscheülich vor. Die historie von[1] hollandischen kauffman ist recht artig. Man könte ein poßenspiel davon machen, wo die brügel-supen, [die] der man seiner frawen im ahnfang gibt, nicht übel zu paß kämmen. Ewer liebes schreiben ist [mir] gar nicht zu lang vorkommen. Ich bin von hertzen fro, daß meine brieff Euch so nach meinem wunsch gedinnt undt woll hatt wieder schlaffen machen. Ach, liebe Louise, so glücklich bin ich woll nicht, ob ich es zwar sehr wünschte, Euch den geringsten gefallen zu erweißen; was aber ahnlangt, einander wieder zu sehen, so bin ich nun zu alt, umb zu reißen; aber were ich noch ein jahr 10 jünger, wolte ich Euch rendevous in Lotteringen geben haben, welches, wie ich glaube, halber weg ist; aber nun ist es leyder zu spätt. Daß ist alles, waß

---

la petite Quinault. Ce prince n'est point aimé; il a l'esprit petit et mauvais.» Et plus loin, l'auteur rapporte que le Régent disait de son fils: »Il a aussi peu d'esprit que M. le Duc, il est aussi brutal que le comte de Charolais, et aussi fou que le prince de Conti.»

1 ? vom.

ich auff Ewer erstes schreiben sagen kan. Ich komme nun auff Ewer
liebes schreiben vom 25, no 93, [will] aber nur noch vorher sagen,
daß mir heütte ein augenblick ein abscheülicher husten ahngestoßen.
Aber daß wundert mich [nicht], bin dergleichen zu Paris sehr gewondt. Aber da schlegt es 9, will eine pauße machen, mein ey
schlucken undt nach bett gehen. Morgen werde ich Euch weytter
entreteniren.

    Sontag, den 10 December, umb 7 morgendts.

 Ich habe dieße nacht braff gehust, undt wen ich nicht schlaffe,
kan ich ohnmöglich im bett bleiben. Drumb hab ich vor 6 mein
gebett vericht undt bin umb halb 7 auffgestanden undt [nun] komme
ich mein wordt halten undt [Euch] entreteniren, liebe Louise, wie
ichs Euch gestern abendt versprochen habe. Ich hatte heütte zum
könig, madame la princesse undt in den¹ Carmelitten closter gewolt;
aber mein husten ist zu starck, habe befohlen, das man alles ab-
sagen solle, undt werde ein par tag die cammer hütten, umb zu
sehen, ob daß meinen husten undt schnupen couriren kan. Es² ist
mir gestern morgen auff einen stutz ahnkommen; aber es nimbt mir
nicht wunder, die Parisser lufft thut mir alß den poßen. Ich habe
dieße experientz schon 48 jahr, nun also kein wunder, daß ich Paris
scheüe undt ungern dar³ bin. Aber es ist auch zeit, daß ich auff
Ewer liebes schreiben komme, so ich, wie schon gesagt, vorgestern
entpfangen. Waß lust nimbt man auff der post, die brieffe 2 auff
einmahl zu überlieffe[r]n? In Englandt machen sie es auch so. Liebe
Louise, es ist woll ein schlechtes labsaal, daß Ihr meiner affection
versichert werdet; den daß bin ich Euch ja auff alle weiß schuldig,
erstlich wegen waß wir einander sein, zum andern wegen Ewere
tugenden undt wollverhalten, undt zum dritten wegen der versprechung, so ich I. G. s. dem churfürsten zu Straßburg gethan, alß
ich weg bin, daß ich alle die raugraffliche kinder lieb behalten
wolte, so lang wir leben würden. Daß habe ich auch treülich gehalten. Ich habe woll gedacht, daß meine perfecte gesundtheit, so
ich von St Clou gebracht, hir zu Paris keinen bestandt haben würde.
Mein verdruß, so zu St Clou ahngefangen, hatt sich hir sehr vermehrt, wie ich Euch, liebe Louise, schon gestern abendts geklagt.
Meines enckels tugendtsamer sousgouverneur ist so hertzlich betrübt, daß ich fürchte, daß es dem gutten, ehrlichen man daß leben

1 ? der.   2 ? Er.   3 ? da.

kosten wirdt. Es seindt gar zu gottloße leütte hir, umb jungen
leütten nicht in allen lastern zu helffen, solte es auch nur auß haß
vor meinen sohn sein, ihn umb seinen sohn zu bringen; den man
sicht woll, wie delicat daß kindt ist. Franckreich hatt den säxsi-
schen churfürsten abscheülich geschadt. Mein gutter freündt C. A. von
Haxsthaußen hatt mir es offt mitt threnen geklagt, daß sein printz
zu Paris so unbandig geworden, daß er nicht mehr mitt ihm zu
recht kommen könne. So baldt junge kinder in die desbeauchen
fahlen, ist ihnen kein laster zu viel, wo sie nicht in fallen, undt
werden recht bestialisch. Aber, wie Ihr gar recht sagt, wen gott
die handt nicht dazu thut, ist alles umbsonst undt geht, wie in dem
psalm stehet: «Wo der herr nicht daß hauß bewahrt, so wacht
der wachter umbsonst¹.» Drumb hatt man woll große ursach, alle
tag zu betten: «Ach, herr, verlaße mich nicht, auff daß ich dich
nicht verlaße!» Mitt unßer abtißin bin ich nun woll... Ich habe
ihr biß donnerstag eine vissitte geben sollen, aber ich fürchte, mein
abscheülicher husten undt schnupen wirdt mir es nicht erlauben.
Biß donn[e]rstag werde ich Euch sagen, wie es abgangen. Undt
unßere abtißin muß woll lust in ihrem handtwerck nehmen, den sie
den standt selber erwehlt hatt. Ergibt sich Churpfaltz einmahl in
pfaffen handt, sich von ihnen regieren zu laßen, so ist es ein unglück ohne endt vor die gutt[e], ehrliche Pfältzer. Ich gestehe, wie
ich dießen herrn hatte beschreiben hören, hatte ich mich etwaß
beßeres zu ihm versehen gehabt, alß es nun gehet. Wer sich etwaß guts von pfaffen undt mönchen versicht, wirdt woll betrogen.
Nichts in der welt ist schlimmer, alß daß.... nemblich pfaffen undt
mönchen; wollen allezeit regieren. Alle geistliche, in welcher religion es auch sein mag, seindt ambitieux undt wollen allezeit regieren, wo sie sein; daß gibt ihnen der teüffel ein, sie zu ertapen.
Wen die friedens-tracktatten, der keyßer, könig in Englandt, Preüssen
undt die herrn staaden², wie seine naturliche vernunfft nichts bey
Churpfaltz vermögen, wie kan ich hoffen, daß ich waß außrichten
soll, daß gutt vor meine gutte, ehrliche landtsleütte sein konte?
Ich kan sie nur hertzlich beklagen, aber sonsten nichts dinnen.
Daß ist mir leydt genung. Ich sehe leyder nur zu woll, daß mich
gott zu nichts gutts in Franckreich geschickt; den ich habe mein

---

1 Psalm 127, 1.   2 die Niederlande.

leben, so viel ich, viel ich mich auch drumb bemühet, dem vatterlandt in nichts dinnen können. Das ist woll war, daß ich auß purem gehorsam vor I. G. mein herr vatter undt oncle undt tante von Hannover s. daß ich in Franckreich kommen bin; meine inclination war nichts weniger. Herr Franck meinte, wider herzukommen; daß heist: «L'homme propose et Dieu dispose.» Ich glaube aber, daß er deüchtiger vor den keyßerlichen undt wienischen hoff ist, alß vor den frantzöschen; den er weiß die hießigen maniren gantz undt gar nicht, konte es auch weder gewohnen, noch lehrnen. Mitt solchen leütten kan man nichts außrichten. Die arme fraw von Ratzamshaussen ist von hertzen betrübt undt will sich nicht trösten laßen, daß die witib von Reding, ihre dochter, sich gegen ihren willen auß lieb ahn einen Frantzoßen geheüraht, deßen vatter in der conspiration begriffen ist. Freylig weiß ich noch mein gantz Heydelberg außwendig. Ich erinere mich nun selber, daß ich mich in die zwey kirchen, St Peter undt St Anne, verschrieben undt sie versetzt haben[1]. Ich bin wie Ihr, liebe Louise! Ich frag nichts darnach, wo man mich nach meinem todt hinthut; aber nach aller aparentz werde ich nach St Denis geführt werden[2]. Ich kan nicht begreiffen, wie deß mar[s]chalcks Landaß hauß ahn den professer von Lünenschloß hatt kommen [können]. Ist den alles vom Landas außgestorben? Den ich meinte, die fraw von Lendt hette noch dochter hinderlaßen; oder hatt es Carl Landas vielleicht ahm herrn Lunenschlos verkaufft? Es ist in der that eine ober vorstadt, wodurch man nach Neckergemündt fahrt; aber zu meiner zeit hatt man dieße kleine vorstatt nie anderst, alß daß Oberthor, geheyßen; der platz von hundtstall ist nicht... Ich weiß nicht, ob, waß Ihr Franciscaner heist, Caputzüner oder Cordellier sein. Ihr sagt auch nicht, von welchem ordre dieße sein, so in Seckendorf hauß auff den[3] graben logiren. Kämme ich nach Heydelberg, müste ich vor leydt undt weinen vergehen. Es seindt ohnnohtig sorgen, waß nach dem todt geschehen [wird]. Alles in der welt ist der verenderung zu sehr unterworffen, umb daß etwaß bestandt könne haben. Seyller war ein lügner in folio, wolte doch vor einen ehrlichen man passiren; drumb muste er ja eine ursach vorbringen, worumb er so bang

1 ? habe.   2 Vergl. band I, s. 551. 552.   3 ? dem.

vor mir war; aber er war nichtsweniger, alß unßer bruder [1]. Ich weiß
ihm doch noch danck, ein gewißen gefühlt zu haben; den hir thut
man alles übels von der welt, ohne reühe, noch gewißen zu füllen [2];
daß argert mich recht. Seyller ist nicht catholisch gestorben. Der
Benterritter verzehlte mir vor etlichen tagen deß Seyllers todt; er
ist gestorben, ohne daß man ein wordt auß ihm hatt krigen können,
waß man ihn auch gefragt hatt. Man hatt doch woll gesehen, daß
es kein accident war; den waß er sonst nöhtig hatt, konte er woll
fordern; er hatt vielleicht nicht reden wollen, umb nicht mehr zu
lügen; daß konte er meisterlich undt seine gröste lügen ist gewiß
die, daß er unßer bruder geweßen. Es seindt etliche weiber, den
der heüraht gar gesundt ist. Ich wünsche, daß es der gutten fraw
Zachmanin woll bekommen möge; den es ist eine gutte, ehrliche
fraw, von welcher ich viel halte. Daß ihr man in sie verliebt ist,
ist keine kunst; sie ist hübsch undt woll geschaffen; aber daß sie
in ihren man verliebt ist, daß kompt mir schwer vor, wie man mir
ihn beschrieben hatt. Ihr erstes manchen war auch gar heßlich.
Die printzes von Wallis hatt mir geschrieben, daß Ewere niepce,
die gräffin von Holdernesse kranck vor ängsten geworden, weillen
sie drey kerl hatt zu ihrem fenster neinsteygen sehen. Monsieur
le Fevre geht alleweill hir weg; er hatt mir die ursach gesagt,
warumb Ihr seine brieff nicht entpfangen habt; ahnstatt nur «a
Franckforth» zu schreiben, hatt er «Franckfort sur l'Oder» gesetzt;
habt es also nicht entpfangen können. Dießmahl aber werdt Ihr
sein schreiben recht entpfangen; den er hatt es nach Franckfort
ahm Main adressirt. Ich wolte, er solte es mir geben, aber es war
schon auff der post. Schreibt mir, liebe Louisse, ob Ihrs entpfanget [3]
habt oder nicht! Aber es ist zeit, eine pausse zu machen undt
mitt meinem grittlichen kopff viel verdrießliche leütte zu sehen.

Sontag, umb ein viertel auff 3 nachmittags.

Ich komme jetz[t], eben mahl [4] meinen brieff außzuschreiben; ich
zweyffle aber, daß es ohne schlaffen wirdt geschehen können; den
ich laß meinen kopff vor schlaff schir auff mein pabir fallen.

---

1 Vergl. den brief vom 16 November, oben s. 313. 314.   2 d. h. fühlen.
3 ? empfangen.   4 ? einmal.

Sontag, umb ein viertel auff 5 abendts.

Ich habe ein par stündtger geschlaffen, liebe Louise, undt habe übel gethan, geschlaffen zu haben; den der kopff thut mir nun wehe undt ich fürchte, es wirdt mich dieße nacht ahm schlaff verhindern. Ich war heütte morgen ahn Ewere niepcen geblieben. Schwangersein ist eine kranckheit, so niemandts jamert, alß mich; aber ich habe recht mittleyden mitt ihnen; ich weiß, wie es thut, drumb jamm[e]rn mich alle, die es sein. Ich habe Euch schon gesagt, woran es ligt, daß die sach von Coubert noch nicht zum endt ist; aber monsieur le Fevre wirdts Euch noch beßer außgelegt haben, alß ich, die gar perfect ingnorent in dergleichen sachen bin undt auch in viel andere. Zu Franckfort ahn der Oder glaube ich nicht daß Euch viel leütte woll kenen, also daß monsieur le Fevres briff mögen woll verlohren sein. Es ist mir lieb, Louise, daß Ewere niepcen undt graff Degenfelt woll mitt mir zufrieden sein. Aber wie solte ich mich nicht interessiren vor Ewere niepcen, Caroline kinder, undt meines gutten freundts, herr Max, sohn? Es fehlt ihm nur ein stück, daß er nicht auch meiner lieben Landas, baß Amelie, sohn ist. Monsieur Marion, den ich hir gesehen, ist nicht gar jung, umb so eine junge fraw zu haben. Mein sohn hatt so erschrecklich viel zu thun, daß er offt die memorial[1] vergist, so er im sack hatt, wie es woll nicht anderst sein [kann]. Ich sehe ihn so wenig undt so im vollen lauff, so zu sagen, daß ich mich selber nicht erinern kan, waß ich ihm zu sagen habe. Gestern arbeytete er 23 stundt ahn einem stück, war so müde, daß er mich recht jamerte, hatte daß hertz nicht, ihm von waß zu reden; den er ware gar zu abgemaht[2]. Hiemitt ist Ewer liebes schreiben vollig beantwortet, bleibt mir nur überig, zu sagen, daß ich Euch von hertzen lieb behalte.

Elisabeth Charlotte.

1078.

Paris den 14 December 1719.

Hertzallerliebe Louise, vergangen sontag habe ich Ewer liebes schreiben vom 28 November no 94, mitt den 3 schraubthallern zu

---

1 mémorial, denkschrift, bittschrift.   2 d. h. abgemattet.

recht [empfangen], finde die bikelhäring gar artig. Man ist greßlich verpicht drauff hir, habe gleich eines davon müßen weg geben. Ich hoffe, daß Ihr mir, wen die andern 6 werden kommen sein, b[e]richten werdet, waß sie kosten. Ja, liebe Louisse, ich tragen¹, wen ich in manteau bin, schwartze taffeten schürtzger; aber in grand habit trag ich keine. Mich deücht, sie seindt gar gemachlich, weillen sie zwey säck mehr geben. Man hatt nie keine schandt, seinen nahen verwanten zu dinnen; aber hir ist, den schürtz ahnzuthun, der dame datour scharge², die dame d'honneur hatt ander[e] fonctionen. Ich thet gegen mir selber, liebe Louisse, wen ich Euch nicht ortendtlich auff Ewe[re] liebe schreiben andworten solte, indem ich es Euch so hoch versprochen, exact zu sein; habe auch seyderdem nicht dran gefehlt. Ich piquire [mich], sehr exact in meinen parollen zu sein. Ich bin noch weit darvon, alle tugendten zu besitzen; den ich bin ein mensch undt alle menschen haben ihre schwachheitten undt fehler, habe also die meinige, wie ein anders, leyder. Die fürstin von Nassau Siegen thut woll, sich ahn einen frantzöschen officir zu hencken; der wirdt ohne scrupel bey ihr bleiben, so lang alß sie einen heller wirdt im beüttel haben. Vor mehr andtworte ich nicht³. Ich höre nie von amants reden, so ihre maistressen quittiren, wie Dornberg gethan, ohne ahn madame la duchesse de la Mailleraye⁴ zu gedencken, so alß zu sagen pflegte: «Que l'amour seroit jolie, s'il n'avait pas ces quitterie[s]⁵!» Hiemitt ist Ewer liebes schreiben just halb beantwort. Ich muß nun meine pausse machen. Ich bin heütte spät außgestanden⁶; den ich bin kranck wie ein hundt. Ob ich zwar nicht außgehe undt allezeit in einer gutten warmen kammer bleib, gar nicht zu nach[t] eßen⁷, so habe ich doch einen solchen abscheülichen husten, daß ich in allem dieße nach[t] zu unterschiedtliche[n] mahlen 2 stundt geschlaffen, bin wie gebrügelt in den lenden; den ich huste ohne auffhoren, thue nichts, alß husten, speyen, butzen; daß ist ein verdrießlich leben. Aber da rufft man mich, umb mich ahnzuziehen; mochte doch gern noch dießes bladt außschreiben.

・

1 ? trage.   2 charge.   3 «Antworten» ist wol ungeschickte übersetzung des französischen «répondre de quelque chose» und der sinn des satzes ist in diesem falle: für mehr stehe ich nicht.   4 Mailleraye.   5 Vergl. den brief vom 19 November, oben s. 318.   6 ? aufgestanden.   7 ? eße.

Paris, nachmittags umb halb 3, 14 December.

Es ist schon eine gutte halbe stundt, daß ich von taffel bin, aber eine große nohtwendig[keit] hatt mich in mein cabinet, oder, wen ich mitt verloff, mitt verloff sagen soll, in mein garderobe gehen [machen]. Daß, hoffe ich, wirdt mir dieße nacht eine ruicher[1] nacht geben, alß die, so ich dieße nacht gehabt habe; den ich habe kein[e] 2 stundt geschlaffen, continuirlich gehust. Ich hatte gehofft, gegen morgen ein wenig zu schlaffen gewest[2], bin also 2 stundt lenger im bett geblieben, undt wie ich nicht ohne schlaffen im bett dawern kan, so bin ich doch umb ³/₄ auff 7 auffgestanden. Es schläffert mich nun, daß ich kaum die augen auffhalten kan; hoffe doch, auff Ewer liebes schreiben vom 28 heutte vollig zu andtwortten, will nur, weillen ich noch allein bin, ein wenig betten gehen.

Umb halb 4 nachmittags.

Mein gebett ist, gott lob, verricht; nun wirdt mich, wils gott, nichts mehr auffhalten, auff Ewer liebes schreiben ferner zu andtwortten. Ich war geblieben ahn den herrn von Darnberg[3]. Ich finde ihn glücklich, wie man in sprichwordt sagt, seine spel so woll auß dem spiel gezogen zu haben undt mitt einen ... seine mutter besamfftiget; findet[4], daß es ein großer vortheil ist. Waß die fürstin von Siegen nun pra[c]ticirt, hatt sie gar gewiß zu Paris gelehrnt; also billig, daß ein Frantzoß davon profitirt. Die coquetten seindt nicht die langweilligsten; den sie wollen alß ahn alle menschen gefallen; daß macht sie artlich. War[5] dieße fürstin ihre freüllen übel tractirt hatt undt doch sonsten gutt ist, mag es woll sein, daß einer von ihren liebhabern vielleicht verliebt von einer ihren freüllen geworden; sie können doch woll raisonabel undt tugendtsam sein; den wen coquetten jalous werden, werden sie furieux. Wie ich sehe, Louise, so halt Ihr eben so wenig vom spiel, alß ich. Ihm bett könte ich ohnmöglich schreiben; es ist auch gar gefahrlich, licht im bett zu [haben]; so ist daß schloß zu Mönchen[6] in brandt gangen. Ein hofffreüllen laß im bett, schlieff ein, daß licht fiel umb auff die gardinen; die gingen in brandt, daß freüllen erwachte, sprang auß

*

1 d. h. ruhigere. 2 ?können. «gewest» ist selbstverständlich ein wol durch eile im schreiben herbeigeführter fehler. Das wort gehört nicht hierher. 3 ?Dörnberg. 4 ?finde. 5 ?Wenn. 6 München.

dem bett, durffte nicht ruffen auß forcht, daß man mercken mögte,
daß sie daß hauß in brandt gesteckt hette; in dem ging daß gantze
schloß in brandt. Drumb, liebe Louisse, wolte ich Euch nicht rahten, viel im bett zu schreiben. Durch welche avanture seindt Euch
die Juden schuldig worden? Daß kan ich nicht begreiffen. Mich
deücht, Ewer beyde niepçen seindt offt kranck. Ich bin persuadirt,
daß die londische lufft[1] ungesundt ist; weillen aber Ewere niepçen
ahn der englischen lufft gewohnt sein, so fürchte ich, daß unßere
pure teütsche lufft sich nicht so woll vor ihnen schicken würde, alß
zu wünschen were. Aber wen sie einen kleinen tribut werden bezahlt haben, wirdts ihnen hernach woll bekommen. Ey, liebe Louise,
Ihr denckt nicht dran. Warumb solte ich graff Degenfelt undt seine
gemahlin nicht zu St Clou ins hauß nehmen? Daß ist ja gantz nach
der ordenung. Aber in[2] Palais-Royal kans nicht ahngehen; den da
ist kein platz. Ob zwar Ewere niepçe, die graffin Degenfelt, nach
Franckforth mitt ihrem herrn kompt undt Euch erfrewen werden,
so kan doch dieße freüde nicht so perfect sein, daß nicht noch waß
zu wünschen were, also nicht von den ohnmöglichen freüden; hoffe
undt wünsche, daß Ihr den trost zukünfftig jahr haben werdet. In
Teütschlandt habe ich nicht gewust, daß man unß Pfältzer kramets-
vogel [heißt][3], habe es erst hir von Teütschen erfahren; weiß nicht
mehr, wer mirs gesagt hatt. Ich hatte gemeindt, heütte noch ein
liebes schreiben von Euch zu bekommen, aber es ist keines kommen.
Daß nimbt mich eben kein groß wunder, den alle posten kommen
nun viel spätter, alß ordinarie. Es ist, wo sie auch herkommen
mögen; also setzt es mich in gar keinen sorgen, gott lob! Ich muß
meine schraubthaller nur besehen, wen ich allein bin; den mach ich
sie vor jemandts auff, findt ich eine hauffe hände, so bitten: «Ah,
Madame, donnes m'en un!» Da segt Ihr woll, liebe Louisse, daß
ein dutzendt nicht zu viel. Ich habe heütte 2 brieff bekommen, so
beyde 3 tag spätter kommen, alß ordinarie, eines von unßer printzes
von Wallis, daß ander von meiner dochter. So baldt ich dießes paquet werde unterschrieben haben, werde ich es leßen. Adieu! Ich
ambrassire Euch von hertzen, liebe Louisse, undt behalte Euch all
mein leben recht lieb.

Elisabeth Charlotte.

1 d. h. die luft in London.   2 ? im.   3 Vergl. den brief vom 19 November, oben s. 316. 317.

1079.

Paris den 17 December 1719, umb halb 7 morgendts.

Hertzallerliebe Louisse, wenn man mich heütte hette wecken... den ich habe die lange nacht durch gehust. Einen solchen husten, wie mir Paris dießmahl geben, erinere ich mich nicht mein leben gehabt zu haben. Daß wirdt mich aber nicht verhindern, auff Ewer lieb[e]s schreiben, so ich vergangenen freytag entpfangen, zu andtwortten. Mich deücht, unßer commerce geht nun zimblich richtig. Solte ich morgendts nicht bey dem licht schreiben, konte ich keinen brieff in dießen kurtzen tagen verfertigen; den der tag ist nun erst umb 8 morgendts hell genung, umb zu schreiben, undt nachmittags habe ich zu viel interuptionen, da man unmöglich weiß, waß man sagt. Seyder ich auffgestanden undt dar in meinem stuhl sitze, habe ich ein halb stündtgen geschlaffen; den ich fall vor schlaff auff mein papir. Aber so baldt ich entschlaffen, weckt mich der verfluchte husten wieder. Ich bin, alß wen man mich geprügelt hette; so wehe thun mir die lenden undt unten der grundt vom magen. Es ist aber auch woll einmahl zeit, daß ich dießen so gar langweilligen discours ende undt auff Ewer liebes schreiben komme; den ich wolte es gern dießen morgen verfertigen auß oben gemelte ursachen. Ich werde nicht lang mehr bey dem licht schreiben; den seyder ich entschlaffen, ist es tag worden, werde gleich meine lichter weg thun laßen. Da schreibe ich nun beym tag, kan aber nicht sagen »bey dem hellen tag«; den ich glaube, daß ein nebel kommen wirdt; es sicht darnach auß. Wen ich nur frühe zu bett gehe, ist mein dochter[1] zufrieden. Gestern lag ich umb ³/₄ auff 10 schon im bett, hatt mir aber wenig geholffen, indem ich alle stunden gezehlt habe. Daß wetter ist bißher zimblich schön; seyder vorgestern frirt es eyß undt man sagt, daß die brunen im gartten schon gantz zugefrohren sein, zum großen trost deren, so gern kalt drincken undt in der hoffnung leben, daß ihre eyßgruben gefült werden, so vergangen jahr nicht hatt geschehen können; den es hatte nicht genung dazu gefrohren. Ich kan weder warm, noch gar kalt drincken;

---

1 ? doctor.

waß ich drincke sommer undt winter, muß nur frisch sein, wie frisch brunenwaßer; ist es eyßkalt, thut es mir in der stirn wehe. Der könig in Englandt ist ahngelangt, ehe der sturm kommen; der hatt aber der duchesse de Candel¹, geweßene Schullenburg, niepcen schiff ertapt undt sie biß nach Denemarck geführt. Der könig in Englandt, man muß die gründtliche warheit bekennen, der könig in Englandt geht graußam mitt seinen kindern [um]. Aber ich glaube, liebe Louisse, daß ich es Euch schon vergangen donnerstag verzehlt ². Der printz von Wallis undt die printzes jammern mich von hertzen, hattens so gutt gemeint, einen kamerjunckern mitt brieff ahn den könig zu seiner glücklichen ahnkunfft zu erfreüen. Wen sachen woll undt ... gemeint sein, daß kan mich jammern, daß mir die threnen drüber in den augen kommen. Die werden eine hartte verandtworttung vor gott dem allmächtigen haben, die den könig in Englandt so sehr gegen seine königliche kinder erbittern. Ich bin so boß auff sie, daß ich sie ohne erbarmung könte hencken sehen. Die printzessin von Wallis hatte mir schon der graffin von Holdernesse ungluck bericht. Es war ein alter duc de Bellegarde hir vor dießem, der sagte alß: «Je n'ay que les peurs que l'honneur permet.» Aber der schrecken, so Ewere elste niepce gehabt, ist gar gewiß von denen; den es schaudert einem, dran zu gedencken; 3 kerl durch ein fenster einzusteygen sehen, ist etwaß abscheüliches³; wundert mich gar nicht, daß dießer schrecken ihr ein böß kindtbett zuwegen gebracht hatt. Man ist allezeit krancker ahn boßen kin[d]betten, alß ahn gutten. Man sagt, ein gutt kindtbett ersetzt ein boßes undt daß es gutt ist, gleich wider schwanger auff ein böß kindtbett. Aber in meinem sinn deücht daß beste nicht viel von dießem handtwerck. Sicht man die leütte den nur, liebe Louisse, umb ihre schonheit? Man sicht sie gern, wen sie einem nahe sein, weillen man sie lieb hatt undt sie sich so verhalten, daß man sie estimiren kan. Meindt Ihr den, liebe Louise, daß ich wenigere runtzel habe, alß Ihr? Warumb solte man sich

---

1 Kendal. 2 Vergl. oben s. 340. 341. Man vergl. auch: Diary of Mary, countess Cowper, lady of the bedchamber to the Princess of Wales. London. J. Murray. Man sehe über dieses werk: E. D. Forgues, Le journal d'une dame de la cour au temps de George Ier, in der Revue des deux mondes, Paris 1869, s. 190 bis 229; s. 291 bis 326. 3 Vergl. oben s. 347.

schemen, waß daß alter mitt sich bringt undt unvermeydtlich ist? Ich frag kein haar darnach, runtzlich geworden zu sein; bin die erste, so drüber lacht. Aber waß die beste ursach sein kan, ist, daß die reiße zu weit undt lang ist. Ich habe die Colb gar zu lange jahren gesehen, umb nicht zu behalten haben können, waß ihr gespräch war[1]. Monsieur Laws ist eine recht geplagte sehl so woll alß mein sohn; waß die zwey leütte arbeytten, ist nicht zu begreiffen, von morgen biß in die nacht. Umb actionen zu haben, müßen die weiber ja ahn monsieur Law sagen, was von soumissionen sie bringen; den ohne gelt undt soumissionen bekompt man keine actionen. Monsieur Law spricht nicht ahn alle leütte. Auff erbarkeit befleißen sich die damen nicht ahm meisten zu Paris. Umb woll mitt mir zu stehen, liebe Louise, gehort weder list noch finesse, nur erlich sein undt auffrichtig, wie Ihr, liebe Louisse, seydt; so kan ich mitt warheit sagen undt versichern, daß ich Euch, liebe Louise, all mein leben von hertzen lieb behalte.

Elisabeth Charlotte.

Sontag, den 17 December, umb 5 abendts.

In dießem augenblick entpfange ich Ewer liebes schreiben vom 5 dießes monts, no 96, kan aber heütte nicht drauff andtworten. Ich will Euch doch noch ein wenig zeyttung von meinem husten sagen. Ich habe dießen nachmittag ein wenig geschlaffen; daß ist mir zimblich woll bekommen, hatt mich wieder gestärckt; den die gantz nacht ohne schlaff gewest zu sein, undt die vorige nacht hatte ich nur 4 stundt geschlaffen, also in 3 tag zeit habe ich nur die 4 stundt in 4 tagen geschlaffen; daß ist nicht zu viel; es matt greülich ab. So mir gott daß leben biß donn[e]rstag verleyet, werde ich auff Ewer liebes schreiben andtworten, nun aber nur eine gutte nacht wünschen undt ahn mein dochter schreiben, von welcher ich einen großen brieff alleweill entpfangen habe.

---

[1] Vergl. die register unter Colb band I, s. 520; band II, s. 747.

1080.

Paris den 21 December 1719 (N. 48).

Hertzallerliebe Louise, ich glaube, ich hab Euch schon vergangenen sontag bericht, wie daß [ich] selbigen tag Ewer liebes schreiben vom 5 dießes monts zu recht entpfangen; werde, wils gott, heütte drauff andtwortten. Aber weillen Ihr, liebe Louise, nach meiner rechnung dießen brieff just den neüjahrstag entpfangen werdet, so kan ich nicht laßen, nach hochloblichem alten teütschen brauch [Euch], lieb Louise, ein glückseeliges friedt- undt freüdenreiches neües jahr zu wünschen sambt volkomm[en]er gesundtheit undt zufriedenheit, undt [gott] erhalte Euch noch viel undt lange jahren dabey sambt allem, waß Euch lieb ist! In dießem wunsch glaube ich, daß ich auch kan begriffen werden. Suma, gott gebe Euch in dießem undt viellen andern jahren alles, waß Ewer hertz wünscht undt begehrt! Amen. Nun komme ich auff Ewer liebes schreiben. Mich deücht, Ihr bekompt meine schreiben eher, alß ich die Ewerige; den wie ich sehe auß waß Ihr mir da schreibt, daß Ihr daß meinige entpfangen, so ist es nur 10 tag alt worden; daß ich aber von Euch, liebe Louise, habe, war 12 tag alt, also 2 tag lenger unterwegen geweßen, alß daß meine. Mademoiselle de Valois heürabt ist gewiß; man erwahrt[1] nur die dispense vom papst, weillen sie einander im 4ten gliedt verwandt sein. So baldt dieße dispense gekommen wirdt sein, so soll daß beylager gehalten werden. Gott bewahre unß, daß es möge gebrochen werden! Daß were ein groß unglück vor unß alle. Es ist nicht zu fürchten, daß ich mich über ihren abschidt zu todt grämen werde. Vor jetzt ist es mir hertzlich lieb; waß weitter drauß werden wirdt, [wird] die zeit lehren. Ich glaube aber nicht, daß ich, auff waß mademoiselle de Vallois betrifft, mein leben mich auff viel vergnügen gefast zu machen habe; aber ich werde mich auch nicht viel drumb bekümern. Wir fragen gar wenig nach einander. Aber last unß von waß anderst reden! Dießes bringt mich zu weit in den text. Mademoiselle de Vallois hatt mehr schönheit, alß ahnmuht; sie ist, daß ist gewiß, schöner, alß ihre fraw schwester, die abtißin von Chelle; aber dieße ist unvergleich-

1 d. h. erwartet.

lich ahngenehmer. Sie hatt ein gar ahngenehmes lachen undt die schönste undt perfectste zähn von der welt (können mitt recht ein tour perlen verglichen werden), schön zahnfleisch, hatt auch einen ahngenehmen [mund], nicht gar zu klein, aber woll formirt, schönne lefftzen. Sie stottert ein wenig, aber es steht ihr nicht übel ahn, den sie macht keine grimassen dabey undt spricht undt lacht gantz naturlich ohne zwang noch affecterie [1]; sie sagt auch, was sie gedenckt. Daß hatt die braut nicht, sagt nie, waß sie gedenckt, sondern allezeit daß contrarie; daß ist mir unleydtlich. Ich muß gestehen, ich wolte, daß sie schon zu Modene were. Der herr von Gemingen hatt recht; verstandt hatt sie, daß ist war. Alle madame d'Orleans kinder haben verstandt, groß undt klein; daß ist gewiß. Die 2 kleine, so vorm jahr die kinderblattern gehabt haben, haben keine eintzige nave oder kinderblattermahl undt sein doch erschrecklich geendert; es seindt ihnnen gantz andere gesichter gekommen. Es ist gar war, daß der comte de Charolois eine printzessin von Modene heürahten wirdt. Wen die gesündiget hette, würde sie eine hartte buße bekomen; ich kenne dießes menschens kopff. Wen sie nicht das unglücklichste mensch von der welt wirdt sein, so bin ich woll betrogen; den alle aparentz ist dazu [2]; sie jammert mich recht. Man setzt in zeyttungen, waß man weiß oder nicht weiß, wen nur daß bladt voll wirdt. Die zeittung vom duc de Chartre ist nicht war. Mademoiselle de Valois solle, wie man sagt, von hir aux Entibes [3] gehen. Wie sie sich mitt ihrem halbbruder, den grand prieur undt general des galleres [verabredet], wirdt [dieser] sie

---

1 aiererei. 2 G. Brunet II, s. 204. 205, anmerk. 1: «Le comte de Charolais devint un des plus vils scélérats dont l'histoire ait gardé le souvenir. Il débuta par assassiner un de ses valets dont il n'avait pu séduire la femme. Il ensanglantait ses débauches par d'ignobles barbaries sur les courtisanes qu'on lui amenait; il tirait sur les couvreurs pour se donner le plaisir de les voir tomber du haut des toits. Il eût dix fois pour une porté sa tête sur l'échafaud, s'il eût pu exister, sous la monarchie, une justice contre les princes (voir Lacretelle, «Histoire de France pendant le dix-huitième siècle», t. II, p. 59, H. Martin, «Hist. de France»). Marais raconte dans son Journal, «Revue rétrospective», t. IX, p. 309, des traits de la brutalité de ce personnage. Les Mémoires du Génevois François de Bonivard offriraient, au seizième siècle, des traits du même genre: «De mon temps, un comte de Nevers, ayant une épée nouvelle, pour icelle essayer, coupoit par derrière le col à quelqu'un qu'il croyoit avoir long.» Mais pareils récits sont-ils bien authentiques?»   3 d. h. nach Antibes.

mitt deß königs galleren nach Modene führen. Hirauß secht Ihr
woll, liebe Louise, daß dießmahl die gazetten nicht wahr gesagt
haben. Ich finde den herrn Benterritter zwar gar unglaublich groß,
aber er hatt nichts förchtliches ahn sich. Ich habe ihn vor 20
jahren hir gesehen; da war er 20 jahr alt, aber nur von mittelmäßiger länge, ist seyderdem so gewacksen; daß ist noch ahm meisten zu verwundern. Dießer man hatt verstandt, undt waß mir
noch ahn ihm gefelt, ist, daß er gar nicht ostereichisch spricht,
sondern recht gutt teütsch. Man kan gar groß sein ohne wie der
herr Benterritter. Unß[er] mar[s]chalck von Stein Callenfels war
gar ein großer mensch, aber er kam dießem nicht bey. Wir haben
hir noch zwey Gemingen, den bruder von dem freüllen, so hoffmeisterin bey den englischen printzessinen geweßen, undt noch ein
kleiner bub von 14 oder 15 jahren, so lebhaffter ist, alß all die
großen; ist ein artiger bub. Daß ist etwaß recht rares in itzigen
zeitten, junge mansleütte zu finden, so zu leben wißen, modest
undt woll gezogen sein. 4 tisch in einer cammer, wo man spilt,
daß heist hir «un apartement»[1]. Ich muß Euch etwaß possirliches von
der fürstin von Siegen verzehlen. Sie hatt einen großen brieff ahn
die printzes von Wallis geschrieben, in welchem sie sehr bitt, die
printzes mögte ihr doch in aller eyll 4 oder 5 taußendt thaller
schicken. Daß were ein geringes vor eine so große printzes, wie
sie wer[2], undt würde ihr gar woll bekommen; sie solte es Euch aber
nicht zu wißen thun, den Ihr haste[t][3] sie sehr, sie wiße aber nicht,
warumb, den sie hette ihr bestes gethan, Ewere freündtschafft zu
gewinen, hette aber nie dazu gelangen können. Ich bin gewiß, daß
Euch diß historgen wirdt lachen machen. Daß ist doch falsch ahn
dießer fürstin von Siegen, daß sie Euch complimenten lest machen
undt sich doch bey der printzes von Wallis gegen Euch beklagt. So
sachen mag ich nicht leyden. Es ist kein zeichen, daß ihr neüer
gallant sie verlaßen, daß sie gelt fordert; den zu frantzösche ver-
liebten gehört viel gelt; umbsonst seindt sie nicht verliebt von damen. Gott verzeye mirs! Ich glaube, ich vergebe dießer fürstin
eher alle ihre gallanterey, alß ihr[e] falschheit; die gallanterie geht
ihr allein ahn undt andern thuts nichts, aber die falschheit, daß
geht alle menschen ahn, die mitt ihr umbgehen. Der Haussen wirdt

---

1 Vergl. oben s. 291.   2 d. h. wäre.   3 d. h. haßtet.

schon seinen lohn wider finden; den alles übels findt auch seine straff in dießem leben. Churpfaltz verblendung ist zu bejammern, seinem beichtsvatter so blindtlings zu gehorchen. Es wirdt ihm mitt der zeit gereüen, das bin ich woll versichert, aber unßere arme Pfaltzer werden nicht glücklicher bey dießer sach werden, welches mir hertzlich leydt ist. Es ist doch etwaß raisonables, daß man den soltaden dem herrn Spina geschickt, umb ihn vor seine violentz abzustraffen. Weren wir alle rechte Christen, wie wir sein solten, were woll kein zweytracht in den religionen, sondern ein jedes würde die schuldige rechte christliche liebe vor seinem negsten haben, ihn nicht gedencken zu betrüben, sondern alles abwenden, ihm ruhe zu schaffen. Hir im landt weiß man nichts von St Crispin meß undt man gibt kein heller davor. Printz Eugene solle gar nicht interessirt sein[1]. Alle nationen kommen her, actionen zu kauffen; es macht mich recht ungedultig. Begreifft Ihr etwaß in dießer sach? Ich kan kein wordt drinen begreiffen, alß wen [es] hebräisch were. Churpfaltz thete beßer, Euch zu zahlen, waß er Euch schuldig ist, alß die armen Reformirten, seine eygene unterthanen, so übel zu tractiren. Ich weiß nicht, waß banco-brieff sein; aber waß ich woll weiß, ist, daß ein großer churfürst, den man auff alle seydten mitt taußenden bestilt, keine hundert louisd'or geben will. Dieße post habe ich keine brieff auß Englandt bekommen. Ich glaube, daß la rüe de Quinquempoix[2] so viel leütte nach Paris ziehen wirdt, daß die hungersnoht drüber kommen wirdt; den alles ist nicht allein doppelt, sondern 3 fach tewerer, alß alles geweßen. Es geht ein geschrey seyder gestern, alß wen Alberoni in ungnaden bey seinem könig sein, ja gar obligirt, nach Rom zu gehen[3]; ich

---

1 Vergl. oben s. 324.　　2 Vergl. oben s. 291, anmerkung 4.
3 Journal du marquis de Dangeau XVIII, s. 185 unter montag, 18 December 1719: «Il est arrivé depuis quelques jours un courrier d'Espagne dont on n'a rien dit; mais aujourd'hui il commence à transpirer que ce courrier a apporté des nouvelles considérables et agréables.» Ebendas. unter dienstag, 19 December 1719: «Le courrier d'Espagne qui arriva ces jours passés a apporté la nouvelle que le cardinal Albéroni étoit disgracié et avoit ordre même de sortir d'Espagne. Le roi d'Espagne a écrit à M. le duc d'Orléans et lui demande un passe-port pour ce cardinal, qui compte, dès qu'il l'aura reçu, de venir s'embarquer en Provence pour passer à Gênes. M. le duc d'Orléans a envoyé ce passe-port, et le courrier qui le porte doit être à cette heure par delà Poitiers. On ne fait plus un secret de la nouvelle qu'on regarde comme

fürchte aber alß, es seye ein schelmstück darhinder. Waß ich weytter davon erfahren werde, will ich Euch berichten. Gott erhalt[e] unßern könig undt meinen sohn! Ey, liebe Louisse, woran gedenckt Ihr, daß Ihr mich umb verzeyung bitt, mir zu berichten, waß vorgeht? Es ist ja woll nöhtig, daß man alles weiß, undt daß verheelen kan ich nicht vertragen; ich will lieber alles wißen, solte es auch verdrießlich sein. Hiemit ist Ewer liebes schreiben vollig beantworttet; bleibt mir nichts mehr uberig, alß Euch zu versichern, daß ich Euch von hertzen lieb behalte.

Elisabeth Charlotte.

1081.

Paris den 24 December 1719.

Hertzallerliebe Louisse, durch die post habe ich kein schreiben von Euch entpfangen; aber monsieur Marion hatt mir gestern morgendts Ewer lieben brieff vom 9 dießes monts gebracht; ist nicht gar geschwindt kommen, den Ewer liebes schreiben ist just 15 tag alt worden. Er auch[1] mir auch daß buch vom todten-gespräch überliefert. Ich habe es gleich ahn meinem buchbinder geschickt, dancke Euch sehr davor. Es kan nicht mittelmäßig sein, es muß entweder gar artig, oder gar alber sein; wen aber die sachen auch gar zu alber sein, machen sie auch lachen. Eines hatt mich schon lachen gemacht, nehmblich daß dialogue von monsieur de Turene[2] undt madame de la Vallière. Ich glaube nicht, daß sie ihr leben mitt einander gesprochen haben; sie hatten gar kein commerse mitt ein-

---

une assurance prochaine de la paix avec l'Espagne.» Ebendas. s. 187, unter mittwoch, 20 December 1719: «On ne parle que du cardinal Albéroni qui étoit le plus grand obstacle à la paix avec l'Espagne dont on ne doute plus. On a envoyé avec les passe-ports de M. le duc d'Orléans pour le cardinal Albéroni ceux de l'empereur que Benterider, son plénipotentiaire, a donnés, et ceux du roi d'Angleterre qu'a donnés milord Stairs. Dans l'ordre qu'a donné le roi d'Espagne au cardinal Albéroni, il y a défense à lui de paroître devant le roi ni la reine, de sortir dans huit jours de Madrid, et cela, attendu que ce cardinal étoit un obstacle à la paix et qu'il étoit fort haï en Espagne.» Man vergl. auch die bemerkungen des herzogs von Saint-Simon über Alberoni im Journal du marquis de Dangeau XVIII, s. 185 bis 187.

1 ? hat. 2 Turenne.

ander. Hette man ahnstatt madame de la Valliere madame de Coaquin[1] gesetzt, so hette man darin den gantzen tractat erfahren können von der alliance, so feu Madame zwischen dem könig[2], ihrem herrn bruder, undt dem hießigen könig, ihrem herrn schwager, tractirt hatt. Madame consultirte dem vicomte de Turaine[3] in dießer sach, umb jemandts zu haben, heimblich zum könig zu schicken können; den die sach solte heimblich vor Monsieur gehalten werden. Der alte Turaine würde[4] sterbens-verliebt von einer jungen madame de Coaquin, so immer bey Madame war undt sehr in ihre gnaden, ob sie es zwar gar nicht würdig war, wie Ihr hören werdet; den sie verliebte sich in den chevallier de Loraine[5], so Madame ihr argster feindt war. Dießer, umb Madame ihre secretten zu erfahren, erlaubte seiner maistressen, ihren alten liebhaber zu flattiren, umb daß secret von dem tractat heraußzulocken, so sie nicht auß Madame hatte ziehen können. Turene aber war gar zu verliebt, umb fest zu halten; er vertrawete der verahterischen Coaquin[6] den gantzen tractat[7]. Die, nicht faul, verzehlte alles dem chevallier de Loraine; der sagte alles ahn Monsieur; der wurde bitter böß auff seiner gemahlin, ja auch gar auff den könig undt amport[irt]e sich gegen beyde. Madame sagte dem könig, daß der chevallier de Loraine sie mitt ihrem herrn brouillirt hette; der wurde zwar drüber weggejagt, die arme Madame aber bezahlte es mitt dem leben. Sie wolten aber Monsieur nicht mitt in ihr secret nehmen, sagten: »Il ne sauroit rien taire au roy, si nous luy avouons que nous voullons empoissoner Madame, ou il ne le souffrira pas, ou bien il nous denoncera au roy et nous fera tout pendre.« Also haben die Monsieur s. woll groß unrecht gethan, so I. L. beschuldigt, daß er seine gemahlin hette vergifften laßen; da war er incapable zu. Umb sich

---

1 Coëtquen. 2 von England. 3 Turenne. 4 d. h. wurde. 5 Lorraine. 6 G. Brunet II, s. 206, anmerk. 1: »Madame de Coëtquen mourut à Rennes dans un couvent, le 17 juin 1720. »Elle étoit sœur cadette de Madame de Soubise, belle, encore plus agréable, et de grande mine, avec de l'esprit et fort faite pour la cour et le grand monde, où elle figura longtemps. Son aventure avec M. de Turenne lui donna beaucoup de relief.« Ainsi s'exprime Saint-Simon.« Man vergleiche die bemerkungen des herzogs von Saint-Simon im Journal du marquis de Dangeau XVIII, s. 304. 305 unter montag, 17 Juni 1720. 7 Das geheimnis, das Turenne der frau von Coëtquen anvertraute, war die beabsichtigte belagerung von Gent. Vergl. Saint-Simon a. a. o. s. 304. 305.

zu entschuldigen undt die sach zu verhehlen, daß es von ihnen kompt, haben sie Monsieur weiß gemacht, Madame were von den Hollandern vergifft worden. Dießes ist eine alte, aber gar wahre historie, ob es zwar wie ein roman lautt [1]. Aber umb auff meinen vorigen text zu kommen, so segt Ihr woll, liebe Louisse', daß, wen man ahnstatt madame de la Valliere madame de Coaquin gesetzt hette, man waß artiges undt curieusses schreiben können. Aber wenig leütte wißen alle particullariteten; ich weiß alles d'original, den ich weiß es von dem könig undt meinem herrn selber, außer Madame todt, daß weiß ich von andern. Wo Ewer liebes schreiben durch die post hin kommen, mag gott wißen; vielleicht wirdt es noch dießen nachmittag kommen. Kompt es noch, werde ichs Euch berichten, wo nicht, so vergnügt[2] Euch nur mitt der versicheru[ng], daß ich bin undt allezeit verbleibe, wie ich vor Euch geweß[en] undt Euch von hertzen lieb behalte, hertzallerliebe Louisse!

Elisabeth Charlotte.

Sontag, umb 5 uhr nachmittags.

Da entpfange ich 2 von Ewern liebe[n] schreiben auff einmahl, vom 9, no 95, undt daß vom 12, no 98. Ich will noch auff daß frischte andtwortten, bin schon 3 mahl interompirt worden durch

---

1 G. Brunet I, s. 253, anmerk. 1: «M. Walckenaër, dans ses «Mémoires» sur Madame de Sévigné (t. III, p. 220 et 461), n'hésite pas à regarder comme positif l'empoisonnement de Henriette d'Angleterre; ce fut le chevalier de Lorraine qui, de son exil à Rome, envoya le poison à ses complices, le comte de Beuvron et le marquis d'Effiat. Voir les nombreux auteurs qu'il cite à cet égard, et notamment les «Lettres» de Madame de Sévigné (12 février 1672), les «Négociations relatives à la succession d'Espagne», rédigées par M. Mignet (t. III, p. 184. 186. 208), la «Biographie universelle» (t. XX, art. de M. Monmerqué). M. de Sismondi est, de tous les historiens, celui qui a le mieux raconté cette mort; il hésite dans son opinion, et ne semble pas bien persuadé que le duc d'Orléans ne fût pas coupable; puis il incline ensuite vers le choléra-morbus. Mais les caractères de l'agonie de la princesse n'ont point le caractère de cette maladie. Selon M. Walckenaër, le poison est constaté par la description de l'état des viscères, dans le procès-verbal d'autopsie, quoique ce procès-verbal conclût qu'il n'y a pas eu d'empoisonnement. Saint-Simon, t. VI, p. 245, raconte l'empoisonnement de Madame et le rôle de d'Effiat tout comme la Palatine; il nomme, p. 244, Beuvron, capitaine des gardes, comme un des complices. Voir aussi La Place, «Pièces intéressantes et peu connues», t. I, p. 208.» 2 ? begnügt.

unßern abbé de St Albin, so mich gebetten, meinen sohn vor etwaß, so ihm ahngeht, zu sprechen. Mein sohn ist drauff kommen mitt welchem ich lang zu sprechen gehabt. Jetzundt kompt madame d'Orleans mitt allen ihren kindern herrein. Gott weiß, wen ich werde außschreiben können; will es doch versuchen. Kein courier kan abukommen, den viel flüße seindt überloffen; daß hindert auch den courir, mitt der dispense vor mademoiselle[1] heûraht ahnzukommen. Alle wegen sollen auch abscheûlich sein. Meine reiße hieher, wie Ihr auß meinen brieffen ersehen werdet, ist mir nicht zum besten gelungen; den es ist nun 14 tag heûtte, daß ich so kranck bin, daß ich nicht auß meiner cammer gekönt undt morgen nicht in die pfarkirch fahren werde, noch zum h. abendtmahl gehen; werde es vor ein ander mahl sparen, wen ich wider gesundt werde sein, wilß gott. Mein docktor ist gantz verwundert, daß mi[c]h daß fieber nicht ahngestoßen; so übel bin ich geweßen, bin noch nicht courirt. Ich weiß, waß der diable au contretemps vermag, wen man die resolution nimbt, im vorauß zu schreiben; es geht mir auch gar offt so. Die fürstin von Ussingen jammert mich; sie wirdt baldt eine große betrübtnuß bekomen, den ihr bruder, der printz von Murbach, ligt auff den todt[2]. Die gräffin von Nassau Sarbrücken solle ihre döchter gar woll erzogen haben. Wo mir recht, so seindt die zwey mittelste graffinen von Nassau geheûraht, die erste undt jüngste aber noch ledig; aber die werden auch woll mäner bekommen, insonderheit da sie so woll verschwägert sein. Ihr schickt mir, liebe Louisse, woll noch 4 schraubtballer, aber ich habe nun genung. Ihr hattet mir versprochen, mir zu berichten, waß sie kosten, wie auch daß buch; bitte, vergest es nicht mitt

---

1 de Valois.   2 Er starb erst im jahre 1720. Vergl. Journal du marquis de Dangeau XVIII, s. 221 unter montag, 29 Januar 1720: «Madame de Dangeau apprit la mort du prince de Murbach, son frère, qui l'a faite son héritière; il avoit beaucoup de bénéfices, mais il n'avoit point de terres. Il y a longtemps qu'il jouissoit d'un gros revenu, mais il dépensoit beaucoup en bâtiments. L'amitié qu'il lui a témoignée par là en mourant augmente encore l'affliction qu'elle a de l'avoir perdu.» Der herzog von Saint-Simon bemerkt hierzu a. a. o. folgendes: «Ce prince de Murbach, frère de madame de Dangeau, portoit le nom de son abbaye de Murbach, qui est commandataire assez riche et donne le titre de prince de l'Empire. Il avoit plusieurs autres bénéfices.»

erster post! Glückseelige gutte nacht, hertzallerliebe Louisse! Ich ambrassire Euch von hertzen.

1082.

Paris, den 28 December 1719 (N. 50).

Hertzallerliebe Louise, heütte habe ich kein schreiben von Euch entpfangen, werde nur auß daß von 9, no 95, andtwortten. Heütte morgen habe ich einen großen brieff ahn die königin von Preüssen beandtworttet. Ich will aber nicht zu bett gehen, biß daß Ewer liebes schreiben auch möge beantwortet sein. Vorgestern ist der courier von Rom mitt der dispense von [1] papst abngestochen kommen [2]. Also, so baldt alle unßerer braudt sachen werden fertig sein, wirdt daß beylager gehalten werden [3]. Ich wolte, das es schon vor 2 oder 3 jahren geschehen were. Mehr kan ich auff dießen text nichts sagen, man mögte sonst zu weit nein komen. Ich dancke Euch, liebe Louisse, vor Ewer compliment. Ich meritire, daß man mich complimenten hirüber macht; den gewiß niemandts in der welt froher drüber ist, alß ich. Alles ist in gottes handt; wen er die leütte unglücklich will machen, ist nichts dargegen zu thun. Wir verdinnen offt unßer unglück; nehmen wirs, wie es schuldig ist [4], kan gott offt alles unglück in glück verdrehen; wenden wir unß aber nicht zu gott, so ist es seiner gerechtigkeit [gemäß], unß zu straffen. Man sagt gar viel guts von [5] printzen von Modene; er soll ein gar gutt gemühte haben undt gutten verstandt, nicht schön von gesicht sein, aber woll geschaffen undt sehr raisonabel. Dießer printz solle gantz verliebt von seiner zukünfftigen gemahlin contrefait geworden sein; er jammert mich von grundt meiner seelen. Gutte ehen seindt in allem rar; aber ich habe viele gesehen, so sich auß purer lieb geheürath haben undt sich hernach gehast wie den teüffel undt sich noch haßen. Glücklich, wer nicht geheürabt ist. Wie froh were ich geweßen, wen man mir hette

---

1 ? vom. 2 Journal du marquis de Dangeau XVIII, s. 190. 191 unter dienstag, 26 December 1719: »Madame est considérablement mieux de son rhume, dont elle a été fort incommodée ces jours passés. — La dispense pour le mariage de Mademoiselle avec le prince de Modène est arrivée.« 3 Die vermählung fand erst montag, 12 Februar 1720, statt. Vergl. Journal du marquis de Dangeau XVIII, s. 233. 4 d. h. wie es unsere schuldigkeit ist. 5 ? vom.

erlauben wollen, einen gutten einsambkeit zu führen¹ undt mich nicht zu heürahten! Solle ich Euch die rechte gründtliche warheit sagen, warumb unßere printzen undt printzessinen einander so haßen? Die ursach ist, daß sie alle den teüffel nichts deügen². Die junge printzes de Conti ist immer lustig, ihr gröste unglück, da macht sie poßen auß, daß man ohnmöglich daß lachen halten kan; weindt ihr leben nicht undt ist immer lustig. Ich filtz Lenor alle tag auß, daß sie sich nicht über ihrer dochter heürahth sich trösten kan. Waß kan sie davor, daß ihre dochter eine impertinente ist? Sie solte sie nur mitt ihrem großnaßigten man lauffen laßen; er wirdt sie schon braff bezahlen. Ich kene die Frantzoßen undt weiß, wie ihre heüraht sein. Mich deücht, ich habe den nahmen von Hunerfelt³ mehr gehört, aber den nahmen von Stättern kene ich nicht. Aber wie kan ein man von gutten hauß eine fraw nehmen, so nicht vom adel undt 14 kinder hatt? Auff monsieur Marions schreiben hab ich schon geantwortet. Er ist seyderdem nicht wider zu mir kommen. Ich meinte, er solte mir noch ein memoire bringen, worinen ich ihnen helffen kan; werde mi[c]h gern seiner ahnnehmen, weillen Ihr Euch, liebe Louise, vor ihn interessirt. Vor Ewere niepcen kan monsieur le Fevre⁴ mein zeüge sein, daß ich alles thue, waß bey mir bestehet. Es seindt die erben von mademoiselle d'Aumalle⁵, so den grosten ambaras verursachen. Monsieur le Roy⁶, mein advocat, hofft doch, daß alles gutt werden wirdt. Ich bin der millionen-discours so müde, alß wen ichs mitt lofflen gefreßen hette, wie man im sprichwordt sagt, undt den abscheüßlichen interesse, wo alles hir steckt, niemandts außgenohmen, alß madame de Chasteautier⁷ undt mein sohn; eckelt einem recht. Wen daß wetter so fortfahrt, zu frieren, undt die Seine zugeht, werden wir alle verfriehren undt vor hunger sterben; den es kan weder holtz kommen, noch vieh sein futter haben, also wirdts alles hunger sterben undt verfriehren. Es ist wahrlich keine vexirerey; Paris ist zu voller leütte. Gestern abendt kam der junge graff von der Bückeburg nach Paris, hette schir, alß er mir dießen abendt verzehl[t], auff der gaßen liegen müßen. Man kan keine cammer finden, alles ist voller leütte. Es scheindt ein

*

1 der sinn dieser stelle ist natürlich: in der einsamkeit zu leben. 2 d. h. taugen. 3 Vergl. band I, s. 528. 4 Lefèvre. 5 d'Aumale. Vergl. oben s. 343. 6 Leroi. 7 Châteauthiers.

feiner junger mensch zu sein. Zettel wirdt man die menge haben, aber kein golt. Daß ist woll war undt ich sage es allezeit, es ist kein exempel gehört, daß es zugangen, wie bey meines so[hns] regence, undt man kan hirauff nicht sagen, wie der Salomon, daß nichts neues unter der sohnen [1]; den waß monsieur Laws außricht, ist nagelneü. Vor etlichen tagen hatt man einen dieb ertapt, so eine kist wegtragen wollen; wie mans bey dem ligt [2] besicht, [ist] es ein sohn von der armen fraw, so mein taffel-weißzeüg fournirt. Die arme ist eine gutte, ehrliche fraw; die hatt ihren sohn verlohren gehabt undt findt ihn so wider; daß ist doch zu erbarmen. Vor kurtzer zeit hatt man 28 dieb auff einmahl ertapt. Habt Ihr den keine kutzsch von samet? Mich deücht, alle leütte von qualitet haben solche. Mein husten vergeht, gott lob! werde also biß sontag, umb me[i]n jahr woll zu schließen, zum h. abendtmahl gehen, ob gott [will], Euch hernach versichern, wie daß ich allezeit bin undt bleibe die person von der welt, so Euch, liebe Louise, ahm liebsten hatt.

Elisabeth Charlotte.

1083.

Paris den 31 December 1719 (N. 51).

Hertzallerliebe Louise, ich komme jetzt auß der capel, wo ich zum h. abendtmahl gangen; jetzt will ich auff Ewer liebes schreiben andtworten von 16, no 100. Mich deücht, die Franckforter post geht nun beßer, alß sie gangen ist. Aber ich weiß nicht, wie es kompt, daß man Euch 2 von Ewern schreiben, von meinen, wolt ich sagen, auff einmahl gibt; daß fangen sie nun ahn, den wie Ihr auß meinen letzten werdet ersehen haben, so hab ich auch zwey von den Ewerigen auff einmahl entpfangen. Paris schlegt mir weniger woll zu, alß nie. Ich bin seyder 3 wochen so mager geworden undt abgenohmen, daß es zu verwundern ist. Mein leibstück, daß ich vor 3 wochen getragen, ist mir vier finger breydt zu weit geworden; daß ist aber kein wunder, den ich habe auff alle weiß außgestanden, seyder ich wider hir bin. Aber daß sein [3] keine

---

1 d. h. sonne. Vergl. Prediger Salomo 1, 9.   2 d. h. licht.   3 d. h. sind.

discoursen vor die post; aber die rechte gründtliche wahrheit zu
sagen, so bin ich so gritlich wie eine wandtlauß undt habe es rechte
ursach. Ein theil will ich Euch doch woll sagen. Man hart[1] mein
sohn persuadirt, den duc undt die duchesse du Maine wieder herkommen zu laßen undt auff freyen fuß zu stellen. Daß ängstet
mich recht; den er lest sie loß, nachdem die duchesse du Maine
ihm geschrieben undt alles gestanden; kan also nicht gar ruich[2] sein,
wie Ihr, liebe Louise, leicht errahten könnt. Last uß von waß
anderst reden! Die lufft ist schlimmer, alß nie, zu Paris. Alle
augenblick hört man von leütte, so sterben; ein[e]r von meinen aumonier, der mir noch den tag vorher gedint undt über 40 jahr bey
mir ist, ist auff einen stutz gestorben, hieß l'abbé Berthet. Einer
von meinen haußhoffmeistern, der sein gutter freündt war, wolte
ihn besuchen; wie er in sein[e] cammer drit[3], findt er ihn todt auff
dem stroh liegen. Er ist gantz erschrocken kommen, mir es sagen,
bleich wie der todt; aber er forderte doch gleich seine charge, sie
zu verkauffen. Daß hette mich schir lachen gemacht. Madame du
Maine ihr elster sohn hatt die kinderblattern auch; man hort von
nichts, alß kinderblattern, rohte ruhr undt stickflüße. Aber da
rufft man mich zur taffel. Nach dem eßen werde ich zu den Carmelitten betten gehen. Gott weiß, wen ich wider werde zum schreiben gelangen können.

Sontag abendts.

Ich habe woll gedacht, daß ich mühe haben würde, wider zum
schreiben zu gelangen. Ich bin umb 6 wider auß dem Carmelitten-
closter kommen, hab mich hergesetzt, umb zu schreiben, bin aber
so offt interompirt [worden], daß es nun schon 9 geschlagen. Der
teüffel schickt mir die qual, umb mich ungedultig zu machen, weillen ich heutte zum h. abendtmahl bin gangen. Man hatt mir, seyder
ich wieder auß dem closter kommen, habe ich ein paquet von Euch
entpfangen von 19 December, 102. Es muß mir also noch ein paquet fehlen; den Ewer letztes war von no 100. Bedenckt Euch
ein wenig, ob Ihr Euch nicht wider verschrieben habt! Ich dancke
Euch sehr vor die callendergen. Ich finde sie gar artig, werde sie
fleißig im sack dragen. Aber nun muß ich ahn mein dochter
schreiben, werde also mehr, alß eine stundt, später nach bett gehen,

---

1 † hat.   2 d. h. ruhig.   3 d. h. tritt.

alß ordinarie. Ich hoffe, auffs neüe jahr weniger gehudelt zu werden. Gott gebe [es] undt daß ich Euch biß donnerstag einen langen brieff schreiben möge! Adieu, hertzallerliebe Louisse! Ich muß wider willen schließe[n]. Ich weiß nicht, wie ich daß neüe jahr ahnfangen werde; aber daß alte ende ich mitt recht verdrießlich undt gridtlich. Gutte nacht, hertzallerliebe Louise! Gott gebe Euch morgen ein glückseeliges neües jahr! undt ich werde Euch von hertzen lieb behalten.

Elisabeth Charlotte.

Nachtrag zu dem vorhergehenden bande, s. 474.

976 b.

Paris den 18 December 1718, umb 3 viertel auff 7 morgendts (N. 38).

Hertzallerliebe Louise, gestern abendts, alß ich auß der ittalliensche commedie kam, fandt ich Ewer paquet undt liebes schreiben vom 6ten, no 96, auff meiner taffel, worauff ich nur auff ein article andtwortten, weillen ich noch ein kleines zu beantworten habe, nehmblich auff die lügen, so man in den gazetten gesetzt. Daß der chevallier de St George[1] mir geschrieben hette, daß ist kein wort war. Daß mich aber der arme herr nicht jammern solle, daß kan ich nicht leügnen; den er ist der beste herr von der welt, höfflich undt polis, undt meritirt nicht, so unglücklich zu sein, alß er in der that ist. Komme jetzt auff Ewer liebes schreiben vom 3 dieß monts, no 95. Ich bin verwundert, zu sehen, daß Ihr so nahe bey weinachten zum h. abendtmahl geht. Zu Heydelberg, deücht mir, geht man nur den 1 September zum h. abendtmahl undt hernach erst auff weinnacht; aber den 4 December da hab ich nie von gehört, ist etwaß neües. Ich wuste auch nicht, daß die Reformirten eine kirch zu Franckfort haben; ich meinte, es wehrn lautter lutherische kirchen undt eine sinagogue vor die Juden in ihrer gaße. Von meinem husten werde ich nichts mehr sagen, der ist, gott seye danck, schon lang vorbey; ist mir nur leydt, daß er Euch threnen gekost hatt; daß war der mühe nicht wehrt. Ich bin nun wider in der unruhe undt schlaffe wenig wegen der verfluchten conspiration, wie Ihr auß meinen vorigen schreiben werdt ersehen haben, liebe Louisse! Den dieße leütte seindt so boß undt verflucht, daß man alles übels von ihnen erwartten kan, assassinat, vergifftung undt alles böß; undt mein sohn will sich so gar nicht in acht neh-

---

[1] Jakob III, der sohn Jakobs II von England.

men, meint, es were ihm schimpfflich, undt daß angstet mich; den ich fürchte, daß dieße verblendung ein böß zeichen seye. Gott stehe unß bey! wir habens warlich hoch von nöhten. Solche boßheit, alß man hir sicht, ist, glaube ich, noch nicht erlebt worden. Aber es beweist woll daß alte teütsche sprichwort, so sagt: «Wo der teüffel nicht hinkommen kan, da schickt er ein alt weib hin.» Den alles übel kompt unß von der alten Maintenon, so 84 jahr alt ist, undt die printzes des Ursin, so 77 alt ist. Die zwey alte hexsen, wie die großhertzogin alß sagt, haben meines sohns untergang verschwohren; die erste, weillen sie ihre aufferzucht, den duc du Maine, gern wolt auff den thron sehen; die zweytte aber hatt keine andere ursach, meinen sohn zu haßen, alß weillen er gefunden, daß sie zu alt ist, umb noch gallant zu sein; sonsten hatt er ihr sein leben nichts zu leydt gethan. Sie, die alte mitt ihrer zucht, verfolgen meinen sohn abscheülich; undt so lang dieße zwey weiber leben werden, muß sich mein sohn alles übels von der welt versehen, undt sie befinden sich beyde noch über die maßen woll, werden zu unßerm unglück noch lang leben. Gott stehe unß bey! wir habens hoch von nöhten. So lang mein husten gar starck geweßen, bin ich zu St Clou nicht auß dem hauß gangen; aber wie es beßer wurdt, wolt mein docktor, daß ich nach Paris solte, weillen die cammern hir viel warmer sein, alß zu [St] Clou. Daß herfahren ist mir woll bekommen; es war der schonste tag von der welt. Lufft ist mir allezeit gesundt, wen der windt nicht zu starck ist; habe mich all mein leben woll dabey befunden, der nortwindt aber ist mein feindt. Drumb habe ich auch nicht wieder in daß apartement ziehen wollen, so zwar größer undt schönner ist, alß dießes, wo die reine mere in gewohnt. Ich bin auch lenger, alß 10 jahr, drin [gewesen], aber [habe mich] allezeit übel drin befunden; [es] ist gantz gegen norden; dießen¹ aber just daß gegenspiel, den es ist just gegen mittag, hab sonnenauffgang zur lincken undt niedergang zur rechten, welches mir beßer; aber im sommer ist es ohnmöglich hir [auszuhalten], den man hatt die son von morgendt[s] umb 5 biß abendts umb 7. Es ist kein baadtstub [so warm]; in einem augenblick ist man gantz im schweiß, auch so, daß man von weißzeug endern muß. Aber ich komme auch wieder auff Ewer liebes schreiben. Waß Ihr Ewerer

1 ? dieses.

jüngsten niepce, der graffin von Degenfelt, geschickt, war woll der
mühe nicht wehrt, sich drüber zu frewen. Kan sie gutt Frantzösch?
Die Engländer sprechen ordinairie bitter übel Frantzösch. Hatt
sie kein Teütsch gelehrnt? Ich glaube nicht, daß graff Degenfelt
viel Englisch kan, undt halte ihn vor geschickter, Engländer undt
Engländrinen zu machen, alß die sprach zu reden, so mir greülich
schwer vorkompt; den sie halten die zahn zu im sprechen. Ewere
niepce schreibt nicht gar corect Frantzösch; ahnstatt daß sie sagt:
«Je ne sais, si S. A. R. le prendra bien», sagt man hir: «le trouvera bon,
qu'il soit entres mes mains». Daß ander versteht sich woll, ist aber
nicht im brauch undt ussage, welches viel zu sprachen thut. Ich
bin aber Ewerer niepce sehr verobligirt, liebe Louisse, waß von mir
kompt, in veneration zu haben wollen. Doch soltet Ihr woll waß
schönnes von meinetwegen auß sagen, liebe Louisse! Auff complimenten bin ich gar nicht woll stilisirt, wünsche ihr eine glückliche
niederkumfft undt jungen gesundten sohn; es muß nun geschehen
sein. Hiemitt ist Ewer liebes schreiben völlig beantwortet, muß
schließen, umb ein par wort ahn mein dochter zu schreiben. Es ist
schon ein $\frac{1}{4}$ auff 10 undt umb $\frac{3}{4}$ auff 11 muß ich mich ahnziehen,
umb umb 12 nach hoff zu fahren zum könig. Hernach werde ich
zu madame d'Orlean, welche daß fieber verlaßen undt alle tag beßer
wirdt. Darnach werde ich ahn taffel; gleich nach dem eßen au[x]
Carmelitten, dort salut hör[e]n. Hernach, wen ich wider kommen
werde sein, werde ich mademoiselle de Valois ins opera führen;
den ihre fraw mutter will nicht, daß sie ohne sie oder mich nein
[gehe], undt junge leütte jammern mich, ist ihnen eine große freüde;
werde also hin. Ich frage gar nichts mehr darnach, habe trawerige
sachen im kopff alß mussiq. Adieu den vor dießmahl, liebe Louisse!
Ich werde Euch nichts mehr sagen, alß daß ich Euch von hertzen
lieb behalte.

Elisabeth Charlotte.

NACHWORT DES HERAUSGEBERS.

Die grundsätze, nach welchen ich den text der in gegenwärtigem bande mitgetheilten briefe behandelt habe, sind dieselben, nach welchen ich bei dieser herausgabe von anfang an verfahren bin, und ich habe, da ich mich über die art und weise meiner bearbeitung widerholt, zuletzt noch seite 481 des dritten bandes, ausgesprochen habe, hier nichts weiter darüber zu bemerken.

Die numerierung der briefe ist auch in diesem bande nicht richtig. Sie springt z. b. von nr 64 auf seite 65 sofort auf nr 70, seite 67, von nr 98, seite 162, auf nr 1, seite 168, über.

Ebenso finden sich auch jetzt wider häufig sätze, in welchen wörter fehlen. Ich habe solche auslassungen durch puncte bezeichnet.

Bemerkenswerth ist der unter dem 1 September 1719 an die gräfin von Degenfeld zu London gerichtete französische brief. Man wird gerne sehen, in welchem maße unsere herzogin nach so langem aufenthalte in Frankreich die fremde sprache sich zu eigen gemacht hat.

Den reichen inhalt auch der aus dem jahre 1719 herrührenden briefe anzudeuten, erwähne ich beispielsweise die mittheilungen über die verschwörung von Cellamare, die erzählung vom brande des schlosses zu Lunéville, die schilderung der verhältnisse an dem dortigen hofe, Elisabeth Charlottens äußerungen über ihren sohn, den regenten, über könig

Georg I von England, den cardinal Alberoni, den abbé Dubois, über frau von Maintenon, die herzogin von Berry, den herzog Meinhard von Schomberg, welche drei letzteren im jahre 1719 starben, so manche mittheilungen über Ludwig XIV, ins besondere seine unwissenheit in sachen der religion, die nachrichten über Law und seine finanzunternehmungen, die urtheile über den kurfürsten Karl Philipp von der Pfalz.

Mit vergnügen wird man in diesem bande finden, wie sehr sich Elisabeth Charlotte, obgleich sie aus mangel an zeit nur selten noch ein deutsches buch zur hand nimmt (vergl. oben s. 219), bemüht, eine deutsche übersetzung des Virgilius wider zu erlangen, die sie in früheren jahren gelesen. Von dieser ihrer nicht ablassenden liebe zu deutschen büchern mag wohl in ihrer deutschen heimath etwas verlautet haben und vielleicht ist es daraus zu erklären, daß ihr eine im jahre 1682 erschienene deutsche übersetzung von Cervantes Don Quijote [1] mit folgender »Zuschrifft« gewidmet ist:

Der Durchleuchtigsten, Hochgebohrnen Fürstin, und Frauen, Frauen ELISABETH SCHARLOTTE, Hertzogin zu Orleans, Gebohrenen Chur-Pfaltz-Gräfin bey Rhein.
Durchleuchtigste, Gnädigste Fürstin und Frau.
ICh gestehe, daß mein Beginnen nicht allein seltzam, sondern auch sehr vermessen zu seyn scheinet, DEren hohen Namen einem so geringen werck, in welchem eine seltzame Begebenheit über die andere gefunden wird, vorzusetzen: dergleichen Vereinigung ist eben so ungereimt, als wann mann einem jrrdischen Bilde eine Krone von Perlen und Demanten auffsetzen, und in ein schlechtes Bauren-hüttlein stattliche Siegesbögen, durch prächtige Ehren-pforten einführen wolte. Doch weilen die Seltzamkeit dem Sprüchwort gemäß, in allen Sachen annehmlich ist, als hoffe ich, IHre Durchleucht werde sich auch diese nicht mißfallen lassen, wie ich dann keinen andern Vorsatz hege, als DIEselbe

---

[1] Der titel dieser übertragung lautet genau folgendermaßen: »DON QVIXOTE | Von | MANCHA, Abentheurliche Geschichte. | Erster Theil. Basel und Franckfurt, Verlegt | Von Johann Ludwig du Four, von Genff. | 1682.« 8°. Dieser erste band enthält drei blätter »Zuschrifft«, zwei blätter »Vorrede«, zwei blätter »Inhalt und Blatweiser der Capiteln« und 704 seiten.

in IHrer Mutter-sprach zubelustigen, und derowegen mich auch sonderlich beflissen, diese Ubersetzung in möglichster anmuht herauß zugeben.

Ihre Durchleucht wissen, daß eben dieses, jüngsthin in Französischer Sprach außgegangenes Buch, so Ihrer Königlichen Hochheit dem DAUPHIN zugeschrieben worden, dem Hof grosse Lustbarkeit erweckt hat. Diese Betrachtung hat mich in meiner Vermessenheit gestärcket, und mir die Künheit eingegeben, dieses in Hochteutscher Sprache abgefaßtes Werck, under IHrer Durchleucht gnädigstem Schutz, außgehen zulassen, nicht glaubend, daß die Veränderung der Sprach die Beliebung in Eckel verändern werde. Aber ich erwarte das urtheil, so man darvon fällen wird, zu seiner Zeit: allein bitte ich IHre Durchleucht underthänigst, Sie geruhen, nicht die geringfähigkeit dieses Buchs, sondern die tieffe Ehrerbietung, und das gehorsame Hertz des Ubersetzers gnädigst anzusehen, welcher sich ferners in Ihrer Durchleucht Hohe Genaden underthänigst empfiehlt, DEroselben alles zeitliche und ewige Wolergehen, auß Grund seiner Seelen anwünschend, auch sich jmmerdar rühmen wird, beständiglich zu verbleiben

Ihrer Fürstlichen Durchleucht Underthänig-Gehorsamster Diener und Knecht

J. R. B.

Man vergleiche über die dem siebenzehnten jahrhundert angehörigen deutschen übersetzungen des Don Quijote, von welchen die in redo stehende die vierte ist, Karl Gödeke, Grundriß zur geschichte der deutschen dichtung aus den quellen. Hanover 1859. s. 504.

Herr Dr Julius Friedländer, director des k. münzcabinets zu Berlin, hat die außerordentliche güte gehabt, zu dem gegenwärtigen bande der briefe von Elisabeth Charlotte wie zu den früheren mir einige überaus schätzbare erläuterungen zu geben, für welche die geneigten leser nicht weniger, als ich selbst, dem genannten gelehrten dankbar sein werden.

Zu band I.

S. 24. »Toutine ist vermuthlich die Stieftochter Elisabeth Charlottes, die nachherige herzogin von Savoyen. Sie war 1669 geboren, also 1683 vierzehn Jahre alt. Die ältere Stieftochter war zwar auch mit Carllutz befreundet (6 December 1721), allein sie kann nicht Toutine sein, da sie 1683 schon verheirathet, also abwesend war. Sie hatte Carllutz bei seiner früheren Anwesenheit in Paris 1679 kennen gelernt.«

S. 40. »Des printz Carls von Brandenburg historie ist eine wunderliche begebenheit ... unßere hertzogin von Savoye ... hatte mir es geschrieben.« Vergl. dazu meine Abhandlung: »Markgraf Karl Philipp von Brandenburg und die Gräfin Salmour. (Mit Benutzung archivalischer Quellen.)« in den preußischen Jahrbüchern XXXIX, Berlin 1877.«

»Polier, der nach Band II, S. 72 in die protestantische Kirche geht, scheint nach S. 100. 274. 479 ein Arzt gewesen zu sein.«

S. 118. »operatrice ist verschrieben für opéra-actrice.«

S. 140, oben. »die donna etwa die Dohna? Diese Familie spielte schon damals eine bedeutende Rolle.«

S. 169, Zeile 5 ff. v. o. »sich zieren«. »Ziererei« war also damals noch nicht bekannt.«

S. 254. »Lord Oustack ist Woodstock, nach englischer Aussprache geschrieben. So hieß Heinrich Bentink, der Sohn des bekannten Freundes Wilhelms III. Nachdem er König von England geworden, machte Wilhelm den Bentink zum Earl of Portland. Portland war 1647 geboren, sein Sohn Woodstock also etwa um 1677, er war 1701, wo der Brief geschrieben ist, also etwa 23 Jahre alt, dies paßt. Und da Portland 1709 starb, so war 1701 der Sohn noch Lord Woodstock.«

S. 353 und 356. »Sandewitsch und Sangvitsch ist Sandwich.«

S. 356. »Das Urtheil über Ruvigny ist durchaus französisch und Elisabeth Charlotten gewis von den Umgebungen eingegeben. Ruvigny war als Protestant verfolgt und verjagt worden.«

S. 370, Zeile 4 v. u. »Daß cröttel« ist die kleine Kröte.«

S. 410. »? heütten« verschrieben für heurathen.«

S. 452. »Bonicau ist gewis Ponickau.«

S. 485, Mitte. »dort ist tort.«

Zu band II.

S. 15. »Schulenburg ist der berühmte Vertheidiger von Corfu, Matthias von Schulenburg. Er war wirklich 1698 bis 1702 in savoyischem Dienst. Die Nachricht S. 53, er sei verheirathet, paßt aber nicht und muß eine irrige sein, denn er war nie verheirathet. Ein wahrhaft großer Mann.«

S. 115. »Der Page Neuhof ist der könig Theodor von Corsica.«

S. 219. »Die französische Stelle ist so zu erklären: Un cerf de dix cors (Zehn-Ender) s'était accompagné de deux daguets (Spießer), mais les chiens, ayant séparé leur cerf (von den beiden Spießern), l'ont bien chassé. Les chiens ont bien tourné sur les voies (sind den Wendungen der Fährte gut gefolgt), les relais ont été bien donnés (die zur Ablösung bereit gehaltene zweite Koppel ist gut auf den Hirsch losgelassen worden), la vieille meute (die erste Koppel) laisse six chiens (läßt sechs ermüdete Hunde zurück. »les 6« ist nach dem Gehör statt »laisse six« geschrieben); wel(?) ci va (da läuft er, der Hirsch); das übrige sind Jagdrufe.«

S. 233 oben. »Behaltet, was Euch nöthig ist, und versprecht, [künftig den Andern das mitzutheilen], was ich Euch später schicken werde!«

S. 305. »Wendt ist noch alß mein stallmeister.« Hier ist recht deutlich, daß »als« für »alles«, nemlich für »immer« gesagt ist.«

S. 322. »Elisabeth Charlottens Sammlung antiker geschnittener Steine war die berühmte, von ihrem Vater ererbte. S. 280 unten bezeichnet sie sie, der unkundigen Luise gegenüber, als »300 pitschir«, in Ringe gefaßt. Die werthvollsten sind schon in Lorenz Begers Thesaurus Palatinus publiciert. Die ebenfalls sehr schöne Münzsammlung von Elisabeth Charlottens Vater fiel nach ihres Bruders Karl Tode an unsern großen Kurfürsten, dessen Mutter Elisabeth Charlotte eine Schwester des Winterkönigs war (vielleicht Liselottes Pathin?). Die wenigen Worte S. 237 über die von Hanover geschickten antiken Münzen zeigen, daß Elisabeth Charlotte Kenntnisse hatte; sie unterscheidet richtig »die antiken« und »die gegossenen«, dies sind die modernen, also falschen Abgüsse antiker geprägter Münzen. Ihr Vater beschäftigte sich eifrig mit den antiken Münzen und hat den jungen Beger selbst in die Numismatik eingeführt, gewis auch die eigene Tochter. In der Geschichte unsres Münzcabinets habe ich diese Verhältnisse kurz erwähnt.«

S. 469. »Colin, welcher die Eleonore d'Olbreuse, Herzogin von Zelle, nicht hatte heirathen wollen. Das Patent liegt mir vor, worin Elisabeth Charlotte, Duchesse d'Orléans, de Valois, de Chartres et de Nemours, 1688 den Philippe de Collins, früheren ersten Kammerdiener ihres Gatten, zu ihrem maistre d'hôtel ernennt. Dessen Sohn muß ihm dann später im Amt gefolgt sein.«

S. 475. Prior ist wohl gewis der englische Dichter, wenigstens war dieser auch Diplomat.«

S. 476, Z. 6. Es müste heißen: »die gräfin von Bückeburg mit der Prinzessin von Wales«; es ist nur verschrieben. Die Gräfin zur Lippe Bückeburg war Oberhofmeisterin der Prinzessin von Wales (s. zum Beispiel S. 477 unten). Prinzessinnen von Bückeburg gab es damals noch nicht.«

S. 496 unten. »daß das opera in meinem apartement zu Paris ist«, ist richtig. Das Opernhaus, jetzt Théâtre français, ist an das Palais-Royal gelehnt und daß Elisabeth Charlottens Wohnzimmer dicht daran stießen, geht aus der in einem späteren Briefe enthaltenen Erzählung vom Brande des Opernhauses hervor.«

S. 649, Mitte. »In dießem hoff« ist verschrieben für »In diesem holz«.

Zu band III.

S. 140 oben. »die gama« ist das Amalgama.«

Zu band IV.

S. 13. 17. 37. »Aus Varnhagens Leben des Fürsten Leopold von Dessau entnehme ich folgendes. Clement war ein ungrischer Protestant, ein merkwürdiger Abenteurer, wie so viele in jener Epoche.

Zuerst im Dienste der Ragoczys, dann des Prinzen Eugen in Wien, darauf des Ministers Flemming in Dresden; überall in hoher Gunst bis seine Streiche ans Licht kommen, dann vertrieben oder flüchtig. Nach Berlin kam er 1717, machte dem König seine Lieblinge, Leopold und Grumbkow, verdächtig, indem er durch gefälschte Briefe (er war darin äußerst geschickt) bewies, diese beiden seien mit Eugen und Flemming verbündet, den König zu tödten oder gefangen zu nehmen. Der sonst so kluge König ließ sich völlig bethören, lebte im tiefsten Mistrauen gegen seine Umgebung, bis Leopold diese Intriguen aufdeckte. Nun benutzten Leopold und Grumbkow diese Untersuchung gegen Clement, alle ihre Feinde darin zu verwickeln. Frau von Blaspiel, Gattin eines Ministers, hatte sich in aufgefangenen Briefen hart über dies rohe Verfahren geäußert, und dann vor den König gefordert, ihm und Leopold derbe Wahrheiten ins Gesicht gesagt, worauf der Gatte seine Stelle verlor und beide auf ihr Gut in Cleve verbannt wurden. Clement ward mit zwei preußischen Beamten, welche ihm gedient hatten, hingerichtet. Merkwürdig ist, daß der König ihm bis ans Ende günstig blieb, ihn im Gefängnis oft besuchte und nur durch sein strenges Rechtsgefühl abgehalten wurde, ihn zu retten. Ohrfeigen der Blaspiel erwähnt Varnhagen nicht.«

S. 27. Über die hier erwähnte »Neydtschen zu Dreßen« hat herr Friedländer herrn archivrath Erbstein zu Dresden um auskunft gebeten, der denn folgendes mitzutheilen die gewogenheit gehabt hat: »Unter der »Neydtschen zu Dreßen« (Neydtschen, Neydtschützen) ist die schöne, aber abergläubische Magdalena Sibylla von Neitzschütz zu verstehen, die Geliebte des Prinzen und nachherigen Kurfürsten Johann Georg IV von Sachsen, die vom Kaiser unterm 4 Februar 1693 zur Reichsgräfin von Rochlitz erhoben wurde und am 4 April 1694 im 20 Lebensjahre an den Kinderblattern starb. Nach dem kurz nach ihrem Tode, am 24 April schon, erfolgten Ableben des Kurfürsten wurde von dessen Nachfolger, dem Kurfürsten Friedrich August, der Mutter der Neitzschütz und deren Umgebung der Process gemacht, der eine Menge abergläubischer Possen zum Vorschein brachte, die das Fräulein und ihre Mutter im Verein mit einigen im Rufe der Hexerei stehenden Weibern u. s. w. getrieben hatten, um sich die Gunst des fürstlichen Liebhabers zu erhalten. Über die Neitzschütz ist nachzulesen: Büschings historisches Magazin im 8 Theile; Sammlung vermischter Nachrichten zur sächsischen Geschichte X, S. 361 fg.; Hasche, Diplomatische Geschichte von Dresden III, S. 294; Gretschels Geschichte des sächsischen Volkes II, S. 463 bis 466 u. s. w.«

Ich füge noch einige berichtigungen bei.

S. 47, z. 7 lies: wie Crispin sagt: »Monsieur ... bien monsieur«.
53, z. 4 lies: cammerpresidenten baron von Görtz entpfangen.
63, z. 5 lies: purer rauch

115, z. 13 lies: mein sohn, seine gemahlin
129, z. 3 v. u. lies: Gleich
216, anmerkung, z. 8 lies: vom 19 August: »Le
249, z. 18 lies: daß ein man so betrübt
268, z. 11 lies: schreiben vom 30 September
276, z. 1 lies: churfürsten
287, z. 16 lies: bourg[e]ois.«
347, z. 19 lies: Holdernesse, kranck

Tübingen 7 Februar 1877.

       WILHELM LUDWIG HOLLAND.

REGISTER.

Aaron 140.
Abendgebet 290.
Abendmahl, Das heilige, 62. 80. 123. 128. in der französischen kirche zu Mannheim 95. 96. 123. 177. 362. 365. 366. 368.
Aderlässe 111. 130. 131. 132.
Ärzte, ihre kleidung 103.
Ages, Le ballet des, oper mit text von Louis Fuzelier, musik von André Campra, 33.
Agio, L', 343.
Alberoni, Giulio, Cardinal, geb. zu Firenzuola 1664, gest. 1752, 4. 20. 26. 48. 56. 61. 74. 86. 87. 92. 100. 169. 204. 215. 216. 231. 265. 286. 288. 293. 299. 300. 303. 304. 305. 307. 320. 324. 325. 329. 332. 334. 358. 359. Die alberonische partei 324.
Albret, Duc d', 169. 243.
Albret, Duchesse d', 168.
Alet, Bischof von, s. Maboul.
Algierer 337.
Alicante, Wein von, 181. 239.
Allodialgüter 269.
Alluye, Marquise d', 135. 252. 296.
Almanach, L', de Liége 192.
Altheim, Graf von, 285. 300. 320. Seine schwester 285. 300.
Alton 56.
Alvarès, kaufmann, 289. 290. 324.

Sein vater und seine brüder 289. 290. 324.
Alzey 316.
Amadis, Die romane von, 96.
Amalie Elisabeth, raugräfin zu Pfalz, halbschwester von Elisabeth Charlotte, 123. 260.
Amsterdam 289. 290.
Anneken, Mutter, 52. 315.
Ansbach, Fürsten von, 50.
Anselme, Seigneur, 209.
Antibes 356.
Antin, Monsieur d', 271. 339.
Anton Ulrich, Herzog, 316.
Apartement 291. 357.
Apricosen 103. 104.
Argenton, Marie-Louise-Victoire Lebel de la Bussière de Sery, comtesse d', mutter des Jean-Philippe, chevalier d'Orléans, natürlichen sohnes des regenten, 294.
Argyle, Herzog von, 42. 52.
Armenonville, Monsieur d', 265.
Armentières, Le petit d', 332.
Arpajon, Marquis d', 120. Sein söhnchen, Ludwig Karl, 120.
Arquien, Marquis d', später cardinal, 330.
Arzneibücher 103.
Asturien, Ludwig, prinz von, nachher könig von Spanien, 200.
Atys, oper mit text von Quinault, musik von Lulli, 7. 109. 243.

Aubigné, Constant d', 91.
Aubigné, Théodore Agrippa d', 91.
Augen-mittel 73. 341.
Aumale, Mademoiselle d', 343. 364.
Auvergne, Mademoiselle d', 243.
Bacharach, Wein von, 153. 163.
Baden, Markgräfin von, 64. 85. 97. 167. Ihr gemahl 167. Ihre schwester 64. 85. Ihr sohn 97.
Bären-, katzen-, affengesicht (Elisabeth Charlotte meint damit ihr eigenes bildnis) 232 (vergl. auch 234. 270). 251. 268. 274. 276. 299.
Bagnolet 26. 92. 93. 121. 244.
Bal de l'opéra zu Paris 306. 307. 342.
Bargeton, advocat, 138.
Baron, schauspieler, 254.
Barthel d. i. Bartholomäus, 276.
Bastille 15. 74. 88. 92. 100. 118. 138. 227.
Bauffremont, Madame de, 269.
Bavière, Chevalier de, 100.
Baudry, Monsieur de, secrétaire des commandements von Elisabeth Charlotte, 304.
Bayern, Hedwig Elisabeth von, gemahlin von Jakob Sobieski, kronprinzen von Polen, 152.
Bayern, Maximilian von, 341.
Bayern, Prinz Ferdinand von, 64.
Bayonne 310.
Bayreuth, Sophie, prinzessin von, 164.
Beausobre, Isaac de, 68. 95.
Beauveau, Marc de, 70.
Bedultelt 309.
Bégon, Madame, 334. Ergetzliche geschichte von ihrer köchin 334.
Beichtväter 66. 69. 170.
Bellegarde, 25 oder 26 meilen von Paris, 271.
Bellegarde, Duc de, ein dictum von ihm 353.
Bellegarde, Monsieur de, 271. 338. 339. Seine frau 271. 338. 339. Ihr vater, herr von Verthamon, 271.

Benterieder, Freiherr von, 253. Näheres über ihn 283. 326. 347. 357. 359.
Berabas, Monsieur de, 294. Seine frau 294. Ihre mutter 294.
Berlin, Conspiration von, 13. 17. Die bibliothek zu, 25. Ein gar berühmter doctor daselbst 73. Die weiße frau daselbst 320.
Bernstein 71. Seine tante Leonore 71.
Berry, Charles de France, duc de, der dritte sohn des Dauphins, 183. 218.
Berry, Marie-Louise-Elisabeth d'Orléans, genannt Mademoiselle, duchesse de, enkelin von Elisabeth Charlotte, 7. 44. 69. 79. 80. 83. 89. 97. 99. 101. 102. 113. 115. 120. 125. 139. 140. 141. 143. 144. 149. 150. 156. 163. 165. 171. 175. 176. 177. 178. 179. 181. stirbt 182. Näheres über sie 182 bis 185. 186. 191. 198. Näheres über sie 202. 203. 205. 209. 210. 211. 214. 218. 223. 225. 226. 229. 230. 238. 250. 254. 255. 256.
Berthet, Abbé, aumônier von Elisabeth Charlotte, 366.
Berwick, Herzog von, 177. 199. 216.
Bethlehem 184.
Béthune, Marquise de, 330.
Bettendorf 312.
Beuvron, Comte de, 361.
Bibel 92. 93. 96. 97. 249. 308.
Bibel-lesen, verboten in Frankreich, 96.
Bibel-tag 68. 165. 277. 308.
Bignon 98.
Bilbao 215. 216.
Bing, Admiral, 100.
Bingen 302.
Biribi, ein glückspiel, 98. 112. 119. 127. 134. 325.
Biribisco, ein glückspiel, 119.
Birkenfeld, Herzog Christian von, 238.
Birkenfeld, Pfalzgraf von, dessen gefürchtete hofmeisterin Elisabeth Charlotte gewesen, 118.

Birkenfeld, Prinz von, 18. 209. 236. 242. Seine zukünftige gemahlin und deren mutter 236. 238. Seine mätresse 238.

Biron, Marquis de, oberstallmeister des regenten, 74. 298.

Blanc, Monsieur le, 157.

Blankenstatt 312.

Blaspiel, Frau von, 13. 37. 376.

Bodangere 195.

Böhmen, König von, Friedrich V von der Pfalz, 311.

Böhmen, Königin von, Elisabeth Stuart, gemahlin Friedrichs V von der Pfalz, königes von Böhmen, 100. 311. 312.

Bois de Boulogne 92. 131. 182. 210. 222. 237. 285. 306. 325.

Bonivard, François de, 356.

Bonneval, Marquis de, general, 298. Seine frau 298.

Borck, Van, 276. 277.

Borstel (Börstel), Madame de, 252. 296.

Boucby, Madame de, 321.

Boufflers, Maréchale de, 121.

Bouffon 80.

Bouillon, Duc de, 206.

Bourbon, Bad von, 110. 267.

Bourbon, Duc de, 12.

Bourbon, Duc de, der sohn des großen Condé, 328.

Bourg, Comte du, 265.

Bourg, Du, 337.

Bourgeois gentilhomme, Le, komödie von Molière, 303. 304.

Bouthillier de Chavigny, Denis-François, bischof von Troyes, 89.

Boyne, fluß in Irland, 211.

Brancas, Duchesse de, 241. 252. 296. 322.

Bretagne 293. 320. Les états de, 297. Charles de, s. Trémoille, duc de la.

Breuner, Doctor, 65.

Brillo, widerrathen, 172. 286. 302. 341. 342.

Brissac, Duchesse de, 322.

Broglio, Marquis de, 214.

Brot, Das gesegnete, 84. 108.

Brun, Frau von, 155.

Bückeburg, Der junge graf von, 364. 365.

Bückeburg, Gräfin von, 199. 209. Ihre zweite nichte 209.

Buquoy, Abbé, 138.

Buridan 335.

Butkeley, Monsieur de, 199.

Cambnet, Du, 202.

Campra, André, componist, 33.

Canillac, Monsieur de, 168. 222.

Canstein, Karl Hildebrand freiherr von, der gründer der nach ihm benannten berühmten Bibelanstalt in Halle a/S, 308.

Capuciner, Die, 170. 346.

Cardillac, Jeanne de, 91.

Cardinal, Der, 166.

Carmeliterinnen-kloster zu Paris, nicht weit von der pfarrkirche von Saint-Sulpice, 10. 39. 68. 80. 92. 94. 124. 135. 158. 209. 213. 261. 271. 275. 295. 299. 332. 340. 366. 370.

Castellcon in den Pyrenäen 157.

Castries, Armand-Pierre de la Croix de, erzbischof von Tours, 181. 182.

Cellamare 3.

Cettern, Fräulein von, 144. 145. 150. 166.

Chaise, François d'Aix de la, beichtvater Ludwigs XIV, 116.

Chamlay 318.

Champagne, Wein von, 163.

Champigny 203.

Chardon, Monsieur, 235. 249. 251. sehr gerühmt 261. 275. 278. 343.

Chardon, Madame, 189. 251. 261. 275.

Charenton 83. 116.

Charité-sur-Loire, La, abgebrannt, 209. 213.

Charolais, Charles de Bourbon-Condé, comte de, 327. 335. 336. 343.

Näheres über ihn 356.

Charolais, Mademoiselle de, geliebte des herzogs von Richelieu, 104. 255.

Chartres, Louis d'Orléans, duc de, enkel von Elisabeth Charlotte, 136. 141. 168. 181. gelobt 191. 218. 221. 222. 227. 241. 243. 252. 267. 273. 295. 306. 307. wird verdorben 312. 343. 344. 345. 346. Sein tugendsamer sous-gouverneur 344. 345.

Chartres, Louise-Diane d'Orléans, Mademoiselle de, enkelin von Elisabeth Charlotte, 32. 36. 37.

Châteauthiers, Madame de, 60. 82. 198. 201. 228. 236. 241. 252. 296. 322. 364.

Châtillon, Duchesse de, 171.

Chaulnes, Duc de, 247.

Chausseraye, Mademoiselle de, 210. 222. 236. 264. 265. 285. 293. 299. 319. 320. 340.

Chaville 256.

Chelles 29. 61. 86. 94. 236. 241. 264. 267. 268. 277.

Chevalier à la mode, Le, komödie, 310.

Chevron, Du, 74. 100.

Chilly 135.

Chirac, leibarzt des regenten, 320.

Chiverny, Madame de, 296.

Chocolade 144. 150.

Choisy 94. 95. 98.

Cholera-morbus 252.

Christian-Erlangen 50.

Christine, Madame, tochter Heinrichs IV von Frankreich, herzogin von Savoien, 109.

Christus 160.

Chrysaor 116.

Clement 13. 17. 37. 375. 376.

Clérembault, Maréchale de, 252. 296. 302. 341. 342.

Clermont, Monsieur de, 222. 223.

Clermont, Mademoiselle de, 38. 61.

238. 239. 245. 246. 268.

Cleve 124. 153.

Closen, Oberstlieutenant, 50.

Coblenz 153.

Coëtquen, Madame de, 360. 361.

Colb, Jungfer, gewesene hofmeisterin von Elisabeth Charlotte, 73. 74. 304. 316. 319. 351.

Colbert 220.

Concilium tridentinum 161.

Condé, Madame la princesse de, 5. 19. 23. 83. 125. 135. 136. 145. 150. 162. 167. 238. 239. 245. 264. 293. 318. 319. 320. 332. 336. 340.

Conflans 227.

Conflans, Marquis de, 332.

Conserves, widerrathen, 341.

Constantinopel 290.

Conti 203.

Conty, Louis-Armand de Bourbon (der zweite des namens), prince de, 216. 327. 328. 343. Seine mutter, die kleine princesse de Conty, 336. Seine gemahlin, Louise-Elisabeth de Bourbon-Condé, 327. 328.

Conty, Princesse de, 94. 95. 98. 139. 142. 216. 245. 270. 331. 364.

Coquettes 350.

Cordeliers 346.

Corfu 219.

Corneille, Pierre, dichter, 253.

Corneille de l'Isle, Thomas, dichter, 48.

Coubert, besitzung des herzogs von Schomberg, 187. 188. 189. 200. 204. 208. 212. 226. 235. 251. 253. 261. 330. 348.

Courcillon, Philippe-Egon, marquis de, der sohn von Philippe de Courcillon, marquis de Dangeau, 10. 35. 246. stirbt, näheres über ihn 247. 249. 250. 315. Seine frau 246. 247. 315. Seine tochter 247. 276.

Courcillon, Die kleine, 50. 51.

Craon, Herr von, 28. 46. 70.

Craon, Frau von, mätresse des herzogs

Leopold Karl von Lothringen, des schwiegersohnes von Elisabeth Charlotte, 22. 27. 45. 46. 70. 196. 204.
Créqui, Duc de, 281.
Crispin 47.
Cron, Capitaine, 105. 106. 126.
Cybèle 213.
Czaar, der, Peter I, der große 89.
Dänemark, Erbprinz von, 14.
Dalwitz, Gräfin von, 292.
Dancourt, dichter, 310.
Dangeau, Philippe de Courcillon, marquis de, 57. 247. 250. 315. Näheres über ihn 316.
Dangeau, Madame la marquise de, 10. 11. 18. 31. 35. 49. 50. 57. 59. 67. 68. 70. 76. 81. 99. 117. 191. 246. 247. 249. 257. 263. 269. 276. 280. 295. 315. 316. 362.
Darmstadt 48. 49. 126. 291. Erbprinz von, 118. Erbprinzessin von, 118. Ihr vater, dessen hofmeisterin Elisabeth Charlotte gewesen, 118. Landgraf von, 54. Prinz von 106. 112. 118. 258. Seine stiefmutter 118. Seine schwester 118. Prinzessin von, 258. 265.
Dauphin, Der, 281. 316.
Dauphine, Madame la, Marie-Adélaïde de Savoie, duchesse de Bourgogne, 100.
Dauphiné, Das gouvernement von, 221. 222.
David, König, 57.
Davisart 138.
Degenfeld, Herr Christoph, oberst, 33. 148. Sein sohn 33. 148.
Degenfeld, Christoph Martin, graf von, der sohn des freiherrn Max von Degenfeld, 5. 12. 15. 22. 23. 35. 37. 39. 46. 57. 72. Sein ältestes und sein jüngstes töchterchen 72. 76. 79. 86. 97. 99. 101. 106. 107. 126. 129. 130. 134. 187. 139. 154. 155. 166. 177. 189. 190. 192. 193. 200. 209. 212. 220. 226. 228. 229. 233. 235. 240. 251. 261. 275. 299. 309. 317. 348. 351. 370.

Degenfeld, Marie, gräfin von, gemahlin von Christoph Martin, grafen von Degenfeld, die jüngere tochter des herzogs Meinhard von Schomberg, 15. 79. 86. 97. 101. 106. 130. 139. 154. 155. 166. 177. 192. 193. 206. 209. 220. Französischer brief Elisabeth Charlottens an dieselbe 227. 228. 229. 239. 261. 266. 351. 370.

Degenfeld, Luise, freiin von, raugräfin zu Pfalz, tochter des freiherrn Christoph Martin von Degenfeld, die zweite gemahlin des kurfürsten Karl Ludwig von der Pfalz, des vaters von Elisabeth Charlotte, mutter der raugräfin Luise, 155. 177.

Degenfeld, Max, freiherr von, 15. 23. 71. 184. 226. 309. Seine gemahlin 71. 203. 204. 279. 304. 309. Ihre tochter 203. 204. Seine erste frau, »baß Amelie«, 304. 348.

Desmare, schauspielerin, mutter von Philippe-Angélique de Froissi, natürlicher tochter des regenten, 294.

Destouches, componist, 261.

Deutsche 71. 155. In England bei könig Georg I 62.

Deutschland 35. 231. 233. 259. »Ich halte mehr von denen 2 versen, alß von der großen, umbschweißende[n] eloquents, so man nun in Teütschlandt hatt undt worinen man den verstandt eine stundt lang suchen muß.« 279.

Deutschland, Kaiserin von, Wilhelmine Amalie von Hanover, die gemahlin Josefs I, 33.

Diable de contretemps, Le, 106. 111. 166. 362.

Diesenhausen, ein Schwede, 100. 105.

Divertissements, Deutsche, 64.

Dörnberg, Herr von, 72. 318. 349. 350.
Doujat, Madame, 137.
Dresden 27. 279. 291. 301. 334.
Dribsdrill 237.
Dubois, Guillaume, abbé, später erzbischof von Cambrai und cardinal, 26. 81. 107. 124. 126. 129. 168. 184. das böse pfäffchen 289. 324.
Duc, Monsieur le, 104. 105. 327. 343.
Duchesse, Madame la, 127. 245. 327.
Duchesse la jeune, Madame la, d. i. Marie-Anne de Bourbon, Mademoiselle de Conty, duchesse de Bourbon, gemahlin von Louis-Henri de Bourbon, genannt duc d'Enghien, später Monsieur le Duc, 245.
Dünkirchen 218.
Düsseldorf 38.
Du Mont, envoyé von Holstein, 53.
Durasfort, Madame de, 235.
Durchlauf 266.
Durlach, Markgraf von, 167. 239. Sein prinzchen 239.
Durlach, Prinz von, 76. 106.
Eau d'arquebusade 290.
Effiat, Marquis d', stirbt, näheres über ihn 134. 135. 138. 361.
Ehm, Madame, 189.
Eis und wein 104.
Elias, Der prophet, 127.
Elisabeth, Madame, tochter Heinrichs IV von Frankreich, königin von Spanien, 101.
Elisabeth, Prinsessin, äbtissin von Herford, tante von Elisabeth Charlotte, 73. 77. 78. 101.
Elisabeth Charlotte, über ihren schmerz beim tode ihres sohnes Alexandre Louis d'Orléans, herzogs von Valois, 2. über ihre beliebtheit im Elsaß und zu Paris 63. über ihre häßlichkeit 155. 156. 224. 274. 299. (vergl. 353. 354.) über ihre handschrift 156. Sie braucht keine brille 157. Über ihren verstand 159. Sie wünscht kein hohes alter, über die nachtheile des alters 159. 223. Aussprüche über religionsangelegenheiten 160. 161. 225. 358. Über wider-heirathen, heirathen aus liebe 176. 225. Schöne äußerung über sich selbst 197. 198. Sie fürchtet den tod nicht sehr 203. 211. Über das unpassende des ernstes bei kleinen mädchen 208. Sie weiß schier nicht mehr, was lachen ist, 209. 228. 229. 267. 303. liest aus mangel an zeit kaum mehr Deutsch 219. schreibt darum fast besser Französisch, als Deutsch 219. schickt sich nicht für diese welt 223. läßt ihre traurigkeit vor den leuten nicht merken 224. 343. erhält ein vermehrtes einkommen von ihrem sohne 228. 229. 232. (vergl. 251. 255.) Über ihres sohnes heirath 229. über den weltlauf 233, unten. 234. Sie liebt die einsamkeit 235. 261. hält nicht viel vom baden 237. hat keinen ekel vor schlangen 237. 238. Ihr sinn für die komödie 252. Über die behandlung, die sie nach dem tode ihres gemahls erfahren, 254. Sie liebt den geruch von rauten 256. Alle klöster und ihr leben sind Elisabeth Charlotten zuwider 261. Sie liebt die ceremonien nicht 267. 268. Über die originalbilder von ihr 270. 273. 274. 277. 286. 287. 299. 303. 304. 330. Sie schreibt: »Daß vatterlandt undt die gutten, ehrliche Pfältzer seindt mir noch allezeit lieb undt wünsche ihnen alles guts undt glück.« 271. (vergl. 276.) Sie sagt: »Es ist eine ellende sach, daß wir menschen allezeit glücklich leben wollen undt doch allen möglichen fleiß ahnwenden, einander daß leben sawer zu machen; so narisch seyndt wir arme menschen.« 281. Über die

wahre devotion eines regenten 281. Verschiedene moralische und religiöse betrachtungen 287. 30². 333. 363. Sie versteht kein wort Latein, betet nur auf Deutsch und etlichmal auf Französisch 290. hat die kinderblattern abscheulich gehabt 298. ist sehr friedsam, haßt in der welt nichts mehr, als krieg, zank und zwietracht 301. Der zwang bei festlichkeiten ist ihr zuwider 301. Sie darf nicht mehr zu nacht essen 307. gibt die ordnung ihres briefwechsels nach den einzelnen tagen an 308. Über ihr lesen der Bibel, sie liest außer der Bibel keine geistlichen bücher 808. Über die berechtigung des lobes regierender herren 309. Sie weiß ihr Heidelberg noch wohl auswendig 312. 313. 346. Über die erziehung von königlichen personen 315. Religiöses 316. Sie ißt zu Paris ganz allein, in Saint Cloud mit damen 317. Sie schreibt: »Ich habe daß hertz gantz schwer, nach Paris zu gehen; den Paris ist der ort von der gantzen woldt, wo ich ahm ungernsten bin.« Sie gibt die gründe für diese abneigung gegen Paris an 322. 323. (vergl. 326. 344. 365.) Sie schreibt: »Man muß gedencken, daß man nicht in die welt kommen, nichts, als freüden, drin zu haben, sondern sein verhengnuß zu volziehen, wie es einem unßer herrgott bestimbt hatt. Das sprichwordt: »Klag es einem stein undt behalte es allein!« habe ich nie gehört, ist aber gutt, ich werde es behalten.« 333. Sie nennt die ursachen, warum sie im winter ihren aufenthalt in dem ihr verhaßten Paris nehmen muß, 339. Wenn sie auch gleich herzlich betrübt ist, weint sie doch nicht mehr 342. Sie schreibt: »Ich sehe leyder nur zu woll, daß mich gott zu nichts gutts in Franckreich geschickt; den ich habe mein leben, so viel ich, viel ich mich auch drumb bemühet, dem vatterlandt in nichts dinnen können. Das ist woll war, daß ich auß purem gehorsam vor I. G. mein herr vatter undt oncle undt tante von Hannover s. daß ich in Franckreich kommen bin; meine inclination war nichts weniger.« 345. 346. »Ich frag nichts darnach, wo man mich nach meinem todt hinthut; aber nach aller aparentz werde ich nach St Denis geführt werden.« 346. »Kämme ich nach Heydelberg, müste ich vor leydt undt weinen vergehen.« 346. Sie spricht sich bescheiden über sich selbst aus 349. Über die seltenheit guter ehen. »Glücklich, wer nicht geheürahtet ist.« 363. 364.

Elsaß 63. 329.

Eiß, Baron, 58.

England, Anna, prinzessin von, 14.

England, Georg I, könig von, 14. 41. 46. 52. 71. 72. 83. 138. 147. 148. 151. 155. 171. 172. 218. 219. 248. 276. 278. 288. 330. 335. 340. 341. 345. 353. 359.

England, Marie Beatrix Eleonore von Este, königin von, die witwe Jakobs II, 151. 152.

Engländer 52. 57. 71. 151. 152. 155. 215. 370.

Epinoy, Madame d', 289. 290.

Eppelheim 312.

Erdbeeren 90.

Estaing, Monsieur d', 157. 158. Madame d', 158.

Eu 29.

Eugen von Savoien, Prinz, 17. 37. 283. 321. 358.

Evreux, Comte d', 206.

Falckenhan 25.

Feigen 104.

Feldhühner 280.
Ferdinand (Penel), maler, der Elisabeth Charlotten gemalt, 270.
Ferté, De la, Jesuit, 190.
Fesch, Herr, 145. 167.
Feuersbrunst 173. 240.
Feuerwerk, Prächtiges, unglücksfälle dabei 217.
Feuillade, Duc de la, 221. 222.
Feuillans, Kirche der, 31.
Feuillet, Abbé, chanoine von Saint-Cloud, ein ergetzliches gespräch von ihm mit Monsieur, dem gemahle von Elisabeth Charlotte, 281. 282.
Fieber 239.
Fieber, Hitzige, 207. 222. 250. 256. 266.
Fillieuls, Les, kaufleute, 119.
Fioraventi, Baume de, 259. 287.
Flamarens, Madame de, 38.
Fleckfieber 207. 217. 332.
Flor, Baron, 272. 305. 306. 339. 340.
Florence, tänzerin der oper, mutter des abbé Charles de Saint-Albin, natürlichen sohnes des regenten, 267. 294.
Florenz 139.
Flotte, Die spanische, 108. 126.
Fontainebleau 219.
Forcadel 230.
Forellen, Pfälzische, 281.
Foucault, Nicolas-Joseph, im dienste von Elisabeth Charlotte, 229. 304. 305.
Foy, Marquise de, (Hinderson) 121. 145. 337. 338.
Francheville, generalmajor, 7. 15. 32. 47. 49. 164.
Franciscaner 346.
Frank, kammerdiener der frau von Montespan, 151.
Frank, vicekanzler, 125. 150. 151. 198. 261. 346. Seine frau 261.
Frankenthal 5. 276.
Frankfurt am Main 129. 151. 165. Elisabeth Charlotte

173. 174. 179. 190. 192. 193. 198. 199. 204. 240. 246. 253. 259. 261. 275. 283. 285. 286. 319. 347. 351. Reformierte kirche und synagoge der Juden daselbst 368.
Frankfurt an der Oder 347. 348.
Franzosen 7. 32. 35. 45. 48. 52. 69. 71. 90. 100. 105. 122. 123. 155. 203. 214. 230. 235. 236. 260. 278. 282. 286. 298. 303. 322. 329. 333. 364.
Franzosen, Die, d. h. le mal français, 119. 235. 298.
Französinnen 198. 208.
Frau, Die weiße, zu Berlin 320.
Friederica (vergl. band III, s. 469) 23. Es sollte hier jedoch wohl Karoline heißen.
Friedrichsburg 90.
Frieren, Flexion des verbums, 103. 128.
Frieß, kanzler, 189. Seine frau 189.
Friedensee, Frau von, 179.
Frisching, ein schweizerischer edelmann, 290.
Frösche, spottname der Schwaben, 317.
Froissi, Philippe-Angélique de, verheirathet an den grafen von Ségur, natürliche tochter des regenten, 294. Ihre mutter 294.
Fuentarrabia 153. 157.
Fürstenberg, Fräulein von, 272.
Fuß, Den, zu nennen, gilt nicht für anständig, ein gebrauch, den Elisabeth Charlotte verspottet, 259.
Fuzelier, Louis, schriftsteller, 83. 252.
Gama (Amalgama) zum abermaligen versiegeln geöffneter briefe 324.
Gardo, La, intendant von Elisabeth Charlotte, 251.
Garsch, dorf, 124.
Garter, The, 239.
Gaston, Prinz, 64. Seine gemahlin 64. 85.
Gebet 48. 62. 66. 67. 105. 144. 197. 211. 224. 231. 265.

25

Gebetbücher 123. 130.
Geisenheim 190. 229. 246.
Gemmingen, Herr von, 22. 46. 93. 119. 147. 172. 283. 326. 356. Zwei herren von, 223. 224. 357. Frau von, 147. 172. 173. Fräulein von, 357.
Genealogie-buch 160. 162. 168.
Genf 151.
Gent 360.
Genua 59. 337. 358.
Geôlier de soi-même, Le, ou Jodelet prince, komödie von Thomas Corneille de l'Isle, 48.
Germersheim 292.
Gewitter 137. 163.
Gherardi, E., 252.
Givry, Chevalier de, 215. 216.
Gläserin, Die, 238.
Gobelins-tapeten 283. 284. 317.
Gondrin, Monsieur de, 339.
Gotha, Zwei prinzen von, 382.
Gottergebenheit 205. 206.
Gottvertrauen 126. 211. 215.
Göhrde, Die, 311.
Görtz, Baron von, kammerpräsident, 11. 12. 31. 50. 53 78. 82. 89. 263. 279. 291. 308. 309. 323. 330. Graf, minister Karls XII von Schweden, 53. 56. 78. 82. 83. 87. 89. Seine töchter 105.
Gräbendorf (? Grapendorff. ? Graffendorf) 319.
Gramont, Das haus, 336.
Grancey, Mademoiselle de, 219.
Grand-prieur, Monsieur le, d. i. Philippe de Vendôme, grand-prieur de France, 203.
Großherzogin, Die, s. Toscana.
Guenault 29. 112. 113. 119.
Guiche, Duché de, 336.
Guiche, Duchesse de, 322.
Guise, Duché de, 336.
Haag 100.
Häringsnasen, spottname der Sachsen, 317.
Hanau 291.
Hanau, Fürstin von, schwester der prinzessin von Wales, 117. 142.
Hanau, Graf von, dessen hofmeisterin Elisabeth Charlotte gewesen, 118. 231. 265. Seine tochter, die landgräfin, 231.
Hanover 126. 151. 234. 330.
Hanover, Ernst August, herzog von, 218. Herzogin von, 308.
Hanover, Ernst August, kurfürst von, 346.
Hanover, Sophie, kurfürstin von, 14. 21. 45. 101. 114. 149. 153. 165. 195. 228. 256. 270. 274. 320. 346.
Harlequin 249. 331. 340.
Harlequins, Les quatre, italiänische komödie, 296.
Harling, Herr von, 8. 58. 67. 113. 127. 151. 176. 218. 263. 308. 328. 330. 332. Frau von, 293.
Haselhühner 280.
Hasen, Pfälzische, 260. 281. 316.
Haudonvillers, La terre d', 70.
Haussen 357.
Haw 138.
Haxthausen, C A. von, 345.
Hechsen, Glauben an, in der grafschaft Lippe 36. findet sich nicht zu Paris 36. 60. Elisabeth Charlotte glaubt auch nicht daran 36. 60. 105.
Heidelbeeren 90.
Heidelberg 87. H.-geist-kirche daselbst 47. 151. 219. 230. Das schloß 76. 90. 108. 151. 167. 173. 174. 180. 189. 203. 211. 224. 226. 231. 234. 238. 248. 261. Der mönchhof, die französische oder kloster-kirche 276. 311. Der englische, preußische und holländische envoyé, wegen der religionsangelegenheiten in Heidelberg anwesend 281. 317. Die obere vorstadt, das obere thor, des oberamtmannes, herrn von Landaß, haus

und garten mit den besten kirschen in Heidelberg, der thiergarten, der solmische hof 311. Elisabeth Charlotte zählt viele einzelheiten von Heidelberg auf, das Speyer-thor, des schinders haus, das hospital, das quadsche haus, die lutherische kirche, Seckendorfs haus, des färbers Seyller haus, die St-Annen-kirche, Bettendorfs haus, Marots haus, den weg vom Wolfbrunnen, die schloßuhr u. s. f. 312. 313. 325. Die kirchen von St Peter und St Anna und andere einzelheiten von Heidelberg 346. 368.

Heidelberger 5. 49. 248. 312.

Heilige 71.

Heinrich IV von Frankreich 109. Seine drei töchter 109.

Heinrich Julius, herzog von Braunschweig, 317.

Helmstätter, amtmann zu Germersheim, 292.

Helvetius, Jean-Adrien, 137. Jean-Claude-Adrien, 137. Claude-Adrien, 137.

Hennin-Liétard 210.

Henriette, Madame, tochter Heinrichs IV von Frankreich, königin von England, 109.

Henriette, Madame, d. i. Anne-Henriette d'Angleterre, duchesse d'Orléans, die erste frau von Monsieur, dem gemahle von Elisabeth Charlotte, 282. 360. 361.

Herbstknecht 236.

Herford, Äbtissin von, s. Elisabeth, Prinzessin.

Herrenhausen 151.

Herzogenbusch 229.

Hessen 278.

Hessen, Landgraf von, 41. 100.

Hessen-Cassel, Charlotte, landgräfin von, die gemahlin des kurfürsten Karl Ludwig von der Pfalz und mutter von Elisabeth Charlotte, 103. 149. 165. 166. 195. 196. 269.

Hessen-Cassel, Erbprinz von, vetter von Elisabeth Charlotte, 4. 17. 28. 53. 54. 83.

Hessen-Rheinfels, Karl, landgraf von, oncle à la mode de Bretagne von Elisabeth Charlotte, 257. 258. 284. 301. Sein sohn, prinz Wilhelm, 258. 284. 301. 317. Sein kleines prinzchen 258. 301.

Hillington 211.

Himmelserscheinung 99. 193.

Hinderson, nachher marquise de Foy, 121. 145. 156. 337. 338.

Hinzelmann 75. 116. 256.

Hiob 70.

Hippenbub 297.

Hirsch- und wolfsjagden 136.

Hiskia, könig, 339.

Hitze, Große, im August 1719 195. 198. 199. 206. 213. 217. 224.

Hocca, ein glücksspiel, 119. 127. 252.

Hofjungfer (statt fräulein) 237.

Hohenlohe 129.

Holderness, Lord (vergl. band II, s. 767), 129. 155. 212.

Holderness, Lady (vergl. band II, s. 767), 107. 215. 226. 233. 239. 262. 266. 275. 347. 348. 353.

Holland 174. 270. 271. 278.

Holstein, Herzog von, 87. 89. Fürstin von, 153. Ihr gemahl 153. Prinz von, 219.

Holstein Gottorp, Prinz von, 41.

Homburg, Landgräfin von, 100. 144. 150. 186. 212. 249. Ihre schwester 212.

Horaces, Les, tragödie von Pierre Corneille, 253.

Hosenbandorden, Der, 239.

Houssaye, Mademoiselle de la, 336. 337.

Huguenot 293.

Huile de copahu, L', ein sehr gerühm-

tes heilmittel, 262. 287. 290. 291.
Hunde 179.
Hunerfelt, Von, 364.
Innsbruck 152. 196. 264.
Iphigénie 33.
Issé, oper mit text von La Motte, musik von Destouches, 261. 275.
Issy 245.
Jansenisten 293.
Jansenius, Cornelius, 293.
Jarretière, L'ordre de la, 239.
Jauvet 144.
Jesuiten 8. 35. 45. 46. 57. 63. 70. 132. 146. 151. 170. Die wüsten, 309.
Jeoffreville, Monsieur de, 157.
Jodelet 48.
Josef I, deutscher kaiser, 38. 279. Seine gemahlin, Wilhelmine Amalie von Hanover, 33. 34. 152. 279. Der beiden töchter 33. Die älteste der töchter, die braut des kurprinzen von Sachsen, 279.
Jourdain, Monsieur, in Molières komödie »Le bourgeois gentilhomme« 303. 304.
Jourdan, Père, beichtvater von Elisabeth Charlotte, 170.
Juden dürfen nicht zu Paris wohnen 324. 351.
Jumilhac, Monsieur de, 144.
Kaffee 144. 150. 165. 166.
Kampfer-spiritus 260.
Karl VI, deutscher kaiser, 48. 68. 152. 196. 204. 208. 233. 279. 285. 286. 292. 293. 300. 303. 309. 313. 320. 321. 333. 345. 359. Seine gemahlin, Elisabeth Christine von Braunschweig-Wolfenbüttel, 279.
Karl, Prinz, vetter von Elisabeth Charlotte, 42.
Karl Eduard, raugraf zu Pfalz, halbbruder von Elisabeth Charlotte, 304.
Karl Ludwig, kurfürst von der Pfalz, geb. 22 December 1617, gest. 28 August 1680, der vater von Elisabeth Charlotte, 2. 47. 60. 101. 141. 149. 150. 155. 189. 203. 224. 230. 232. 275. 276. 289. 295. 299. 311. 313. 344. 346.
Karllutz, d. i. Karl Ludwig, raugraf zu Pfalz, halbbruder von Elisabeth Charlotte, 117. 169. 193. 215. 224. 270. 304.
Karoline, raugräfin zu Pfalz, gemahlin des herzogs Meinhard von Schomberg, schwester der raugräfin Luise, 156. 177. 208. 215. 235. 260. 311. 348.
Katechismus, Der Heidelberger, 93. 132. 133. 151. 198.
Katharina, Jungfer, 130.
Katholische, Deutsche, 97. 123.
Kendal, Herzogin von, s. Schulenburg, Fräulein Melusine von der.
Kent, Mylady, pulver 5. 107.
Ketsch, Wald von, 54. 89. 90.
Ketschstatt 265.
Kielmansegge, Sophie von, von Georg I von England zur gräfin von Darlington erhoben, 41. 138. 147. 151. Ihre tochter 138. Ihr jüngstes töchterchen 147. 151. 171.
Kinderblattern 198. 201. 207. 217. 238. 245. 246. 249. 250. 256. 257. 266. 267. 268. 269. 271. 277. 298. 305. 332. 338. 356. 366.
Kirbe 249. 272. 274. 309.
Kirchenlied, Lutherisches, 149. 191. 205. 206. 234. 316.
Klöster, Über, 33. 141.
Knie-wehe 200. 221. 259. 260. 287. Mittel dagegen 290.
Kohl, Brauner, 325.
Köln am Rhein 211.
Königin, Loos einer, nicht glücklich 63.
Königsegg, Graf von, 52. 180. 208.
Komet 125.
Komödien, Deutsche, 36. 64.
Komödie, Italiänische, 121. 136. 296. 331.

Krametsvögel, Pfälzische, spottname der Pfälzer, 316. 317. 351.
Krethi und Plethi 57.
Kreuznach 212.
Kropf, nicht geheilt durch anrühren der könige von Frankreich, oder des siebenten sohnes, 159. 160.
Krug, capitaine, 151.
Kupferstiche 111.
Kur-Bayern d. i. Maximilian Emmanuel, kurfürst von Bayern, 194. 330. Seine gemahlin 330. Seine kinder 330.
Kur-Köln 123.
Kur-Pfalz d. i. Karl Philipp, kurfürst von der Pfalz, 1716 bis 1742, 5. 37. 67. 102. 125. 126. 127. 129. 137. 145. 146. 150. 151. 153. 160. 169. 174. 180. 206. 212. 224. 231. 233. 248. 258. 260. 270. 271. 275. 276. 278. 281. 282. 292. 309. 313. 317. 329. 338. 345. 358. Seine tochter 37. 38. Die kaiserin, seine frau schwester, 281.
Kur-Trier 208. 221. 231. 283. 284.
Kurz von Can (Kan), oberst, 3. 15. 25. 42. 46. 47. 105.
Kutschen 136. 365.
La Fontaine, Jean de, dichter, 37.
La Jonquière 92. 93. 118.
Landaß, Herr von, oberamtmann von Heidelberg, 311. 346. Frau von, überhüpft im »Unser vater« die worte »wie wir vergeben unsern schuldigern« 316. 318.
Landleben, seine reize, 39. 40.
Languedoc, Les députés de, 210.
Lænsberg, Mathieu, 192.
Laumont (Lomont), Monsieur de, 298. 299.
Laurent, Du, erster arzt Heinrichs IV von Frankreich, 160.
Laurière 11.
Lausanne 229.
Laurun, Madame de, 220.

Laval, Marquis de, 100. 118.
Law (von den Franzosen Las gesprochen 223. 236), John, geb. zu Edinburg 1681, gest. zu Venedig 1729, 223. 230. 231. 236. Schilderung desselben 256. 260. 265. 282. Verse gegen Law und sein system 282. 283. Geldgeschäfte unter Law 291. 293. Verschiedene ihn betreffende anekdoten 320 bis 322. Ein zu denselben gehörendes couplet 322. 329. 339. 343. 351. 358. 364. 365.
Leclair, huissier von Elisabeth Charlotte, 113. 301. Seine frau 301.
Lefèvre 235. 239. 240. 249. 251. Ein billet von ihm 251. 253. Sehr gerühmt 261. 266. 274. 275. Abermals sehr gelobt 278. 288. 299. 330. 312. 313. 317. 348. 364.
Leiningen, Graf von, 144. 186. 212.
Lenclos, Ninon de, 8.
Lendt, Frau von, 346.
Lenfant, Jacob, 68. 95.
Léon, Prince de, 294.
Leroi, advocat von Elisabeth Charlotte, 239. 249. 251. 253. 274. 299. 330. 312. 364.
Le Sage, der dichter, 252.
Liégeois, Le, d. i. l'»Almanach de Liége« 192.
Ligneville 196. 204.
Linières, Père de, Jesuit, beichtvater von Elisabeth Charlotte, merkwürdiges gespräch der herzogin mit demselben 45. 46. 70. 225.
Lippe, Grafschaft, 36.
London 99. 126. 129. 134. 139. 217. 262. 351.
Longueville, Duchesse de, schwester des großen Condé, 82. 108.
Lopes de Villanova 304.
Lorette, Notre-Dame de, 97.
Lorraine, Chevalier de, 135. 360. 361.
Lothringen und Bar, Leopold Karl,

herzog von, der schwiegersohn von Elisabeth Charlotte, 22. 27. 32. 45. 46. 70. 115. 139. 145. 162. 163. 171. 196. 204.

Lothringen, Elisabeth Charlotte, herzogin von, die tochter unserer herzogin Elisabeth Charlotte, 6. 22. 27. 28. 46. 56. 139. 162. 171. 196. 285. 308. 310. 332.

Löwenstein, Fürst von, ältester bruder der marquisin von Dangeau, 11. 18. Fürstin von, 42. Gräfin von, 156. Die löwensteinischen kinder 126.

Louis, Prinz, 97.

Louis d'or, Verminderung des werthes der, 160. 240.

Louville, Monsieur de, 220.

Louvois, Madame de, 95.

Louvre 144. 231.

Lude, Duchesse du, 135. 250. 251. 252. 278.

Ludwig der heilige 50. 217.

Ludwig XIV 47. 91. 117. 118. 143. 168. 170. 179. 182. 195. 220. 247. 249. 254. 274. 284. 289. 303. 304. 313. 329. 360. 361.

Ludwig XV 88. 92. 95. 101. 102. 120. 124. 136. 144. 182. 188. 199. 217. 218. 223. 230. 231. 236. 254. 255. 256. 260. 261. 265. 275. 296. 298. 318. 328. 332. 340. 359. 370.

Lünenschloß, Von, professor zu Heidelberg, 346.

Lunéville, brand des schlosses daselbst 6. 9. 22. 27. 28. 32. 190.

Lutherische 338.

Lutzen 283. Erzählung von ungewöhnlicher stärke eines bruders desselben 283.

Luxembourg, Palais du, 141. 183.

Luxembourg, Maréchal de, 171.

Maboul, Jacques, bischof von Alet, 210.

Madame, titel, 7. 39. 109. Madame, duchesse d'Orléans, 109. Madame la duchesse d'Orléans 39.

Mademoiselle, titel, 109.

Madrid 359.

Madrid im Bois de Boulogne 117. 125. 210. 265. 273. 293. 340. 342.

Mai, Der 28te, geburtstag von Elisabeth Charlotte, 128.

Mailand 56. 78.

Maillot, Porte, 182. 306.

Maine, Louis-Auguste de Bourbon, duc du, 4. 5. 8. 18. 22. 24. 100. 104. 110. 118. 227. 250. 252. 254. 278. 290. 366. 369. Sein ältester sohn, Louis-Auguste de Bourbon, prince de Dombes, 366. Seine jüngste schwester 278.

Maine, Anne-Louise-Bénédicte de Bourbon-Condé, genannt mademoiselle de Charolais, duchesse du, 4. 5. 8. 18. 19. 22. 42. 100. 104. 110. 138. 162. 227. Näheres über sie 254. 264. 278. 293. 318. 319. 320. 325. 336. 366. Ihr vater, ihre großmutter 278. Mademoiselle du, 29.

Maintenon, Françoise d'Aubigné, marquise de, 4. 8. 22. 32. stirbt 90. Näheres über sie 8. 90 bis 92. 116. 170. 247. 254. 289. 339. 369.

Malause, Mademoiselle de, 72. 129. 199. 206.

Malezieu, Monsieur de, 138.

Malplaquet 246.

Malta 310.

Mammon 100. 172. 339.

Mannheim 53. 90. 95. 96. 123. 150. 224. Das zollhaus an dem Neckarthore daselbst 224. 256.

Marck, Comte de la, 102.

Maréchal, Lord, 172.

Maria 184.

Mariæ verkündigung 68.

Marienthal 224.

Marion, Monsieur, 249. 286. 310. 322. 348. 359. 364. Madame, 286. 310. 348.

Marly 219. 274. 286.

Marot (zu Heidelberg) 312.
Marr, Lord, 56. 78. 151. 152.
Marsaglia 229.
Martins-gans 325. 338.
Massillon, Jean-Baptiste, bischof von Clermont, 62.
Mastricht 337.
Matheis, diener der raugräfin Luise, 82. 232.
Maubuisson, Die äbtissin von, Luise Hollandine, pfalzgräfin, Friedrichs V von der Pfalz, des winterkönigs, tochter, tante von Elisabeth Charlotte, 96. 100. 132. 141. 149. 158. 159. 341.
Maximilian Wilhelm, Herzog, geb. zu Osnabrück 1666, gest. 17 Julius 1726, der dritte sohn des kurfürsten Ernst August von Hanover, 24. 45.
Mecklenburg, Herzogin von, 253.
Medaillen 73. 79. 102. 111. 112. 117. 127. 128. 129. 130. 131. 133. 139. 146. Elisabeth Charlotte besitzt 930 antike goldene medaillen 263. 264. 283. 305. Vergl. auch 375.
Medusa, Die Gorgone, 116.
Meilleraye, Duchesse de la, ein dictum von ihr 318. 349.
Melonen 218.
Melun, Mademoiselle de, 18.
Mentzing 319.
Mercy, Graf von, 196. 204. 225.
Mergenthal d. i. Marienthal, Mergentheim, das schloß des Deutschmeisters daselbst 224.
Merian, Bibel von, 96.
Mérinville, Comte de, 202.
Messina 329.
Metz 169. 286.
Meudon 83. 95. 102. 113. 115. 230. 256.
Meutte, La, im Bois de Boulogne 115. 125. 141. 149. 150. 176. 177. 178. 180. 181. 223. 256. 265.
Meuve, Marquise de, 49.
Mississippi, Die bank vom, 265.
Modena 311. 318. 333. 335. 356. 357.

Modena, Herzogin von, d. i. Charlotte Felicitas von Braunschweig-Hanover, gemahlin des herzogs Rinaldo von Modena, 335. 336.
Modena, Francesco Maria d'Este, prinz von, 318. 327. 332. 363.
Mönche 24. 212. 237. 248. 258.
Mohl, Julius von, 91. 92.
Molière, der dichter, 303.
Molina 293.
Molinisten 292. 293.
Momus fabuliste, ou les Noces de Vulcain, komödie von Louis Fuselier, 252. 253.
Monsieur, titel, 109.
Monsieur d. i. Philippe de France, duc d'Orléans, der gemahl von Elisabeth Charlotte, 2. 131. 135. 229. 282. 289. 290. 294. 304. 310. 330. 341. 342. 360. 361. Seine erste gemahlin, Anne-Henriette d'Angleterre, duchesse d'Orléans, genannt Madame Henriette, 282. 360. 361.
Montargis 138.
Montauban, Mademoiselle de, 138.
Montbazon, Duchesse de 296.
Montespan, Françoise-Athénaïs de Rochechouart, marquise de, 44. 91. 170. 220. 339. Ihre kinder 299.
Montpensier, Louise-Elisabeth d'Orléans, mademoiselle de, enkelin von Elisabeth Charlotte, 65. 89. 136. 295.
Morville, Monsieur de, 265.
Moskau 89.
Motte, La, dichter, 261.
Motte, La, 165. 171. 195. 196.
Mouchy, Monsieur de, 150. 202. 203.
Mouchy, Madame de, favoritin der herzogin von Berry, 125. 150. Näheres über sie 202. 203. 223. 225. 229. 230. Ihr großvater 229. 230. Ihre mutter 230.
München 64. Der brand des schlosses daselbst 350. 351.
Murbach, Fürst von, 40. 362.

Murrey, Lord, 152. Sein sohn 152.
Mustapha 218.
Nancré, Monsieur de, 168. 169.
Nassau, Fürstin von, 317.
Nassau-Idstein 164.
Nassau-Saarbrücken, Gräfin von, 209. 362. Ihre töchter 209. 362.
Nassau-Siegen, Fürstin von, 18. 30. 32. 349. 350. 357.
Nassau-Weilburg, Graf von, 164. 238. 265. Gräfin von, 238.
Nassau-Usingen, Fürstin von, s. Usingen, Fürstin von.
Nebel, anekdote in beziehung auf denselben 319.
Neckargemünd 346.
Neitzschütz, Magdalena Sibylla von, 27. 376.
Nesle, Marquise de, 83.
Neuburg 38.
Neuilly 245.
Neustadt 224.
Neuville, Monsieur de, 257. 263.
Nevers, Comte de, 356.
Nevers, Duchesse de, 121. 175. 176.
Neydtschen d. i. Neitzschütz, Magdalena Sibylla von, 27. 376.
Niederlande, Die, 345.
Nimbtsch, Graf von, 285. 300. 301. 320. 324.
Noailles, Louis-Antoine de, früher bischof von Châlons, nachher erzbischof von Paris, cardinal, 202. 227. Näheres über ihn 241. 242. 243.
Nocé, Monsieur de, 168. 181. 214. Sein sohn 214.
Noces de Vulcain, Les, s. Momus fabuliste.
Nocret 312.
Nonne, Anekdote von einer, 85. 237.
Nuits blanches, Les, 254.
Nuits de Sceaux, Les, 254.
O, Marquis d', 222. 223. Seine tochter 223.
Ober-Brunn 150.
Ober-Wesel 229.

Odenwald 258.
Ölkrüglein, Das, der witwe 127.
Österreich 279.
Offtersheim 55. 312.
Oldenburg, Fürstin von, tochter der princesse de Tarente, 7. 96.
Oper 339.
Oranien, Prinzessin von, 311. 312. Ihr vater, graf von Solms, 311.
Oriflamme 255.
Orléans, Alexandre Louis d', herzog von Valois, sohn von Elisabeth Charlotte, 2.
Orléans, Anne-Marie-Louise d', Mademoiselle de Montpensier, genannt Mademoiselle und la grande Mademoiselle, 137. 202.
Orléans, Charlotte-Aglaé d', mademoiselle de Valois, die dritte tochter des regenten, 10. 34. 38. 42. 43. 97. 115. 116. 136. 141. 241. 244. 294. 295. 306. 318. 327. 331. 332. 333. 334. 335. 336. 355. 356. 362. 363. 370.
Orléans, Françoise-Marie de Bourbon, mademoiselle de Blois, duchesse de Chartres, nachher duchesse d', die gemahlin des regenten, des sohnes von Elisabeth Charlotte, 5. 7. 18. 19. 23. 24. 44. 45. 67. 72. 98. 110. 112. 115. 116. 121. 124. 134. 136. 141. 158. 178. 182. 185. 223. 227. 236. 241. 249. 250. 252. 261. Ihre faulheit 268. 275. 277. 295. 299. 306. 318. 325. 327. 331. 332. 342. 356. 362. 370.
Orléans, Jean-Philippe, chevalier d', grand-prieur de France, natürlicher sohn des regenten, 293. 294. 298. 310. 356. 357. Seine mutter 294.
Orléans, Louise-Adélaïde d', äbtissin von Chelles unter dem namen Sainte-Batilde, enkelin von Elisabeth Charlotte, 29. Näheres über sie 94. 110. 114. 116. 119. Weitere mit-

theilungen über sie 121. 122. 123. 124. 139. 141. 236. 237. Beschreibung der feierlichkeiten bei ihrer einsetzung als äbtissin von Chelles 241 bis 244. 267. Gutes und schlimmes über sie 244. 245. 264. 268. 277. 307. 308. 345. 355. 356.

Orléans, Philipp, herzog von, der zweite sohn von Elisabeth Charlotte, der regent, 3. 4. 5. 7. 10. 11. 16. 19. 20. 23. 29. 40. 44. 45. 47. 48. 49. 53. 54. 56. 57. 62. 66. 67. 68. 69. 70. 71. 74. 75. 79. 81. 83. 88. 92. 93. 95. 97. 98. 99. 101. 105. 107. 110. 115. 116. 118. 120. 121. 125. 134. 135. 136. 138. 144. 145. 146. 150. 152. 162. 164. 168. 178. 180. 181. 182. 183. 184. 185. 187. 188. 189. 190. 191. 192. 199. 200. 201. 202. 204. 205. 209. 210. 211. 214. 215. 218. 221. 222. 223. 227. 228. 229. 230. 232. 235. 236. 238. 239. 241. 243. 252. 254. 255. 260. 276. 278. 286. 289. 292. 293. 294. 295. 296. 298. 303. 306. 307. 310. 313. 318. 320. 324. 326. 327. 328. 329. 330. 332. 333. 336. 342. 343. 345. 348. 354. 358. 359. 362. 364. 365. 366. 3 8. 369.

Orléans, Philippe-Elisabeth d', mademoiselle de Beaujolais, 42. 69. 136. 295.

Ormond, Herzog von, 86.

Ortence, Seigneur, 172. 176.

Orthographie, Französische, verbreitete unkunde derselben 219. 220.

Ostfriesland, Fürst von, 161. Seine mutter 164.

Ourches, Comte d', 135. 333. Seine gemahlin 135. 136. 153. 167. 225. 305. 333.

Pain béni 84. 102.

Palais-Royal 120. 124. 135. 136. 141. 162. 168. 209. 250. 252. 261. 275. 295. 296. Das wüste, 323. 330. 342. 351.

Palermo 329.

Pampeluna 200. 216.

Papagei 156. 157. 178. Elisabeth Charlotte, von einem ihrer papageien übel gebissen 262.

Pappenheim, Gräfin von, 63. 130 Ihre mutter 130. 131.

Papst, Der, Clemens XI, Giov. Francesco Albani, aus Urbino, 78. 108. 131. 152. 167. 355. 368.

Parabère, Madame de, 184.

Paris 63. 105. (vergl. 121.) 135. 136. 162. 168. 192. 198. 206. 207. 213. 217. 219. 224. 234. 250. 256. 261. 271. 275. 277. 285. 291. 298. 299. 302. 303. 305. 317. 319. 322. 323. 326. 330. 331. 333. 334. 338. 344. 352. 354. 364. 365. 366. 369. Erzbischof von, 165. 166.

Parma, Francesco, herzog von, 300.

Passy 181.

Pastor fido, Il, schäferspiel von Giambattista Guarini, 313.

Pegasos 116.

Penel, maler, der Elisabeth Charlotten und ihren sohn, den regenten, gemalt, 270. 274. 286. 287. Sein vater 274. 287.

Perseus 116.

Perth, Lord, 56. 78.

Pest zu Mannheim, mittel dagegen 256.

Peste des Isles, La, 269.

Peter I, der große, von Rußland s. Czaar, der.

Pfaffen 5. 10. 24. 109. 169. 170. 174. 195. 199. 212. 213. 221. 226. 233. 248. 249. 258. 260. Die wüsten schwarzen teufel 270. 276. 278. Das ungeziefer 279. Neuburgische und österreichische, 281. 285. Sie sind nicht mit sanftmuth zu gewinnen 292. 309. »Es ist eine böse nation daß pfaffengeschlegt; der ist glücklich, so nichts mitt ihnen zu thun hatt « 313. »Sich durch pfaffen regieren zu laßen, ist gar nicht raisonabel.« 338. »Wer sich etwaß guts von pfaffen undt mönchen versicht, wirdt woll betrogen.« 345.

Pfalz 90. 151. 174. Das ganze unglück der Pfalz von dem bruder von Elisabeth Charlotte im sterben in lateinischen versen prophezeit 190. 198. 259. 276. 278. 292.

Pfalz, Kurfürst von der, s. Kur-Pfalz.

Pfälzer 11. 71. 81. 151. 160. 258. 270. 271. 276. 280. 309. 313. Ihr spottname »krametsvögel« 316. 317. 351.

Pfirsiche 103. 104.

Pflaster, Nürnberger, 74. 103.

Pflaumen 101. 203.

Philipp, Pfalzgraf, 64.

Philippsruhe 142.

Pickelhäring 52. 234. 315. 349.

Place-Royale 39.

Plaisirs innocents, Les, 82.

Platz, kaufmann, 192. 263.

Podagra (Pottegram) 251.

Pölnitz 19. 42.

Poitiers 358.

Polen 52. 269. 279. Polen, Die, 305. König von, 279. 305.

Polier, Monsieur de, ein französischer Schweizer, 2. 265. 342. Vergl. auch 374.

Polignac, Cardinal de, 325.

Polignac, Marquise de, 83.

Pommade divine 150. 235. 262.

Pompadour, Marquis de, 10. 35. 190. 247.

Pontcallec, Marquis de, 320.

Pont-Royal 144.

Post, Die französische, 289.

Prag 311.

Predigt, Schlafen während der, 58. 62. 95. 96. 123.

Preußen, Friedrich Wilhelm I, könig von, 13. 24. 37. 47. 133. 151. 160. 248. 260. 270. 271. 276. 278. 330. 345.

Preußen, Sophia Dorothea, königin von, gemahlin Friedrich Wilhelms I, 13. 14. 17. 24. 30. 86. 113. 165. 170. 193. 195. 263. 308. 310. 323. 363. Prinz und prinzessin von, 62.

Princes und princesses du sang 327. Sie taugen alle nichts 364.

Princesse, Madame la, s. Condé.

Provence 358.

Prügel-suppe 343.

Quad (das quadische haus zu Heidelberg) 312.

Quinault, La petite, mâtresse des duc de Chartres, 342. 343.

Quinault, Philippe, dichter, 7. 109.

Quincampoix, Rue de, über die zu Laws zeit in dieser straße abgemachten geldgeschäfte, erklärung des namens dieser straße 291. 358.

Quinze-vingts 50. 55. 78.

Racine, Louis, der sohn von Jean Racine, 244.

Ragotzi, Franz Leopold, fürst, 258. Die fürstin, 317.

Rambouillet 92.

Rathsamshausen, Frau Leonore von, 47. 98. 111. 123. 133. Näheres über sie 147. 150. 151. 158. 159. 165. 169. 171. 176. 196. 199. 204. 217. 228. 241. 250. 253. 277. 278. 296. 299. 301. 309. 330. 346. 364.

Reding, Frau von, die zweite tochter der frau Leonore von Rathsamshausen, 330. 346. 364.

Reformierte 24. 116. in der Pfalz 151. 170. 180. 276. 309. 325. 338. 345. 358.

Reine inconnue, name eines bündchens, 179. 317.

Rennes 360.

Rheinfels, Prinzessin von, 18.

Rhein-schnaken 189.

Rheinwein 25.

Richelieu 227.
Richelieu, Herzog von, 74. 75. 78. 81. 88. 99. 100. 104. 115. 116. 126. 227. 245. Näheres über ihn 255. 256.
Rigaud, Hyacinthe, der maler, welcher Elisabeth Charlotten gemalt, 270. 277.
Rindsmaul, Graf von, 57.
Rioms, Monsieur de, 183. 202. 225. 230.
Roche-sur-Yon, Louise-Adélaïde de Bourbon-Conty, mademoiselle de la, 59. 216. 239. 245. 246.
Römer, Der, zu Frankfurt am Main 117. 126.
Rötheln 207. 217. 250. 256.
Rohan, Armand-Gaston-Maximilien de, cardinal, 18.
Rohan, Duc de, 104. Prince de, 247.
Rolinde 137.
Rom 327. 363.
Roquelaure, Duchesse de, 118. 121. 251. 252. 322. Ihr bruder 118.
Rosen, maler zu Heidelberg, 277.
Roswurm, Baron von, 31.
Rotzenhausen, Frau von, Rotzenhäuserin, Die, s. Rathsamshausen, Frau Leonore von.
Roussillon 31.
Rue, Père de la, 170. 258.
Rübezahl 33.
Ruhr, Die rothe, 222. 224. Mittel dagegen 224. 239. 250. 256. 266. 366.
Rupert, sohn Friedrichs V von der Pfalz, oheim von Elisabeth Charlotte, 138.
Sachsen, ihr spottname »häringsnasen« 317.
Sachsen 279. Friedrich August, kurprinz von, 164. 279. Seine braut, die älteste der töchter des kaisers Josef I, 279.
Sachsen-Eisenach, Herzog von, 164.
Sachsen-Lauenburg, Herzog von, 64.

Sachsen-Mörsburg [? Merseburg], Herzog von, 164.
Saillant, Comte de, 74. 105. gouverneur von Metz 105.
Saint-Albin, Charles de, abbé, natürlicher sohn des regenten, 267. 293. 294. 297. 310. 324. 362. Seine mutter 294.
Saint-Cloud 95. 99. 102. 127. 128. 141. 219. 224. Kirchweihfest daselbst 232. 234. 237. 290. 331. 332. 351.
Saint-Cyr 32. 90. 91. 139.
Saint-Denis 182. 346.
Saint-Evremond 9.
Saint-George, Chevalier, der sohn Jakobs II von England, 56. 78. 86. 138. 151. 152. 167. 168. 368.
Saint-Germain 151. 152. 255.
Saint-Germain-l'Auxerrois 36.
Saint-Honoré, Straße, 271.
Saint-James 341.
Saint-Louis 50. 217.
Saint-Maur 203. 245.
Saint-Paul, Paroisse de, zu Paris 305.
Saint-Pierre, Abbé de, 170.
Saint-Pierre, Père de, beichtvater von Elisabeth Charlotte, 170.
Saint-Sulpice, Pfarrer von, 202. Pfarrkirche von, 271.
Sainte-Menehould, abgebrannt, 209. 213.
Saintyon, dichter, 340.
Salm, Prinzessin Christine von, 135. 136. 167.
Salomo, König. 66. 85. 124. 365.
Salva venia 290.
Salvo honore 287. 290.
San-Antonio in Spanien 216.
San Sebastian in Spanien 174. 177. 199. 204. 215. 216. 225.
Sanct-Crispinus 358.
Sanct-Martinus 338.
Sandraski 5. 6. 9. 42.
Santerre, maler zu Paris, 239.

Santona in Spanien 216.
Sassetot, Madame de, hofmeisterin der königin von Preußen, 165. 170. 171. 195.
Sauerbrunnen 221.
Sauerkraut 281. 325.
Scarron, Paul, dichter, 8. 91.
Sceaux (Les Nuits de Sceaux oder Nuits blanches) 254.
Schifferstechen zu Paris und zu Heidelberg 231.
Schlacht am weißen berge bei Prag, Die, 341.
Schlangenbad 163. 200. 203. 221. 231. 232. 235. 237. 238. 240. 246. 248. 253. 265. 273. 280. 284. 302. 315.
Schlieben, Graf, 5. 6. 7. Ein gedicht von ihm auf die königin von Spanien, die witwe Karls II, Maria Anna von Pfalz-Neuburg, 9. 10. 15. 24. 26. 42.
Schnaack, ein Schwede, 105.
Schnaken, Mannheimer, 189.
Schomberg, Herzog und marschall Friederich von, 206. Näheres über ihn 211. 311. 338. Seine söhne Friederich, Karl, Otto 229. 338.
Schomberg, Herzog Meinhard von, 126. 129. 130. 133. 134. 144. 145. 154. 155. 166. 167. 177. 186. stirbt 187. 188. 189. 190. 192. Seine mätresse und sein bastard 193. 200. 204. 206. 208. 209. Näheres über ihn 211. 212. 215. 227. 229. 233. 239. 261. 274. 338.
Schomburg, Schonburg, Schönburg s. Schomberg, Herzog Meinhard von.
Schonburgischen, Die, 113. verwechselt mit Schönbornischen 192. Das schonburgische haus zu Frankfurt 164. 165. 172. Das schonburgische stammhaus 208. Schonburgische lehen 253.
Schottland 172. 174.
Schönbornisches haus 235.

Schraubthaler 29. 54. 5². 77. 80. 81. 288. 318. 323. 348. 349. 362.
Schriftem 208.
Schulenburg 219. Seine schwester 219.
Schulenburg, Fräulein Melusine von der, von Georg I von England zur herzogin von Munster und Kendal ernannt, 41. 138. 219. 335. 353.
Schwaben, ihr spottname ›frösche‹ 317.
Schwalbach 163. 209.
Schwarz, oberst, 53.
Schwarzburg, Fürst von, 272.
Schweden, sein verhältnis zu Frankreich 78. 79.
Schweden, Karl XII, könig von, 4. 338.
Schweden, Königin von, 102.
Schweden, Prinzessin von, 28.
Schweinsköpfe, ihre zubereitung in Frankreich, verschieden von der in Deutschland, 280.
Schweizer 16². Anekdote von einem, 179.
Schwetzingen 30. 38. Veränderung desselben, seit Elisabeth Charlotte die Pfalz verlassen, 50. 54. 55. 76. 83. 89. 90. 203. Genaue beschreibung des weges von Schwetzingen nach Heidelberg 312.
Seaford, Lord, 172.
Seckendorf 312. 346.
Ségur, Graf von, 294.
Seine, Die, der fluß, 265. 291. 325. 361.
Séjanus, tragödie von Jean Magnon, 313.
Selters (Selz), Der brunnen von, 218.
Senson, Grafen von, 235.
Sery, Mademoiselle de, s. Argenton, Comtesse d'.
Seydtlitz, Von, 25.
Seyller, Baron, 313. 314. 346. 347.
Seyller, der färber, zu Heidelberg 312.
Sforce, Duchesse de, 121.
Sicilien 196. 204. Ambassadeur von,

207.

Sicilien, Anne-Marie d'Orléans, gemahlin von Victor Amadeus II von Savoien, königin von, 23. 121. 176. 217. 300. 308. 310.

Sicilien, Victor Amadeus II von Savoien, könig von, 320.

Sickingen, Herr von, 186. 187. 208. 233.

Siegen, Fürst von, 83. 221. Seine gemahlin 33.

Simiane, Madame de, 321.

Sobieski, Die, 330.

Sobieski, Jakob, kronprinz von Polen, 152.

Sobieski, Marie Clementine, prinzessin von Polen, gemahlin des chevalier Saint-George, des sohnes Jakobs II von England. 152. 167.

Sohn, Der siebente, 159.

Soissons, Graf von, 243. 268.

Soissons, Princesse Victoire de, nichte des prinzen Eugen von Savoien, 243. 268.

Solms, Graf von, 164. 193. 311.

Solms, Gräfin von, 39. 40.

Soubise, Madame de, 360.

Soubise, Prince de (zwei damen wollen sich seinetwegen schlagen), 84. 104. 215. 216.

Sourches, Marquis de, 229.

Souvré, Monsieur de, und seine zwei söhne 269.

Spanien, Ferdinand VI, könig von, 29.

Spanien, Philipp V, könig von, 7. 26. 29. 48. 200. 215. 216. 328. 358. 359. Seine zweite gemahlin, Elisabeth Farnese, prinzessin von Parma, 26. 300. 359.

Spanien, Königin von, die witwe Karls II, Maria Anna von Pfalz-Neuburg, geboren 1667, gestorben 1740, schwester von Karl Philipp, kurfürsten von der Pfalz, 5. 9. 15. 24. 25. 26. 46. 47. 195. 199. 220. 308. 310.

Spanier 195. 204. 216.

Spinn, Herr, 35?.

Spinola, Don Luca, 329.

Sprechweise am französischen hof und in der stadt 287.

Sprichwörter und sprichwörtliche redensarten, deutsche und französische, 7. 14. 46. 52. 59. 60. 77. 79. 87. 88. 103. 126. 128. 141. 154. 158. 171. 212. 213. 220. 252. 261. 267. 272. 274. 276. 279. 323. 333. 335. 346. 350. 364. 369.

Stättern, Von, 364.

Stairs, John Dalrymple, graf von, 30. 51. 68. 93. 95. 119. 152. 329. 359.

Staufeneck 2.

Steincallenfels, marschall, 33. 357.

Steingens 5. 24. 25. 102. 126.

Stellen-kauf und -verkauf in Frankreich 185. 186.

Stickfluß 366.

Stolberg, Grafen von, 238.

Störche 173. 174. 198.

Straßburg 173. Der intendant von, 265. 314.

Sturm, Ein sehr großer, zu Paris 86.

Sully, Duchesse de, 121. 251. 252.

Sulzbach, Pfalzgraf von, 38. 61. Pfalzgräfin von, 128. 146. 147. 231. Sein jüngster bruder 58. 61. Prinzessin von, 125. 127. 191. 284. 325. Die sulzbachischen kinder 61.

Sunderland, Lord, 239.

Suson, tochter der amme von Elisabeth Charlotte, frau ihres huissier Leclair, 301.

Swift, Jonathan, 95. 96.

Tabak 144.

Talkbilder 73. 78. 82.

Talkbüchschen 62.

Talkschächtelchen 58. 60.

Talmond, Prince de, 297. 329.

Talmond, Princesse de, 121.

Tarente, Princesse de, 7. Ihr oheim, landgraf Fritz, kündigt ihr auf wunderbare weise seinen tod an 100. 297. 329.
Taschenspieler 287.
Tataren, Die, 218.
Taxis, Fürstin von, 129. 155.
Tellier, Le, beichtvater Ludwigs XIV, 117. 258. 259.
Teray (Terey), leibarzt von Elisabeth Charlotte, 7. 8. 9. 21. 42. 66. 75. 81. 93. 103. 106. 117. 148. 177. 185. 197. 201. 205. 206. 223. 246. 270.
Tesen (Thésu), Abbé de, 228.
Thee 144. 166.
Theurung, Zunehmende, 72. 334. 358. Abnehmende, 256.
Thibaut, chirurg im Hôtel-Dieu zu Paris, 316.
Tocsin, Le, 173.
Todten-gespräch, ein buch, 359.
Torcy, Monsieur de, 168. 314. hat Elisabeth Charlotten alle ihre briefe aufgemacht und gelesen 289. Angabe des verfahrens dabei 324.
Toscana, Marguerite-Louise d'Orléans, großherzogin von (genannt Madame la grande Duchesse), gemahlin des großherzogs Cosimo III, 139. 140. 267. 285. 306. 325. 339. 369.
Toulouse, Louis-Alexandre de Bourbon, comte de, grand-amiral de France, 29. 88. 299.
Traisnel, Marquis de, 157.
Trauerordnung in Frankreich 185. 207.
Trémoille, Duc de la, vetter von Elisabeth Charlotte, 267. 297. Seine gemahlin 297. Sein söhnchen 297.
Türken, Die, 218.
Tuileries, Les, 124. 144. 215. 217.
Turban 324.
Turenne, Monsieur de, 359. 360.
Turin 229. 311. 320.
Unigenitus, Die constitution, 96. 97.
Ursius, Princesse des, 4. 8. 11. 20. 29. 300. 369.
Usingen, Fürstin von, schwester der marquise de Dangeau, 31. 40. 49. 51. 57. 59. 67. 70. 72. 76. 80. 81. 87. 99. 107. 113. 118. 124. 126. 129. 130. 133. 141. 147. 154. 159. 161. 181. 191. 209. 256. 257. 280. 326. 362. Ihr gemahl 154. Dessen mutter 154. Ihr stiefsohn und seine gemahlin 154. Ihr bruder 159. Ihr neffe 171.
Utrecht 266.
Val-de-Grâce 94. 110. 125. 141. 182. 307.
Valenciennes 229.
Vallière, Madame de la, 359. 360. 361.
Varenne, Marquis de la, 336. 337. Seine tochter und deren gatte, der Irländer Du Bourg, 337.
Vaudemont, Prince de, 146.
Vehlen, Grafen von, 117. 118. 143.
Vendôme, Louis-Joseph, duc de, 300.
Vendôme, Marie-Anne de Bourbon-Condé, mademoiselle d'Enghien, duchesse de, 19. 28. 336.
Venedig 219.
Veningen, Frau von, 108. 109. 131. 148. 176. Ihr sohn 108. 131. Die kleine, 208.
Veninger, Eberfritz, general, 71. 208.
Ventadour, Duchesse de, 245. 246.
Vernon, Comte de, ambassadeur von Sicilien, 121.
Versailles 37. 95. 179. 219. 234. 254. 290.
Verthamon, Monsieur de, 271.
Vieuville, Monsieur de la, 294.
Virgilius, ins Deutsche übersetzt, 117. 142. 162. 168. 193. 215. 226.
Villars, Duchesse de, 322.
Villars, Madame de, äbtissin von Chelles, 122.
Villars, Marquis de, später herzog und marschall von Frankreich, 122. Sein

großvater 123.
Villaroeaux 8.
Voltaire 254.
Vrillière, Monsieur de la, 202. 203.
Wachenheim 319.
Walbran, Herr von, hofmeister des prinzen von Durlach, 76.
Wales, Georg August, prinz von, nachmals könig Georg II von England, 14. 41. 42. 52. 83. 194. 340. 341. 353.
Wales, Wilhelmine Karoline, prinzessin von, tochter des markgrafen Johann Friedrich von Brandenburg-Ansbach, 14. 40. 41. 71. 78. 87. 89. 102. 103. 107. 114. 117. 127. 129. 142. 153. 166. 171. 177. 187. 189. 194. 195. 199. 217. 219. 220. 226. 228. 229. 233. 235. 239. 262. rühmt die raugräfin Luise außerordentlich 263. 266. 275. 285. 288. 289. 290. 308. 310. 322. 325. 341. 347. 353. 357.
Wandlaus, wandläuse d. i. wansen, 217. 220. 221. 227. 366.
Wartenberg, Graf von, 242.
Wartenberg, Gräfin von, 272. 305. 306. 339. 340.
Weilburg, Graf von, 238.
Welden, Frau Charlotte von, geborene freiin von Degenfeld, 2. 155.
Wendt, stallmeister von Elisabeth Charlotte, 3. 15. 60. 87. 138.
Wetzel, Baron von, postmeister zu Frankfurt, 248. 253. 280.
Wien 196. 279. 293. 300. 303. Die wienische geschriebene zeitung 324.
Wießer, Graf, 102. 151. 193.
Wießer, Gräfin, 97. 125. 128. 144. 150. 180. 198. 219.
Wildbrät, Pfälzisches, 280. 281. 316.
Wilder, Die frau des obersten, 150. 190.
Wilder-schweins-kopf 252.
Willich, Baron, 145. 166.
Windischgräz, Graf, 301. Seine gemahlin 301.
Wirtemberg, Herzog von, 160. Prinzessin von, 164. Das zwergeleben von, 238.
Wolf, Wie der, sprach, so schnaken fraß, 158.
Wolff, Banquier, und seine frau 138. 143.
Wolff, Pater, 45. 46.
Wollmershausen, Frau Anna Katharina von, geborene freiin von Degenfeld, 155. Ihr gemahl 155.
Wolzogen, Frau von, 158. 301.
Würtzau 247. 280.
Würzburg, Der bischof von, 221. 225. Sein bruder 225.
Zachmann, Frau von, 31. 49. 67. 71. 132. 145. 167. 224. 313. 347. Ihr erster gatte 145. 347. Ihr zweiter gatte 317.
Zeitungen, ihre unzuverlässigkeit 356.
Zeitungen, Holländische, 292.
Zöttern, Fräulein von, 144. 145. 150. 166.
Zweibrücken, Pfalzgraf von, 17. 28. 54. Seine gemahlin 54. Sein vater und seine mutter 17. 18.

INHALT.

	Seite
Briefe der herzogin Elisabeth Charlotte von Orléans	1
Nachwort des herausgebers	371
Register	378

www.ingramcontent.com/pod-product-compliance
Lightning Source LLC
Chambersburg PA
CBHW051743300426
44115CB00007B/682